僧肇全集

［晋］释僧肇 著　　于德隆 点校

九 州 出 版 社　JIUZHOUPRESS｜全国百佳图书出版单位

图书在版编目（CIP）数据

僧肇全集 ／（晋）释僧肇著 ；于德隆点校．-- 北京：
九州出版社，2017.2
ISBN 978-7-5108-5193-3

Ⅰ．①僧… Ⅱ．①释… ②于… Ⅲ．①佛教－文集
Ⅳ．① B948-53

中国版本图书馆 CIP 数据核字（2017）第 074684 号

僧肇全集

作　　者	［晋］释僧肇 著　于德隆 点校
策　　划	云在阁文化　德衍景文化
责任编辑	高美平
装帧设计	赵榕斌
出版发行	九州出版社
地　　址	北京市西城区阜外大街甲 35 号（100037）
发行电话	（010）68992190/3/5/6
网　　址	www.jiuzhoupress.com
电子信箱	jiuzhou@jiuzhoupress.com
印　　刷	三河市东方印刷有限公司
开　　本	720 毫米×1020 毫米　16 开
印　　张	40 印张
字　　数	573 千字
印　　数	3000
版　　次	2019 年 7 月第 1 版
印　　次	2019 年 7 月第 1 次印刷
书　　号	ISBN 978-7-5108-5193-3
定　　价	218.00 元

前　言

　　僧肇，东晋末年著名佛学思想家。生于东晋孝武帝太元九年（公元384年），卒于东晋安帝义熙十年（公元414年），春秋仅三十有一。俗姓张氏，京兆（今陕西西安）人。早年家贫，以佣书缮写为业，遂得博览经史。志好玄微，每以庄老为心要，继而感叹老庄之学"犹未尽善"。后读旧译《维摩诘经》，欢喜顶受，披寻玩味，乃言始知所归矣。因而出家，学善方等，兼通三藏，弱冠之年即名震关辅。其时著名译经大师鸠摩罗什到达姑臧，僧肇不远千里，前往从学。后秦弘始三年（公元401年），随罗什至长安，列席译场，为"什门四圣"之一，被誉为解空第一。

　　魏晋之世，既译佛典不备，佛法大义未畅，流行用本土老庄玄学思想来比附佛学的格义之学，故于般若空义未能有圆融确切之认知，引生诸家般若学派，有六家七宗之称，其中影响最大、最具代表性的是本无、即色、心无三家。然则"格义迂而乖本，六家偏而不即"，只是异义纷出，没有真正掌握佛典的本义。直至鸠摩罗什来华，《般若经》《法华经》《维摩诘经》等大乘佛经和以《大智度论》《中论》为代表的龙树大乘中观理论始有系统传译。罗什门下英才荟萃，以僧肇最为杰出。《魏书·释老志》记载："罗什之撰译，僧肇常执笔，定诸辞义。注《维摩诘经》，又著数论，皆有妙旨，学者宗之。"僧肇既深体般若空义，乃依之以批判匡正般若三宗，

1

发挥中观缘起性空中道实相思想。罗什译出《大品般若经》后，僧肇宗之，造《般若无知论》，罗什赞曰："吾解不谢子，文当相揖耳。"后传至庐山，南方佛教领袖慧远叹曰："未曾有也！"当时在北方，罗什及其弟子僧肇等人创立了关河之学，在南方，慧远建立了净土宗，竺道生开涅槃学风气之先，中国佛学完成了一个质的飞跃，得以摆脱玄学的影响，真正领会了大乘佛教的精髓，结合中华传统思想文化，趋于独立创建之途，开始从不成熟走向成熟。在这一划时代的转折过程中，僧肇做出了不可磨灭的贡献。

僧肇思想对当时与后世佛教发展的影响既深且广。三论宗是关河义学的直接承继者。集三论宗大成的嘉祥吉藏在《大乘玄论》卷三中有云："若肇公名肇，可谓玄宗之始。"推尊僧肇为三论宗理论奠基人，并在著述中广引僧肇之说。

涅槃学的开创者竺道生与僧肇为同学和好友，二人情同手足，相互砥砺。道生《维摩经注解》即是受僧肇注本激发而著为新解。南北朝时期，随着涅槃佛性学蔚为风行，僧肇著作尤其是《涅槃无名论》受到重视。现存最古的《肇论》注疏为陈·惠达《肇论疏》。与后世通行《肇论》各篇编排次第不同，此疏以《涅槃无名论》为首，体现出其关注重心之所在。疏中着重阐发《肇论》所蕴含的真空与妙有不一不异的旨趣，从而使僧肇思想成为融通般若实相学与涅槃佛性学的桥梁。

北魏昙鸾吸收了关河净土思想，其重要著作《往生论注》为中国净土宗北方源头，在其中各处能看到受僧肇著述的影响，如以"般若无知"状佛智慧，以"法身无象，应物而形"状佛法身，即源自《肇论》。

《肇论》对唐代华严学也有影响。贤首法藏《十二门论宗致义记》卷上云："故肇公披阅四论，若日月之入怀，彼评云：《百论》广破外道，《门论》广破小乘，《中论》具破内外，《智论》解释大乘。文势如此也。"法藏据僧肇说以判四论大旨。清凉澄观、圭峰宗密著述中对僧肇说多有引用。如澄观《华严大疏》释"譬如河中水，湍流竞奔逝，各各不相知，诸法亦如是"，即引《物不迁论》"江河竞注而不流"以证之，盖推其所见妙契佛义。

僧肇"契神于即物""触事而真"的"不二"观念，对中国禅家有深入影响。据禅宗史书《祖堂集》记载，石头希迁因读《涅槃无名论》"览万象以成己者，其唯圣人乎"，豁然大悟，后作《参同契》，其大旨即为会万物为一己。僧肇"不迁"之论在后世禅师中产生强烈共鸣。《五灯会元》卷四载："僧问赵州：如何是不迁义？师曰：一个野雀儿从东飞过西。"其后又有禅师答以"暑往寒来"，或云"落花随流水，明月上孤岑"，或云"东生明月，西落金乌"，皆是即迁见不迁，与僧肇之论有异曲同工之妙。雍正帝在所撰《御选语录》中推许僧肇为中土深明禅宗宗旨的最早一位禅师，并辑录其要文。

僧肇对于中国佛教思想史的深远影响，也可由后世多种《肇论》注疏的出现得到反映。据宋·净源《肇论集解令模钞》记载："始自有唐，终于炎宋，疏钞注解二十余家。"现存尚有十余家注疏。唐代之前，《肇论》研究主要在三论宗内进行。此后，则逐渐为华严以及禅宗宗匠所重视。如宋·净源《肇论中吴集解》《令模钞》、圆义遵式《注肇论疏》、梦庵普信《节释肇论》、元·文才《肇论新疏》《新疏游刃》和明·德清《肇论略注》等，其内容无不受到了华严和禅的影响。通过对《肇论》的注疏，僧肇思想被吸收到华严与禅之中，为其提供了源源不断的养分。

僧肇著作中广泛运用了老庄玄学的语言，而又赋以新意。如《物不迁论》中引《庄子·田子方》之文："故仲尼曰：回也见新，交臂非故。"意谓交臂之顷，已新新非故，变化密移不可执留。然而僧肇并没有停留在这种通常的理解，而是给予了一种完全不同的解读。僧肇的结论是："如此，则物不相往来，明矣。"认为孔圣之言隐微难测，言虽似动而意在显静，此文的深意在于显示即生灭迁流法中可见物不相往来的不迁不变之义。由此可见，僧肇对老庄的引用，是站在佛教化立场的以佛解道。

僧肇的佛教学立足于大乘中观哲学而又注重融摄贯通儒道思想，加以华美的文笔，因而较之外来思想更容易被后人所接受和喜爱。特别是宋明以后，随着诸宗融合、三教一致思潮的兴起，僧肇思想的重要价值被重新认识，受到重视。

明末四大师之一的蕅益智旭在所撰《阅藏知津》中有云："此土述作，唯肇公及南岳、天台二师醇乎其醇，真不愧马鸣、龙树、无著、天亲。"对僧肇做出了极高的评价。

僧肇著作多种。现行《肇论》，乃合僧肇先后所作《物不迁论》《不真空论》《般若无知论》《涅槃无名论》等四论，并首加总序《宗本义》一篇而成。此外，现存尚有《注维摩诘经》《金刚经注》《宝藏论》，及《维摩诘经序》《长阿含经序》《梵网经序》《四分律序》《百论序》《法华翻经后记》《鸠摩罗什法师诔》等诸经论序。散佚的有《丈六即真论》，载于刘宋·陆澄《法论目录》。又法藏《华严经探玄记》卷八引用了"肇法师《法华疏》"，吉藏《法华玄论》卷一也有提及，僧肇似应有《法华经疏》之撰。由于年代久远，僧肇著作存在真伪问题，相关讨论及版本源流情况见本书各篇之前的说明中。

本书汇编了现存僧肇全部作品，对原文采用现代标点、分段。为了不影响阅读效果，避免校记过于繁杂，仅于参校本异文有参考价值可资比较或其他必要时出校。附录中收录了陈·惠达《肇论疏》、唐·元康《肇论疏》和明·德清《肇论略注》等三种有代表性的《肇论》注疏，希望有助于加深对《肇论》的理解。

整理者希望能够为佛学爱好者与研究者呈现一个了解和学习僧肇思想的优良读本。错误与不足之处，恳请各界朋友批评指正。

目　　录

1

维摩诘经解

后秦 僧肇 撰

说　明

　　《维摩诘经》三卷，弘始八年鸠摩罗什重译。僧肇《经序》总结全经主旨，云："此经所明，统万行则以权智为主，树德本则以六度为根，济蒙惑则以慈悲为首，语宗极则以不二为门。"此经宗极在于入不二法门，即世间为出世间，不离生死而入涅槃，为大乘佛学的基本思想。作为流通最广的佛典之一，《维摩诘经》为历代研究者所重，并通过注疏形式，消化、吸收这一经典的思想，阐发自己的理解，进而构筑自宗的理论体系。早期注本有罗什、僧睿、僧肇、道融、道生等的单注本。僧肇自序有云："余以暗短，时预听次。虽思乏参玄，然粗得文意。辄顺所闻，为之注解。略记成言，述而无作。"僧肇亲预译事，依凭所闻，撰成本注。《高僧传·竺道生传》谓："初，关中僧肇始注《维摩》，世咸玩味。生乃更发深旨，显畅新异。"道生在僧肇注本基础上，更发深旨，著为新解。隋·法经《众经目录》中载有罗什《维摩经注解》三卷、僧肇《维摩经注解》五卷和道生《维摩经注解》三卷。这三种注本又见载于日本永超《东域传灯目录》中。唐·李善《文选注》中引用了这三个注本。

　　现行《注维摩诘经》十卷，署名僧肇述或选，卷首有僧肇序，实际上是糅合罗什、僧肇、道生三家的注解而成，其中杂有道融注一条。历代藏经均有收录，其中明藏、清藏所收为删节版。《注维摩经》刊本又有八卷、十卷之异，《大正藏》本（第38册，经号1775）即采用一件八卷本校本，为日本平安时代古写经，题名《维摩经集解》。这与《东域传灯目录》中所载"《维摩诘经注》八卷，僧肇等注，录云罗什三藏等注，亦名净名集解"相符。该八卷本与现行十卷本相校多有异文，虽非全本，应不失为一部难得的文献。又敦煌本《净名经集解关中疏》二卷，唐·道掖撰，其所集解大体近于《注维摩诘经》，只是稍略。随着《维摩诘经》集解本的出现，罗什、僧肇、道生等原始单注本久已失传。

所幸在敦煌出土文献中发现了三号写卷，分别为罗振玉旧藏两卷（收于《贞松堂西陲秘籍丛残》），所疏为罗什译《维摩诘经》佛国品第一至弟子品第三，其中一卷尾题名"《维摩诘经解》卷第一"；及甘博129号写卷，所疏为罗什译《维摩诘经》弟子品第三。此三号写卷只收录了僧肇的注解，似即为僧肇所撰原为五卷之《维摩经注解》的残本。

本次点校整理，即依据这些写卷及现行《注维摩诘经》，恢复僧肇单注本的原貌。据敦煌写卷，题名为《维摩诘经解》。《注维摩诘经》底本取为上海古籍出版社1990年据民国间刊本的影印本，这是目前所见到的最佳版本，参校《大正藏》本及其八卷校本、黎明校录本《净名经集关中疏》和民国李翊灼校辑《维摩诘经集注》等相关文献。

注维摩诘经序

后秦 释僧肇 述

  《维摩诘不思议经》者，盖是穷微尽化、绝妙之称也。其旨渊玄，非言象所测；道越三空，非二乘所议。超群数之表，绝有心之境。渺莽无为而无不为，罔知所以然而能然者，不思议也。何则？夫圣智无知而万品俱照，法身无象而殊形并应，至韵无言而玄籍弥布，冥权无谋而动与事会。故能统济群方，开物成务，利见天下，于我无为。而惑者睹感照因谓之智，观应形则谓之身，觌玄籍便谓之言，见变动而谓之权。夫道之极者，岂可以形、言、权、智而语其神域哉！

  然群生长寝，非言莫晓。道不孤运，弘之由人。是以如来命文殊于异方，召维摩于他土，爰集毗耶，共弘斯道。此经所明，统万行则以权智为主，树德本则以六度为根，济蒙惑则以慈悲为首，语宗极则以不二为门。凡此众说，皆不思议之本也。至若借座灯王，请饭香土，手接大千，室包乾象，不思议之迹也。然幽关难启，圣应不同，非本无以垂迹，非迹无以显本，本迹虽殊而不思议一也。故命侍者，标以为名焉。

  大秦天王，俊神超世，玄心独悟。弘至治于万机之上，扬道化于千载之下。每寻玩兹典，以为栖神之宅，而恨支、竺所出，理滞于文，常恐玄宗坠于译人。北天之运，运通有在也，以弘始八年岁次鹑火，命大将军常山公、右将军安成侯，与义学沙门千二百人，于长安大寺，请罗什法师重译正本。什以高世之量，冥心真境，既尽环中，又善方言，时手执梵文，口自宣译，道俗虔虔，一言三复，陶冶精求，务存圣意。其文约而诣，其旨婉而彰，微远之言，于兹显然矣。

余以暗短，时预听次。虽思乏参玄，然粗得文意，辄顺所闻，为之注解。略记成言，述而无作。庶将来君子，异世同闻焉。

维摩诘所说（维摩诘，秦言净名，法身大士也。其权道无方，隐显殊迹。释彼妙喜，现此忍土，所以和光尘俗，因通道教。常与宝积俱游，为法城之侣。其教缘既毕，将返妙喜，故欲显其神德，以弘如来不思议解脱之道。至命宝积独诣释迦，自留现疾，所以生问疾之端，建微言之始。妙唱自彼，故言其说。）**经**（经者，常也。古今虽殊，觉道不改，群邪不能沮，众圣不能异，故曰常也。）

一名不可思议解脱（微远幽深，二乘不能测，"不思议"也。纵任无碍，尘累不能拘，"解脱"也。此经始自于净土，终于法供养，其中所明虽殊，然其不思议解脱一也，故总以为名焉。上以人名经，此以法名经。以法名经，所以标榜旨归；以人名经，所以因人弘道者也。）

佛国品第一解 [1]

如是（如是，信顺辞。夫信则所言之理顺，顺则师资之道成。经无丰约，非信不传，故建言如是。）**我闻。**（出经者明己亲承圣旨，无传闻之谬也。）

一时，（法王启运，嘉集之时也。）**佛在毗耶离**（毗耶离，国土名也，秦言广严。其土平广严事，因以为名也。）**庵罗树园，**（庵罗，果树名也，其果似桃而非桃，先言奈氏，事在他经。）**与大比丘众八千人俱。**（比丘，秦言或名净乞食，或名破烦恼，或名净持戒，或名能怖魔。天竺一名该此四义，秦言无一名以译之，故存义 [2] 名焉。）**菩萨三万二千，**（菩萨，正音云菩提萨埵。菩提，佛道名也。萨埵，秦言大心众生。有大心，入佛道，名菩提萨埵，无正名译也。）**众所知识，**（大士处世，犹日月升天，有目之士谁不知识？）**大智本行皆悉成就**（大智，一切种智也。此智以六度、六通、众行为本，诸大士已备此本行。）**诸佛威神之所建立。**（天泽无私，不润枯木；佛威虽普，不立无根，所建立者，道根必深也。）**为护法城，受持正法。**（外为护法之城，内有受持之固。）**能狮子吼，**（狮子吼，无畏音也。凡所言说，不畏群邪异学，喻狮子吼，不畏 [3] 众兽。下之狮子吼，因 [4] 美演法也。）**名闻十方。**（行满天下，称无不普。）**众人不请，友而安之。**（真友不待请，譬慈母之赴婴儿也。）**绍隆三宝，能使不绝。**（继佛种，则三宝隆。）**降伏魔怨，制诸外道。**（魔，四魔也。外道，九十六种道也。九十六种外道，各有部众，故言诸也。 [5]）**悉已清净，永离盖缠。**

---

[1] "解"字，依敦煌僧肇单注本残卷（以下简称敦煌本），以下各品同。

[2] 义：民国李翊灼校辑《维摩诘经集注》作"梵"。

[3] 不畏：底本无，依《大正藏》本校本甲补。

[4] 因：底本作"曰"，按《大正藏》本校本甲校订。

[5] 此句"九十六种外道，各有部众，故言诸也"原错简在"得无所畏"释文之下，现据《大

（盖，五盖。缠，十缠，亦有无量缠。身口意三业悉净，则盖缠不能累也。）**心常安住，无碍解脱。**（此解脱七住所得。得此解脱，则于诸法通达无碍，故心常安住也。）**念定总持，辩才不断。**（念，正念。定，正定。总持，谓持善不失，持恶不生，无所漏忘谓之持。持有二种，有心相应持、不相应持。辩才，七辩也。此四是大士之要用，故常不断。）**布施、持戒、忍辱、精进、禅定、智慧及方便力，无不具足。**（具足，谓无相行也。七住已上，心智寂灭，以心无为，故无德不为，是以施极于施而未尝施，戒极于戒而未尝戒。七德殊功而其相不异，乃名具足。方便者，即智之别用耳。智以通幽穷微，决定法相，无知而无不知，谓之智也。虽达法相而能不证，处有不失无，在无不舍有，冥空存德，彼彼[1]两济，故曰方便也。）**逮无所得不起法忍，**（忍，即无生慧也，以能堪受实相，故以忍为名。得此忍，则于法无取无得，心相永灭，故曰无所得不起法忍也。）**已能随顺转不退轮。**（无生之道，无有得而失者，不退也。流演圆通，无系于一人，轮也。诸佛既转此轮，诸大士亦能随顺而转之。）**善解法相，知众生根。**（诸法殊相无不解，群生异根无不知也。）**盖诸大众，得无所畏。**（菩萨别有四无畏：一、得闻持总持，二、知众生根，三、不见有能难己、使己不能答者，四、随问能答，善决众疑。有此四德，故能映盖大众也。）**功德智慧，以修其心。相好严身，色像第一。**（心以智德为严，形以相好为饰。严心所以进道，饰形所以靡俗。）**舍诸世间所有饰好。**（为尊形者示严相耳，岂俗饰之在心哉！）**名称高远，逾于须弥。**（名自有高而不远，远而不高。前闻十方，取其远也；今逾须弥，取其高也。高，谓高胜也。）**深信坚固，犹若金刚。**（七住已上，无生信不可坏也。）**法宝普照，而雨甘露。**（法宝光无不照，照痴冥也；泽无不润，润生死也。喻海有神宝，能放光除冥，亦因光能雨甘露、润枯槁也。）**于众言音，微妙第一。**（殊类异音，既善其言，而复超胜。）**深入缘起，断诸邪见。有无二边，无复余习。**（深入，

正藏》、《卍续藏》校注，移于此处。

[1] 彼：《关中疏》作"我"。

谓智深解也。解法从缘起，则邪见无由生。有无二见，群迷多惑，大士久尽，故无余习。）**演法无畏，犹狮子吼。其所讲说，乃如雷震。**（法音远震，开导萌芽，犹春雷动于百草也。）**无有量，已过量。**（既得法身，入无为境，心不可以智求，形不可以像取，故曰无量。六住已下，名有量也。）**集众法宝，如海导师。**（引导众生入大乘海，采取法宝，使必获无难。犹海师善导商人，必获夜光也。）**了达诸法深妙之义，**（深妙[1]，如实义也。）**善知众生往来所趣及心所行。**（六趣往来、心行美恶，悉善知也。）**近无等等佛自在慧——十力、无畏、十八不共。**（佛道超绝，无与等者，唯佛佛自等，故言无等等。所以辨其等者，明第一大道，理无不极，平若虚空，岂升降之有也！自在慧者，十力、四无所畏、十八不共即其事也。大士虽未全具佛慧，且以近矣。）**关闭一切诸恶趣门，而生五道，以现其身。**（法身无生而无不生。无生故恶趣门闭，无不生故现身五道也。）**为大医王，善疗众病，应病与药，令得服行。**（法药善疗，喻医王也。）**无量功德皆成就，**（无德不备也。）**无量佛土皆严净。**（群生无量，所好不同，故修无量净土，以应彼殊好也。）**其见闻者无不蒙益，**（法身无形声，应物故形声耳，岂有见闻而无益哉！）**诸有所作亦不虚捐。**（功不可虚设。）**如是一切功德皆悉具足。其名曰：等观菩萨、不等观菩萨、等不等观菩萨、定自在王菩萨、法自在王菩萨、法相菩萨、光相菩萨、光严菩萨、大严菩萨、宝积菩萨、辩积菩萨、宝手菩萨、宝印手菩萨、常举手菩萨、常下手菩萨、常惨菩萨、喜根菩萨、喜王菩萨、辩音菩萨、虚空藏菩萨、执宝炬菩萨、宝勇菩萨、宝见菩萨、帝网菩萨、明网菩萨、无缘观菩萨、慧积菩萨、宝胜菩萨、天王菩萨、坏魔菩萨、电得菩萨、自在王菩萨、功德相严菩萨、狮子吼菩萨、雷音菩萨、山相击音菩萨、香象菩萨、白香象菩萨、常精进菩萨、不休息菩萨、妙生菩萨、华严菩萨、观世音菩萨、得大势菩萨、梵网菩萨、宝杖菩萨、无胜菩萨、严土菩萨、金髻菩萨、珠髻菩萨、弥勒菩萨、文殊师利法王子菩萨，如是等三万二千人。**（叹德列名，所以

---

[1] 深妙：底本无，依《大正藏》本校本甲补。

存人以证经也。）

复有万梵天王尸弃等，（尸弃，梵王名，秦言顶髻也。）从余四天下，来诣佛所而听法。复有万二千天帝，亦从余四天下，来在会坐。（一佛土有百亿四天下，一四天下各有释梵，故言余。亦或从他方佛土来。）并余大威力诸天、（除上梵、释，余大天也。）龙、（龙有二种，地龙、虚空龙，种有四生。）神、（神受善恶杂报，其[1]形胜人劣天，身轻微，难见也。）夜叉、（夜叉，秦言轻捷，有三种：一、在地，二、在虚空，三、天夜叉，居下二天，守天城池门阁。）乾闼婆、（天乐神也，居地上宝山中，天须乐时，此神体上有异相现，然后上天也。）阿修罗、（秦言不饮酒。此神类男丑、女端正，有大势力，能与天共斗也。[2]）迦楼罗、（金翅鸟神。）紧那罗、（秦言人非人，其形似人，头有一角，称为人非人。亦天乐神，小不及乾闼婆也。[3]）摩睺罗伽等，悉来会坐。（摩睺罗伽，大蟒神也。此上八部，皆有大神力，能自变形，在座听法也。）

诸比丘、比丘尼，（比丘义同上。尼者，女名也。已上八千比丘，别称得道者也。）优婆塞、（义名信士男也。）优婆夷，（义名信士女也。）俱来会坐。

彼时，佛与无量百千之众，恭敬围绕而为说法，譬如须弥山王显于大海，安处众宝狮子之座，蔽于一切诸来大众。（须弥山，天帝释所住金刚山也，秦言妙高，处大海之中，水上方高三百三十六万里。如来处四部之中，威相超绝，光蔽大众，犹金山之显溟海也。）

尔时，毗耶离城有长者子，名曰宝积，（宝积亦法身大士，常与净名俱诣如来，共弘道教。而今独与里人诣佛者，将生问疾之由，启兹典之门也。）与五百长者子俱，持七宝盖，来诣佛所，头面礼足，各以其盖共供养佛。（天竺贵胜行法，各别持七宝盖，即以供养佛。）佛之威神，令诸

---

[1] 其：底本作"见"，依《关中疏》校订。

[2] 底本此条为罗什注，现依《大正藏》本校本甲校订为僧肇注。

[3] 此条注释底本无，依《大正藏》本校本甲补。

宝盖合成一盖，遍覆三千大千世界，而此世界广长之相，悉于中现。（盖以不广而弥八极，土亦不狭而现盖中。）又此三千大千世界诸须弥山、雪山、目真邻陀山、摩诃目真邻陀山、香山、宝山、金山、黑山、铁围山、大铁围山，大海江河，川流泉源，及日月星辰，天宫、龙宫、诸尊神宫，悉现于宝盖中。（此佛世界。）又十方诸佛、诸佛说法，亦现于宝盖中。（将显佛土殊好不同，故通[1]现十方也。诸长者子皆久发道心，而未修净土，欲悦其来供之情，启发净土之志，故因其盖而现之也。）

尔时，一切大众睹佛神力，叹未曾有，合掌礼佛，瞻仰尊颜，目不暂舍。长者子宝积，即于佛前以偈颂曰：（形敬不足以写心，故复赞之、咏之者矣。）

目净修广如青莲，（五情百骸，目最为长。瞻颜而作，故先赞目也。天竺有青莲花，其叶修而广，青白分明，有大人目相，故以为喻也。）

心净已度诸禅定，（形长者目，主德者心，故作者标二为颂首也。禅定之海，深广无际，自非如来清净真心，无能度者。）

久积净业称无量，（于无数劫积三净业，故名称无量。）

导众以寂故稽首。（寂，谓无为寂灭之道也。）

既见大圣以神变，普现十方无量土，

其中诸佛演说法，于是一切悉见闻。（既见合盖之神变已不可测，方于中现十方国及诸佛演法，于是忍界一切众会悉遥见闻，更为希有也。）

法王法力超群生，常以法财施一切。（俗王以俗力胜民，故能泽及一国。法王以法力超众，故能道济无疆。）

能善分别诸法相，（诸法殊相，能善分别也。自此下，至"业不亡"，尽叹法施也。）

于第一义而不动。（第一义，谓诸法一相义也。虽分别诸法殊相，而不乖一相，此美法王莫易之道也。动，谓乖矣。）

已于诸法得自在，是故稽首此法王。（世王自在于民，法王自在于

---

[1] 通：《大正藏》本校本甲作"遍"。

法。法无定相，随应而辨。为好异者辨异而不乖同，为好同者辨同而不乖异。同异殊辨，而俱适法相，故得自在也。）

说法不有亦不无，（欲言其有，有不自生；欲言其无，缘会即形。会形非谓无，非自非谓有。且有有故有无，无有何所无？有无故有有，无无何所有？然则自有则不有，自无则不无，此法王之正说也。）

以因缘故诸法生。（有亦不由缘，无亦不由缘，以法非有无，故由因缘生。《论》曰：法从缘故不有，缘起故不无。）

无我无造无受者，（诸法皆从缘生耳，无别有真主宰之者，故无我也。夫以有我，故能造善恶，受祸福；法既无我，故无造、无受者也。）

善恶之业亦不亡。（若无造无受者，则不应有为善获福、为恶致殃也。然众生心识相传，美恶由起，报应之道，连环相袭，其犹声和响顺、形直影端。此自然之理，无差毫分，复何假常我而主之哉！）

始在佛树力降魔，（道力之所制，岂魔兵之所能敌。自此下，至"礼法海"，叹初成如来功德也。）

得甘露灭觉道成。（大觉之道，寂灭无相，至味和神，喻若甘露。于菩提树先降外魔，然后成甘露寂灭大觉之道，结习内魔于兹永尽矣。）

已无心意无受行，（心者何也？染有以生。受者何也？苦乐是行。至人冥真体寂，空虚其怀，虽复万法并照而心未尝有，苦乐是经而不为受。物我永寂，岂心受之可得？受者，三受也，苦受、乐受、不苦不乐受也。）

而悉摧伏诸外道。（无心伏于物，而物无不伏。）

三转法轮于大千，（始于鹿苑，为拘邻等三转四谛法轮于大千世界也。）

其轮本来常清净。（法轮常净犹虚空也。虽复古今不同，时移俗易，圣圣相传，其道不改矣。）

天人得道此为证，（初转法轮，拘邻等五人、八万诸天得道，此常清净之明证也。）

三宝于是现世间。（觉道既成，佛宝也。法轮既转，法宝也。五人出家得道，僧宝也。于是，言其始也。）

以斯妙法济群生，一受不退常寂然。（九十六种外道，上者亦能断结生无色天，但其道不真，要还堕三涂。佛以四谛妙法，济三乘众生，无有既受还堕生死者，故曰一受不退。永毕无为，故常寂然矣。）

度老病死大医王，（生老病死，患之重者。济以法药，故为医王之长也。）

当礼法海德无边！（法轮渊广难测，法海流润无涯，故德无边矣。）

毁誉不动如须弥，（利、衰、毁、誉、称、讥、苦、乐，八法之风，不动如来，犹四风之吹须弥也。）

于善不善等以慈，（截手不戚，捧足不欣，善恶自彼，慈覆不二。）

心行平等如虚空，（夫有心则有封，有封则不普。以圣心无心，故平等若虚空也。）

孰闻人宝不敬承！（在天为天宝，在人为人宝。宝于天、人者，岂天、人之所能，故物莫不敬承也。）

今奉世尊此微盖，（微，微小也。）于中现我三千界，

诸天龙神所居宫，乾闼婆等及夜叉，

悉见世间诸所有，十力哀现是化变。（所奉至微，所见至广，此是如来哀愍之所现也。十力是如来之别称耳，十力备故，即以为名。自十号之外，诸有异称，类耳。）

众睹希有皆叹佛，今我稽首三界尊。（睹盖中之瑞[1]也。）

大圣法王众所归，净心观佛靡不欣，

各见世尊在其前，（法身圆应，犹一月升天，影现百水也。）

斯则神力不共法。（不与二乘共也。）

佛以一音演说法，众生随类各得解，

皆谓世尊同其语，斯则神力不共法。（密口一音，殊类异解。）

佛以一音演说法，众生各各随所解，

普得受行获其利，斯则神力不共法。（佛以一音说一法，众生各随

---

[1] 瑞：《大正藏》本校本甲作"所现"。

所好而受解，好施者闻施，好戒者闻戒，各异受异行，获其异利。上一音异适，此一法异适也。）

佛以一音演说法，或有恐畏或欢喜，

或生厌离或断疑，斯则神力不共法。（众生闻苦报则恐畏，闻妙果则欢喜，闻不净则厌离，闻法相则断疑。不知一音何演而令欢畏异生，此岂二乘所能共也！）

稽首十力大精进！（此下一一称德而致敬也。）

稽首已得无所畏！（四无畏也。）

稽首住于不共法！（十八不共法也。）

稽首一切大导师！

稽首能断众结缚！稽首已到于彼岸！（彼岸，涅槃岸也。彼涅槃岂崖岸之有？以我异于彼，故借岸[1]谓之耳。）

稽首能度诸世间！稽首永离生死道！

悉知众生来去相，（众生形往来于六趣，心驰骋于是非，悉知之也。）

善于诸法得解脱。（我染诸法，故诸法缚我。我心无染，则万缚斯解。）

不著世间如莲花，常善入于空寂行。（出入自在而不乖寂，故常善入。）

达诸法相无挂碍，（万法幽深，谁识其涘？唯佛无碍，故独称达。）

稽首如空无所依！（圣心无寄，犹空无依也。）

尔时，长者子宝积说此偈已，白佛言："世尊！是五百长者子，皆已发阿耨多罗三藐三菩提心，愿闻得佛国土清净。（阿耨多罗，秦言无上。三藐三菩提，秦言正遍知。道莫之大，无上也。其道真正，无法不知，正遍知也。诸长者子久已发无上心，而未修净土，所以宝积俱诣，如来现盖，皆启其萌也。既于盖中见诸佛净土殊好不同，志在崇习，故愿闻佛所得净

---

[1] 岸：底本作"我"，依《大正藏》本校本甲校订。

土殊好之事。）唯愿世尊说诸菩萨净土之行。"（土之所以净，岂校饰之所能？净之必由行，故请说行也。凡行必在学[1]，故菩萨此问，乃是如来现盖之微旨、宝积俱诣之本意也。）

佛言："善哉！宝积！乃能为诸菩萨问于如来净土之行。谛听！谛听！善思念之，当为汝说。"于是宝积及五百长者子受教而听。

佛言："宝积！众生之类是菩萨佛土。（夫至人空洞无象，应物故形，形无常体，况国土之有恒乎？夫以群生万端，业行不同，殊化异被，致令报应不一。是以净者应之以宝玉，秽者应之以沙砾。美恶自彼，于我无定。无定之土，乃曰真土。然则土之净秽系于众生，故曰众生之类是菩萨佛土也。或谓土之净秽系于众生者，则是众生报应之土，非如来土，此盖未喻报应之殊方耳。尝试论之：夫如来所修净土以无方为体，故令杂行众生同视异见。异见故净秽所以生，无方故真土所以形。若夫取其净秽，众生之报也；本其无方，佛土之真也。岂曰殊域异处、凡圣二土，然后辨其净秽哉！）所以者何？菩萨随所化众生而取佛土，（此下释所以众生则佛土也。佛土者，即众生之影响耳。夫形修则影长，形短则影促，岂日月使之然乎？形自然耳。故随所化众生之多少，而取佛土之广狭也。是以佛土或以四天下、或以三千、或以恒沙为一国者也。）随所调伏众生而取佛土，（随所调伏众生之深浅，而取佛土之好丑。）随诸众生应以何国入佛智慧而取佛土，（众生自有见净好慕而进修者，亦有见秽恶厌而进修者。所好殊方，略言之耳。所因虽异，然其入佛慧一也，故随其所应而取佛土焉。）随诸众生应以何国起菩萨根而取佛土。（上为入佛慧。佛慧，七住所得无生慧也。今为菩萨根。菩萨根，六住已下菩提心也。）所以者何？菩萨取于净国，皆为饶益诸众生故。（法身无定，何国之有？美恶斯外，何净可取？取净国者，皆为彼耳，故随其所应而取焉。）譬如有人欲于空地造立宫室，随意无碍；若于虚空，终不能成。菩萨如是，为成就众生故，愿取佛国。

---

[1] 学：底本作"学地"，现按《大正藏》本校本甲校订。

愿取佛国者，非于空也。（净土必由众生，譬立宫必因地。无地、无众生，宫、土无以成。二乘澄神虚无，不因众生，故无净土也。）

宝积！当知直心是菩萨净土，（土之净者必由众生，众生之净必因众行，直举众生以释土净，今备举众行，明其所以净也。夫行净则众生净，众生净则佛土净，此必然之数，不可差也。土无洿曲，乃出于心直，故曰直心是菩萨净土也。此则因中说果，犹指金为食。直心者，谓质直无谄，此心乃是万行之本，故建章有之矣。）菩萨成佛时，不谄众生来生其国。（不谄、直心，一行异名也。菩萨心既直，化彼同己，自土既成，故令同行斯集。此明化缘相及，故果报相连，则佛土之义显也。自[1]下二句相对，或前后异名，或前略后广，或前因后果，类同[2]行耳。凡善行有二种：一行善，二报善。自此下，诸众生所习[3]，皆报善也。）

深心是菩萨净土，（树心众德，深固故[4]难拔，深心也。）菩萨成佛时，具足功德众生来生其国。（深心故德备也。）

大乘心是菩萨净土，菩萨成佛时，大乘众生来生其国。（乘八万行，兼载天下，不遗一人，大乘心也。上三心，是始学之次行也。夫欲弘大道，要先真[5]直其心；心既真直，然后入行能深；入行既深，则能广运无涯，此三心之次也。备此三心，然后次修六度，具八万四千行也[6]。）

布施是菩萨净土，菩萨成佛时，一切能舍众生来生其国。（外舍国财身命，内舍贪爱悭嫉，名一切能舍也。）

持戒是菩萨净土，菩萨成佛时，行十善道满愿众生来生其国。（十善，菩萨戒也，亦有无量戒，略举十耳。戒具则无愿不得，故言满也。）

忍辱是菩萨净土，菩萨成佛时，三十二相庄严众生来生其国。（忍辱

---

[1] "自"下，敦煌本有一"此"字。

[2] 同：底本作"因"，依敦煌本校订。

[3] 习：敦煌本作"得"。

[4] 故：敦煌本无。

[5] 真：底本无，依敦煌本补。

[6] 具八万四千行也：底本无，依敦煌本补。

和颜，故系以容相，而岂直形报而已！）

精进是菩萨净土，菩萨成佛时，勤修一切功德众生来生其国。

禅定是菩萨净土，菩萨成佛时，摄心不乱众生来生其国。

智慧是菩萨净土，菩萨成佛时，正定众生来生其国。（得正智慧，决定法相，三聚众生中名正定聚也。）

四无量心是菩萨净土，菩萨成佛时，成就慈、悲、喜、舍众生来生其国。（此四心周备无际，故言无量。）

四摄法是菩萨净土，（以四等法[1]摄众生，为四摄也。一者惠施，财法二施随彼所须。二者爱语，以爱心故，和言[2]随彼所适。三者利行，随彼所利，方便利之。四者同事，遇恶同恶而断其恶，遇善同善而进其善，故名同事也。）菩萨成佛时，解脱所摄众生来生其国。（解脱即[3]四摄所成无上道大[4]无为果也。同行[5]众生皆为此果所摄也。）

方便是菩萨净土，菩萨成佛时，于一切法方便无碍众生来生其国。（方便者，巧便慧也。积小德而获大功，功虽就而不证，处有不乖寂，居无不失化，无为而无所不为，方便无碍也。）

三十七品是菩萨净土，菩萨成佛时，念处、正勤、神足、根、力、觉、道众生来生其国。（念处，四念处。正勤，四正勤。神足，四神足。根，五根。力，五力。觉，七觉意。道，八正道。合三十七，义在他经。）

回向心是菩萨净土，（二乘、三界各有别行，若情无胜期，则随行受报。大士标心佛道，故能回彼杂行，向于一乘，此回向心也。）菩萨成佛时，得一切具足功德国土。（遇善回向，何德不备？此下三句虽不言众生，言国则在矣。）

说除八难是菩萨净土，菩萨成佛时，国土无有三恶、八难。（说除八

---

[1] 等法：敦煌本作"摄事"。

[2] 言：敦煌本作"颜"。

[3] 即：底本作"则"，依敦煌本校订。

[4] 无上道大：底本无，依敦煌本补。

[5] "行"后，底本衍一"故"字，依敦煌本删。

难之法，故土无八难也。）

自守戒行、不讥彼阙是菩萨净土，菩萨成佛时，国土无有犯禁之名。（犯禁恶名，出于讥彼而不自守。）

十善是菩萨净土，菩萨成佛时，命不中夭、（不杀报也。）大富、（不盗报也。）梵行、（不淫报也。）所言诚谛、（不妄语报。）常以软语、（不恶口报。）眷属不离、善和诤讼、（不两舌报。）言必饶益、（不绮语报。）不嫉、不恚、正见众生来生其国。（嫉、恚、邪见，心患之尤者，故别立三善也。）

如是，宝积！菩萨随其直心，则能发行。（夫心直则信固，信固然后能发迹造行。然则始于万行者，其唯直心乎！此章明行之次渐，微著相因，是以始于直心，终于净土，譬犹植栽丝发，其茂百围也。直心树其萌，众行因而成，故言随也。）随其发行，则得深心。（既能发行，则得道情弥深。）随其深心，则意调伏。（道情既深，则意无粗犷也。）随意调伏，则如说行。（心既调伏，则闻斯能行也。）随如说行，则能回向。（闻既能行，则能回其所行，标心胜境。）随其回向，则有方便。（既能回向大乘，则大方便之所由生也。）随其方便，则成就众生。（方便之所立，期在成众生也。）随成就众生，则佛土净。（众生既净，则土无秽也。）随佛土净，则说法净。（既处净土，则有净说。）随说法净，则智慧净。（既有净说，则净智慧生也。）随智慧净，则其心净。（净智既生，则净心转明也。）随其心净，则一切功德净。（积德不已者，欲以净心。心既净，则无德不净。）

是故，宝积！若菩萨欲得净土，当净其心。随其心净，则佛土净。"（结成净土义也。净土盖是心之影响耳。夫欲响顺必和其声，欲影端必正其形，此报应之定数也。）

尔时，舍利弗承佛威神，作是念："若菩萨心净则佛土净者，我世尊本为菩萨时意岂不净，而是佛土不净若此？"（土之净秽固非二乘所能及也。如来将明佛土常净，美恶生彼，故以威神发其疑念以生言端，故言"承"也。）

佛知其念，即告之言："于意云何？日月岂不净耶？而盲者不见。"

对曰："不也，世尊！是盲者过，非日月咎。"

"舍利弗！众生罪故，不见如来佛国严净，非如来咎。（日月岂不明，不见自由瞖目；佛土岂不净，罪秽故不睹。）舍利弗！我此土净，而汝不见。"（向因此土生疑，故即此土明净也。）

尔时，螺髻梵王语舍利弗："勿作是念，谓此佛土以为不净。所以者何？我见释迦牟尼佛土清净，譬如自在天宫。"（夫同声相和，同见相顺。梵王即法身大士也，依佛净慧，故所见皆净，因其所见而证焉。且佛土真净，超绝三界，岂直若天宫世净而已哉！此盖齐其所见而为言耳。舍利弗在人而见其土石，梵王居天而见如天宫。自余所见，亦各不同。佛土殊应，义在于此。）

舍利弗言："我见此土，丘陵坑坎，荆棘沙砾，土石诸山，秽恶充满。"（各以所见而为证也。）

螺髻梵王言："仁者心有高下，不依佛慧，故见此土为不净耳。（万事万形，皆由心成。心有高下，故丘陵是生也。）舍利弗！菩萨于一切众生悉皆平等，深心清净，依佛智慧，则能见此佛土清净。"（若能等心群生，深入佛慧，净业既同，则所见不异也。）

于是佛以足指按地，即时三千大千世界若干百千珍宝严饰，譬如宝庄严佛无量功德宝庄严土。一切大众叹未曾有，而皆自见坐宝莲花。（佛土常净，岂待变而后饰？按地者，盖是变众人之罪[1]所见耳。宝庄严土，净土之最，故以为喻。）

佛告舍利弗："汝且观是佛土严净。"

舍利弗言："唯然，世尊！本所不见，本所不闻，今佛国土严净悉现。"（显净土于未闻，犹开聋瞽于形声也。）

佛语舍利弗："我佛国土常净若此。为欲度斯下劣人故，示是众恶不净土耳。（自佛而言，故常净若此；外应下劣，故不净同彼也。）譬如诸

---

[1] 罪：敦煌本无。

天共宝器食，随其福德，饭色有异。如是，舍利弗！若人心净，便见此土功德庄严。"（始生天者，欲共试知功德多少，要共一宝器中食天上膳。天馔至白，无白可喻。其福多者，举饭向口，饭色不异。若福少者，举饭向口，饭色变异。合[1]器色一，在手不同，饭当有异，异自天耳。佛土不同，方可知也。）

当佛现此国土严净之时，宝积所将五百长者子皆得无生法忍，八万四千人发阿耨多罗三藐三菩提心。（佛国之兴，其正为此。无生忍，同上不起法忍。忍即慧性耳。以见法无生，心智寂灭，堪受不退，故名无生法忍也。）佛摄神足，于是世界还复如故。（非分不可以久处，故还复[2]彼所应见也。）求声闻乘（下乘道，觉非独觉，要师而后成，故名声闻乘，亦名弟子乘也。）三万二千天及人，知有为法皆悉无常，远尘离垢，得法眼净。（国土秽而可净，净而复秽，因悟无常，故得法眼净。法眼净，须陀洹道也，始见道迹，故得法眼名。尘垢，八十八结也。）八千比丘不受诸法，漏尽意解。（无著之道，于法无受无染。漏尽，九十八结漏既尽，故意得解脱，成阿罗汉也。）

方便品第二解

尔时，毗耶离大城中，有长者名维摩诘，已曾供养无量诸佛，深植善本，（树德先圣，故善本深植也。此经之作，起于净名，其微言幽唱亦备之后文。出经者欲远存其人以弘其道教，故此一品全序其德也。）得无生忍，（所以菩萨无生慧独名忍者，以其大觉未成，智力犹弱，虽悟无生，正能堪受而已，未暇闲任，故名忍。如来智力具足，于法自在，常有闲地，故无复忍名也。）辩才无碍，（七辩也。）游戏神通，（经云菩萨得五通，

---

[1] 合：敦煌本作"在"。

[2] 复：底本无，依敦煌本补。

又云具六通。以得无生忍，三界结尽，方于二乘，故言六；方于如来，结习未尽，故言五也。）**逮诸总持，**（总持义同上。经云有五百总持，亦云无量总持也。）**获无所畏。**（菩萨四无所畏也。）**降魔劳怨，**（四魔劳我，故致为怨。）**入深法门。**（诸法深义有无量门，悉善入也。）**善于智度，通达方便，**（到实智彼岸，善智度也。运用无方，达方便也。）**大愿成就。**（大愿，将无量寿愿比也。）**明了众生心之所趣，**（群生万端，心趣不同，悉明了也。）**又能分别诸根利钝。**（三乘诸根，利钝难辨，而善分别。）**久于佛道，心已纯熟，决定大乘。**（七住以上，始得决定也。）**诸有所作，能** [1] **善思量。**（身口意有所作，智慧恒在前，故所作无失也。）**住佛威仪，**（举动进止不失圣仪。）**心大如海。**（海有五德：一澄净不受死尸；二多出妙宝；三大龙注雨，滴如车轴，受而不溢；四风日不能竭；五渊深难测。大士心净不受毁戒之尸，出慧明之宝，佛大法雨受而不溢，魔邪风日不能亏损，其智渊深莫能测者，故曰心大如海。）**诸佛咨嗟，弟子、释、梵、世主所敬。欲度人故，以善方便，居毗耶离。**（诸佛所称，人天所敬，彼何欣哉！欲度人故，现居毗耶。）**资财无量，摄诸贫民；奉戒清净，摄诸毁禁；以忍调行，摄诸恚怒；以大精进，摄诸懈怠；一心禅寂，摄诸乱意；以决定慧，摄诸无智。**（至人不现行。现行六度者，为摄六弊耳。）**虽为白衣，奉持沙门清净律行。**（沙门，出家之都名也，秦言义训勤行，勤行趣涅槃也。）**虽处居家，不著三界。**（三界，家 [2] 之室宅也。）**示有妻子，常修梵行。**（梵行，清净无欲行也。）**现有眷属，常乐远离。**（在家 [3] 若野，故言远离。）**虽服宝饰，而以相好严身。**（外服宝饰而内严相好也。）**虽复饮食，而以禅悦为味。**（外食世膳，而内甘禅悦之味也。）**若至博弈戏处，辄以度人。**（因戏止戏。）**受诸异道，不毁正信。**（同于异者，欲令异同于我耳，岂正信之可毁哉！"受"，谓受学异道法也。）**虽明世典，常乐**

---

[1] 能：敦煌本作"先"。

[2] 家：底本无，依敦煌本补。

[3] 家：敦煌本作"众"。

佛法。（世典虽尽明，所乐在真法。）**一切见敬，为供养中最。**（含齿无不敬，净养无不供，故曰为供养之最。）**执持正法，摄诸长幼。**（外国诸部曲，皆立三老有德者为执法人，以决乡讼、摄长幼也。净名现执俗法，因此[1]通达[2]道法也。）**一切治生谐偶，虽获俗利，不以喜悦。**（法身大士，瓦砾尽宝玉耳。若然，则人不贵其惠，故现同求利，岂喜悦之有？）**游诸四衢，饶益众生。**（四衢要路，人所交集，随彼所须而益焉。）**入治正法，救护一切。**（治正法，律官也。导以正法，使民无偏枉，救护一切也。）**入讲论处，导以大乘。**（天竺多诸异道，各言己胜，故其国别立论堂，欲辨其优劣。诸欲明己道者，则声鼓集众，诣堂求论，胜者为师，负者为资。净名既升此堂，摄伏外道，然后导以大乘，为其师也。）**入诸学堂，诱开童蒙。**（学堂，童蒙书学堂也。诱开，如太子入学现梵书比也。）**入诸淫舍，示欲之过。**（外国淫人别立聚落，凡豫士之流，目不暂顾，而大士同其欲，然后示其过也。）**入诸酒肆，能立其志。**（酒致失志，开放逸门。）**若在长者，长者中尊，为说胜法。**（凡人易以威顺，难以理从，故大士每处其尊，以弘风靡之化。长者豪族望重，多以世教自居，不弘出世胜法也。）**若在居士，居士中尊，断其贪著。**（积钱一亿，入居士里，宝货弥植，故贪著弥深。）**若在刹利，刹利中尊，教以忍辱。**（刹利，王种也，秦言田主。劫初人食地味，转食自然粳米。后人情渐伪，各有封植，遂立有德，处平分田，此王者之始也，故相承为名焉。其尊贵自在，多强暴决意，不能忍和也。）**若在婆罗门，婆罗门中尊，除其我慢。**（婆罗门，秦言外意。其种别有经书，世世相承，以道学为业，或在家，或出家苦行，多恃己道术，自我慢人也。）**若在大臣，大臣中尊，教以正法。**（正法，治政[3]法也。教以正治国、以道佐时也。）**若在王子，王子中尊，示以忠孝。**（所承处重，宜以忠孝为先。）**若在内官，内官中尊，化正宫女。**（妖媚邪饰，女人之

---

[1] 此：敦煌本无。

[2] 达：敦煌本无。

[3] 政：敦煌本作"以正"。

情，故诲以正直。）**若在庶民，庶民中尊，令兴福力。**（福力微浅，故生庶民也。）**若在梵天，梵天中尊，诲以胜慧。**（梵天多著禅福，不求出世胜慧也。）**若在帝释，帝释中尊，示现无常。**（天帝处忉利宫，五欲自娱，视东忘西，多不虑无常，著乐而已[1]。）**若在护世，护世中尊，护诸众生。**（护世，四天王也[2]，各治一方，护其所部，使诸恶鬼神不得侵害也。）**长者维摩诘，以如是等无量方便，饶益众生。**（法身圆应，其迹无端，故称无量，上略言之耳。）

其以方便，现身有疾。以其疾故，国王、大臣、长者、居士、婆罗门等，及诸王子，并余官属，无数千人，皆往问疾。（虽复变应殊方，妙迹不一，然此经之起本于现疾，故作者别序其事。）**其往者，维摩诘因以身疾，广为说法：**（同我者易信，异我者难顺，故因其身疾，广明有身之患。）**"诸仁者！是身无常、无强、无力、无坚，速朽之法，不可信也。**（身之危脆，强力不能保，孰能信其永固者？此无常义也。）**为苦、为恼，众病所集。**（苦，八苦也，亦有无量苦。恼，九恼也，亦有无量恼。病，四百四病。此苦之[3]义也。）**诸仁者！如此身，明智者所不怙。是身如聚沫，不可撮摩。**（撮摩聚沫之无实，以喻观身之虚伪。自此下，至电喻，明空义也。）**是身如泡，不得久立。**（不久，似明无常义，然水上泡以虚中无实故不久立，犹空义耳。）**是身如炎，从渴爱生。**（渴见阳炎，惑以为水；爱见四大，迷以为身。）**是身如芭蕉，中无有坚。**（芭蕉之草，唯叶无干。）**是身如幻，从颠倒起。**（见幻为人，四大为身，皆颠倒也。）**是身如梦，为虚妄见。**（梦中妄见，觉后非真。）**是身如影，从业缘现。是身如响，属诸因缘。**（身之起于业因，犹影响之生形声耳。）**是身如浮云，须臾变灭。是身如电，念念不住。**（变灭不住，似释无常，然皆取其虚伪不真，故速灭不住，犹释空义也。）**是身无主为如地，**（夫万事万形皆四大成，在外则为土木山河，

---

[1] 著乐而已：底本无，依敦煌本补。

[2] 天王也：底本作"王"，依敦煌本校订。

[3] 之：敦煌本无。

在内则为四支百体。聚而为生，散而为死。生则为内，死则为外。内外虽殊，然其大不异，故以内外四大类明无我也。如外地，古今相传，强者先宅，故无主也。身亦然耳，众缘所成，缘合则起，缘散则离，何有真宰常主之者？主、寿、人即[1]是一我，义立四名也。）**是身无我为如火，**（纵任自由谓之我。而外火起灭由薪，火不自在。火不自在，火无我也。外火既无我，内火类亦然。）**是身无寿为如风，**（常存不变谓之寿。而外风积气飘鼓，动止无常。动止无常，风无寿也。外风既无寿，内类可知。）**是身无人为如水。**（贵于万物而始终不改谓之人。而外水善利万形，方圆随物，洿隆异适，而体无定。体无定，则水无人也。外水既无人，内水类可知。）**是身不实，四大为家。**（四非常，讫于上。自此下，独明身之虚伪，众秽过患，四大假会以为神宅，非实家也。）**是身为空，离我我所。**（我，身之妙主也。我所，自我之外，身及国财，妻子万物，尽我所有。智者观身，身内空寂，二事俱离也。）**是身无知，如草木瓦砾。**（身虽能触而无知，内识能知而无触，自性而求，二俱无知。既曰无知，何异瓦砾？）**是身无作，风力所转。**（举动事为，风力使然，谁作之者[2]？）**是身不净，秽恶充满。**（三十六物充满其体。）**是身为虚伪，虽假以澡浴衣食，必归磨灭。**（虽复澡以香汤，衣以上服，苟曰非真，岂得久立？）**是身为灾，百一病恼。**（一大增损则百一病生，四大增损则四百四病同时俱作，故身为灾聚也。）**是身如丘井，为老所逼。**（神之处身，为老死所逼，犹危人之在丘井，为龙蛇所逼，缘在他经也。）**是身无定，为要当死。**（寿夭虽无定，不得不受死。）**是身如毒蛇，**（四大喻四蛇也。）**如怨贼，**（五荫喻五贼也。）**如空聚，**（六情喻空聚，皆有成[3]喻，在他经。是[4]故《涅槃经》云："观身如四大毒蛇。是身无常，常为无量诸虫之所唼食。是身臭秽，贪欲狱缚。是身可畏，犹如死狗。是身不净，九孔常流。是身如城，血肉筋骨，皮裹

---

[1] 即：底本无，依敦煌本补。

[2] 者：底本作"也"，依敦煌本校订。

[3] 成：底本作"诚证"，依敦煌本校订。

[4] 从"是"讫此段末，敦煌本及《大正藏》本校本甲均无。

其上，手足以为却敌楼橹，目为孔窍，头为殿堂，心王处中。如是身城，诸佛世尊之所弃舍，凡夫愚人常所味著，贪淫、嗔恚、愚痴罗刹止住其中。是身不坚，犹如芦苇、伊兰、水沫、芭蕉之树。是身无常，念念不住，犹如电光、暴水、幻炎，亦如画水，随画随合。是身易坏，犹如河岸临峻大树。是身不久，虎狼、鸱枭、雕鹫、饿狗之所食啖。谁有智者当乐此身？宁以牛迹盛大海水，不可具说是身无常、不净、臭秽。宁团大地使如枣等，渐渐转小如亭历子，乃至微尘，不能具说是身过患。是故当舍，如弃涕唾。"）

阴、界、诸入所共合成。（阴，五阴。界，十八界。入，十二入。此三法假合成身，犹若空聚，一无可寄。）

诸仁者！此可患厌，当乐佛身。（吾等同有斯患，可厌久矣，宜共乐求佛身。）**所以者何？**（近见者谓佛身直是形之妙者，未免生死寒暑之患，曷为而求？将为辩法身极妙之体也。）**佛身者，即法身也，**（经云：法身者，虚空身也。无生而无不生，无形而无不形。超三界之表，绝有心之境。阴入所不摄，称赞所不及。寒暑不能为其患，生死无以化其体。故其为物也，微妙无象，不可为有；备应万形，不可为无。弥纶八极，不可为小；细入无间，不可为大。故能出生入死，通洞乎无穷之化；变现殊方，应无端之求。此二乘之所不议，补处之所不睹。况凡夫无目，敢措心于其间哉！聊依经诚言，粗标其玄极耳。然则法身在天为天，在人而人，岂可近舍丈六而远求法身乎？）**从无量功德智慧生，**（夫极妙之身，必生于极妙之因。功德、智慧，大士二业也。此二业，盖是万行之初门，泥洹之关要，故唱言有之。自此下，虽别列诸行，然皆是无为无相行也。以行无相无为，故所成法身亦无相无为。）**从戒、定、慧、解脱、解脱知见生，**（五分法身。）**从慈、悲、喜、舍生，从布施、持戒、忍辱柔和、勤行精进、禅定解脱三昧、**（禅，四禅；定，四空定；解脱，八解脱；三昧，三三昧；此皆禅度之别行也。）**多闻智慧诸波罗蜜生，**（诸，即上六度也。波罗蜜，秦言到彼岸。彼岸，实相岸也。得无生以后，所修众行，尽与实相合体，无复分别也。）**从方便生，从六通生，**（七住以上则具六通。自非六通运其无方之化，无以成无极之体。）**从三明生，**（天眼、宿命智、漏尽通，为三明也。）从三十七道品生，从止观生，（止，定也[1]；观，慧也[2]。）从十力、四无所畏、十八不共法生，从断一切不善法、集一切善法生，（必断之志，必集之情，此二心行之纲目也。）从真实生，从不放逸生。（真实，善根所以生；不放逸，功业所以成，此二心行之要用也。）从如是无量清净法，生如来身。诸仁者！欲得佛身、断一切众生病者，当发阿耨多罗三藐三菩提心。"（发无上心，岂唯自除病，亦济群生病。）

如是，长者维摩诘为诸问疾者如应说法，令无数千人皆发阿耨多罗三藐三菩提心。

弟子品第三解

尔时，长者维摩诘自念寝疾于床，世尊大慈，宁不垂愍？（上善若水，所以洿隆斯顺。与善仁，故能曲成无吝；动善时[3]，所以会机不失。居众人之所恶，故能与彼同疾。世尊大慈，必见垂问，因以弘道，所济良多，此现疾之本意也。）

佛知其意，即告舍利弗："汝行诣维摩诘问疾。"（至人悬心默通，理先形言，冥机潜应，故命问疾也。舍利弗，五百弟子之上，智慧第一，故先敕也。如来知诸人不堪而犹命者，将显净名无穷之德，以生众会怖仰之情耳。舍利，其母名；弗，秦言子，天竺多以母名名子。）

舍利弗白佛言："世尊！我不堪任诣彼问疾。（奉佛使命，宜须重人。净名大士智慧[4]无量，非是弟子所能堪对[5]也。且曾为所呵，默不能报，岂敢轻奉使命，以致漏失之讥。）所以者何？忆念我昔曾于林中宴坐树下。

---

[1] 也：底本无，依敦煌本补。

[2] 也：底本无，依敦煌本补。

[3] "时"后，底本衍一"至"字，依敦煌本删。

[4] 慧：敦煌本作"辩"。

[5] 能堪对：底本作"堪能"，依敦煌本校订。

时维摩诘来谓我言：'唯，舍利弗！不必是坐为宴坐也。（无施之迹，效之于前矣。曾于林下宴坐，时净名来，以为坐法不尔也。）**夫宴坐者，不于三界现身意，是为宴坐。**（夫法身之宴坐，形神俱灭，道绝常境，视听所不及，岂复现身于三界、修意而为定哉！舍利弗犹有世报生身及世报[1]意根，故以人间为烦扰而宴坐林下，未能形神无迹，故致斯呵。凡[2]呵之兴，意在多益，岂存彼我，以是非为心乎？）**不起灭定而现诸威仪，是为宴坐。**（小乘入灭尽定，则形犹枯木，无运用之能。大士入实相定，心智永灭，而形充八极，顺机而作，应会无方，举动进止不舍威仪，其为宴坐[3]也，亦以极矣！上云不于三界现身意，此云现诸威仪，夫以无现故能无不现，无不现即无现之体也。庶参玄[4]君子，有以会其所以同而同其所以异也。）**不舍道法而现凡夫事，是为宴坐。**（小乘障隔生死，故不能和光。大士美恶齐旨，道俗一观，故终日凡夫，终日道法也。净名之有居家，即其事也。）**心不住内，亦不在外，是为宴坐。**（身为幻宅，曷为住内？万物斯虚，曷为在外？小乘防念，故系心于内。凡夫多求，故驰想于外。大士齐观，故内外无寄也。）**于诸见不动，而修行三十七品，是为宴坐。**（诸见，六十二诸妄见也。夫以见为见者，要动舍诸见，以修道品。大士观诸见真性即是道品，故不近舍诸[5]见而远修道品也。）**不断烦恼而入涅槃，是宴坐。**（七使、九结，恼乱群生，故名为烦恼。烦恼真性即是涅槃。慧力强者观烦恼即是入涅槃，不待断而后入也。）**若能如是坐者，佛所印可。'**（此平等法坐，佛所印可，岂若仁者有待之坐乎？）**时我，世尊，闻说是语，默然而止，不能加报。**（理出意外，莫知所对也。）**故我不任诣彼问疾。"**

佛告大目犍连：（目连，弟子中神足第一，出婆罗门种，姓目犍连，

---

[1] 报：敦煌本作"俗"。

[2] 凡：敦煌本作"此"。

[3] 坐：敦煌本无。

[4] 参玄：敦煌本作"玄达"。

[5] 诸：敦煌本作"妄"。

字拘律陀也。）"汝行诣维摩诘问疾。"

目连白佛言："世尊！我不堪任诣彼问疾。所以者何？忆念我昔入毗耶离大城，于里巷中为诸居士说法。（经不载其所说，依后呵意，当是说有为善法施戒之流也。）时，维摩诘来谓我言：'唯，大目连！为白衣居士说法，不当如仁者所说。（净名观诸居士应闻空义，而目连不善观人根，导以有法，故致呵也。）夫说法者，当如法说。（法谓一相真实法也，法义自备之后文。）法无众生，离众生垢故。（自此以下，辨[1]真法义也。夫存众生，则垢累[2]真法。若悟法无众生，则其垢自离。众生自我习著偏重，故先明其无我也[3]。）法无有我，离我垢故。法无寿命，离生死故。（生死，命之始终耳。始终既离，则寿命斯无。诸言离者，皆空之别名也。）法无有人，前后际断故。（天生万物，以人为贵。始终不改谓之人，故外道以人名神，谓始终不变。若法前后际断，则新新不同。新新不同，则无不变之者。无不变之者，则无复人矣。）法常寂然，灭诸相故。（夫有相则异端形。异端既形，则是非生。是非既生，安得寂然？诸相既灭，则无不寂然。）法离于相，无所缘故。（缘，心缘也。相，心之影响也。夫有缘故有相，无缘则无相也。）法无名字，言语断故。（名生于言，言断谁名？）法无有说，离觉观故。（觉观粗心，言语之本。真法无相，故觉观自离。觉观既离，则无复言说。二禅以上，以无觉观故，故称圣贤默然也。）法无形相，如虚空故。（万法万形，万形万相。[4]）法无戏论，毕竟空故。（真境无言，凡有言论，皆是虚戏[5]。妙绝言境，毕竟空也。）法无我所，离我所故。（上直明无我，此明无我所。自我之外，一切诸法皆名我所。）法无分别，离诸识故。（分别生于识也。）法无有比，无相待故。（诸法相待生，犹长短比而形也。）法不属因，不在缘故。（前后相生，因也。

---

[1] "辩"下，敦煌本有"众生"二字。

[2] 累：底本无，依敦煌本补。

[3] 我也：底本无，依敦煌本补。

[4] 本条注释，敦煌本无。

[5] 虚戏：敦煌本作"戏论"。

现相助成，缘也。诸法要因缘相假，然后成立。若观法不在缘，则法不属因也。）**法同法性，入诸法故。**（如、法性、真际，此三空，同一实耳，但用[1]观有深浅，故别立三名。始见法实，如远见树，知定是树，名为如。见法转深，如近见树，知是何木，名为法性。穷尽法实，如尽知树根茎枝叶之数，名为实际。此三未始非树，因见为异耳。所说真法同此三空也。入诸法者，诸法殊相，谁能遍入？遍入诸法者，其唯法性乎！）**法随于如，无所随故。**（法自无法，谁随如者？以无所随，故名随如也。）**法住实际，诸边不动故。**（有边故有动，无边何所动。无边之边，谓之实际，此真法之所住也。）**法无动摇，不依六尘故。**（情依六尘，故有奔逸之动。法本无依，故无动摇。）**法无去来，常不住故。**（法若常住，则从未来到现在，从现在到过去，法经三世，则有去来也。以法不常住，故法无去来也。）**法顺空，随无相，应无作。**（同三空也。）**法离好丑，法无增损，法无生灭，法无所归，法过眼、耳、鼻、舌、身、心。**（超出常境，非六情之所及。）**法无高下，法常住不动。**（真法常住[2]，贤圣不能移也。）**法离一切观行。**（法本无相，非观行之所见。见之者，其唯无观乎！）**唯，大目连！法相如是，岂可说乎？**（心观不能及，岂况于言乎？）**夫说法者无说无示，其听法者无闻无得。**（无说岂曰不言，谓能无其所说。无闻岂曰不听，谓能无其所闻。无其所说，故终日说而未尝说也。无其所闻，故终日闻而未尝闻也。示，谓说法示人。得，谓闻法所得。）**譬如幻士为幻人说法，当建是意而为说法。**（当如幻人无心而说。）**当了众生根有利钝，**（居士应闻空义，而目连为说有法者，由其未了众生根也。）**善于知见，无所挂碍。**（说有不辨空[3]者，由其于诸法无碍知见未悉善也。无碍知见，即实相智也。）**以大悲心，赞于大乘，**（自舍空义，诸有所说皆非弘赞大乘之道。非弘赞大乘之道，则非大悲之心。）**念报佛恩，不断三宝。**（夫大悲所以建，大

---

[1] 用：敦煌本作"因"。

[2] 住：敦煌本作"定"。

[3] 空：敦煌本作"空义"。

乘所以驾，佛恩所以报，三宝所以隆，皆由明了人根，善开实相。而目连备缺斯事，故以诲之。）**然后说法。'**（若能备如上事，然后可说法也。）**维摩诘说是法时，八百居士发阿耨多罗三藐三菩提心。我无此辩，是故不任诣彼问疾。"**

佛告大迦叶：（迦叶，弟子中苦行第一，出婆罗门种，姓迦叶也。）**"汝行诣维摩诘问疾。"**

迦叶白佛言："世尊！我不堪任诣彼问疾。所以者何？忆念我昔于贫里而行乞，时维摩诘来谓我言：'唯，大迦叶！有慈悲心而不能普，舍豪富，从贫乞。（迦叶以贫人昔不植福，故生贫里，若今不积善，后复弥甚，愍其长苦，多就乞食。净名以其舍富从贫，故讥迦叶不普也。）**迦叶！住平等法，应次行乞食。**（生死轮转，贵贱无常。或今贫后富，或今富后贫。大而观之，苦乐不异。是以凡住平等之为[1]法，应次第行乞，不宜去富从贫也。）**为不食故，应行乞食。**（不食，即涅槃法也。涅槃无生死寒暑饥渴之患，其道平等，岂容分别？应以此等心而行乞食，使因果不殊也。）**为坏和合相故，应取揣食。**（五阴、揣食，俱和合相耳。坏五阴和合名为涅槃，应以此心而取揣食也。若然，则终日揣食，终日涅槃。）**为不受故，应受彼食。**（不受亦涅槃法也。夫为涅槃而行乞者，应以无受心而受彼食，然则终日受而未尝受也。）**以空聚想，入于聚落。**（空聚亦涅槃相也，凡入聚落，宜存此相。若然，则终日聚落，终日空聚也。）**所见色与盲等，**（二乘恶厌生死，怖畏六尘，故诫以等观也。盲谓不见美恶之异，非谓闭目也。）**所闻声与响等，**（未有因山响而致喜怒也。）**所嗅香与风等。**（香臭因风，风无香臭。又取其不存也。）**所食味，不分别。受诸触，如智证。**（得漏[2]尽智、无生智，自证成道，举身柔软快乐而不生著。身受诸触，宜若此也。）**知诸法如幻相，无自性、无他性，**（诸法如幻，从因缘生，岂自他之可得？夫有自故有他，有他故有自；无自则无他，无他亦无自也。）

---

[1] 为：敦煌本无。

[2] 漏：敦煌本无。

本自不然，今则无灭。（如火有燃，故有灭耳。法性常空，本自无起，今何所灭？犹释意所对法也。）迦叶！若能不舍八邪，入八解脱，（八邪、八解，本性常一。善观八邪，即入八解，曷为舍邪、更求解脱乎？若能如是者，名入解脱也。）以邪相入正法，（若本性常一者，则邪正相入，不乖其相也。）以一食施一切，供养诸佛及众贤圣，然后可食。（因诲以无碍施法也。若能等邪正，又能以一食等心施一切众生、供养诸佛贤圣者，乃可食人之食也。无碍施者，凡得食要先作意施一切众生，然后自食。若得法身，则能实充足一切，如后一钵饭也。若未得法身，但作意等施，即是无碍施法也。）如是食者，非有烦恼、非离烦恼，（有烦恼食，凡夫也。离烦恼食，二乘也。若能如上平等而食者，则是法身之食，非有烦恼而食，非离烦恼而食也。）非入定意、非起定意，（小乘入定则不食，食则不入定。法身大士终日食而终日定，故无出入之名也。）非住世间、非住涅槃。（欲言住世间，法身绝常俗；欲言住涅槃，现食同人欲。）其有施者，无大福、无小福，不为益、不为损。（若能等心受食，则有等教。既有等教，则施主同获平等，不计福之大小、己之损益也。）是为正入佛道，不依声闻。（平等乞食，自利利人，故正入佛道，不依声闻道也。）迦叶！若如是食，为不空食人之施也。'（食[1]必有益。）时我，世尊，闻说是语，得未曾有，即于一切菩萨深起敬心。复作是念：'斯有家名，辩才智慧乃能如是，其谁不发阿耨多罗三藐三菩提心！'（时谓在家大士智辩尚尔，其谁不发无上心也。）我从是来，不复劝人以声闻、辟支佛行，（始知二乘之劣，不复以劝人也。）是故不任诣彼问疾。"

佛告须菩提：（须菩提，秦言善吉，弟子中解空第一也。）"汝行诣维摩诘问疾。"

须菩提白佛言："世尊！我不堪任诣彼问疾。所以者何？忆念我昔入其舍，从乞食。时维摩诘取我钵，盛满饭，谓我言：'唯，须菩提！若能于食等者，诸法亦等；诸法等者，于食亦等。如是行乞，乃可取食。（须

---

[1] 食：敦煌本作"人"。

菩提以长者豪富自恣，多怀贪吝，不虑无常，今虽快意，后必贫苦，愍其迷惑，故多就乞食。次入净名舍，其即取钵盛满[1]饭，未授之间，讥其不等也。言万法同相，准一可知，若于食等，诸法亦等；诸法等者，于食亦等。以此行乞，乃可取食耳，曷为舍贫从富、自生异想乎？）**若须菩提不断淫怒痴，亦不与俱；**（断淫怒痴，声闻也。淫怒痴俱，凡夫也。大士观淫怒痴即是涅槃，故不断不俱。若能如是者，乃可取食也。）**不坏于身，而随一相；**（万物齐旨，是非同观，一相也。然则身即一相，岂待坏身灭体然后谓之一相乎？身，五阴身，非法身[2]也。）**不灭痴爱，起于明脱；**（声闻以痴瞪智，故痴灭而明；以爱系心，故爱解而脱。大士观痴爱真相即是明脱，故不灭痴爱而起明脱。）**以五逆相而得解脱，亦不解不缚；**（五逆真相即是解脱，岂有缚解之异耶？五逆，罪之尤者；解脱，道之胜者。若能即五逆相而得解脱者，乃可取人之食也。）**不见四谛，非不见谛；**（真见谛者，非如有心之见，非如无心之不见也。）**非得果，非不得果；非凡夫，非离凡夫法；**（果，诸道果也。不见四谛，故非得果；非不见谛，故非凡夫。虽非凡夫而不离凡夫法，此乃平等之道也。）**非圣人，非不圣人；**（不离凡夫法，非圣人也；道过三界，非不圣人也。）**虽成就一切法，而离诸法相，**（不舍恶法而从善，则一切诸法于何不成？诸法虽成而离其相。以离其相故，则美恶斯成矣。）**乃可取食。**（若能备如上说，乃可取食。）**若须菩提不见佛、不闻法，**（犹诲以平等也。夫若能齐是非、一好丑者，虽复上同如来，不以为尊；下等六师，不以为卑。何则？天地一旨，万物一观，邪正虽殊，其性不二，岂有如来独尊而六师独卑乎？若能同彼六师，不见佛、不闻法，因其出家，随其所堕，而不以为异者，乃可取食也。此盖穷理尽性、极无方之说也。善恶反论而不违其常，邪正同辨而不丧其真。斯可谓平等正化、莫二之道乎！）**彼外道六师富兰那迦叶、**（姓迦叶，字富兰那。其人起邪见，谓一切法断灭性空，无君臣父子忠孝之道也。）**末**

---

[1] 满：底本无，依敦煌本补。

[2] 非法身：底本无，依敦煌本补。

伽梨拘赊梨子、（末伽梨，字也。拘赊梨，其母名也。其人起见，谓众生苦乐不因行得，自然耳也。）**删阇夜毗罗胝子**、（删阇夜，字也。毗罗胝，其母名也。其人谓道不须求，经生死劫数，苦尽自得。如转缕丸于高山，缕尽自止，何假求耶？）**阿耆多翅舍钦婆罗**、（阿耆多，字也。翅舍钦婆罗，粗弊衣名也。其人着弊衣，自拔发，五热炙身，以苦行为道，谓今身并受苦，后身常乐者也。）**迦罗鸠驮迦旃延**、（姓迦旃延，字迦罗鸠驮。其人谓诸法亦有相、亦无相。）**尼犍陀若提子等**，（尼犍陀，其出家总名也，如佛法出家名沙门。若提，母名也。其人谓罪福苦乐本有定因，要当必受，非行道所能断也。六师，佛未出世时，皆道王天竺也。）**是汝之师，因其出家。彼师所堕，汝亦随堕。**（生随邪见，死堕恶道。）**乃可取食。**（若能同彼六师而不坏异相者，乃可取食也。[1]）**若须菩提入诸邪见，不到彼岸；**（彼岸，实相岸也。惑者以邪见为邪，彼岸为正，故舍此邪见，适彼岸耳。邪见、彼岸本性不殊，曷为舍邪而欣彼岸乎？是以入诸邪见不入彼岸者，乃可取食也。自六师以下，至于"不得灭度"，类生逆谈，以成大顺，庶通心君子有以标其玄旨而遗其所是也。）**住于八难，不得无难；**（夫见难为难者，必舍难而求无难也。若能不以难为难，故能住于难，不以无难为无难，故不得于无难也。）**同于烦恼，离清净法。**（夫能悟恼非恼，则虽恼而净。若以净为净，则虽净而恼。是以同恼而离净者，乃所以常净也。）**汝得无诤三昧，一切众生亦得是定。**（善吉之与众生，性常自一，曷为善吉独得而群生不得乎？此明性本不偏也。善吉于五百弟子中解空第一，常善顺法相，无违无诤。内既无诤，外亦善顺群心，令无诤讼，得此定，名无诤三昧也。）**其施汝者不名福田，**（我受彼施，令彼获大福，故名福田。身犹本空[2]，彼我不异，谁为福[3]者？谁为田者？）**供养汝者堕三恶道；**（五逆之损，供养之益，大观正[4]齐，未觉其异。若五逆而可堕，

---

[1] 此条注释，底本无，依敦煌本补。

[2] 身犹本空：底本作"耳犹大观之"，现按敦煌本校订。

[3] 福：敦煌本作"种"。

[4] 正：敦煌本作"所"。

供养亦堕也。）**为与众魔共一手，作诸劳侣；**（众魔，四魔也，共为诸尘劳之党侣也。）**汝与众魔及诸尘劳，等无有异；**（既为其侣，安得有异？夫以无异，故能成其异也。）**于一切众生而有怨心，谤诸佛，毁于法，**（怨亲之心，毁誉之意，美恶一致，孰云其异？苟曰不异，亦何为不同焉。）**不入众数，终不得灭度。汝若如是，乃可取食。'**（犯重罪者，不得入贤圣众数，终不得灭度。若能备如上恶，乃可取食也。何者？夫舍恶从善，人之常情耳。然则是非经心，犹未免于累。是以等观者，以存善为患，故舍善以求宗；以舍恶为累，故即恶而反本。然则即恶有忘累之功，舍善有无染之勋。故知同善未为得，同恶未为失。净名言意，似在此乎？）

时我，世尊，闻此茫然，不识是何言，不知以何答，便置钵，欲出其舍。（净名言逆而理顺，善吉似未思其言，故不识是何说，便舍钵而欲出也。）维摩诘言：'唯，须菩提！取钵勿惧。于意云何？如来所作化人，若以是事诘，宁有惧不？'（净名欲令善吉弘平等之道，无心以听，美恶斯顺，而善吉本不思其言，迷其所说，故复引喻以明也。）我言：'不也。'维摩诘言：'一切诸法如幻化相，汝今不应有所惧也。（若[1]于弟子中解空第一，既知化之无心，亦知法之如化，以此而听，曷为而惧？）所以者何？一切言说，不离是相。（是相，即幻化[2]相也。言说如化，听亦如化，以化听化，岂容有惧？）至于智者，不著文字，故无所惧。何以故？文字性离，（夫文字之作，生于惑取。法无可取，则文相自离。虚妄假名，智者不著。）无有文字，是则解脱。（解脱，谓无为真解脱也。夫名生于不足，足则无名，故无有文字是真解脱。）解脱相者，则诸法也。'（名生于法，法生于名。名既解脱，故诸法同解脱也。）维摩诘说是法时，二百天子得法眼净。故我不任诣彼问疾。"

佛告富楼那弥多罗尼子：（富楼那，字也，秦言满。弥多罗尼，母名也，

---

[1] 若：敦煌本作"君"。

[2] 化：底本无，依敦煌本补。

秦言善知识。随[1]母名为字，弟子中辩才第一也。）"汝行诣维摩诘问疾。"

富楼那白佛言："世尊！我不堪任诣彼问疾。所以者何？忆念我昔于大林中，在一树下，为诸新学比丘说法。时，维摩诘来谓我言：'唯，富楼那！先当入定，观此人心，然后说法。（大乘自法身以上，得无碍真心，心智寂然，未尝不定。以心常定，故能万事普照，不假推求然后知也。小乘心有限碍，又不能常定，凡所观察，在定则见，出定不见。且声闻定力深者，见众生根，极八万劫耳；定力浅者，数身[2]而已。大士所见，见及无穷。此新学比丘根在大乘，应闻大道，而为说小乘[3]法，故诲其入定也。）无以秽食，置于宝器。（秽食充饥，小乘法也。盛无上宝，大乘器也。）当知是比丘心之所念，无以琉璃同彼水精。（当识其心念之根本，无令真伪不辨也。）汝不能知众生根源，无得发起以小乘法。彼自无疮，勿伤之也。（彼大乘之体，自无疮疣，无以小乘之刺损伤之也。）欲行大道，莫示小径。无以大海内于牛迹，（大物当置之大处，曷为回龙象于兔径、注大海于牛迹乎？）无以日光等彼萤火。（明昧之殊，其喻如此，而欲等之者，何耶？）富楼那！此比丘久发大乘心，中忘此意，（未得无生心，皆有退忘也。）如何以小乘法而教导之？我观小乘智慧微浅犹如盲人，不能分别一切众生根之利钝。'时，维摩诘即入三昧，令此比丘自识宿命，曾于五百佛所植众德本，回向阿耨多罗三藐三菩提。（净名将开其宿心，成其本意，故以定力，令诸比丘暂识宿命，自知曾于五百佛所植众德本，曾已[4]回此功德向无上道，此其本意[5]也。）即时豁然，还得本心。于是，诸比丘稽首礼维摩诘足。时维摩诘因为说法，于阿耨多罗三藐三菩提不复退转。我念声闻不观人根，不应说法，是故不任诣彼问疾。"

佛告摩诃迦旃延：（迦旃延，南天竺婆罗门姓也，即以本姓为名，弟

---

[1] 随：敦煌本作"通以"。

[2] 数身：底本作"身数"，依敦煌本校订。

[3] 乘：底本无，依敦煌本补。

[4] 已：底本作"以"，依敦煌本校订。

[5] 意：底本无，依敦煌本补。

子中解义第一也。）"汝行诣维摩诘问疾。"

迦旃延白佛言："世尊！我不堪任诣彼问疾。所以者何？忆念昔者，佛为诸比丘略说法要，（如来常略说有为法无常、苦、空、无我，无为法寂灭不动。此二言总一切法尽，故言略。）我即于后敷演其义，谓无常义、苦义、空义、无我义、寂灭义。（如来言说未尝有心，故其所说法未尝有相。迦旃延不[1]谕玄旨，故于入室之后，皆以相说也。何则？如来去常故说无常，非谓是无常；去乐故言苦，非谓是苦；去实故言空，非谓是空；去我故言无我，非谓是无我；去相故言寂灭，非谓是寂灭。此五者，可谓无言之教、无相之谈。而迦旃延造极不同，听随心异，闻无常则取其流动，乃至闻寂灭亦取其灭相。此言同旨异，迦旃延所以致惑也。）时，维摩诘来谓我言：'唯，迦旃延！无以生灭心行，说实相法。（心者何也？惑相所生。行者何也？造用之名。夫有形必有影，有相必有心。无形故无影，无相故无心。然则心随事转，行因用起。见法生灭，故心有生灭。悟法无生，则心无生灭。迦旃延闻无常义，谓法有生灭之相。法有生灭之相，故影响其心同生灭也。夫实相幽深，妙绝常境，非有心之所知，非辩者之能言，如何以生灭心行而欲说乎？）迦旃延！诸法毕竟不生不灭，是无常义。（此辩如来略说之本意也。小乘观法生灭为无常义，大乘以不生不灭为无常义。无常名同而幽致超绝，其道虚微，固[2]非常情之所测。妙得其旨者，净名其人也。）五受阴洞达空无所起，是苦义。（有漏五阴，爱染生死，名受阴也。小乘以受阴起则众苦生，为苦义。大乘通达受阴内外常空，本自无起，谁生苦者？此真苦义也。）诸法究竟无所有，是空义。（小乘观法缘起，内无真主为空义，虽能观空，而于空未能都泯，故不究竟。大乘在有不有，在空不空，理无不极，所以究竟空义也。）于我无我而不二，是无我义。（小乘以封我为累，故尊于无我。无我既尊，则于我为二。大乘是非齐旨，二者不殊，为无我义也。）法本不然，今则无灭，是寂灭义。'

---

[1] 不：敦煌本作"子未"。

[2] 固：敦煌本作"故"。

（小乘以三界炽然，故灭之以求无为。夫炽然既形，故灭名以生。大乘观法本自不然，今何所灭？不然不灭，乃真寂灭也。）说是法时，彼诸比丘心得解脱，故我不任诣彼问疾。"

佛告阿那律：（阿那律，秦言如意，刹利种也，弟子中天眼第一。）"汝行诣维摩诘问疾。"

阿那律白佛言："世尊！我不堪任诣彼问疾。所以者何？忆念我昔于一处经行，时有梵王名曰严净，与万梵俱，放净光明，来诣我所，稽首作礼，问我言：'几何阿那律天眼所见？'（梵王闻阿那律天眼第一，故问所见远近。）我即答言：'仁者！吾见此释迦牟尼佛土三千大千世界，如观掌中庵摩勒果。'（庵摩勒果，形似槟榔，食之除风冷。时手执此果，故即以为喻也。）时，维摩诘来谓我言：'唯，阿那律！天眼所见，为作相耶？无作相耶？（三界报身，六情诸根从结业起，名为有作相也。法身出三界，六情诸根不由结业生，名为无作相。夫以有作，故有所不作。以法身无作，故无所不作也。）假使作相，则与外道五通等。（外道修俗禅得五通，然不能出凡夫见闻之境，此有作相也，欲等之乎[1]？）若无作相，即是无为，不应有见。'（若无作相，即是法身无为之相，岂容见闻近远之言。）世尊！我时默然。（欲言作相，则同彼外道；欲言无作，则违前见意，故不知所答也。）彼诸梵闻其言，得未曾有，即为作礼而问曰：'世孰有真天眼者？'（诸梵谓天眼正以彻视远见为理，而净名致诘，殊违本涂，疑有真异，故致斯问。）维摩诘言：'有佛世尊，得真天眼，常在三昧，悉见诸佛国，不以二相。'（真天眼，谓如来法身无相之目也，幽烛微形，巨细兼睹，万色弥广，有若目前，未尝不见而未尝有见，故无眼色之二相也。二乘在定则见，出定不见。如来未尝不定，未尝不见，故常在三昧也。）于是，严净梵王及其眷属五百梵天，皆发阿耨多罗三藐三菩提心，礼维摩诘足已，忽然不现。（其所发明成立若此。）故我不任诣彼问疾。"

---

[1] 乎：底本作"哉"，依敦煌本校订。

佛告优波离：（优波离，秦言上首，弟子中持律第一。）"汝行诣维摩诘问疾。"

优波离白佛言："世尊！我不堪任诣彼问疾。所以者何？忆念昔者，有二比丘犯律行，以为耻，不敢问佛，来问我言：'唯，优波离，我等犯律，诚以为耻，不敢问佛，愿解疑悔，得免斯咎。'（愧其所犯，不敢问佛。以优波离持律第一，故从问也。疑其所犯，不知轻重，悔其既往废乱道行，故请持律，解免斯咎也。）我即为其如法解说。（如法，谓依戒律，决其罪之轻重，示其悔过法也。）时，维摩诘来谓我言：'唯，优波离！无重增此二比丘罪。当直除灭，勿扰其心。（二比丘既犯律行，疑悔情深，方重结其罪，则封累弥厚。封累既^[1]厚，则罪垢弥增。当直说法空，令悟罪不实。悟罪不实则封累情除，封累情除则罪垢斯灭矣。曷为不察其根，为之决罪，扰乱其心，重增^[2]累乎？）所以者何？彼罪性不在内，不在外，不在中间。（覆释所以直除之意也。夫罪累之生，因缘所成，求其实性，不在三处。如杀因彼我，彼我即内外也。自我即非杀，自彼亦非杀。彼我既非，岂在中间？众缘所成，寻之悉虚也。）如佛所说，心垢故众生垢，心净故众生净。心亦不在内，不在外，不在中间。如其心然，罪垢亦然。（寻知^[3]其本也。夫执本以知其末，守母以见其子。佛言众生垢净皆由心起，求心之本，不在三处。心既不在，罪垢可知也。）诸法亦然，不出于如。（万法云云，皆由心起，岂独垢净之然哉！故诸法亦然，不离于如，如谓如其^[4]本相也。）如优波离以心相得解脱时，宁有垢不？'我言：'不也。'（得解脱时，谓其初成阿罗汉，得^[5]第九解脱，尔时心冥一义，无复心相。欲以其心类明众心，故先定其言也。）维摩诘言：'一切众生心相无垢，亦复如是。（群生心相，如心解脱相。）唯，优波离！妄想是垢，无妄想

---

[1] 既：敦煌本作"弥"。

[2] 重增：敦煌本作"增其罪"。

[3] 寻知：敦煌本作"逆寻"。

[4] 其：底本无，依敦煌本补。

[5] 得：底本无，依敦煌本补。

是净。（优波离分别罪相，欲以除垢。罪本无相而妄生罪相，乃更增尘垢也。其言虽泛，意在于是。）**颠倒是垢，无颠倒是净。**（无罪而见罪，颠倒也。）**取我是垢，不取我是净。**（见罪，即存我也。）**优波离！一切法生灭不住，如幻、如电，诸法不相待，乃至一念不住。**（成前无相常净义也。诸法如电，新新不停，一起一灭，不相待也。弹指顷有六十念过，诸法乃无一念顷住，况欲久停？无住则如幻，如幻则不实，不实则为空，空则常净。然则物物斯净，何有罪累于我哉！）**诸法皆妄见，如梦、如炎、如水中月、如镜中像，以妄想生。**（上明外法不住，此明内心妄见，俱辩空义，内外为异耳。夫以见妄，故所见不实。所见不实，则实存于所见之外。实存于所见之外，则见所不能见。见所不能见，故无相常净也。上二喻取其速灭，此四喻取其妄想。）**其知此者，是名奉律。其知此者，是名善解。'**（若能知法如此，乃名善解奉法律耳。不知此法，而称持律第一者，何耶？令知优波离谬教意也。）**于是二比丘言：'上智哉！是优波离所不及，持律之上而不能说。'**（二比丘悟罪常净，无复疑悔，故致斯叹。）**我答言：'自舍如来，未有声闻及菩萨，能制其乐说之辩。**（内有乐说智生，则说法[1]无穷，名乐说辩也。此辩一起，乃是补处之所叹，而况声闻乎？）**其智慧明达为若此也。'**（其明达若此，吾岂能及？）**时二比丘疑悔即除，发阿耨多罗三藐三菩提心，作是愿言：'令一切众生皆得是辩。'故我不任诣彼问疾。"**

佛告罗睺罗：（罗睺罗，秦言覆障，六年为母胎所障，因以为名，弟子中密行第一。）**"汝行诣维摩诘问疾。"**

罗睺罗白佛言："世尊！我不堪任诣彼问疾。所以者何？忆念昔时，毗耶离诸长者子来诣我所，稽首作礼，问我言：'唯，罗睺罗！汝佛之子，舍转轮王位，出家为道。其出家者，有何等利？'（佛不出家，应为金轮王，王四天下。罗睺罗不出家，应为铁轮王，王一天下。以其所舍不轻，所期必重，故问其利也。）**我即如法为说出家功德之利。**（不善知其根，为说

---

[1] 说法：敦煌本作"应说"，或"通说"。

有为功德利也。）时，维摩诘来谓我言：'唯，罗睺罗！不应说出家功德之利。所以者何？无利无功德，是为出家。（夫出家之意，妙存无为。无为之道，岂容有功德利乎？）有为法者，可说有利有功德。夫出家者为无为法，无为法中无利无功德。（夫有无为之果，必有无为之因，因果同相，自然之道也。出家者为无为，即[1]无为之因也。无为无利无功德，当知出家亦然矣。）罗睺罗！出家者，无彼无此，亦无中间。（伪出家者，恶此生死，尊彼涅槃，故有中间三处之异。真出家者，遣万累，亡彼此，岂有是非三处之殊哉！）离六十二见，处于涅槃。（既无彼此，则离众邪见，同涅槃也。上直明出家之义，自此下明出家之事。虽云其事，然是无事事耳。何则？出家者以去累为志，无为为心。以心无为，故所造众德皆同[2]无为也。）智者所受，圣所行处。（贤智闻之而从，众圣履之而通，可谓真出家之道。）降伏众魔，（众魔，四魔也。正道既夷，邪径自塞。经曰：一人出家，魔宫皆动。）度五道，（五道非无为之路也。）净五眼，（净五眼，如《放光》说也。）得五力，立五根，不恼于彼，（道超事外，与物无逆，何恼之有耶？）离众杂恶，（俗善虽善，犹杂不善。道法真净，故纯善不杂也。）摧诸外道，（日月不期去暗而暗自除，出家不期摧外道而外道自消也。）超越假名，（万事万名，虚假以生。道在真悟，故超越假名。）出淤泥，无系著，（出生死爱见之淤泥，无出家爱道之系著也。）无我所，（出家之道，本乎[3]无为[4]。）无所受，（无四受也，欲受、我受、戒受、见受。）无扰乱，内怀喜，（夫扰乱出于多求，忧苦生乎不足。出家寡欲，扰乱斯无。道法内充，故怀喜有余。）护彼意，随禅定，离众过。（诸长者子应闻出家无为之道，而示以有为功德之利，是由不随禅以观其根、不审法以将其意。众过之生，其在此乎？故因明出家以诫之也。）若能如是，是真出家。'（若能不违上说，乃应出家之道。出家之道，非存利之所能

---

[1] "即"下，《大正藏》本校本甲有一"有"字。

[2] 同：底本无，依敦煌本补。

[3] 乎：敦煌本作"于"。

[4] 为：敦煌本作"我"。

•

也。）于是，维摩诘语诸长者子："汝等于正法中宜共出家。所以者何？佛世难值。'（净名知其不得出家而劝之者，欲发其无上道心耳。）诸长者子言："居士！我闻佛言：父母不听，不得出家。'（非不欲出家，不欲[1]违亲耳。）维摩诘言："然。汝等便发阿耨多罗三藐三菩提心，是即出家，是即具足。'（虽为白衣，能发无上心者，便为出家，具足戒行矣。[2]）尔时，三十二长者子皆发阿耨多罗三藐三菩提心。故我不任诣彼问疾。"

佛告阿难：（阿难，秦言欢喜，弟子中总持第一。）"汝行诣维摩诘问疾。"

阿难白佛言："世尊！我不堪任诣彼问疾。所以者何？忆念昔时，世尊身小有疾，当用牛乳。我即持钵，诣大婆罗门家门下立。时，维摩诘来谓我言：'唯，阿难！何为晨朝持钵住此？'我言：'居士！世尊身小有疾，当用牛乳，故来至此。'维摩诘言：'止！止！阿难！莫作是语。（至人举动岂虚也哉！如来现疾之所度，净名致呵之所益，皆别载他经。）如来身者，金刚之体，诸恶已断，众善普会，当有何疾？当有何恼？（夫痛患之生，行业所为耳。如来善无不积，恶无不消，体若金刚，何患之有？）默往，阿难！（默然而往。）勿谤如来，（如来无疾，言疾则谤。）莫使异人闻此粗言。无令大威德诸天，及他方净土诸来菩萨，得闻斯语。阿难！转轮圣王以少福故尚得无病，岂况如来无量福会普胜者哉！（转轮圣王随命修短，终身无病。）行矣！阿难！勿使我等受斯耻也。外道梵志若闻此语，当作是念：'何名为师？自疾不能救而能救诸疾人？'可密速去，勿使人闻。（正士闻则谓汝不达，邪士闻则谓佛实有疾，何名为法之良医，身疾不能救而欲救人心疾乎？）当知，阿难，诸如来身，即是法身，非思欲身。（三界有待之形，名思欲身也。法身之义，已记之于[3]善权

---

[1] 欲：敦煌本作"敢"。

[2] 此条注释，底本作"罗什曰"，依敦煌本及《关中疏》补入。

[3] 于：底本无，依敦煌本补。

也[1]。）**佛为世尊，过于三界。佛身无漏，诸漏已尽。**（夫法身虚微[2]，妙绝常境，情累不能染，心想不能议，故曰诸漏已尽，过于三界，三界之内皆有漏也。）**佛身无为，不堕诸数。**（法身无为而无不为。无不为故现身有病，无为故不堕有数。）**如此之身，当有何疾！'时我，世尊，实怀惭愧，得无近佛而谬听耶？**（受使若此，致讥若彼，进退怀愧，或谓[3]谬听也。）**即闻空中声曰：'阿难！如居士言。但为佛出五浊恶世，现行斯法，度脱众生。行矣！阿难！取乳勿惭。'**（以其愧惑，故空声止[4]之。如居士言，何有无漏之体婴世之患？但为度五浊群生，故现斯疾耳，取乳勿惭也。五浊者，劫浊、众生浊、烦恼浊、见浊、命浊。）**世尊！维摩诘智慧辩才为若此也。是故不任诣彼问疾。"**

如是五百大弟子各各向佛说其本缘，称述维摩诘所言，皆曰不任诣彼问疾。

菩萨品第四解

于是佛告弥勒菩萨：（弥勒，南天竺婆罗门姓，出此姓，即以为名焉。）**"汝行诣维摩诘问疾。"**（五百弟子皆已不任，故复命菩萨者，将备显净名难酬德也。）

弥勒白佛言："世尊！我不堪任诣彼问疾。所以者何？忆念我昔为兜率天王及其眷属，说不退转地之行。（下呵云"实无发心亦无退者"，以此而推，似存不退之行，以劝发无上之心也。虽曰胜期，犹未免乎累，教迹不泯，故致斯呵。然经云补处大士心无不一，智无不周，应物而动，何阙之有？是由得失同怀，修短迭应，利彼而动，无计诸己。故弥勒假有以

[1] 也：底本无，依敦煌本补。
[2] 微：敦煌本作"微"。
[3] 谓：敦煌本无。
[4] 止：敦煌本作"正"。

启始，净名居宗以济终，互为郢匠，器彼淳朴。虽复迹同儒墨，致教不一，然相成之美，实存其中矣。）时，维摩诘来谓我言：'弥勒！世尊授仁者记，一生当得阿耨多罗三藐三菩提。为用何生得受记乎？过去耶？未来耶？现在耶？（发无上心，修不退行，受记成道，弥勒致教之本意也。今将明平等大道以无行为因，无上正觉以无得为果，故先质弥勒，明无记无得，然后大济群生，一万物之致，以弘菩提莫二之道也。夫有生则有记，无生则无记，故推斥三世，以何生而得记乎？）若过去生，过去生已灭；（别推三世明无生也。过去生已灭，已灭法不可谓之生也。）若未来生，未来生未至；（未来生未至则无法，无法以何为生？）若现在生，现在生无住。（现法流速不住，以何为生耶？若生灭一时，则二相俱坏。若生灭异时，则生时无灭，生时无灭则法无三相，法无三相则非有为也。若尽有三相，则有无穷之咎。此无生之说，亦备之诸论矣。三世既无生，于何而得记乎？）如佛所说：'比丘！汝今即时亦生、亦老、亦灭。'（证无住义也。新新生灭，交臂已谢，岂待白首，然后为变乎？）若以无生得受记者，无生即是正位，于正位中亦无受记，亦无得阿耨多罗三藐三菩提，云何弥勒受一生记乎？（上推有生无记，此推无生亦无记也。无生即七住无相真正法位也，此位为理，无记无成，弥勒于何受一生记乎？）为从如生得受记耶？为从如灭得受记耶？（如虽无生灭，而生灭不异如。然记莂起于生灭，冥会由于即真，故假如之生灭，以明记莂之不殊也。）若以如生得受记者，如无有生。若以如灭得受记者，如无有灭。（如非不生灭，非有生灭。非不生灭，故假以言记；非有生灭，以知无记。）一切众生皆如也，一切法亦如也，众圣贤亦如也，至于弥勒亦如也。（万品虽殊，未有不如。如者，将齐是非、一愚智，以成无记无得义也。）若弥勒得受记者，一切众生亦应受记。所以者何？夫如者，不二不异。（凡圣一如，岂有得失之殊哉！）若弥勒得阿耨多罗三藐三菩提者，一切众生皆亦应得。所以者何？一切众生即菩提相。（无相之相，是菩提相也。）若弥勒得灭度者，一切众生亦当灭度。所以者何？诸佛知一切众生毕竟寂灭，即涅槃相，不复更灭。（本性常灭，今复何灭也。）是故，弥勒！无以此法诱诸天子。实无发阿耨多罗三藐三菩提心者，亦无退者。（平等之道，实无发心，亦无退者。而以不退之行诱其发心、示其美记者，何耶？）弥勒！当令此诸天子，舍于分别菩提之见。（菩提以寂灭为相，生死同相，而诸天卑生死、尊菩提，虽曰胜求，更生尘累。宜开以正路，令舍分别，曷为示以道记，增其见乎？）所以者何？菩提者，不可以身得，不可以心得。（自此下，大明菩提义也。道之极者，称曰菩提，秦无言以译之。菩提者，盖是正觉无相之真智乎！其道虚玄，妙绝常境。听者无以容其听，智者无以运其智，辩者无以措其言，像者无以状其仪。故其为道也，微妙无相，不可为有；用之弥勤，不可为无。故能幽鉴万物而不曜，玄轨超驾而弗夷，大包天地而罔寄，曲济群惑而无私。至能导达殊方，开物成务，玄机必察，无思无虑。然则无知而无不知，无为而无不为者，其唯菩提大觉之道乎！此无名之法，固非名所能名也。不知所以言，故强名曰菩提。斯无为之道，岂可以身心而得乎？）寂灭是菩提，灭诸相故。（妙会真性，灭诸法相，故菩提之道，与法俱寂。）不观是菩提，离诸缘故。（观生于缘，离缘即无观。）不行是菩提，无忆念故。（行生于念，无念故无行也。）断是菩提，舍诸见故。离是菩提，离诸妄想故。（诸见断，妄想离，乃名菩提也。）障是菩提，障诸愿故。（真道无欲，障诸愿求也。）不入是菩提，无贪著故。（入，谓受入可欲。）顺是菩提，顺于如故。住是菩提，住法性故。至是菩提，至实际故。（不异三空，菩提义也。随顺本相谓之如，故系之以"顺"。常住不变谓之性也，故系之以"住"。到实相彼岸谓之际，故系之以"至"。）不二是菩提，离意法故。（意与法为二，菩提无心，何法之有哉！）等是菩提，等虚空故。（无心于等而无不等，故谓若虚空也。）无为是菩提，无生住灭故。知是菩提，了众生心行故。（菩提不有，故无生灭；菩提不无，故了知众生心也。）不会是菩提，诸入不会故。（诸入，内外六入也。内外俱空，故诸入不会。诸入不会即菩提相也。）不合是菩提，离烦恼习故。（生死所以合，烦恼之所缠。离烦恼故无合，无合即菩提也。）无处是菩提，无形色故。假名是菩提，名字空故。（外无形色之处，内无可名之实也。）如化是菩提，无取舍故。（菩提无取舍，犹化人之无心也。）无乱是菩提，常自静故。（内既常静，外乱无由生焉。）善寂是菩提，性清净故。（性无不净，故寂无不善。善寂，谓善顺寂灭常净之道也。）无取是菩提，离攀缘故。（情有所取，故攀于前缘。若离攀缘，则无所取也。）无异是菩提，诸法等故。（万法同体，是非一致，不异于异者，其唯菩提乎！）无比是菩提，无可喻故。（第一大道，无有两径，独绝群方，故以无喻。）微妙是菩提，诸法难知故。'（诸法幽远难测，非有智之所知。以菩提无知，故无所不知。无知而无不知者，微妙之极也。）世尊！维摩诘说是法时，二百天子得无生法忍。故我不任诣彼问疾。"

佛告光严童子："汝行诣维摩诘问疾。"

光严白佛言："世尊！我不堪任诣彼问疾。所以者何？忆念我昔出毗耶离大城，时维摩诘方入城，我即为作礼而问言：'居士从何所来？'答我言：'吾从道场来。'（闲宴修道之处，谓之道场也。光严志好闲独，每以静处为心，故出毗耶，将求道场。净名悬鉴，故现从外来，将示以真场，启其封累，故逆云吾从道场来。吾[1]从道场来者，以明道无不之，场无不在。若能怀道场于胸中、遗万累于身外者，虽复形处愦闹，迹与事邻，举动所游，无非道场也。）我问：'道场者，何所是？'（会其所求，故寻问也。）答曰：'直心是道场，无虚假故。（修心进道无乱之境，便是道场耳。若能标心为主，万行为场，不越方寸道自修者，乃真道场也。曷为近舍闹[2]境而远求空地乎？直心者，谓内心真直，外无虚假。斯乃基万行之本，坦进道之场也。自此已下，备列诸行，尽是修心之闲地，弘道之净[3]场也。）发行是道场，能办事故。（心既真直，则能发迹造行。发迹造行，则事业斯办，众行俱举也。）深心是道场，增益功德故。（既能发行，则树心弥深。树心弥深，则功德弥增者也。）菩提心是道场，无错谬故。（直心本[4]行转深，则变为菩提心也。此心直正，故所见不谬。凡弘道者，要始此四心。

---

[1] 吾：底本无，依《大正藏》本校本甲补。

[2] 闹：底本作"闲"，现按《大正藏》本校本甲校订。

[3] 净：《大正藏》本校本甲作"静"。

[4] 本：《大正藏》本校本甲作"入"。

四心既生，则六度、众行无不成也。）**布施是道场，不望报故。**（施不望报，无相行也。夫言有不失无，言无不失有，有无异说而不乖其本者，其唯大乘道乎！何则？言有以明非无，不言有也；言无以明非有，不言无也。然则万行虽殊，以无相为体。无而不无，故即有为实；有而不有，故施戒为一。然此经前后，至于辨列众行，有无不同，苟能领其所同，则无异而不同也。）**持戒是道场，得愿具故。**（未有戒具而愿不具者。）**忍辱是道场，于诸众生心无碍故。**（忍忿则心存[1]，怀忿则心碍。）**精进是道场，不懈退故。禅定是道场，心调柔故。智慧是道场，现见诸法故。**（万法弥广，现若目前，智慧之能也。）**慈是道场，等众生故。**（等心怨亲，欲其安乐，慈行也。）**悲是道场，忍疲苦故。**（见苦必赴，不避汤炭，悲行也。）**喜是道场，悦乐法故。**（以己法乐，乐彼同悦，喜行也。）**舍是道场，憎爱断故。**（夫慈生爱，爱生著，著生累。悲生忧，忧生恼，恼生憎。慈悲虽善，而累想已生，故两舍，以平等观，谓之舍行也。）**神通是道场，成就六通故。解脱是道场，能背舍故。**（解脱，八解脱也。观青为黄、观黄为青，舍背境界，从心所观，谓之背舍。）**方便是道场，教化众生故。四摄是道场，摄众生故。**（方便起乎[2]弘化，四摄生乎来众焉。）**多闻是道场，如闻行故。**（闻不能行，与禽兽同听也。）**伏心是道场，正观诸法故。**（心之性也，强梁则观邪，调伏则观正也。）**三十七品是道场，舍有为法故。**（三十七品，无为之因也。）**谛是道场，不诳世间故。**（四谛真实，无虚诳也。）**缘起是道场，无明乃至老死皆无尽故。**（十二缘起，因缘相生，无穷尽也。悟其所由，则智心自明。智心既明，则道心自成。然则道之成也，乃以缘起为地，故即以为道场也。）**诸烦恼是道场，知如实故。众生是道场，知无我故。一切法是道场，知诸法空故。**（烦恼之实性，众生之无我，诸法之空义，皆道之所由生也。）**降魔是道场，不倾动故。三界是道场，无所趣**

---

[1] 忍忿则心存：《大正藏》本校本甲及《关中疏》无。

[2] 乎：《大正藏》本校本甲作"于"。

故。狮子吼是道场，无所畏故。（此即是佛所得也，离[1]则非佛，名为场也[2]。总名为佛，佛即道也。上以菩萨行为场，今果中以佛为道，众事为场也。）力、无畏、不共法是道场，无诸过故。三明是道场，无余碍故。（降魔兵而不为所动，游三界而不随其趣，演无畏法音而无难，具佛三十二业而无阙，三明通达而无碍，斯皆大道之所由生也。）一念知一切法是道场，成一切智故。（一切智者，智之极也。朗若晨曦，众冥俱照[3]；澄若静渊，群象并鉴。无知而无所不知者，其唯一切智乎！何则？夫有心则有封，有封则有疆。封疆既形则其智有涯，其智有涯则所照不普。至人无心，无心则无封，无封则无疆。封疆既无则其智无涯，其智无涯则所照无际，故能以一念，一时毕知一切法也。一切智虽曰行标，盖亦万行之一耳。会万行之所成者，其唯无上道乎！故所列众法，皆为场。）**如是，善男子！菩萨若应诸波罗蜜教化众生，诸有所作，举足下足，当知皆从道场来，住于佛法矣。'**（若能应上诸度以化天下者，其人行则游道场，止则住佛法，举动所之，无非道场也。）**说是法时，五百天人皆发阿耨多罗三藐三菩提心。故我不任诣彼问疾。"**

佛告持世菩萨："汝行诣维摩诘问疾。"

持世白佛言："世尊！我不堪任诣彼问疾。所以者何？忆念我昔**住于静室，时魔波旬，**（波旬，秦言或名杀者，或名极恶。断人善根，因名杀者。违佛乱僧，罪莫之大，故名极恶也。）**从万二千天女，状如帝释，鼓乐弦歌，来诣我所，与其眷属稽首我足，合掌恭敬，于一面立。我意谓是帝释，**（魔以持世宴静，欲乱其心，若现本形，恐不与言，故变为释像。时持世不以通观，故谓是帝释也。）**而语之言：'善来！憍尸迦！**（憍尸迦，帝释姓也。）**虽福应有，不当自恣。当观五欲无常，以求善本，于身命财而修坚法。'**（坚法，三坚法，身、命、财宝也。若忘身命、弃财宝、去封

---

[1] 离：底本作"虽"，现按《大正藏》本校本甲校订。

[2] 也：底本无，依《大正藏》本校本甲补。

[3] 照：《大正藏》本校本甲作"灭"。

累而修道者，必获无极之身、无穷之命、无尽之财也。此三，天地焚而不烧，劫数终而不尽，故名坚法。以天帝乐著五欲，不虑无常，故劝修坚法也。）即语我言：'正士！受是万二千天女，可备扫洒。'我言：'憍尸迦！无以此非法之物，要我沙门释子。（持世菩萨时为比丘也。）此非我宜。'所言未讫，维摩诘来谓我言：'非帝释也。是为魔来娆固汝耳。'即语魔言：'是诸女等可以与我，如我应受。'（以持世未觉，故发其状也。将化诸女，故现从其索：我为白衣，应受此女，曷为以与沙门释子乎？）魔即惊惧，念维摩诘将无恼我？欲隐形去而不能隐，尽其神力亦不得去。（净名神力之所制也。）即闻空中声曰：'波旬！以女与之，乃可得去。'（净名以魔迷固，故化导之也。）魔以畏故，俛仰而与。尔时，维摩诘语诸女言：'魔以汝等与我，今汝皆当发阿耨多罗三藐三菩提心。'（在魔故从欲教，在我宜从道教也。）即随所应而为说法，令发道意。复言：'汝等已发道意，有法乐可以自娱，不应复乐五欲乐也。'（女人之性，唯乐是欲，以其初舍天乐，故示以法乐。夫能以弘道为美、积德为欣者，虽复经苦履难而不改其美，天地所重无足易其欣。以此自娱，乐之极也，岂五欲之足[1]存！自此下备列诸行，以明超世之道，至欢之所由生也。）天女即问：'何谓法乐？'答曰：'乐常信佛，乐欲听法，乐供养众，（信而后悦，莫若三宝也。）乐离五欲，乐观五阴如怨贼，乐观四大如毒蛇，乐观内入如空聚，（善恶必察，何乐如之。）乐随护道意，（将护无上道心，令无差失。）乐饶益众生，乐敬养师，乐广行施，乐坚持戒，乐忍辱柔和，乐勤集善根，乐禅定不乱，乐离垢明慧，乐广菩提心，（彼我兼得，谓之广也。）乐降伏众魔，（众魔，四魔也。）乐断诸烦恼，（诸烦恼，众结之都名。）乐净佛国土，乐成就相好故修诸功德，乐严道场，（道场，如释迦文佛菩提树下初成道处，三千二百里金刚地为场。诸佛各随国土之大小而取，场地之广狭无定数也。）乐闻深法不畏，（乐法之情不深者，闻深法必生畏也。）乐三脱门，不乐非时；（三脱，空、无相、无作也。缚以

[1] 足：底本作"所"，现按《大正藏》本校本甲校订。

之解，谓之脱。三乘所由，谓之门。二乘入三脱门，不尽其极而中路取证，谓之非时，此大士之所不乐也。）乐近同学，乐于非同学中心无恚碍；（异我自彼，曷为生恚？非同学，外道党也。）乐将护恶知识，乐近善知识；乐心喜清净，（清净实相，真净法也。）乐修无量道品之法。（法乐无量，上略言之耳。）是为菩萨法乐。'于是，波旬告诸女言：'我欲与汝俱还天宫。'（先闻空声，畏而言与，非其真心，故欲俱还。）诸女言：'以我等与此居士，有法乐，我等甚乐，不复乐五欲乐也。'（已属人矣，兼有法乐，何由而反也。）魔言：'居士！可舍此女。一切所有施于彼者，是为菩萨。'（净名化导既讫，魔知其不吝，故从请也。菩萨之道，一切无吝，想能见还也。）维摩诘言：'我已舍矣，汝便将去，令一切众生得法愿具足。'（因事兴愿，菩萨常法也。以女还魔，魔愿具满，故因以生愿，愿一切众生得法愿具足，如魔之愿满足也。）于是，诸女问维摩诘：'我等云何止于魔宫？'（昔在魔宫以五欲为乐，今在菩萨以法乐为乐，复还魔天，当何所业耶？）维摩诘言：'诸姊！有法门名无尽灯，汝等当学。（将远流大法之明，以照魔宫痴冥之室，故说此门也。）无尽灯者，譬如一灯燃百千灯，冥者皆明，明终不尽。如是，诸姊，夫一菩萨开导百千众生，令发阿耨多罗三藐三菩提心，于其道意亦不灭尽，随所说法，而自增益一切善法，是名无尽灯也。（自行化彼，则功德弥增，法光不绝，名无尽灯也。）汝等虽住魔宫，以是无尽灯，令无数天子、天女发阿耨多罗三藐三菩提心者，为报佛恩，亦大饶益一切众生。'（报恩之上，莫先弘道。）尔时，天女头面礼维摩诘足，随魔还宫，忽然不现。世尊！维摩诘有如是自在神力、智慧辩才，故我不任诣彼问疾。"

佛告长者子善德："汝行诣维摩诘问疾。"

善德白佛言："世尊！我不堪任诣彼问疾。所以者何？忆念我昔，自于父舍，（元嗣相承，祖宗之宅，名父舍焉。）设大施会，供养一切沙门、婆罗门，及诸外道、贫穷下贱、孤独乞人。期满七日，时维摩诘来入会中，谓我言：'长者子！夫大施会，不当如汝所设。（天竺大施会法，于父舍开四门，立高幢，告天下，诸有所须皆诣其舍，于七日中倾家而施，以求梵福。时净名以其俗施既满，将进以法施，故先讥其所设，以明为施之殊也。）**当为法施之会，何用是财施会为？'**（夫形必有所碍，财必有所穷，故会人以形者不可普集，施人以财者不可周给。且施既不普，财不益神，未若会群生于十方而即之本土，怀法施于胸中而惠无不普。以此而会，会无不均。以此而施，施不遗人。曷为置殊方而集近宾，舍心益而独润身乎？）**我言：'居士！何谓法施之会？''法施会者，无前无后，一时供养一切众生，是名法施之会。'**（夫以方会人，不可一息期；以财济物，不可一时周。是以会通无际者，弥纶而不漏；法泽冥被者，不易时而周覆。故能即无疆为一会而道无不润，虚心怀德而万物自宾。曷为存濡沫之小惠，舍夫江海之大益；置一时之法养，而设前后之俗施乎？）**'何谓也？'**（群生无际而受化不俱，欲无前无后一时而养者，何谓耶？）**'谓以菩提起于慈心，**（夫财养养身，法养养神。养神之道存乎冥益，冥益之义岂待前后？经曰："一人出世，天下蒙庆[1]。"何则？群生流转，以无穷为路，冥冥相承，莫能自反。故大士建德，不自为身，一念之善皆为群生。以为群生，故愿行俱果。行果则己功立，愿果则群生益。己功立则有济物之能，群生益则有反流之分。然则菩萨始建德于内，群生已蒙益于外矣，何必待哺养启导，然后为益乎？菩提者，弘济之道也。是以为菩提而起慈心者，一念一时所益无际矣。）**以救众生起大悲心，**（大悲之兴，救彼而起，所以悲生于我而天下同益也。）**以持正法起于喜心，**（欲令彼我俱持正法，喜以之生也。）**以摄智慧行于舍心，**（小舍舍于怨亲，大舍舍于万有。舍万有者，正智之性也，故行舍心以摄智慧。）**以摄悭贪起檀波罗蜜，以化犯戒起尸罗[2]波罗蜜，以无我法起羼提波罗蜜，**（忿生于我，无我无竞。）**以离身心相起毗梨耶波罗蜜，**（精进之相起于身心，而云离身心相者，其唯无相精进乎？）**以菩提相起禅波罗蜜，**（菩提之相无定无乱，以此起禅，禅亦同相。）**以一切智起般若波罗蜜，**（在佛名一切智，在菩萨名般若，因果异名也。然一

---

[1] 庆：《大正藏》本校本甲作"益"。

[2] 罗：底本无，依《大正藏》本校本甲补。

切智以无相为相，以此起般若，般若亦无相，因果虽异名，其相不殊也。）**教化众生而起于空，**（存众生则乖空义，存空义则舍众生。善通法相，虚空[1]其怀者[2]，终日化众生，终日不乖空也。）**不舍有为法而起无相，**（即有而无，故能起无相；即无而有，故能不舍。不舍故万法兼备，起无故美恶齐旨也。）**示现受生而起无作，**（作，谓造作生死也。为彼受生者，非作生而受[3]生也。是以大士受生，常起无作。）**护持正法起方便力，以度众生起四摄法，**（非方便无以护正法，非四摄无以济群生。）**以敬事一切起除慢法，于身命财起三坚法，于六念中起思念法，**（念佛、法、僧、施、戒、天，六念也。）**于六和敬起质直心，**（以慈心起身、口、意业，为三也；四、若得重养，与人共之；五、持戒清净；六、修漏尽慧。非直心无以具六法，非六法无以和群众。群众不和，非敬顺之道也。）**正行善法起于净命，**（凡所行善，不以邪心为命。）**心净欢喜起近贤圣，不憎恶人起调伏心，**（近圣生净喜，见恶无憎心。）**以出家法起于深心，**（出家之法，非浅心所能弘也。）**以如说行起于多闻，**（闻不能行，非多闻也。）**以无诤法起空闲处，**（忿竞生乎众聚，无诤出乎空闲也。）**趣向佛慧起于宴坐。**（佛慧深远，非定不趣。）**解众生缚，起修行地。**（己行不修，安能解彼矣。）**以具相好及净佛土，起福德业。知一切众生心念，如应说法，起于智业。**（大乘万行分为二业：以智为行标，故别立智业；诸行随从，故总立德业。凡所修立，非一业所成，而众经修相、净土，系以德业；知念、说法，系以智业。此盖取其功用之所多耳，未始相无也。）**知一切法，不取不舍，入一相门，起于慧业。**（决定审理谓之智，造心分别谓之慧。上决众生念，定诸法相，然后说法，故系之以智。今造心分别法相，令入一门，故系之以慧也。）**断一切烦恼、一切障碍、一切不善法，起一切善业。**（无善不修，故无恶不断也。）**以得一切智慧、一切善法，起于一切助佛**

---

[1] 虚空：《大正藏》本校本甲作"空虚"。

[2] 者：底本无，依《大正藏》本校本甲补。

[3] 受：《大正藏》本校本甲无。

道法。（一切智慧，即智业也。一切善法，即德业也。助佛道法，大乘诸无漏法也。智德二业非有漏之所成，成之者必由助佛道法也。）**如是，善男子！是为法施之会。**（若能备上诸法，则冥润无涯，其为会也，不止一方；其为施也，不止形骸。不止形骸，故妙存济神；不止一方，故其会弥纶。斯可谓大施，可谓大会矣！）**若菩萨住是法施会者，为大施主，亦为一切世间福田。'**（福田，谓人种福于我，我无秽行之稊稗，人获无量之果报，福田也。）**世尊！维摩诘说是法时，婆罗门众中二百人，皆发阿耨多罗三藐三菩提心。我时心得清净，**（心累悉除，得清净信也。）**叹未曾有，稽首礼维摩诘足，即解璎珞价值百千以上之。不肯取。我言：'居士！愿必纳受，随意所与。'维摩诘乃受璎珞，分作二分，持一分施此会中一最下乞人，持一分奉彼难胜如来。**（上直进以法施，未等致施之心。故施极上、穷下，明施心平等，以成善德为施之意也。）**一切众会，皆见光明国土难胜如来，又见珠璎在彼佛上变成四柱宝台，四面严饰，不相障蔽。时，维摩诘现神变已，作是言：'若施主等心施一最下乞人，犹如如来福田之相，无所分别，等于大悲，不求果报，是则名曰具足法施。'**（若能齐尊卑、一行报，以平等悲而为施者，乃具足法施耳。）**城中一最下乞人见是神力，闻其所说，皆发阿耨多罗三藐三菩提心。故我不任诣彼问疾。"**

如是诸菩萨各各向佛说其本缘，称述维摩诘所言，皆曰不任诣彼问疾。（三万二千菩萨皆说不任之缘，文不备载之耳。）

文殊师利问疾品第五解

尔时佛告文殊师利：（文殊师利，秦言妙德。经曰：已曾成佛，名曰龙种尊也。）**"汝行诣维摩诘问疾。"**

文殊师利白佛言："世尊！彼上人者，难为酬对。（三万二千何必不任，文殊师利何必独最，意谓至人变谋无方，隐显殊迹，故迭为修短，应物之情耳，孰敢定其优劣、辨其得失乎？文殊将适群心而奉使命，故先叹净名之德，以生众会难遭之想也。其人道尊，难为酬对，为当承佛圣旨，行问疾耳。）**深达实相，**（实相难测，而能深达。）**善说法要。**（善以约言而举多义，美其善得说法之要趣也。）**辩才无滞，智慧无碍。**（辞辩圆应而无滞，智慧周通而无碍。）**一切菩萨法式悉知，诸佛秘藏无不得入。**（近知菩萨之仪式，远入诸佛之秘藏。秘藏，谓佛身口意秘密之藏。）**降伏众魔，**（众魔，四魔也。）**游戏神通。**（游通化人，以之自娱。）**其慧、方便，皆已得度。**（穷智用，尽权道，故称度也。）**虽然，当承佛圣旨，诣彼问疾。"**（其德若此，非所堪对，当承佛圣旨，然后行耳。）

于是，众中诸菩萨、大弟子，释、梵、四天王等，咸作是念："今二大士文殊师利、维摩诘共谈，必说妙法。"即时八千菩萨、五百声闻、百千天人，皆欲随从。（大士胜集，必有妙说，故率欲同举也。）

于是，文殊师利与诸菩萨大弟子众，及诸天人，恭敬围绕，入毗耶离大城。（庵罗园在城外，净名室在城内也。）

尔时，长者维摩诘心念："今文殊师利与大众俱来。"即以神力空其室内，除去所有及诸侍者，唯置一床，以疾而卧。（现病之兴，事在今也。空室去侍以生言端，事证于后。唯置一床，借座之所由也。）

文殊师利既入其舍，见其室空，无诸所有，独寝一床。时，维摩诘言："善来！文殊师利！不来相而来，不见相而见。"（将明法身大士，举动进止，不违实相。实相不来，以之而来；实相无见，以之相见。不来而能来，不见而能见。法身若此，何善如之。）

文殊师利言："如是，居士！若来已，更不来。若去已，更不去。所以者何？来者无所从来，去者无所至。所可见者，更不可见。（明无来去相，成净名之所善也。夫去来相见，皆因缘假称耳。未来亦非来，来已不更来，舍来已、未来，复于何有来去？见亦然耳。其中曲辨，当求之诸论也。）**且置是事。**（虽贪微言而使命未宣，故且止其论而问疾矣。）**居士！是疾宁可忍不？疗治有损，不至增乎？世尊殷勤致问无量。居士！是疾何所因起？其生久如？当云何灭？"**（使命既宣，故复问疾之所由生也。是病何因而起，起来久近，云何而得灭乎？）

维摩诘言："从痴有爱，则我病生。（答久近也。菩萨何疾？悲彼而生疾耳。群生之疾，痴爱为本。菩萨之疾，大悲为源[1]。夫高由下起，是因非生，所以悲疾之兴，出于痴爱。而痴爱无绪，莫识其源；吾疾久近，与之同根。此明悲疾之始，不必就己为言也。）**以一切众生病，是故我病。若一切众生病灭，则我病灭。**（答灭也。大士之病因彼生耳，彼病既灭，吾复何患？然以群生无边，痴爱无际，大悲所被，与之齐量，故前悲无穷，以痴爱为际；后悲无极，与群生俱灭。此因悲所及，以明悲灭之不近也。）**所以者何？菩萨为众生故入生死，有生死则有病。若众生得离病者，则菩萨无复病。**（夫法身无生，况复有形？既无有形，病何由起？然为彼受生，不得无形。既有形也，不得无患，故随其久近，与之同疾。若彼离病，菩萨无复病也。）**譬如长者唯有一子，其子得病，父母亦病；若子病愈，父母亦愈。菩萨如是，于诸众生爱之若子，众生病则菩萨病，众生病愈菩萨亦愈。又言是疾何所因起，菩萨病者以大悲起。"**（菩萨之疾，以大悲为根，因之而起。答初问也。）

文殊师利言："居士此室何以空无侍者？"（空室之兴，事在于此。问室何空，又无侍者。无侍者，后别答。）

维摩诘言："诸佛国土亦复皆空。"（平等之道，理无二迹，十方国土无不空者，曷为独问一室空耶？）

又问："以何为空？"（室以无物为空，佛土以何为空？将辨毕竟空义也。）

答曰："以空空。"（夫有由心生，心因有起，是非之城，妄想所存，故有无殊论，纷然交竞者也。若能空虚其怀，冥心真境，妙存环中，有无一观者，虽复智周万物，未始为有；幽鉴无照，未始为无。故能齐天地为一旨而不乖其实，镜群有以玄通而物我俱一。物我俱一故智无照功，不乖其实故物物自同。故经曰："圣智无知，以虚空为相。诸法无为，与之齐量也。"故以空智而空于有者，即有而自空矣，岂假屏除，然后为空乎？

---

[1]　源：《大正藏》本校本甲作"原"。

上"空"，智空；下"空"，法空也。直明法空，无以取定，故内引真智，外证法空也。）

又问："空何用空？"（上"空"，法空；下"空"，智空也。诸法本性自空，何假智空然后空耶？）

答曰："以无分别空，故空。"（智之生也，起于分别。而诸法无相，故智无分别。智无分别即智空也，诸法无相即法空也。以智不分别于法，即知法空已矣，岂别有智空，假之以空法乎？然则智不分别法时，尔时智法俱同一空，无复异空，故曰以无分别为智空，故智知法空矣，不别有智空以空法也。）

又问："空可分别耶？"（上以无分别为慧[1]空，故知法空无复异空。虽云无异而异相已形，异相已形则分别是生矣。若智法无异空者，何由云以无分别为智空故知法空乎？故问智空、法空可分别耶？智法俱空，故单言一空则满足矣。）

答曰："分别亦空。"（向之言者，有[2]分别于无分别耳。若能无心于[3]分别而分别于无分别者，虽复终日分别而未尝分别也，故曰分别亦空。）

又问："空当于何求？"（上因正智明空，恐惑者将谓空义在正不在邪，故问空义之所在，以明邪正之不殊也。）

答曰："当于六十二见中求。"（夫邪因正生，正因邪起，本其为性，性无有二。故欲求正智之空者，当于邪见中求。）

又问："六十二见当于何求？"

答曰："当于诸佛解脱中求。"（舍邪见名解脱，背解脱名邪见。然则邪解相靡，孰为其原？为其原者，一而已矣。故求诸邪见，当本之解脱也。）

又问："诸佛解脱当于何求？"

---

[1] 慧：《大正藏》本校本甲作"智"。

[2] 有：《大正藏》本校本甲无。

[3] 于：底本无，依《大正藏》本校本甲补。

答曰："当于一切众生心行中求。（众生心行即缚行也，缚行即解脱之所由生也。又邪正同根，解缚一门，本其真性，未尝有异，故求佛解脱，当于众生心行也。）又仁所问何无侍者，一切众魔及诸外道皆吾侍也。（世之侍者，唯恭己顺命，给侍所须，谓之侍者。菩萨侍者，以慢己违命违道者，同其大乖，和以冥顺，侍养法身，谓之侍者。所以众魔、异学，为给侍之先也。）所以者何？众魔者乐生死，菩萨于生死而不舍。外道者乐诸见，菩萨于诸见而不动。"（魔乐著五欲，不求出世，故系以生死。异学虽求出世，而执著己道，故系以邪见。大士观生死同涅槃，故能不舍；观邪见同于正见，故能不动。不动不舍，故能即之为侍也。）

文殊师利言："居士所疾，为何等相？"（既知病起之所由，复问由生之疾相也。四百四病各有异相，大悲之疾以何为相乎？将明无相大悲、应物生病者，虽终日现疾，终日无相也。）

维摩诘言："我病无形，不可见。"（大悲无缘而无所不缘，无所不缘故能应物生疾。应物生疾，则于我未尝疾也。未尝疾，故能同众疾之相，而不违无相之道。何者？大悲无缘，无缘则无相。以此生疾，疾亦无相，故曰我病无形不可见也。）

又问："此病身合耶？心合耶？"（或者闻病不可见，将谓心病无形故不可见，或谓身病微细故不可见，为之生问也。病于身心与何事合，而云不可见乎？）

答曰："非身合，身相离故。亦非心合，心如幻故。"（身相离则非身，心如幻则非心。身心既无，病与谁合？无合故无病，无病故不可见也。）

又问："地大、水大、火大、风大，于此四大，何大之病？"（身之生也，四大所成。上总推身，今别推四大，曲寻其本也。）

答曰："是病非地大，亦不离地大。水、火、风大，亦复如是。（四大本性自无患也，众缘既会，增损相克，患以之生耳。欲言有病，本性自无；欲言无病，相假而有。故病非地亦不离地，余大类尔也。）而众生病从四大起，以其有病，是故我病。"（四大本无，病亦不有。而众生虚假之疾从四大起，故我以虚假之疾应彼疾耳。逆寻其本，彼我无实，而欲观其形相，当何有耶？）

尔时，文殊师利问维摩诘言："菩萨应云何慰谕有疾菩萨？"（慰谕有疾，应自文殊，而逆问净名者，以同集诸人注心有在，又取证于疾者，乃所以审慰谕之会也。此将明大乘无证之道，以慰始习现疾菩萨，故生此问也。）

维摩诘言："说身无常，不说厌离于身。（慰谕之法，应为病者说身无常，去其贪著，不应为说厌离，令取证也。不观无常，不厌离者，凡夫也。观无常而厌离者，二乘也。观无常不厌离者，菩萨也。是以应慰谕初学，令安心处疾以济群生，不厌生死，不乐涅槃，此大士慰谕之法也。）说身有苦，不说乐于涅槃。说身无我，而说教导众生。说身空寂，不说毕竟寂灭。（虽见身苦，而不乐涅槃之乐；虽知无我，不以众生空故阙于教导；虽解身空，而不取涅槃毕竟之道，故能安住生死，与众生同疾。是以慰谕之家，宜说其所应行，所不应行不宜说也。）说悔先罪，而不说入于过去。（教有疾菩萨悔既往之罪。往罪虽系人，不言罪有常性，从未来至现在、从现在入过去也。）以己之疾，愍于彼疾。（劝疾者推己之疾，愍于他疾也。）当识宿世无数劫苦，当念饶益一切众生。（当寻宿世受苦无量，今苦须臾，何足致忧。但当力疾救彼苦耳。）忆所修福，（恐新学菩萨为疾所乱，故劝忆所修福，悦其情也。）念于净命。（勿为救身疾起邪命也。邪命，谓为命诡饰，要利存生也。）勿生忧恼，常起精进。当作医王，疗治众病。（当为大法医王，疗治群生之疾，自疾何足忧乎？）菩萨应如是慰谕有疾菩萨，令其欢喜。"

文殊师利言："居士！有疾菩萨云何调伏其心？"（上问慰谕之宜，今问调心之法。外有善谕，内有善调，则能弥历生死，与群生同疾，辛酸备经而不以为苦。此即净名居疾之所由也。将示初学处疾之道，故生斯问也。）

维摩诘言："有疾菩萨应作是念：今我此病，皆从前世妄想颠倒诸烦恼生，无有实法，谁受病者？（处疾之法，要先知病本。病疾之生也，皆由前世妄想颠倒。妄想颠倒故烦恼以生，烦恼既生，不得无身，既有身也，不得无患。逆寻其本，虚 [1] 妄不实。本既不实，谁受病者？此明始行者初习无我观也。）**所以者何？四大合故，假名为身。四大无主，身亦无我。**（释无我义也。四大和合，假名为身耳。四大既无主，身、我何由生？譬一沙无油，聚沙亦无也。主、我，一物异名耳。）**又此病起，皆由著我，是故于我不应生著。**（我若是实，曷为生病？）**既知病本，即除我想及众生想。**（病本即上妄想也。因有妄想，故见我及众生。若悟妄想之颠倒，则无我无众生。）**当起法想，**（我想，患之重者，故除我想而起法想。法想于空为病，于我为药，卑隆相靡，故假之以治也。）**应作是念：但以众法合成此身，起唯法起，灭唯法灭。**（释法想也。五阴诸法假会成身，起唯诸法共起，灭唯诸法共灭，无别有真宰主其起灭者也。既除我想，唯见缘起诸法，故名法想。）**又此法者各不相知，起时不言我起，灭时不言我灭。**（万物纷纭，聚散谁为？缘合则起，缘散则离。聚散无先期，故法法不相知也。）**彼有疾菩萨为灭法想，当作是念：此法想者亦是颠倒，颠倒者是即大患，我应离之。**（法想虽除我，于真犹为倒，未免于患，故应离之。）**云何为离？离我我所。**（我为万物主，万物为我所，若离我我所，则无法不离。）**云何离我我所？谓离二法。云何离二法？谓不念内外诸法，行于平等。**（有我我所，则二法自生。二法既生，则内外以形。内外既形，则诸法异名。诸法异名，则是非相倾。是非相倾，则众患以成。若能不念内外诸法，行心平等者，则入空行，无法想之患。内外法者，情尘也。）**云何平等？谓我等，涅槃等。**（极上穷下，齐以一观，乃应平等也。）**所以者何？我及涅槃，此二皆空。**（即事无不异，即空无不一。）**以何为空？但以名字故空，如此二法无决定性。**（因背涅槃，故名吾我；以舍吾我，故名涅槃。二法相假，故有名生。本其自性，性无决定，故二俱空也矣。）**得是平等，无有余病，唯有空病。空病亦空。**（群生封累深厚，不可顿舍，故阶级渐遣，以至无遣也。上以法除我，以空除法，今以毕竟空空于空者，乃无患之极耳。）**是有疾菩萨，以无所受而受诸受。未具佛法，亦不灭受**

---

[1] 虚：底本作"虐"，现按《大正藏》本校订。

而取证也。（善自调者，处有不染有，在空不染空，此无受之至也。以心无受，故无所不受。无所不受，故能永与群生同受诸受。诸受者，谓苦受、乐受、不苦不乐受也。佛法未具、众生未度，不独灭三受而取证也。）**设身有苦，念恶趣众生，起大悲心：我既调伏，亦当调伏一切众生。**（要与群生同其苦乐也。）**但除其病而不除法，为断病本而教导之。**（诸法缘生，聚散非己。会而有形，散而无像；法自然耳，于我何患？患之生者，由我妄想于法，自为患耳，法岂使我生妄想乎？然则妄想为病本，法非我患也。故教导之兴，但除病本，不除法也。）**何谓病本？谓有攀缘。从有攀缘，则为病本。**（攀缘，谓妄想微动，攀缘诸法也。妄想既缘，则美恶已分。美恶既分，则憎爱并炽。所以众结烦于内，万疾生于外。自兹以往，巧历不能记。本其所由，微想而已，故曰攀缘为本。）**何所攀缘？谓之三界。**（明攀缘之境也。三界外法，无漏无为，其法无相，非是妄想所能攀缘。所能攀缘者，三界而已耳。）**云何断攀缘？**（既知其根，何由而断？）**以无所得。若无所得，则无攀缘。**（所以攀缘，意存有取。所以有取，意存有得。若能知法虚诳、无取无得者，则攀缘自息矣。）**何谓无所得？谓离二见。何谓二见？谓内见、外见，是无所得。**（内有妄想，外有诸法，此二虚假，终已无得。）**文殊师利！是为有疾菩萨调伏其心，为断老病死苦，是菩萨菩提。若不如是，己所修治，为无慧利。**（若能善调其心，不怀异想，而永处生死断彼苦者，是菩萨菩提之道。若不能尔，其所修行，内未足为有慧，外未足为有利也。）**譬如胜怨乃可为勇，如是兼除老病死者，菩萨之谓也。**

彼有疾菩萨应复作是念：**如我此病非真非有，众生病亦非真非有。作是观时，于诸众生若起爱见大悲，即应舍离。**（若自调者，应先观己病及众生病，因缘所成，虚假无实，宜以此心而起悲也。若此观未纯，见众生爱之而起悲者，名爱见悲也。此悲虽善，而杂以爱见有心之境，未免于累，故应舍之。）**所以者何？菩萨断除客尘烦恼而起大悲。**（心遇外缘，烦恼横起，故名客尘。菩萨之法，要除客尘而起大悲。若爱见未断，则烦恼弥滋，故应舍之。）**爱见悲者，则于生死有疲厌心。若能离此，无有疲厌，**

在在所生，不为爱见之所覆。（夫有所见，必有所滞；有所爱，必有所憎。此有极之道，安能致无极之用？若能离此，则法身化生，无在不在。生死无穷，不觉为远，何有爱见之覆、疲厌之劳乎？）所生无缚，能为众生说法解缚。（爱见既除，法身既立，则所生无缚，亦能解彼缚也。）如佛所说：'若自有缚，能解彼缚，无有是处。若自无缚，能解彼缚，斯有是处。是故菩萨不应起缚。'何谓缚？何谓解？（将因缚解，释内调之义也。）贪著禅味是菩萨缚，（三界受生、二乘取证，皆由著禅味，所以为缚。）以方便生是菩萨解。（自既离生，方便为物而受生者，则彼我无缚，所以为解也。）又无方便慧缚，有方便慧解。无慧方便缚，有慧方便解。（巧积众德，谓之方便；直达法相，谓之慧。二行俱备，然后为解耳。若无方便而有慧，未免于缚；若无慧而有方便，亦未免于缚。）何谓无方便慧缚？谓菩萨以爱见心，庄严佛土，成就众生，于空、无相、无作法中而自调伏，是名无方便慧缚。（六住以下，心未纯一，在有则舍空，在空则舍有，未能以平等真心，有无俱涉，所以严土化人，则杂以爱见。此非巧便修德之谓，故无方便；而以三空自调，故有慧也。）何谓有方便慧解？谓不以爱见心，庄严佛土，成就众生，于空、无相、无作法中以自调伏，而不疲厌，是名有方便慧解。（七住以上，二行俱备，游历生死而不疲厌，所以为解。）何谓无慧方便缚？谓菩萨住贪欲、瞋恚、邪见等诸烦恼而植众德本，是名无慧方便缚。（不修空慧以除烦恼，是无慧也。而勤积众德，有方便也。）何谓有慧方便解？谓离诸贪欲、瞋恚、邪见等诸烦恼而植众德本，回向阿耨多罗三藐三菩提，是名有慧方便解。（上有方便慧解，今有慧方便解，致解虽同，而行有前后。始行者，自有先以方便积德然后修空慧者，亦有先修空慧而后积德者，各随所宜，其解不殊也。离烦恼，即三空自调之所能；积德向菩提，即严土化人之流也。前后异说，互尽其美矣。）文殊师利！彼有疾菩萨应如是观诸法。（"非真"以下，无缚之观也。）又复观身无常、苦、空、无我，是名为慧。虽身有疾，常在生死，饶益一切而不厌倦，是名方便。（大乘四非常观，即平等真观，故名为慧。以平等心而处世不倦，故名方便。慰谕之说，即其事也。）又复观身，身不离病，病不离身，是病是身，非新非故，是名为慧。设身有疾而不永灭，是名方便。（新故之名，出于先后。然离身无病，离病无身，众缘所成，谁后谁先？既无先后，则无新故。新故既无，即入实相，故名慧也。既有此慧，而与彼同疾，不取涅槃，谓之方便，自调初说即其事也。慰谕、自调，略为权智。权智，此经之关要，故会言有之矣。）

文殊师利！有疾菩萨应如是调伏其心，不住其中，亦复不住不调伏心。（大乘之行，无言无相，而调伏之言，以形前文，今将明言外之旨，故二俱不住。二俱不住，即寄言之本意。寄言之本意，即调伏之至也。）所以者何？若住不调伏心，是愚人法；若住调伏心，是声闻法。是故菩萨不当住于调伏、不调伏心，离此二法，是菩萨行。（不调之称，出自愚人。调伏之名，出自声闻。大乘行者，本无名相，欲言不调则同愚人，欲言调伏则同声闻，二者俱离，乃应菩萨处中之行。）在于生死，不为污行；住于涅槃，不永灭度，是菩萨行。（欲言在生死，生死不能污；欲言住涅槃，而复不灭度。是以处中道而行者，非在生死、非住涅槃。）非凡夫行，非圣贤行，是菩萨行。非垢行，非净行，是菩萨行。（不可得而名者也。）虽过魔行，而现降伏众魔，是菩萨行。（不可得而有、不可得而无者，其唯大乘行乎！何则？欲言其有，无相无名；欲言其无，万德斯行。万德斯行，故虽无而有；无相无名，故虽有而无。然则言有不乖无，言无不乖有，是以此章或说有行，或说无行，有无虽殊，其致不异也。魔行，四魔行也。久已超度而现降魔者，示有所过耳。）虽求一切智，无非时求，是菩萨行。（一切智未成而中道求证，名非时求也。）虽观诸法不生而不入正位，是菩萨行。（正位，取证之位也。三乘同观无生，慧力弱者不能自出，慧力强者超而不证也。）虽观十二缘起而入诸邪见，是菩萨行。（观缘起，断邪见之道也，而能反同邪见者，岂二乘之所能乎？）虽摄一切众生而不爱著，是菩萨行。（四摄摄彼，慈惠之极，视彼犹己而能无著也。）虽乐远离而不依身心尽，是菩萨行。（小离离愦闹，大离身心尽。菩萨虽乐大离，而不依恃也。）虽行三界而不坏法性，是菩萨行。（三界即法性，处之何所坏焉。）虽行于空而植众德本，是菩萨行。（行空欲以除有，而方植众德也。）虽行无相而度众生，是菩萨行。（行无相，欲除取众生相，而方度众生也。）虽行无作而现受身，是菩萨行。（行无作，欲不造生死，而方现受身也。）虽行无起而起一切善行，是菩萨行。（行无起，欲灭诸起心，而方起诸善行。）虽行六波罗蜜，而遍知众生心、心数法，是菩萨行。（六度，无相行也。无相则无知，而方遍知众生心行也。）虽行六通，而不尽漏，是菩萨行。（虽具六通，而不为漏尽之行也。何者？菩萨观漏即是无漏，故能永处生死，与之同漏，岂以漏尽而自异于漏乎？）虽行四无量心，而不贪著生于梵世，是菩萨行。虽行禅定、解脱、三昧，而不随禅生，是菩萨行。（取其因而不取其果，可谓自在行乎！）虽行四念处，而不永离身、受、心、法，是菩萨行。（小乘观身、受、心、法，离而取证。菩萨虽观此四，不永离而取证也。）虽行四正勤，而不舍身心精进，是菩萨行。（小乘法，行四正勤功就，则舍入无为。菩萨虽同其行，而不同其舍也。）虽行四如意足，而得自在神通，是菩萨行。（虽同小乘行如意足，而久得大乘自在神通。如意足，神通之因也。）虽行五根，而分别众生诸根利钝，是菩萨行。（小乘唯自修已根，不善人根。菩萨虽同其自修，而善知人根，令彼我俱顺也。）虽行五力，而乐求佛十力，是菩萨行。虽行七觉分，而分别佛之智慧，是菩萨行。虽行八正道，而乐行无量佛道，是菩萨行。（虽同声闻根、力、觉、道，其所志求常在佛行也。）虽行止观助道之法，而不毕竟堕于寂灭，是菩萨行。（系心于缘谓之止，分别深达谓之观。止观，助涅槃之要法，菩萨因之而行，不顺之以堕涅槃也。）虽行诸法不生不灭，而以相好庄严其身，是菩萨行。（修无生灭无相行者，本为灭相，而方以相好严身也。）虽现声闻、辟支佛威仪，而不舍佛法，是菩萨行。（虽现行小乘威仪，而不舍大乘之法。）虽随诸法究竟净相，而随所应为现其身，是菩萨行。（究竟净相，理无形貌，而随彼所应，现若干像也。）虽观诸佛国土永寂如空，而现种种清净佛土，是菩萨行。（空本无现，而为彼现。）虽得佛道，转于法轮，入于涅槃，而不舍于菩萨之道，是菩萨行。"（虽现成佛、转法轮、入涅槃，而不永寂，还入生死修菩萨法。如上所列，岂二乘之所能乎？独菩萨行耳。）

说是语时，文殊师利所将大众，其中八千天子，皆发阿耨多罗三藐三菩提心。

不思议品第六解

尔时，舍利弗见此室中无有床座，作是念："斯诸菩萨、大弟子众，当于何坐？"

长者维摩诘知其意，语舍利弗言："云何仁者，为法来耶？求床座耶？"（独寝一床，旨现于此。舍利弗默领悬机，故扣其兴端。净名将辨无求之道，故因而诘之也。）

舍利弗言："我为法来，非为床座。"

维摩诘言："唯，舍利弗！夫求法者，不贪躯命，何况床座！夫求法者，非有色、受、想、行、识之求，（真求乃不求法，况安身之具乎？自此下，遍于诸法明无求义也。）非有界、入之求，（界，十八界；入，十二入也。）非有欲、色、无色之求。（无三界之求也。）唯，舍利弗！夫求法者，不著佛求，不著法求，不著众求。夫求法者，无见苦求，无断集求，无造尽证、修道之求。所以者何？法无戏论，若言我当见苦、断集、证灭、修道，是则戏论，非求法也。（有求则戏论，戏论则非求，所以知真求之无求也。）

唯，舍利弗！法名寂灭，若行生灭，是求生灭，非求法也。法名无染，若染于法乃至涅槃，是则染著，非求法也。法无行处，若行于法，是则行处，非求法也。法无取舍，若取舍法，是则取舍，非求法也。法无处所，若著处所，是则著处，非求法也。法名无相，若随相识，是则求相，非求法也。法不可住，若住于法，是则住法，非求法也。法不可见闻觉知，（六识略为四名：见、闻，眼、耳识也；觉，鼻、舌、身识也；知，意识也。）若行见闻觉知，是则见闻觉知，非求法也。法名无为，若行有为，是求有为，非求法也。是故，舍利弗！求法者，于一切法应无所求。"（法相如此，岂可求乎？若欲求者，其唯无求，乃真求耳。）

说是语时，五百天子于诸法中得法眼净。（大乘法眼净也。）

尔时，长者维摩诘问文殊师利言："仁者游于无量千万亿阿僧祇国，何等佛土有好上妙功德成就狮子之座？"（文殊大士游化无疆，必见诸国殊妙之座。净名欲生时会敬信之情，故问而后取，示审其事也。）

文殊师利言："居士！东方度三十六恒河沙国，有世界名须弥相，其佛号须弥灯王，今现在。彼佛身长八万四千由旬，（由旬，天竺里数名也。上由旬六十里，中由旬五十里，下由旬四十里也。）其狮子座高八万四千由旬，严饰第一。"

于是，长者维摩诘现神通力，即时彼佛遣三万二千狮子之座，高广严净，来入维摩诘室，（净名虽以神力往取，彼佛不遣，亦无由致。）诸菩萨、大弟子、释、梵、四天王等，昔所未见。其室广博，悉包容三万二千狮子之座，无所妨碍，于毗耶离城及阎浮提、四天下亦不迫迮，悉见如故。

尔时，维摩诘语文殊师利："就狮子座，与诸菩萨上人俱坐。当自立身，如彼座像。"其得神通菩萨，即自变形为四万二千由旬，坐狮子座。诸新发意菩萨及大弟子，皆不能升。

尔时，维摩诘语舍利弗："就狮子座。"舍利弗言："居士！此座高广，吾不能升。"维摩诘言："唯，舍利弗！为须弥灯王如来作礼，乃可得坐。"于是，新发意菩萨及大弟子，即为须弥灯王如来作礼，便得坐狮子座。

舍利弗言："居士！未曾有也！如是小室乃容受此高广之座，于毗耶离城无所妨碍，又于阎浮提聚落城邑及四天下、诸天龙王鬼神宫殿亦不迫迮。"

维摩诘言："唯，舍利弗！诸佛菩萨有解脱，名不可思议。（夫有不思议之迹显于外，必有不思议之德著于内。覆寻其本，权、智而已乎！何则？智无幽而不烛，权无德而不修。无幽不烛，故理无不极；无德不修，故功无不就。功就在于不就，故一以成之；理极存于不极，故虚以通之。所以智周万物而无照，权积众德而无功，冥寞无为而无所不为，此不思议

63

之极也。巨细相容，殊形并应，此盖耳目之粗迹，遽足以言乎？然将因末以示本，托粗以表微，故因借座，略显其事耳。此经自始于净土，终于法供养，其中所载大乘之道，无非不思议法者也。故〈嘱累〉云："此经名不思议解脱法门，当奉持之。"此品因现外迹，故别受名耳。解脱者，自在心法也。得此解脱，则凡所作为，内行外应，自在无碍。此非二乘所能议也，七住法身已上，乃得此解脱也。）若菩萨住是解脱者，以须弥之高广，内芥子中，无所增减，须弥山王本相如故，而四天王、忉利诸天不觉不知己之所入，唯应度者乃见须弥入芥子中，是名不可思议解脱法门。又以四大海水入一毛孔，不娆鱼鳖鼋鼍水性之属，而彼大海本相如故，诸龙鬼神阿修罗等不觉不知己之所入，于此众生亦无所娆。

又舍利弗！住不可思议解脱菩萨，断取三千大千世界如陶家轮，著右掌中，掷过恒沙世界之外，其中众生不觉不知己之所往。又复还置本处，都不使人有往来想，而此世界本相如故。

又舍利弗！或有众生乐久住世而可度者，菩萨即演七日以为一劫，令彼众生谓之一劫。或有众生不乐久住而可度者，菩萨即促一劫以为七日，令彼众生谓之七日。

又舍利弗！住不可思议解脱菩萨，以一切佛土严饰之事，集在一国，示于众生。又菩萨以一佛土众生置之右掌，飞到十方，遍示一切，而不动本处。

又舍利弗！十方众生供养诸佛之具，菩萨于一毛孔皆令得见。又十方国土所有日月星宿，于菩萨一毛孔，普使见之。

又舍利弗！十方世界所有诸风，菩萨悉能吸著口中，而身无损，外诸树木亦不摧折。又十方世界劫尽烧时，以一切火内于腹中，火事如故而不为害。又于下方过恒河沙等诸佛世界取一佛土，举著上方过恒河沙无数世界，如持针锋举一枣叶而无所娆。

又舍利弗！住不可思议解脱菩萨，能以神通现作佛身，或现辟支佛身，或现声闻身，或现帝释身，或现梵王身，或现世主身，或现转轮王身。又十方世界所有众声，上中下音，皆能变之令作佛声，演出无常苦空无我之音，及十方诸佛所说种种之法，皆于其中普令得闻。

舍利弗！我今略说菩萨不可思议解脱之力，若广说者，穷劫不尽。"

是时，大迦叶闻说菩萨不可思议解脱法门，叹未曾有，谓舍利弗："譬如有人于盲者前现众色像，非彼所见。一切声闻，闻是不可思议解脱法门，不能解了为若此也。智者闻是，其谁不发阿耨多罗三藐三菩提心！我等何为永绝其根，于此大乘已如败种。一切声闻，闻是不可思议解脱法门，皆应号泣，声震三千大千世界。（所乘处重，故假言应号泣耳。二乘忧悲永除，尚无微泣，况震三千乎？）一切菩萨应大欣庆，顶受此法。（迦叶将明大小之殊，抑扬时听，故非分者宜致绝望之泣，已分者宜怀顶受之欢也。）若有菩萨信解不可思议解脱法门者，一切魔众无如之何。"（但能信解，魔不能娆，何况行应者乎？）

大迦叶说是语时，三万二千天子皆发阿耨多罗三藐三菩提心。

尔时维摩诘语大迦叶："仁者！十方无量阿僧祇世界中作魔王者，多是住不可思议解脱菩萨，以方便力教化众生，现作魔王。（因迦叶云信解不可思议者魔不能娆，而十方亦有信解菩萨为魔所娆者，将明不思议大士所为自在，欲进始学，故现为魔王，非魔力之所能也。此亦明不思议，亦成迦叶言意。）

又，迦叶！十方无量菩萨，或有人从乞手足耳鼻、头目髓脑、血肉皮骨、聚落城邑、妻子奴婢、象马车乘、金银琉璃、砗磲玛瑙、珊瑚琥珀、真珠珂贝、衣服饮食，如此乞者，多是住不可思议解脱菩萨，以方便力而往试之，令其坚固。（凡试之兴，出于未分。不思议大士神通已备，逆睹人根，何试之有？然为坚固彼志，故不须而索。不须而索者，同魔试迹，故以试为言耳，岂待试而后知耶？）所以者何？住不可思议解脱菩萨有威德力，故行逼迫，示诸众生如是难事。凡夫下劣，无有力势，不能如是逼迫菩萨。（截人手足，离人妻子，强索国财，生其忧悲，虽有目前小苦，而致永劫大安。是由深观人根，轻重相权。见近不及远者，非其所能为也。）譬如龙象蹴踏，非驴所堪。（能不能为喻。象之上者，名龙象也。）是名住不可思议解脱菩萨智慧方便之门。"（智慧远通，方便近导，异迹所以形，众庶所以成，物不无由而莫之能测，故权、智二门，为不思议之本也。）

观众生品第七解

尔时，文殊师利问维摩诘言："菩萨云何观于众生？"（悲疾大士自调之观，微言幽旨，亦备之前文矣。然法相虚玄，非有心之所睹；真观冥默，非言者之所辩。而云不证涅槃，与群生同疾，又现不思议，其迹无端，或为魔王，逼迫初学，斯皆自调大士之所为也。自调之观，彼我一空，然其事为喻，乃更弥甚，至令希宗者惑亡言之致，存己者增众生之见。所以无言之道，难为言也。将近取诸喻，远况真观，以去时人封言之累，故生斯问也。）

维摩诘言："譬如幻师见所幻人，菩萨观众生为若此。（幻师观幻，知其非真。大士观众生，亦[1]若此也。）**如智者见水中月，如镜中见其面像，如热时炎，如呼声响，如空中云，**（远见有形，近则无像。）**如水聚沫，如水上泡，如芭蕉坚，如电久住，如第五大，如第六阴，如第七情，如十三入，如十九界，**（经有定数。）**菩萨观众生为若此。如无色界色，如燋谷牙，如须陀洹身见，如阿那含入胎，**（阿那含虽有暂退，必不经生也。）**如阿罗汉三毒，如得忍菩萨贪恚毁禁，**（七住得无生忍，心结永除，况毁禁粗事乎？）**如佛烦恼习，**（唯有如来结习都尽。）**如盲者见色，如入灭尽定出入息，**（心驰动于内，息出入于外。心想既灭，故息无出入也。）**如空中鸟迹，如石女儿，如化人烦恼，如梦所见已寤，如灭度者受身，**（未有入涅槃而复受身者。）**如无烟之火，**（火必因质。）**菩萨观众生为若此。"**

文殊师利言："若菩萨作是观者，云何行慈？"（慈以众生为缘，若无众生，慈心何寄乎？将明真慈无缘而不离缘，成上无相真慈义也。）

维摩诘言："菩萨作是观已，自念我当为众生说如斯法，是即真实慈

---

[1]　亦：《大正藏》本校本甲作"有"。

也。（众生本空，不能自觉，故为说斯法，令其自悟耳，岂我有彼哉！若能观众生空，则心行亦空。以此空心而于空中行慈者，乃名无相真实慈也。若有心于众生而为慈者，此虚诳慈耳，何足以称乎？）**行寂灭慈，无所生故。**（七住得无生忍已后，所行万行皆无相无缘，与无生同体。无生同体，无分别也。真慈无缘，无复心相。心相既无，则泊然永寂，未尝不慈，未尝有慈，故曰行寂灭慈、无所生故 [1] 也。自此下，广明无相慈行，以成真实之义。名行虽殊，而俱出慈体，故尽以慈为名焉。）**行不热慈，无烦恼故。**（烦恼之兴，出于爱见。慈无爱见，故无热恼也。）**行等之慈，等三世故。**（慈被三世，而不觉三世之异也。）**行无诤慈，无所起故。**（彼我一虚，诤讼安起？）**行不二慈，内外不合故。**（内慈、外缘，俱空无合。）**行不坏慈，毕竟尽故。**（无缘真慈，慈相永尽，何物能坏？）**行坚固慈，心无毁故。**（上明外无能坏，此明内自无毁。）**行清净慈，诸法性净故。**（真慈无相，与法性同净也。）**行无边慈，如虚空故。**（无心于覆，而心无所不覆也。）**行阿罗汉慈，破结贼故。**（阿罗汉，秦言破结贼。嫉、恚、邪、疑诸恼结因慈而灭，可名罗汉矣。）**行菩萨慈，安众生故。**（菩萨之称，由安众生。慈安众生，可名菩萨。）**行如来慈，得如相故。**（如来之称，由得如相。慈顺如相，可名如来。）**行佛之慈，觉众生故。**（自觉觉彼，谓之佛也。慈既自悟，又能觉彼，可名为佛也。）**行自然慈，无因得故。**（大乘之道，无师而成，谓之自然。菩萨真慈亦无因而就，可名自然也。）**行菩提慈，等一味故。**（平等一味，无相之道，谓之菩提。无相真慈亦平等一味，可名菩提也。）**行无等慈，断诸爱故。**（二乘、六住已下，皆爱彼而起慈。若能无心爱彼而起慈者，此慈超绝，可名无等。）**行大悲慈，导以大乘故。**（济彼苦难，导以大乘，大悲之能。慈欲彼乐，亦导以大乘，可名大悲也。）**行无厌慈，观空无我故。**（疲厌之情出于存我。以空无我心而为慈者，与生死相毕，无复疲厌也。）**行法施慈，无遗惜故。**（未有得真实慈而吝法财者，可名法施也。）**行持戒慈，化毁禁故。**（未

---

[1] 故：底本无，依《大正藏》本校本甲补。

有得真实慈而为杀盗不兼化者，可名持戒。）**行忍辱慈，护彼我故。**（未有得真实慈而不护彼己致忿诤者，可名忍辱也。）**行精进慈，荷负众生故。**（未有得真实慈而不荷负众生者，可名精进也。）**行禅定慈，不受味故。**（未有得真实慈而以乱心受五欲味者，可名禅定也。）**行智慧慈，无不知时故。**（未有得真实慈而为不知时行者，可名智慧也。）**行方便慈，一切示现故。**（未有得真实慈而不权现普应者，可名方便也。）**行无隐慈，直心清净故。**（未有得真实慈而心有曲隐不清净者，可名无隐耳。）**行深心慈，无杂行故。**（未有得真实慈而杂以浅行者，可名深心。）**行无诳慈，不虚假故。**（未有得真实慈而虚假无实者，可名无诳也。）**行安乐慈，令得佛乐故。**（未有得真实慈而不令彼我得佛乐者，可名安乐。）**菩萨之慈为若此也。**"（自上诸名，皆真实慈体自有此能，故有此名耳，不外假他行以为己称也。真慈若此，岂容众生见乎？）

文殊师利又问："何谓为悲？"

答曰："**菩萨所作功德，皆与一切众生共之。**"（因观问慈，备释四等也。哀彼长苦，不自计身，所积众德，愿与一切，先人后己，大悲之行也。）

"何谓为喜？"

答曰："**有所饶益，欢喜无悔。**"（自得法利，与众同欢，喜于彼己俱得法悦，谓之喜。）

"何谓为舍？"

答曰："**所作福祐，无所希望。**"（大悲苦行，忧以之生；慈喜乐行，喜以之生。忧喜既陈，则爱恶征起。是以行者舍苦乐行，平观众生。大乘正舍，行报俱亡，故无所希望也。三等俱无相无缘，与慈同行。慈行既备，类之可知也。）

文殊师利又问："**生死有畏，菩萨当何所依？**"（生死为畏，畏莫之大。悲疾大士何所依恃，而能永处生死，不以为畏乎？）

维摩诘言："**菩萨于生死畏中，当依如来功德之力。**"（生死之畏，二乘所难。自不依如来功德力者，孰能处之？）

文殊师利又问："菩萨欲依如来功德之力，当于何住？"

答曰："菩萨欲依如来功德力者，当住度脱一切众生。"（住化一切则其心广大，广大其心则所之无难，此住佛德力之谓也。）

又问："欲度众生，当何所除？"

答曰："欲度众生，除其烦恼。"（将寻其本，故先言其末也。）

又问："欲除烦恼，当何所行？"

答曰："当行正念。"

又问："云何行于正念？"

答曰："当行不生不灭。"（正念，谓正心念法，审其善恶。善者增而不灭，恶者灭令不生。）

又问："何法不生？何法不灭？"

答曰："不善不生，善法不灭。"

又问："善不善孰为本？"（既知善之可生、恶之可灭，将两舍以求宗，故逆寻其本也。）

答曰："身为本。"（善恶之行，非身不生。）

又问："身孰为本？"

答曰："欲贪为本。"（爱为生本，长众结缚，凡在有身，靡不由之。）

又问："欲贪孰为本？"

答曰："虚妄分别为本。"（法无美恶，虚妄分别，谓是美是恶。美恶既形，则贪欲是生也。）

又问："虚妄分别孰为本？"

答曰："颠倒想为本。"（法本非有，倒想为有。既以为有，然后择其美恶，谓之分别也。）

又问："颠倒想孰为本？"

答曰："无住为本。"（心犹水也，静则有照，动则无鉴。痴爱所浊，邪风所扇，涌溢波荡，未始暂住。以此观法，何往不倒？譬如临面涌泉而责以本状者，未之有也。倒想之兴，本乎不住，义存于此乎？一切法从众缘会而成体。缘未会则法无寄，无寄则无住，无住则无法。以无法为本，故能立一切法也。）

又问："无住孰为本？"

答曰："无住则无本。（若以心动为本，则有有相生，理极初动，更无本也。若以无法为本，则有因无生，无不因无，故更无本也。）文殊师利！从无住本，立一切法。"（无住故想倒，想倒故分别，分别故贪欲，贪欲故有身。既有身也，则善恶并陈。善恶既陈，则万法斯起。自兹以往，言数不能尽也。若善得其本，则众末可除矣。）

时，维摩诘室有一天女，见诸大人，闻所说法，便现其身，即以天花散诸菩萨、大弟子上。（天女即法身大士也，常与净名共弘大乘不思议道，故现为宅神，同处一室。见大众集，闻所说法，故现身散花，欲以生论也。）花至诸菩萨即皆堕落，至大弟子便著不堕。一切弟子神力去花不能令去。（将辨大小之殊，故使花若此。）

尔时，天问舍利弗："何故去花？"

答曰："此花不如法，是以去之。"（香花著身，非沙门法，是以去之。一义：花法，散身应堕；不堕，非花法也。）

天曰："勿谓此花为不如法。所以者何？是花无所分别，仁者自生分别想耳。（花岂有心于堕不堕乎？分别之想，出自仁者耳。）若于佛法出家，有所分别，为不如法；若无分别，是则如法。（如法不如法，在心不在花。）观诸菩萨花不著者，已断一切分别想故。譬如人畏时，非人得其便。如是弟子畏生死故，色、声、香、味、触得其便。已离畏者，一切五欲无能为也。结习未尽，花著身耳。结习尽者，花不著也。"（著与不著，一由内耳，花何心乎？）

舍利弗言："天止此室，其已久如？"（止净名大乘之室久近，妙辩若此乎？）

答曰："我止此室，如耆年解脱。"（将明第一无久近之义，故以解脱为喻。解脱，即无为解脱也。）

舍利弗言："止此久耶？"（解脱之道，无形无相，逆之不见其首，寻之不见其后，眇莽无朕，谓之解脱。若止此犹解脱久近不可知者，乃大久也。）

天曰："耆年解脱，亦何如久？"（逆问其所得，令自悟也。耆年所得无为解脱，宁可称久乎？）

舍利弗默然不答。（言久于前，责实于后，故莫知所答也。）

天曰："如何耆旧大智而默？"（五百弟子，仁者智慧第一，默然何耶？）

答曰："解脱者，无所言说，故吾于是不知所云。"（向闻如解脱，谓始终难知，说以为久。而解脱相者，非心所知，非言所及，将顺解脱无言之旨，故莫知所云焉。）

天曰："言说文字皆解脱相。（舍利弗以言久为失，故默然无言，谓顺真解，未能语默齐致，触物无碍。故天说等解，以晓其意也。）**所以者何？解脱者，不内、不外，不在两间。文字亦不内、不外，不在两间。是故舍利弗，无离文字说解脱也。**（法之所在，极于三处。三处求文字、解脱俱不可得，如之何欲离文字而别说解脱乎？）**所以者何？一切诸法是解脱相。**"（万法虽殊，无非解脱相，岂文字之独异焉。）

舍利弗言："不复以离淫怒痴为解脱乎？"（二乘结尽无为为解脱，闻上等解，乖其本趣，故致斯问。）

天曰："佛为增上慢人，说离淫怒痴为解脱耳。若无增上慢者，佛说淫怒痴性即是解脱。"（卑生死、尊己道，谓增上慢人也。为此人说离结为解脱。若不卑生死、不尊己道者，则为说三毒诸结性即解脱，无别解脱也。二乘虽无结慢，然卑生死、尊涅槃，犹有相似慢结。慢者，未得道，言已得，以生慢。）

舍利弗言："善哉！善哉！天女！汝何所得，以何为证，辩乃如是。"（善其所说非己所及，故问得何道、证何果，辩乃如是乎？）

天曰："我无得无证，故辩如是。（夫有碍之道不能生无碍之辩，无碍之辩必出于无碍之道。道有得有证者，必有所不得、有所不证。以大乘之道无得无证，故无所不得、无所不证。从此生辩，故无所不辩也。）**所以者何？若有得有证者，则于佛法为增上慢。**"（若见己有所得，必见他不得，此于佛平等之法犹为增上慢人，何能致无碍之辩乎？）

舍利弗问天："汝于三乘为何志求？"（上直云无得无证，未知何乘，故复问也。）

天曰："以声闻法化众生故，我为声闻；以因缘法化众生故，我为辟支佛；以大悲法化众生故，我为大乘。（大乘之道，无乘不乘，为彼而乘，吾何乘也。）舍利弗！如人入瞻葡林，唯嗅瞻葡，不嗅余香。如是若入此室，但闻佛功德之香，不乐闻声闻、辟支佛功德香也。（无乘不乘，乃为大乘，故以香林为喻，明净名之室不杂二乘之香，止此室者岂他嗅哉！以此可知吾志何乘也。）舍利弗！其有释梵四天王、诸天龙鬼神等入此室者，闻斯上人讲说正法，皆乐佛功德之香，发心而出。舍利弗！吾止此室十有二年，初不闻说声闻、辟支佛法，但闻菩萨大慈大悲不可思议诸佛之法。（大乘之法皆名不可思议。上问止室久近，欲生论端，故答以解脱。今言实年，以明所闻之不杂也。）

舍利弗！此室常现八未曾有难得之法。何等为八？此室常以金色光照，昼夜无异，不以日月所照为明，是为一未曾有难得之法。此室入者，不为诸垢之所恼也，是为二未曾有难得之法。（入此室者，烦恼自息。）此室常有释梵四天王、他方菩萨来会不绝，是为三未曾有难得之法。此室常说六波罗蜜不退转法，是为四未曾有难得之法。此室常作天人第一之乐，弦出无量法化之声，是为五未曾有难得之法。此室有四大藏，众宝积满，周穷济乏，求得无尽，是为六未曾有难得之法。此室释迦牟尼佛、阿弥陀佛、阿閦佛、宝德、宝炎、宝月、宝严、难胜、狮子响、一切利成，如是等十方无量诸佛，是上人念时，即皆为来，广说诸佛秘要法藏，说已还去，是为七未曾有难得之法。此室一切诸天严饰宫殿、诸佛净土皆于中现，是为八未曾有难得之法。舍利弗！此室常现八未曾有难得之法，谁有见斯不思议事，而复乐于声闻法乎？"（显室奇特之事，以成香林之义。）

舍利弗言："汝何以不转女身？"（汝以无碍之智，受有碍之身而不转舍，何耶？）

天曰："我从十二年来，求女人相了不可得，当何所转？（止此室来，所闻正法，未觉女人异于男子，当何所转？天悟女相，岂十二年而已乎？欲明此室纯一等教，无有杂声，故齐此为言耳。天为女像，为生斯论矣。）**譬如幻师化作幻女，若有人问何以不转女身，是人为正问不？"**

舍利弗言："不也。幻无定相，当何所转？"

天曰："一切诸法亦复如是，无有定相，云何乃问不转女身？"（万物如幻，无有定相，谁好谁丑，而欲转之乎？）

即时天女以神通力，变舍利弗令如天女，天自化身如舍利弗，而问言："何以不转女身？"（将成幻化无定之义，故现变而问，令其自悟也。）

舍利弗以天女像而答言："我今不知何[1]转，而变为女身。"（吾不知所以转而为此身，如之何又欲转之乎？）

天曰："舍利弗若能转此女身，则一切女人亦当能转。（仁者不知所以转而转为女身，众女亦不知所以转而为女也。若仁者无心于为女而不能转女身者，则众女亦然，不能自转，如何劝人转女身乎？此明女虽无定相，而因缘所成，不得自在转也。）如舍利弗非女而现女身，一切女人亦复如是，虽现女身而非女也。（如舍利弗实非女而今现是女像，众女亦现是女像，实非女也。男女无定相，类已可知矣。）**是故佛说一切诸法非男非女。"**（佛语岂虚妄哉！）

即时天女还摄神力，舍利弗身还复如故。天问舍利弗："女身色相今何所在？"（将推女相之所在，故复身而问。）

舍利弗言："女身色相无在无不在。"（欲言有在，今见无相；欲言无在，向复有相。犹幻化无定，莫知所在也。）

天曰："一切诸法亦复如是，无在无不在。夫无在无不在者，佛所说也。"（岂唯女相[2]，诸法皆尔。称佛所说，以明理不可易。）

舍利弗问天："汝于此没，当生何所？"（既知现相之无在，又问当生之所在。）

---

[1] 何：底本作"所"，现按《大正藏》本校本甲校订。

[2] "相"下，《大正藏》本校本甲有"无在"二字。

天曰：“佛化所生，吾如彼生。”（此生身相既如幻化，没此更生，岂得异[1]也。）

舍利弗[2]曰：“佛化所生，非没生也。”

天曰：“众生犹然，无没生也。”（岂我独如化，物无非化也。）

舍利弗问天：“汝久如当得阿耨多罗三藐三菩提？”（身相没生可如幻化，菩提真道必应有实，故问久如当成。）

天曰：“如舍利弗还为凡夫，我乃当成阿耨多罗三藐三菩提。”（所期[3]必无。）

舍利弗言：“我作凡夫，无有是处。”（圣人还为凡夫，何有是处耶？）

天曰：“我得阿耨多罗三藐三菩提，亦无是处。（彼圣人为凡夫，我成菩提道，无处一也。）所以者何？菩提无住处，是故无有得者。”（菩提之道无为无相，自无住处，谁有得者？）

舍利弗言：“今诸佛得阿耨多罗三藐三菩提，已得、当得如恒河沙，皆谓何乎？”（据得以问。）

天曰：“皆以世俗文字数故说有三世，非谓菩提有去来今。”（世俗言数有三世得耳，非谓菩提第一真道有去来今也。）

天曰：“舍利弗！汝得阿罗汉道耶？”（罗汉入无漏心，不见得道；入有漏心，则见有得。今问以第九解脱自证成道时，见有得耶？欲令自悟无得义也。）

曰：“无所得故而得。”（推心而答也。无得故有得，有得则无得，此明真得乃在于不得。）

天曰：“诸佛菩萨亦复如是，无所得故而得。”

尔时，维摩诘语舍利弗：“是天女曾已供养九十二亿佛，已能游戏菩萨神通，所愿具足，得无生忍，住不退转，以本愿故随意能现，教化众生。”

---

[1] “异”下，《大正藏》本校本甲有一“化”字。

[2] 舍利弗：底本无，依《大正藏》本校本甲补。

[3] 所期：《大正藏》本校本甲作“取其”。

（上但即言生论，未知其道深浅。净名傍显其实，以生众会敬信之情。）

佛道品第八解

尔时，文殊师利问维摩诘言："菩萨云何通达佛道？"（上云诸佛之道以无得为得，此道虚玄，非常行之所通，通之必有以，故问所以通也。）

维摩诘言："若菩萨行于非道，是为通达佛道。"（夫以道为道、非道为非道者，则爱恶并起，垢累兹彰，何能通心妙旨，达平等之道乎？若能不以道为道、不以非道为非道者，则是非绝于心，遇物斯可乘矣。所以处是无是是之情，乘非无非非之意，故能美恶齐观，履逆常顺，和光尘劳，愈晦愈明。斯可谓通达无碍平等佛道也。）

又问："云何菩萨行于非道？"

答曰："若菩萨行五无间，而无恼恚；（五逆罪必由恼恚生，此罪舍身必入地狱，受苦无间也。菩萨示行五逆而无恼恚，是由不以逆为逆，故能同逆耳。若以逆为逆者，孰敢同之？）至于地狱，无诸罪垢；（罪垢，地狱因也。示受其报，实无其因。）至于畜生，无有无明、骄慢等过；（痴慢偏重，多堕畜生。）至于饿鬼，而具足功德；（悭贪无福，多堕饿鬼。）行色、无色界道，不以为胜；（上二界道，受有之因。虽同其行，知其卑陋也。）示行贪欲，离诸染著；示行瞋恚，于诸众生无有恚碍；示行愚痴，而以智慧调伏其心；（示行三毒而不乖三善也。）示行悭贪，而舍内外所有，不惜身命；示行毁禁，而安住净戒，乃至小罪犹怀大惧；示行瞋恚，而常慈忍；示行懈怠，而勤修功德；示行乱意，而常念定；示行愚痴，而通达世间、出世间慧；（示行六弊而不乖六度也。）示行谄伪，而善方便，随诸经义；（外现随俗谄伪，内实随经方便也。）示行骄慢，而于众生犹如桥梁；（使物皆践我上，取卑下之极也。）示行诸烦恼，而心常清净；（烦恼显于外，心净著于内。）示入于魔，而顺佛智慧，不随他教；（外同邪教，内顺正慧也。）示入声闻，而为众生说未闻法；（声闻不从人闻不能自悟，况能为人说所未闻？）**示入辟支佛，而成就大悲，教化众生；**（大悲，大乘法，非辟支佛所能行。）**示入贫穷，而有宝手，功德无尽；**（手出自然宝，周穷无尽。）**示入形残，而具诸相好，以自庄严；示入下贱，而生佛种姓中，具诸功德；**（得无生忍，必继佛种，名生佛种姓中也。）**示入羸劣丑陋，而得那罗延身，一切众生之所乐见；**（那罗延，天力士名也，端正殊妙，志力雄猛。）**示入老病，而永断病根，超越死畏；**（法身大士生死永尽，况老病乎？）**示有资生，而恒观无常，实无所贪；示有妻妾婇女，而常远离五欲淤泥；现于讷钝，而成就辩才，总持无失；示入邪济，而以正济度诸众生；**（津河可度处名正济，险难处名邪济。佛道名正济，外道名邪济也。）**现遍入诸道，而断其因缘；**（遍入异道，岂曰慕求，欲断其缘耳。）**现于涅槃，而不断生死。**（现身涅槃，而方入生死。自上所列，于菩萨皆为非道，而处之无碍，乃所以为道，故曰通达佛道也。）**文殊师利！菩萨能如是行于非道，是为通达佛道。"**

于是，维摩诘问文殊师利："**何等为如来种？**"（既辨佛道所以通，又问其道之所出也。维摩、文殊迭为问答，应物而作，孰识其故？）

文殊师利言："有身为种，（有身，身见也。夫心无定所，随物而变，在邪而邪，在正而正，邪正虽殊，其种不异也。何则？变邪而正，改恶而善，岂别有异邪之正、异恶之善，超然无因，忽尔自得乎？然则正由邪起，善因恶生，故曰众结烦恼为如来种也。）**无明、有爱为种，贪、恚、痴为种，四颠倒为种，五盖为种，六入为种，七识住为种，八邪法为种，九恼处为种，十不善道为种。以要言之，六十二见及一切烦恼，皆是佛种。"**（尘劳众生即成佛道，更无异人之成佛，故是佛种也。）

曰："何谓也？"（夫妙极之道，必有妙极之因，而曰尘劳为种者，何耶？）

答曰："若见无为入正位者，不能复发阿耨多罗三藐三菩提心。譬如高原陆地不生莲花，卑湿淤泥乃生此花。如是见无为法入正位者，终不复能生于佛法。烦恼泥中，乃有众生起佛法耳。又如植种于空，终不得生；粪壤之地，乃能滋茂。如是入无为正位者，不生佛法。起于我见如须弥山，

（我心自高，如须弥之在众山也。）**犹能发于阿耨多罗三藐三菩提心，生佛法矣。是故当知，一切烦恼为如来种。譬如不下巨海，终不能得无价宝珠。如是不入烦恼大海，则不能得一切智宝。"**（二乘既见无为，安住正位，虚心静漠，宴寂恬怡，既无生死之畏，而有无为之乐，澹泊自足，无希无求，孰肯蔽蔽以大乘为心乎？凡夫沉沦五趣，为烦恼所蔽，进无无为之欢，退有生死之畏，兼我心自高，唯胜是慕，故能发迹尘劳，标心无上，树根生死，而敷正觉之花。自非凡夫没命洄渊、游盘尘海者，何能致斯无上之宝乎？是以凡夫有反覆之名，二乘有根败之耻也。）

尔时，大迦叶叹言："**善哉！善哉！文殊师利！快说此语，诚如所言，尘劳之俦为如来种。我等今者不复堪任发阿耨多罗三藐三菩提心。乃至五无间罪犹能发意生于佛法，而今我等永不能发。譬如根败之士，其于五欲不能复利。如是声闻诸结断者，于佛法中无所复益，永不志愿。**（迦叶自知己心微弱，不能发大道意，至于胜求，乃后五逆之人，伤己无堪，故善文殊之说。）**是故，文殊师利！凡夫于佛法有反复，而声闻无也。所以者何？凡夫闻佛法，能起无上道心，不断三宝。正使声闻终身闻佛法力无畏等，永不能发无上道意。"**（凡夫闻法能续佛种，则报恩有反复也。声闻独善其身，不弘三宝，于佛法为无反复也。又《法华》云：二乘中止，终必成佛。而此经以根败为喻，无复志求。夫涅槃者，道之真也，妙之极也。二乘结习未尽，暗障未除，如之何以垢累之神而求真极之道乎？以其三有分尽，故假授涅槃，非实涅槃也。此经将以二乘疲厌生死，进向已息，潜隐无为，绵绵长久，方于凡夫则为永绝。又抑扬时听，卑鄙小乘。至人殊应，其教不一，故令诸经有不同之说也。）

尔时，会中有一[1]**菩萨名普现色身，问维摩诘言："居士父母妻子、亲戚眷属、吏民知识，悉为是谁？奴婢僮仆、象马车乘，皆何所在？"**（净名权道无方，隐显难测，外现同世家属，内以法为家属。恐惑者见形不及其道，故生斯问也。）

---

[1]　一：底本无，依《大正藏》本补。

于是，维摩诘以偈答曰：

智度菩萨母，方便以为父，（智为内照，权为外用，万行之所由生，诸佛之所因出。故菩萨以智为母，以权为父。）

一切众导师，无不由是生。

法喜以为妻，（法喜，谓见法生内喜也。世人以妻色为悦，菩萨以法喜为悦也。）

慈悲心为女，（慈悲之情，像女人性，故以为女。）

善心诚实男，（诚实贞直，男子之性。亦有为恶而实，故标以善心。）

毕竟空寂舍。（堂宇以蔽风霜，空寂以障尘想。）

弟子众尘劳，随意之所转。（尘劳众生随意所化，无非弟子也。）

道品善知识，由是成正觉。（成益我者，三十七道品也，可谓善知识乎！）

诸度法等侣，（六度，大乘之要行。发心为侣，俱至道场，吾真侣也。）

四摄为伎女，（四摄悦众，以当伎女也。）

歌咏诵法言，以此为音乐。（口咏法言，以当音乐。）

总持之园苑，无漏法林树，

觉意净妙花，解脱智慧果。

八解之浴池，定水湛然满，

布以七净花，浴此无垢人。（总持强记，万善之苑也。于此苑中树无漏之林，敷七觉之花，结解脱之果，严八解之池，积禅定之水，湛然充满；布七净之花，罗列水上。然后无垢之士游此林苑，浴此花池，闲宴嬉游，乐之至也，岂等俗苑林水之欢乎？觉意，七觉意也。解脱，有为、无为果也。智慧，即果智也。）

象马五通驰，大乘以为车。

调御以一心，游于八正路。（五通为象马，大乘为上车，一心为御者，游于八正路也。）

相具以严容，　众好饰其姿，

惭愧之上服，（惭愧障众恶，法身之上服。）

深心为花鬘。（深心，法身之上饰，犹花鬘之在首。）

富有七财宝，教授以滋息。

如所说修行，回向为大利。（七财，信、戒、闻、舍、慧、惭、愧也。世人以玉帛为饶，菩萨以七财为富，出入法宝，与人同利，兼示以滋息之法，令如说修行，回向佛道，此利之大者也。）

四禅为床座，（世人为毒螫、下湿，所以伐木为床。菩萨为下界毒恶，故以四禅为床。）

从于净命生。（四禅高床，修净命之所成。）

多闻增智慧，以为自觉音。（外国诸王卧欲起时，奏丝竹自觉。菩萨安寝四禅，多闻以自觉。）

甘露法之食，解脱味为浆。（无漏甘露以充其体，八解脱法浆以润其身也。）

净心以澡浴，戒品为涂香。（净心为澡浴之水，戒具为涂身之香。）

摧灭烦恼贼，勇健无能逾。

降伏四种魔，胜幡建道场。（外国法，战诤破敌，立幡以表胜。菩萨摧烦恼贼，降四魔怨，乃立道场，建胜相也。）

虽知无起灭，示彼故有生。

悉现诸国土，如日无不见。（知无起灭则得法身，无复生分。为彼有生，故无往不见。自此已下，尽叹菩萨变应之德，以法为家，故其能若此。）

供养于十方，无量亿如来。

诸佛及己身，无有分别想。（未尝觉彼己之异也。）

虽知诸佛国，及与众生空，

而常修净土，教化于群生。（知空不舍有，所以常处中。）

诸有众生类，形声及威仪，

无畏力菩萨，一时能尽现。

觉知众魔事，而示随其行，

以善方便智，随意皆能现。

或示老病死，成就诸群生。

了知如幻化，通达无有碍。

或现劫尽烧，天地皆洞然，

众生有常想，照令知无常。

无数亿众生，俱来请菩萨，

一时到其舍，化令向佛道。

经书禁咒术，工巧诸伎艺，

尽现行此事，饶益诸群生。

世间众道法，悉于中出家，

因以解人惑，而不堕邪见。（九十六种皆出家求道，随其出家，欲解其惑，不同其见也。）

或作日月天，梵王世界主。

或时作地水，或复作风火。（遇海漂人，则变身为地。水、火、风，皆随彼所须而自变形也。）

劫中有疾疫，现作诸药草，

若有服之者，除病消众毒。

劫中有饥馑，现身作饮食，

先救彼饥渴，却以法语人。（菩萨法身于何不为，或为药草，令服者病除；或为饮食，令饥渴者得饱满。）

劫中有刀兵，为之起慈悲，

化彼诸众生，令住无诤地。

若有大战阵，立之以等力，

菩萨现威势，降伏使和安。

一切国土中，诸有地狱处，

辄往到于彼，勉济其苦恼。

一切国土中，畜生相食啖，

皆现生于彼，为之作利益。

示受于五欲，亦复现行禅，

令魔心愦乱，不能得其便。（欲言行禅，复受五欲；欲言受欲，复现行禅。莫测其变，所以愦乱也。）

火中生莲花，是可谓希有。

在欲而行禅，希有亦如是。（自非静乱齐旨者，孰能为之者也。）

或现作淫女，引诸好色者，

先以欲钩牵，后令入佛智。（反欲以顺。）

或为邑中主，或作商人导，

国师及大臣，以祐利众生。

诸有贫穷者，现作无尽藏，

因以劝导之，令发菩提心。

我心骄慢者，为现大力士，

消伏诸贡高，令住无上道。（慢心自高，如山峰不停水。菩萨现为力士，服其高心，然后润以法水。）

其有恐惧者，居前而慰安，

先施以无畏，后令发道心。

或现离淫欲，为五通仙人，

开导诸群生，令住戒忍慈。

见须供事者，现为作僮仆，

既悦可其意，乃发以道心。

随彼之所须，得入于佛道，

以善方便力，皆能给足之。

如是道无量，所行无有涯，

智慧无边际，度脱无数众。

假令一切佛，于无数亿劫，

赞叹其功德，犹尚不能尽。（其权智之道无涯无际，虽复众圣殊辩，犹不能尽。）

谁闻如是法，不发菩提心！

除彼不肖人，痴冥无智者。（下士闻道大而笑之。日月虽明，何益瞽者？）

入不二法门品第九解

尔时，维摩诘谓众菩萨言："诸仁者！云何菩萨入不二法门？（言为世则谓之法，众圣所由谓之门。）各随所乐说之。"（自经始已来，所明虽殊，然皆大乘无相之道。无相之道，即不可思议解脱法门，即第一义无二法门。此净名现疾之所建，文殊问疾之所立也。凡圣道成，莫不由之，故事为篇端，谈为言首，究其所归，一而已矣。然学者开心有地，受习不同，或观生灭以反本，或推有无以体真，或寻罪福以得一，或察身口以冥寂。其涂虽殊，其会不异。不异，故取众人之所同，以证此经之大旨也。）

会中有菩萨名法自在，说言："诸仁者！生灭为二。法本不生，今则无灭。得此无生法忍，是为入不二法门。"（灭者灭生耳，若悟无生，灭何所灭？此即无生法忍也。此菩萨因观生灭以悟道，故说己所解，为不二法门也。下皆类尔。万法云云，离真皆名二，故以不二为言。）

德守菩萨曰："我、我所为二。因有我故，便有我所。若无有我，则无我所。是为入不二法门。"（妙主常存，我也。身及万物，我所也。我所，我之有也。法既无我，谁有之者？）

不眴菩萨曰："受、不受为二。若法不受，则不可得。以不可得，故无取、无舍，无作、无行，是为入不二法门。"（有心必有所受，有所受必有所不受，此为二也。若悟法本空，二俱不受，则无得无行，为不二也。）

德顶菩萨曰："垢净为二。见垢实性，则无净相，顺于灭相，是为入不二法门。"（净生于垢，实性无垢，净何所净？）

善宿菩萨曰："是动、是念为二。（情发为动，想我为念也。）不动则无念，无念即无分别。通达此者，是为入不二法门。"

善眼菩萨曰："一相、无相为二。若知一相即是无相，亦不取无相，入于平等，是为入不二法门。"（言一欲以去二，不言一也。言无欲以去有，不言无也。而惑者闻一则取一相，闻无则取无相，故有二焉。）

妙臂菩萨曰："菩萨心、声闻心为二。观心相空，如幻化者，无菩萨心，无声闻心，是为入不二法门。"

弗沙菩萨曰：（弗沙，星名也，菩萨因以为字焉。）"善、不善为二。若不起善不善，入无相际而通达者，是为入不二法门。"

狮子菩萨曰："罪、福为二。若达罪性，则与福无异，以金刚慧决了此相，（金刚慧，实相慧也。）无缚无解者，是为入不二法门。"

狮子意菩萨曰："有漏、无漏为二。若得诸法等，则不起漏、不漏想，不著于相，亦不住无相，是为入不二法门。"

净解菩萨曰："有为、无为为二。若离一切数，则心如虚空，以清净慧无所碍者，是为入不二法门。"

那罗延菩萨曰："世间、出世间为二。世间性空，即是出世间，于其中不入、不出，不溢、不散，（夫有入则有出，有出必有溢，有溢必有散，此俗中之常数。）是为入不二法门。"

善意菩萨曰："生死、涅槃为二。若见生死性，则无生死，无缚无解，不然不灭。如是解者，是为入不二法门。"（缚、然，生死之别名。解、灭，涅槃之异称。）

现见菩萨曰："尽、不尽为二。法若究竟，尽若不尽，皆是无尽相。无尽相即是空，空则无有尽不尽相。如是入者，是为入不二法门。"（有为虚伪法，无常故名尽；实相无为法，常住故不尽。若以尽为尽、以不尽为不尽者，皆二法也。若能悟尽不尽俱无尽相者，则入一空不二法门也。）

普守菩萨曰："我、无我为二。我尚不可得，非我何可得？见我实性者，不复起二，是为入不二法门。"（非我出于我耳。见我实性者，我本自无，而况非我也。）

电天菩萨曰："明、无明为二。无明实性即是明，明亦不可取，离一切数，于其中平等无二者，是为入不二法门。"（明，慧明也。无明，痴冥也。见无明性，即是为明。若见明为明，即是无明，故不可取也。）

喜见菩萨曰："色、色空为二。色即是空，非色灭空，色性自空。如是受、想、行、识、识空为二。识即是空，非识灭空，识性自空。于其中而通达者，是为入不二法门。"（色即是空，不待色灭然后为空。是以见色异于空者，则二于法相也。）

明相菩萨曰："四种异、空种异为二。四种性即是空种性，如前际、后际空故，中际亦空。若能如是知诸种性者，是为入不二法门。"（四种，四大也；空种，空大也。此五众生之所由生，故名种。然四大之性，无前、后、中，无异空大也。）

妙意菩萨曰："眼、色为二。若知眼性，于色不贪、不恚、不痴，是名寂灭。如是耳声、鼻香、舌味、身触、意法为二。若知意性，于法不贪、不恚、不痴，是名寂灭。安住其中，是为入不二法门。"（存于情尘，故三毒以生。若悟六情性，则于六尘不起三毒，此寂灭之道也。）

无尽意菩萨曰："布施、回向一切智为二。布施性即是回向一切智性。如是持戒、忍辱、精进、禅定、智慧、回向一切智为二。智慧性即是回向一切智性，于其中入一相者，是为入不二法门。"（以六度为妙因，回向一切智者，二也。若悟因果同性，入于一相，乃应不二。）

深慧菩萨曰："是空、是无相、是无作为二。空即无相，无相即无作。若空、无相、无作即无心意识，于一解脱门即是三解脱门者，是为入不二法门。"（三行虽异，然俱是无缘解脱，故无心意识也。无缘既同，即三解脱无异。）

寂根菩萨曰："佛、法、众为二。佛即是法，法即是众，是三宝皆无为相，（无相真智，佛宝也；实相无为，法宝也；修无为道，僧宝也。三宝虽异，皆无为相也。）与虚空等。一切法亦尔。能随此行者，是为入不二法门。"

心无碍菩萨曰："身、身灭为二。身即是身灭。所以者何？见身实相者，则不起见身及见灭身，身与灭身无二无分别，于其中不惊不惧者，是为入不二法门。"（诸法生时空生，灭时空灭，身存身亡，亦何以异而怀惊惧于其中乎？）

上善菩萨曰："身、口、意业为二。是三业皆无作相，身无作相即口无作相，口无作相即意无作相，是三业无作相即一切法无作相。能如是随无作慧者，是为入不二法门。"（三业虽殊，无作一也。诸法之生，本于三业。三业既无，谁作诸法也。）

福田菩萨曰："福行、罪行、不动行为二。三行实性即是空，空即无福行、无罪行、无不动行。于此三行而不起者，是为入不二法门。"（福，欲界善行。罪，十恶之流。不动，色、无色界行也。）

华严菩萨曰："从我起二为二。见我实相者，不起二法。若不住二法，则无有识。无所识者，是为入不二法门。"（因我故有彼，二名所以生。若见我实相，则彼我之识无由而起。）

德藏菩萨曰："有所得相为二。若无所得，即无取舍。无取舍者，是为入不二法门。"（得在于我，相在于彼。我不得相，谁取谁舍？）

月上菩萨曰："暗与明为二。无暗无明，即无有二。所以者何？如入灭受想定，无暗无明。一切法相亦复如是。于其中平等入者，是为入不二法门。"（二乘入灭尽定，六根尽废，心想都灭，虽经昼夜，不觉晦明之异。喻菩萨无心于明暗耳。）

宝印手菩萨曰："乐涅槃、不乐世间为二。若不乐涅槃、不厌世间，则无有二。所以者何？若有缚，则有解。若本无缚，其谁求解？无缚无解则无乐厌，是为入不二法门。"（世间无缚，曷为而厌？涅槃无解，曷为而乐？）

珠顶王菩萨曰："正道、邪道为二。住正道者，则不分别是邪是正。离此二者，是为入不二法门。"

乐实菩萨曰："实、不实为二。实见者，尚不见实，何况非实？所以者何？非肉眼所见，慧眼乃能见，而此慧眼无见无不见。是为入不二法门。"（实相，慧眼之境，非肉眼所见。慧眼尚不见实，而况非实？虽曰无见，而无所不见，此真慧眼之体。）

如是诸菩萨各各说已，问文殊师利："何等是菩萨入不二法门？"

文殊师利曰："如我意者，于一切法无言、无说、无示、无识，离诸问答，是为入不二法门。"（上诸人所明虽同，而所因各异，且直辨法相，不明无言。今文殊总众家之说，以开不二之门，直言法相不可言，不措言于法相。斯之为言，言之至也，而方于静默，犹亦后焉。）

于是，文殊师利问维摩诘："我等各自说已。仁者当说，何等是菩萨入不二法门？"

时，维摩诘默然无言。（有言于无言，未若无言于无言，所以默然也。上诸菩萨措言于法相，文殊有言于无言，净名无言于无言，此三明宗虽同，而迹有深浅。所以言后于无言，知后于无知，信矣哉！）

文殊师利叹曰："善哉！善哉！乃至无有文字语言，是真入不二法门。"（默领者，文殊其人也。为彼持言，所以称善也。）

说是入不二法门品时，于此众中五千菩萨皆入不二法门，得无生法忍。

香积佛品第十解

于是，舍利弗心念：日时欲至，此诸菩萨当于何食？（置座设食，拟宾之常。而待客先发者，欲以生论耳。舍利弗时会之长，故每扣兴端。）

时，维摩诘知其意，而语言："佛说八解脱，仁者受行，岂杂欲食而闻法乎？（佛说八解脱，乃是无欲之嘉肴，养法身之上膳。仁者亲受，谓无多求。然方杂食想，而欲听法，岂是元举来求之情乎？）若欲食者，且待须臾，当令汝得未曾有食。"

时，维摩诘即入三昧，以神通力，示诸大众，上方界分，过四十二恒河沙佛土，有国名众香，佛号香积，今现在。其国香气比于十方诸佛世界人天之香，最为第一。彼土无有声闻、辟支佛名，唯有清净大菩萨众，佛为说法。其界一切皆以香作楼阁，经行香地，苑园皆香，其食香气周流十方无量世界。是时彼佛与诸菩萨方共坐食，有诸天子皆号香严，悉发阿耨多罗三藐三菩提心，供养彼佛及诸菩萨。此诸大众莫不目见。

时，维摩诘问众菩萨言："诸仁者！谁能致彼佛饭？"（既现彼国，推有力者，令取饭也。）以文殊师利威神力故，咸皆默然。（文殊将显净名之德，故以神力令众会默然矣。）

维摩诘言："仁此大众，无乃可耻？"（励未成也。）

文殊师利曰："如佛所言，勿轻未学。"（进始学也。）

于是，维摩诘不起于座，居众会前，化作菩萨，相好光明，威德殊胜，蔽于众会，而告之曰："汝往上方界分，度如四十二恒河沙佛土，有国名众香，佛号香积，与诸菩萨方共坐食。汝往到彼，如我辞曰：'维摩诘稽首世尊足下，致敬无量，问讯起居，少病少恼、气力安不？（将示有身不得无患，故致问如来，犹云"少病少恼"。）愿得世尊所食之余，当于娑婆世界施作佛事。令此乐小法者得弘大道。亦使如来名声普闻。'"（"余"，卑逊言也。彼土因香以通大道，此国众生志意狭劣，故请香饭之余，以弘佛事也。）

时，化菩萨即于会前升于上方，举众皆见其去，到众香界，礼彼佛足。又闻其言："维摩诘稽首世尊足下，致敬无量，问讯起居，少病少恼、气力安不？愿得世尊所食之余，欲于娑婆世界施作佛事。使此乐小法者得弘大道，亦使如来名声普闻。"彼诸大士见化菩萨，叹未曾有："今此上人从何所来？娑婆世界为在何许？云何名为乐小法者？"即以问佛。（彼诸大士皆得神通，然不能常现在前。又其土纯一大乘，不闻乐小之名，故生斯问也。）佛告之曰："下方度如四十二恒河沙佛土，有世界名娑婆，佛号释迦牟尼，今现在，于五浊恶世，为乐小法众生敷演道教。彼有菩萨名维摩诘，住不可思议解脱，为诸菩萨说法，故遣化来，称扬我名，并赞此土，令彼菩萨增益功德。"彼菩萨言："其人何如，乃作是化，德力无畏，神足若斯。"佛言："甚大！一切十方皆遣化往，施作佛事，饶益众生。"于是香积如来以众香钵盛满香饭，与化菩萨。时彼九百万菩萨俱发声言："我欲诣娑婆世界，供养释迦牟尼佛，并欲见维摩诘等诸菩萨众。"（闻彼佛称此佛菩萨功德，故欲同举[1]。）佛言："可往。摄汝身香，无令彼

---

[1] "举"下，底本有"功德也"三字，依《大正藏》本校本甲删。

诸众生起惑著心。又当舍汝本形，勿使彼国求菩萨者而自鄙耻。又汝于彼莫怀轻贱而作碍想。所以者何？十方国土皆如虚空。又诸佛为欲化诸乐小法者，不尽现其清净土耳。"时化菩萨既受钵饭，与彼九百万菩萨俱，承佛威神及维摩诘力，于彼世界忽然不现，须臾之间至维摩诘舍。

时，维摩诘即化作九百万狮子之座，严好如前。诸菩萨皆坐其上。化菩萨以满钵香饭与维摩诘，饭香普薰毗耶离城及三千大千世界。时毗耶离婆罗门、居士等闻是香气，身意快然，叹未曾有。（异香入体，身心怡悦。）于是，长者主月盖，从八万四千人，来入维摩诘舍。（毗耶离国无有君王，唯有五百长者共理国事。月盖众所推重，故名主。自此下，皆闻香而后集矣。）见其室中菩萨甚多，诸狮子座高广严好，皆大欢喜，礼众菩萨及大弟子，却住一面。诸地神、虚空神及欲色界诸天，闻此香气，亦皆来入维摩诘舍。

时，维摩诘语舍利弗等诸大声闻："仁者！可食如来甘露味饭，大悲所薰。无以限意食之，使不消也。"（先示受食法也。此饭大悲之果，悲意所设，悲心所兴，故名大悲所薰。以限意食之，则不能消。若知此饭大悲所成，不可思议，发道心而食者则消，报施主恩，无限碍意也。）

有异声闻念是饭少，而此大众人人当食。（不思议食，非二乘所及，故生是念也。）化菩萨曰："勿以声闻小德小智，称量如来无量福慧。（无量福慧，即香饭之因。夫有无量之因，必有无量之果。若因可量，果亦可量。如来无量福慧，岂是声闻小智所能量乎？）四海有竭，此饭无尽。使一切人食，抟若须弥，乃至一劫，犹不能尽。所以者何？无尽戒、定、智慧、解脱、解脱知见功德具足者所食之余，终不可尽。"（如来具五分法身无尽功德，报应之饭，如何可尽矣。）于是钵饭悉饱众会，犹故不尽。其诸菩萨、声闻、天人食此饭者，身安快乐，譬如一切乐庄严国诸菩萨也。又诸毛孔皆出妙香，亦如众香国土诸树之香。

尔时，维摩诘问众香菩萨："香积如来以何说法？"

彼菩萨曰："我土如来无文字说，但以众香，令诸天人得入律行。（其土非都无言，但以香为通道之本。如此国因言通道，亦有因神变而得悟者。）

菩萨各各坐香树下，闻斯妙香，即获一切德藏三昧。得是三昧者，菩萨所有功德皆悉具足。"（此三昧力，能生诸功德也。）

彼诸菩萨问维摩诘："今世尊释迦牟尼佛以何说法？"

维摩诘言："此土众生刚强难化，故佛为说刚强之语，以调伏之。（圣化何常，随物而应耳。此土刚强，故以刚强之教而应焉。）言是地狱、是畜生、是饿鬼，是诸难处，（遍示八难处也。）是愚人生处。（外道异学，名愚人生处也。）是身邪行，是身邪行报。是口邪行，是口邪行报。是意邪行，是意邪行报。是杀生，是杀生报。是不与取，是不与取报。是邪淫，是邪淫报。是妄语，是妄语报。是两舌，是两舌报。是恶口，是恶口报。是无义语，是无义语报。（华饰美言，苟悦人意，名无义语。）是贪嫉，是贪嫉报。是瞋恼，是瞋恼报。是邪见，是邪见报。是悭吝，是悭吝报。是毁戒，是毁戒报。是瞋恚，是瞋恚报。是懈怠，是懈怠报。是乱意，是乱意报。是愚痴，是愚痴报。是结戒、是持戒、是犯戒。（如律藏说。）是应作、是不应作，是障碍、是不障碍，（犯律有罪重而不障道、有轻罪而障道者。亦有三障：业障、报障、烦恼障也。）是得罪、是离罪，是净、是垢，是有漏、是无漏，是邪道、是正道，是有为、是无为，是世间、是涅槃。以难化之人心如猿猴，故以若干种法制御其心，乃可调伏。（以其难化故，示罪福之若是也。）譬如象马忨悷不调，加诸楚毒，乃至彻骨，然后调伏。如是刚强难化众生，故以一切苦切之言，乃可入律。"（非钩捶无以调象马，非苦言无以伏难化。）

彼诸菩萨闻说是已，皆曰："未曾有也！如世尊释迦牟尼佛，隐其无量自在之力，乃以贫所乐法，度脱众生。（诸佛平等，迹有参差。由群生下劣，志愿狭小，故佛隐自在力，同其贫陋，顺其所乐而以济之。应感无方，不择净秽，此未曾有也。）斯诸菩萨亦能劳谦，以无量大悲生是佛土。"

维摩诘言："此土菩萨于诸众生大悲坚固，诚如所言。（成其所叹也。）然其一世饶益众生，多于彼国百千劫行。（行不在久，贵其有益焉。）所以者何？此娑婆世界有十事善法，诸余净土之所无有。何等为十？以布施摄贫穷，以净戒摄毁禁，以忍辱摄瞋恚，以精进摄懈怠，以禅定摄乱意，以智慧摄愚痴，以 [1] 除难法度八难者，以大乘法度乐小乘者，以诸善根济无德者，常以四摄成就众生，是为十。"（夫善因恶起，净由秽增。此土十恶法具，故十德增长。彼土纯善，故施德无地，所以百千劫行，不如一世也。）

彼菩萨曰："菩萨成就几法，于此世界行无疮疣，生于净土？"（将厉此土始学菩萨，令生净国，故发斯问也。）

维摩诘言："菩萨成就八法，于此世界行无疮疣，生于净土。何等为八？饶益众生而不望报，代一切众生受诸苦恼，所作功德尽以施之。（菩萨 [2] 代彼受苦，不自计身，所有功德尽施众生，岂以有益而想其报乎？若不为众生，应久入涅槃。为彼受苦，令其先度，彼去我留，非代谓何？此饶益之至。一法也。）等心众生，谦下无碍。（怨亲不殊，卑己厚人，等心尊卑，情无介然。二法也。）于诸菩萨，视之如佛。（菩萨，众生之桥梁，三宝之所系，视之如佛，则增己功德。三法也。）所未闻经，闻之不疑。（佛所说经，闻则信受，不以未闻而生疑惑。四法也。）不与声闻而相违背。（三乘虽异，归宗不殊，不以小大而相违背。五法也。）不嫉彼供，不高己利，而于其中调伏其心。（他种他获，曷为而嫉？己种己得，曷为而高？于是二中，善自调伏。六法也。）常省己过，不讼彼短。（省己过则过自消，讼彼短则短在己。七法也。）恒以一心，求诸功德。是为八。"（尘垢易增，功德难具，自非一心专求，无以克成。具此八法，则行无疮疣，终生净土矣。）

维摩诘、文殊师利于大众中说是法时，百千天人皆发阿耨多罗三藐三菩提心，十千菩萨得无生法忍。

---

[1] 以：《大正藏》本作"说"。

[2] 菩萨：底本无，依《大正藏》本校本甲补。

菩萨行品第十一解

是时，佛说法于庵罗树园，其地忽然广博严事，一切众会皆作金色。（至人无常所，理会是邻。如来、净名虽服殊处异，然妙存有在，所以来往兴化，共弘不思议道也。因遣问疾，所明若上。今将诣如来，封印兹典，故先现斯瑞，以启群心者也。）

阿难白佛言："世尊！以何因缘有此瑞应，是处忽然广博严事，一切众会皆作金色。"（大士所为，非小道所及，故问其缘者也。）

佛告阿难："是维摩诘、文殊师利，与诸大众恭敬围绕，发意欲来，故先为此瑞应。"

于是，维摩诘语文殊师利："可共见佛，与诸菩萨礼事供养。"

文殊师利言："善哉！行矣，今正是时。"（有益时也。）

维摩诘即以神力，持诸大众并狮子座，置于右掌，往诣佛所。到已著地，稽首佛足，右绕七匝，一心合掌，在一面立。（净名置座于地，将先致敬也。）其诸菩萨即皆避座，稽首佛足，亦绕七匝，于一面立。诸大弟子、释梵四天王等，亦皆避座，稽首佛足，在一面立。

于是，世尊如法慰问诸菩萨已，各令复座，即皆受教。众坐已定，佛语舍利弗："汝见菩萨大士自在神力之所为乎？"

"唯然，已见。"

"于汝意云何？"

"世尊！我睹其为不可思议，非意所图，非度所测。"（向与文殊俱入不思议室，因借宝座睹其神力，兼食香饭，乘掌而还，莫测其变，故自绝于图度。此经大旨，所明不思议道，故往往多显不思议迹也。）

尔时，阿难白佛言："世尊！今所闻香，自昔未有，是为何香？"（如来将辨香饭之缘，故令阿难问[1]也。）

佛告阿难："是彼菩萨毛孔之香。"（彼菩萨，众香国菩萨也。所以独言彼者，欲令舍利弗自显一食之香，因明香饭之多益也。）

于是，舍利弗语阿难言："我等毛孔亦出是香。"

阿难言："此所从来？"

曰："是长者维摩诘从众香国取佛余饭，于舍食者，一切毛孔皆香若此。"

阿难问维摩诘："是香气住当久如？"

维摩诘言："至此饭消。"

曰："此饭久如当消？"

曰："此饭势力至于七日，然后乃消。（七日势消，饭常力也。若应因饭而阶道者，要得所应得，然后乃消也。）又阿难！若声闻人未入正位食此饭者，得入正位，然后乃消。（入无漏境，名入正位焉。）已入正位食此饭者，得心解脱，然后乃消。（成无著果，名心解脱者。）若未发大乘意食此饭者，至发意乃消。已发意食此饭者，得无生忍，然后乃消。已得无生忍食此饭者，至一生补处，然后乃消。譬如有药名曰上味，其有服者，身诸毒灭，然后乃消。此饭如是，灭除一切诸烦恼毒，然后乃消。"

阿难白佛言："未曾有也！世尊！如此香饭能作佛事。"（饭本充体，乃除结缚，未曾闻见也。）

佛言："如是，如是。阿难！或有佛土以佛光明而作佛事，（阿难具香饭所益，谓佛事理极于此，故广示其事，令悟佛道之无方也。此土众生见佛妙光，自入道检。亦有余益，但以光为主。下皆类此。）有以诸菩萨而作佛事，（有佛默然居宗，以菩萨为化主也。）有以佛所化人而作佛事，（有纯以化为佛事，如须扇头比。）有以菩提树而作佛事，（佛于下成道，树名菩提。此树光无不照，香无不薰，形色微妙，随所好而见；树出法音，随所好而闻。此如来报应树也，众生遇者自然悟道。此土以树为化之本也。）

---

[1] 问：底本作"闻"，现按《大正藏》本校本甲校订。

有以佛衣服卧具而作佛事，（昔阎浮提王得佛大衣，时世大疾，王以衣置高表上，以示国民众人。国民归命，病皆得除，信敬益深，因是解脱，是其类也。[1]）**有以饭食而作佛事，有以园林台观而作佛事，**（众香国即其事也。园林，如极乐林树说法等。一义：饮食以舌根通道，园观以眼根通道也。）**有以三十二相、八十随形好而作佛事，**（好严饰者，示之以相好也。）**有以佛身而作佛事，有以虚空而作佛事，**（好有者存身以示有，好空者灭身以示空，如《密迹经》说也。八相虽在身而身相不一，所因各异，故佛事不同也。）**众生应以此缘得入律行。**（所因虽殊，然俱入律行也。）**有以梦、幻、影、响、镜中像、水中月、热时炎，如是等喻而作佛事。**（自有不悟正言，因喻得解者。）**有以音声、语言、文字而作佛事。**（即此娑婆国之佛事。）**或有清净佛土，寂寞无言，无说、无示、无识、无作、无为而作佛事。**（有真净土纯法身菩萨，外无言说，内无情识，寂莫无为，而超悟于事外，非是言情所能称述，此佛事之上者也。）**如是，阿难！诸佛威仪进止，诸所施为，无非佛事。**（佛事者，以有益为事耳。如来进止举动，威仪俯仰，乃至动足，未曾无益，所以诸所作为，无非佛事。上略言之也。）

阿难！有此四魔、八万四千诸烦恼门，（三毒、等分，此四，烦恼之根也。因一根生二万一千烦恼，合八万四千。因八万四千，出无量尘垢，故名门也。）**而诸众生为之疲劳，诸佛即以此法而作佛事。**（众生皆以烦恼为病，而诸佛即以之为药。如淫女以欲为患，更极其情欲，然后悟道。毒龙以瞋为患，更增其忿恚，然后受化。此以欲除欲、以瞋除瞋，犹良医以毒除毒，斯佛事之无方也。）**是名入一切诸佛法门。**（若能应会无方，美恶斯顺，无事不为，为之无非佛事，乃名入诸佛法门耳。）**菩萨入此门者，**（七住以上，豫入此门。）**若见一切净好佛土，不以为喜，不贪不高；若见一切不净佛土，不以为忧，不碍不没。但于诸佛生清净心，欢喜恭敬，未曾有也。诸佛如来功德平等，为教化众生故，而现佛土不同。**（佛无定

---

[1] 此条注释底本原作"肇注同"，指与鸠摩罗什注释相同，现据《大正藏》本校本甲补。

所，应物而现，在净而净，在秽而秽，美恶自彼，于佛无二，曷为自生忧喜于其间哉！是以豫入此门者，见净不贪，己分不高，睹秽不碍，乖情不没，故能生真净心，知佛平等而应迹不同。此窥阃之徒，非平等信也，自不入佛事门者，孰能不以净秽为心乎？）

阿难！汝见诸佛国土，地有若干，而虚空无若干也。如是见诸佛色身有若干耳，其无碍慧无若干也。（佛慧如空，应形犹地。不以地异而异空，不以空一而释地也。）阿难！诸佛色身、威相种姓，戒、定、智慧、解脱、解脱知见，力、无所畏、不共之法，大慈、大悲，威仪所行，及其寿命、说法教化、成就众生、净佛国土、具诸佛法，悉皆同等。是故名为三藐三佛陀，（秦言正遍知，见法无差谓之正，智无不周谓之遍，决定法相谓之知。）名为多陀阿伽度，（秦言如来，亦云如去。如法而来，如法而去，古今不改，千圣同辙，故名如来，亦名如去。）名为佛陀。（秦言觉。生死长寝，莫能自觉。自觉觉彼者，其唯佛也。此三句盖体极之称。若如上佛事有一毫不等者，则不足以名三号具足也。）阿难！若我广说此三句义，汝以劫寿不能尽受。正使三千大千世界满中众生皆如阿难多闻第一，得念总持，此诸人等，以劫之寿亦不能受。（三句义，无穷若此，其道平等，理无不极，岂容优劣于其间哉！）如是，阿难！诸佛阿耨多罗三藐三菩提无有限量，智慧辩才不可思议。"

阿难白佛："我从今已往，不敢自谓以为多闻。"（阿难于五百弟子中多闻强记第一，今闻佛事，乃自审寡闻也。）

佛告阿难："勿起退意。所以者何？我说汝于声闻中为最多闻，非谓菩萨。且止，阿难！其有智者，不应限度诸菩萨也。一切海渊尚可测量，菩萨禅定、智慧、总持、辩才、一切功德不可量也。（物有于上不足、于下有余，不可以下有余而量于上也。）阿难！汝等舍置菩萨所行，是维摩诘一时所现神通之力，一切声闻、辟支佛于百千劫尽力变化所不能作。"（一时，即向来所现。一时若此，况尽其事乎？[1]。）

---

[1] 乎：底本无，依《大正藏》本校本甲补。

尔时众香世界菩萨来者，合掌白佛言："世尊！我等初见此土生下劣想，今自悔责，（初见秽土，生下劣想，谓诸佛菩萨亦有升降。闻此佛事，乃自悔责也。）舍离是心。所以者何？诸佛方便不可思议，为度众生故，随其所应，现佛国异。唯然，世尊！愿赐少法，还于彼土，当念如来。"（既知佛事之难议，故欲请法而返土，将宣扬如来不思议道，令本国众生念佛功德也。）

佛告诸菩萨："有尽、无尽无碍法门，汝等当学。何谓为尽？谓有为法。何谓无尽？谓无为法。（有为法有三相，故有尽。无为法无三相，故无尽。）如菩萨者，不尽有为，不住无为。（有为虽伪，舍之则大业不成；无为虽实，住之则慧心不明。是以菩萨不尽有为，故德无不就；不住无为，故道无不覆。至能出生入死，遇物斯乘。在净而净，不以为欣；处秽而秽，不以为戚。应彼而动，于我无为，此诸佛平等不思议之道也。夫不思议道，必出乎尽不尽门。彼菩萨闻佛事平等不可思议，所以请法。故佛开此二门，示其不思议无碍之道也。）何谓不尽有为？谓不离大慈，不舍大悲。（慈悲乃入有之基，树德之本，故发言有之。）深发一切智心，而不忽忘。（发心不忘，是众行之中心者也。）教化众生，终不厌倦。于四摄法，常念顺行。护持正法，不惜躯命。种诸善根，无有疲厌。（慈悲为根，发心为心，然后顺四摄化众生、护正法、种善根，以此众德茂其枝条，道树日滋，不尽有为也。下诸行愿，枝条之流，取其日滋日茂，以成不尽义耳。废舍慈悲，道树不建，众德损耗，自隐涅槃，谓尽有为法也。）志常安住，方便回向。（方便回向，进善之要行，故常安住焉。）求法不懈，说法无吝。勤供诸佛，故入生死而无所畏。（不以结生，曷为而畏？）于诸荣辱，心无忧喜。不轻未学，敬学如佛。（未学当学，所以不轻。已学当成，故敬如佛。）堕烦恼者，令发正念。于远离乐，不以为贵。（独善之道，何足贵乎？）不著己乐，庆于彼乐。在诸禅定，如地狱想。（禅定虽乐，安之则大道不成。菩萨不乐，故想之如地狱也。）于生死中，如园观想。（生死虽苦，大道之所因，菩萨好游，故想如园观也。）见来求者，为善师想。（乞者虽欲自益，而实益我，故想为善师也。）舍诸所有，具一切智想。

（凡所施与，妙期有在。又审因果之不虚也。）**见毁戒人，起救护想。**（戒为人护，毁戒则无护。菩萨自己有护，故欲护无护者也。）**诸波罗蜜为父母想，**（余四度行转深，法身之所由生，故想为父母也。）**道品之法为眷属想。**（助成我者，三十七道品，犹人有眷属相助成者也。）**发行善根，无有齐限。**（上云种善根，此云无齐限，转增广也。）**以诸净国严饰之事，成己佛土。**（为好饰者净土，不得不尽净土之美。）**行无限[1]施，具足相好。**（开四门，恣求者所取，无碍大施法也。此施，相好之所因。）**除一切恶，净身口意。**（此明当大施时，诸恶悉除，三业悉净，故致净相之报也。）**生死无数劫，意而有勇。**（生死长久，苦毒无量，自非智勇，孰能处之？）**闻佛无量德，志而不倦。**（不以佛德[2]难及，倦而不修矣。）**以智慧剑，破烦恼贼。**（烦恼之寇，密固难遣，自非慧剑，无以断除。）**出阴、界、入。荷负众生，永使解脱。**（法身超三界，阴界入所不摄，故言出。若受阴界入身，处情尘之内，则自同羁琐，安能济彼？）**以大精进，摧伏魔军。**（魔兵强盛，非怠者所能制也。）**常求无念实相智慧。**（真智无缘，故无念为名；俗智有缘，故念想以生。）**行少欲知足，而不舍世法。**（不以无欲，而舍世法[3]自异。）**不坏威仪，而能随俗。**（同俗俯仰，不失道仪。天下皆谓我同己，而我独异人。）**起神通慧，引导众生。**（见形不及道者，非通变无以导焉。）**得念、**（正念也。）**总持，所闻不忘。**（由上二种持也。）**善别诸根，断众生疑。**（慧也。）**以乐说辩，演法无碍。**（乐说辩，四辩之一也。上云念定持辩，此云念持慧辩。定慧互有其用，迭在四门者也。）**净十善道，受天人福。**（不为福报修善，名为善净。然为物受报，报在欲界人天也。）**修四无量，开梵天道。劝请说法，随喜赞善。**（修四等即开梵道也。现为梵王，请佛说法，随喜赞善，以弘正教，如尸弃之流也。）**得佛音声，**（经云有八种音，亦云有六十种音。《密迹经》云：佛

---

[1] 行无限：《大正藏》本校本甲作"开门大"。

[2] 德：底本无，依《大正藏》本校本甲补。

[3] 法：《大正藏》本校本甲无。

不思议音，应物无量也。）**身、口、意善，**（如来三不护法也。）**得佛威
仪。**（凡所举动，一则如来。音声、三不护、威仪，皆佛事也。菩萨虽未
全具，然豫入其境，故言得也。）**深修善法，所行转胜。**（善法谁不修，
贵在深胜也。）**以大乘教，成菩萨僧。**（僧徒虽众，所贵大乘。）**心无放
逸，不失众善本**[1]（放逸乃众恶之门，丧道之根。心无放逸，则无善不集，
善法无量，故略言本也。）**行如此法，是名菩萨不尽有为。**（修如上法，
自行化彼，功德日茂，不尽有为也。夫善有为法，变坏物耳，废舍不修，
则日耗日尽矣。）

　　何谓菩萨不住无为？谓修学空，不以空为证；（自此下，皆无为观行
也。观无为，必睹恬泊之乐，而能不证涅槃，永处生死，名不住无为也。
空、无相、无作，三乘共行，而造观不同。二乘空观，唯在无我。大乘空
观，无法不在。以无法不在，故空法亦空。空法既空，故能不证空。）**修
学无相、无作，不以无相、无作为证；**（二乘无相，唯在尽谛；大乘无相，
在一切法。二乘无作，不造生死；大乘无作，万法不造也。）**修学无起，
不以无起为证。**（诸法缘会而有，缘散而无。何法先有？待缘而起乎！此
空观之别门也。）**观于无常而不厌善本，观世间苦而不恶生死，观于无我
而诲人不倦，观于寂灭而不永寂灭。**（二乘以无常为无常，故厌有为善法；
以苦为苦，故恶生死苦；以无我为无我，故怠于诲人；以寂为寂，故欲永
寂。菩萨不以无常为无常，故能不厌善本；不以苦为苦，故不恶生死；不
以无我为无我，故诲人不倦；不以寂为寂，故不求[2]永寂也。）**观于远离，
而身心修善。**（远离，无为之别称耳。虽见无为远离之安，而身心不离有
为善也。）**观无所归，而归趣善法。**（诸法始无所来，终无所归。虽知无
归，而常归善法也。）**观于无生，而以生法荷负一切。**（虽见无生，而处
生荷彼也。）**观于无漏，而不断诸漏。**（凡诸无漏与无为同，体自无相，
皆无为行也。虽见无漏，而与彼同漏。同漏有二：有为入生死、实未断漏

---

[1]　本：《大正藏》本校本甲无。

[2]　求：底本无，依《大正藏》本校本甲补。

者，有已尽漏而现不断者。）**观无所行，而以行法教化众生。**（法性无业，何所修行？虽知无行，而教必以行者也。）**观于空无，而不舍大悲。**（诸法之相，唯空唯无，然不以空无舍于大悲也。）**观正法位，而不随小乘。**（正法位者，观无为取证之地也。）**观诸法虚妄、无牢、无人、无主、无相，本愿未满而不虚福德、禅定、智慧。**（诸法因缘所成，虚假无本，以何为实？以何为主？虽知如此，然本愿未满，不以功德定慧虚假而弗修也。）**修如此法，是名菩萨不住无为。**（备修上法，则不证无为。证谓观无为自证道成。自证道成，即住无为也。）

又具福德故，**不住无为；**（上直明菩萨不尽有为、不住无为，未释所以不尽、所以不住。夫大士之行，行各有以，妙期有在，故复对而明之。夫德之积也，必涉有津，若住无为，则功德不具也。）**具智慧故，不尽有为。**（智之明也，必由广博。若废舍有为，则智慧不具。）**大慈悲故，不住无为；**（慈悲入生死，岂住无为之所能者也。）**满本愿故，不尽有为。**（满愿由积德，岂舍有为之所能？）**集法药故，不住无为；**（采良药必在山险，非华堂之所出。集法药必在险有，非无为法之所出焉。）**随授药故，不尽有为。**（废舍有为，则与群生隔绝，何能随而授药？）**知众生病故，不住无为；**（习知众生病，必之病所，岂无为之所能乎？）**灭众生病故，不尽有为。**（灭众生病，必造有治，岂尽有为之所能乎？）

诸正士！菩萨以修此法，不尽有为，不住无为。（二法虽异，而行必相因，故对而辨之，明行各有，以造用不同也。）**是名尽无[1]尽无碍法门，汝等当学。"**（不尽有为，故无碍德之累；不住无为，故无独善之碍。此二无碍门，是菩萨弘道之要路，佛事无方之所由。劝彼令学，示其佛事不思议道，令必审诸佛无若干也。）

尔时彼诸菩萨闻说是法，皆大欢喜，以众妙花若干种色、若干种香，遍散三千大千世界，供养于佛及此经法并诸菩萨已，稽首佛足，叹未曾有，言："释迦牟尼佛乃能于此善行方便。"言已，忽然不现，还到彼国。

---

[1]　无：《大正藏》本校本甲作"不"。

见阿閦佛品第十二解

尔时，世尊问维摩诘："汝欲见如来，为以何等观如来乎？"（向命文殊共来见佛，虽复举目顺俗，而致观不同。如来逆睹其情，将显其来观之旨，以明佛事不可思议，故知而问也。）

维摩诘言："如自观身实相，观佛亦然。（佛者，何也？盖穷理尽性，大觉之称也。其道虚玄，固以妙绝常境。心不可以智知，形不以像测。同万物之为，而居不为之域；处言数之内，而止无言之乡。非有而不可为无，非无而不可为有。寂寞虚旷，物莫能测，不知所以名，故强谓之觉。其为至也，亦以极矣！何则？夫同于得者，得亦得之；同于失者，失亦得之。是以则真者同真，法伪者同伪。如来灵照冥谐，一彼实相。实相之相，即如来相，故经曰："见实相法为见佛也。"净名自观身实相，以为观如来相，义存于是。）我观如来，前际不来，后际不去，今则不住。不观色，不观色如，不观色性；不观、受、想、行、识，不观识如，不观识性。（法身超绝三界，非阴界入所摄，故不可以生住去来而睹，不可以五阴如性而观也。）非四大起^[1]，同于虚空。（法身如空，非四大所起造也。）六入无积，眼、耳、鼻、舌、身、心已过。（法身过六情，故外入无所积。）不在三界，三垢已离。（既越三界，安得三界之垢？）顺三脱门，三明与无明等。（法身无相，体顺三脱。虽有三明，而不异无明也。）不一相、不异相，（无像不像，故不可为一；像而不像，故不可为异。）不自相、不他相，（不自而同自，故自而不自；不他而同他，故他而不他。无相之身，岂可以一异、自他而观其体耶？）非无相、非取相。（既非无物之相，又非可取之相。）不此岸、不彼岸、不中流，而教化众生。（欲言此岸，寂同涅槃；欲言彼岸，生死是安；又非中流，而教化众生；此盖道之极也。此岸，生死；彼

---

[1]　起：《大正藏》本校本甲作"造"。

岸，涅槃；中流，贤圣也。）**观于寂灭，而不永灭。**（观于寂灭，观即寂灭，灭而不灭，岂可形名？）**不此不彼，不以此、不以彼。**（不此而同此，故此而不此；不彼而同彼，故彼而不彼。岂复以此而同此、以彼而同彼乎？此明圣心无彼此[1]有以而同也。）**不可以智知，不可以识识。**（夫智识之生，生于相内。法身无相，故非智识之所及。）**无晦无明，**（明越三光，谁谓之暗？暗逾冥室，谁谓之明？然则在暗而暗，在明而明，能暗能明者，岂明暗之所能！故曰无暗无明也。）**无名无相，**（不可以名名，不可以相相。）**无强无弱，**（至柔无逆，谁谓之强？刚无不伏，谁谓之弱？）**非净非秽。**（在净而净，谁谓之秽？在秽而秽，谁谓之净？然则为强弱、净秽者，果非强弱、净秽之所为也。）**不在方、不离方。**（法身无在而无不在。无在故不在方，无不在故不离方。）**非有为、非无为。**（欲言有耶，无相无名；欲言无耶，备应万形。）**无示、无说。**（非六情所及，岂可说以示人？）**不施不悭，不戒不犯，不忍不恚，不进不怠，不定不乱，不智不愚，不诚不欺。**（不可以善善，不可以恶恶。）**不来不去，不出不入。**（寂尔[2]而往，泊尔而来，出幽入冥，孰识其动？）**一切言语道断。**（体绝言径。）**非福田、非不福田，非应供养、非不应供养。**（无相之体，莫睹其畔，孰知田与非田、应与不应乎？）**非取非舍。**（取之则失真，舍之则乖道[3]。）**非有相、非无相。**（寂寞无形，非有相也；相三十二，非无相也。）**同真际，等法性。不可称、不可量，过诸称量。**（无相之体，同真际、等法性，言所不能及，意所不能思，越图度之境，过称量之域。）**非大非小，**（大包天地，不可为小；细入无间，不可为大。能大能小者，其唯无大小乎！）**非见、**（非色，故非见也。）**非闻、**（非声，故非闻也。）**非觉、**（非香、味、触，故非三情所觉也。）**非知，**（非法，故非意所知也。）**离众结缚。**（无漏之体，绝结缚。）**等诸智，同众生，于诸法无分别。**（等实相之智，同

---

[1] 彼此：《大正藏》本校本甲及《大正藏》本无。

[2] 尔：《大正藏》本校本甲作"然"。

[3] 道：《大正藏》本校本甲作"俗"。

众生之性，浑然无际，岂与法有别乎？）**一切无得无失，无浊无恼，**（无得故无失，无清故无浊。事外之体，何可恼哉！）**无作无起，无生无灭，**（法身无为，绝于施造，孰能作之令起、生之使灭乎？）**无畏无忧，无喜无厌。无已有、无当有、无今有，**（法身无寄，绝三世之有，三灾不能为其患，始终无以化其体，恬淡寂泊，无为无数，岂容忧畏喜厌于其间哉！）**不可以一切言说分别显示。**

世尊！如来身为若此，作如是观。（穷言尽智，莫能显示，来观之旨为若是者也。）**以斯观者名为正观，若他观者名为邪观。"**

尔时，舍利弗问维摩诘："汝于何没而来生此？"（上云如自观身实相，实相无生，而今现有生，将成其自观之义，故以没生问之也。）

维摩诘言："汝所得法，有没生乎？"（逆问其所得，以证无没生也。所得法，即无为无相法也，三乘皆以无相得果也。）

舍利弗言："无没生也。"

"若诸法无没生相，云何问言汝于何没而来生此？（以己所得，可知法相，复问奚为？）**于意云何？譬如幻师幻作男女，宁有[1]没生耶？"**

舍利弗言："无没生也。"

"汝岂不闻佛说诸法如幻相乎？"

答曰："如是。"

"若一切法如幻相者，云何问言汝于何没而来生此？（生犹化存，死犹化往，物无不尔，独问何为？）**舍利弗！没者为虚诳法，坏败之相；生者为虚诳法，相续之相。**（先定没生之相也。）**菩萨虽没，不尽善本；虽生，不长诸恶。"**（善恶者，皆是虚诳相续之相，败坏法耳。然凡夫生则长恶、没则尽善，菩萨生则长善、没则尽恶，没生虽同，长尽不一。然俱是虚诳败坏之相，何异幻化耶？）

是时佛告舍利弗："有国名妙喜，佛号无动，是维摩诘于彼国没而来生此。"（上答无生，此出生处，应物而唱，未始无益。）

---

[1] 有：底本无，依《大正藏》本校本甲补。

舍利弗言："未曾有也！世尊！是人乃能舍清净土，而来乐此多怒害处。"（此土方于余国，怒害最多。）

维摩诘语舍利弗："于意云何？日光出时，与冥合乎？"

答曰："不也。日光出时，则无众冥。"

维摩诘言："夫日何故行阎浮提？"

答曰："欲以明照，为之除冥。"

维摩诘言："菩萨如是，虽生不净佛土，为化众生，不与愚暗而共合也，但灭众生烦恼暗耳。"

是时大众渴仰，欲见妙喜世界无动如来及其菩萨、声闻之众。佛知一切众会所念，告维摩诘言："善男子！为此众会现妙喜国无动如来及诸菩萨、声闻之众，众皆欲见。"（既睹大众渴仰之情，将显净名不思议德，故告令现本国。）

于是维摩诘心念："吾当不起于座，接妙喜国铁围山川、溪谷江河、大海泉源、须弥诸山，及日月星宿、天龙鬼神、梵天等宫，并诸菩萨声闻之众，城邑聚落，男女大小，乃至无动如来，（屈尊为难，故言乃至。）及菩提树、诸妙莲花能于十方作佛事者；（彼菩提树及妙莲花皆能放光明，于十方作佛事，及花上化佛菩萨亦于十方作佛事，皆通取来也。）三道宝阶从阎浮提至忉利天，以此宝阶诸天来下，悉为礼敬无动如来，听受经法；（欲天报通，足能凌虚。然彼土以宝阶严饰，为游戏之路，故因[1]以往返也。）阎浮提人亦登其阶，上升忉利，见彼诸天。（严净之土，福庆所集，人天之报相殊未几，故同路往返，有交游之欢娱也。）妙喜世界成就如是无量功德。上至阿迦腻吒天，下至水际，以右手断取，如陶家轮，入此世界，犹持花鬘，示一切众。"作是念已，入于三昧，现神通力，（重为轻根，静为躁君，非三昧之力，无以运神足之动。）以其右手断取妙喜世界，置于此土。

彼得神通菩萨及声闻众并余天人，俱发声言："唯然，世尊！谁取我

---

[1] 因：底本作"同"，现按《大正藏》本校本甲校订。

去，愿见救护？"（大通菩萨逆见变端，为众而问。其余天人未了而问，恐畏未尽，故求救护。）无动佛言："非我所为。是维摩诘神力所作。"其余未得神通者，不觉不知己之所往。妙喜世界虽入此土而不增减，于是世界亦不迫隘，如本无异。

尔时，释迦牟尼佛告诸大众："汝等且观妙喜世界无动如来，其国严饰，菩萨行净，弟子清白。"

皆曰："唯然，已见。"

佛言："若菩萨欲得如是清净佛土，当学无动如来所行之道。"（登高必由其本，求果必寻其因。）

现此妙喜国时，娑婆世界十四那由他人，（十万为一那由他也。）发阿耨多罗三藐三菩提心，皆愿生于妙喜佛土。释迦牟尼佛即记之曰：当生彼国。

时，妙喜世界于此国土所应饶益，其事讫已，还复本处，举众皆见。

佛告舍利弗："汝见此妙喜世界及无动佛不？"（将因舍利弗，明圣集难遇、经道难闻，故别问汝见不？）

"唯然，已见。世尊！愿使一切众生得清净土如无动佛，获神通力如维摩诘。（因其所见而生愿也。）

世尊！我等快得善利，得见是人，亲近供养。（自庆之辞。）其诸众生若今现在、若佛灭后，闻此经者，亦得善利，况复闻已信解受持、读诵解说、如法修行！若有手得是经典者，便为已得法宝之藏。（手得经卷，虽未诵持，如人已得宝藏未得用耳。上直以闻通况，今别结其德、品其升降也。）若有读诵、解释其义、如说修行，则为诸佛之所护念。（行应于内，护念于外，理会冥感，自然之数耳。）其有供养如是人者，当知则为供养于佛。（是人，即佛所护念人。）其有书持此经卷者，当知其室则有如来。（随所止之室书持此经，当知其室即有如来。书持重于手得也。）若闻是经能随喜者，斯人则为取一切智。（若闻是经能随义而喜者，斯人会得一切智，故言取也 [1]。）**若能信解此经乃至一四句偈为他说者，当知此人即是受阿耨多罗三藐三菩提记。"**（明一四句为他人说，其福多于随喜，故言即是受记。前言"取"者，以会归为言耳，未及记耳。）

法供养品第十三解

尔时，释提桓因于大众中白佛言："世尊！我虽从佛及文殊师利闻百千经，未曾闻此不可思议自在神通决定实相经典。（说经将讫，舍利弗已庆美于上，帝释复欣其所遇而致叹也。此经言虽简约而义包群典，坐不逾日而备睹通变，大乘微远之言、神通感应之力，一时所遇，理无不尽。又以会我为妙，故叹未曾有也。）**如我解佛所说义趣，若有众生闻是经法，信解、受持、读诵之者，必得是法不疑，何况如说修行！**（是法，即上不可思议自在神通决定实相法也。如我解佛义，深远难遇。若闻能诵持者，必得不疑，况如说修行者！斯人之德自列于下也。）**斯人则为闭众恶趣，**（八难众趣。）**开诸善门，**（人天、涅槃门也。）**常为诸佛之所护念，降伏外学，摧灭魔怨，**（四魔怨也。）**修治菩提，安处道场，**（在道场成佛道，名菩提。今虽未成，便为修治佛道，安置道场中。）**履践如来所行之迹。**（如说修行，则同佛行。）

世尊！若有受持、读诵、如说修行者，我当与诸眷属供养给事。所在聚落、城邑、山林、旷野，有是经处，我亦与诸眷属听受法故，共到其所。其未信者当令生信，其已信者当为作护。"（天帝欣其所遇，故致未曾之叹，兼欲护养，以弘其道矣。）

佛言："善哉！善哉！天帝！如汝所说，吾助尔喜。此经广说过去未来现在诸佛不可思议阿耨多罗三藐三菩提。是故，天帝！若善男子、善女人受持读诵供养是经者，则为供养去来今佛。（善其护持之意也。三世菩

---

[1] 也：底本无，依《大正藏》本校本甲补。

提不思议道，皆陈在此经。若受持护养，则为供养三世诸佛，故助汝喜。）

天帝！正使三千大千世界如来满中，譬如甘蔗竹苇、稻麻丛林，若有善男子、善女人，或一劫、或减一劫，恭敬尊重、赞叹供养、奉诸所安，至诸佛灭后，以一一全身舍利起七宝塔，纵广一四天下，高至梵天，表刹庄严，以一切花香璎珞、幢幡伎乐微妙第一，若一劫、若减一劫而供养之。于天帝意云何，其人植福，宁为多不？"

释提桓因言："多矣！世尊！彼之福德，若以百千亿劫说不能尽。"

佛告天帝："当知是善男子、善女人，闻是不可思议解脱经典，信解、受持、读诵、修行，福多于彼。（供养之福，以方慧解般若，诸经类有成校。）所以者何？诸佛菩提皆从是生。菩提之相不可限量，以是因缘，福不可量。"（高木必起重壤，瑾瑜必生荆岫。所以无量之果，必由无量之因，诸佛菩提皆从习此经而生。菩提之道以无相为相，无相之相不可限量，因是生福，福何可量也。）

佛告天帝："过去无量阿僧祇劫，时世有佛，号曰药王如来、应供、正遍知、明行足、善逝、世间解、无上士、调御丈夫、天人师、佛、世尊，世界曰大庄严，劫曰庄严[1]。佛寿二十小劫，其声闻僧三十六亿那由他，菩萨僧有十二亿。天帝！是时有转轮圣王名曰宝盖，七宝具足，王四天下。王有千子，端正勇健，能伏怨敌。尔时宝盖与其眷属供养药王如来，施诸所安，至满五劫。过五劫已，告其千子：'汝等亦当如我，以深心供养于佛。'于是，千子受父王命，供养药王如来，复满五劫，一切施安。（上以财供养，校受持法供养也。如来将成法供养义，故引成事以为证焉。）其王一子名曰月盖，独坐思惟：宁有供养殊过此者？（极世看珍，无以摅其至到之情，冀所珍之外别有妙养，以畅其诚心。又宿缘将会，故生斯念也。）以佛神力，空中有天曰：'善男子！法之供养，胜诸供养。'（药王如来知其将化，故变为空神而告之。）即问：'何谓法之供养？'天曰：'汝可往问药王如来，当广为汝说法之供养。'即时月盖王子行诣药王如

---

[1] 劫曰庄严：底本无，依《大正藏》本校本甲补。

来，稽首佛足，却住一面，白佛言：'世尊！诸供养中，法供养胜。云何名为法供养？'佛言：'善男子！法供养者，诸佛所说深经，一切世间难信难受，微妙难见，清净无染，（深经，谓方等第一义经也。其旨深玄，非有心之所得；微妙无相[1]，非明者之所睹。超绝尘境，无染若空。欲以有心有明而信受见者，不亦难乎！自此下，美深经之旨。诸佛所说深经，即佛法身也。夫财养养四体，法养养法身。若能护持斯经、令法身增广者，此供养之上也。）非但分别思惟之所能得，（第一义经，微远无相，自非明哲，孰能分别？察之[2]虽由分别，然非分别之所能得。得之者，其唯无分别乎！故曰非但分别也。）菩萨法藏所摄，陀罗尼印印之，（菩萨法藏之所摄，故非小乘之宝；总持印之所印，固非域中之道。总持所印，所印必真；法藏所摄，所摄必宝。既藏以法藏、印以总持，岂是常人所能开发？以明法宝深固，难可窥阃也。）至不退转，成就六度，（不退所以至六度，六度所以成大乘。大乘之所出，莫不由斯典也。）善分别义，顺菩提法，（善分别实相之义，顺菩提无相之法也。）众经之上，（三藏十二部，方等为第一。）入大慈悲，（深经所以建，慈悲所以弘，入之者必以大慈大悲乎！是以方等深经皆入大慈大悲，合为一体也。）离众魔事及诸邪见，（魔，四魔；见，六十二见也。正教既弘，众邪自息。）顺因缘法，无我、无人、无众生、无寿命，空、无相、无作、无起，（法从因缘生，缘则无自性，无自性则无主，无主则无我、人、寿命，唯空、无相、无作、无起。此深经之所顺也。）能令众生坐于道场而转法轮，（深经之所能也。）诸天、龙、神、乾闼婆等所共叹誉，（既有此能，故有此誉。）能令众生入佛法藏，（未有舍背深经而能入佛法藏者。）摄诸贤圣一切智慧，（一切贤圣之智，无离深经也。）说众菩萨所行之道，（菩萨所行，其道无方，八万众行，皆陈之深经也。）依于诸法实相之义，明宣无常、苦、空、无我、寂灭之法，（不依实相辨四非常者，非平等教也；依实相，乃曰"明"

---

[1]　相：底本作"像"，现按《大正藏》本校本甲校订。

[2]　察之：底本作"业之差别"，现按《大正藏》本校本甲校订。

也。）**能救一切毁禁众生；诸魔外道及贪著者，能使怖畏。**（毁四禁、犯五逆，小乘法所不能救。众魔外道贪著豪恣，小乘法所不能灭。能救能灭者，其唯大乘方等深经乎！）**诸佛贤圣所共称叹。**（诸佛共称，以明其法必真也。）**背生死苦，示涅槃乐，**（生死虽苦，背之至难。涅槃虽乐，识之者寡。自非深经，孰启其路？）**十方三世诸佛所说。**（诸佛虽殊，其道不二。古今虽异，其道不改。以明第一义经，常一不差也。美深经，讫于是也。）**若闻如是等经，**（大乘深经，其部无量，故言等也。）**信解、受持、读诵，以方便力为诸众生分别解说，显示分明，守护法故，是名法之供养。**（如是等经，尽诸佛法身也。若闻斯经能信解护持、宣示分别，令大法增广者，名法之供养，养^[1]成法身也。）

又于诸法如说修行，（上以信解、护持、宣示、弘布以为法养，今明内行应顺为法供养也。诸法，即深经所说六度诸法也。）**随顺十二因缘，离诸邪见，得无生忍，决定无我、无有众生，**（不悟缘起，故有邪见之迷、封我之惑。若如说行，则得明慧，明见十二因缘根源所由，故能离诸邪见，得无生忍，无复吾我众生之想也。见缘如缘，谓之"随顺"；明白有无，谓之"决定"，皆智用之别称也。）**而于因缘果报无违无诤，离诸我所。**（无违无诤，即随顺义也。五受阴身及家属，所有因缘果报，即我所也。若能明见因缘果报之性，顺而无违，则离诸我所也。上直观因缘，知无造者，故离我见。今观因缘果报，知无属者，故离我所见也。）**依于义，不依语；**（至义非言宣，寻言则失至。且妙理常一，语应无方，而欲以无方之语定常一之理者，不亦谬哉！是以依义不依语者，见之明也。）**依于智，不依识；**（六识识六尘而已，不能分别是非。分别是非，其唯正智乎！是以行者依智不依识也。）**依了义经，不依不了义经；**（佛所说经，自有义旨分明、尽然易了者，应依。亦有应时之经，诡言合道，圣意难知，自未了者，不可依也。）**依于法，不依人。**（法虽由人弘，而人不必尽应于法。法有定楷，人无常则，所以行者依法不依人也。）**随顺法相，无所入、无所归。**

---

[1] 养：《大正藏》本校本甲无。

（法即下因缘法也。上顺因缘知法无生，今顺因缘知法无尽也。法从缘而有、从缘而无，其有不从未来来，其无不归入过去，故曰无入、无归也。）**无明毕竟灭故，诸行亦毕竟灭；乃至生毕竟灭，故老死亦毕竟灭。**（无明，十二之根本。无明既灭，余缘亦灭也。"毕竟"，谓始终常灭，不复更灭。始终常灭，不复更灭，乃所以成无尽灭义也。）**作如是观，十二因缘无有尽相，**（灭、尽义一，既曰毕竟灭，而曰无尽者，何耶？夫灭生于不灭，毕竟常灭则无不灭，无不灭则灭无所灭。灭无所灭，即是无尽义也。）**不复起见。**（上观因缘无生，离常我等诸见。今观因缘无尽，离断灭等诸见。）**是名最上法之供养。'"**（若能顺行深经，明见缘起，具足四依，离诸见者，法养之上也。上直明诵持，此内行应顺，故言最上也。）

　　佛告天帝："王子月盖从药王佛闻如是法，得柔顺忍。（心柔智顺，堪受实相，未及无生，名柔顺忍。）**即解宝衣严身之具，以供养佛，白佛言：'世尊！如来灭后，我当行法供养，守护正法。愿以威神加哀建立，令我得降魔怨，修菩萨行。'**（闻法供养，欣欲行之。然经道深远，非己力所弘，故愿加威神也。）**佛知其深心所念，而记之曰：'汝于末后守护法城。'**

　　天帝！时王子月盖见法清净，闻佛授记，以信出家，修集善法，精进不久，得五神通，具菩萨道，得陀罗尼、无断辩才。于佛灭后，以其所得神通总持辩才之力，满十小劫，药王如来所转法轮随而分布。（分布法轮，即弘法养也。）**月盖比丘以守护法、勤行精进，即于此身，化百万亿人于阿耨多罗三藐三菩提立不退转，十四那由他人深发声闻、辟支佛心，无量众生得生天上。**

　　天帝！时王宝盖岂异人乎？今现得佛，号宝炎如来。其王千子，即贤劫中千佛是也。从迦罗鸠孙驮为始得佛，最后如来号曰楼至。月盖比丘，则我身是。

　　如是，天帝！当知此要，以法供养于诸供养为上、为最，第一无比。

（吾成正觉由法供养，以是可知法供[1]养为上矣。）**是故，天帝！当以法之供养，恭敬于佛。"**（行法养，即恭敬佛也。）

嘱累品第十四解

于是，佛告弥勒菩萨言："弥勒！我今以是无量亿阿僧祇劫所集阿耨多罗三藐三菩提法，付嘱于汝。（不思议经即佛无上菩提之道。其道深远，难可克成，吾无量劫不惜身命，肉施逾须弥，血施过江海，勤苦积集，今始得就。哀彼长迷，故垂之竹帛。然群生薄德，魔事炽盛，吾道多难，非汝不弘。嗣正之弟，所以重嘱累之也。）如是辈经，于佛灭后，末世之中，汝等当以神力广宣流布于阎浮提，无令断绝。（城高则冲生，道尊则魔盛。自非神力，无以制持，故劝以神力矣。）所以者何？未来世中当有善男子、善女人，及天、龙、鬼、神、乾闼婆、罗刹等，发阿耨多罗三藐三菩提心，乐于大法。若使不闻如是等经，则失善利。如此辈人闻是等经，必多信乐，发希有心。当以顶受，随诸众生所应得利而为广说。（法之通塞，损益若是，故劝弥勒顶受广说者矣。）

弥勒！当知菩萨有二相。（行之深浅，各有异相。得失两陈，以厉护持法者也。）何谓为二？一者好于杂句文饰之事。（文者何耶？妙旨之蹄筌耳。而新学智浅，未能忘言求理，舍本寻末，唯文饰是好。）二者不畏深义，如实能入。（妙旨幽深，微言反俗，自非智勇，孰能深入耶？）若好杂句文饰事者，当知是为新学菩萨。若于如是无染无著甚深经典，无有恐畏，能入其中，闻已心净，受持读诵，如说修行，当知是为久修道行。（无染无著，经之深者，自非久行，孰能无畏？）

弥勒！复有二法名新学者，不能决定于甚深法。何等为二？一者所未闻深经，闻之惊怖生疑，不能随顺，毁谤不信，而作是言：'我初不闻，

---

[1] 供：底本无，依《大正藏》本校本甲补。

从何所来？'二者若有护持解说如是深经者，不肯亲近、供养、恭敬，或时于中说其过恶。（一毁法，二毁人。）有此二法，当知是新学菩萨，为自毁伤，不能于深法中调伏其心。

弥勒！复有二法，菩萨虽信解深法，犹自毁伤，而不能得无生法忍。（上虽闻深经不能信解，今虽信解不能行应。历明诸失以诚[1]后学也。）何等为二？一者轻慢新学菩萨，而不教诲。（虽解深义，未为心用，尊己慢人，不能诲益，此学者之外患也。）二者虽解深法，而取相分别。是为二法。"（因其所解而取相分别，虽曰为解，未合真解，此学者之内患也。）

弥勒菩萨闻说是已，白佛言："世尊！未曾有也！如佛所说，我当远离如斯之恶，（一生大士，岂有如斯之恶咎闻而后离耶？发斯言者，为未离者耳。）奉持如来无数阿僧祇劫所集阿耨多罗三藐三菩提法。若未来世，善男子、善女人求大乘者，当令手得如是等经，与其念力，（冥启其心，增其善念也。）使受持读诵，为他广说。世尊！若后末世有能受持读诵为他人说者，当知是弥勒神力之所建立。"（定己功于未然，息众魔之候却。）

佛言："善哉！善哉！弥勒！如汝所说，佛助尔喜。"

于是一切菩萨合掌白佛言："我等亦于如来灭后，十方国土广宣流布阿耨多罗三藐三菩提。复当开导诸说法者，令得是经。"

尔时四天王白佛言："世尊！在在处处城邑聚落、山林旷野，有是经卷读诵解说者，我当率诸官属，为听法故往诣其所，拥护其人，面百由旬令无伺求得其便者。"

是时，佛告阿难："受持是经，广宣流布。"

阿难言："唯然！我已受持要者。世尊！当何名斯经？"

佛言："阿难！是经名为维摩诘所说，亦名不可思议解脱法门，如是受持。"

佛说是经已，长者维摩诘、文殊师利、舍利弗、阿难等，及诸天人阿修罗一切大众，闻佛所说，皆大欢喜，信受奉行。

---

[1] 诚：底本作"试"，现按《大正藏》本校本甲校订。

金刚经注

姚秦　释僧肇　注

说　明

　　此注本收录于《卍续藏》（新文丰版第 24 册，经号 0454）。日本永超《东域传灯目录》和高丽义天《新编诸宗教藏总录》中列有僧肇撰《注金刚般若经》一卷，但中国历代经录中均无记载。卷首日本敬雄序文（作于宝历十二年，当清乾隆二十七年）称，此注本为日本圆仁于承和年中（当唐开成年中）入唐赍来。按圆仁《入唐求法目录》中并不载此注。

　　考此注本文字，则十之七八与天台智𫖮《金刚经疏》相同，只是篇幅较天台疏少约三分之一。此注本校梓者敬雄认为，这两者之间的雷同，或是源于天台大师讲解此经时，专依肇公注本所致。且每当文字有疑误之处，敬雄辄依《天台疏》以校雠之。又明·朱棣《金刚经集注》中收录有僧肇说十余则，与此注本并不相同，而所收录的谢灵运说十二条注文，却见于此注本。由此，一般观点认为，此注本或为久轶的谢灵运撰《金刚般若经注》。

　　虽然此注本是否为僧肇所撰尚存疑问，然其注文言简意赅，文古义幽，确为《金刚经》的一部难得古疏，故此存之，并将《金刚经集解》所收录的僧肇说十三条，标注于相关经文之下，以资参考。

注金刚经序

金龙沙门敬雄撰

曩昔慈觉大师之入于支那也，赍持晋肇公《注金刚经》而归，秘诸名山，光明不照世也，殆九百年矣。顷祖芳禅人持来，告曰："是乃祖请来之本，予偶得之，请师校而梓之，使见闻者结般若种子焉。"予受而读半，乃掩卷叹曰：夫此经者，《般若》第九会，直示无住生心妙旨，故云为发最上乘者说。盖一切菩萨未有不学般若成无上菩提者。故弥勒、天亲、无著、功德施四大菩萨造之偈论，赞扬弘通。法流乎支那，罗什初译，肇公乃注。从时厥后，奉为日课者亦多矣。且黄梅印心，曹溪悟道，灵瑞之著，注疏之多，宜莫此经若也。而其注之旧，肇公为先。注来于大东，亦此注为先。而发诸注既行之殿者，岂非时节因缘乎？天台大师曾讲此经，专依肇公，犹如说《观经》专依净影也。故今每有疑误，辄依《天台疏》以校雠焉。嗟乎！斯注者，天台所钦用，慈觉所请来，文古义幽，深得佛意，且投好略机，实苦海津梁，迷涂司南也。梓而行之，则其利益复如何哉！故随喜以校。亦愿后之读此注者，因指得月，悟无住生心妙旨，则与黄梅、曹溪同一鼻孔出气，不必纷纷更从事于后世异说而多以为博也。

宝历十二[1]壬午之夏

---

[1] 日本宝历十二年，即公元 1762 年。

金刚般若波罗蜜经注

姚秦三藏法师鸠摩罗什译
姚秦释僧肇注

夫理归中道，二谛为宗。何者？万法之生，皆假因缘而有，生灭流谢，浮伪不实，称之为俗也。因缘诸法，皆无自性。自性既无，因缘都忘，本自不生，今则无灭，体极无改，目之为真。真俗为二，理审为谛。圣心正观，鉴真照俗，此当中道法相之解，称为般若。般若，慧也。金刚者，坚利之譬也。坚则物莫能沮，利故无物不摧。以况斯慧，邪恶不能毁，坚之极也；本惑皆破，利之义也。波罗蜜者，到彼岸也。生死为此，涅槃为彼。大士乘无相慧，舍此生死，到彼涅槃矣。经，由，津通义也。言由理生，理经言显，学者神悟，从理教而通矣。

此经本体，空慧为主。略存始终，凡有三章。初讫"尊重弟子"，明境空也，意在语境，未言于慧。第二正名辨慧，即明慧空，但语慧空，未及行人。第三重问以下，明菩萨空也。三章之初，其文各现，前后相似，意不同矣。四时般若，此最为初，言约义丰，幽旨难见。敢以野陋，辄为注解，述其大略，非云曲尽。详析究密，请俟明识者矣。

如是

佛临泥洹时，侍者请曰："一切经首，皆致何等？"佛敕阿难："应言如是，乃至时、众也。"如我所传，如佛所说，称如是也。

我闻。

若从他传闻，不必如是。我亲承金口而闻，事非谬矣。

一

谓是自闻当理。以不自不当理，传之何为？言则当理，理亦如言，言理不差，故言一也。

时 [1]，

虽曰当理，容不得时。若不得时，何能悟人？明圣不虚说，言必会机，时哉之说也。

佛在舍卫国

法王行运，应物而游，一时降集，在舍卫大城，憍萨罗国之 [2] 也。

祇树给孤独园，

须达市 [3] 园，祇陀施树，共立精舍，故言祇树给孤独园也。

与大比丘众千二百五十人俱。

圣化无私 [4]，听必有俦。俱闻如林，可信明矣。应有四众，略而不载

---

[1] 此下，明·朱棣《金刚经集解》载僧肇注云：肇法师曰：一时者，说此般若时也。

[2] "之"下，疑脱"都"字。

[3] 底本原注："市"，智顗《金刚经疏》作"布"字。

[4] 底本原注："私"，智顗《金刚经疏》作"秘"。

者耳。

尔时，世尊食时

日营资膳，食熟之时。此时人家皆有，施心易生。

着衣、

着僧伽梨，福田衣也。佛观良田塠乘^[1]齐整，因命侍者：出家之人，一切福田，凡制僧那，唯此为之，欲令顾惟道，无空信施之^[2]也。

持钵，

执应器也。

入舍卫大城乞食。

法身无待，何须何欲？且人天妙供日盈，现^[3]行分卫，福物宜之也。

于其城中次第乞已，还至本处。

不越贫与富，不舍贱从贵，大慈平等，次第至也。

饭食讫，收衣钵，洗足已，敷座而坐。

---

[1] 底本原注："塠乘"，智𫖮《金刚经疏》作"区塍"。

[2] "之"下，疑脱"供"字。

[3] 底本原注："现"，智𫖮《金刚经疏》作"自"。

将陈般若，遵式自敷。

时，长老须菩提，在大众中，即从座起，偏袒右肩，右膝著地，合掌恭敬，

夫神^[1]钟虽朗，非扣而不鸣。圣不孤应，影响唯仁。师尊道重，故克敬尽恭也。

而白佛言："希有世尊！

慈恩之重，岂可胜言。

如来善护念诸菩萨，善付嘱诸菩萨。

护念、付嘱，即希有事也。慈善将卫，令其行令，护念也。行立道成，委授弘通，付嘱也。

世尊！善男子、善女人，发阿耨多罗三藐三菩提心，

菩提，一切智也。标意^[2]拟向，远期正觉，故言发心之也。

应云何住？云何降伏其心？"

菩提妙果，非行不就。万行虽旷，解有明昧，故有住、降之异。始则抑心就理，渐习自调，谓之降伏。终能契解会宗，心不移去，谓之为住耳。

---

[1] 底本原注："神"，智顗《金刚经疏》作"钜"。

[2] 底本原注："意"，智顗《金刚经疏》作"心"。

佛言："善哉！善哉！须菩提，如汝所说，如来善护念诸菩萨，善付嘱诸菩萨。

赞请之仪，当理会机，尽善之甚，诚如所言。

汝今谛听，当为汝说。善男子、善女人，发阿耨多罗三藐三菩提心，应如是住，如是降伏其心。"

若听不审，则漏言遗理。诚令谛听，言理弗虚也。

"唯然，世尊！愿乐欲闻。"

慈诚许说，敬肃倾心。

佛告须菩提："诸菩萨摩诃萨应如是降伏其心：

虚心履道，谓之菩萨。旷济万物，摩诃萨也。应如下所说，则是降伏之方也。

问：降在后而答在前，何耶？

住深、降浅，故问者标深于初；降浅易习，故答之于前。问答有指，非其谬也。

所有一切众生之类，若卵生、若胎生、若湿生、若化生，若有色、若无色、若有想、若无想、若非有想非无想，我皆令入无余涅槃而灭度之。

正答降伏之行也。万法虽旷，略为二科：一众生法，二五阴法。法不自起，因缘故生，但是因缘，自性皆无 [1]。斯则顺理为解，乖宗成惑。惑故生死流转，解则累灭无为。身心为苦，苦尽为乐。尽苦之道，其唯大解。解极惑尽，身心俱忘，寂然永乐，谓之灭度。非我弘化，群生岂济？凡解不自生，要由渐习。假名法粗，抑心则易，故始就众生空，以明降伏也。

如是灭度无量无数无边众生，实无众生得灭度者。

解会中道，不有不无。无性故不有，假名则不无。非无假名，故恒度众生；自性空故，实无灭者矣。

何以故？须菩提，若有我相、人相、众生相、寿者相，即非菩萨。

释何故无灭者。若有我相，可言有灭，既无我人，其谁灭乎？但是假名，而横计我。执我为非，忘我为是。是非既彰，得失明矣也。

"复次，须菩提，菩萨于法应无所住，行于布施。所谓不住色布施，不住声、香、味、触、法布施。

次答住行，即明法空。谓法弥旷，略举内则六度，外为六尘。内外诸法，斯皆因缘无性。因缘无性，则心无停处，故应无住也。

舍心无吝，谓之布施。无相可存，何吝之有？施为六度之首，尘为法生之基 [2]，二法皆空，于何不尽？既得法空，解明行立，无复退失，故言住也。

须菩提，菩萨应如是布施，不住于相。

---

[1] 底本原注："无"，智顗《金刚经疏》作"空"。

[2] 底本原注："基"，智顗《金刚经疏》作"机"。

结成住义也。施者、受者、财物皆不可得，不住相也。

何以故？若菩萨不住相布施，其福德不可思量。

释何故布施应不住相耶？正以虚心而施，则福不可量，故知不住为是，住相为非。又理既无量，心不应限，称理行施，故其福弥旷者乎！

"须菩提，于意云何，东方虚空可思量不？"

"不也，世尊！"

"须菩提，南西北方、四维上下虚空可思量不？"

"不也，世尊！"

"须菩提，菩萨无住相布施，福德亦复如是不可思量。

理极二空，降、住已彰，理行既显，时听戢心，如说而行，其福为多。为多之况，齐乎太虚之矣。

"须菩提，菩萨但应如所教住。

圣言无谬，理不可越，但当如佛所教而安心也。

"须菩提，于意云何，可以身相见如来不？"

菩萨发心，义兼三端：一化众生，二修万行，三向菩提。降伏已明化物之仪，辨住则示修行之轨，此章明趣菩提之方。如来身相即菩提之 [1]

---

[1] 底本原注："之"，智顗《金刚经疏》作"果"。

体，若识法身，则菩提可登；若计实 [1]，菩提乖之远矣。故问 [2] 法身，明菩提空者乎？

"不也，世尊！不可以身相得见如来。

须菩提深识法身，故言不可以实 [3] 身相而见也。

何以故？如来所说身相，即非身相。"

即引佛语而释也。法身者，万善之极，体含万善，妙集成身。缘构无性，故即非身。

佛告须菩提："凡所有相，皆是虚妄。

即述成须菩提之言也。又则虚妄，理非相也。又假名故虚，实计为妄乎。

若见诸相非相，则见如来。"

行合解通，则为见佛。

须菩提白佛言："世尊！颇有众生得闻如是言说章句，生实信不？"

理空无相，寄心无所，时听昧然，未即于心。示同未悟，咨问云尔。讫"法尚应舍，何况非法"，以信验理身。

---

[1] 底本原注："实"，智顗《金刚经疏》作"性实"。

[2] 底本原注："问"，智顗《金刚经疏》作"举"。

[3] 底本原注："实"字智顗《金刚经疏》无。

佛言："须菩提，莫作是说。

圣不空言，禀悟如流，方问有是，何言也。

如来灭后，后五百岁，有持戒修福者，此于章句能生信心，以此为实。

后五百岁，像法之中，人衰道丧，尚有信者。况今大圣感兴，英慧云集，从化如林，何谓无信乎？后世能信，要具戒德。今之未悟，无福愚暗，自为疑滞，非理不实之也。

当知是人不于一佛、二佛、三、四、五佛而种善根，已于无量千万佛所种诸善根。

见佛闻法，积德已久，然后能信，明法之深妙也。

闻是章句，乃至一念生净信者。须菩提，如来悉知悉见，是诸众生得如是无量福德。

即以如来知见，明理非虚。一念净信，其福无量，推功测理，岂不信之乎？

何以故？是诸众生无复我相、人相、众生相、寿者相。

释一念至促而福德无量，何耶？正以无惑我人，理解为弘。

无法相，亦无非法相^[1]。

---

[1] 此下，明·朱棣《金刚经集解》载僧肇注云：肇法师曰：无法相者，明法非有，遣著

无因缘法相，亦无无因缘之非法相。

何以故？是诸众生若心取相，则为著我、人、众生、寿者。

我人横计，理故宜忘。诸法是理，何故复无耶？正以心缘四大假名诸法而计我人。见假名空，我人息矣，故应无也。

若取法相，即著我、人、众生、寿者。

若取色声香等实法相者，亦起我人等见，故应无之耳。

何以故？若取非法相，即著我、人、众生、寿者。

释何故复无非法耶？缘空故有有，由有故空空。若无有相云起，起相计我，万惑兹生矣。

是故不应取法，不应取非法。

并结无法相、无非法相也。空有两忘，心无所取，解会平等，结尽道成。

以是义故，如来常说：汝等比丘，知我说法如筏喻者。法尚应舍，何况非法！

即引昔说以证今理也。譬欲济河，构筏自运。既登彼岸，弃筏而去。将度生死，假乘万行。既到涅槃，万善俱舍。道法尚舍，而况非法之空[1]也！

有心也。亦无非法相者，明法非无，遣著无心也。

[1] 底本原注："之空"二字智𫖮《金刚经疏》无。

"须菩提，于意云何，如来得阿耨多罗三藐三菩提耶？如来有所说法耶？"

竟"尊重弟子"，引众圣同解，以证理之必然。

须菩提言："如我解佛所说义，无有定法名阿耨多罗三藐三菩提，亦无有定法如来可说。

如我于佛所说义中而作解，解穷相尽，谓之菩提。无相故不有，假名则不无。不有不无，何实可得、何定可说也？

何以故？如来所说法，皆不可取，不可说，

菩提无相可取，诸法空不可说，故无定实。

非法非非法。

非法则不有，非非法故不无。有无[1]并无，理之极也。

所以者何？一切贤圣皆以无为法而有差别。"

理无生灭，谓之无为。无为之理，众圣同解。解会无为，结尽道成，所谓一解脱义，同入法性者也。然无为虽一，解有明昧。明深昧浅，优劣差者也。

"须菩提，于意云何，若人满三千大千世界七宝以用布施，是人所得

---

[1] 底本原注："有无"之上，智𫖮《金刚经疏》有"故不可说"四字。

福德宁为多不？"

　　须菩提言："甚多，世尊！

　　又格功德，即以明理。功德既多，故宜弘也。

何以故？是福德即非福德性，是故如来说福德多。"

　　福德无性，可以因缘增多。多则易差^[1]，故即遣之耳。

　　"若复有人于此经中受持乃至四句偈等，为他人说，其福胜彼。

　　积宝多而功薄，四句约而福厚。

何以故？须菩提，一切诸佛及诸佛阿耨多罗三藐三菩提法，皆从此经出。

　　何以故四句约而功胜耶？金玉三千，止以养身。四句虽约，妙极资神，岂可同日而等彼者也！

须菩提，所谓佛、法者，即非佛、法。

　　爱佛功德，七住未忘，妙著难觉，宜应虚心也。

　　"须菩提，于意云何，须陀洹能作是念'我得须陀洹果'不？"

　　例访众圣，求之诸心，优劣虽异，忘怀必同。

　　须菩提言："不也，世尊！何以故？须陀洹名为入流，

---

[1]　多则易差，明朱棣《金刚经集注》所集谢灵运注文作"多则易著"。

海为众流之川，菩提神极之渊，始会无生，终必尽源。

而无所入。

理无乖顺，何入之有？

不入色、声、香、味、触、法，是名须陀洹。"

违理故入色声，背色声则会于理。理会无入，非入色声也。自下众果类可知。

"须菩提，于意云何，斯陀含能作是念'我得斯陀含果'不？"
须菩提言："不也，世尊！何以故？斯陀含名一往来，而实无往来，是名斯陀含[1]。"
"须菩提，于意云何，阿那含能作是念'我得阿那含果'不？"
须菩提言："不也，世尊！何以故？阿那含名为不来，而无不来，是故名阿那含。"
"须菩提，于意云何，阿罗汉能作是念'我得阿罗汉道'不？"
须菩提言："不也，世尊！何以故？实无有法名阿罗汉。世尊！若阿罗汉作是念'我得阿罗汉道'，即为著我、人、众生、寿者。

阿罗汉者，无生也。相灭生尽，谓之无生。若有计念，则见我人，起相受生，非谓罗汉。诸果类亦应尔，但随义异明耳。
世尊！佛说我得无诤三昧，人中最为第一，是第一离欲阿罗汉。

---

[1] 此下，明·朱棣《金刚经集解》载僧肇注云：肇法师曰：一往来者，一生天上，一生人中，便得涅槃，故名一往来。而实无往来者，证无为果时，不见往来相也。

以己所解，验理非虚。心空恒静，净从何起？

我不作是念：'我是离欲阿罗汉'。世尊！若作是念'我得阿罗汉道'，世尊则不说须菩提是乐阿兰那行者。

阿兰那行者，寂静行也。相尽于外，心息于内，内外俱寂，何时不静也。

以须菩提实无所行，而名须菩提是乐阿兰那行。"

得名不虚，必称实也。

佛告须菩提："于意云何，如来昔于燃灯佛所，于法有所得不？"
"不也，世尊！如来在燃灯佛所，于法实无所得。"

次明菩萨，其解亦同。

"须菩提，于意云何，菩萨庄严佛土不？"

菩萨自行，严土化人。严国之义，亦在虚心。

"不也，世尊！何以故？庄严佛土者，即非庄严，是名庄严 [1]。"

相惑必土秽，虚明则国净。

"是故须菩提，诸菩萨摩诃萨应如是生清净心。

---

[1] 此下，明·朱棣《金刚经集解》载僧肇注云：肇法师曰：是名离相庄严佛土。

理极于此，结劝修明。

不应住色生心，不应住声、香、味、触、法生心，应无所住而生其心。

不封六尘，相灭解生。

"须菩提，譬如有人身如须弥山王，于意云何，是身为大不？"

须菩提言："甚大，世尊！何以故？佛说非身，是名大身。"

解恒虚通，犹身假能大也。

"须菩提，如恒河中所有沙数，如是沙等恒河，于意云何，是诸恒河沙宁为多不？"

须菩提言："甚多，世尊！但诸恒河尚多无数，何况其沙！"

"须菩提，我今实言告汝：若有善男子、善女人，以七宝满尔所恒河沙数三千大千世界以用布施，得福多不？"

须菩提言："甚多，世尊！"

佛告须菩提："若善男子、善女人，于此经中乃至受持四句偈等，为他人说，而此福德胜前福德[1]。

第二广格。

"复次，须菩提，随说是经乃至四句偈等，当知此处一切世间天人阿修罗皆应供养，如佛塔庙。

---

[1] 此下，明·朱棣《金刚经集解》载僧肇注云：肇法师曰：良由施福是染，沉溺三有（三有谓三界，三界不离于有，故谓之三有）；持经福净，超升彼岸，是故胜也。

封殡法身，谓之为塔。树像灵堂，称之为庙。圣体神仪，全在四句，献供致敬，宜尽厥心矣。

何况有人尽能受持读诵！

四句已尔，况乎始终！

须菩提，当知是人成就最上第一希有之法。

法妙人胜，理故宜然。

若是经典所在之处，即为有佛，若尊重弟子。”

人能弘法，则人有法。以法成人，则法有人。人法所处，理贵弘矣。初章讫之也。

尔时须菩提白佛言：“世尊！当何名此经？

夫条散难究，本一易寻，会宗领旨，宜正其名也。

我等云何奉持？”

遵修为奉，任弘为持，在三成范，请闻其轨。

佛告须菩提：“是经名为金刚般若波罗蜜。

名贯首题 [1]，义已备矣。然境慧相从，通名波若，取要宜归乎圣心。

以是名字，汝当奉持。

契纲举目，诠合义从，名正理显，宜应修弘 [2]。

所以者何？须菩提，佛说般若波罗蜜，即非般若波罗蜜。

释所以此名字而奉持者何？夫名不虚设，必当其实。金刚所拟，物莫不碎。此慧所照，法无不空；"则非般若"，即慧空也。境灭慧忘，何相不尽，弘持之旨，宜存于此乎！

"须菩提，于意云何，如来有所说法不？"
须菩提白佛言："世尊！如来无所说。"

境慧都空，复何所说。

"须菩提，于意云何，三千大千世界所有微尘，是为多不？"
须菩提言："甚多，世尊！"
"须菩提，诸微尘，如来说非微尘，是名微尘。如来说世界，非世界，是名世界。

散为微尘，合成世界。无性故非，假名则是 [3]。

---

[1] 底本原注："贯首题"，智顗《金刚经疏》作"冠题首"。

[2] 底本原注："弘"，智顗《金刚经疏》作"习"。

[3] 底本原注："则是"，智顗《金刚经疏》作"即有"。

"须菩提，于意云何，可以三十二相见如来不？"

"不也，世尊！不可以三十二相得见如来。何以故？如来说三十二相，即是非相，是名三十二相。"

世界，宅也。如来，主也。如来出 [1]，道王三千。主、宅皆空，其谁说法乎？

"须菩提，若有善男子、善女人，以恒河沙等身命布施。若复有人于此经中乃至受持四句偈等，为他人说，其福甚多。"

身命布施，不免有生。弘持四句，累灭道成。

尔时，须菩提闻说是经，深解义趣，

餐名服旨，妙悟解衿。

涕泪悲泣，

嗟我晚悟，兼悲未闻。

而白佛言："希有世尊！佛说如是甚深经典，我从昔来所得慧眼，未曾得闻如是之经。

资神之宝，旷代难闻。深庆自幸，加叹及人。

"世尊！若复有人得闻是经，信心清净，则生实相。

---

[1] 底本原注："出"下，疑脱"世"字。

闻妙不疑，生解必真。

当知是人成就第一希有功德。

解生累灭，人德之高也。

世尊！是实相者则是非相，是故如来说名实相。

虚尽实忘，理之极也。

"世尊！我今得闻如是经典，信解受持，不足为难。

遇佛成圣，方信何难。

若当来世后五百岁，其有众生得闻是经信解受持，是人则为第一希有。

道败时信，此最可称。

何以故？此人无我相、人相、众生相、寿者相。

上士虚心，故为希有。

所以者何？我相即是非相，人相、众生相、寿者相即是非相。

有封为惑，无封为解。解为第一，所以希有也。

何以故？离一切诸相，则名为佛。"

相尽解极，则是为佛。故知惑见我人，解则无矣。

佛告须菩提："如是，如是。若复有人得闻是经，不惊、不怖、不畏，当知是人甚为希有[1]。何以故？须菩提，如来说第一波罗蜜，即非第一波罗蜜，是名第一波罗蜜。

述成须菩提之言，如汝所说，是而非虚也。

"须菩提，忍辱波罗蜜，如来说非忍辱波罗蜜。

即以忍辱明无我人。安耐为忍，加毁为辱。无[2]我人，谁加、谁忍？故非忍之也。

何以故？须菩提，如我昔为歌利王割截身体，我于尔时无我相、无人相、无众生相、无寿者相[3]。

何故忍即非忍耶？即引忍事以为证也。有人受割，可名为忍，既无我人，割、忍何生也。

何以故？我于往昔节节支解时，若有我相、人相、众生相、寿者相，应生瞋恨。

---

[1] 此下，明·朱棣《金刚经集解》载僧肇注云：肇法师曰：得大乘闻慧解，一往闻经，身无惧相，故名不惊；得大乘思慧解，深信不疑，故名不怖；得大乘修慧解，顺教修行，终不有谤，故名不畏。

[2] 底本原注："无"上，智顗《金刚经疏》有"既"字。

[3] 此下，明·朱棣《金刚经集解》载僧肇注云：肇法师曰：歌利王，即如来因缘中事也。尔时菩萨得无我解故，所以能忍也。

何故尔时无我人相耶？若有我人，必生忿恚。而能怡[1]然，无我人明矣！

须菩提，又念过去于五百世作忍辱仙人，于尔所世，无我相、无人相、无众生相、无寿者相。

事理非虚，重引益明。

"是故须菩提，菩萨应离一切相，发阿耨多罗三藐三菩提心。

菩提以相尽为极，故宜以忘怀而期心也。

不应住色生心，不应住声、香、味、触、法生心。

离一切相者，不住色声等也。

应生无所住心。

无相可缘，心何所住？

若心有住，则为非住。

住相则心动，故非住。

是故佛说菩萨心不应住色布施。

---

[1] 底本原注："怡"，智顗《金刚经疏》作"恬"。

还举前宗，会以成义。正以理无所住，故应忘心而布施也。施不住色，无财物也。

须菩提，菩萨为利益一切众生，应如是布施。

施不望报，利益必深。

如来说一切诸相即是非相，

诸相皆无，不见施者。

又说一切众生则非众生。

既非众生，受者亦无。

须菩提，如来是真语者、实语者、如语者、不诳语者、不异语者。

真不伪，实无虚，如必当理，不诳则非妄语，不异则始终恒一。圣言不谬，故宜修行也。

须菩提，如来所得法，此法无实无虚。

寄实以非虚，何实之可得？

须菩提，若菩萨心住于法而行布施，如人入暗，则无所见。

住相非晓，则冥若夜游。

若菩萨心不住法而行布施，如人有目，日光明照，见种种色。

无或三事，则不住相也。慧见为目，理境为日，万行显别，为种种色。

"须菩提，当来之世，若有善男子、善女人，能于此经受持读诵，则为如来以佛智慧，悉知是人，悉见是人，皆得成就无量无边功德。

如来所见，理周[1]非谬。明劝将来，宜加勤修也。

"须菩提，若有善男子、善女人，初日分以恒河沙等身布施，中日分复以恒河沙等身布施，后日分亦以恒河沙等身布施，如是无量百千万亿劫以身布施。

分一日为三分，故言初、中、后分也。施重又多，功德弥旷矣。

若复有人闻此经典，信心不逆，其福胜彼。

施则有限，信心无极。

何况书写、受持、读诵、为人解说！[2]

但言以信，况复持弘者也！

---

[1] 底本原注："周"，智顗《金刚经疏》作"用"。

[2] 此下，明·朱棣《金刚经集解》载僧肇注云：肇法师曰：从旦至辰名初日分，从辰至未名中日分，从未至戌名后日分。于此三时，乃至无量百千万亿劫舍身布施，亦不及受持是经见自性耳。见自性者，谓深明实相，人法二空，乃是大悟人也。

"须菩提，以要言之，是经有不可思议、不可称量、无边功德[1]。

理圆道极，言不尽美，提宗表实，约言之耳。物莫能测，不思议也；算数不垓[2]，不称量也；荡然无崖，无边也。取要言之，备此三句。

如来为发大乘者说，为发最上乘者说。

广运无崖，谓之大乘。三乘之胜，谓之最上。自非其人，不谬说也。

若有人能受持读诵，广为人说，如来悉知是人，悉见是人，皆得成就不可量、不可称、无有边、不可思议功德。

人高道旷，唯佛见之。

如是人等，则为荷担如来阿耨多罗三藐三菩提。

千载不坠，由于人弘。住[3]持运行，荷担义也。

何以故？须菩提，若乐小法者，著我见、人见、众生见、寿者见，则于此经不能听受读诵、为人解说。

何故人能荷担耶？心虚解旷，道军必强也。

"须菩提，在在处处若有此经，一切世间天人阿修罗所应供养。当知

---

[1] 此下，明·朱棣《金刚经集解》载僧肇注云：肇法师曰：明此法门所有功德，过心境界，故不可以心思也；过言境界，故不可以口议也。

[2] 底本原注："垓"，智顗《金刚经疏》作"该"。

[3] 底本原注："住"，智顗《金刚经疏》作"任"。

此处则为是塔，皆应恭敬，作礼围绕，以诸花香而散其处。

地是无知，法处故贵。道在于人，而不宁^[1]乎？

"复次，须菩提，善男子、善女人受持读诵此经，若为人轻贱，是人先世罪业应堕恶道，以今世人轻贱故，先世罪业则为消灭，

罪起由惑，福生于解。福解既积，宿殃灭矣。

当得阿耨多罗三藐三菩提。

累灭解生，菩提可登也。

"须菩提，我念过去无量阿僧祇劫，于燃灯佛前，得值八百四千万亿那由他诸佛，悉皆供养承事，无空过者。若复有人于后末世能受持读诵此经，所得功德，于我所供养诸佛功德，百及不分一，千万亿分乃至算数譬喻所不能及。

心限则福少，意旷则功多。

须菩提，若善男子、善女人于后末世有受持读诵此经，所得功德，我若具说者，或有人闻，心则狂乱，狐疑不信。

解通人旷，德必无崖。狂乱不信，不足以明道。

"须菩提，当知是经义不可思议，

---

[1] 底本原注："宁"，疑"尊"字。

万行渊深，义能谁测？

果报亦不可思议。"

菩提妙果，岂有心之所议！
第二章讫。

尔时须菩提白佛言："世尊！善男子、善女人发阿耨多罗三藐三菩提心，云何应住？云何降伏其心？"

此第三章，明菩萨空也。夫解不顿生，教亦有渐。何者？始开众生空、法空，明境空也。次辨般若则非[1]，即慧空也。此下云"实无有法发菩提者"，即行人空也。又更料辨二行始终之义，始习众生空为降伏，终得法空为住。然此二空，十地未穷，唯佛乃尽，是为十地通有始终降住之义。故众生空已有自[2]降住，法空亦尔。是为初地之住则是二地之降。降亦住也，住亦降也，重问之旨，义兼于此。何以知之？举二行为两问，混一空而并答。一空始终，降、住备矣！事以逍遥，而非重出。虽幽关难启，善捷易开，岂敢独悟，实希共晓。

佛告须菩提："善男子、善女人发阿耨多罗三藐三菩提心者，当生如是心：我应灭度一切众生。灭度一切众生已，而无有一众生实灭度者。何以故？须菩提，若菩萨有我相、人相、众生相、寿者相，则非菩萨。

何故无灭者？以失明得，理可知矣。见我则非，忘我为是。既无我人，岂得有灭也。

---

[1] "非"下，疑脱"般若"二字。
[2] 底本原注："有自"疑写倒。

所以者何？须菩提，实无有法发阿耨多罗三藐三菩提心者。

所以有我相则非菩萨者何？我法，则我能发心。无发心者，故知无我。计我为惑，故非菩萨也。无发心者，即行人空也。

"须菩提，于意云何，如来于燃灯佛所，有法得阿耨多罗三藐三菩提不？"

即引自昔得记之解，以证今记[1]。

"不也，世尊！如我解佛所说义，佛于燃灯佛所，无有法得阿耨多罗三藐三菩提。"

圣心难测，义推可图。得记由于无相，无相之中，则无所得也。

佛言："如是，如是。须菩提，实无有法如来得阿耨多罗三藐三菩提。须菩提，若有法如来得阿耨多罗三藐三菩提者，燃灯佛则不与我授记：'汝于来世，当得作佛，号释迦牟尼。'

若见有法，则乖菩提，何容得记？

以实无有法得阿耨多罗三藐三菩提，是故燃灯佛与我授记，作是言：'汝于来世，当得作佛，号释迦牟尼。'

无法则会理，会理则向极，故得记也。

---

[1] 底本原注："今记"，智顗《金刚经疏》作"前说"。

何以故？如来者，即诸法如义。

何以故无法便得记耶？诸法性空，理无乖异，谓之为如。会如解极，故名如来。有相则违，无相则顺。顺必之极，故宜得记之也。

若有人言如来得阿耨多罗三藐三菩提，

若说有如来得菩提者，此俗间人语，非理中言也。

须菩提，实无有法，佛得阿耨多罗三藐三菩提。

佛，人也。菩提，道也。既无人法，谁得菩提乎？

须菩提，如来所得阿耨多罗三藐三菩提，于是中无实无虚。

向来辨有得为非，无得为是。寄是以明非，非谓有是。寻言著是，故复遣之。是非既尽，则会菩提。菩提之中，不见是非。非实则无是，非虚无非也。

是故如来说一切法皆是佛法。

凡夫以违一切法理为邪，圣人以顺一切法理为正。正则觉悟，故皆佛法者矣。

须菩提，所言一切法者，即非一切法，是故名一切法。

一切法以何为理而言皆佛法耶？诸法缘假，自性皆无。如假[1]会而解者，名得一切法理，为悟佛法矣。

"须菩提，譬如人身长大。"
须菩提言："世尊！如来说人身长大，则为非大身，是名大身。"

直举人身，类上诸法。缘假故长大，无性则非身。即[2]又况下菩萨观众生如身，假名则可度，无自性故无灭者。若见实众生而欲化者，则非菩萨者矣。

"须菩提，菩萨亦如是，若作是言'我当灭度无量众生'，则不名菩萨。

合譬也。无众生而横见众生，犹无身而见身耳。见则乖道，非菩萨者也。

何以故？须菩提，无有法名为菩萨。

菩萨自无，何有众生？

是故佛说，一切法无我、无人、无众生、无寿者。

收结上义也。以无菩萨，亦无众生，一切法都无我人也。

"须菩提，若菩萨作是言'我当庄严佛土'，是不名菩萨。

虚襟进道，严土济物。济物之行，方便慧也。解空无相，谓之为慧；

---

[1] 底本原注："如假"二字疑剩。
[2] 底本原注："即"字疑衍。

缘假不著，谓之方便。若言我能庄严国土、众生可化，见惑违道，何名菩萨之耳。

何以故？如来说庄严佛土者，即非庄严，是名庄严[1]。

无存于化而土自严。

"须菩提，若菩萨通达无我、法者，如来说名真是菩萨。

解通[2]非伪，真菩萨也。

"须菩提，于意云何，如来有肉眼不？"
"如是，世尊！如来有肉眼。"
"须菩提，于意云何，如来有天眼不？"
"如是，世尊！如来有天眼。"
"须菩提，于意云何，如来有慧眼不？"
"如是，世尊！如来有慧眼。"
"须菩提，于意云何，如来有法眼不？"
"如是，世尊！如来有法眼。"
"须菩提，于意云何，如来有佛眼不？"
"如是，世尊！如来有佛眼。"

相尽照极，五眼净矣。道成由乎行立，净国本于化物。国净则化周，五眼必[3]。道极化周，本愿备矣。如来一念照达三世，何用五眼之异乎？

---

[1] 此下，明·朱棣《金刚经集解》载僧肇注云：肇法师曰：此明不达法空，取庄严净土，故非菩萨，复明离相为庄严佛土也。

[2] 底本原注："解通"，智顗《金刚经疏》作"通达"。

[3] 底本原注："必"下，恐脱"净"字。

于化境别为立耳。

"须菩提，于意云何，如恒河中所有沙，佛说是沙不？"

"如是，世尊！如来说是沙。"

"须菩提，于意云何，如一恒河中所有沙，有如是沙等恒河，是诸恒河所有沙数佛世界，如是宁为多不？"

"甚多，世尊！"

佛告须菩提："尔所国土中所有众生若干种心，如来悉知。

五眼照极，理无不周，略举色心，于[1]境尽矣。心从缘起，识了多端，故若干种也。

何以故？如来说诸心，皆为非心，是名为心。

言必当理，故解无不周也。

所以者何？须菩提，过去心不可得，现在心不可得，未来心不可得[2]。

所以说非心名心者何？以三世心无性可得，故可从缘而生心。

"须菩提，于意云何，若有人满三千大千世界七宝以用布施，是人以是因缘得福多不？"

"世尊！此人以是因缘得福甚多。"

"须菩提，若福德有实，如来不说得福德多。以福德无故，如来说

---

[1] 底本原注："于"，智顗《金刚经疏》作"收"。

[2] 此下，明·朱棣《金刚经集解》载僧肇注云：肇法师曰：闻说诸心，谓有实心，故须破遣，明三世皆空。故论云："过去已灭，未来未起，现在虚妄。三世推求，了不可得。"

得福德多。

金玉无性，故可积满三千大千。福德无实，则可旷施而多。心之无性，惑灭解生矣。

"须菩提，于意云何，佛可以具足色身见不？"
"不也，世尊！如来不应以具足色身见。何以故？如来说具足色身，即非具足色身，是名具足色身。"
"须菩提，于意云何，如来可以具足诸相见不？"
"不也，世尊！如来不应以具足诸相见。何以故？如来说诸相具足，即非具足，是名诸相具足。"

慧为万善之主，施为众行之首，因备道成，理之必然。总为丈六金容，别则众相之姿。妙集非有，故身感构随现则为相，岂可一方而尽极乎？

"须菩提，汝勿谓如来作是念：'我当有所说法'。莫作是念。

道成应出，说法化人也。

何以故？若人言如来有所说法，即为谤佛，不能解我所说故。

谬传毁圣，名为谤佛。

须菩提，说法者，无法可说，是名说法。"

教传者，说法之意也。向言无说，非杜默而不语也，但无存而说，则说满天下，无乖法理之过矣。

尔时，慧命须菩提白佛言："世尊！颇有众生于未来世闻说是法，生信心不？"

佛言："须菩提，彼非众生，非不众生。何以故？须菩提，众生众生者，如来说非众生，是名众生。"[1]

须菩提白佛言："世尊！佛得阿耨多罗三藐三菩提，为无所得耶？"

佛，人也。菩提，道也。佛得道故，说以示人，而言无法可说，未审佛得道不也？

佛言："如是，如是。须菩提，我于阿耨多罗三藐三菩提，乃至无有少法可得，是名阿耨多罗三藐三菩提。

相尽虚通，谓之菩提。菩提无相，有何可得？寂灭无得，道之至也。

"复次，须菩提，是法平等，无有高下，是名阿耨多罗三藐三菩提[2]。

结成菩提义也。人无贵贱，法无好丑，荡然平等，菩提义也。

以无我、无人、无众生、无寿者，修一切善法，则得阿耨多罗三藐三菩提。

夫形端故影直，声和则响顺。忘我人而修因，必克无相之菩提也。

须菩提，所言善法者，如来说即非善法，是名善法。

---

[1] 底本原注：此六十二字，《肇本》无之，《天台疏》亦无科判。然诸本皆有此文，故且存之。

[2] 此下，明·朱棣《金刚经集解》载僧肇注云：肇法师曰：明此法身菩提，在六道中亦不减下，在诸佛心中亦不增高，是名平等无上菩提。

人既不有，善何得实？

"须菩提，若三千大千世界中所有诸须弥山王，如是等七宝聚，有人持用布施。若人以此《般若波罗蜜经》，乃至四句偈等，受持读诵，为他人说，于前福德，百分不及一，百千万亿分乃至算数譬喻所不能及。

聚宝有尽，妙解无穷也。

"须菩提，于意云何，汝等勿谓如来作是念：'我当度众生'。须菩提，莫作是念。

菩提以无得为果，教以忘言而说。时听唯疑理、未悟心，故呵之，勿谓如来见众生作念而欲化之耳。

何以故？实无有众生如来度者。

何故勿谓作念耶？以如来不见有众生可度也。

若有众生如来度者，如来则有我、人、众生、寿者。

若见有众生，则为我见，何谓如来耶？

须菩提，如来说有我者则非有我，

但说假名我耳，非实我也。

而凡夫之人以为有我。

闻说假名，不达言旨，以为实我。

须菩提，凡夫者，如来说则非凡夫。

凡夫不实，故可化而成圣。

"须菩提，于意云何，可以三十二相观如来不？"

疑者谓众生是有，可化而成圣；法身不无，可以妙相而期。故问之云尔也。

须菩提言："如是，如是，以三十二相观如来。"

听者实尔，用三十二相是如来而观求也。

佛言："须菩提，若以三十二相观如来者，转轮圣王则是如来。"

即以近事质之，令其自解。

须菩提白佛言："世尊！如我解佛所说义，不应以三十二相观如来。"

时情谓然，我解不尔。

尔时，世尊而说偈言：
>　　若以色见我，　　以音声求我，
>　　是人行邪道，　　不能见如来。[1]

---

[1]　此下，明·朱棣《金刚经集解》载僧肇注云：肇法师曰：所谓诸相焕目而非形，八音

金容^[1]焕眼而非形，八音盈耳而非声。偏谬为邪，愚隔不见也。

"须菩提，汝若作是念：'如来不以具足相故，得阿耨多罗三藐三菩提。'须菩提，莫作是念：'如来不以具足相故，得阿耨多罗三藐三菩提。'

不偏在色声，故向言非。非不身相，故复言是之也。

"须菩提，汝若作是念：'发阿耨多罗三藐三菩提者，说诸法断灭。'莫作是念。何以故？发阿耨多罗三藐三菩提心者，于法不说断灭相。

相尽寂灭故不有，道王十方非谓无。应毕而谢则不常，感至随现故不断。体合中道，物之式也，而限之一方，岂不谬哉！

"须菩提，若菩萨以满恒河沙等世界七宝持用布施。若复有人知一切法无我，得成于忍，此菩萨胜前菩萨所得功德。何以故？须菩提，以诸菩萨不受福德故。"

忘我则忍成，超出故胜也。

须菩提白佛言："世尊！云何菩萨不受福德？"
"须菩提，菩萨所作福德不应贪著，是故说不受福德。

期报种已名贪著。无存我人，取染何生？

盈耳而非声。应化非真佛，亦非说法者。法体清净，犹若虚空，无有染碍，不落一切尘境，今且略举声色。

[1] 底本原注："金容"，智顗《金刚经疏》作"五色"。

"须菩提，若有人言如来若来若去、若坐若卧，是人不解我所说义。

一时般若文理粗周，然上来所说，事分言散，故更略始结终，领会大宗也。如来，道荫之主；世界，权应之宅；众生，慈育之子。举此三事，大旨彰矣。若计有实人，履行而至为来，运尽之灭故去，处现优化则坐卧，此但睹形滞迹，不及道也。

何以故？如来者，无所从来，亦无所去，故名如来。

何故见去来坐卧不解义耶？解极会如，体无方所，缘至物见，来无所从；感毕为隐，亦何所去？而云来去，亦不乖乎？

"须菩提，若善男子、善女人，以三千大千世界碎为微尘，于意云何，是微尘众宁为多不？"

"甚多，世尊！何以故？若是微尘众实有者，佛则不说是微尘众。所以者何？佛说微尘众，则非微尘众，是名微尘众。世尊！如来所说三千大千世界，则非世界，是名世界。

微尘非实，故可碎而为多。世界非有，则可假借而成也。

何以故？若世界实有者，则是一合相。

何故非世界名世界耶？若是实有，应一性合而不可分也。

如来说一合相，则非一合相，是名一合相。"

假众为一，无合可得耳。

"须菩提，一合相者则是不可说，

假名无体，不可定说。

但凡夫之人贪著其事。

痴惑则凡夫，贪著故计实。

"须菩提，若人言：'佛说我见、人见、众生见、寿者见。'须菩提，于意云何，是人解我所说义不？"
"不也，世尊！是人不解如来所说义。

此辨无实众生可化。如来但称诸见为邪，不言见体是实。若人报言佛说诸见是实者，谬取佛意，非谓解也。

何以故？世尊说我见、人见、众生见、寿者见，即非我见、人见、众生见、寿者见，是名我见、人见、众生见、寿者见。"

诸见非实，可改为正。众生虚假，从凡至圣也。

"须菩提，发阿耨多罗三藐三菩提心者，于一切法应如是知，如是见，

始终既毕，故指宗以劝人也。凡欲发心成佛，净国土，化众生，当如上所说理而生知见之也。

如是信解，

理深未明，正应推信为解。

不生法相。

但是虚假，非实法也。

须菩提，所言法相者，如来说即非法相，是名法相。

穷理尽明，其唯如来。说言非实，故应从信矣。

"**须菩提，若有人以满无量阿僧祇世界七宝持用布施。若有善男子、善女人发菩提心者，持于此经乃至四句偈等，受持读诵，为人演说，其福胜彼。**

七宝有竭，四句无穷。

云何为人演说？不取于相，如如不动。

末示弘宣之义也。夫道不正不足授人，中心疑者其辞枝。说当于如，故言如如。始终不易，不可动也。

何以故？

一切有为法，　　如梦幻泡影，

如露亦如电，　　应作如是观。"

浮伪不实，理之皆空。空无异易，故如如不动也。

佛说是经已，长老须菩提，及诸比丘、比丘尼、优婆塞、优婆夷，一切世间天、人、阿修罗，闻佛所说，皆大欢喜，信受奉行。

道蕴圣心，待孚则彰，宿感冥构，不谋而集。同听齐悟，法喜荡心，服玩遵式，永崇不朽也。

金刚般若波罗蜜经注（终）

肇论

后秦 长安释僧肇 作

说　明

　　现行《肇论》，乃合僧肇先后所作《物不迁论》《不真空论》《般若无知论》《涅槃无名论》等四论，并首加总序《宗本义》一篇，再冠以陈·慧达序而成。本论为中国佛教思想家真正掌握大乘中观理论后的经典之作，对中国佛教影响深远，在中国佛教思想史上具有崇高地位。以《高僧传》考之，《般若论》作在最先，当弘始六年《大品经》译出之后；《不真空论》《物不迁论》中多引《中论》《大智度论》之文，当作于弘始十一年《中论》译出之后；《涅槃论》作于弘始十五年什师既殁之后。

　　四论大旨，"物不迁"，明常情所见诸法迁变流动之相，乃是妄情曲见，非为真实；若以般若正智观察，则可顿见诸法实相，当体寂灭真常，了无迁动之相。"不真空"，有为之法，缘生故假，假而不实，其体本空；遣伪之空，亦非实实的空，体非断灭，故名不真空。"般若无知"，般若乃诸佛妙契法身之实智，法界幽玄，非此莫鉴，亦名为根本智。今明般若真智，无取无缘，虽证真谛而不取相，故云无知。"涅槃无名"，明涅槃为至极之果，万累都捐，寂灭永安，妙绝言象，超情离见，非名可名。

　　本次点校整理，底本取为《大正藏》本《肇论》（第45册，经号1858），参校《嘉兴藏》本（新文丰版续藏第20册，经号88）、陈·慧达《肇论疏》（收于《卍续藏》第54册，经号0866）、唐·元康《肇论疏》（收于《大正藏》第45册，经号1859）、宋·净源《肇论中吴集解》、遵式《注肇论疏》（收于《卍续藏》第54册，经号0870）和晓月《夹科肇论序》（收于《卍续藏》第54册，经号0869），并参考了伊藤隆寿等撰《肇论校勘一览表》（附于《肇论集解令模钞校释》，上海古籍出版社2008年出版）。

肇论序

小招提寺沙门慧达作^[1]

慧达率愚，通序长安释僧肇法师所作《宗本》、《物不迁》等四论。但末代^[2]弘经，允属四依菩萨。爰传兹土，抑亦其例。至如弥天大德、童寿桑门，并创始命宗，图辩格致，播扬宣述，所事玄虚，唯斯拟圣，默之所祖。自降乎已还，历代古今，凡著名僧传及传所不载者，释僧睿等三千^[3]余僧，清信檀越谢灵运等八百许人，至能辨正^[4]方言、节文阶级、善核名教、精搜义理，揖此群贤，语之所统。有美若人，超语兼默，标本则句句深达佛心，明末则言言备通众教。谅是大乘懿典、方等博书。自古自今，著文著笔，详汰名贤所作诸论，或六家七宗，爰延十二，并判其臧否，辨其差当。唯此宪章，无弊斯咎。良由襟情泛若，不知何系。譬^[5]彼渊海，数越九流。挺拔清虚，萧然物外。知公者希，归公采什。如曰不知，则公贵矣。

达猥生天幸，逢此正音，忻跃弗已，飧宴无疲。每至披寻，不胜手舞，誓愿生生尽命弘述。达于肇之遗文，其犹若是，况《中》《百》《门观》，爰洎方等深经，而不至增乎！世谚咸云："肇之所作，故是《成实》真谛，

---

[1] 作：宋晓月《夹科肇论序》和《嘉兴藏》本作"述"。

[2] 代：唐·元康《肇论疏》作"世"。

[3] 千：《嘉兴藏》本作"十"。

[4] 辨正：唐·元康《肇论疏》作"正辨"。

[5] 譬：唐·元康《肇论疏》和《嘉兴藏》本作"匹"。

《地论》通宗，庄老所资，孟浪之说。"此实巨蠹之言，欺诬亡没，街巷陋音，未之足拾。夫神道不形，心敏难绘，既文拘而而义远，故众端之所诡^[1]。肇之卜意，岂徒然哉？良有以也。如复徇狎其言，愿生生不面，至获忍心，还度斯下。

达留连讲肆二十余年，颇逢重席，末睹斯论。聊寄一序，托悟在中。同我贤余，请俟来哲。

夫大分深义，厥号本无，故建言宗旨，标乎实相。开空法道，莫逾真俗，所以次释二谛，显佛教门。但圆正之因，无上^[2]般若；至极之果，唯有涅槃，故末启重玄，明众圣之所宅。虽以性空拟本，无本可称，语本绝言，非心行处。然则不迁当俗，俗则不生；不真为真，真但名说。若能放旷荡然，崇兹一道，清耳虚襟，无言二谛，斯则净^[3]照之功著，故般若无知；无名之德兴，而涅槃不称。余谓此说周圆，馨佛渊海，浩博无涯，穷法体相。虽复言约而义丰，文华而理诣。语势连环，意实孤诞。敢是绝妙好辞，莫不竭兹洪论。所以童寿叹言："解空第一，肇公其人。"斯言有由矣，彰在翰牍。但宗本萧然，莫能致诘。《不迁》等四论，事开^[4]接引，问答析微，所以称论。

---

[1] 诡：唐·元康《肇论疏》作"说"，且云："有本云说，有本云诡。"

[2] 上：《嘉兴藏》本作"尚"。

[3] 净：唐·元康《肇论疏》和《嘉兴藏》本作"静"。

[4] 事开：唐·元康《肇论疏》作"开通"，且云："有本云开通，有本云关涉。"

宗本义

本无、实相、法性、性空、缘会，一义耳。何则？一切诸法，缘会而生。缘会而生，则未生无有，缘离则灭。如其真有，有则无灭。以此而推，故知虽今现有，有而性常自空。性常自空，故谓之性空。性空故，故曰法性。法性如是，故曰实相。实相自无，非推之使无，故名本无。

言不有不无者，不如有见、常见之有，邪见、断见之无耳。若以有为有，则以无为无。有既不有，则无无也 [1]。夫不存无以观法者，可谓识法实相矣。是谓 [2] 虽观有而无所取相。然则法相为无相之相，圣人之心为住无所住矣。三乘等观性空而得道也。性空者，谓诸法实相也。见法实相，故云正观；若其异者，便为邪观。设二乘不见此理，则颠倒也。是以三乘观法无异，但心有大小为差耳。

沤和般若者，大慧之称也。诸法实相，谓之般若；能不形 [3] 证，沤和功也。适化众生，谓之沤和；不染尘累，般若力也。然则般若之门观空，沤和之门涉有。涉有未始迷虚，故常处有而不染；不厌有而观空，故观空而不证。是谓 [4] 一念之力，权慧具矣！一念之力，权慧具矣！好思，历然可解。

泥洹尽谛者，直结尽而已，则生死永灭，故谓尽耳，无复别有一尽处耳。

---

[1] 有既不有，则无无也：此八字，底本《大正藏》本缺，依唐·元康《肇论疏》、宋净源《肇论中吴集解》、宋遵式《注肇论疏》和《嘉兴藏》本补入。

[2] 是谓：此二字底本缺，依诸本补入。

[3] 形：底本校本和唐·元康《肇论疏》作"取"。

[4] 谓：底本校本和唐·元康《肇论疏》作"为"。

物不迁论第一

夫生死交谢，寒暑迭[1]迁，有物流动，人之常情也[2]。余[3]则谓之不然。何者？《放光》云："法无去来，无动转者。"寻夫不动之作，岂释动以求静？必求静于诸动。必求静于诸动，故虽动而常静；不释动以求静，故虽静而不离动。然则动静未始异，而惑者不同，缘使真言滞于竞辩，宗途屈于好异。所以静躁之极，未易言也。何者？夫谈真则逆俗，顺俗则违真。违真故迷性而莫返，逆俗故言淡而无味。缘使中人未分于存亡，下士抚掌而弗顾。近而不可知者，其唯物性乎！然不能自已，聊复寄心于动静之际，岂曰必然。试论之曰：

《道行》云："诸法本无所从来，去亦无所至。"《中观》云："观方知彼去，去者不至方。"斯皆即动而求静，以知物不迁，明矣。

夫人之所谓动者，以昔物不至今，故曰动而非静。我之所谓静者，亦以昔物不至今，故曰静而非动。动而非静，以其不来；静而非动，以其不去。然则所造未尝异，所见未尝同。逆之所谓塞，顺之所谓通。苟得其道，复何滞哉！

伤夫人情之惑也久矣，目对真而莫觉。既知往物而不来，而谓今物而可往。往物既不来，今物何所往？何则？求向物于向，于向未尝无；责向物于今，于今未尝有。于今未尝有，以明物不来；于向未尝无，故知物不

---

[1] 迭：唐·元康《肇论疏》作"递"。

[2] 也：底本无，据唐·元康《肇论疏》补。

[3] 余：晋惠达《肇论疏》作"今"。

去。覆而求今，今亦不往。是谓昔物自在昔，不从今以至昔；今物自在今，不从昔以至今。故仲尼曰："回也见新，交臂非故。"如此，则物不相往来，明矣。既无往返之微朕，有何物而可动乎？然则旋岚偃岳而常静，江河竞注而不流，野马飘鼓而不动，日月历天而不周。复何怪哉！

噫！圣人有言曰："人命逝速，速于川流。"是以声闻悟非常以成道，缘觉觉缘离以即真。苟万动而非化，岂寻化以阶道？覆寻圣言，微隐难测。若动而静，似去而留。可以神会，难以事求。是以言去不必去，闲人之常想；称住不必住，释人之所谓往耳。岂曰去而可遣、住而可留耶？故《成具》云："菩萨处计常之中，而演非常之教。"《摩诃衍论》云："诸法不动，无去来处。"斯皆导达群方，两言一会，岂曰文殊而乖其致哉！是以言常而不住，称去而不迁。不迁故虽往而常静，不住故虽静而常往。虽静而常往，故往而弗迁；虽往而常静，故静而弗留矣。然则庄生之所以藏山，仲尼之所以临川，斯皆感往者之难留，岂曰排今而可往？是以观[1]圣人心者，不同人之所见得也。何者？人则谓少壮同体、百龄一质，徒知年往，不觉形随。是以梵志出家，白首而归。邻人见之曰："昔人尚存乎？"梵志曰："吾犹昔人，非昔人也。"邻人皆愕然，非其言也。所谓有力者负之而趋，昧者不觉，其斯之谓欤！

是以如来因群情之所滞，则方言以辨惑。乘莫二之真心，吐不一之殊教。乖而不可异者，其唯圣言乎！故谈真有不迁之称，导俗有流动之说。虽复千途异唱，会归同致矣。而征文者闻不迁则谓昔物不至今，聆流动者而谓今物可至昔。既曰古今，而欲迁之者，何也？是以言往不必往，古今常存，以其不动；称去不必去，谓不从今至古，以其不来。不来故不驰骋于古今，不动故各性住于一世。然则群籍殊文，百家异说，苟得其会，岂殊文之能惑哉！

是以人之所谓住，我则言其去；人之所谓去，我则言其住。然则去住虽殊，其致一也。故经云："正言似反，谁当信者？"斯言有由矣。何者？

---

[1] 观：晋惠达《肇论疏》、唐·元康《肇论疏》作"睹"。

人则求古于今，谓其不住。吾则求今于古，知其不去。今若至古，古应有今；古若至今，今应有古。今而无古，以知不来；古而无今，以知不去。若古不至今，今亦不至古，事各性住于一世，有何物而可去来？然则四象风驰，璇玑[1]电卷，得意毫微，虽速而不转。

是以如来功流万世而常存，道通百劫而弥固。成山假就于始篑，修途托至于初步，果以功业不可朽故也。功业不可朽，故虽在昔而不化，不化故不迁，不迁故则湛然，明矣！故经云："三灾弥纶而行业湛然。"信其言也。何者？夫[2]果不俱因，因因而果。因因而果，因不昔灭；果不俱因，因不来今。不灭不来，则不迁之致明矣！复何惑于去留、踟蹰于动静之间哉！然则乾坤倒覆，无谓不静；洪流滔天，无谓其动。苟能契神于即物，斯不远而可知矣！

物不迁论（终）

不真空论第二

　　夫至虚无生者，盖是般若玄鉴之妙趣，有物之宗极者也。自非圣明特达，何能契神于有无之间哉！是以至人通神心于无穷，穷所不能滞；极耳目于视听，声色所不能制者，岂不以其即万物之自虚，故物不能累其神明者也。是以圣人乘真心而理[1]顺，则无滞而不通；审一气以观化，故所遇而顺适。无滞而不通，故能混杂致淳；所遇而顺适，故[2]则触物而一。如此，则万象虽殊而不能自异。不能自异，故知象非真象。象非真象，故则虽象而非象。然则物我同根，是非一气，潜微幽隐，殆非群情之所尽。

　　故顷尔谈论，至于虚宗，每有不同。夫以不同而适同，有何物而可同哉？故众论竞作而性莫同焉。何则？"心无"者，无心于万物，万物未尝无。此得在于神静，失在于物虚。"即色"者，明色不自色，故虽色而非色也。夫言色者，但当色即色，岂待色色而后为色哉？此直语[3]色不自色，未领色之非色也。"本无"者，情尚于无，多触言以宾无。故非有，有即无；非无，无亦[4]无。寻夫立文之本旨者，直以非有非真有，非无非真无耳。何必非有无此有，非无无彼无？此直好无之谈，岂谓[5]顺通事实，即物之情哉！

　　夫以物物于物，则所物而可物；以物物非物，故虽物而非物。是以物不即名而就实，名不即物而履真。然则真谛独静于名教之外，岂曰文言之

---

[1]　理：晋惠达《肇论疏》作"履"。

[2]　故：唐·元康《肇论疏》无。

[3]　语：唐·元康《肇论疏》作"悟"。

[4]　亦：《嘉兴藏》本作"即"。

[5]　谓：底本校本和唐·元康《肇论疏》作"所谓"。

能辩哉！然不能杜默，聊复厝言以拟之。试论之曰：

《摩诃衍论》云："诸法亦非有相，亦非无相。"《中论》云："诸法不有不无者，第一真谛也。"寻夫不有不无者，岂谓涤除万物，杜塞视听，寂寥虚豁，然后为真谛者乎？诚以即物顺通，故物莫之逆；即伪即真，故性莫之易。性莫之易，故虽无而有；物莫之逆，故虽有而无。虽有而无，所谓非有；虽无而有，所谓非无。如此，则非无物也，物非真物[1]。物非真物，故于何而可物？故经云："色之性空，非色败空。"以明夫圣人之于物也，即万物之自虚，岂待宰割以求通哉！是以寝疾有不真之谈，《超日》有即虚之称。然则三藏殊文，统之者一也。故《放光》云："第一真谛，无成无得；世俗谛故，便有成有得。"夫有[2]得即是无得之伪号，无得[3]即是有得之真名。真名故虽真而非有[4]，伪号故虽伪而非无。是以言真未尝有，言伪未尝无。二言未始一，二理未始殊。故经云："真谛、俗谛谓有异耶？答曰：无异也。"此经直辨真谛以明非有、俗谛以明非无，岂以谛二而二于物哉！

然则万物果有其所以不有，有其所以不无。有其所以不有，故虽有而非有；有其所以不无，故虽无而非无。虽无而非无，无者不绝虚；虽有而非有，有者非真有。若有不即真，无不夷迹，然则有无称异，其致一也。

故童子叹曰："说法不有亦不无，以因缘故诸法生。"《璎珞经》云："转法轮者，亦非有转，亦非无转，是谓转无所转。"此乃众经之微言也。何者？谓物无耶，则邪见非惑；谓物有耶，则常见为得。以物非无，故邪见为惑；以物非有，故常见不得。然则非有非无者，信真谛之谈也。故《道行》云："心亦不有亦不无。"《中观》云："物从因缘故不有，缘起故不无。"寻理，即其然矣。所以然者，夫有若真有，有自常有，岂待缘而后有哉！

---

[1] 物：唐·元康《肇论疏》作"也"。

[2] 有：晋惠达《肇论疏》作"成"。

[3] 得：晋惠达《肇论疏》作"成得"。

[4] 真而非有：晋惠达《肇论疏》作"得而非得"。

譬彼真无，无自常无，岂待缘而后无也。若有不能[1]自有，待缘而后有者，故知有非真有。有非真有，虽有，不可谓之有矣。不无者，夫无则湛然不动，可谓之无。万物若无，则不应起，起则非无，以明夫[2]缘起故不无也。故《摩诃衍论》云："一切诸法，一切因缘故应有；一切诸法，一切因缘故不应有。一切无法，一切因缘故应有；一切有法，一切因缘故不应有。"寻此有无之言，岂直反论而已哉！若应有，即是有，不应言无；若应无，即是无，不应言有。言有，是为假有以明非无，借无以辨非有。此事[3]一称二，其文有似不同。苟领其所同，则无异而不同。

然则万法果有其所以不有，不可得而有；有其所以不无，不可得而无。何则？欲言其有，有非真生；欲言其无，事象[4]既形。象[5]形，不即无；非真，非实有。然则不真空义，显于兹矣！故《放光》云："诸法假号不真，譬如幻化人，非无幻化人，幻化人非真人也。"

夫以名求物，物无当名之实；以物求名，名无得物之功。物无当名之实，非物也；名无得物之功，非名也。是以[6]名不当实，实不当名，名实无当，万物安在？故《中观》云："物无彼此，而人以此为此，以彼为彼。彼亦以此为彼，以彼为此。"此彼莫定乎一名，而惑者怀必然之志。然则彼此初非有，惑者初非无。既悟彼此之非有，有[7]何物而可有哉！故知万物非真，假号久矣。是以《成具》立强名之文，园林托指马之况。如此，则深远之言，于何而不在！是以圣人乘千化而不变，履万惑而常通者，以其即万物之自虚，不假虚而虚物也。故经云："甚奇，世尊！不动真际，为诸法立

---

[1] 能：底本无，依唐·元康《肇论疏》、宋净源《肇论中吴集解》、宋遵式《注肇论疏》和《嘉兴藏》本补入。

[2] 夫：底本无，据底本校本和唐·元康《肇论疏》补入。

[3] 事：底本校本和唐·元康《肇论疏》作"是理"。

[4] 象：唐·元康《肇论疏》作"像"。

[5] 象：唐·元康《肇论疏》作"像"。

[6] 以：唐·元康《肇论疏》作"为"。

[7] 有：底本校本和唐·元康《肇论疏》作"又"。

处。"非离真而立处，立处即真也。

然则道远乎哉？触事而真。圣远乎哉？体之即神。

不真空论（终）

般若无知论第三

　　夫般若虚玄者，盖是三乘之宗极也，诚真一之无差。然异端之论，纷然久矣。有天竺沙门鸠摩罗什者，少践大方，研机斯趣。独拔于言象之表，妙契于希夷之境。齐异学于迦夷，扬淳风于[1]东扇。将爰烛殊方而匿耀凉土者，所以道不虚应，应必有由矣。弘始三年，岁次星纪[2]，秦乘入国之谋，举师以来之，意也北天之运，数其然也[3]。大秦天王者，道契百王之端，德洽千载之下，游刃万机，弘道终日，信季俗苍生之所天，释迦遗法之所仗也。时乃集义学沙门五百余人于逍遥观，躬执秦文，与什公参定方等。其所开拓者，岂唯[4]当时之益，乃累劫之津梁矣。余以短乏，曾厕嘉会，以为上闻异要，始于时也。然则圣智幽微，深隐难测，无相无名，乃非言象之所得。为试罔象其怀，寄之狂言耳，岂曰圣心而可辨哉！试论之曰：

　　《放光》云："般若无所有相，无生灭相。"《道行》云："般若无所知，无所见。"此辨智照之用，而曰无相、无知者，何耶？果有无相之知、不知之照，明矣！何者？夫有所知，则有所不知。以圣心无知，故无所不知。不知之知，乃曰一切知。故经云："圣心无所知，无所不知。"信矣！

　　是以圣人虚其心而实其照，终日知而未尝知也。故能默耀[5]韬光，虚

---

[1]　于：唐·元康《肇论疏》、宋净源《肇论中吴集解》作"以"。

[2]　星纪：晋惠达《肇论疏》作"寿星"。

[3]　也：《嘉兴藏》本作"矣"。

[4]　唯：底本作"谓"，依《嘉兴藏》本、宋净源《肇论中吴集解》改。

[5]　耀：唐·元康《肇论疏》作"曜"。

心玄鉴，闭智塞聪[1]，而独觉冥冥者矣。

然则智有穷幽之鉴而无知焉，神有应会之用而无虑焉。神无虑故能独王于世表，智无知故能玄照于事外。智虽事外，未始无事；神虽世表，终日域中。所以俯仰顺化，应接无穷，无幽不察而无照功。斯则无知之所知，圣神之所会也。

然其为物也，实而不有，虚而不无，存而不可论者，其唯圣智乎！何者？欲言其有，无状无名；欲言其无，圣以之灵。圣以之灵，故虚不失照；无状无名，故照不失虚。照不失虚，故混而不渝；虚不失照，故动以接粗。是以圣智之用，未始暂废；求之形相，未暂可得。故宝积曰："以无心意而现行。"《放光》云："不动等觉而建立诸法。"所以圣迹万端，其致一而已矣。

是以般若可虚而照，真谛可亡而知，万动可即而静，圣应可无而为。斯则不知而自知，不为而自为矣。复何知哉！复何为哉！

难[2]**曰：**夫圣人真心独朗，物物斯照，应接无方，动与事会。物物斯照，故知无所遗；动与事会，故会不失机。会不失机，故必有会于可会；知无所遗，故必有知于可知。必有知于可知，故圣不虚知；必有会于可会，故圣不虚会。既知既会，而曰无知无会者，何耶？若夫[3]忘知遗会者，则是圣人无私于知会，以成其私耳。斯可谓不自有其知，安得无知哉？

答曰：夫圣人功高二仪而不仁，明逾日月而弥昏，岂曰木石瞽其怀，其于无知而已哉？诚以异于人者神明，故不可以事相求之耳。子意欲令圣人不自有其知而圣人未尝不有知，无乃乖于圣心、失于文旨者乎！何者？经云："真般若者，清净如虚空，无知无见，无作无缘。"斯则知自无知矣，岂待返照然后无知哉！若有知性空而称净者，则不辨于惑智，三毒四

---

[1] 聪：唐·元康《肇论疏》作"听"。

[2] 难：底本校本和唐·元康《肇论疏》作"问"。

[3] 夫：晋慧达《肇论疏》作"云"。

倒亦皆[1]清净，有何独尊于般若？若以所知美般若，所知非般若，所知自常净[2]，般若未尝净，亦无缘致净叹于般若。然经云般若清净者，将无以般若体性真净，本无惑取之知。本无惑取之知，不可以知名哉。岂唯无知名无知，知自无知矣！是以圣人以无知之般若，照彼无相之真谛。真谛无兔马之遗，般若无不穷之鉴，所以会而不差、当而无是，寂泊无知而无不知者矣。

难曰：夫物无以自通，故立名以通物。物虽非名，果有可名之物当于此名矣。是以即名求物，物不能隐。而论云"圣心无知"，又云"无所不知"。意谓无知未尝知，知未尝无知，斯则名教之所通，立言之本意也。然论者欲一于圣心，异于文旨。寻文求实，未见其当。何者？若知得于圣心，无知无所辨；若无知得于圣心，知亦无所辨；若二都[3]无得，无所复论哉！

答曰：经云："般若义者，无名无说，非有非无，非实非虚。虚不失照，照不失虚。"斯则无名之法，故非言所能言也。言虽不能言，然非言无以传，是以圣人终日言而未尝言也。今试为子狂言辨之。夫圣心者，微妙无相，不可为有；用之弥勤，不可为无。不可为无，故圣智存焉；不可为有，故名教绝焉。是以言知不为知，欲以通其鉴；不知非不知，欲以辨其相。辨相不为无，通鉴不为有。非有故知而无知，非无故无知而知。是以知即无知，无知即知。无以言异而异于圣心也。

难曰：夫真谛深玄，非智不测。圣智之能，在兹而显。故经云："不得般若，不见真谛。"真谛，则般若之缘也。以缘求智，智则知矣。

答曰：以缘求智，智非知也。何者？《放光》云："不缘色生识，是名不见色。"又云："五阴清净故般若清净。"般若即能知也，五阴即所知也，所知即缘也。

夫知与所知，相与而有，相与而无。相与而无，故物莫之有；相与而有，

---

[1] 亦皆：《嘉兴藏》本作"皆亦"。

[2] "净"下，底本有一"故"字，现据唐·元康《肇论疏》删。

[3] 都：底本校本和唐·元康《肇论疏》作"俱"。

故物莫之无。物莫之无，故为缘之所起；物莫之有，故则[1]缘所不能生。缘所不能生，故照缘而非知；为缘之所起，故知、缘相因而以[2]生。是以知与无知，生于所知矣。何者？夫智以知所知，取相故名知。真谛自无相，真智何由知？所以然者，夫所知非所知，所知生于知；所知既生知，知亦生所知。知[3]、所知既相生，相生即缘法，缘法故非真，非真故非真谛也。故《中观》云："物从因缘有故不真，不从因缘有故即真。"今[4]真谛曰真，真则非缘。真非缘故，无物从缘而生也。故经云："不见有法无缘而生。"

是以真智观真谛，未尝取所知。智不取所知，此智何由知？然智非无知，但真谛非所知，故真智亦非知。而子欲以缘求智，故以智为知。缘自非缘，于何而求知？

难曰：论云不取者，为无知故不取，为知然后不取耶？若无知故不取，圣人则冥若夜游，不辨缁素之异耶？若知然后不取，知则异于不取矣！

答曰：非无知故不取，又非知然后不取。知即不取，故能不取而知。

难曰：论云不取者，诚以圣心不物于物，故无惑取也。无取则无是，无是则无当，谁当圣心而云圣心无所不知耶？

答曰：然，无是无当者。夫无当则物无不当，无是则物无不是。物无不是，故是而无是；物无不当，故当而无当。故经云："尽见诸法而无所见。"

难曰：圣心非不能是，诚以无是可是。虽无是可是，故当是于无是矣。是以经云"真谛无相故般若无知"者，诚以般若无有有相之知。若以无相为无相，有何[5]累于真谛耶？

答曰：圣人无无相也。何者？若以无相为无相，无相即为相。舍有而之无，譬犹逃峰而赴壑，俱不免于患矣。是以至人处有而不有，居无而不

---

[1] 则：唐·元康《肇论疏》无。

[2] 以：底本无，据底本校本和唐·元康《肇论疏》补。

[3] 知：底本无，据唐·元康《肇论疏》补。

[4] "今"下，唐·元康《肇论疏》有"言"字。

[5] 有何：唐·元康《肇论疏》作"又何异"。

无。虽不取于有无，然亦不舍于有无。所以和光尘劳，周旋五趣，寂然而往，泊尔而来，恬淡无为而无不为。

难曰：圣心虽无知，然其应会之道不差。是以可应者应之，不可应者存之。然则圣心有时而生，有时而灭，可得然乎？

答曰：生灭者，生灭心也。圣人无心，生灭焉起？然非无心，但是无心[1]心耳；又非不应，但是不应[2]应耳。是以圣人应会之道，则信若四时之质，直以虚无为体，斯不可得而生、不可得而灭也。

难曰：圣智之无、惑智之无，俱无生灭，何以异之？

答曰：圣智之无者，无知；惑智之无者，知无。其无虽同，所以无者异也。何者？夫圣心虚静，无知可无，可曰无知，非谓知无。惑智有知，故有知可无，可谓知无，非曰无知也。无知，即般若之无也；知无，即真谛之无也。是以般若之与真谛，言用即同而异，言寂即异而同。同故无心于彼此，异故不失于照功。是以辨同者同于异，辨异者异于同。斯则不可得而异、不可得而同也。何者？内有独鉴之明，外有万法之实[3]。万法虽实[4]，然非照不得，内外相与以成其照功，此则圣所不能同，用也；内虽照而无知，外虽实而无相，内外寂然，相与俱无，此则圣所不能异，寂也。是以经云"诸法不异"者，岂曰续凫截鹤、夷岳盈壑，然后无异哉？诚以不异于异，故虽异而不异也。故经云："甚奇，世尊！于无异法中而说诸法异。"又云："般若与诸法，亦不一相，亦不异相。"信矣！

难曰：论云"言用则异，言寂则同。"未详般若之内，则有用、寂之异乎？

答曰：用即寂，寂即用，用寂体一，同出而异名，更无无用之寂而主于用也。是以智弥昧，照逾明；神弥静，应逾动。岂曰明昧动静之异哉！故《成具》云："不为而过为。"《宝积》曰："无心无识，无不觉知。"

---

[1]　"心"下，晋惠达《肇论疏》有一"之"字。

[2]　"应"下，晋惠达《肇论疏》有一"之"字。

[3]　实：唐·元康《肇论疏》作"异"。

[4]　实：唐·元康《肇论疏》作"异"。

斯则穷神尽智，极象外之谈也。即之明文，圣心可知矣。

般若无知论（终）

刘遗民书问附 [1]

　　遗民和南。顷餐徽闻，有怀遥伫。岁末寒严，体中如何？音寄壅隔，增用抱蕴。弟子沉痾草泽，常有弊瘵耳。因慧明道人北游，裁通其情。古人不以形疏致淡，悟涉则亲。是以虽复江山悠邈，不面当年，至于企怀风味，镜心象迹，伫悦之勤，良以深矣。缅然无因，瞻霞永叹。顺时爱敬，冀因行李，数有承问 [2]。伏愿彼大众康和，外国法师 [3] 休纳。上人以悟发之器，而遭兹渊对，想开究之功，足尽过半之思。故以每惟乖阔，愤愧何深。此山僧清常，道戒弥厉，禅隐之余，则惟研惟讲，恂恂穆穆，故可乐矣。弟子既以遂宿心，而睹兹上轨，感寄之诚，日月铭至。远法师顷恒履宜，思业精诣，乾乾宵夕，自非道用潜流，理为神御，孰以过顺之年，湛气若兹之勤？所以凭慰既深，仰谢逾绝。

　　去年夏末，始见生上人示《无知论》，才运清俊，旨中沉允，推涉圣文，婉而有归。披味殷勤，不能释手。真可谓浴心方等之渊，而悟怀绝冥之肆者矣！若令此辨遂通，则般若众流，殆不言而会。可不欣乎！可不欣乎！然夫理微者辞险，唱独者应希。苟非绝言象之表者，将以存象而致乖乎？意谓，答 [4] 以缘求智之章，婉转穷尽，极为精巧，无所间

---

[1]　刘遗民书问附：唐·元康《肇论疏》作"隐士刘遗民书问"，《肇论中吴集解》作"刘君致书核问"，宋遵式《注肇论疏》作"刘公书问"，《嘉兴藏》本作"附刘遗民书问"。

[2]　冀因行李，数有承问：唐·元康《肇论疏》作"冀行李承问"。

[3]　"师"下，唐·元康《肇论疏》有一"常"字。

[4]　答：唐·元康《肇论疏》作"若"。

然矣。但暗者难以顿晓，犹有余疑一两，今辄题之如别。想从[1]容之暇，复能粗为释之。

论序云："般若之体，非有非无。虚不失照，照不失虚。故曰不动等觉而建立诸法。"下章云："异乎人者神明，故不可以事相求之耳。"又云："用即寂，寂即用。神弥静，应逾动。"夫圣心冥寂，理极同无，不疾而疾，不徐而徐。是以知不废寂，寂不废知，未始不寂，未始不知。故其运物成功，化世之道，虽处有名之中，而远与无名同。斯理之玄，固常所弥昧者矣。

但今谈者所疑，于高论之旨，欲求圣心之异，为谓穷灵极数，妙尽冥符耶？为将心体自然，灵泊独感耶？若穷灵极数、妙尽冥符，则[2]寂照之名，故是定慧之体耳。若心体自然，灵泊独感，则群数之应，固以几乎息矣。夫心数既玄而孤运其照，神淳化表而慧明独存。当有深证，可试为辨之。

疑者当以抚会应机睹变之知，不可谓之不有矣。而论旨云"本无惑取之知"，而未释所以不取之理。谓宜先定圣心所以应会之道，为当唯照无相耶？为当咸睹其变耶？若睹其变，则异乎无相；若唯照无相，则无会可抚。既无会可抚，而有抚会之功，意有未悟，幸复诲之。

论云"无当则物无不当，无是则物无不是。物无不是，故是而无是；物无不当，故当而无当。"夫无当而物无不当，乃所以为至当；无是而物无不是，乃所以为真是。岂有真是而非是、至当而非当，而云当而无当、是而无是耶？若谓至当非常当，真是非常是，此盖悟、惑之言本异耳，固论旨所以不明也。愿复重喻，以祛其惑矣。

论至日，即与远法师详省之。法师亦好相领得意。但标位似各有本，或当不必理尽同矣。顷兼以班诸有怀，屡有击其节者，而恨不得与斯人同时也。

---

[1] 从：唐·元康《肇论疏》作"纵"。

[2] 则：底本校本和唐·元康《肇论疏》作"然则"。

答刘遗民书^[1]

不面在昔，伫想用劳。慧明道人至，得去年十二月疏并问。披寻返覆，欣若暂对。凉风届节，顷常如何？贪道劳疾，多不佳耳。信南返，不悉。八月十五日，释僧肇疏答。

服像虽殊，妙期不二；江山虽缅，理契则邻。所以望途致想，虚襟有寄。君既遂嘉遁之志，标越俗之美，独恬事外，欢足方寸。每一言集，何尝不远，喻林下之雅咏，高致悠然。清散未期，厚自保爱。每因行李，数有承问^[2]。愿彼山僧无恙，道俗通佳。承远法师之胜常，以为欣慰。虽未清承，然服膺高轨，企伫之勤，为日久矣。公以过顺之年，湛气弥厉，养徒幽岩，抱一冲谷，遐迩仰咏，何美如之！每亦翘想一隅，悬庇霄岸，无由写敬，致慨良深！君清对终日，快有悟心之欢也。即此大众寻常，什法师如宜。秦王^[3]道性自然，天机迈俗，城堑三宝，弘道是务。由使异典^[4]胜僧方远而至，灵鹫之风萃于兹土。领公远举，乃千载之津梁也。于西域还，得方等新经二百余部，请大乘禅师一人、三藏法师一人、毗婆沙法师二^[5]人。什法师于大石寺出新至诸经，法藏渊旷，日有异闻。禅师于瓦官寺教习禅

---

[1]　答刘遗民书：唐·元康《肇论疏》作"答刘隐士书"，《肇论中吴集解》作"论主复书释答"，宋遵式《注肇论疏》作"论主释答"。

[2]　每因行李，数有承问：唐·元康《肇论疏》无。

[3]　王：底本校本和唐·元康《肇论疏》作"主"。

[4]　典：唐·元康《肇论疏》作"国"。

[5]　二：唐·元康《肇论疏》作"一"。

道，门徒数百，夙夜匪懈，邑邑肃肃^[1]，致可欣乐。三藏法师于中寺出律藏，本末精悉，若睹初制。毗婆沙法师于石羊寺出《舍利弗阿毗昙》胡本，虽未及译，时问中事，发言新奇。贫道一生猥参嘉运，遇兹盛化，自恨^[2]不睹释迦祇桓之集，余复何恨！而慨不得与清胜君子同斯法集耳。

生上人顷在此同止数年，至于言话之际，常相称咏。中途还南，君得与相见。未更近问，惆悒何言！威道人至，得君《念佛三昧咏》，并得远法师《三昧咏及序》。此作兴寄既高，辞致清婉，能文之士率称其美，可谓游涉圣门，扣玄关^[3]之唱也。君与法师当数有文集，因来何少？什法师以午年出《维摩经》，贫道时预听次；参承之暇，辄复条记成言，以为注解，辞虽不文，然义承有本。今因信，持一本往南，君闲详，试可取看。

来问婉切，难为郢人。贫道思不关微，兼拙于笔语。且至趣无言，言必乖趣。云云不已，竟何所辨？聊以狂言，示酬来旨耳。

疏云："称圣心^[4]冥寂，理极同无。虽处有名之中，而远与无名同。斯理之玄，固常弥昧者。"以此为怀，自可忘言内得，取定方寸。复何足以人情之所异，而求圣心之异乎？

疏曰^[5]："谈者谓穷灵极数，妙尽冥符，则寂照之名，故是定慧之体耳。若心体自然，灵泊独感，则群数之应固以几乎息矣。"意谓，妙尽冥符，不可以定慧为名；灵泊独感，不可称群数以息。两言虽殊，妙用常一。迹我而乖，在圣不殊也。何者？夫圣人^[6]玄心默照，理极同无。既曰为同，同无不极。何有同无之极，而有定慧之名？定慧之名，非同外之称也^[7]。

---

[1] 肃肃：底本作"萧萧"，讹误，现据《出三藏记集》卷三、《历代三宝纪》卷八、《高僧传·僧肇传》、晋惠达《肇论疏》、唐·元康《肇论疏》改。

[2] 恨：唐·元康《肇论疏》无。

[3] 关：唐·元康《肇论疏》无。

[4] "心"下，唐·元康《肇论疏》有"者"字。

[5] 曰：底本校本和唐·元康《肇论疏》作"云"。

[6] 圣人：底本校本和唐·元康《肇论疏》作"至人"。

[7] 也：底本校本和唐·元康《肇论疏》作"耶"。

若称生同内，有称非同；若称生同外，称非我也。

又[1]圣心虚微，妙绝常境。感无不应，会无不通。冥机潜运，其用不勤。群数之应，亦何为而息耶？且夫心之有也，以其有有。有不自[2]有，故圣心不有有。不有有故有无有，有无有故则无无。无无，故圣心[3]不有不无。不有不无，其神乃虚。何者？夫有也、无也，心之影响也。言也、象也，影响之所攀缘也。有无既废，则心无影响。影响既沦，则言象莫测。言象莫测，则道绝群方。道绝群方，故能穷灵极数。穷灵极数，乃曰妙尽。妙尽之道，本乎无寄。夫无寄在乎冥寂，冥寂故虚以通[4]之。妙尽存[5]乎极数，极数故数以应之。数以应之，故动与事会；虚以通[6]之，故道超名外。道超名外，因谓之无；动与事会，因谓之有。因谓之有者，应夫真[7]有，强谓之然耳，彼何然哉？故经云："圣智无知而无所不知，无为而无所不为。"此无[8]言无相寂灭之道，岂曰有而为有、无而为无，动而乖静、静而废用耶？

而今谈者多即言以定旨，寻大方而征隅，怀前识以标[9]玄，存所存之[10]必当。是以闻圣有知，谓之有心；闻圣无知，谓等太虚。有无之境，边见所存，岂是处中莫二之道乎！何者？万物虽殊，然性本常一，不可而物，然非不物。可物于物，则名相异陈；不物于物，则物而即真。是以圣人不物于物，不非物于物。不物于物，物非有也；不非物于物，物非无也。

---

[1] 又：晋惠达《肇论疏》作"夫"。

[2] 不自：晋惠达《肇论疏》作"自不"。

[3] 心：底本作"人"，依底本校本、唐·元康《肇论疏》、宋净源《肇论中吴集解》和宋遵式《注肇论疏》改。

[4] 通：底本校本和唐·元康《肇论疏》作"谓"。

[5] 存：底本校本和唐·元康《肇论疏》作"在"。

[6] 通：底本校本和唐·元康《肇论疏》作"谓"。

[7] 真：唐·元康《肇论疏》作"谓"。

[8] 无：底本校本和唐·元康《肇论疏》无。

[9] 标：晋惠达《肇论疏》作"表"。

[10] 之：唐·元康《肇论疏》作"以"。

非有，所以不取；非无，所以不舍。不舍故妙存即真，不取故名相靡因。名相靡因，非有知也；妙存即真，非无知也。故经云："般若于诸法，无取无舍，无知无不知。"此攀缘之外、绝心之域，而欲以有无诘者，不亦远乎！

请诘夫陈有无者。夫智之生也，极于相内。法本无相，圣智何知？世称无知者，谓等木石、太虚、无情之流。灵鉴幽烛，形于未兆，道无隐机，宁曰无知？且无知生于无[1]知，无无知也，无有知也。无有知也，谓之非有；无无知也，谓之非无。所以虚不失照，照不失虚，泊然永寂，靡执靡拘。孰能动之令有、静之使无耶？故经云："真般若者，非有非无，无起无灭，不可说示于人。"何则？言其非有者，言其非是有，非谓是非有；言其非无者，言其非是无，非谓是非无。非有非非有，非无非非无。是以须菩提终日说般若，而云无所说。此绝言之道，知何以传！庶参玄君子，有以会之耳。

又云"宜先定圣心所以应会之道，为当唯照无相耶？为当咸睹其变耶？"谈者似谓无相与变其旨不一，睹变则异乎无相，照无相则失于抚会。然则即真之义，或有滞也。经云："色不异空，空不异色。色即是空，空即是色。"若如来旨，观色空时，应一心见色，一心见空。若一心见色，则唯色非空；若一心见空，则唯空非色。然则空色两陈，莫定其本也。是以经云"非色"者，诚以非色于色，不非色于非色。若非色于非色，太虚则非色，非色何所明？若以非色于色，即非色不异色。非色不异色，色即为非色。故知变即无相，无相即变。群情不同，故教迹有异耳。考之玄籍，本之圣意，岂复真伪殊心、空有异照耶！是以照无相，不失抚会之功；睹变动，不乖无相之旨。造有不异无，造无不异有。未尝不有，未尝不无。故曰"不动等觉而建立诸法"。以此而推，寂用何妨！如之何谓睹变之知，异无相之照乎？

恐谈者脱谓空有两心，静躁殊用，故言睹变之知，不可谓之不有耳。

---

[1] 无：晋惠达《肇论疏》无。

若能舍己心于封内，寻玄机于事外，齐万有于一虚，晓至虚之非无者，当言至人终日应会，与物推移，乘运抚化，未始为有也。圣心若此，何有可取，而曰"未释不取之理"？

又云"无是乃所以为真是，无当乃所以为至当。"亦可如来言耳。若能无心于为是而是于无是，无心于为当而当于无当者，则终日是不乖于无是，终日当不乖于无当。但恐有是于无是，有当于无当，所以为患耳。何者？若真是可是，至当可当，则名相以形，美恶是生，生生奔竞，孰与止之？是以圣人空洞其怀，无识无知。然居动用之域而止无为之境，处有[1]名之内而宅绝言之乡，寂寥虚旷，莫可以形名得，若斯而已矣。乃曰真是可是、至当可当，未喻雅旨也。恐是当之生，物谓之然，彼自不然，何足以然耳[2]。

夫言迹之兴，异途之所由生也。而言有所不言，迹有所不迹。是以善言言者，求言所不能言；善迹迹者，寻迹所不能迹。至理虚玄，拟心已差，况乃有言，恐所示转远。庶通心君子，有以相期于文外耳。

---

[1]　有：唐·元康《肇论疏》、宋遵式《注肇论疏》作"可"。

[2]　耳：底本校本和唐·元康《肇论疏》作"耶"。

涅槃无名论第四

表上秦主姚兴 [1]

僧肇言。肇闻天得一以清，地得一以宁，君王得一以治天下。伏惟陛下，睿哲钦明，道与神会。妙契环中，理无不统。游刃万机，弘道终日。威被苍生，垂文作则。所以域中有四大，而王居一焉。

涅槃之道，盖是三乘之所归，方等之渊府。渺漭希夷，绝视听之域；幽致虚玄，殆非群情之所测。肇以人微，猥蒙国恩，得闲居学肆，在什公门下十有余载。虽众经殊致，胜趣非一，然涅槃一义，常以听习为先。但肇才识暗短，虽屡蒙诲喻，犹怀疑 [2] 漠漠。为竭愚不已，亦 [3] 如似有解。然未经高胜先唱，不敢自决。不幸什公去世，咨参无所，以为永慨。而陛下圣德不孤，独与什公神契，目击道存，快尽其中方寸，故能振彼玄风，以启末俗。一日遇蒙答安城候姚嵩书问无为宗极："何者？夫众生所以久流转生死者，皆由著欲故也。若欲止于心，即无复于生死。既无生死，潜神玄默 [4]，与虚空合其德，是名涅槃矣。既曰涅槃，复何容有名于其间哉！"斯乃穷微言之美，极象外之谈者也。自非道参文殊、德俟慈氏，

---

[1] 表上秦主姚兴：唐·元康《肇论疏》同，《嘉兴藏》本和宋净源《肇论中吴集解》作"奏秦王表"，宋遵式《注肇论疏》作 上《涅槃论》表"。

[2] 疑：晋惠达《肇论疏》无。

[3] 亦：底本校本和唐·元康《肇论疏》无。

[4] 默：《广弘明集·姚兴答安城候姚嵩》及晋惠达《肇论疏》作"漠"。

孰能宣扬玄道，为法城堑，使夫大[1]教卷而复舒，幽旨沦而更显。寻玩殷勤，不能暂舍。欣悟交怀，手舞弗暇。岂直当时之胜轨[2]，方乃累劫之津梁矣。

然圣旨渊玄，理微言约。可以匠彼先进，拯拔高士，惧言题[3]之流，或未尽上意。庶拟孔《易》十翼之作，岂贪丰文，图以弘显幽旨，辄作《涅槃无名论》。论有九折十演，博采众经，托证成喻，以仰述陛下无名之致，岂曰关诣神心，穷究远当，聊以拟议[4]玄门，班喻学徒耳。

论末章云："诸家通第一义谛，皆云廓然空寂，无有圣人。吾常以为太甚[5]径庭，不近人情。若无圣人，知无者谁？"实如明诏[6]！实如明诏[7]！夫道，恍惚窈冥，其中有精。若无圣人，谁与道游？顷诸学徒[8]莫不踌躇道门，怏怏此旨，怀疑终日，莫之能正。幸遭高判，宗徒幡然，扣关之俦，蔚登玄室。真可谓法轮再转于阎浮，道光重映于千载者矣！

今演论之作旨，曲辨涅槃无名之体，寂彼廓然，排方外之谈。条牒[9]如左，谨以仰呈。若少参圣旨，愿敕存记。如其有差，伏[10]承指授。僧肇言。

泥曰、泥洹、涅槃，此三名前后异出，盖是楚夏不同耳。云涅槃，音正也。

---

[1] 大：底本校本和唐·元康《肇论疏》作"圣"。

[2] 轨：唐·元康《肇论疏》作"范"。

[3] 言题：晋惠达《肇论疏》作"言提"。

[4] 议：晋惠达《肇论疏》、唐·元康《肇论疏》作"仪"。

[5] 太甚：晋惠达《肇论疏》作"殊太"。

[6] 诏：晋惠达《肇论疏》作"语"。

[7] 诏：晋惠达《肇论疏》作"语"。

[8] 徒：底本校本、晋惠达《肇论疏》、唐·元康《肇论疏》作"士"。

[9] 牒：底本校本和唐·元康《肇论疏》作"录"。

[10] 伏：唐·元康《肇论疏》作"愿"。

九折十演者

开宗第一[11]

无名曰：经称有余涅槃、无余涅槃者，秦言无为，亦名灭度。无为者，取乎虚无寂寞，妙绝于有为。灭度者，言其大患永灭，超度四流。斯盖是镜像之所归，绝称之幽宅也。而曰有余、无余者，良是出处之异号，应物之假名耳。

余尝试言之。夫涅槃之为道也，寂寥虚旷，不可以形名得；微妙无相，不可以有心知。超群有以幽升，量太虚而永久。随之弗得其踪，迎之罔眺其首。六趣不能摄其生，力负无以化其体。潢[12]漭惚恍，若存若往[13]。五目不[14]睹其容，二听不闻其响。冥冥窈窈，谁见谁晓？弥纶靡所不在，而独曳于有无之表。

然则言之者失其真，知之者反其愚；有之者乖其性，无之者伤其躯。所以释迦掩室于摩竭，净名杜口于毗耶，须菩提唱无说以显道，释梵绝听而雨花。斯皆理为[15]神御，故口以之而默，岂曰无辩，辩所不能言也。经云："真解脱者，离于言数，寂灭永安，无始无终，不晦不明，不寒不暑，湛若虚空，无名无说。"论曰："涅槃非有，亦复非无，言语道断，心行处灭。"寻夫经论之作，岂虚构哉！果有其所以不有，故不可得而有；有其所以不无，故不可得而无耳。

何者？本之有境，则五阴永灭；推之无乡，而幽灵不竭。幽灵不竭，

---

[11] 开宗第一：晋惠达《肇论疏》作"演·开宗第一"。

[12] 潢：晋惠达《肇论疏》作"漠"。

[13] 往：晋惠达《肇论疏》、唐·元康《肇论疏》作"亡"。

[14] 不：底本校本和唐·元康《肇论疏》作"莫"。

[15] 为：底本校本和唐·元康《肇论疏》作"由"。

则抱一湛然；五阴永灭，则万累都捐 [1]。万累都捐 [2]，故与道通洞；抱一湛然，故神而无功。神而无功，故至功常存 [3]；与道通洞，故冲而不改。冲而不改，故不可为有；至功常存，故不可为无。然则有无绝于内，称谓沦于外，视听之所不暨，四空之所昏昧。恬焉 [4] 而夷，泊焉而泰。九流于是乎交归，众圣于是乎冥会。斯乃希夷之境、太玄之乡，而欲以有无题榜，标其方域而语其神道者，不亦邈哉！

核体第二 [5]

有名曰：夫名号不虚生，称谓不自起。经称有余涅槃、无余涅槃者，盖是返本之真名，神道之妙称者也。请试陈之：

有余者，谓如来大觉始兴，法身初建，澡八解之清流，憩七觉之茂林。积万善于旷劫，荡无始之遗尘。三明镜于内，神光照 [6] 于外。结僧那于始心，终大悲以赴难。仰攀玄根，俯提弱 [7] 丧。超迈三域，独蹈大方。启 [8] 八正之平路，坦众庶之夷途。骋 [9] 六通之神骥，乘五衍之安车。至能出生入死，与物推移，道无不洽，德无不施。穷化母之始物，极玄枢之妙用。廓虚宇于无疆，耀萨云以 [10] 幽烛。将绝朕于九止，永沦太虚。而有余缘不尽，余迹不泯。业报犹魂 [11]，圣智尚存。此有余涅槃也。经曰："陶冶尘滓，如

---

[1] 捐：晋惠达《肇论疏》作"损"。

[2] 捐：晋惠达《肇论疏》作"损"。

[3] 存：底本校本和唐·元康《肇论疏》作"在"。

[4] 焉：底本校本和唐·元康《肇论疏》作"乎"。

[5] 核体第二：晋惠达《肇论疏》作"折·窍体第一"。

[6] 照：底本校本和唐·元康《肇论疏》作"朗"。

[7] 提弱：晋惠达《肇论疏》作"拯溺"。

[8] 启：晋惠达《肇论疏》作"开"。

[9] 骋：晋惠达《肇论疏》作"驰"。

[10] 以：底本作"于"，依唐·元康《肇论疏》改。

[11] 魂：晋惠达《肇论疏》作"魄"。

炼真金，万累都尽，而灵觉独存。"

无余者，谓至人教缘都讫，灵照永灭，廓尔无朕，故曰无余。何则？夫大患莫若于有身，故灭身以归无；劳勤莫先于有智，故绝智以沦虚。然则智以形倦，形以智劳，轮转修途，疲而弗已。经曰："智为杂毒，形为桎梏。渊默以之而辽，患难以之而起。"所以至人灰身灭智，捐形绝虑。内无机照之勤，外息大患之本，超然与群有永分，浑尔与太虚同体。寂焉无闻，泊尔无兆，冥冥长往，莫知所之。其犹灯尽火灭，膏明俱竭。此无余涅槃也。经云："五阴永尽，譬如灯灭。"

然则有余可以有称，无余可以无名。无名立，则宗虚者欣尚于冲默；有称生，则怀德者弥仰于圣功。斯乃典诰之所垂文，先圣之所轨辙。而曰："有无绝于内，称谓沦于外，视听之所不暨，四空之所昏昧。"使夫怀德者自绝，宗虚者靡托。无异杜耳目于胎壳，掩玄象于霄外，而责宫商之异，辨玄素之殊者也。子徒知远推至人于有无之表，高韵绝唱于形名之外，而论旨竟莫知所归，幽途故自蕴而未显。静思幽寻，寄怀无所。岂所谓朗大明于冥[1]室，奏玄响于无闻者哉！

位体第三[2]

无名曰：有余、无余者，盖是涅槃之外称，应物之假名耳。而存称谓者封名，志器象者耽形。名也极于题目，形也尽于方圆。方圆有所不写，题目有所不传，焉可以名于无名，而形于无形者哉。

难序云："有余、无余者，信是权寂致教之本意，亦是如来隐显之诚迹也。"但未是玄寂绝言之幽致，又非至人环中之妙术耳。子独不闻正观之说欤？维摩诘言："我观如来无始无终，六入已过，三界已出，不在方、不离方，非有为、非无为，不可以识识、不可以智知，无言无说，心行处

[1] 冥：底本校本和唐·元康《肇论疏》作"幽"。
[2] 位体第三：晋惠达《肇论疏》作"演·位体第二"。

灭。以此观者乃名正观，以他观者非见佛也。"

《放光》云："佛如虚空，无去无来，应缘而现，无有方所。"然则圣人之在天下也，寂莫[1]虚无，无执无竞，导而弗先，感而后应。譬犹幽谷之响、明镜之像，对之弗知其所以来，随之罔识其所以往。恍焉而有，惚焉而亡。动而逾寂，隐而弥彰。出幽入冥，变化无常。其为称[2]也，因应而作，显迹为生，息迹为灭。生名有余，灭名无余。然则有无之称本乎无名，无名之道于何不名？是以至人居方而方，止圆而圆，在天而天，处人而人。原夫能天能人者，岂天人之所能哉！果以非天非人，故能天能人耳。其为治也，故应而不为，因而不施。因而不施，故施莫之广；应而不为，故为莫之大。为莫之大，故乃返于小成；施莫之广，故乃归乎无名。经曰："菩提之道，不可图度，高而无上，广不可极；渊而无下，深不可测；大包天地，细入无间，故谓之道。"然则涅槃之道，不可以有无得之，明矣！

而惑者睹神变因谓之有，见灭度便谓之无。有无之境，妄想之域，岂足以标榜玄道而语圣心者乎？意谓至人寂泊无兆，隐显同源，存不为有，亡不为无。何则？佛言："吾无生不生，虽生不生；无形不形，虽形不形。"以知存不为有。经云："菩萨入无尽三昧，尽见过去灭度诸佛。"又云："入于涅槃而不般涅槃[3]。"以知亡不为无。亡不为无，虽无而有；存不为有，虽有而无。虽有而无，故所谓非有；虽无而有，故所谓非无。然则涅槃之道，果出有无之域，绝言象之径，断矣！子乃云："圣人患于有身，故灭身以归无；劳勤莫先于有智，故绝智以沦虚。"无乃乖乎神极、伤于玄旨者也。经曰："法身无象，应物而形；般若无知，对缘而照。"万机顿赴而不挠其神，千难殊对而不干其虑，动若行云，止犹谷神，岂有心于彼此、情系于动静者乎？既无心于动静，亦无象于去来。去来不以象，故无器而不形；

---

[1] 莫：晋惠达《肇论疏》、唐·元康《肇论疏》作"漠"。

[2] 称：晋惠达《肇论疏》作"物"。

[3] 入于涅槃而不般涅槃：唐·元康《肇论疏》作"入于般涅槃而不入于涅槃"。

动静不以心，故无感而不应。然则心生于有心，象出于有象[1]。象[2]非我出，故金石流而不燋；心非我生，故日用而不动[3]。纭纭自彼，于我何为[4]？所以智周万物而不劳，形充八极而无患，益不可盈，损不可亏，宁复痫疠中逵，寿极双树，灵竭天棺，体尽焚燎者哉！而惑[5]者居见闻之境，寻殊应之迹，秉执规矩而[6]拟大方，欲以智劳至人、形患大圣，谓舍有入无，因以名之，岂所[7]谓采微言于听表、拔玄根于虚壤者哉！

征出第四 [8]

有名曰：夫浑元剖[9]判，万有参分[10]。有既有矣，不得不无；无不自无，必因于有。所以高下相倾，有无相生，此乃自然之数，数极于是。以此而观，化母所育，理无幽显，恢恑[11]憰怪，无非有也；有化而无，无非无也。然则有无之境，理无不统。经曰：有无二法，摄一切法。又称三无为者，虚空、数缘尽、非数缘尽。数缘尽者，即涅槃也。而论云："有无之表，别有妙道，妙于有无，谓之涅槃。"请核[12]妙道之本，果若有也，虽妙非无；虽妙非无，即入有境。果若无也，无即无差；无而无差，即入无境。总而括之，即而究之，无有异有而非无，无有异无而非有者，

[1] 象：晋惠达《肇论疏》作"形"。

[2] 象：晋惠达《肇论疏》作"形"。

[3] 动：晋惠达《肇论疏》作"勤"。

[4] 为：晋惠达《肇论疏》作"有"。

[5] 惑：晋惠达《肇论疏》作"觊"。

[6] 而：底本校本和唐·元康《肇论疏》作"以"。

[7] 所：底本无，据底本校本和唐·元康《肇论疏》补。

[8] 征出第四：晋惠达《肇论疏》作"折·征出第二"。

[9] 元剖：底本校本和唐·元康《肇论疏》作"源创"。

[10] 分：底本校本和唐·元康《肇论疏》作"差"。

[11] 恑：底本校本、晋惠达《肇论疏》和唐·元康《肇论疏》作"诡"。

[12] 核：晋惠达《肇论疏》作"穷"。

明矣。而曰："有无之外别[1]有妙道，非有非无，谓之涅槃。"吾闻其语[2]，未即于心也。

超境第五[3]

无名曰：有无之数，诚以法无不该、理无不统，然其所统，俗谛而已。经曰："真谛何耶？涅槃道是。俗谛何耶？有无法是。"何则？有者有于无，无者无于有。有无所以称有，无有所以称无。然则有生于无、无生于有，离有无无、离无无有。有无相生，其犹高下相倾，有高必有下，有下必有高矣。然则有无虽殊，俱未免于有也。此乃言象之所以形，是非之所以生，岂足以统夫幽极、拟夫神道者乎！是以《论》称出有无者，良以有无之数止乎六境之内[4]，六境之内非涅槃之宅，故借出以袪之[5]。庶悕道之流，仿佛幽途，托情绝域，得意忘言，体其非有非无。岂曰有无之外，别有一有而可称哉！经曰[6]三无为者，盖是群生纷绕[7]，生乎笃患；笃患之尤，莫先于有；绝有之称，莫先于无，故借无以明其非有；明其非有，非谓无也。

搜玄第六[8]

有名曰：论旨[9]云："涅槃既不出有无，又不在有无。"不在有无，

---

[1] 别：底本校本和唐·元康《肇论疏》作"可"。

[2] "语"下，唐·元康《肇论疏》有"矣"字。

[3] 超境第五：晋惠达《肇论疏》作"演·超境第三"。

[4] 止乎六境之内：唐·元康《肇论疏》作"止于六境"。

[5] "之"下，唐·元康《肇论疏》有一"耳"字。

[6] 曰：底本校本和唐·元康《肇论疏》作"言"。

[7] 绕：底本校本和唐·元康《肇论疏》作"挠"。

[8] 搜玄第六：晋惠达《肇论疏》作"折·几玄第三"。

[9] 旨：底本作"自"，底本校本和唐·元康《肇论疏》无，现依宋遵式《注肇论疏》、

则不可于有无得之矣；不出有无，则不可离有无求之矣。求之无所，便应都无，然复不无其道。其道不无，则幽途可寻，所以千圣同辙，未尝虚返者也。其道既存[1]，而曰不出不在，必有异旨，可得闻乎？

妙存第七[2]

无名曰：夫言由名起，名以相生，相因可相。无相无名，无名无说，无说无闻。经曰："涅槃非法、非非法，无闻无说，非心所知。"吾何敢言之，而子欲闻之耶？虽然，善吉有言："众人若能以无心而受、无听而听者，吾当以无言言之。"庶述其言，亦可以言。

净名曰："不离烦恼而得涅槃。"天女曰："不出魔界而入佛界。"然则玄道在[3]于妙悟，妙悟在[4]于即真。即真则有无齐观，齐观则彼己莫二。所以天地与我同根，万物与我一体。同我[5]则非复有无，异我[6]则乖于会通。所以不出不在，而道存乎其间矣。

何则？夫至人虚心冥[7]照，理无不统。怀六合于胸中而灵鉴有余，镜万有于方寸而其神常虚。至能拔玄根于未始，即群动以静心。恬淡渊默，妙契自然。所以处有不有，居无不无。居无不无，故不无于无[8]；处有不有，故不有于有[9]。故能不出有无而不在有无者也。然则法无有无之相，圣无有无之知。圣无有无之知，则无心于内；法无有无之相，则无数于

宋净源《肇论中吴集解》改。

[1]　存：底本校本和唐·元康《肇论疏》作"有"。

[2]　妙存第七：晋惠达《肇论疏》作"演·妙存第四"。

[3]　在：底本校本和唐·元康《肇论疏》作"存"。

[4]　在：底本校本和唐·元康《肇论疏》作"存"。

[5]　我：晋惠达《肇论疏》无。

[6]　我：晋惠达《肇论疏》无。

[7]　冥：底本校本和唐·元康《肇论疏》作"默"。

[8]　不无于无：晋惠达《肇论疏》作"于无处有"。

[9]　不有于有：晋惠达《肇论疏》作"于有处无"。

外。于外无数，于内无心，此彼[1]寂灭，物我冥一，泊尔无朕，乃曰涅槃。涅槃若此，图度绝矣，岂容可责之于有无之内，又可征之于有无之外耶？

难差第八[2]

有名曰：涅槃既绝图度之域，则超六境之外，不出不在而玄道独存。斯则穷理尽性究竟之道，妙一无差，理其然矣。而《放光》云："三乘之道，皆因无为而有差别。"佛言："我昔为菩萨时，名曰儒童，于燃灯佛所，已入涅槃。"儒童菩萨时于七住初获无生忍，进修三位。若涅槃一也，则不应有三；如其有三，则非究竟。究竟之道而[3]有升降之殊，众经异说，何以取中耶？

辨差第九[4]

无名曰：然究竟之道，理无差也。《法华经》云："第一大道，无有两正。吾以方便，为怠慢者，于一乘道，分别说三。"三车出火宅，即其事也。以俱出生死，故同称无为；所乘不一，故有三名。统其会归，一而已矣。而难云："三乘之道，皆因无为而有差别。"此以人三，三于无为，非无为有三也。故《放光》云："涅槃有差别耶？答曰：无差别。但如来结习都尽，声闻结习不尽耳。"请以近喻，以况远旨。如人斩木，去尺无尺，去寸无寸，修短在于尺寸，不在无也。夫以群生万端，识根不一，智鉴有浅深，德行有厚薄，所以俱之彼岸，而升降不同。彼岸岂异？异自我耳。然则众经殊辨，其致不乖。

---

[1] 此彼：底本作"彼此"，依底本校本、《嘉兴藏》本、宋遵式《注肇论疏》、宋净源《肇论中吴集解》改。

[2] 难差第八：晋惠达《肇论疏》作"折·难差第四"。

[3] 而：底本校本和唐·元康《肇论疏》作"何"。

[4] 辨差第九：晋惠达《肇论疏》作"演·辨差第五"。

责异第十 [1]

有名曰：俱出火宅，则无患一也。同出生死，则无为一也。而云："彼岸无异，异自我耳。"彼岸则无为岸也，我则体无为者也。请问我与无为，为一、为异？若我即无为，无为亦即我，不得言无为无异，异自我也。若我异无为，我则非无为。无为自无为，我自常有为，冥会之致，又滞而不通。然则我与无为，一亦无三，异亦无三。三乘之名，何由而生也？

会异第十一 [2]

无名曰：夫止此而此，适彼而彼，所以同于得者得亦得之，同于失者失亦失之。我适无为，我即无为。无为虽一，何乖不一耶？譬犹三鸟出网，同适无患之域，无患虽同，而鸟鸟各异。不可以鸟鸟各异，谓无患亦异。又不可以无患既一，而一于众鸟也。然则鸟即无患，无患即鸟。无患岂异？异自鸟耳。如是三乘众生，俱越妄想之樊，同适无为之境。无为虽同，而乘乘各异。不可以乘乘各异，谓无为亦异。又不可以无为既一，而一于三乘也。然则我即无为，无为即我。无为岂异？异自我耳。所以无患虽同，而升虚有远近 [3]；无为虽一，而幽鉴有浅深 [4]。无为即乘也，乘即无为 [5]也。此非我异无为，以未尽无为，故有三耳。

---

[1]　责异第十：晋惠达《肇论疏》作"折·责异第五"。

[2]　会异第十一：晋惠达《肇论疏》作"演·会异第六"。

[3]　升虚有远近：晋惠达《肇论疏》作"有高下之飞"。

[4]　幽鉴有浅深：晋惠达《肇论疏》作"有深浅之贤"。浅深：底本校本和唐·元康《肇论疏》作"深浅"。

[5]　无为：晋惠达《肇论疏》作"我"。

诘渐第十二 [1]

　　有名曰：万累滋彰，本于妄想；妄想既祛，则万累都息。二乘得尽智，菩萨得无生智，是时妄想都尽，结缚永除；结缚既除，则心无为；心既无为，理无余 [2] 翳。经曰："是诸圣智不相违背，不出不在，其实俱空。"又曰："无为大道，平等不 [3] 二。"既曰无二，则不容心异 [4]，不体则已，体应穷微。而曰"体而未 [5] 尽"，是所未悟也。

明渐第十三 [6]

　　无名曰：无为无二，则已然矣。结是重惑，而可谓顿尽，亦所未喻。经曰："三箭中的，三兽渡河，中、渡无异，而有浅深之殊者，为力不同故也。"三乘众生俱济缘起之津，同鉴四谛之的，绝伪即真，同升无为。然其 [7] 所乘不一者，亦以智力不同故也。夫群有虽众，然其量有涯，正使智犹身子、辩若满愿，穷才极虑，莫窥其畔。况乎虚无之数、重玄之域，其道无涯，欲之顿尽耶？书不云乎，"为学者日益，为道者日损。"为道者，为于无为者也。为于无为而日日损，此岂顿得之谓？要损之又损之，以至于无损耳。经喻萤日，智用可知矣！

---

[1]　诘渐第十二：晋惠达《肇论疏》作"折·诘渐第六"。

[2]　余：底本校本和唐·元康《肇论疏》作"障"。

[3]　不：底本校本和唐·元康《肇论疏》作"无"。

[4]　心异：唐·元康《肇论疏》、宋净源《肇论中吴集解》作"异心"，宋遵式《注肇论疏》作"异二"。

[5]　未：底本校本和唐·元康《肇论疏》作"不"。

[6]　明渐第十三：晋惠达《肇论疏》作"演·明渐第七"。

[7]　其：底本作"则"，依底本校本、唐·元康《肇论疏》、宋遵式《注肇论疏》、宋净源《肇论中吴集解》改。

讥动第十四[1]

有名曰：经称法身已上，入无为境，心不可以智知，形不可以象测，体绝阴入，心智寂灭。而复云进修三位，积德弥广。夫进修本于好尚，积德生于涉求。好尚则取舍情现，涉求则损益交陈。既以取舍为心，损益为体，而曰体绝阴入，心智寂灭，此文乖致殊，而会之一人，无异指南为北，以晓迷夫。

动寂第十五[2]

无名曰：经称圣人无为而无所不为。无为故虽动而常寂，无所不为故虽寂而常动。虽寂而常动，故物莫能一；虽动而常寂，故物莫能二。物莫能二，故逾动逾寂；物莫能一，故逾寂逾动。所以为即无为，无为即为，动寂虽殊而莫之可异也。《道行》曰："心亦不有亦不无。"不有者，不若有心之有；不无者，不若无心之无。何者？有心则众庶是也，无心则太虚是也。众庶止于妄想，太虚绝于灵照。岂可止于妄想、绝于灵照，标其神道而语圣心者乎？是以圣心不有，不可谓之无；圣心不无，不可谓之有。不有故心想都灭，不无故理无不契。理无不契，故万德斯弘；心想都灭，故功成非我。所以应化无方，未尝有为；寂然不动，未尝不为。经曰："心无所行，无所不行。"信矣！儒僮曰："昔我于无数劫，国财身命施人无数，以妄想心施，非为施也。今以无生心，五花施佛，始名施耳。"又空行菩萨入空解脱门，方言"今是行时，非为证时"。然则心弥虚，行弥广，终日行，不乖于无行者也。是以《贤劫》称无舍之檀，《成具》美不为之为，《禅典》唱无缘之慈，《思益》演不知之知。圣旨虚玄，殊文同辨，岂可以有为便有为、无为便无为哉！菩萨住尽不尽平等法门，不尽有为，

---

[1] 讥动第十四：晋惠达《肇论疏》作"折·几动第七"。

[2] 动寂第十五：晋惠达《肇论疏》作"演·动寂第八"。

不住无为，即其事也。而以南北为喻，殊非领会之唱。

穷源第十六 [1]

有名曰：非众生无以御三乘，非三乘无以成涅槃。然必先有众生，后有涅槃。是则涅槃有始，有始必有终。而经云："涅槃无始无终，湛若虚空。"则涅槃先有，非复学而后成者也。

通古第十七 [2]

无名曰：夫至人空洞无象，而万物无非我造。会万物以成己者，其唯圣人乎！何则？非理不圣，非圣不理。理而为 [3] 圣者，圣不异理也。故天帝曰："般若当于何求？"善吉曰："般若不可于色中求，亦不离色中求。"又曰："见缘起为见法，见法为见佛。"斯则物我不异之效也。所以至人戢玄机于未兆，藏冥运于即化，总六合以镜心，一去来以成体。古今通，终始同。穷本极末，莫之与二，浩然大均，乃曰涅槃。经曰："不离诸法而得涅槃。"又曰："诸法无边故菩提无边。"以知涅槃之道，存乎妙契；妙契之致，本乎冥一。然则物不异我、我不异物，物我玄会，归乎无极。进之弗先，退之弗后，岂容终始于其间哉！天女曰："耆年解脱，亦何如久？"

考得第十八 [4]

有名曰：经云："众生之性，极于五阴之内。"又云："得涅槃者，

---

[1] 穷源第十六：晋惠达《肇论疏》作"折·穷源第八"。

[2] 通古第十七：晋惠达《肇论疏》作"演·通古第九"。

[3] 为：底本校本和唐·元康《肇论疏》作"成"。

[4] 考得第十八：晋惠达《肇论疏》作"折·考得第九"。

五阴都尽，譬犹灯灭。"然则众生之性顿尽于五阴之内，涅槃之道独建于三有之外，邈然殊域，非复众生得涅槃也。果若有得，则众生之性不止于五阴。必若[1]止于五阴，则五阴不都尽。五阴若都尽，谁复得涅槃耶？

玄得第十九 [2]

无名曰：夫真由离起，伪因著生。著故有得，离故无名。是以则真者同真，法伪者同伪。子以有得为得，故求[3]于有得耳。吾以无得为得，故得在于无得也。

且谈论之作，必先定其本。既论涅槃，不可离涅槃而语涅槃也。若即涅槃以兴言，谁独非涅槃而欲得之耶？何者？夫涅槃之道，妙尽常数，融冶二仪，涤荡万有，均天人，同一异[4]。内视不己见[5]，返听不我闻[6]。未尝有得，未尝无得。经曰："涅槃非众生，亦不异众生。"维摩诘言："若弥勒得灭度者，一切众生亦当灭度。所以者何？一切众生本性常灭，不复更灭。"此名[7]灭度，在于无灭者也。然则众生非众生，谁为得之者？涅槃非涅槃，谁为可得者？《放光》云："菩提从有得耶？答曰：不也。从无得耶？答曰：不也。从有无得耶？答曰：不也。离有无得耶？答曰：不也。然则都无得耶？答曰：不也。是义云何？答曰：无所得故为[8]得也，是故得无所得也。"无所得谓之得者，谁独不然耶[9]？

---

[1] 必若：底本校本和唐·元康《肇论疏》作"若必"。

[2] 玄得第十九：晋惠达《肇论疏》作"演·玄得第十"。

[3] "求"下，唐·元康《肇论疏》有"得"字。

[4] 同一异：晋惠达《肇论疏》作"一同异"。

[5] 己见：底本校本和唐·元康《肇论疏》作"见己"。

[6] 我闻：底本校本和唐·元康《肇论疏》作"闻我"。

[7] 名：底本校本和唐·元康《肇论疏》作"明"。

[8] 为：底本校本和唐·元康《肇论疏》作"名"。

[9] 耶：底本校本和唐·元康《肇论疏》作"乎"。

然则玄道在于[1]绝域，故不得以得之；妙智存乎物外，故不知以知之。大象隐于无形，故不见以见之；大音匿于希声，故不闻以闻之。故能囊括[2]终古，导达群方，亭毒苍生，疏而不漏。汪哉洋哉！何莫由之哉！故梵志曰："吾闻佛道，厥义弘深，汪洋无涯，靡不成就，靡不度生。"

然则三乘之路开，真伪之途辨，贤圣之道存，无名之致显矣！

涅槃无名论（终）

---

[1] 于：底本校本和唐·元康《肇论疏》作"乎"。

[2] 故能囊括：底本校本和唐·元康《肇论疏》作"至能括囊"。

宝藏论

长安沙门释僧肇　著

说　明

　　《宝藏论》一卷，又作《晋僧肇法师宝藏论》，明清以后各版大藏经均有收录。此论初唐以前诸家目录咸不载，日本圆珍《入唐求法目录》始著录，高丽义天《新编诸宗教藏总录》并载有法滋《宝藏论注》三卷。唐·圭峰宗密《禅源诸诠集都序》《圆觉经大疏钞》《圆觉经略疏钞》等著作中多有征引。宋·净源《肇论中吴集解》、元·文才《肇论新疏》中也有引用。中唐以后，随着禅宗的勃兴，此论蔚为流行，如永明延寿《宗镜录》《心赋注》中多有引述。《宝藏论》中有云：“天地之内，宇宙之间，中有一宝，秘在形山。识物灵照，内外空然。寂寞难见，其号玄玄。”这段形山秘宝之说，自从云门文偃拈提之后，成为禅宗著名公案，汾阳善昭、圆悟克勤、大慧宗杲等禅宗大德都曾论及。近代以来，学界一般认为，此论应非僧肇真撰，乃是以《肇论》思想为基础，吸收当时流行的禅宗与道家思想，借用僧肇权威的托名之作。即便如此，在探讨僧肇思想在中国思想史上的发展方面，《宝藏论》仍是值得注意的著作。

　　本次点校整理，《宝藏论》底本取为《嘉兴藏》本（新文丰版正藏第9册，经号149），参校《永乐北藏》本（第195册，经号1750）和《乾隆藏》本（第109册，经号1462），并参考《大正藏》本（第45册，经号1857）和《中华藏》本（第79册，经号1727）的校记。

广照空有品第一

空可空，非真空。色可色，非真色。真色无形，真空无名。无名，名之父；无色，色之母。为万物之根源，作天地之太祖。上施玄象，下列冥庭。元气含于大象，大象隐于无形，为识物之灵，灵中有神，神中有身，无为变化，各禀乎自然。微有事用，渐有形名。形兴未质，名起未名。形名既兆，游气乱清。寂兮寥兮，宽兮廓兮，分兮别兮。上则有君，下则有臣。父子亲其居，尊卑异其位，起教叙其因，然后国分其界，人部其家，各守其位，礼义兴行。有善可称，有恶可名。善人所重，恶人所轻，于是即是非而竞生。其智有解，其愚有缚。上施烦形，下无寂乐。失自然之志，拘物外之约。迷无为之为，动有作之作。其名教既行，使上下之应诺。尔乃声立五音，色立五色，行立五行，德立五德。差之毫厘，过犯山岳。律禁未然，令防未欲。无放荡之宽，有多方之局。所以然者，为人而不知足。斯为浊乱之时，有弟有师。师有所训，弟有所依。天地寥落，宇宙宽廓。中有烟尘，清虚翳膜。巍巍之形，内神外灵。妄有想虑，真一暗冥。其妄有识，其真有惑。非取而取，非得而得。是故理则无穷，物则无极。动兮乱兮，内发三毒。视兮听兮，外受五欲。其心慌慌，其身忙忙。触物动作，如火煌煌。故圣人立正教，置真谟，使无知之侣，上下相依。修无为，息有余，渐至乎如如。如如之理，同本真轨，不可以修证，不可以希冀，惟寂灭性耳。

夫真也者，无洲无渚，无伴无侣，无涯无际，无处无所，能为万物之祖宗。非目视，非耳闻，非形色，非幻魂，能为三界之根门。其正者，先离形，次泯情。不依物，不拘生。可以合大道，通神明。有用曰神，有形曰身。无为曰道，无相曰真。应物而号，随物而造。常住常存，不生不老。理合万德，事出千巧。事虽无穷，理终一道。无有证者，无有得者。然不证不得，恒处心惑。其心不真，惑乱余人。恍然惚然，如有魍魉，似有思想。究兮推兮，了无指掌。如空忽云，如镜忽尘。彼此缘起，而以妄存。有妄曰愚，无妄曰真。真冰释水，妄水结冰。冰水之二，其体不异。迷妄曰愚，悻真曰智。其冰也冬不可释，其水也春不可结。故愚不可即改，智不可即待。渐释渐消，以通乎大海。斯可谓自然之道，运用玄玄，非念虑所测，当可以绵绵，不可以勤勤。

夫进道之由，中有万途。困鱼止沥，病鸟栖芦，其二者不识于大海，不识于丛林。人趋乎小道，其义亦然。此可谓久功中止，不达如理，舍大求小，半路依止，以小安而自安，不及大安而安矣。其大也，慌荡无涯，含识一体，万物同怀。应则千变，化则众现。不出不没，用无有间。有心无形，有用无人。示生无生，示身无身。常测不测，常识不识。为而无为，得而无得。镜象千端，水质万色，影分尘界，应用无极。无形而形，无名而名，物类相感，和合而生。生而不生，其无有情。众谓之圣，众谓之明。种种称号，各任其名。然其实也，以无为为宗，无相为容。等清虚，同太空。究无处所，用在其中。其得者一，其证者密。得则不一，证则不密，然非不一，然非不密。其体阴离，其用阳微。言不尽理，行不尽仪，斯可谓太微。

夫山草无穷，泉水无竭。谷风无休，钟声无歇。物尚如斯，何况道乎？有必速亡，无必久长。天地虽变，虚空独常。夫学道者习无余，不学道者习有余。无余道近，有余道疏。知有有坏，知无无败。真知之知，有无不计。于有不有，于无不无。有无不见，性相如如。阒然无物，而乃用出。若不如是，多妄多失。中有梦虑，主习众疾。非凶为凶，非吉为吉。吉凶之事，翳障真一。故为道者，不可以同迷。夫学道者有三：其一谓之真，其二谓之邻，其三谓之闻。习学谓之闻，绝学谓之邻，过此二者谓之真。不学道者亦有三：其上谓之祥，其次谓之良，其下谓之殃。极乐谓之良，极苦谓之殃，不苦不乐谓之祥。然此三者，皆不入真常，斯为不道，腾神浩浩，风海波涛，心尘动扰，悲哉哀哉，三界轮回，出没生死，六道去来，不可以道济，不可以真携。众圣共愍，如母念孩。所以偃化非时，忍待有机。大道如此，古今同仪。不可以率尔，不可以驱驰。神中有智，智中有悲。悲救不得，徒自困疲。然谓可度，复事如故。察察精勤，恒兴梦虑。惶惶外觅，转失玄路。浊辱清虚，情存有处。哀哉苦哉，不离烦务。

夫日隐云中，虽明而不照。智藏惑中，虽真而不道。何以然者？自未出缠也。是故疏不可会，亲不可离。其未道者，不可妄为。夫决归者而不顾于后，决战者而不顾于首，决学者而不贵于身，决道者而不贵于事。其入无迹，其出无觅。了无所得，攀缘自寂。寂而不生，自体无名。无名之朴，理无外欲。恒沙功德，宛然自足。

夫壳居者不知宇宙之宽大，形处者不知虚空之广大。故晦中无明，明中无晦。诸法念念，各不相待。物隔情离，违情难会。夫赤枣含虫，内坏外隆。沙水同流，上清下稠。国藏于佞，天下不政。形藏于心，万物皆淫。所以然者，以其有病也。故物有灵，灵必有妖，妖必有欲，欲必有心，心必有情。情动为欲，妖发为精。精惑于神，欲惑于真。故为道者，不可以邻。夫古镜照精，其精自形。古教照心，其心自明。夫约天地为上下，约日月为东西。约身为彼此，约心为是非。若无彼此，是非何为？但以物随情变，情逐物移。内外摇动，识物乘驰。其生也人，其死也魂。相似相续，梦有形身。实彼非此，实此非彼，鸟迹空文，奇特以现，难思难议，阴报阳施，冥道罔象，因果自縻。其事如幻，种种模面，焰水乾城，都无实现。斯谓不真，惑乱余人。

清虚之理，毕竟无身。夫神通变化者，其犹于龙升。天覆宇宙者，其犹于云凝。斯未可贵，斯未可真。若取其为实者，而未为道也。或有形而丽，或有语而辩，或有智而聪，或有用而巧，若取以为道者，亦未为善也。有必不真，作必不常。乾坤尚坏，器物何刚？唯道无根，虚湛常存。唯道无体，微妙常真。唯道无事，古今常贵。唯道无心，万物圆备。故道无相，无形无事，无意无心，善利群品，率益人伦，可谓一切，物无不宾。

夫万物有侣，唯道独存。其外无他，其内无腹。无内无外，包含太一。该罗八冥，周备万物。其状也，非内非外，非小非大，非一非异，非明非昧，非生非灭，非粗非细，非空非有，非开非闭，非上非下，非成非坏，非动非静，非归非逝，非深非浅，非愚非慧，非违非顺，非通非塞，非贫非富，非新非故，非好非弊，非刚非柔，非独非对。所以然者，若言其内，通含法界；若言其外，备应形载。若言其小，包裹弥远；若言其大，复入尘界。若言其一，各任其质；若言其异，妙体无物。若言其明，杳杳冥冥；若言其昧，朗照彻明。若言其生，无状无形；若言其灭，今古常灵。若言其粗，束入尘卢；若言其细，山岳之躯。若言其空，万用在中；若言其有，阒然无容。若言其开，不入尘埃；若言其闭，义出无际。若言其上，平等无相；若言其下，物莫能况。若言其成，扑散众星；若言其坏，镇古常在。若言其动，湛然凝重；若言其静，忙忙物舁。若言其归，往而不辞；若言其逝，应物还来。若言其深，万物同任；若言其浅，根不可寻。若言其愚，计用万途；若言其慧，寂寞无余。若言其违，有信有依；若言其顺，物莫能羁。若言其通，不达微踪；若言其塞，出入虚容。若言其贫，万德千珍；若言其富，旷绝无人。若言其新，自古宿因；若言其故，物莫能污。若言其好，无物可保；若言其弊，物始依然。若言其刚，摧挫不伤；若言其柔，力屈不尪。若言其独，恒沙物族；若言其对，真一孤毂。故道不可以一名言，理不可以一义宣。盖略陈其说，何能以尽其边。

是以斩首灰形，其无以损生；金丹玉液，其无以养生。故真生不灭，真灭不生。可谓常灭，可谓常生。其有爱生恶灭者，斯不悟常灭；爱灭恶生者，斯不悟常生。其迷悟二名，不见真成。取舍之意，随虚妄情。故常空不有，常有不空，两不相待，句句皆宗。是以圣人随有道有，随空道空。空不乖有，有不乖空。两语无病，二义双通。乃至说我亦不乖无我，乃至说事亦不乖无事，以故不为言语之所转也。

夫铸金为人，但观其人，不睹其金，其名也迷，其相也惑。所以然者，皆失乎真。然则一切皆幻，虚妄不实。知幻是幻，守真抱一，不染外物，清虚太一，其何有失？亡心丧意，体离众疾。一相不生，寂静凶吉。吉犹不随，凶何所为？吉凶之事，二俱无依。

夫入道之径，内虚外净。如水凝澄，万象光映。其意不沉，其心不浮。

不出不入，湛寂自如。内外不干，识物不关。各任其一，复何用言。夫火不待日而热，风不待月而凉。坚石处水，天瞽犹光，明暗自尔，干湿同方。物尚不相借，何况道乎？王以万有为人，人归于王，王依于人。合者同一，其名曰佛。三界独尊，觉了无物。非作而作，所作已毕。天人之师，正遍知悉。权应形事，引导众疾。理静虚无，光超慧日。普照十方，上同下吉。不欲异人，不欲异尘，不欲异义，不欲异因。平等不二，圆通一身，可谓大象之真。其理难见，假设[1]方便，数诘言论，任物而现。

夫欲外者尘，欲内者身，欲闻者心。取尘者为欲界，依形身者为色界，依计心者为无色界。灭此三者，名为道谛，谛灭者为道也。然此道者，权未正也。虚兮妄兮，三界不实。幻兮梦兮，六道无物。不遣一法，不得一法，不修一法，不证一法，性净天真，而谓大道乎！是以遍观天下，莫非真人。孰得此理，同其一伦。其学者希，其得者微，可谓渺漠而难知。其知者师，其化者夷。无心动作，作而无为。无为而为，无所不为。和光任物，物无所羁。

夫天地之内，宇宙之间，中有一宝，秘在形山。识物灵照，内外空然。寂寞难见，其号玄玄。巧出紫微之表，用在虚无之间。端化不动，独而无双。声出妙响，色吐华容。穷睹无所，寄号空空。唯留其声，不见其形。唯留其功，不见其容。幽显朗照，物理虚通。森罗宝印，万象真宗。其为也形，其寂也冥。本净非莹，法尔圆成。光超日月，德越太清。万物无作，一切无名。转变天地，自在纵横。恒沙妙用，混沌而成。谁闻不喜，谁闻不惊。如何以无价之宝，隐在阴入之坑？哀哉哀哉，其为自轻！悲哉悲哉，晦何由明！

其宝也，焕焕煌煌，朗照十方。阒寂无动，应用堂堂。应声应色，应阴应阳。奇特无根，虚湛常存。瞬目不见，侧耳不闻。其本也冥，其化也形，其为也圣，其用也灵，可谓大道之精。其精甚真，万物之因。凝然常住，与道同伦。故经云："随其心净，则佛土净。"任用森罗，其名曰圣。

---

[1] 设：《永乐北藏》本、《乾隆藏》本作"说"。

离微体净品第二

其入离，其出微。知入离，外尘无所依；知出微，内心无所为。内心无所为，诸见不能移；外尘无所依，万有不能羁。万有不能羁，想虑不乘驰；诸见不能移，寂灭不思议。可谓本净，体自离微也。据入故名离，约用故名微。混而为一，无离无微。体离不可染，无染故无净；体微不可有，无有故无依。是以用而非有，寂而非无。非无故非断，非有故非常。夫性离微者，非取非舍，非修非学，非本无今有，非本有今无。乃至一法不生，一法不灭。非三界所摄，非六趣所变，非愚智所改，非真妄所转，平等普遍，一切圆满，总为一大法界应化之灵宅。迷之者则历劫而浪修，悟之者则当体而凝寂。

夫妄有所欲者，不观其离；妄有所作者，不观其微。不观其微者，即内兴恶见；不观其离者，即外起风尘。外起风尘故外为魔境所乱，内兴恶见故内为邪见所惑。既内外缘生，真一宗隐。是以迷离妄染者所谓凡夫，迷染妄离者所谓二乘，达本性离者所谓菩萨，了了见知三乘无异者所谓平等真佛。

然至理幽邃，非言说可显，非相示可知。夫欲示其相，则迷其无相；欲显其说，则迷其无说。然欲不说不示，复难以通其义。故玄道离微，至理难显。夫所以言离者，体不与物合，亦不与物离。譬如明镜，光映万象，然彼明镜不与影合，亦不与体离。又如虚空，合入一切，无所染著。五色不能污，五音不能乱，万物不能拘，森罗不能杂，故谓之离也。所以言微者，体妙无形，无色无相，应用万端而不见其容，含藏百巧而不显其功。视之不可见，听之不可闻，然有恒沙万德，不常不断，不离不散，故谓之微也。是以离微二字，盖道之要也。六入无迹谓之离，万用无我谓之微。微即离也，离即微也，但约彼根、事，而作两名，其体一也。

夫修道者，莫不断烦恼，求菩提，弃小乘，窥大用。然妙理之中，都无此事。体离者本无烦恼可断，无小乘可弃；体微者无菩提可求，无大用可窥。何以故？无一法可相应故。是以圣人不断妄，不证真，可谓万用而自然矣。夫求法者为无所求，故无名之朴亦将不欲，斯可谓之妙觉。夫离微者，非妄识之所识，非邪智之所知。何谓妄识？为六识也。何谓邪智？为二智也。是以体真一故非二智所知，体无物故非六识所识。无有一法从外而来，无有一法从内而出，又无少法和合而生，可谓之太清，可谓之真精。体离一切诸见，故不可以意度。体离一切限量，故不可以言约。是以维摩默然，如来寂寞。虽说种种诸乘，并是方便开示悟入佛之知见。夫知者知离，见者见微。故经云：见微名为佛，知离名为法。以知离故，即不与一切烦恼合；以见微故，即不与一切虚妄俱。无虚妄故，即真一理显；无烦恼故，即明莹自然。

夫离微之义，非一非二，非以言说可显。要以深心体解，朗照现前。对境无心，逢缘不动。勿忘离微之道，逐识星驰。口说心违，理将不实。可谓无昼无夜，无静无喧，专一不移，方乃契会。若妄有所取、妄有所舍、妄有所修、妄有所得者，皆不入真实，背离微之义，坏大道之法也。夫真者所以不合求，为外无所得；夫实者所以不合修，为内无所证。但无妄想者，即离微之道显也。夫离者虚也，微者冲也。冲虚寂寞，故谓之离微。

夫圣人所以无妄想者，为达离也；所以有奇特之用者，为了微也。微故无心，离故无身。身心俱丧，灵智独存。绝于有无之域，泯于我所之居。法界自然，煌煌盛用而无生也。故圣人处无为而化，行不言之教，冥理应合，寂寞无人。是以含通大象，包入万物，譬如虚空，普遍周备。

夫迷者无我立我则内生我倒，内生我倒故即圣理不通，圣理不通故外有所立，外有所立即内外生碍，内外生碍即物理不通，遂妄起诸流，混于凝照，万象沉没，真一宗乱，诸见竞兴，乃为流浪。故制离微之论，显体幽玄。学者深思，可知虚实矣。

夫色法如影，声法如响。但以影响指陈，未足封为真实。故指非月也，言非道也。会道亡言，见月亡指。是以迷离者即为诸魔，爱取诸尘，乐著生死。夫迷微者即为外道，非分推求，横生诸见。夫诸见根本者，莫越有无。何谓为有？谓妄有所作。何谓为无？为观察无所得也。是以因有无二见，即起种种诸见。诸见既起，即邪见不真，故名为外道。夫生死根本者，所谓存亡。身存为生，身亡为灭。计著妄想，取外境界，具足身见，爱彼未来殊胜生处，受妙果报，故谓之魔。若体解离者，一切不著，无所染爱，即超魔境界。若体解微者，一切寂静，无有妄想，即超外道种种邪见。故经云："微妙甚深，离自性也。"是以微无有见，离无有著。无见无著，寂灭为乐。

何谓为苦？以不了微故，即内有所思；不了离故，即外有所依。外有所依故即贪，内有所思故即缘。缘贪既起，遂为魔境所使，昼夜煌煌，无有暂止，具受尘劳，故名为苦。

何谓为乐？为了微故，即内无所思；为了离故，即外无所依。外无所依故即无贪，内无所思故即无缘。无缘故即不为万有所拘及诸尘劳所使，清虚寂寞，无所系缚，自性解脱，故名为乐。

夫离者理也，微者密也。何谓为理？不离一切物。何谓为密？显用藏术。又离者空也，微者有也。空故无相，有故形量。是以非有非空，万法之宗；非空非有，万物之母。出之无方，入之无所。包含万有而不为事，应化万端而不为主。是以小室宽容，一念多通。非心所测，非意所识，可谓住不思议解脱之力。何谓不思议？为体离微。何谓解脱？为无所羁。

离者法也，微者佛也，和合不二，名为僧也。故三名一体，一体三名，混无分别，归本无名。

又离者容也，微者用也。容故含垢，用故无侣。无侣故即妙化常行，含垢故即万有能处。又无眼无耳谓之离，有见有闻谓之微。无我无造谓之离，有智有用谓之微。无心无意谓之离，有通有达谓之微。

又离者涅槃，微者般若。般若故繁兴大用，涅槃故寂灭无余。无余故烦恼永尽，大用故圣化无穷。

若人不达离微者，虽复苦行头陀，远离尘境，断贪恚痴，伏忍成就，经无量劫，终不入真实。何以故？皆为依正所行，住有所得，故不离颠倒梦想、恶觉诸见。若复有人体解离微者，虽近有妄想习气及现行烦恼，然数数觉知离微之义，此人不久即入真实无上道也。何以故？为了正见根本故也。

又所言离者，对六入也。所言微者，对六识也。若混六为一，寂静无物，非五、四、三，非九、八、七。但圣人应机设教，对执不同，究竟理中都无名字，譬如虚空，离数非数，离性非性，非一非异，非境非离境，不可言说，过于文字，出于心量，无有去来，无有出入。夫经论者莫不就彼凡情，破彼根量，种种方便，皆不住于形事者。若不住形事，即不须一切言说及以离微之义。故经云："随宜说法，意趣难解。"虽说种种诸乘，皆是权接方便助道之法也，然非究竟解脱涅槃。譬如有人于虚空中画作种种色象及作种种音声，然彼虚空实无异相，亦无受入变动。故知诸佛化身及以说法亦复如是，于实际中都无一异。是以天地含离，虚空含微。万物动作，变化无为。

夫神中有智，智中有通。通有五种，智有三种。何为五通？一曰道通，二曰神通，三曰依通，四曰报通，五曰妖通。何谓妖通？狐狸老变，木石之精，附傍人身，聪慧奇特，此为妖通。何谓报通？鬼神逆知，诸天变化，中阴了生，神龙变化，此为报通。何谓依通？约法而知，缘身而用，乘符往来，药饵灵变，此为依通。何谓神通？静心照物，宿命既持，种种分别，皆随定力，此为神通。何谓道通？无心应物，缘化万有，水月空花，影象无主，此为道通。何谓三智？一曰真智，二曰内智，三曰外智。何谓外智？分别根门，识了尘境，博览古今，该通俗事，此为外智。何谓内智？自觉无明，断割烦恼，心意寂静，灭有无余，此为内智。何谓真智？体解无物，本来寂静，通达无涯，净秽无二，故名真智。故真智、道通，不可名目，余所有者皆是邪伪。伪即不真，邪即不正，惑乱心生，迷于体性。是以深解离微，达彼诸有，自性本真，出于群品。夫智有邪正，通有真伪，若非法眼精明，难可辨也。是以俗间多信邪伪，少信正真，大教偃行，小乘现用，故知妙理难显也。

夫离者无身，微者无心。无身故大身，无心故大心。大心故即周万物，大身故应备无穷。是以执身为身者即失其大应，执心为心者即失其大智。故千经万论，莫不说离身心，破彼执著，乃入真实。譬如金师，销矿取金，方为器用。若执有身者即有身碍，身碍故即法身隐于形骸之中。若执有心者即有心碍，心碍故即真智隐于念虑之中。故大道不通，妙理沉隐，六神内乱，六境外缘，昼夜惶惶，未有休息。夫不观其心者不见其微，不观其身者不见其离。若不见离微，则失其道要也。故经云"佛说非身，是名大身"，亦复如是。此谓破权归实，坏假归真。譬如金师，销金为器，灭相混融，以通大冶。言大冶者，为大道也。此大道冶中，造化无穷，流出万宗，若成若坏，体无增减。故经云："有佛无佛，性相常住。"

所以言融相者，但为愚夫著有相、畏无相也。所以言相者，为破彼外道著于无相、畏有相也。所以言中道者，欲令有相无相无二也。此皆破执除疑，言非尽理。若复有人了相无法，平等不二，无取无舍，无此无彼，亦无中间，即不假圣人言说，理自通也。夫以相为无相者，即相而无相也。故经云："色即是空，非色灭空。"譬如水流，风击成泡，即泡是水，非泡灭水。夫以无相为相者，即无相而相也。经云："空即是色，色无尽也。"譬如坏泡为水，水即泡也，非水离泡。夫爱有相、畏无相者，不知有相即无相也。爱无相、畏有相者，不知无相即是相也。是故有相及无相，一切悉在其中矣。觉者名佛，妄即不生。妄若不生，即本真实。夫无相之相谓之离，离体无相也。相即无相谓之微，微体非无相也。是以为道者生而不喜，死而不忧。何以故？以生为浮，以死为休。以生为化，以死为真。故经云："起唯法起，灭唯法灭。"又此法者各不相知，起时不言我起，灭时不言我灭。夫大智无知，大觉无觉。真际理空，不可名目。是以涅槃大寂，般若无知，圆满法身，一切限量相寂灭也。

本际虚玄品第三

夫本际者，即一切众生无碍涅槃之性也。何为忽有如是妄心及以种种颠倒者，但为一念迷也。又此念者从一而起，又此一者从不思议起，不思议者即无所起。故经云道始生一，一为无为；一生二，二为妄心。以知一故，即分为二。二生阴阳，阴阳为动静也。以阳为清，以阴为浊，故清气内虚为心，浊气外凝为色，即有心色二法。心应于阳，阳应于动。色应于阴，阴应于静。静乃与玄牝相通，天地交合故，所谓一切众生皆禀阴阳虚气而生。是以由一生二，二生三，三即生万法也。既缘无为而有心，复缘有心而有色，故经云种种心色。是以心生万虑，色起万端，和合业因，遂成三界种子。夫所以有三界者，为以执心为本，迷真一故，即有浊辱，生其妄气。妄气澄清为无色界，所谓心也；澄浊现为色界，所谓身也；散滓秽为欲界，所谓尘境也。故经云：三界虚妄不实，唯一妄心变化。

夫内有一生，即外有无为。内有二生，即外有有为。内有三生，即外有三界。既内外相应，遂生种种诸法及恒沙烦恼也。若一不生，即无无为。若有人言我证无为，即是虚妄。若二不生，即无有为。若有人言我证有为，即是虚妄。若三不生，即无三界。若有人言定有三界，即是虚妄。是故经云："有有即苦果，无有即涅槃。"诸声闻人取证无为，犹有有余也。乃至十地菩萨，皆有住地无明微细障也。故以一为无为，以二为有为，以三为三界。

言无为者有二种：一者证灭无为，二者性本无为。言证灭无为者，所谓一切圣人修道断障，体如如也。故经云："一切贤圣皆以无为法而有差别。"性本无为者，所谓本来法尔，非修非证，非人所合，非法所契，人法本空，体净真谛。故经云："实相之理，非有为、非无为，不此岸、不彼岸、不中流。"是以非有为故即不可修学，非无为故即不可灭证。若有修有证者，非性本无为也。故经云："一切法以不生为宗。"宗若不生，即无无生。无生不生，不可为证。何以故？若有证即有生，若无证即无生，依本太冥。夫不生者即本际也，不出不没，犹如虚空，无物可比。但一切有为之法虚妄不实，缘假相依而有存亡，穷其根趣，还本实际。但一切众生失本外求，跉蹁辛苦，修习累劫而不悟真。是以将本求末，末妄非真；将末求本，本虚非实。夫本者即不合求。何以故？本即不求本也，譬如金不求金也。末即不合修。何以故？妄不求妄也，譬如泥团不可成金也。夫身心之法，虚假不实。俗人多以修身心而觅道者，同彼泥团而觅金也。若约身心即是道者，圣人何故说离身心？故知非道也。若本真者，亦不合修。何以故？无二法也。夫圣人生而不有，死而不无，无有妄想取舍之心，所谓万生万死，公正无私，法尔自然，中无我造。但彼愚夫妄想，内起惑心，种种见生，故非真实，不能明了。然其本际，自性清净，微妙甚深，体无尘垢。是以千圣万贤种种言论，皆是化说，于真非真，说化非化。是以本际无名，名于无名；本际无相，名于无相。名相既立，妄惑遂生，真一理沉，道宗事隐。是以无名之朴，通遍一切，不可名目，过限量界，一体无二。故经云："森罗及万象，一法之所印。"印即本际也。

然本际之理，无自无他，非一非异，包含一气，该入万有。若复有人自性清净，含一而生，中无妄想，即为圣人，然实际中亦无圣人法如微尘许而有异也。若复有人自性清净，含一而生，中有妄想，自体浊乱，即为凡夫，然实际中亦无凡夫法如微尘许而有异也。故经云：佛性平等，广大难量，凡圣不二，一切圆满。咸备草木，周遍蝼蚁，乃至微尘毛发，莫不含一而有。故经云："能了知一，万事毕也。"是以一切众生皆乘一而生，故谓之一乘。若迷故即异，觉故即一。经云："前念是凡，后念是圣。"又云："一念知一切法也。"是以一即一切，一切即一，故言一切以一法之功而成万象。故经云："一切若有，有心即迷。一切若无，无心即遍十方。"故真一万差，万差真一。譬如海涌千波，千波即海。故一切皆一，无有异也。夫言一者，对彼异情。异既非异，一亦非一。非一不一，假号真一。

夫真一者，非名字所说也。是以非一见一，若有所见，即有二也，不名为真一。又不名为知一。若一知一，即名为二，亦不名为一。若有所知，即有无知，有知不知，即有二也。是以大智无知而无不知，炽然常知。常知无知，假号为知。非我非所，非心非意。夫有为数法，即有所知。若无为法，犹如虚空，无有涯际，即无知不知。夫圣人所以言知者，为有心有数，有为有法，故可知也。所以言无知者，为无心无数，无为无法，故不可知也。若以有知知于无知者，无有是处。譬如有人终日说空，但人说空，非空说也。若以彼知知无知者，亦复如是。夫圣人所以或言我知者，皆是对迷约事，破病除疑，实无二者知无知也。所以说无知者，为彼愚夫不了真一，著我我所，妄计能知所知，故说无知无分别。彼愚夫闻已，即学无知，犹如痴人，不能分别。是以圣人因彼虚妄，即言如来了了知见，非不知也。愚夫闻已，即学有知。由有有知，即有知碍，亦名虚知，亦名妄知，如是之知，转非道也。故经云："众生亲近恶知识，长恶知见。"何以故？彼诸外道前知未来，后知过去，中知身心，身心不净故，不免生死。夫一切学无知者，皆弃有知而学无知，无知者即是知也，然自不觉知。复有弃无知而学有知者，知即有觉，有觉故心生万虑，意起百思，还不离苦。彼知二见，皆不能当体虚融，如理冥契，遂不能入真实也。夫真实者，离知无知，过一切限量也。

夫见即有方，闻即有所，觉即有心，知即有量，不了本际。无方无所，无心无量，即无有见闻觉知也。所以真一无二而现不同。或复有人念佛佛现，念僧僧现，但彼非佛非非佛而现于佛，乃至非僧非非僧而现于僧。何以故？为彼念心希望现故，不觉自心所现圣事缘起，一向为外境界而有差别，实非佛僧而有异也。故经云："彼见诸佛国土及以色身而有若干，其无碍慧无若干也。"譬如幻师，于虚空中，以幻术力，化作种种色象。彼幻人痴故，谓彼空中先有此事。彼念佛僧亦复如是，于空法中，以念术力，化作种种色相，起妄想见。故经云："心如工伎儿，意如和伎者，五识为伴侣，妄想观伎众。"譬如有人于大冶边，自作模样，方圆大小，自称愿彼金汁流入我模以成形像。然则镕金任成形像。其真实融金，非像非非像而现于像。彼念佛僧，亦复如是。大智融金者即喻如来法身，模样者即喻众生，希望得佛，故以念佛和合因缘，起种种身相。然彼法身非相非非相。何谓非相？本无定相。何谓非非相？缘起诸相。然则法身非现非非现，离性无性，非有非无，无心无意，不可以一切度量也。但彼凡夫随心而有，即生见佛之想，一向谓彼心外有佛，不知自心和合而有。或有一向言心外无佛，即为谤正法也。故经云："圣境界离，非有非无，非所称量。"若执著有无者，即是二边，亦是虚妄。何以故？妄生二见，乖真理故。譬如有人于金器藏中常观于金体，不睹众相，虽睹众相，亦是一金，既不为相所惑，即离分别，常观金体，无有虚谬。喻彼真人亦复如是，常观真一，不睹众相，虽睹众相，亦是真一，远离妄想，无有颠倒，住真实际，名曰圣人。若复有人于金器藏中常睹众相，不睹金体，分别善恶，起种种见而失于金性，便有诤论。喻彼愚夫亦复如是，常观色相、男女、好丑，起种种差别，迷于本性，执著心相，取舍爱憎，起种种颠倒，流浪生死，受种种身，妄想森罗，隐覆真一。是以怀道君子、通明达人，观察甚深，远离群品，契合真一，与理相应。

夫真一难说，约喻以陈。究竟道宗，非言可示。夫眼作眼解，即生眼倒；眼作无眼解，即生无眼倒，俱是妄想。若执有眼者，即迷其无眼。由有眼故，即妙见不通。故经云："无眼无色。"复有迷眼作无眼者，即失其真眼，如生盲人，不能辨色。故经云："譬如根败之士，其于五欲不能复利，诸声闻人亦复如是。"唯其如来，得真天眼，常在三昧，悉见诸佛国土，不以二相故，即不同凡夫有所见也；悉能见故，即不同声闻无所见也。彼二见者，妄见有无。然真一之中，体非有无，但妄想虚立得有无也。夫圣人说言我了了见，或言不见者，但为破病故，说见不见也。然真一理中，离见不见，过限量界，度凡圣位，故能了了见，非虚妄也。是以非色法故，即非肉眼所见。非证法故，即非法眼所见。唯有佛眼清净，非见非不见，了了而见，不可思议，不可测量。凡夫绝分，二乘芥子，菩萨罗縠，故知佛性难可见也。虽然如是，故经云："佛性普遍，无问凡圣。"但自身中体会真一，何用外觅。昼夜深思，内心自证。故经云："观身实相，观佛亦然。"夫观身实相者即一相也，一相者即空相也。但空无相故，即非垢非净，非凡非圣，非有非无，非邪非正，体性常住，不生不灭，即本际也。

何以如来法身眼耳鼻舌乃至身意诸根互用者，为体真一也，以无限量无分剂故，即法身虚通，一切无碍。何以凡夫眼耳诸根不通遂，无互用者，为妄想分别，界隔诸根，精神有量，分剂不通，真一理迷，遂无互用。故经云："凡夫想识，惑妄不通，执著根尘而有种种差别。"是以圣人通达真一，无有妄心界隔根尘，故能同用，无有心量。

夫何谓真一？以真无异，无异故万物含一而生，即彼万物亦为一也。何以故？以本一故，即无二也。譬如檀生檀枝，终非椿木也。然彼真一而有种种名字，虽有种种名字，终同一义。或名法性、法身、真如、实际、虚空、佛性、涅槃、法界，乃至本际、如来藏，而有无量名字，皆是真一异名，同生一义。

盖前三品者亦复如是。夫何以名"广照品"者，所谓智鉴宽通，慧日圆照，包含物理，虚洞万灵，故言广照。何谓"离微品"者，所谓性该真理，究竟玄源，实际冲虚，本净非染，故曰离微。何谓"本际品"者，所谓天真妙理，体莹非修，性本虚通，含收万物，故言本际品也。是故合前三品，一义该收，出用无穷，总名"宝藏"。

是以阐森罗之义府，论识物之根由。虚洞太清，阴符妙理。圆之者体合真一，了之者密悟玄通。故明法界之如如，显大道之要者也。

宝藏论（终）

序、记、杂文

说　明

　　《维摩诘经》序，收于梁·僧佑撰《出三藏记集》卷八。《维摩诘经》，弘始八年鸠摩罗什译。僧肇亲承译事，"辄顺所闻而为注解"，此为其序。

　　《长阿含经》序，收于梁·僧佑撰《出三藏记集》卷九。《长阿含经》二十二卷，弘始十五年罽宾三藏佛陀耶舍译。僧肇列此译场而得亲承讲授，"余以嘉遇，猥参听次"，因而为之作序。僧肇虽然宗奉大乘中观思想，评破小乘教义，但非一概加以否定，而是大小乘兼学并重。如僧肇《答刘遗民书》中有云："禅师于瓦官寺教习禅道，门徒数百，夙夜匪懈，邕邕肃肃，致可欣乐。三藏法师于中寺出律藏，本末精悉，若睹初制。毗婆沙法师于石羊寺出《舍利弗阿毗昙》胡本，虽未及译，时问中事，发言新奇。贫道一生猥参嘉运，遇兹盛化。"可见，僧肇对当时新来长安的小乘教学也充满敬意，赞叹有加。

　　《梵网经》序，载于《梵网经》卷首，及《全晋文》卷一六五。署名为"僧肇作"，始见于元版藏经，之前的藏经没有署名。此文存疑。

　　《四分律》序，见《高丽藏》本（第23册，经号896）和《大正藏》本（第22册，经号1428）《四分律》卷首，没有署名。其他版藏经没有收录。唐·智升《开元释教录》卷四有引文。署名为"僧肇作"，始见于金陵刻经处《出三藏记集经序续编》卷三。此文存疑。

《百论》序，收于梁僧佑撰《出三藏记集》卷第十一。《百论》，印度提婆著，世亲释，为中观三论之一，祖述龙树大乘中观，广破外道异见，阐明佛法宗极。弘始六年，鸠摩罗什译定，僧肇亲承译事，并为之作序。隋·吉藏《百论疏》中有此序的注释。

《法华》翻经后记，载于唐·僧祥集《法华经传记》（《卍续藏》新文丰版第 134 册，经号 1538，及《大正藏》第 51 册，经号 2068）卷第二。

鸠摩罗什法师诔并序，载于唐释道宣《广弘明集》卷第二十三。

偈一首，载于《景德传灯录卷》第二十七，为僧肇问死罪于秦主姚兴，临刑时所说偈。然所据不详，或为禅家末流之讹传。如清·雍正《御选语录》卷一有云："然此偈非肇所作也。肇为鸠摩罗什高弟，秦王姚兴命入逍遥园，助什详定经论，尊礼有加。《十六国春秋·僧肇传》云，以姚秦弘始十六年卒于长安，时晋义熙十年也。况典刑之人岂有给假著论之理？则肇法师之以吉祥灭度，信矣！事既子虚，偈非师作，盖讹传焉。"雍正据《十六国春秋》所载《僧肇传》，认为此事子虚乌有，偈为讹传。此文存疑。

《维摩诘经》序

释僧肇

《维摩诘不思议经》者，盖是穷微尽化、妙绝之称也。其旨渊玄，非言像所测；道越三空，非二乘所议。超群数之表，绝有心之境。渺莽无为而无不为，罔知所以然而能然者，不思议也。何则？夫圣智无知而万品俱照，法身无像而殊形并应，至韵无言而玄籍弥布，冥权无谋而动与事会。故能统济群方，开物成务，利见天下，于我无为。而惑者睹感照因谓之智，观应形则谓之身，觌玄籍便谓之言，见变动乃谓之权。夫道之极者，岂可以形、言、权、智而语其神域哉！

然群生长寝，非言莫晓。道不孤运，弘之由人。是以如来命文殊于异方，召维摩于他土，爰集毗耶，共弘斯道。此经所明，统万行则以权智为主，树德本则以六度为根，济蒙惑则以慈悲为首，语宗极则以不二为言。凡此众说，皆不思议之本也。至若借座灯王，请饭香土，手接大千，室包乾象，不思议之迹也。然幽关难启，圣应不同。非本无以垂迹，非迹无以显本。本迹虽殊，而不思议一也。故命侍者，标以为名焉。

大秦天王，俊神超世，玄心独悟，弘至治于万机之上，扬道化于千载之下。每寻玩兹典，以为栖神之宅，而恨支、竺所出，理滞于文，常惧玄宗坠于译人。北天之运，运通有在也。以弘始八年岁次鹑火，命大将军常山公、左将军安城侯，与义学沙门千二百人，于长安大寺，请罗什法师重译正本。什以高世之量，冥心真境，既尽环中，又善方言，时手执胡文，口自宣译。道俗虔虔，一言三复，陶冶精求，务存圣意。其文约而诣，其旨婉而彰。微远之言，于兹显然矣。

　　余以暗短，时豫听次。虽思乏参玄，然粗得文意。辄顺所闻而为注解，略记成言，述而无作。庶将来君子，异世同闻焉。

《长阿含经》序

释僧肇作[1]

夫宗极绝于称谓，贤圣以之冲默；玄旨非言不传，释迦所以致教。是以如来出世，大教有三：约身口则防之以禁律，明善恶则导之以契经，演幽微则辨之以法相。然则三藏之作也，本于殊应，会之有宗，则异途同趣矣。

禁律，律藏也，四分十诵。法相，阿毗昙藏也，四分五诵。契经，四阿含藏也，《增一阿含》四分八诵，《中阿含》四分五诵，《杂阿含》四分十诵；此《长阿含》四分四诵，合三十经以为一部。阿含，秦言法归。法归者，盖是万善之渊府，总持之林苑。其为典也，渊博弘富，韫[2]而弥旷。明宣祸福贤愚之迹，割判真伪异济[3]之原，历记古今成败之数，墟域二仪品物之伦。道无不由，法无不在，譬彼巨海，百川所归，故以法归为名。开析修途，所记长远，故以长为目。玩兹典者，长迷顿晓；邪正难辨，显如昼夜；报应冥昧，照若影响；劫数虽辽，近犹朝夕；六合虽旷，现若目前。斯可谓朗大明于幽室，惠五目于众瞽，不窥户牖而智无不周矣。

大秦天王，涤除玄览，高韵独迈，恬智交养，道世俱济，每惧微言翳于殊俗。以右将军使者司隶校尉晋公姚爽，质直清柔，玄心超诣，尊尚大法，妙悟自然，上特留怀，每任以法事。以弘始十二年岁在[4]上章掩茂，请罽

---

[1] 释僧肇作：《长阿含经》卷首序作"长安释僧肇述"。

[2] 韫：《出三藏记集》作"温"。

[3] 济：《长阿含经》卷首序有本作"齐"。

[4] 在：《长阿含经》卷首序作"次"。

宾三藏沙门佛陀耶舍，出律藏四分四十卷[1]，十四年讫。十五年岁在[2]昭阳赤[3]奋若，出此《长阿含》讫。凉州沙门佛念为译，秦国道士道含笔受。时集京夏名胜沙门于宅第校定，恭承法言，敬无差舛，蠲华崇朴，务存圣旨。

余以嘉遇，猥参听次，虽无翼善之功，而豫亲承之末。故略记时事，以示来览[4]焉。

---

[1]　四分四十卷：《长阿含经》卷首序作"一分四十五卷"。

[2]　在：《长阿含经》卷首序作"次"。

[3]　赤：《出三藏记集》无。

[4]　览：《长阿含经》卷首序作"贤"。

《梵网经》序

沙门僧肇作[1]

夫《梵网经》者，盖是万法之玄宗，众经之要旨，大圣开物之真模，行者阶道之正路。是以如来权教虽复无量，所言要趣，莫不以此为指南之说。是以秦主识达寰中，神凝纷表，虽威纶四海而沾想虚玄，虽风偃八荒而静虑尘外。故弘始三年，淳风东扇，于是诏[2]天竺法师鸠摩罗什，在长安草堂寺，及义学沙门三千余僧，手执梵文[3]，口翻解释，五十余部。唯《梵网经》一百二十卷六十一品，其中菩萨心地品第十，专明菩萨行地。是时道融、道影三百人等即受菩萨戒，人各诵此品以为心首。师徒义合，敬写一品八十一部，流通于世，欲使仰希菩提者追踪以悟理故，冀于后代同闻焉。

---

[1] 署名"沙门僧肇作"，始见于元版藏经，之前的藏经没有署名。

[2] 诏：有本作"召"。

[3] 执梵文：有本作"摄胡文"。

《四分律》序

　　夫戒之兴，所以防邪检失，禁止四魔。超世之道，非戒不弘。斯乃三乘之津要，万善之窟宅者也。然群生愚惑，安寝冥室，宛转四流，甘履八苦。开恶趣之原，杜归真之路。攸攸长夜，莫能自觉。时有出家、庶几玄微者，徒怀远趣，迷于发足。是以如来悼群瞽之无目，睹八难以增哀，开戒德之妙门，示涅槃之正路。始于毗耶离，初结兹戒，凡有二百五十八篇。以次七罪科分，升降相从，轻重部泮 [1]。斯皆神足之所制，祸福之定楷者也。然律藏渊旷，卷舒无常，略而至三，广则无量。此二百五十，盖因时人之作也，足以启曚，足以阶道。三宝之隆，以之为盛。先圣之道，以斯为美。

　　自大教东流，几五百载，虽蒙余晖，然律经未备。先进明哲，多以戒学为心。然方殊音隔，文义未融，推步圣踪，难以致尽。所以怏怏终身，西望叹息。暨至壬辰 [2] 之年，有晋国沙门支法领，感边土之乖圣，慨正化之未夷，乃亡身以俎险，庶弘道于无闻。西越流沙，远期天竺。路经于阗，会遇昙无德部体大乘三藏沙门佛陀耶舍，才艳博闻，明炼经律，三藏、方等皆讽诵通利。即于其国，广集诸经于精舍，还，以岁在戊申，始达秦国。秦主姚兴 [3] 欣然，以为奥宝 [4] 冥珍嘉瑞，而谓大法渊深，济必由戒，神众

---

[1] 部泮：有本作"位判"。

[2] 辰：有本作"戌"。

[3] 兴：底本脱，据唐智升《开元释教录》卷四所引文补。

[4] 奥宝：有本作"深奥"。

所津[1]，不可有阙。即以其[2]年，重请出律藏。时集持律沙门三百余人，于长安中寺出。即以领弟子慧辩为译校定。陶炼反覆，务存无朴。本末精悉，若睹初制。此土先所出戒，差互不同，每以为惑。以今律藏检[3]之，方知所以。盖由大圣迁化后，五部分张，各据当时所闻，开闭有以，于是师资相传，遂使有彼此之异。会曩推之，虽复小小差互，终归一本。何以明之？如萨婆多部律，着涅槃僧，着三衣，分为多名。余部亦尔。此律藏总为一名，齐整而已。高下参差，乃是齐整之义说。以是推之，五部之差，粗亦可领，想诸寻求，不以为惑。今律藏画[4]然，正教明白，可以济神，可以无惑。

而今之学者，多修文饰之印，不以戒学为先。由使《佛藏》有鸟鼠之喻，《众集》有猿猴之况。斯之苦切，亦以极矣！凡我之徒，宜各勖励，明慎执持，令大法久住焉。

---

[1] 津：有本作"传"。

[2] 其：有本作"至"。

[3] 检：有作"验"。

[4] 画：有本作"尽"。

《百论》序

释僧肇述[1]

　　《百论》者,盖是通圣心之津涂,开真谛之要论也。佛泥洹后八百余年,有出家大士,厥名提婆,玄心独悟,俊气高朗,道映当时,神超世表,故能辟三藏之重关,坦十二之幽路,擅步迦夷,为法城堑。于时外道纷然,异端竞起,邪辨逼真,殆乱正道。乃仰慨圣教之陵迟,俯悼群迷之纵惑,将远拯沉沦,故作斯论,所以防正闲邪,大明于宗极者矣。是以正化以之而隆,邪道以之而替。非夫领括众妙,孰能若斯!论有百偈,故以百为名。理致渊玄,统群籍之要;文义婉约,穷制作之美。然至趣幽简,鲜得其门。

　　有婆薮开士者,明慧内融,妙思奇拔,远契玄踪,为之训释,使沉隐之义彰于徽翰,讽味宣流,被于来叶,文藻焕然,宗涂易晓。其为论也,言而无当,破而无执,傥然靡据而事不失真,萧焉无寄而理自玄会。返本之道,著乎兹矣!

　　有天竺沙门鸠摩罗什,器量渊弘,俊神超邈,钻仰累年,转不可测。常味咏斯论,以为心要。先虽亲译,而方言未融,致令思寻者踌躇于谬文,标位者乖迕于归致。大秦司隶校尉安城侯姚嵩,风韵清舒,冲心简胜,博涉内外,理思兼通,少好大道,长而弥笃,虽复形羁时务,而法言不辍。

---

[1]　述:《出三藏记集》无。

每抚兹文，所慨良多。以弘始六年岁次寿星，集理味沙门与什考校正本，陶炼覆疏，务存论旨，使质而不野，简而必诣，宗致划尔，无间然矣。论凡二十品，品各五偈。后十品，其人以为无益此土，故阙而不传。冀明识君子，详而览焉。

《法华》翻经后记[1]

释僧肇记[2]

弘始八年夏，天竺沙门三藏法师耆婆鸠摩罗什，秦言童寿，于长安大寺草堂之中，与生、肇、融、睿等八百余人，四方义学英秀二千余人俱，再译斯经，与众详究。什自执梵本，口译秦语。姚兴自执旧经，以相仇校，定新文。文义俱通，妙理再中矣。兴咨什曰："观君所译二十八品，文义美明，宗体自彰。乍观护经，以〈序品〉称为〈光瑞品〉，〈药草喻品〉末益其半品，〈化城喻品〉题〈往古品〉，〈富楼那〉及〈法师〉初，增数纸文，阙略〈普门〉偈，〈嘱累〉还结其终。未测旨归，其事如何？"什曰："善哉明主，续法灯长炎，晓暗夜迷景。自非发疑，谁明深旨？勘旧梵文，宛若斯。予昔在天竺国时，遍游五竺，寻讨大乘。从大师须利耶苏摩，餐禀理味，殷勤付嘱梵本，言：'佛日西入，遗耀将及东北。兹典有缘于东北，汝慎传弘。昔婆薮槃豆论师制作优婆提舍，是其正本，莫取舍其句偈，莫取舍其真文。'予匆匆，恭禀[3]受之，负笈来到。今所传，良有所以。诠定宗旨，不同异途。恐乖圣旨，待冥可否。梦感遍吉称可，深会佛旨，具为释义。"兴主开蒙，义学伏膺，舍旧本，玩新文，覆勘再授。今讲肆次，略记由来，冀通方之后贤，不咎其差违，流行之处，必有感应矣。

---

[1]　"后记"，《大正藏》本校本"圣语藏本"作"记"。

[2]　"记"字，"圣语藏本"无。

[3]　恭禀：底本作"忝餐"，讹误，据"圣语藏本"改。

鸠摩罗什法师诔并序

释僧肇

夫道不自弘，弘必由人；俗不自觉，觉必待匠。待匠故世有高悟之期，由人故道有小成之运。运在小成，则灵津辍流；期在高悟，则玄锋可诣。然能仁旷世，期将千载；时师邪心，是非竞起，故使灵规潜逝，徽绪殆乱。

爰有什法师者，盖先觉之遗嗣也。凝思大方，驰怀高观。审释道之陵迟，悼苍生之穷蔼。故乃奋迅神仪，寓形季俗，统[1]承洪绪，为时城堑。世之安寝则觉以大音，时将昼昏乃朗以慧日。思结颓纲于道消，缉落绪于穷运。故乘时以会，错枉以正。一扣则时无互响，再击则嵾嶬归仁。于斯时也，羊鹿之驾摧轮，六师之车覆辙。二想之玄既明，一乘之奥亦显。是以端坐岭东，响驰八极，恬愉弘训，而九流思顺。故大秦苻、姚二天王，师旅以延之。斯二王也，心游大觉之门，形镇万化之上。外扬羲和之风，内盛弘法之术。道契神交，屈为形授。公以宗匠不重则其道不尊，故蕴怀神宝，感而后动。自公形应秦川，若烛龙之曜神光；恢廓大宗，若羲和之出扶桑。融冶常道，尽重玄之妙；闲邪悟俗，穷名教之美。言既适时，理有圆会。故辩不徒兴，道不虚唱。斯乃法鼓重振于阎浮，梵轮再转于天北矣。自非位超修成，体精百炼，行藏应时，其孰契于兹乎！以要言之，其为弘也隆于春阳，其除患也厉于秋霜。故巍巍乎，荡荡乎，无边之高韵。

然隘运幽兴，若人云暮。癸丑之年，年七十，四月十三日，薨于大寺。呜呼哀哉！道匠西倾，灵轴东摧。朝羲落曜，宝岳崩颓。六合昼昏，迷驾

---

[1] 统：有本作"继"。

九回。神关重闭，三涂竞开。夜光可惜，盲子可哀。罔极之感，人百其怀。
乃为诔曰：

先觉登遐，灵风缅邈，通仙潜凝，应真冲漠。丛丛九流，是非竞作，
悠悠盲子，神根沉溺。时无指南，谁识冥度？大人远觉，幽怀独悟。恬冲
静默，抱此玄素。应期乘运，翔翼天路。既曰应运，宜当时望。受生乘利，
形标奇相。褵褓俊远，髫龀逸量。思不再经，悟不待匠。投足八道，游神
三向。玄根挺秀，宏音远唱。又以抗节，忽弃荣俗，从容道门，尊尚素朴。
有典斯寻，有妙斯录，弘无自替，宗无拟族。霜结如冰，神安如岳。外迹
弥高，内朗弥足。恢恢高韵，可模可因。愔愔冲德，惟妙惟真。静以通玄，
动以应人。言为世宝，默为时珍。华风既立，二教亦宾。谁谓道消，玄化
方新。自公之觉，道无不弘，灵风遐扇，逸响高腾。廓兹大方，燃斯慧灯。
道音始唱，俗网以崩。痴根弥拔，上善弥增。人之寓俗，其途无方。统斯
群有，纽兹颓纲。顺以四恩，降以慧霜。如彼维摩，迹参城坊。形虽圆应，
神冲帝乡。来教虽妙，何足以臧。伟哉大人，振隆圆德。标此名相，显彼
冲默。通以众妙，约以玄则。方隆般若，以应天北。如何运遭，幽里冥克。
天路谁通，三涂谁塞？呜呼哀哉！

至人无为，而无不为。权网遐笼，长罗远羁。纯恩下钓，客旅上摛。
恂恂善诱，肃肃风驰。道能易俗，化能移时。奈何昊天，摧此灵规。至真
既往，一道莫施。天人哀泣，悲恸灵祇。呜呼哀哉！

公之云亡，时唯百六。道匠韬斤，梵轮摧轴。朝阳颓景，琼岳颠覆。
宇宙昼昏，时丧道目。哀哀苍生，谁抚谁育？普天悲感，我增摧衄。呜呼
哀哉！

昔吾一时，曾游仁川。遵其余波，纂承虚玄。用之无穷，钻之弥坚。
曜日绝尘，思加数年。微情未叙，已随化迁。如可赎兮，贸之以千。时无
可待，命无可延，惟身惟人，靡凭靡缘。驰怀罔极，情悲昊天。呜呼哀哉！

偈一首

僧肇法师遭秦主难，临就刑，说偈曰：

四大元无主，五阴本来空，
将头临白刃，犹似斩春风。

肇论疏

陈 惠 达 撰

说　明

　　本疏收录于《卍续藏》（新文丰版第 54 册，经号 0866），成书于梁陈之际，在现存的十余家肇论注疏中为最古。从这部注疏的目录来看，仅有卷上、卷中，缺卷下，但实际上现存此疏基本完整，除不包含《宗本义》和小招提寺慧达之序外，仅缺失《涅槃无名论义记》首页，余皆俱全。有学者考证认为，此疏各篇原始排列顺序应以《涅槃无名论义记》为卷上，《般若无知论义私记》为卷中，《物不迁论》《不真空论》为卷下，只是在后来传抄过程中，卷下的《物不迁论》《不真空论》被分别合并到了卷上、卷中，这才呈现出现今这种貌似缺失一卷的卷本形态。通行本《肇论》篇目的编排次第为慧达序、《宗本义》《物不迁论》《不真空论》《般若无知论》《涅槃无名论》，自唐·元康《肇论疏》以下历代疏本中通皆如此。而本疏的编排则是另一种次第，以《涅槃无名论》为首，这或许反应了南北朝时期涅槃学特别兴盛的时代文化背景。

　　此疏的作者及其年代目前还无法完全确定。原本题作“晋·惠达撰”，实误，因其文中多处论及梁代三大法师光宅法云、庄严僧旻、开善智藏等多家梁代高僧之说，成书必在梁陈之际。现通常题作“陈·惠（慧）达撰”。因惠达疏中并没有收录慧达序，慧达序中也丝毫未提及曾作疏，且序中言及的篇目编排次第与疏中完全不同，因此一般认为作疏之惠达与作序之慧达并非同一人。

　　从内容来看，疏主凭借深厚的学养，旁征博引内外典籍，对教内诸家学说源流多有梳理，凭借中观三论关河传承复兴的契机，顺应涅槃佛性学蔚为风行的时代学术潮流，首次完成了对僧肇四论的系统疏解，着重阐发

《肇论》所蕴含的真空与妙有不一不异的旨趣，从而使僧肇思想成为融通般若实相学与涅槃佛性学的桥梁。

作为首出的肇论注疏，此疏的文献价值不容忽视。疏中牒引的《肇论》原文与现今《肇论》文字多有出入。基于其年代优势，此疏在《肇论》文本校勘上具有重要意义。本次点校整理，即利用此疏对《肇论》文本完成了一百五十余处勘校。疏中引用了释道安《本无论》、支道林《即色游玄论》、竺法蕴《心无论》、鸠摩罗什《实相论》、庐山慧远《法性论》、竺道生大顿悟义等许多久佚的重要论著与法义，是一部珍贵的文献资料，为研究者所重。

由于年代久远，此疏讹误甚多。本次点校整理，利用《诗经》《楚辞》《周易》《老子》《庄子》《论语》、王弼《周易略例》《道德经注》、向秀《庄子注》、郭象《庄子注》等大量古籍资料，及《注维摩诘经》《大智度论》《中论》《成实论》《鸠摩罗什法师大义》《高僧传》《弘明集》《出三藏记集》等相关佛教典籍，共完成了二百余处勘校工作。即便如此，仍然存在个别文句无法索解，尚有待于进一步考查。

肇论疏卷上 [1]

涅槃无名论义记上 [2]

目 [3] 有余无余，泥曰止取无余。又《道行》译音，泥洹是无为灭度，泥曰是灭讫尽也。古《净名·法供养品》云佛般泥洹曰，今经云诸佛灭度，正谓无余为泥曰。《放光经》云泥洹、泥曰，此二名间出也。

表上秦王姚主

"表上秦王姚主"者。姚，舜姓也。造论后作序，奉上秦王姚主也。表，是表送于王也。序有七义：一、叹王德。二、"涅槃"下，叹所述涅槃。三、"肇以"下，自谦。四、"而陛"下，叹王论。五、"能圣"下，依王论作论。六、"论末"下，出异义。七、"今演"下，结作论奉上也。

僧肇言：肇闻天得一以清，地得一以宁，君王得一以治天下。伏惟陛下，睿喆钦明，道与神会。妙契环中，理无不统。游刃万机，弘道终日。依被仓生，垂文作则。所以域中有四大，而王居一焉。

---

[1] 底本原注：补入首题。

[2] 据文末标注补入。

[3] 底本原注："目"上，原本阙失一页。

初叹王德者，末代述涅槃论疏。

"释僧肇"者。《安师传》云："自魏晋，沙门依师为姓，故姓各不同。而法师以为大师之本，莫尊[1]释迦，乃以释命氏。后得《增一阿含》，果称四河入海，无复河名，四姓以为沙门，皆称释种。既悬与经符，遂为永息之[2]。"

"涅槃、泥洹、泥曰"，即此论云楚夏（中华州曰夏，南越都曰楚）不同而涅槃音正（观师、大亮师亦述此义也）。然《须真天子问经》云："于泥洹行不槃泥洹，于泥曰行不槃泥曰。"招提意，泥洹通。

作必有所依，故佛灭度后造论必先归敬三宝也。今肇师依王作论，传行于世，是以先陈王德，有三科：一引古，二正叹，三证今也。

先今引古言而不用。言叹者，将叹大人，不敢专辄，故依古人成言以冠章首也。《老子》云："天得一以清，地得一以宁，神得一以灵，谷得一以盈，侯王得一以为天下镇。"而今云三者，为明三才故也。既述古言，释此一义，三解不同。王弼云："一，数之始，物之极也，各是一物之所以为主。故《外篇·天地》云：一之所起，有一而未形也。"郭象释云："一者[3]，有之初，至妙者也。一之所起，起于至一，非起于无也。"河上公云："一，无也，道之子也。"果简文序云："一，空也。木有木空，名[4]有名[5]空，故舛通自生者之也。"若论内义，即是因缘无住为一也。

第二科，"伏惟"下，正叹，有四双八句。"伏惟陛下"者，此是总句。《汉杂事》云："汉有天下号也，天下号曰皇帝，自称曰朕，臣称之曰陛下。"蔡邕曰："天子尊贵，不敢斥言，故呼陛下，近类足下。"初两双四句叹体用及境智，后两双四句叹知机及作论也。

"睿喆钦明，道与神会"，此二句叹体用。"睿喆钦明"，此句叹体

---

[1] "尊"下，底本衍一"卑"字，现据《高僧传·释道安传》删。

[2] 息之：《高僧传·释道安传》作"式"。

[3] 者：底本作"两"，讹误，现据郭象《庄子注》改。

[4] 底本原注："名"，一本作"石"。

[5] 底本原注："名"，一本作"石"。

（《系词》云"古之聪明德圣人常睿知武[1]"，有此六，不衰之也）。睿，圣也，彻也。喆者，哲字（丁列反，智）。钦，敬也，美也，亦大貌也，亦想也。"道与神会"，此句叹用也。道谓所修道品，与心神契会无二也。神（神也引，神所反），无所不在，不可以方测知，故曰神也，亦幽明不测谓之神之也。

"妙契环中，理无不统"者，此二句第二双，此二句举境叹智。环中为境，妙契是智。（《庄子》云："是非反覆，相寻无穷，故谓之环中[2]。环中，空矣。今以是非为环，而得其中者，无是非者。"）若论内义，非环中空为中。若以环中空虚为中者，空有异体也。上二句明所修道品与心神无二，此二句明所修道与境无二也。是非为环，无是非为中。环即俗，中即是真，言妙契真俗也。既会真俗，环无不会，故云理无不统也。亦可上句为真，下句为俗也。

"游刃万机"下，后两双四句，叹知机及作论。此句正叹照机之智。"游刃万机"者，《庄子·养生》云：庖丁为文惠君解牛，而刀刃若新发，于所用之刀十九年，所解数千矣。形彼节者有间，刀刃无厚[3]，入有间，恢恢[4]必有余地。以喻知机，养生全之也。"弘道终日"，此句明不废道，终日万即而不废道也。

"依被仓生，垂文作则"者，第二双，正叹作论。"依被仓生"，此句明所为圣人之德，衣被万物，与依附也，所以加也。衣音，于被反。被，扶之也。仓生者，兵府为库，谷府为仓，仓，藏也。《释论》云："谷仓，喻身也。行者身业因缘，结实入仓，因缘熟便得人身。仓中麻麦等即是身中种种不净也。农夫开仓即见种种子异，如慧眼开，见身仓不净也。"腹藏谷，谓之仓生也。"垂文作则"，此句正明作论，手自作文，为垂也；为后世轨，是作则义也。

---

[1] 古之聪明德圣人常睿知武：《周易·系词》作"古之聪明睿知神武而不杀者"。

[2] 中：现流通本郭象《庄子注》无，疑衍文。

[3] 厚：底本作"享"，讹误，现据《庄子·养生主》改。

[4] 恢恢：底本作"怪怪"，讹误，现据《庄子·养生主》改。

第三科，"域中"下，证今，正结叹王德也。"四大"，谓通天地有此四。言大者，万物虽富，莫大天地，故火劫烧燃，天地创判；天地既分，中有其人，人中之大莫过王，故云三大也。道为通生万物，故是最大，故云"域中有四大"也。道、域异者，王弼云："凡物名有称，无非其极。言道无有，一有所由，所由然后谓之道。"然则道是称之大，不若无称之大也。无名不可得而称谓之。域，域限也，居封也。若论内义，此四皆在毕竟空中，无住为本，故言"域中有四大"也。此云"一"者，数之一也。

涅槃之道，盖是三乘之所归，方等之渊府。眇漭希夷，绝视听之域；幽致虚玄，殆非群情之所测。

第二义，叹涅槃理，有二科：一、叹用，二、"眇漭"下，叹体。此云涅槃道者，果地涅槃为道也。道与神会之道，以所修道品为道也。弘道终日之道，凡是因果、境智、有无等为道也。

"三乘之所归"者，举行叹理，可二义释。一云：三乘虽殊，皆归一乘道。一云：三乘皆证无为，无为无二，故云所归也。

"方等之渊府"者，举教叹理。渊是水之深处，众鱼之所聚也。府，椋也，财贿之所藏也，亦为官所聚居曰府也。亦二义释。一云：行因教起，果从行立，故云聚会处也。一云：教中明果地万德，故云渊府也。

二、叹体。"眇漭"者，目远望曰眇，目无精曰　。远法师云："眇无明，犹促夜之有旦，似寐而不觉也。"《庄子》云："眇　，群碎之谓也。乘群碎，驰万物，故能出处常通而无滞狭之地。"视之不见形曰夷，听之不闻响曰希。然即眇　希夷，明境智绝也。此云"域"者，以有为之域，异上毕竟空域，即是有无两域义。"幽致虚玄"者，言心行灭也。

肇以人微，猥蒙国恩，得闲居学肆，在什公门下十有余载。虽众经殊致，胜趣非一，然涅槃一义，常以听习为先。但肇才识闇短，虽屡蒙诲喻，犹怀漠漠。为竭愚不已，亦如似有解。然未经高胜先唱，不敢自决。不幸

什公去世，咨参无所，以为永慨。

第三义，自谦，有二科：一、出受学处，二、余下明自谦。就受学处有三段：初明自庆，次出受学处，后明所受学谓也。

"猥蒙国恩"者，明其自庆。此句庆被王命。"猥"之言"再"：一命出家，二命生、肇、睿等与什师助定经论，故云再蒙也。

"闲居学肆"者，此句庆预学徒。郑玄云："敷陈孝理，必处讲堂，两人侍以还，谓之闲居；三人侍，谓之居茵也。"王肃云："曾子独侍，闲而陈孝，故云闲居。居，处也。"

次"在什公门"下，正出受学处。"十有余载"者，夏年曰岁，岁，起也，起，限也。殷年曰载，载谓生载物也。周岁曰年，年，进也，执新而进也。今在什门下，以虚衿得实，故云载也。

后"虽众经殊致"下，明所受学。理言"殊致"者，明经旨不一也。"胜趣非一"者，《般若》无相，《法华》同归，各是胜趣，如云诸经之王也。虽胜趣非一，而宗学者涅槃是也。

第二科，"但肇才"下，自谦，有三段：初自谦，次明造论之由，后叹师背世也。"才闇识短"者，才，能也。识，谓宿彼修习智也。诲，教也，喻也。"犹怀漠漠"，《玉篇》云："漠漠，犹成就之貌也。又定也，静寂也，泊也，静安之貌也。"言才闇识短，一无所获也。

次"愚竭不已"下，出造论之渐。今于师边竭愚未尽，而义宗有本，亦如似有解。然未示高名胜建先兴之处，故自未决也。

后"不幸"以下，叹师背世。若在，什师敢有是非决处。师既背世，咨参无所也。远生下句，以依王论辄拟十翼翊也。

而陛下圣德不孤，独与什公神契，目击道存，快尽其中方寸，故能振彼玄风，以启末俗。

一日遇蒙答安城候姚嵩书问无为宗极："何者？夫众生所以久流转生死者，皆由著欲故也。若欲止于心，即无复于生死。既无生死，潜神玄漠，与虚空合其德，是名涅槃矣。既曰涅槃，复何容有名于其间哉！"斯乃穷微言之美，极象外之谈者也。自非道参文殊、德伴慈氏，孰能宣扬玄道、为法城堑，使夫大教卷而复舒，幽旨沦而更显。寻玩殷勤，不能暂舍。欣悟交怀，手舞弗暇。岂直当时之胜轨，方乃累劫之津梁矣。

第四义，叹王论，有二科：一叹王论；二"自非"下，教同大士。正叹中有三段：初明体用者不害言声，次明论宗，后结明无相也。

"圣德不孤"者，《论语》云："德不孤，必有邻。"又《文言》曰：坤，释第二[1]爻云："君子敬[2]以直内，义以方外，敬义立而德不孤之也。"言陛下与什师德邻，故云不孤也。

"目击道存"者，《庄子》云："见所见而来，闻所闻而去。仲尼云：'若夫人者，目击而道存。'（目裁往而达心也。）子路曰：'孔子欲见子雪也久矣。今见之而不与言，何耶？'仲尼曰：'若夫人者，目击而道存，不可以容声矣。'（目裁往[3]，意已达，故之也。）"[4]

次"故能"下，明论宗。《传》云：秦王姚兴，道味玄深，游心佛法，托志大乘。乃著《通三世论》，永定因果。王公下并服厥风，其中常山公显、安城侯嵩，并[5]信业缘，预众次矣之也。振理敷于教，谓之振玄风，亦可佛教为玄风也。

夫建立生死皆因爱欲，爱欲既亡，生死永绝，名为涅槃也。

"潜神玄漠"者，《易》云："潜龙勿用。"言圣人即拟无名，无名之圣，圣未有功，迹非所拟知也。潜，深也，泛也，藏也，上也，思也，察发之也。玄者，冥默无有也。

---

[1] 二：底本脱，据《周易·文言》补。

[2] 敬：底本作"解"，讹误，现据《周易·文言》改。

[3] 目裁往：底本作"自裁士"，讹误，现据郭象注、成玄英疏《庄子注疏·外篇·田子方》改。

[4] 此处似有衍文。

[5] 并：底本作"作"，讹误，现据《高僧传·鸠摩罗什传》改。

"虚空合其德"者，生死无所有为涅槃，如万物无所有为虚空，故云合德也。

后"既名涅槃"下，结无相，如文可见也。

第二科，"自非道参"下，同大士，有三段：初举二大士合王，次现得度悟，后明来世轨也。

"为法城堑"者，文殊为释迦祖师，今为弟子，相成教法，如放非为城，水流无罪，土为堑也。"大教卷"至"更显"，明释迦法灭，弥勒出世，更显是也。

次"寻玩"下，明现得悟也。

"岂直"下，明来世轨也。

然圣旨渊玄，理微言约。可以匠彼先进、拯拔高士，惧言提之流，或未尽上意。庶拟孔《易》十翼之作，岂贪丰文，图以弘显幽旨。辄作《涅槃无名论》，论有九折十演，博采众经，托证成喻，以仰述陛下无名之致，岂曰关诣神心，穷究远当，聊以拟仪玄门，班喻学徒耳。

第五义，依王论作论，有二科：一造论所由；二"辄作"下，正出所作论也。

造论所由有三段：初就理教明所由，次就愚智二人明所由，后引类作论也。理教者，"圣旨幽玄"，此句明王论之理深也。"理微言约"，此句明理上之教昧也。次"不可以"下，就愚智二人明所由也。"先进"、"高士"即是智人，"言提"即是愚人。《离骚[1]》云："焉呼小子，未知臧否，匪面命之，言提耳讽，谏为要也。"

后"庶拟"下，引类作论之意。十翼者，一解云：一曰象，象，折也，次折卦中诸义；二曰象，象以法象为义，尽卦所拟法，即谓之为象；三文言；四系辞；五说卦；六序卦；七杂卦。唯有七，多而谓十翼者，以仲尼

---

[1] 离骚：应为《诗经·大雅·抑》。

之七，成先圣之三。三者，伏羲卦；文王卦辞，元亨利贞是也；周公爻辞，初九潜龙勿用是也。十名生于仲尼，故云十翼之也。

"岂贪丰文，图以弘显幽旨"者，结造论之由也。

第二科，"辄作"下，正出所作论，有三段，对上三段。从初至"托证成喻"，对上理教明作论。

次"仰述"下，至"远当"，对上曰如[1]人述论也。"神心"者，大王神心也。今穷究心虑，未足远当。

后"聊以拟仪"下，对上引类结所作论也。"玄门"者，《老子》云："玄之又玄，众妙之门。"《庄子》云："入出而不见其形，谓之天门。"门有四义：一、教为理门，以教诠理。二、境为智门，因境生智。三、权为实门，开方便门，示真实相。四、三解脱为涅槃门，亦如十地为佛果门也。玄是冥默绝相之理，门是遍生不壅之义也。

论末章云："诸家通第一义谛，皆云廓然空寂，无有圣人。吾常以为殊太径庭，不近人情。若无圣人，知无者谁？"实如明语！实如明语！夫道，恍惚窈冥，其中有精。若无圣人，谁与道游？顷诸学士莫不踌躇道门，怏怏此旨，怀疑终日，莫之能正。幸遭高判，宗徒幅然；扣关之俦，蔚登玄室。真可谓法轮再转于阎浮，道光重映于千载者矣！

第六义，弹异家，有二科：一述王论；二"实如"下，明损益，肇师辞也。

述王论有三段：初出异解云云；次"吾常"下，就情弹；后依理破也。就情弹者，王论云"殊太迳庭"，《逍遥》云："肩吾问于连叔曰：'吾闻言于接与，大而无当，往而不反。吾惊怖焉，太有迳庭，不近人情。''而其言谓何哉？''藐姑射山，有神人居焉，肌肤若冰雪，淖约若处子，不

---

[1] 曰如：疑为"愚"之讹误。

食五谷，吸风饮露。吾以是狂[1]而不信也。'"言圣人抚机未贪，即如麝香燃之时也。而惑者不得信，谓迳庭直往，不付人情者也。

后"若无圣人，知无者谁"，正是依理破也。

第二科，"实如明语"下，肇师对上明损益，有三段，亦对上三段：初依随顺释，对上异家；次违情明损，对就情弹；后顺随明益，对依随破也。

"恍惚窈冥，其中有精"者，《老子》云："恍乎惚乎，其中有精。"东宫云："无象而为象，以恍惚为致也。"窈冥者，理之深远无极，难见貌也。注云："窈冥者，可无也。""其中有精"，精，此举外说者，心反冥极，穷理尽性，是谓之精。是以东宫云："异于大虚谓之，而况内理教也。"

次"顷诸学士"下，违情明损。"蹰蹰"，行不进之貌。"怏怏"，心不服之状也。

后"幸遇"下，顺随明益也。"叩关之畴"者，睿师《大品序》云："究摩罗什师，惠心夙悟，遗风振响。秦王扣其虚关，匠伯陈其渊致。末法中兴，将始于此之也。"

"蔚蹬玄室"者，远师云："名冠入室，迹并绝尘也。"贤人为升堂，圣人为入室是也。蔚，于贵反，草木盛貌也。支道林《与高丽道人书》云："炳蔚中士，既其日立曜也。"徐广云："室，实也，物实其中。"

"法轮再转"者，教譬法轮，以三义释：一调伏众生，如王金轮，能伏四方。二灭烦恼贼，如王金轮，勇凶恶人。三转下成上，如王轮自下升上也。若论轮体，境智悉为轮体。转者，如说而行谓之轮。以释迦为二，故云再也。

云"映"者，远法师云："至道映于当季。"

今演论之作旨，曲辨涅槃无名之体，寂彼廓然，排方外之谈。条牒如

---

[1] 吾以是狂：底本作"立以迋"，讹误，现据《庄子·逍遥游》改。

左，谨以仰承[1]。若少参圣旨，愿敕存记。如其有差，伏承指授。

第七义，总结作论，有三科：一"今演论"下，明论宗。第二科，"寂彼"下，明取舍。今不取廓然无圣，唯取至人，排于方外也。第三科，"条牒"下，奉上也。"如左"者，我之所谓如下所云，左，下也。"承"，御法也，奉也，从也，传也。

演·开宗第一

十演九折，正辨论体，即是十释九难。故远法师云："九折三难也。"演，广也，弘也，近也，亦水门也，非渐出，曰演。今渐开宗，故云演也。折是屈折义，亦弃财之言，亦曲也。折之以取中之，更折以成偏。故睿法师《中论序》云："折之以中道之也。"

开宗大意，言趣难像，是以先述什师三身佛，见文意。庐山远法师问曰："佛于法身中为菩萨说法，法身菩萨乃能见，如此即有四大五根，与色身有何差别？又经云：'法身无来无去，无有起灭，与泥洹同像。'云何可见而复讲说经？"什师答曰："佛法身者，同于变化，无[2]四大五根。然经云法身有三种：一者法身实相，无来无去，同于泥洹，无为无作。二者妙行法性身，真为法身，犹如日现，遍法界光明，悉照无量国土，说法音声当周十方，十地菩萨乃得闻法。三者从是法身方便化现，随众生类若干差别，同若日光，如《首楞严经》灯明佛寿七百阿僧祇劫[3]，即是释迦无有异也。"今谓开宗之意，正辨妙行法性生身之涅槃。此妙行生身佛无来无去，即是法身实相也。

无名曰：经称有余涅槃、无余涅槃者，秦言无为，亦名灭度。无为者，

---

[1] 承：现通行本《肇论》作"呈"。

[2] 无：底本作"即"，讹误，现据《鸠摩罗什法师大义》卷上改。

[3] 劫：底本脱，现据《鸠摩罗什法师大义》卷上补入。

取于虚无寂寞，妙绝于有为。灭度者，言其大患永灭，超度四流。斯盖是镜像之所归，绝称之幽宅也。而曰有余、无余者，良是出处之异号，应物之假名耳。

开宗有四义：一依名释义，即玄义中第二简名也。二"余尝"下，正辨涅槃无名义，即玄义中第三无名也。三"经曰"下，引经论释义。四"然则"下，经用也。以所申经，目能说人，故云"无名曰"也。

依名释义有二科：一释涅槃名义，二明余无余也。

释名者，"翻为灭度，亦名无为"是也。释义者，无为，取于虚无寂漠之义。虚者虚心，无者无形，智灭为寂，安静为漠。斯即虚心无形，智灭安静者，是释妙无义也。"妙绝有为"者，释其非有，亦无三相所为，故言妙绝有为也。灭度亦是妙无。大患为果，四流为因，因果累尽也。四流：欲流、有流、见流、无明流。斯即以永灭释灭，以超度义如是。光宅云："灭则重无，度则系有，义通人法也。"

"斯盖"下，举譬双释无为灭度义也。

"镜像之所归"者，举用释义。"绝称之幽宅"者，就体释绝相也。以体用二义释譬。一者，体云毕竟空，谓如镜也；像即生死，故经云如镜中像也。何者？理本清净，净如明镜，以初无明心，迷毕竟空，起业涅槃，构造生死。业风既息，即心无为。心既无为，超度三有，如波自息，为清净水也。问：："若尔，水清始出。"答："清水动波，风息归清。然水动成浊，无别本清。若浊清并有，堕真宗义也。"二者，如镜中像，来无所出，去无所至。内合亦尔，三界火宅，八苦烧燃，今此火宅本自不燃，今得涅槃，亦无灭相，如镜像无去来相也。斯即言灭度者，言其非是灭，非谓是灭度。言无为者，言其非是有，非谓是无为。名无得物之功，物无当名之实。相名实无当，归于绝宅也。

第二科，明余无余，此即略标感应义也。"良是出处之异名，应物之假名"，《易》云："君子之道，出处语默，不违其中。"其迹虽异，道同即应。故云：居而龙见渊，默而雷声虚。桑注云："出即天子，处即人民，俱以恭然而自得，非为而得之也。"今义亦尔，本迹虽殊，有余无余俱是假号。何则？本迹虽异，同无名相，假名相说。故远师云："玄不同方，迹绝两冥。"今明三义：一俱就迹明余无余，二就法身妙有妙无辨余无余，三本迹合论，此云出即有余，处即无余也。经论说假有三种。三假：一因成假，相续相待，此直论万法相假而成，不关此中也。《大品》说三假：一法假，二受假，三名假。所以说此三假者，佛命善吉转教，自陈其意云："般若洞达无相，则无菩萨可教，亦无般若可说，云何教菩萨使其行波若耶？"佛答："波若但有名字，菩萨亦但有名字。是名字不在内，不在外，不在中间。所言菩萨行般若者，但是三假施设耳。"上云所归幽宅，从用归体。今余无余，从体起用。用不自用，由体故用；体不自体，由用故体。体用虽殊，归于无二。亦可出入相对也。

余尝试言之。夫涅槃之为道也，寂寥空[1]旷，不可以形名得；微妙无相，不可以有心知。超群有以幽升，量太虚而永久。随之弗得其踪，迎之罔眺其首。六趣不能摄其生，力负无以化其体。漠漭惚恍，若存若亡。五目不睹其容，二听不闻其响。冥冥窈窈，谁见谁晓？弥纶靡所不在，而独曳于有无之表。然则言之者失其真，知之者反其愚；有之者乖其性，无之者伤其躯。所以释迦掩室于摩竭，净名杜口于毗耶，须菩提唱无说以显道，释梵绝听而雨花。斯皆理为神御，故口以之而默，岂曰无辩，辩所不能言也。

第二义，正辨涅槃无名。上依名释义正释妙无，此中兼辨妙有。有二科：一无形相故心行灭。二"然则"下，举人证。初科有三段：初明心相多忘，次以虚空譬无三世，后辨异虚空也。"寂寥空旷"四字，明无形相也。"微妙无相"四字，证心行灭也。

次"超群有"下，以虚空譬至人，形容永超生死，故云超也；非明亦

---

[1] 空：现通行本《肇论》作"虚"。

非闇，下故云幽升也，欲譬其相久又同虚空也。

随之下三句明非三世，次一句明无三相也。随之不见，故无过去；迎之不见，故无未来；六趣不摄，故无现在也。"力负"者，三相也。《庄子》云：无力之力，莫大于变化。而凡人不知，将思深藏，难至深至同，而无敢禁其化变者，故藏而有之者不能制其遁，无藏而任化者变不能变，故云"力负无以化其体"也。

后"漠漭"下辨异。虚空漠漭无为若亡，恍忽无形若在。五目，即五眼也。分耳为二，谓天与人也。"冥冥窈窈，谁见谁晓"。《庄子》云："视乎无色冥冥，听乎无声窈窈。冥冥之中，独见晓焉。无声之中，独闻和焉。"窈，深也。"弥沦"者，即毕竟空，深之又深，穷其原也。"靡所不在"者，遍在诸物义也。东廓子问庄子曰："道恶乎在？"答："无所不在。"东廓子曰："斯而可。"庄子曰："在蝼蚁。"曰："何其下？"曰："在瓦壁。""何其俞甚乎？"曰："在屎溺。"东廓子不应。庄子云："夫子之问也，问不及质也。"无为无处而问所在，故不及质之也。斯即形名绝，心知灭，见闻亡，而云不无其道，可谓出有无之外矣。

第二科，"然"下，举人证。上直辨法相，言相两绝，今举人法而证也。法者，言、知、有、无四法也。凡欲立言谈理，莫过此四。言即失绝言，知即反心灭。此云"之者"，是至义也。言、知论用，有、无就体也。次举四人证，故寄至极于四圣，表理绝相也。斯乃有言于无言，未若无言于无言，所以杜口而雨花也。

"释迦掩室于摩竭"者，《释论》第七卷云：佛得道后五十七日，寂不说法。自言我法甚深难解，一切众生缚着世法，无能解者，不如默然入涅槃也。"杜口"者，《净名经·入不二法门品》，众圣菩萨问维摩，维摩默然不答也是。"唱无说"者，佛命善吉传教，自陈其意云："般若洞达无相，无菩萨可教，亦无般若可说，云何使其行耶？"佛答："般若但有名字，菩萨但有名字。此名字不在内，不在外，不在中间，但三假施设耳。""绝视听而雨花"者，〈散花品〉云："帝释及四天王作是念时，遍于虚空中化成花台。须菩提心念：是所散花从心树生，非树生花。释帝桓因语须菩提：是花非生花，亦非意生花。须菩提言：憍尸迦，非但是花不生，色不生，乃至波若亦不生。又不坏假名而说诸法。"所以明花不生者，上〈幻听品〉云："众生如幻，听法者亦如幻。众生如化，听法者亦如化。乃至涅槃亦如幻如梦，是幻梦涅槃不二别。如是人无闻无听，无知无证。"欲证此义，故以〈散花品〉证无生无说也。所以须默者，言意是有所言所意者，即故求之于言意之表。无意之域，即是语默两教也。上以言表无相，是立教之本意。今以无言表无相，是默教之诠理。语默虽殊，所表无二也。今明涅槃，非但遣其有言有名。若以无言为无名，无名即为名。然即名与无名相与而有，相与而无。兴言即冥，废言即寂。寂与不寂，归乎无极。上即举法明无相，下即举人证无言。此是人法相对，亦语默相对也。

"斯盖"下，排于上士。何者？上士受道以神，中士受道以知，下士受道以耳故。

经云："真解脱者，离于言数，寂灭永安，无始无终，不晦不明，不寒不暑，湛若虚空，无名无说。"论曰："涅槃非有，亦复非无。言语道断，心行处灭。"寻夫经论之作也，岂虚构哉！果有其所以不有，故不可得而有；有其所以不无，故不可得而无耳。

何者？本之有境，则五阴永灭；推之无乡，而幽灵不竭。幽灵不竭，则抱一湛然；五阴永灭，则万累都损[1]。万累都损[2]，故与道通洞；抱一湛然，故神而无功。神而无功，故至功常存；与道通洞，故冲而不改。冲而不改，故不可为有；至功常存，故不可为无。

第三义引经证，释所以绝，即有三科：一、引经证上云无形故心行灭，及虚空喻义文。云证者，谓证得之证也。

---

[1] 损：现通行本《肇论》作"捐"

[2] 损：现通行本《肇论》作"捐"

第二科，"论曰"下，以论释经也。《中论·涅槃品》云：若涅槃是有，不应名无不受。若无是涅槃，云何名不受？是故知涅槃，非有亦非无也。

第三科，"果有"下，双释经论意。此中先立有章门，"何者"下正释。释之中，初三双六句，就体释有无；次两双四句，约用辨非有无也。本是推挤义。本末有境乃得涅槃。既得涅槃，五阴永灭，故不可言有。即是有之所无，无有物也。推之无乡而妙智不竭。故不可言无。即是无之所有。又万德炳然。此一双两句释义也。

"幽灵不竭，抱一湛然"，转释上句，是妙有也。"五阴永灭，万累都损"，遂释上句，是妙无也。此一双两句释妙有妙无也。"万累都损故与道通洞"，明物空智空，结不一不异也。

"神而无功，至功常存"下两双四句，约用辨，此句正辨智用也。"与道通洞故冲而不改"，此句举物空以结智用也。冲，虚也，深也，清也。下两句结智用非有无之。《庄子》注云："未曾有谢生于自然者，而必欣赖于针石[1]。故理至即迹灭，以至理为一，神而无功者也。"体故有用，用故有体。体用虽殊，归乎无二也。

然则有无绝于内，称谓沦于外，视听之所不暨，四空之所昏昧。恬焉而夷，泊焉而泰。九流于是乎交归，众圣于是乎冥会。斯乃希夷之境、太玄之乡，而欲以有无题榜，标其方域而语其神道者，不亦邈哉！

第四义，结修成用，有三科：一从初至"泊焉而泰"，结境智相绝也。暨，其冀反，训至也。泊，依也，舟所依处也。

第二科，"九流"下，结。其初用四禅、四空、欲界为九流。又九流者，外书有六家九流：一阴阳家，四时之顺不可失；二儒家，于初之有不可失；三墨家，弹本节用不可废；四法家，君臣亦不可改；五名家，正名实，不可不察；六道家；七纵横家，即上迣而弃其信；八杂家，兼儒墨而

---

[1] 石：底本作"名"，讹误，现据向秀《庄子注》改。

无不贯；九农家，劝耕桑，足求食之业，所谓九流之哉矣。

第三科，"斯乃"下，戒劝也。"希夷之境，太玄之乡"者，劝道必也此也。"而欲"下，戒勿恶取空也。搒，方莽反。"方域"，谓毕竟空为方域，境也。"神道"，谓体毕竟空之智也。

折·窍体第一

窍，实也，亦研窍也。《汉书·陈平传》云：稻麦食其没。又衔辙云：甲之剥，其曰实。窍，定实也。

此中难意，上开宗中有四义，第一依名释义中余无余义作难也。什师论云：此妙行生身佛有二种：一、常住法身，如虚空等。第二、十住菩萨得神通，未作佛时，具足佛十力等，以大智力，广度众生不作佛，如普贤、文殊等，名为佛，名寿量佛。此中两难，初就学佛作有余难，后就学佛报谢，归于无为，作无余难也。文有三义：一以名定实，申经意。二"请试"下，各难余无余。三"然则"下，双难也。

有名曰：夫名号不虚生，称谓不自起。经称有余涅槃、无余涅槃者，盖是返本之真名、神道之妙称者也。

以名定实者，夫名号在法，称谓在言。言不自起，必因可名之实。名谓释迦，号谓十力等德也。反本者，就本为无余。神道者，据迹为有余也。

请试陈之：

有余者，谓如来大觉始兴，法身初建，澡八解之清流，憩七觉之茂林。积万善于旷劫，荡无始之遗尘。三明镜于内，神光照于外。结僧那于始心，终大悲以赴难。仰攀玄根，俯拯溺丧。超迈三域，独蹈大方。开八正之平路，坦众庶之夷途。驰六通之神骥，乘五衍之安车。至能出生入死，与物推移，道无不洽，德无不施。穷化母之始物，极玄枢之妙用。廓虚宇于无疆，耀萨云以幽烛。将绝朕于九止，永沦太虚。而有余缘不尽，余迹不泯。业报犹魄，圣智尚存。此有余涅槃也。经曰："陶冶尘滓，如炼真金，万累都尽，而灵觉独存。"

第二义别难有二科：一有余难，二无余难。初有余难。

"如来大觉，法身初建"者，义开断惑，三家不同。一云：金刚时断惑尽，种智不断，但无常报身未谢，故云学佛。大亮师、爱师、旻师与文等同用此说也。二云：唯佛时惑尽，故云佛智所断。即儒师、宗师、藏师等所用也。三云：金刚终时惑尽，佛智为解脱，证得常住。瑶师、诞师、云师等皆用此说也。地论师有两说，一云：金刚心断烦恼涅槃障都尽，佛智断智障尽。一云：金刚心时智障、涅槃障都尽也。此三义中，未知肇师适用何义也。什师《注维摩经·菩萨入不二法门》云："实相慧要尽法性然后乃止。"今此一文，二家诤之。一家执此文云：不道佛尽法性，故知金刚尽也。一家云：尽法性者唯佛是也。又《婆沙》出顿悟者说云，金刚心时顿断众惑。而释道安师《折[1]疑略》云："萨云若者，言其得一，于金刚慧一时成一切智，无知也，无不知。"今此论云"曜萨云以幽烛"，斯即金刚之慧无幽不烛，即种智满。种智既满，惑无不尽，即惑尽义也。而报未尽，故是无常也。生法师亦云："断惑实是金刚，而佛智有功，犹圣王由治下理民而称治归王。"《大论》云：成佛有二种，一实行，二权迹。实行者，菩萨坐树下，入第十地，名为法云，譬如大云，澍雨连下，无间心自然生无量无边清净佛法，念念无量。放眉间光，降伏魔怨。十方诸佛庆其功勋，皆[2]放眉间光，从菩萨顶入。十地功德变为佛慧，断一切烦恼[3]习，得无碍解脱、十力、大慧、一切佛法也。权迹者，住是十地中，以方便力。此中更说第十地，所谓菩萨行六度，以方便力故，过干慧地乃至菩萨地，

---

[1] 折：底本作"游"，讹误，现据下引释道安《般若折疑略》改。

[2] 皆：底本作"圣"，讹误，现据《大智度论》卷五十改。

[3] 烦恼：底本作"涅槃"，讹误，现据《大智度论》卷五十改。

住于佛地。佛地即是第十地，故《十地经》第十地云：十方诸佛光明入菩萨顶时，名为得职，入诸佛界，具佛十力，当堕佛数也。今此中难意俱就修成、应化二种法身为双难也。本即法身初建，迹即树王成道。本澡八解之清，迹浴尼连禅河。本憩七觉之林，迹坐菩提树下。下皆例之思。

"结僧那"至"溺丧"，明本地发心智也（僧那翻为弘誓）。结弘誓于初心，如成山始于初篑也。

"仰攀玄根，俯拯溺丧"者，即上求佛道，下化众生也。溺丧者，丧谓云失乡而殊奔者也。远师云：然能拯溺俗于沉流[1]，拔幽根于重劫也。

"三域"下，明学佛出世拟化之用也。三域谓三界。大方谓涅槃，一缘应现大千谓之大方也。"开八正之平路"，即是教也。"坦众庶之夷途"者，谓平等说无境也。"驰六通之神骥"，即是权智也。"乘五衍之安车"者，谓五乘人称机如安车也。"出生入死，与物推移"者，《庄子》云：至人无死生，但排前返化之理而行于天下。

"穷化母之始物"下，至"永沦大虚"，还就金刚本地终照周义也。物无名时为始，有名即为母，言穷真谛用也。"玄枢"者，枢是制动之主，门户扉枢。《庄子》云："是非莫得其偶，谓[2]之道枢也。"言极俗谛用也。

"廓虚宇于无疆"者，金刚心报谓之灵宇。什师《实相论》引〈往生品〉云："犹处玄廓之境者，若以犹独处玄廓为本，来化众生，此复何咎？如四大河水从池流出，到诸方域，尔乃得用。诸佛法身止如如也，当其独绝玄廓之中，人不蒙益。从真身化无量身，一切众生尔乃得益也。"虚室曰廓。《庄子》云："不可内于虚台。"虚台者，心也。《离骚》云"悯空宇[3]之孤子"，住宇居也。实而无处者宇也。天地之间曰宇，人心曰宇也。

"曜萨云以幽烛"者，以金刚慧无幽不烛，智用万境，惑尽于此也。

"将绝朕于九止"者，金刚报谢，即入无余。九止，即九众生居也。

---

[1] 能拯溺俗于沉流：底本作"极溺俗相说相"，讹误，据慧远《沙门不敬王者论》改。

[2] 谓：底本作"任"，讹误，据《庄子·齐物论》改。

[3] 悯空宇：底本作"闭空于"，讹误，据《楚辞·九叹》改。

"而有余缘未尽"下，结难。若于缘未尽，到金刚报，住寿无量，报身交谢，故云"业报犹魄，圣智尚存"也。旧云：魂即人神明，魄即是人形体。郊特牲云：体魄即降，知气于上。又云：魂气归天，形魄归于地。又制旨曰：精气为魂，浊气为魄。又月生三日谓之魄。故知是魄者，谓之是形器者也云尔。

"经曰"下，以经证有余难，智断双结也。

无余者，谓至人教缘都讫，灵照永灭，廓尔无朕，故曰无余。何则？夫大患莫若于有身，故灭身以归无；劳勤莫先于有智，故绝智以沦虚。然则智以形倦，形以智劳，轮转修途，疲而弗已。经曰："智为杂毒，形为桎梏。渊默以之而辽，患难以之而起。"所以至人灰身灭智，捐形绝虑。内无机照之勤，外息大患之本，超然与群有永分，浑尔与太虚同体。寂焉无闻，泊尔无兆，冥冥长往，莫知所之。其犹灯尽火灭，膏明俱竭。此无余涅槃也。经云："五阴永尽，譬如灯灭。"

"无余者"下，第二科，正难无余也。大意如《法华》云"终归于空"，言归空者，乃是归于冥真无相涅槃，非是灰身灭智为归空也。何者？文云"超然与群有永分，浑尔与大虚同体"，又"冥冥长往，莫知所之"，故知非是昔灭，乃是金刚报谢，归于冥真涅槃也，形智两轮，修途无息也。在足曰桎（之日反），在手曰梏（古酷反）。无趾语老聃曰："孔丘于至人未胜，何宾宾以学久为也，不知以此为桎梏耶？"

"经曰"下，以经证无余难，亦可据迹也。

然则有余可以有称，无余可以无名。无名立，则宗虚者欣尚于冲默；有称生，则怀德者弥仰于圣功。斯乃典诰之所垂文，先圣之所轨辙。而曰："有无绝于内，称谓沦于外，视听之所不暨，四空之所昏昧。"使夫怀德者自绝，宗虚者靡托。无异杜耳目于胎毂，掩玄象于霄外，而责宫商之异，辨玄素之殊者也。子徒知远推至人于有无之表，高韵绝唱于形名之外，而论旨竟莫知所归，幽途故自蕴而未显。静思幽寻，寄怀无所。岂所谓朗大明于冥室，奏玄响于无闻者哉！

第三义，双结两难，有三科：一"然则"至"轨辙"，立宗结难，陈立教之大意，明其用大也。典，经也。诰，告法也。轨辙，转辙（徒列反），车一迹音轨。

第二科，"而曰"下，举上开宗反难无用也。㲉，尸角反，卵外坚之掩覆。《易》云："悬象著明，莫大于日月。"霄，私进反，近夫赤气，字应作宵。耳辨宫商，目别紫素也。

第三科，"子徒知"下，则上开宗亦论旨难解，依教求宗，寄怀无所也。

"朗大明于冥室，奏玄响于无闻"者，远师云："欲辟重冥于幽室，必开户牖以通其照。"冥冥玄夜，幽寝无期，玄音发咏而大道宣流也。

演·位体第二

不言立体而言位者，《易》云：所居曰位也。初上为位。一标位，其城后九。又无名，名莫道，适为立，只一口之一，云位体之也。上据本迹难余无余。答本迹相即，感应是受，明丈六即真也。

文有三义：一总答；二"放光"下，明真应；三"惑者"下，别答两难也。

无名曰：有余、无余者，盖是涅槃之外称，应物之假名耳。而存称谓者封名，志器象者耽形。名也极于题目，形也尽于方圆。方圆有所不写，题目有所不传，焉可以名于无名，而形于无形者哉。

难序云："有余、无余者，信是权寂致教之本意，亦是如来隐显之诚迹也。但未是玄寂绝言之幽致，又非至人环中之妙术耳。"

子独不闻正观之说欤？维摩诘言："我观如来无始无终，六入已过，三界已出，不在方、不离方，非有为、非无为，不可以识识、不可以智知，

无言无说，心行处灭。以此观者乃名正观，以他观者非见佛也。"

总答有三科：一牒宗，二贬难，三申宗。牒宗可见。

第二科，"而存"下，贬难。称谓出于名号，器象生于物形故之。《易》云："在天为象，在地成形。"象是发髭之义。日月星辰，其理幽昧，故在天为象。山川单，体质逼著，故在地成形者之也。以名题目，未尽无方，如言方不题圆，云柱不目梁也。品象物形尽于方圆，非方即圆，非圆即乃方，焉得名形拟彼绝名乎？

第三科，申宗，有二段：初申权迹，后申宗本。从初至"妙术"，申权教意。权宗中，初就所化明余无余。"亦是"下，就化主明余无余也。绝言幽致即是妙无，环中妙术即是妙有。但是权教言余无余，未亦是真本妙有妙无，故云"未"也。

后"子独"下，引经申本也。法身无三世，过六情，越三界，又无在无不在。无在故不在方，无不在故不离方。又欲言有，都无相无名。欲言无，都修备应万形，故云非有为非无为也。《注》云：佛者何也？盖穷理尽性，大觉之称也。至道虚玄，妙绝常境[1]。心不可以智知，形不可以象得，非无而不可为有，即是妙无。同万物之为，而居不为之域；处言数之内，止无言之乡，非有而不可为无，即是妙有。寂漠虚旷，物莫能得[2]。不知所以名，强[3]谓之觉。以此观者乃名见佛，以他观者非见佛以也。

《放光》云："佛如虚空，无去无来，应缘而现，无有方所。"然则圣人之在天下也，寂漠虚无，无执无竞，导而弗先，感而后应。譬犹幽谷之响、明镜之像，对之弗知其所以来，随之罔识其所以往。恍焉而有，惚焉而亡。动而逾寂，隐而弥彰。出幽入冥，变化无常。其为物[4]也，因应

---

[1] 境：底本作"坏"，讹误，现据《注维摩诘经》卷九改。

[2] 得：《注维摩诘经》卷九作"测"。

[3] 强：底本作"环"，讹误，现据《注维摩诘经》卷九改。

[4] 物：现通行本《肇论》作"称"。

而作，显迹为生，息迹为灭。生名有余，灭名无余。然则有无之称本乎无名，无名之道于何不名？是以至人居方而方，止圆而圆，在天而天，处人而人。原夫能天能人者，岂天人之所能哉！果以非天非人，故能天能人耳。其为治也，故应而不为，因而不施。因而不施，故施莫之广；应而不为，故为莫之大。为莫之大，故乃返于小成；施莫之广，故乃归乎无名。经曰："菩提之道，不可图度，高而无上，广不可极；渊而无下，深不可测；大包天地，细入无间，故谓之道。"然则涅槃之道，不可以有无得之，明矣！

第二义，明真应相即，有三科：一明感应。二"其物"下，明真应相即。三"其治"下，忘怀用也。

明感应有三段：初就法譬明应体，次出感应用，后以譬释也。

"佛如虚空"者，虚空无等，遍在诸物，佛亦如此，如虚空无异也。谁云虚空有去来？而云无去无来者，约物而言。何者？法从空出，还归于空。法虽出入，空无异前也。"应缘而现，无有方所"者，合譬也。应虽去来，体无异前。此是应之体用也。

次段，"然则"下，明感应用。"寂"者照，"漠"者静安，"虚"者虚心，"无"者无形也。"导而弗先"者，释无竞义也，教虽八万而不导先者。"感而后应"者，释无执义，形虽八殊，随感而应也。

后段"譬犹"下，喻其应用。上以虚空喻体，今须响、镜，譬其应用。来无所出，去无所至。恍焉若存，忽焉若亡。斯则无声何有响，无形何有缘。《庄子》云："大人之教，若形之于影，声之于响，有问而应之，尽其所怀，为天下配。处[1]乎无响，行乎无方。"圣人用心，如镜之影，动而体寂。影隐而形彰，故云"出幽入冥，变化无常"。《庄子》云："圣人之生也天行，其死也物化。静而与阴同德，动而与阳同波[2]。不为福先，不为福始。

---

[1] 处：底本作"家"，讹误，现据《庄子·在宥》改。

[2] 波：底本作"彼"，讹误，现据《庄子·天运》改。

感而后应，迫而后动。不得已^[1]而后起，去知与故^[2]，顺天下之理者也。"

第二科明真应相即，有三段：初明应迹，次明法身，后明相即也。

言"其物"者，以丈六为物也。何者？凡言物者，自我之外者云物也。丈六亦是法身之外，故是物矣。"因应而作"者，丈六因应而起也。"生名有余，灭名无余"，正明应迹也。

次"然则"下，明法身义。有余无余本起法身，既无名相，有何不名，所谓中道法身是也。

后"是以"下，真应相即，有二双八句。是以者，名非上之调也。"居方"等四句以应即真也。"原夫"下四句以真即应。初二句举非也。"果以"下二句，以真即应也。

第三科，明忘怀用，有三段：初明忘怀用，次证菩提深广，后结涅槃出有无外也。

忘怀中有三双六句。初二句章门。次两句释施行也，教也，与也。后两句归功。"为莫之大，乃反于小成"者，大教废，小教作，能大故能小。小成者，如儒墨形名之徒也。夫大道隐而小道成，故曰小成也。"施莫之广，归于无名"之者，无为之道，为通生万物而不持显其功也。

次"经曰"下，以忘怀故，菩提深广。初句标绝，次高广相对，次渊深相对，后大小相容也，故谓之道者。后"然则"下，结涅槃出有无外也。

旧解感应，三家不同。第一，光宅云：法身理绝言外，德超数表。故《易》云："寂然不动，感而遂通。"遂通之用，本由慈悲。故迦叶《摄论》云：法本自无，唯心缘起。若论法空，不言其真，但就心神，名真如理。设论万法无相，还以心真如为体。又无始来心识异无情等，生便解性。此心解性，无当解义，善恶等别，但由客尘，八识不同，而心解性不转，如水界清浊不同而水性不改，亦如真金作钏作环而金性不改也。此解性与八识为一为异？答：体无异故一。而八识是义，为波若所治。解性不为波

---

[1] 得：底本作"已"，讹误，现据《庄子·天运》改。

[2] 故：底本作"知"，讹误，现据《庄子·天运》改。

若所治故，犹如鹅唼乳。是以所修万行，薰此解性。此解性无尽，至佛果时为应身功德，亦智慧所依止处，以真如为其体也。又所修万行与真如冥会，故七卷经云"如如、如如智"。一云：解性即真如理也。请问开善义，真谛是顽法，有心是解知，知无知相与冥合者，如黑木白木冥附无际，终无合义。又问《摄论》义，就心神论真如，亦就心神言波若者，斯皆俱辨心神之道，而言真如为境，是所冥；波若为知，是能冥。此一心体有能所者，此亦难解。又若修成果不为法身者，三性举体不应为三无性也。今谓两释犹有能所，即有所得，冥义未穷。故有所得有二种：一以智得境有所得；二以名得实，名法相当，是有所得也。冥者泯然，能所无间，故云冥也。支道琳法师以泯为冥，睿师亦以泯然为冥也。今意亦然，以冥为冥。心泯成中，智泯无相。若对上两释者，心变为理，智转为境，境空心寂，大道无二。如此，有何境而可会，有何智而能冥？能所泯寂，得而无得，名无所得，即是大冥矣。故《大论》云：实相波若者，若实证真智，理智相泯，理与智合，融同无三相，无相何有境智之殊、因果之别也。若不变为理，如境而解，犹有能所，堕有所得义也。心转为理而云佛性涅槃者，就诠为论耳。何者？昔是凡夫，于今成悟，乃名为佛。而此中果，非迷非悟。悟无相，名中道果。如论云："非愚非智，名体波若。"若尔，非真非俗之中，非迷非悟正果，云何异耶？解者云：两中是一，就诠为异，而无迷悟就心，不论外法。故此外法约真俗以论中，而此心法亦就真俗，何异木石？而是心法昔迷今悟，故此心法约迷悟以辨中，迷时为因，名正性；悟时为果，名正果。此中道果，即是体冥。向就心神论其冥义，故有能所。今有所得，即是用冥也。

文有三段：初就体冥，明不出不在。次"而即"下，诸佛经云："如是大慈悲，今为何所[1]在？"又《法华》云："世尊大恩，怜愍教化，利益我等。"怜愍则悲，利益即慈。而善恶两用，感此慈悲二德。善有增随，随便感慈。恶有感义，起即致悲。凡作善恶，常感慈悲，而必藉外缘，见

---

[1] 所：底本作"可"，讹误，据《大般涅槃经》卷十一改。

色闻声，故以常感为始，见闻为终。始者，曩劫善恶，久相关感。终者，时熟今晨，与今时即应。然而过去善恶正为感体，而念生佛现者，此语其终，不谈其始。若论感应，义有二途，并有虚实。感有二实：一开实本，二得实益。应有二实：一以实为本，二实能利益。应有一虚，实无法起，亦无形声，而使物见闻，故名为虚。感有一虚，谬计形声语言是实，心非实解，故目为虚也。

第二，庄严云：圣人降应，为生善法。众生作善，符于圣心。泛尔通论，感通三世。实求实义，正取二世。宿善业起现在时，有能感力，今虽过去而感力不亡，如习因生习果。虽有二世，而以现在正为感体，招应亦尔。若就三点论其应用，以智照几诸异迹。今取应用正是智能，于四德中正是我用，八自在我是般若用故也。照几降迹，非体真之智也。若论法起，可作两释。圣人智力自在无方，实自无法。今见有法，如〈纯陀品〉，如金翅鸟，乃见己影。影是有法，为法身所见，故知实有舍利法起也。

第三，开善义云：冥相感召为感。逗机不差，称之为应。若括囊为谈，即三世善都有感义。穷寻其旨，唯未来善。何者？过去、现在善体已生，因力既足，何假圣应。正是未来，而假缘乃至，故圣为缘，发生此善。的论感体，唯未来善。故《易》云："几者，动之微，吉之先现者也。"若论应用，法身无色而现色身，故知应现是法身迹也。法身有显丈六用也，故不同虚义，而无别法起，以不同影起也。今即不然，《注》云："心生于有心，像出于有形。"今论感应善，二途感：一者有所得心善，感丈六身，名为傍感；二者正感，以中道心，感中道法身，名为正感也。而就傍感，义有多途。以过去善为几，故《法华》云："我等宿福庆，今得值世尊。"亦以现在善为几，故《胜鬘》云："即生此念时，佛于空中现。"又以未来善有已感义，故云："今虽无益，作后世因。"亦恶有感义，故云："以病增故，求觅良医。"以三世善通感，故经云："我久安立汝，先世已开觉，今复极受汝，未[1]来生亦然。"而今义宗丈六无当即是法身。

---

[1] 未：底本作"本"，讹误，据《圣鬘经》改。

而云感法身名为正感者，例如一柱，以对心偏，名为偏柱；对中道心，名中道柱。若于应体以无当为体，而对偏心，现丈六身，即是偏对；应中道心，应无当身，即是正应。若谓其位，六地以还，有无俱偏；七地已上，有无不偏也。生法师云："感应有缘，或同[1]生苦处，共于悲愍；或因爱欲，共于结缚；或因善法，还于开道，故有心而应也。"埵法师盛说无缘，引卢舍那为证，一切诸佛身，同一卢舍那，但于迹中异，故彼此不同耳。今即两取，若有所得心即有缘感；以无所得心即无缘感，故无心而应，如铜山崩，钟铃应。今义例上可知。

真应相即，解者不同。《摄论》云：化佛但是色声，无论其智，既法与智相即为一也。若开善义，解丈六是法身用，异于二家，故体用相即为一也。今即不尔，丈六无当即是法身。如《注》云："夫圣人空洞无像，应物故形，形无常[2]体，况长短之有恒？"群生万形，果报不同，是以应之不同耳。取其长短是众生之心，本其无当即法身之真。岂曰体用异处，真应两行，然后辨其丈六即真者哉！斯即于见未曾所见，未曾有无相为法身，符同为应身。故云"心生于有心，像出于有形。心非我生，故日用不勤。像非我出，故金流不燃也。"此中即开二义：一本迹义，二随内外义。本迹者，非本无以垂迹，非迹无以显本，本迹虽殊，无朕一也。内外者，就感应各明四句。感四者，一理外感理内；二理内感理外，如十地大士见丈六法身也；三理内感理内；四理外感理外也。应中四句，反取即是耳。斯即四句无当，感应体也。

而惑者睹神变因谓之有，见灭度便谓之无。有无之境，妄想之域，岂足以标榜玄道而语圣心者乎？意谓至人寂泊无兆，隐显同源，存不为有，亡不为无。何则？佛言："吾无生不生，虽生不生；无形不形，虽形不形。"以知存不为有。经云："菩萨入无尽三昧，尽见过去灭度诸佛。"又云：

---

[1] 同：疑为"因"。

[2] 常：底本作"当"，讹误，现据《注维摩诘经》卷一改。

"入于涅槃而不般涅槃。"以知亡不为无。亡不为无，虽无而有；存不为有，虽有而无。虽有而无，故所谓非有；虽无而有，故所谓非无。然则涅槃之道，果出有无之域，绝言象之径，断矣！子乃云："圣人患于有身，故灭身以归无；劳勤莫先于有智，故绝智以沦虚。"无乃乖乎神极、伤于玄旨者也。

第三义，别答两难，有三科：一难家所执，是惑者情。二"意谓"下，别答两难。三"觌者"下，非其难意也。

言惑情者，睹变谓有，见灭谓无，只是惑情，未足拟其玄道也。

第二科，"意谓"下，别答，有二段：一有无相即，答无余难。二"经曰法身"下，约法身般若真应相即，答有余难也。若以义论，皆得通。"若但"下，别结，故云别示。

答无余难有四阶。一有无虽异，旨趣无二。二"何则"下，引佛与经，释上无有。三"亡不为无"下，释上经意，相即表理。四"子乃"下，释答无余难也。

"寂泊无兆"者，所泊之处寂然无朕也。"隐显同源"者，非本无以垂迹，非迹无以显本，本迹虽殊，不思议一，即是同源也。"存不为有，亡不为无"者，释上生下，同源故显而不有，隐而不无也。二"何则"下，引佛与经，释上有无，即有无相即义。初引佛言，证存不为有，以有即无也。从"经曰"下，引两经证，亡不为无，以无即有也。

三"亡不为无，虽无而有"下，两双四句。一结释上经意相即表理。此句牒上句云以无即有也。"存不为有，虽有而无"，此句牒上佛言以有即无。此一双两句释相即也。"虽无而有，所谓非有"下，一双两句，以有无表非有非无。"然则"下，所表非有非无之理，今所云无余涅槃也。

四"子乃"下，结答无余，如文也。

经曰："法身无象，应物而形；般若无知，对缘而照。"万机顿赴而不挠其神，千难殊对而不干其虑，动若行云，止犹谷神，岂有心于彼此、情系于动静者乎？既无心于动静，亦无象于去来。去来不以象，故无器而不形；动静不以心，故无感而不应。然则心生于有心，象出于有形。形非我出，故金石流而不燋；心非我生，故日用而不勤。纭纭自彼，于我何有？所以智周万物而不劳，形充八极而无患，益不可盈，损不可亏，宁复痾疠中遘，寿极双树，灵竭天棺，体尽焚燎者哉！

二、答有余难，有四阶。一就法身波若明应之体相。二"万几顿赴"下，明法身波若忘怀用。三"然则"下，就法身波若明丈六即真。四"所以"下，结答有余难也。

上总答以虚空譬辨应之体，今以二点明应之相。"法身无像，应物以形"者，《注》云："法身者，虚空身也，无生而无不生，无形而无不形。"即无当法身，随其心水净秽不同而法身无当，如水现月，应物以形也。"波若无知，对缘而照"者，《注》云："无相真慧，无知而无不知，无为而无不为。"即无知般若，随其境界，照境不同，而波若无知，如镜现色，对缘而照也。《大品》云："以空无偏，故神通周遍。"此就二点以明其本也。

二"万几顿赴"下，明忘怀用，至"不干其虑"，释波若用，神虑即是波若智也。"动若行云，止犹谷神"者，释法身用。至人无心玄被，唯感之从，若不系之云，随风之东西，故动若行云也。止若谷神者，谷神，中央之无也。《老子》曰："无形无影，无逆无造。处卑 [1] 不动，守静不衰，而不见其形。"故云止若谷神者也。"岂有"下，就云谷结明无心。心、情异者，《庄子注》云："是非为情。无是无非，情将无寄乎？"法师云：心缘法生，有用有实。情附心起，有用无实。非虚情无以妄计，无心家即情无所附。此二相资，轮转三有无极者也。"既无心于动静"者，举心无相，释遣像形也。"去来不以像"下两句，明法身般若忘怀故不违诸相，即是无相不违相也。

---

[1] 卑：底本作"早"，讹误，现据王弼《老子道德经注》改。

三“然则”下，就法身波若明丈六即真，有三双六句。初两句立章门。“心生于有心”者，于尧即治天下，百姓皆托我有也。次明“形非我出，故金流不燋”。下两句别释也。此句法身即丈六。何者？至人推理任在，故世不然，为悉，既在天而天，即在火为火，火岂能烧乎？“心非我生，故日用不勤”者，波若即丈六。何者？圣人无心，以万物心为心，故几现不同。我体善生，不劳我用。现非我现，用非我用，我无劳矣，故日用不勤也。“云云自彼，于我何有”者，感应双结。何者？感虽云云，三千不同。论其应照，无异寂然之地。四“所以”下，结答有余难。“智周”结般若，“形充”结法身也。八极者，一东北仓明，二东方开明，三东南阳明，四南方暑明，五西南自门，六西方阊阖，七西北幽都，八北方寒门，是论八极也。“益不可盈”者，注而不满，论境生而智不增也；“损不可亏”者，酌而不竭，论境智而不智，释智周义。《庄子》云：“益之而不加益也，损之而不加损，圣人之所保之也。”“宁可”下，释法身形无义也。疠，疫病。八方并天为九。云中逵，如云我今背病也。天冠，寺名也。

而觊者居见闻之境，寻殊应之迹，秉执规矩而拟大方，欲以智劳至人、形患大圣，谓舍有入无，因以名之，岂所谓采微言于听表、拔玄根于虚壤者哉！

第三科，“而觊者”下，非其难意。觊者“秉执规矩而拟大方”者，以无规有规拟仪至人也。“拔玄根于虚壤”者，远法师云：世号知沈根可移之于冲根也。

折·征出第二

《尔雅》曰：贤士隐山，王征，犹验也、明也者，征之令出也。又一成者之也。今所明涅槃，出有无外，征召有无之内也。开宗中云涅槃独曳有无之表，今难此意，文有二义：一明有无二法摄一切法罄无不尽，何处有有无之外有妙道也。二"而论下"，正设难也。

有名曰：夫浑源创判，万有参分。有既有矣，不得不无；无不自无，必因于有。所以高下相倾，有无相生，此乃自然之数，数极于是。以此而观，化母所育，理无幽显，恢诡谲怪，无非有也；有化而无，无非无也。然则有无之境，理无不统。经曰：有无二法，摄一切法。又称三无为者，虚空、数缘尽、非数缘尽。数缘尽者，即涅槃也。

而论云："有无之表，别有妙道，妙于有无，谓之涅槃。"请穷妙道之本，果若有也，虽妙非无；虽妙非无，即入有境。果若无也，无即无差；无而无差，即入无境。总而括之，即而究之，无有异有而非无，无有异无而非有者，明矣。而曰："有无之外别有妙道，非有非无，谓之涅槃。"吾闻其语，未即于心也。

"夫浑源创判，万有参分"者，浑，下昆反，水原流浑，周一貌也。据说而言，有太易、太初、太始、太素者，未见气也。总气、形、质三而名混沦。混沦者，万物浑原而未相离也。视之不见，听之不闻，修之不得也。《易》曰："易有大极，是生[1]二仪。"太极亦云太一，亦云无一。一即太极，二而二仪。如无称取其有之所极，谓之太极也。清者上为天，浊者凝为地，流为江海，结为山岳，受天地清气为天，故云"创判"也。"参分"者，随参也，亦三也。三才世既立，万有参分。此言无者，只是偏无，极似粗汩，而难宗降于主，其宜然矣。"化母所育"者，言道所出物即非有也。幽即鬼道，显即人事。恢，大也。诡，居为反，诈一青。谲，古穴反，小也。怪，古怀反，异也。正是连字成训也。凡物事大者可怪曰恢诡，小者可怪曰谲怪者之矣也。

"经曰"下，引证涅槃为数缘灭无为。

第二义，正设难，有三段：初领上语。次"请穷"下，正作有无两关。

---

[1] 生：底本作"其"，讹误，据《周易·系辞》改。

后"总而"下，结也。"总而括"者，上云有无二法摄一切法，故总括诸法莫出有无也。"即而究之"者，结虽妙非无等也。"而曰"下，双唱六解。

演·超境第二

问家道理不过有无，今明出有无外，故云超境也。此义明佛果二谛摄不摄，略出四解。第一，光宅云：相成招果，不即空、不异空，故即体虚假，真解感果。体不即空，不即空故实而非假，但妙有真常，非二谛摄。至如三无为、龟毛兔角等，此非俗有，何即空？第二，庄严云：名相假有，此四义中得云佛果。名相有而不之假，故非二谛。第三，开善云：佛果是相续假，是相待假。既云二假，非俗如何，但有粗妙耳。第四，埵法师云：妙绝于有无之域，玄越于名数之表，故佛非二谛。

今明二谛，自有四阶。然二谛之名非至极之体，但辨法相非有非无。故先破执，然后显示中道，故借名显相以表之。四阶者，一有无二谛，二因缘二谛，三生死涅槃相对二谛，四佛果二谛也。有无二谛者，亦名偏有偏无，对凡性心，所谓二谛。何者？假名众生有名用体，名为俗谛；名用体空，名为真谛。因缘二谛者，对于圣心所明二谛。因缘和合，假名众生，万法相假，名为俗谛。因缘无处，本自不生，名为真谛。相待二谛者，生死有无名为俗谛，佛果涅槃名真谛。何者？俗是俗情，凡是有无，万法皆是倒情所作也，故名俗谛。佛果涅槃永绝有无，超出生死。今对生死为俗，涅槃名真谛也。就佛果明二谛者，广修万行，得佛菩提，行因得果，是因缘果，名为俗谛。佛果万德一圆，一相无相，因果相绝，名第一义谛。凡言因缘，即有四种：一和合因缘，二相续因缘，三相待因缘，四境智因缘。是故从此因缘生法皆名世谛。因缘无当，即无所得，第一义谛。故此佛果二谛所摄。《中论》偈云："因缘所生法，我说即是无，亦为是假名，亦是中道义。"此四种二谛配四论者，第三、第四二即〈涅槃〉、〈无知〉所申之理。第一、第二两阶二谛即〈不迁〉、〈不真〉所明理也。

文有三义。一述难。二"何则"下，释难家有无义。三"论称"下，申宗。

无名曰：有无之数，诚以法无不该、理无不统，然其所统，俗谛而已。经曰："真谛何耶？涅槃道是。俗谛何耶？有无法是。"

初述难者，"有无之数，法无不该"者，如难家云。"经曰"下，证俗谛有无也。

何则？有者有于无，无者无于有。有无所以称有，无有所以称无。然则有生于无、无生于有，离有无无、离无无有。有无相生，其犹高下相倾，有高必有下，有下必有高矣。然则有无虽殊，俱未免于有也。此乃言象之所以形，是非之所以生，岂足以统夫幽极、拟夫神道者乎！

第二义，"何则"下，述释有有无。"有无所以称有"者，即释"有者有于无"句也。"无有所以称无"者，即释"无者无于有"句也。"然则"下，重释有无假，其犹高下相倾，未足拟其幽玄涅槃。故《成论》破云："如虎衔[1]子，若急即伤，若缓即失。过与不及[2]，二俱有过。若定说无，是则为过；若定说有，是名不及[3]，故经云应舍二边也。"

是以《论》称出有无者，良以有无之数止乎六境之内，六境之内非涅槃之宅，故借出以祛之。庶悕道之流，仿佛幽途，托情绝域，得意忘言，体其非有非无。岂曰有无之外，别有一有而可称哉！经曰三无为者，盖是群生纷绕，生乎笃患；笃患之尤，莫先于有；绝有之称，莫先于无，故借无以明其非有；明其非有，非谓无也。

---

[1] 衔：底本作"吟"，讹误，据《成实论》卷十改。

[2] 过与不及：底本作"过犹不知"，讹误，据《成实论》卷十改。

[3] 是名不及：底本作"是咎不知"，讹误，据《成实论》卷十改。

第三义，"论称"下，第三真谛，更申上宗出有无意。此忘言绝域，岂有一有而可称乎？故旧云肇师义唯真无俗，正谓此矣。第四阶佛果二谛，即〈涅槃〉、〈无知〉两论释其义也。"经曰"下，释所引三无为也。数缘无为，明其非有非无，故即无相无为也。

折·几玄第三

支道琳师《物有玄几论》云："物有几玄于未兆。"《易》云："玄几者，物动之微，吉之先出也。"《注》解："背无向有，有而未见。"又几谓几开，制动之王者之也。若论内义，是可生理。言几玄者，是冥默无所有而有可生理者，为当以有无得，为当离有无得？

有名曰：论旨云："涅槃既不出有无，又不在有无。"不在有无，则不可于有无得之矣；不出有无，则不可离有无求之矣。求之无所，便应都无，然复不无其道。其道不无，则幽途可寻，所以千圣同辙，未尝虚返者也。其道既存，而曰不出不在，必有异旨，可得闻乎？

文有二义。第一义，蹈即离两关，难其得义。第二义，"然复"下，牒论所明理，以圣不虚反，仍请闻妙旨也。云"不出有无，不在有无"者，超境云借出以祛之，即不在义。又云"岂曰有无外而可称哉"者，即不出义。

演·妙存第四

涅槃之道，不在有无而不出有无。然则冥真妙道存乎即真，故曰妙存也。

文有二义：一正难，遣其闻义。二"净名"下，正说冥义也。

无名曰：夫言由名起，名以相生，相因可相。无相无名，无名无说，无说无闻。经曰："涅槃非法、非非法，无闻无说，非心所知。"吾何敢言之，而子欲闻之耶？虽然，善吉有言："众人若能以无心而受、无听而听者，吾当以无言言之。"庶述其言，亦可以言。

正中有三段：初遣名相，理即可说。次"经曰"下，引经证理无相，遣其闻义。后"虽然"下，心戒听。"无心而受，无听而听"者，《书》云："大士受道以神，中士受道以心，下士受道以耳之。以神听者通无生，以心听者知内情，以耳听者闻外声也。"《注》云："无说岂曰不言，谓能无其所说也。无闻岂曰无听，谓能无所闻也。无其所说，故终日说而未尝说。无其所闻，故终日闻而未尝闻也。"

"吾当"以下，述言许答也。

净名曰："不离烦恼而得涅槃。"天女曰："不出魔界而入佛界。"

第二正说冥义，有二科：一依经立宗。二"然则"下，正辨冥义也。

立宗者，"《净名》曰不离烦恼而得涅槃"，就烦恼法明不出不在。《注》释烦恼真性即是涅槃。慧力强者观烦恼性即入涅槃，不待断而入也。又"不出魔界而入佛界"，就邪法立不出不在。《注》释佛性魔性本不殊，为舍邪而正乎？此即明理不殊，故是不出不在义也。

然则玄道在于妙悟，妙悟在于即真。即真则有无齐观，齐观则彼己莫二。所以天地与我同根，万物与我一体。同即非复有无，异即乖于会通。所以不出不在，而道存乎其间矣。

第二科，"然则"下，正辨冥义。招提判经文，唯说同无生、如、实际，无正明文广说冥义。若如惠仰，经说亦非冥非不冥，此止有言也。今先出异解。开善云：心法本无，今乃始有。此心研修，冥彼万物之真谛。心是有法，境是真谛。心冥真谛境，境无境相，智无智相，境智无二，即冥真无相。而云唯智是照，境即冥会也。约[1]用冥，明不出不在。后"然则"下，遣能所，泯境智也。

"然则玄道在乎妙悟"者，初就体冥。此中有两种四句、结二句，并十句也。初四句辨冥齐即义。言玄道者，即迷辨中，以其未显，谓之玄道。解悟此理，妙于迷昧，故云妙悟。迷时中道于今即显。迷中在解，谓之为存。一句也。

"妙悟在于即真"者，妙悟之智，体自成真，非别有真，以智即真也。今谓即义有二：一两物相即，二举体成真为即也。如开善义，善心冥境不即成真者，反难开善二谛相即义，俗亦不应举体成真。若俗举体成真者，今亦心法反成中境，此复何妙？若犹不许，即非大道无。二句也。

"即真即则无齐观"者，体即成真，真即中道，中道即有无齐观。观者异于万法，中道故云观。三句也。

"齐观则彼己莫二"者，上云齐观，即知有智慧，能齐前境，故释之。彼即境也，己即智也。理无有无之相，观无彼己之解。故《注》云："观生于缘，离缘故无观。可谓冥中观，亦名平等观，亦名第一义观，亦名中道观，亦名即体观。"四句也。

"所以"下四句，证成前义。"天地与我同根"者，无二中道为根。"万物与我一体"者，以是非为一体。此二句也。故《注》云："第一大[2]道，理无不极乎！若虚空，无升降之殊也。""同即非复有无"者，同亦二义：一两物不异为同，二举体变成为同，如十连金融成一圆。既同此理，体非有无。三句也。"异即乖于会通"者，若我与理异，乖于中道会通之义。四句也。

"所以"下两句，就体冥结不出不在以答问也。同非有无，即不在矣。异乖会通，即不出矣。

---

[1] "约"上，据下文，疑似脱"初就体冥次"数字。

[2] 大：底本脱，据《注维摩诘经》卷一补。

何则？夫至人虚心冥照，理无不统。怀六合于胸中而灵鉴有余，镜万有于方寸而其神常虚。至能拔玄根于未始，即群动以静心。恬淡渊默，妙契自然。所以处有不有，居无不无。居无不无，故不无于无；处有不有，故不有于有。故能不出有无而不在有无者也。

次段就用冥辨不出不在。二谛为用冥，此二谛即是用冥。如两物相即为即。若就用冥论相即义，亦不当四句：一亦不即，异亦不即，即亦不即，离亦不即也。

就此有四阶：一总标冥会，"夫至人虚心冥照，理无不统"者也。

二从"怀六合"至"其神岂虚"，明照俗冥有，即与物冥也。天地四方为六合。圣照无尽，谓言"有余"，照俗也。"方寸"者，心也。虚心照物智，其心常虚也，冥有也。

三从"至能"，妙契自然，照真冥空也。隐而未明谓之玄根，为万物本谓之立根，为学之本谓之玄道。今即显出，谓之拔也。物虽群动而照即空，谓之静心，照真也。天地之平，道德之极，圣人所体，谓之恬淡，言不着也。圣人神静，为天地鉴，谓之渊默也。理无人作，故曰自然。冥契无二，谓之妙契，冥空也。

有言肇师是有所得义，既有渊默之解，有所契自然，岂非有所得乎？今谓不然，可二义释。若论体冥，久绝能所，是无所得。论其用冥，境智相会，是有所得。有所得、无所得归于无二，即大无所得也。

四"所以"下，就用冥结不出不在以答问也。"处有不有，居无不无"者，冥俗而不为俗，契真而不为真也。"居无不无，故于无处有"者，释上非真也。"居有不有，故于有处无"者，释上非俗也。如《注》云："在有不舍无，在无不舍有。处有常修空，修空当万化也。"

引一本，证上不出不在。"居无不无，故能不出于有，不无于无故"者，此明居无不出有也。"处有不有，故能不出于无，不有于有故"者，此明居有不出无也。"处于有无而不在有无"者，此句双结不在也。若言"处于有无而不在有无"者，即可双语不在有无而不出有无。上已明不出，

269

故此句阙也。

然则法无有无之相，圣无有无之知。圣无有无之知，则无心于内；法无有无之相，则无数于外。于外无数，于内无心，此彼寂灭，物我冥一，泊尔无朕，乃曰涅槃。涅槃若此，图度绝矣，岂容可责之于有无之内，又可征之于有无之外耶？

后段泯境智。今言不出不在，如有境智，以遣境智归于无二，正是开善冥无相义。"法无有无之相，圣无有无之智"者，境无境相，智无智相也。"圣无有无之智，无心于内"者，智相绝于内也。"法无有无之相，则无数于外"者，境用相绝于外也。"于外无数，于内无心"者，遣内外也。"此彼寂灭，物我冥一"者，境智泯能所，一归于无二。故《注》云："观生于缘，离缘故无观也。""泊尔无朕，乃曰涅槃"者，指言有在也。理既如此，岂可征在有无而可责出有无耶？

折·难差第四

上已明果，此下四折难三乘行，理既无二，悟不应异，故曰难差也。

有名曰：涅槃既绝图度之域，则超六境之外，不出不在而玄道独存。斯则穷理尽性究竟之道，妙一无差，理其然矣。

文有三义。一、就理领宗。"六境"者，六尘也。"穷理尽性"者，穷万物理，尽心神性。

而《放光》云："三乘之道，皆因无为而有差别。"佛言："我昔为菩萨时，名曰儒童，于燃灯佛所，已入涅槃。"儒童菩萨时于七住初获无生忍，进修三位。

第二义，"放光曰"下，就行作两关难。初就小乘难三乘差别，次就大乘明三位不同也。"初获无生"者，肇师执小顿悟，七地始悟无生。又三乘得道，有声闻义。

若涅槃一也，则不应有三；如其有三，则非究竟。究竟之道而有升降之殊，众经异说，何以取中耶？

第三义，"若涅槃一也"下，双结两难。众经殊言，何以取正？

演·辨差第五

理虽无二，约理、教悟异，故曰辨差也。
文有三义。一述经意；二"而难"下答；三"夫以"下结答也。

无名曰：然究竟之道，理无差也。《法华经》云："第一大道，无有两正。吾以方便，为怠慢者，于一乘道，分别说三。"三车出火宅，即其事也。以俱出生死，故同称无为；所乘不一，故有三名。统其会归，一而已矣。

大道无二，而随根性于一说三，然其所证，无为无二也。法流汉地，贤者不少，今言盛者，支道林、竺僧弼、竺法汰、释道安、鸠摩罗什等，皆无三六说。唯竺道生执大顿悟云无量三乘，有因三乘。肇师、瑶[1]师等执小顿悟，非但无小行得道，其登地以上六地以还亦非真理，则不言有菩萨而无声闻也。开善曾用此义。会稽东山寺名法华山寺，从此出于兴皇寺讲导有声闻义，上入堂言业靳都亭头。业靳者，谓语事也。都亭契头有寺名灵喜寺，开善曾在彼寺，道有声闻，与学士论志，上虽不在彼而云知其

---

[1] 瑶：疑为"瑶"之讹，即释法瑶，下同。

事尔者也。明三乘同观义。郗嘉宾[1]《奉法要》云："二乘著无以舍有，大乘同志以即真。"此明同观义。远法师执异观为问，什师以同观为答，即同观之说与肇师不异也。而〈不迁论〉云"声闻闻无常以成道，缘觉觉缘离以悟真"者，此是从诠为言也。但乐小功德，厌畏生死，即为声闻。乐独善寂，少多济物，即为缘觉。志安生死，不求自出，名为菩萨。即七地以上，过于二乘，此不须论。今六地以下，与三乘同，同尔许空智断见思义尽，俱出火宅，更不受三界，出火宅义也。故《释论》云："罗汉出三界，于净土中闻《法华经》，具足佛道。"此明罗汉生中间净土也。于义必须中间出者，二乘改小学大，多用其功。若上受变易，都无声教受悟，良难报身亲承质也。

而难云："三乘之道，皆因无为而有差别。"此以人三，三于无为，非无为有三也。故《放光》云："涅槃有差别耶？答曰：无差别。但如来结习都尽，声闻结习不尽耳。"请以近喻，以况远旨。如人斩木，去尺无尺，去寸无寸，修短在于尺寸，不在无也。

第二义正答难。此中但答三乘差难。三位不同问，第八章中自当释也。"此以人三，三于无为，非无为有三"者，以人约法，故有三无为也。"《放光》曰"下，引证及譬，文可解。"如来结习都尽，声闻结习未尽"者，什师《实相论》云："大乘中论结有二：一凡夫结使，三界所系。二诸菩萨闻法实相义，灭[2]三界结使，唯有甚深佛法爱慢无明等等细微之结，受法身也。爱者[3]，深着佛身，不惜身命也。无明者，于深法中不能达通也。慢者，得是深法，不在无生忍，或起高心：我于凡夫闻殊异之法。以人不识，此言残气。是残气不生三界，唯受法身，教化众生，具足佛道也。"

---

[1] 郗嘉宾：底本作"郗喜宾"，讹误，据《弘明集》卷十三改。

[2] 灭：底本脱，据《鸠摩罗什法师大义》卷上补。

[3] 爱者：底本脱，据《鸠摩罗什法师大义》卷上补。

譬释可见也。

夫以群生万端，识根不一，智鉴有浅深，德行有厚薄，所以俱之彼岸，而升降不同。彼岸岂异？异自我耳。然则众经殊辨，其致不乖。

第三义，"夫以"下结答。根性不同，故升降不一，而无为无二。然则教虽不一，致归宁异？

折·责异第五

就人法异为难，故曰责异之也。法即无为，人是能体无为者也。若所证无为无二，能证之人亦应无差。若言无为无异、异自我者，即失三乘得道义也。

有名曰：俱出火宅，则无患一也。同出生死，则无为一也。而云："彼岸无异，异自我耳。"彼岸则无为岸也，我则体无为者也。

请问我与无为，为一、为异？若我即无为，无为亦即我，不得言无为无异，异自我也。若我异无为，我则非无为。无为自无为，我自常有为，冥会之致，又滞而不通。

然则我与无为，一亦无三，异亦无三。三乘之名，何由而生也？

文有三义，一[1]、领宗定义。

第二义，"请问"下，正作两关。若一，不应言异自我耳。若异，即失冥会之道也。

第三义，"然则"下，结。"一亦无三"者，以法即人，法既无三，人亦无三。"异亦无三"者，若人法异，即人虽有三，无为无三，然则三

---

[1]　一：底本脱，据文意补。

乘之人，非因无为而有差别也。

演·会异第六

三乘不一，而俱证无为而为一，故云会异之也。无为即乘，乘即无为，人法恒即而未尽无为，故有三名。文有三义：一引古况释，证人法不异。二"譬喻"下，以譬合释。三"然则"下，归宗结答也。

无名曰：夫止此而此，适彼而彼，所以同于得者得亦得之，同于失者失亦失之。我适无为，我即无为。无为虽一，何乘不一耶？

"夫止此而此，适彼而彼"者，理无彼此，唯变所适也。"所以同于得者得亦得之，同于失者失亦失之"者，无为无形，成济万物，故得其道者与道同体，失其道者亦同体。"我适无为"下，人法为即也。

譬犹三鸟出网，同适无患之域，无患虽同，而鸟鸟各异。不可以鸟鸟各异，谓无患亦异。又不可以无患既一，而一于众鸟也。然则鸟即无患，无患即鸟。无患岂异？异自鸟耳。如是三乘众生，俱越妄想之樊，同适无为之境。无为虽同，而乘乘各异。不可以乘乘各异，谓无为亦异。又不可以无为既一，而一于三乘也。

第二义，初出鸟譬。"然则"下，牒譬合释，可释。

然则我即无为，无为即我。无为岂异？异自我耳。所以无患虽同，而升虚有远近；无为虽一，而幽鉴有浅深。无为即乘也，乘即无为也。此非我异无为，以未尽无为，故有三耳。

第三义，"然则"下，归宗结答。法有二种，一、无为法，二、乘法，乘法者智也。"无患虽同而有高下之飞"者，譬也。"无为虽一而有深浅之贤"者，合也，举乘法有三也。"无为即乘也"者，有无法相即也。"乘即我也"者，以乘法而即人也。"此非我异无为"者，以人即无为法也。"以未成无为故"者，举人有三，明无为不一也。

折·诘渐第六

诘，治也，问其罪也，责也，让也。渐也，近也。此中难意，执顿悟义难三乘无为有浅深及位有上下。而顿悟者，两解不同。第一，竺道生法师大顿悟云："夫称顿者，明理不可分，悟语照极，以不二之悟，符不分之理。理智兼 [1] 释，谓之顿悟。见解名悟，闻解名信。信解非真，悟发信谢，理数自然，如果熟 [2] 自零。悟不自生，必籍信渐。用信伏 [3] 惑，悟以断结。悟境停照，信成万品。故十地、四果，盖是圣人提理今近，使行 [4] 者自强不息 [5]，闻信从教生，设非信是，义同市虎。答曰：信实解当冥，由说主所谬。圣圣相传，信教冥符。出苦累亡，岂同市虎？难旧云：空若渐见，当 [6] 言佛性亦渐见。若言佛性平等非渐见者，空亦如是，岂得渐见？故知诸佛乃能悟耳。"用此义者，什师《注》云："树王成道，小乘以卅四心成道，大乘中唯一念确然大悟，具一切智也。"第二，小顿悟者，支道琳师云："七地始见无生。"弥天释道安师云："大乘初无漏慧称摩诃波若，即是七地。"远师云："二乘未得无生 [7]，始于七地方能得也。"瑶法师云："三界诸结，七地初得无生，一时顿断，为

---

[1] 兼：底本作"惠"，讹误，现据《华严经疏钞》卷五十六引竺道生语改。

[2] 熟：底本作"就"，讹误，现据文意改。

[3] 伏：底本作"伪"，讹误，现据文意改。

[4] 行：底本作"夫"，讹误，现据文意改。

[5] 息：底本作"见"，讹误，现据文意改。

[6] 当：底本作"若"，讹误，现据文意改。

[7] 生：底本作"有"，讹误，现据文意改。

菩萨见谛也。"肇法师亦同小顿悟义。何者？即二谛是用，无二为体。二谛是筌，不二为之中。而六地以还，有无不并，无二之理，心未全一，故未悟理也。若七地以上，有无双涉，始名理悟。《释论》第四十九卷云："舍有二种：一舍结行施，二舍结得道。此以除悭[1] 为舍，与第二舍结作因缘，至七地乃能舍结。"中土名德执小顿悟者执此文。又《十住论》第一卷末，初地不嗔，云"是菩萨结未断故，多行善心，少于瞋恨"。今谓处文明七地方断，此文复说初地未断，龙树所说，正自始之。此中难意，二乘三界结尽即齐七地，俱应理悟。

有名曰：万累滋彰，本于妄想；妄想既祛，则万累都息。二乘得尽智，菩萨得无生智，是时妄想都尽，结缚永除；结缚既除，则心无为；心既无为，理无余翳。经曰："是诸圣智不相违背，不出不在，其实俱空。"又曰："无为大道，平等不二。"既曰无二，则不容心异，不体则已，体应穷微。而曰"体而未尽"，是所未悟也。

文有二义。第一义，举结尽无为，无为无二，何说三人？理无余翳。第二义，"经曰"下，证智无差。"又曰"下，证境无二。"既"下，结难也。

演·明渐第七

理无阶差，其实然矣。责令顿尽，义不然之。
文有三义：一引经释譬，二举事况理，三引证答难也。

无名曰：无为无二，则已然矣。结是重惑，而可谓顿尽，亦所未喻。经曰："三箭中的，三兽渡河，中、渡无异，而有浅深之殊者，为力不同

---

[1] 除悭：底本作"舍结"，讹误，据《大智度论》卷四十九改。

故也。"三乘众生俱济缘起之津，同鉴四谛之的，绝伪即真，同升无为。然其所乘不一者，亦以智力不同故也。

箭譬智，的喻境。兽况人，河合法。即境智人河合法，即境法也。三乘济缘起，合兽、河。鉴四谛、无为，合箭、的。"然其"下，结不一也。

夫群有虽众，然其量有涯，正使智犹身子、辩若满愿，穷才极虑，莫窥其畔。况乎虚无之数、重玄之域，其道无涯，欲之顿尽耶？

第二义，"夫群"下，举事况理。正使舍利之智、富那之辩，莫窥有崖之事。况无岸重玄之理，一悟顿尽乎？远师云："非夫圣近善诱，孰窥其非？夫穷神冥应，孰岸其极也。"

书不云乎，"为学者日益，为道者日损。"为道者，为于无为者也。为于无为而日日损，此岂顿得之谓？要损之又损之，以至于无损耳。经喻萤日，智用可知矣！

第三义，"书不"下，引证答难。为学日益者，务欲进学，益其日也。为道日损者，欲反无为，弥损有为也。损之至于无损者，穷损有为而无不为。夫群生封深，不可顿舍阶级，渐遣以无遣。讫此答无为无二难也。"经喻萤日"者，即《大品经·习应品》，日喻菩萨智，萤喻声闻智。此答无差难。

折·几动第七

七地法身进修三位，心智未寂，故有微动。几者，动之微者之也。上难差中引儒童时据大乘为难，其今未释，故须更难，非别起也。判法身位，三家不同。第一，《摄论》云："地前卅心见思及习都尽，初地以上断迷理无明故，分证法身也。"第二，梁时三大法师并云：八地为法身位，七地未合也。第三，什师、肇师等并云：七地入法身位，心智寂灭。而云进修三位者，理未穷故，有进趣之功。若有进趣之功，动静未息，云何心智寂灭？故有几动也。

文有三义：一引经释心智寂灭。二"而复"下，正难。三"既以"下，举文义结难也。

有名曰：经称法身已上，入无为境，心不可以智知，形不可以象测，体绝阴入，心智寂灭。而复云进修三位，积德弥广。夫进修本于好尚，积德生于涉求。好尚则取舍情现，涉求则损益交陈。既以取舍为心，损益为体，而曰体绝阴入，心智寂灭，此文乖致殊，而会之一人，无异指南为北，以晓迷夫。

"法身以上入无为境"者，六住已下以未全一，在有即舍空，在空即舍有，未能以平等真心，有无双涉。七地以上，二行俱寂，心不可以像得，故心智寂灭也。

第二义，"而复"下，正难。既以取舍为情，心智未绝也。

第三义，"既以"下，文义乖难定，"文乖殊致"者，违经绝言之文，乖彼悟理之旨也。南喻闇进修三位也。谢康乐灵运《辨宗》，述生师顿悟云："南为圣也，北为愚[1]也。背北向南，非停北之谓。然向南可以至南，背北非是停北。非是停北，故愚[2]可去矣。可以至南，故悟可得矣。"释慧观师执渐悟以会斯譬云："发出嵩洛，南形衡，去山百里，仿佛云岭，路在嵩朝，岑严游践。今发心而向南，九阶为仿佛，十住为见岑，大举为游践。若以足言之，向南而未至。以眼言之，即有见而未明。但辨宗者得其足以为五度度，况渐悟者取其眼以为波若之向南之行。而所取之义殊，

---

[1] 愚：底本作"遇"，讹误，现据《广弘明集·辨宗论》改。

[2] 愚：底本作"运"，讹误，现据《广弘明集·辨宗论》改。

犹不龟之能而所用之功异之也。"

演·动寂第八

法身大士，体实相空，以智寂灭而形充八极，逾动逾寂，故曰动寂者之也。文有三义：一动寂无二。二"道行"下，明无相万行。三"儒童"下，明不住道也。

无名曰：经称圣人无为而无所不为。无为故虽动而常寂，无所不为故虽寂而常动。虽寂而常动，故物莫能一；虽动而常寂，故物莫能二。物莫能二，故逾动逾寂；物莫能一，故逾寂逾动。所以为即无为，无为即为，动寂虽殊而莫之可异也。

"经称圣人无为而无不为"者，大乘观空，但见诸法唯空唯无，故曰无为也。无为观行，不证因果，不舍生死，被万物功德曰藏，故无所不为也。"无为故虽动而寂，无所不为故虽寂而动"者，动静相即，如不起寂灭道场而现身七处八会，又身周十方而不离本土，即是二智方便，非二乘所见也。

"虽寂"下，就二乘明同异。亦可以境为物，就境空明其同异。"虽寂而动，物莫能一"者，智有应会之用，境即不尔，故物莫能一也。"虽动而寂，物莫能二"者，境空心寂，体相无二，故云莫二也。若尔，七地已上如冥义。若论体冥，七地以上有方不生灭，故不得言。若论用冥，七地即能。故什师云："冥心真境，即十地能冥，因其宜也。"又《注》云："得无生法忍，即于法无取无得，心相永灭，故无所得也。"

"物莫能二故"下，结动静为无，为相即也。若判慧者，四宗不同。一、　师云：六地以还名道慧，七地以上名道种慧。二、冯师云：初地至七地名道慧，八地名道种慧。三、亮师云：初地即能空有并照，名道种慧。四、什师、肇师等，七地名道种慧也。明地体不同，　师以空慧为地体，诸功德为治地，乘一解一，行为地体。今意无相万行悉为地体也。七地习气尽，如舍利弗神力去花不能全者，《注》云："著与不著，在心不在花。"此分别心即是习气。既入七地，是法身位，即花不著，故七地习气尽也。

《道行》曰："心亦不有亦不无。"不有者，不若有心之有；不无者，不若无心之无。何者？有心则众庶是也，无心则太虚是也。众庶止于妄想，太虚绝于灵照。岂可止于妄想、绝于灵照，标其神道而语圣心者乎？是以圣心不有，不可谓之无；圣心不无，不可谓之有。

不有故心想都灭，不无故理无不契。理无不契，故万德斯弘；心想都灭，故功成非我。所以应化无方，未尝有为；寂然不动，未尝不为。经曰："心无所行，无所不行。"信矣！

第二义，明无相万行，有二科：一心为行本，故先以二义释心无相。二明所起行相也。

二义者，一就偏有偏无释心非有非无。有心即惑情，无心即偏无，偏无即是小乘灭心定也，岂可惑情、偏无而标法身耶？二"是以圣心不有"下，就因缘有无释心非有非无。何者？凡行起，非毕竟空也。《注》云："欲言其无，万行斯修。万行斯修，虽无而有，不可谓言无也。欲言其有，无相无名。无相无名，虽有而无，不可谓之有也。言有不乖无，言无不乖有。有无虽异，其致无二也。"

第二科，"不有"下，明无相行，有三双六句。因缘境界即是万行因之而起故。初两句冥二谛故，心无相也。"不有故心相都灭"，此句冥真之智如。"不无故理无不契"，此句冥有之解也。"理无不契"下两句，明所起忘怀行也。"所以应化"下两句，明其并观。故《注》云："虽达法相而能不证，处有常修空，修空常万化也。""经曰"下，证上三双，义出有之。

儒僮曰："昔我于无数劫，国财身命施人无数，以妄想心施，非为施也。

今以无生心，五花施佛，始名施耳。"又空行菩萨入空解脱门，方言"今是行时，非为证时"。然则心弥虚，行弥广，终日行，不乖于无行者也。

是以《贤劫》称无舍之檀，《成具》美不为之为，《禅典》唱无缘之慈，《思益》演不知之知。圣旨虚玄，殊文同辨，岂可以有为便有为、无为便无为哉！菩萨住尽不尽平等法门，不尽有为，不住无为，即其事也。而以南北为喻，殊非领会之唱。

第三义，明不住道，有二科：一就空有行明不住道。二"是以"下，据为无为明不住道也。

初有四阶。一"昔我"下，举非。二"今以"下，行有不住有。三"空行"下，证空不住空。远师问："取证云何异？"什师答："经直云 [1] 证，欲令易解，故云取证。佛为须菩提说，菩萨欲入三解脱门，先发 [2] 愿不作证：今时学行时，非是证时。如王子虽未有职，见小职位终不贪着，知当有大职。菩萨亦如是。"四"然则"下，就心行结不住道。故《注》云："冥空存德，彼我两济。"济，成也。

第二科，"是以贤"下，据为无为明不住，有四阶。一、引四经证成前义。所以重证者，上结难云文乖殊致，今云圣旨虚玄，殊文同辨。教虽万差，所明理同，无以教异而异于理也。二"岂可"下，简异二乘。二乘观空，以寂为寂，在有为有，以苦为苦也。三"菩萨"下，正结有为无为不住道也。"住尽不尽平等法门"者，尽即涅槃，不尽即生死。以大悲故住于生死，以波若故住于涅槃，故云住平等法门也。"不尽有为，不住无为"者，《注》云："有为虽伪，舍之大乘不成。无为虽实，住之慧心不明。是以菩萨不尽有为，故德无不就；不住无为，故道无不覆。"此二无碍门，菩萨弘道之爱，佛事无方之所。由四转譬贬之。《苍颉注》云：迷者指东为西方也。

---

[1] "经直云"三字，底本脱，据《鸠摩罗什法师大义》补。

[2] 发：底本作"反"，讹误，现据《鸠摩罗什法师大义》改。

折·穷源第八

此下四番明本始涅槃是众生所归之源，故云穷源者之也。前章明万行，今问所得果。

有名曰：非众生无以御三乘，非三乘无以成涅槃。然必先有众生，后有涅槃。是则涅槃有始，有始必有终。而经云："涅槃无始无终，湛若虚空。"则涅槃先有，非复学而后成者也。

文有二义：一、若行因人得，涅槃始有，有始有终。
第二义，"而经"下，引经结难。若无始终，非复众生得涅槃也。

演·通古第九

今于始有，乃通于古，故云通古也。佛果有二：一实相中道果，二万行修成果。今言通古，是万行修成果。若论本始，中道果为本有，修成果为始有。
文有三义：一明理圣无异，遣其本始之义。二"所以"下，体理人法非三世。此义正是开善本有义也。三"然则"下，正结非本非始义也。

无名曰：夫至人空洞无象，而万物无非我造。会万物以成己者，其唯圣人乎！何则？非理不圣，非圣不理。理而为圣者，圣不异理也。故天帝曰："般若当于何求？"善吉曰："般若不可于色中求，亦不离色中求。"又曰："见缘起为见法，见法为见佛。"斯则物我不异之效也。

初有三段：初"夫至人"至"唯圣人乎"，总标圣人以万物为体。次"何则"下，正明理圣无异，证非始有。理既本有，契理之圣宁可始终乎？后

"天帝曰"下，离境无智，即境而求智也。见缘为见佛者，离境无别智，故见缘即见佛。何者？若见十二因缘，为成佛之性，即是见法。若见成佛之法，即是见佛义也。此证理圣无异义也。

所以至人戢玄机于未兆，藏冥运于即化，总六合以镜心，一去来以成体，古今通，终始同。穷本极末，莫之与二，浩然大均，乃曰涅槃。经曰："不离诸法而得涅槃。"又曰："诸法无边故菩提无边。"以知涅槃之道，存乎妙契；妙契之致，本乎冥一。

第二义，体理人法明非三世，有三科：一、就人明非三世。二"经曰"下，就法证其无边。三"以知"下，归于无二。

初有二段：初明三世智。"戢玄几于未兆"者，戢，侧立反，聚也，易，不难也， 也，藏兵训也。物虽未有，理必玄有可生之理而形体未现，谓之未兆者，未来也。可生理聚照未来，谓之戢也。"藏冥运于既化"者，有物冥运，入于过去，谓之既化。既化者，过去也。变化之理照过去，谓之藏。"总六合以镜心"者，理照万象，如镜无心照物也。

后段一去来，虽照三世，体无异相。何者？上会万物以成己者，惑谓物有三世，佛亦宜然，故云"一去来以成体"，而遍三世，故云"古今通，始终同"也。"穷本极末，莫与之二"者，穷本即理始极有，不得两种涅槃，而体无二，故云莫二也。亦冥真有，两冥无异，故云莫二。"浩然大均，乃曰涅槃"者，结言有在也。

第二科，"经曰"下，至"无边"，以断两法，证其无边，即二经是也。

第三科，"以知"下，遣得归于无二。

然则物不异我、我不异物，物我玄会，归乎无极。进之弗先，退之弗后，岂容终始于其间哉！天女曰："耆年解脱，亦何如久？"

第三义，"然则"下，结答无始终。初结物我无二。次结无始终。后

"天曰"以下，况上舍利弗默不答者，表理无久近也。

折·考得第九

考，据也，引也。若众生得涅槃者，即征之得，诚谓之考得也。文有二义：一作两关难，二结难。

有名曰：经云："众生之性，极于五阴之内。"又云："得涅槃者，五阴都尽，譬犹灯灭。"然则众生之性顿尽于五阴之内，涅槃之道独建于三有之外，邈然殊域，非复众生得涅槃也。果若有得，则众生之性不止于五阴。必若止于五阴，则五阴不都尽。五阴若都尽，谁复得涅槃耶？

两关者，初关以昔难今。"经云五阴都尽，喻如灯灭"，今日所云，独在三有之外，具非众生得涅槃也。后关，"果若有得"下，以今疑昔也。

第二义，结难。若不止五，即不都尽，结后关。五若都尽者，结前关也。

演·玄得第十

难家张两关以考得，今旨遣有所得心以辨正果，故云玄果之也。《注》云："菩萨空即是涅槃。"玄得涅槃者但是果名，而今始显，非今始成。只菩萨性空。今显性空中大道无二，得非始得，故云玄得。亦上云通古，是无所得中有所得。今云玄得，有所得中无所得也。

文有三义。一立宗。二褒贬二且谈下，辨无所得。三"然则"下，总结此论大意。

无名曰：夫真由离起，伪因著生。著故有得，离故无名。是以则真者同真，法伪者同伪。子以有得为得，故求于有得耳。吾以无得为得，故得在于无得也。

初有三段：初立宗遣情。夫真由离起，伪因著生也。"著故有得，离故无名"者，此遣情谓。凡言得者，非有即是无，非无即是有，封此有无，即有所得。既离有无，即无有无之可得，故云著故有得，离故无名也。

次段"是以"下，明人法不相离则之言法。是以以真为法者，人亦同真，离有离无。以伪法者，人亦同伪，著有著无也。

后段"子以"下，褒贬同真伪者谁乎？子以著有著无故存得为得，吾离有离无故得在无得耳。

且谈论之作，必先定其本。既论涅槃，不可离涅槃而语涅槃也。若即涅槃以兴言，谁独非涅槃而欲得之耶？何者？夫涅槃之道，妙尽常数，融冶二仪，涤荡万有，均天人，同一异。内视不己见，返听不我闻。未尝有得，未尝无得。经曰："涅槃非众生，亦不异众生。"维摩诘言："若弥勒得灭度者，一切众生亦当灭度。所以者何？一切众生本性常灭，不复更灭。"此名灭度，在于无灭者也。然则众生非众生，谁为得之者？涅槃非涅槃，谁为可得者？《放光》云："菩提从有得耶？答曰：不也。从无得耶？答曰：不也。从有无得耶？答曰：不也。离有无得耶？答曰：不也。然则都无得耶？答曰：不也。是义云何？答曰：无所得故为得也，是故得无所得也。"无所得谓之得者，谁独不然耶？

第二义，"且谈"下，辨无所得，有三阶。一、就迷辨中，则是理性，故云菩萨空即是涅槃，故不可离即空而悟涅槃也。亦名本有，既云本有，得非始得。得者未得，名之为得。若尔，谁独本非涅槃而今得也耶？

二"何者"下，正辨果性，就悟辨中，即是正果，名名始有。而此始有非今始成，只涅槃性空如显今日，故始而非始，得而无得耳。道者异于玄也。妙尽有无常数也。"融冶二仪，涤荡万有"者，融大明也。平等正果。天不为高，地不为下，万有虽殊，归之无异也。"均天人"则是融冶二仪，"一同异"是涤荡万有也。"内视"下，就见闻返照，照无能所也。"未尝无"，结本有理性也。"未尝有"，结始有果性也。本有、始有，理性、正果，平等大道，归于无二也。

三"经曰"，举人法一异证理无得也。"涅槃非众生，亦不异众生"者，众生即空，中道名涅槃，故名非众生也。而离众生更无别空，故云不离也。果德虽多，不过智断。初引《净名》证断无得。法本不起，今即无灭，义即是理灭也。"然则"下，遣情。云"众生者非众生"，可作两释。一云：言众生者，本无众生相，谁能得者？一云：非众生者，木石也。涅槃例解。次引《放光》证智无得，文相显然也。"无得者谓之得也，谁独不然也"，此句者遣情也。今实相涅槃既云正果，修成涅槃应名缘果。虽云心识对缘果名正因，若对中道正性皆名缘因也。

然则正果缘果，正因缘因，更果因果，可作四句遣其性谓也。一句，对正果，名正因。故《注》云："平等大道，以无行为因。无上正觉，以无得为果。"对缘果，名缘因。故《注》云："劳尘众生即成佛道，更无异人成佛。"又云："以顺万行故得佛果，故是佛种也。"二句，缘因亦为正果之因，正因亦为缘果之因。何则？非众生无以成中道果，非正因无有修成之义。三句，缘正非正，正缘非缘。四句，非正非缘，第一大道，无有两正，大无所得也。

然则玄道在于绝域，故不得以得之；妙智存乎物外，故不知以知之。大象隐于无形，故不见以见之；大音匿于希声，故不闻以闻之。故能囊括终古，导达群方，亭毒苍生，疏而不漏。汪哉洋哉！何莫由之哉！故梵志曰："吾闻佛道，厥义弘深，汪洋无涯，靡不成就，靡不度生。"

然则三乘之路开，真伪之途辨，贤圣之道存，无名之致显矣！

第三义，结论，大意有三段：初以四句结境智无所得，"然则"下四句也。

次段"至能"下，结难理用。"囊括终古，导达群方"者，通三世，遍万有。《易》曰"括囊，无咎无誉"，以多容为用。括，结也。结之者，不受，括也。亦不贵贤士隐。上不受命，下不施令，有似囊括之。"亭毒苍生，疏而不漏"者。"汪哉洋哉，何莫由之"者，远师云："汪之焉莫得其量，洋之焉莫其盛之也。"引梵证理，深得而不失，谓之"成就"也。

后段"然则"下，结论用者，上十演开释，莫过境智因果，故初四句结境智无得，次辨理用，此下四句结论用，后因果结宗也。因则三乘为宗，果则涅槃为致。此中初二句结因，后二句结果。"三乘之路开"者，上云三乘众生俱越妄想，无为岂异，异自我也。因教悟道，此言不虚也。"真伪之路辨"者，若论正行，实在七地。而得之者，如得[1]见瓦石，故简真伪也。"贤圣之道存"者，此下明果，上云玄道存乎妙悟者是也。"无名之致显"者，圣德虽多，今论涅槃无名是也。

无名论义记上

---

[1] 得：底本作"提"，讹误，据文意改。

不真空论

　　若如"两不"释意，此亦并俗。何则？上明不迁，正就今昔以明不迁。今明不真之文，亦就俗法以明不真。故文云："欲言其有，有非真生。"又"诸法假号不真，譬如幻化人，非无幻化人，幻化非真人也。"而上〈不迁论〉，正对执教之人以明有诸法不动不迁。今明不真，直就万法以明即空之真。此不真空名，所作两释。一云：世法不真，体性自空。一云：俗法浮伪，遣伪之空，亦非真空，名不真空。若以俗空名不真者，般若之空应名真空。故〈无知论〉云："真波若者，清净如空。"又云："真谛何也？涅槃道是。"今即简异真空，故以不真立言。若以圣智对之，亦名真空也。

　　文有二义：一、明论所由。二"顷尔"下，正辨论体。

　　夫至虚无生者，盖是般若玄鉴之妙趣，有物之宗极者也。自非圣明特达，何能契神于有无之间哉！

　　是以至人通神心于无穷，穷所不能滞；极耳目于视听，声色所不能制者，岂不以其即万物之自虚，故物不能累其神明者也。

　　是以圣人乘真心而理顺，则无滞而不通；审一气以观化，故所遇而顺适。无滞而不通，故能混杂致淳；所遇而顺适，故则触物而一。

　　如此，则万象虽殊而不能自异。不能自异，故知象非真象。象非真象，故则虽象而非象。然则物我同根，是非一气，潜微幽隐，殆非群情之所尽。

　　"夫至虚无生者"，有非真生，所以为空，空故所以无生，故云至虚无生，正释不真空义也。"盖是波若玄鉴之妙趣"者，此乃举智释境，与玄一体，即自照谓之玄鉴也。"有物之宗极者"，若对圣智，名为真空，故此万法以此为体，故云宗极也。"何能契神于有无间"者，唯至人特达，独空之中，故云间也。上云非圣非理，非理非圣，此之论也。此是表宗耳。

"是以"下，明所由，有三科：一、举至人叹不真空，二、就顺物叹应化用，三、就万物结明所由也。

"通神心于无穷，穷所不能滞"者，通道理之无穷，故是非不能为滞也。"声色所不能制"者，五色令人目盲，五音令人耳聋，此声色之所不能制也。"岂不以"下，举物空释所以不制也。

第二科，"是以"下，就顺物叹用。"乘真心以履顺，无滞而不通"者，体真之心履顺物性，故滞惑之物无不通其情也。至人观仲[1]气以化众生，过化之徒无不适其性也。一者物之始，至妙有一而未形也。适者，称也。"无滞而不通"者，夫与物冥者，为能无待而常通，非[2]但自通而已。夫顺有滞者，同劳于大道，是以凡圣虽殊，至于各得其性则不能殊也。"故能混杂致纯"者，睹之无色，听之无声，视[3]之无形，此三不可得，故名混而为一也。至人与变化为一，而常游独，故云杂也。纯者，不亏其神，百行周举，万变[4]参备而不亏，故云致纯也。"所遇顺适，则触物而一"者，无物不同，唯化所适，故所化为一也。

第三科，"如此"下，就万物及无二理结。理难解明，造论所由。从初至"虽像而非像"，就因缘空，万物一异，明造论所由。"然则"下，无二大道，幽隐难解，所以造论也。

第二义，"顷尔"下，正辨论体，有五科：一、辨理者不同。二"夫以物"下，就万物明不真。三"放光曰"下，就二谛明不真。四"童子"下，就因缘有无明不真空。五"夫以名"下，遣名物劝学也。

---

[1] 仲：疑为"一"。

[2] 非：底本作"作"，讹误，据文意改。

[3] 视：底本作"捣"，讹误，据文意改。

[4] 变：底本作"返"，讹误，据晋郭象注、唐成玄英疏《庄子注疏》改。

　　故顷尔谈论，至于虚宗，每有不同。夫以不同而适同，有何物而可同哉？故众论竞作而性莫同焉。何则？"心无"者，无心于万物，万物未尝无。此得在于神静，失在于物虚。"即色"者，明色不自色，故虽色而非色也。夫言色者，但当色即色，岂待色色而后为色哉？此直语色不自色，未领色之非色也。"本无"者，情尚于无，多触言以宾无。故非有，有即无；非无，无亦无。寻夫立文之本旨者，直以非有非真有，非无非真无耳。何必非有无此有，非无无彼无？此直好无之谈，岂谓顺通事实，即物之情哉！

　　众论各异而同适不二，以异端而同趣，岂不以泾渭乎？上言教异旨同者，就教为论也。此云性异莫同者，就情而言也。

　　第一解心无者，竺法温[1]法师《心无论》云："夫有，有形者也；无，无像者也。有像不可言无，无形不可言有。而经称色无者，但内正其心，不空外色。但内停其心，令不想外色，即色想废矣。"

　　第二解即色者，支道琳[2]法师《即色论》云："吾以为即色是空，非色灭空。此斯言至矣。何者？夫色之性，色虽色而空。如知不自知，虽知恒寂也。彼明一切诸法无有自性，所以故空，不无空。此不自之色，可以为有。只己色不自，所以空为真耳。"

　　第三解本无者，弥天释道安法师《本无论》云："明本无者，称如来兴世，以本无弘教，故方等深经皆云五阴本无。本无之论，由来尚矣，须得彼义。为是本无，明如来兴世只以本无化物。若能苟解无本，即异思息矣。但不能悟诸法本来是无，所以名本无为真，末有为俗耳。"庐山远法师本无义云："因缘之所有者，本无之所无。本无之所无者，谓之本无。本无与法性同实而异名也。性异于无者察于性也，无异于性者察于无也。

---

[1]　温：现通行作"蕴"。

[2]　琳：现通行作"林"。

察性者不知知无，察[1] 无者不知性。知性[2] 无性者，其唯无察[3] 也。"

破三家说，如文解也。

夫以物物于物，则所物而可物；以物物非物，故虽物而非物。是以物不即名而就实，名不即物而履真。然则真谛独静于名教之外，岂曰文言之能辩哉！然不能杜默，聊复厝言以拟之。试论之曰：

《摩诃衍论》云："诸法亦非有相，亦非无相。"《中论》云："诸法不有不无者，第一真谛也。"寻夫不有不无者，岂谓涤除万物，杜塞视听，寂寥虚豁，然后为真谛者乎？诚以即物顺通，故物莫之逆；即伪即真，故性莫之易。性莫之易，故虽无而有；物莫之逆，故虽有而无。虽有而无，所谓非有；虽无而有，所谓非无。如此，则非无物也，物非真物。物非真物，故于何而可物？

故经云："色之性空，非色败空。"以明夫圣人之于物也，即万物之自虚，岂待宰割以求通哉！是以寝疾有不真之谈，《超日》有即虚之称。然则三藏殊文，统之者一也。

第二科，"夫以物"下，就万物以明不真，有三段：初就名物明真谛，次依论明不真，后依人证不真即空也。

初段有二阶。一、标是非。"夫以物物于物，则所物而可物"者，举不也。"以物物非物，虽物而非物"者，标是也。二"是以"下，就名物明所表真。"是以物不即名而就实"者，物无当名，即是物之实义。"名不即物而履真"者，名无得物，即是名之真义也。物无当名，名无得物，名物无当，即是真实真谛义。"然则"下，明名物所表真谛绝名教也。

次段，"摩诃衍"下，依论明不真空义，有二阶。一、依二论标中道。

---

[1]　察：底本作"除"，讹误，据上文改。

[2]　"知性"下，底本衍"知性"二字，据文意删。

[3]　察：底本作"除"，讹误，据上文改。

释之有三双六句，并结真谛。"寻夫"下，弹旧义。二"诚以"下也，"即物顺通，故物莫之逆"者，此句明相不违无相，即物之真，遍达万法，无有一法逆此真谛也。"即伪即真，故性莫之易"者，此句明无相不违相。既顺通万物，即伪即真，故不断烦恼而得涅槃也。"性莫之易者，虽无而有。物莫之逆，故虽有而无。"此第三双以有无表非有非无也。此下正结不真空义也。

后段，"故经"下，以人证不真空，有二阶。一、以境智证。"色之性空，非色败空"者，依经证色境即空。次"以明圣人"下，以至人智，证即空之义。二以致证，引寝疾证不真之说，引《超日》证即空之教。"然则"下，通会之也。

故《放光》云："第一真谛，无成无得；世俗谛故，便有成有得。"夫成得即是无得之伪号，无成得即是有得之真名。真名故虽得而非得，伪号故虽伪而非无。是以言真未尝有，言伪未尝无。二言未始一，二理未始殊。故经云："真谛、俗谛谓有异耶？答曰：无异也。"此经直辨真谛以明非有、俗谛以明非无，岂以谛二而二于物哉！

然则万物果有其所以不有，有其所以不无。有其所以不有，故虽有而非有；有其所以不无，故虽无而非无。

虽无而非无，无者不绝虚；虽有而非有，有者非真有。若有不即真，无不夷迹，然则有无称异，其致一也。

第三科，"放光曰"下，就二谛明不真空，有三段：初就真俗明不二，次明有无相即，后正结不真有不真空也。

上云诸法即空，似无二谛，故初立二谛真伪明得无得。次"言真"下，归于无二也。"真谛无成无得，俗谛故有成得"者，依经立二谛，明得无得也。"夫成得即是无得之伪号"者，其功可见，其德可称，与成得义，而真谛无成无得，于中成得即为伪法也。"无成得即是有得之真名"者，真谛无成得，常是无为而无不为，无不为故无不得，故言有得之真名。此两句真俗相对明真伪也。"真名故虽得而非得"者，万物得其真而不知所以得，故得而无得也。"伪号故虽伪而非无"者，依真起伪故不得而得。此两句真俗相对明得不得，亦名忘不忘也。"言真未尝有，言伪未尝无，二言未始一，二理未尝殊"者，遣真俗明不二。有不自有，由无故有；无不自无，因有故无。有无相待，二不相会，故云二言未始一也。有无所表，大道无二，故云二理未尝殊也。"故经"下，引经证所表无异也。"此经直辨真谛以明非有、俗谛以明非无"者，一往直论，真谛以表非有，俗谛以表非无，虽是二，所表无二，此即竖论也。若再往，真谛亦表非无，俗谛亦表非有。何者？由真故俗，俗是真俗；由俗故真，真是俗真。故俗真表非无，真俗故俗表非有，此是横论也。竖横虽殊，俱是无所得二谛也。

次段，"然则"下，有无相即，有二节：初明不有不无，后以不有不无相即非有非无也。

后段，结不真空。"虽明无而非无，无者不绝虚"，此句结无非真无，绝虚空无也。"虽有而非有，有者非真有"，此句结非真有也，真有者偏有也。"若有不即真，无不夷迹"者，若言有非偏真，言无亦非断灭。

故童子叹曰："说法不有亦不无，以因缘故诸法生。"《璎珞经》云："转法轮者，亦非有转，亦非无转，是谓转无所转。"此乃众经之微言也。

何者？谓物无耶，则邪见非惑；谓物有耶，则常见为得。以物非无，故邪见为惑；以物非有，故常见不得。然则非有非无者，信真谛之谈也。故《道行》云："心亦不有亦不无。"《中观》云："物从因缘故不有，缘起故不无。"寻理，即其然矣。所以然者，夫有若真有，有自常有，岂待缘而后有哉！譬彼真无，无自常无，岂待缘而后无也。若有不能自有，待缘而后有者，故知有非真有。有非真有，虽有，不可谓之有矣。不无者，夫无则湛然不动，可谓之无。万物若无，则不应起，起则非无，以明夫缘起故不无也。故《摩诃衍论》云："一切诸法，一切因缘故应有；一切诸法，一切因缘故不应有。一切无法，一切因缘故应有；一切有法，一切因缘故不应有。"寻此有无之言，岂直反论而已哉！若应有，即是有，不应言无；若应无，即是无，不应言有。言有，是为假有以明非无，借无以辨非有。此事一称二，其文有似不同。苟领其所同，则无异而不同。然则万法果有其所以不有，不可得而有；有其所以不无，不可得而无。何则？欲言其有，有非真生；欲言其无，事象既形。象形，不即无；非真，非实有。然则不真空义，显于兹矣！故《放光》云："诸法假号不真，譬如幻化人，非无幻化人，幻化人非真人也。"

第四科，"童子"下，就因缘明不真空，有三段：初就教理非定有无，明不真空；次约因缘有无，表非有非无；后释因缘，结不真空也。

初段有章门与释。章门有二。"说法不有亦不无"者，境界章门。《注》云："自有即不有，自无即不无。""以因缘故诸法生"者，性有亦不由缘，性无亦不由缘。以非性有性无，故因缘生也。二"转法轮"下，言教章门。《注》云："法轮常净，犹若虚空。圣人无知，智若虚空故。"经曰："说而无说。"亦所说法轮既不当有无，能说之教言而无当也。

"何者"下，先释言教章门。从初至"常见为得"，言偏有无即堕断常也。次"物非无故"至"常见不得"，释非也。然即理非有无，故所说言教言而无当，是论真谛之教也。下举《道行》，以心无相，证教无当也。"中论云"下，释境界章门。物从因缘故不有不无者，即上云"说法不有亦不无，以因缘故诸法生"义也。故〈四谛品〉云："众缘所生法，我说即是无，亦为是假名，亦是中道义。""所以然者"下，正释性有性无。"夫有若真有"下，先释性有。"譬彼真无"下，类释性无也。"若有不能自有"下，破性有，明因缘有，有非真有也。"不无者"下，破性无，明因缘无，缘无非真无。若一向无，即法不得起，如虚空无，不能与无也。"夫缘起故不无"者，非如性无，故不可谓之无也。若尔，非但有非真有，无亦非真，故不真有不真无，以明不真空义。

次段，"摩诃衍论"下，以因缘有无，表非有非无俱是因缘，文可见。"假有以明非无，借无以辨非有"者，上明真俗以表理，今以假义明表理。若论理体，并绝四句。而非论无以显理，故以假义略示表相。假者不自义。

何者？无自故，假他故，故非无。又若有云何假，若无云何假。然则义不即有无，不离有无也。此中假有表中道非无，借无表中道非有。若反覆言，假有表非有，假无表非无。故云理一称二。论虽有二，所表不异也。

后段，"然则"下，正结因缘。"何则"下，明不真义。"欲言其有，有非真生"者，若相对立句，俱就有无明不真义。而今但就有边言不真者，惑情多滞有边，故就有明不真耳。若就无言之，欲言其无，无无真形。欲言其有，无相无形，不即有，非真非实无也。下引幻化人譬上不真有。故《中论·观业品》云："如佛变化人，更作变化人。如初变化人，是名为作者。变化 [1] 人所作，是则名为业。皆如幻与梦，如炎亦如响。"

夫以名求物，物无当名之实；以物求名，名无得物之功。物无当名之实，非物也；名无得物之功，非名也。是以名不当实，实不当名，名实无当，万物安在？

故《中观》云："物无彼此，而人以此为此，以彼为彼。彼亦以此为彼，以彼为此。"此彼莫定乎一名，而惑者怀必然之志。然则彼此初非有，惑者初非无。既悟彼此之非有，有何物而可有哉！故知万物非真，假号久矣。

是以《成具》立强名之文，园林托指马之况。如此，则深远之言，于何而不在！是以圣人乘千化而不变，履万惑而常通者，以其即万物之自虚，不假虚而虚物也。故经云："甚奇，世尊！不动真际，为诸法立处。"非离真而立处，立处即真也。然则道远乎哉？触事而真。圣远乎哉？体之即神。

第五科，"以名求物"下，遣名物以劝学。上来谈论皆依名物，今若不遣，义犹未周，故遣名物以劝学。有三段：初以名实无当，类空万物；次以彼此无定，类遣万法；后引证结劝也。

"物同非物，故无当名之实"者，名是谁名而有得物之物？名物无故，功实亦无也。

---

[1] 化：底本脱，据《中论·观业品》补。

次段，"中观"下，现见彼此无定，证成名实无当之义也。既悟彼此，类空万法也。

后段，"是以《成具》"下，引证结劝，以《成具》证名实无当，以园林申彼此无定说也。"是以圣人"下，举圣智以劝学。"故经云"下，引经证理，理为有之本。"然则"下，就境智以劝学者也。

不真空论竟

肇论疏上

此疏慧达师撰（云云），未详之。

康永三年闰二月廿九日，以尊良上人之本重校点之。

（件本云）文永三年五月四日，于光明山东谷往生院，以东南院御本写了。本字极草之间，老眼难见解，定多其谬欤？后学正之。三论宗智舜（春秋六十八）

（写本记云）神龟三年正月七日写竟。

宝龟二年（年次辛亥）四月二十七日沙弥慈晋

贞和四年谈《肇论》了。

仙光院《肇论述义》中多引慧达言，其文悉合。此疏慧达撰无疑者哉！

卷中
般若无知论义私记

辨体相第一

《释论》云："问曰：波若是何等法？答：有人言，无漏慧相是波若，一切慧中第一故也。复有人言，有漏慧是波若。何以故？菩萨至道树下乃断结。先[1]虽有大智慧，诸烦恼未断故。复有人言。从初发意乃至道树下，于其中间所有智慧是名波若。成佛时转名萨婆若。有人言，有漏无漏智慧总名波若。观涅槃[2]，行佛道，是无漏；未断结使边，是有漏。有人言，波若无漏无为，不可见，无对。有人言，波若不可得相，若有若无，若常若无常，乃至非法非非法，无取无舍，不生不灭，出有无[3]等四句，适无[4]所著。譬如火炎，四边不可触。有人言，上说皆是实。复有人言，最后者为实，无过失。非常非无常，乃至非生灭非不生灭，如是甚深般若，云不取波若相，若取波若相，是为住法。"

今显然当略说波若，有四解。第一、毗昙义，无漏慧释为正体，兼取相从，则为五别：一自性波若，则无漏慧也。二共有波若，慧不孤立，如假戒定念等此因而生，故云共有也。三方便波若，见道之前有七方便，故云方便。四境界波若，四谛真法能生圣慧，故以四谛为境界波若。五文字

---

[1] 先：底本作"只"，讹误，现据《大智度论》卷十一改。

[2] 涅槃：底本作"菩萨"，讹误，现据《大智度论》卷十一改。

[3] 出有无：底本脱，现据《大智度论》卷十一补。

[4] 无：底本作"过"，讹误，现据《大智度论》卷十一改。

波若，理不自显，必假文言，故指言说为文字波若也。第二解，波若有二：一真修波若，显真成用。二缘修波若，假藉修行，除妄想也。第三解，波若二种：一实相波若，二观照波若。言实相者，无相真境当体，非智而能生智慧，故云实相也。第四，江南诸师解有二种：一真波若，即是定慧。二有中诸智，相从波若也。凡说波若，莫过此也。

今依此论，波若有二种：一真波若，亦名实相波若，亦名体波若，则无二正观实相中道，能所俱寂，亦名中道观，亦名平等观，亦名可观，亦名体观，亦名第一义观，始体冥义也。二用波若，境智对，如境而智，名用波若。故《释论》四十二卷云："波若二种：一者体波若，不愚不智。二者智慧，为破愚痴，故名智慧也。"今意说彼皆是皆非，故求那法师偈云："诸论各异端，修行理无二。偏执有是非，达者无违净。修行于众妙，今我不宣说，为起妄相故，欺诳诸世间。"又《大品》偈云："波若是一法，佛说种种名，随诸众生力，为之立异名。"又安法师《波若略[1]》云："夫波若之为经也，文句累叠，义理重复，或难同而答异，或殊问而报同。难同而答异者，所由之途同，会通之致别。殊问而报同者，发源之别，终合乎一归也。"今一往对诸前解，则波若以不住无得为宗。言不住者，非住漏无漏，非空非实。只此不住，则是无得。故睿法师序云："启重玄门以不住为始，归三慧以无得为终。"又《摩诃衍论》云："有二种法印：一不住，二不可得。又有二种：一者但空，二者不可得空。行但空者堕二乘。行不可得空，空亦不可得，即无所堕。此不可得空即波若空也。"

波若翻不翻第二

今依《大论》略辨。其论七十卷品云："波若定[2]实相，甚深极重。

---

[1]　波若略：应为释道安所著《般若折疑略》二卷，见载于《出三藏记集》卷五。

[2]　定：底本作"空"，讹误，现据《大智度论》卷七十改。

智慧轻薄，不能[1]称。"论以三义：一智慧少，波若多；二波若利益多，智慧利益少，故不称；三波若不可知，智慧可知，故不称也。今意此文以二义解：一用，二体。用者，境能生智，智从境发，是以境智名为波若。故经曰："说智及智处，皆名为波若。"此境智今称波若，则智慧偏名，不可得翻也。言体者，实相之理，体绝能所。智泯成中，能所俱绝，理智相泯，无二实相，以波若名，名实相波若。既云甚深，则能名之不可谓不[2]极重。是以极重波若之名，以智慧名不可得翻也。境智合称波若，即境智名不摄，故不可翻。若言别波若，则以智慧名翻，是以论题翻为智度也。

非但般若有翻不翻，一切万德例皆如此也。言涅槃亦有体用。如波若义合明用，涅槃亦从境得，能所合称，名为涅槃。此境智合称涅槃即不可翻。若别涅槃，则以灭度之名翻之为矣。体涅槃，例此也。菩提、法身、佛性、解脱，体用两释，义皆例尔。但龙树菩萨举一隅而知余者，故举般若所表义端耳。若说波若义有多种，而《大品玄记》依论释义，寻之可得，今不重烦也。

波若无知第三

夫智随境照，境有阶级不同，故举境明得智，有四种波若无知。一、有无二谛则理外境，二、因缘二谛则理内境，就此二境得波若无知。三、据实相波若得知无知，四、约体用得知无知也。

有无二谛得知无知者，世人俗谛，皆是倒情，不称圣智，所照始妄而知，故云知也。然倒情所作即体自空，无境可，圣智何知，故云无知。此义凡夫理外境界，则圣人知否此二中也。

二以因缘有无得知无知者，因缘有无即是倒情；不作颠倒也，世谛对于圣心则因缘无当，名因缘二谛。是以虽有不有，虽无不无。虽有不有故

---

[1] 能：底本脱，现据《大智度论》卷七十补。

[2] 不：底本脱，据文意补。

知而无知，虽无不无故无知而知。各就有无二边得知无知，故云智也。

三就实相波若明波若无知者，如《无知论》云："真波若者，清净如空。"此则研修成真，缘智俱寂，境智两泯，泯然一中。故《大论》云："若实证真智，理智相泯[1]，理与智合，融同无三，于无相何有境智两殊？"此得无知也。又《大论》云："无戏论之垢浊，故名毕竟清净。以清净故，能遍照一切五种法藏，所谓过去、未来、现在、无为及不可说。"又论云："体波若者，不愚不智。"此是就体辨波若无知也。

四约体用得波若无知者，用则上二种二谛照是用波若也，体则第三义也。今以体用合波若无知者，用不自用，由体故用；知不自知，因体成知，故名知而无知也。体不自体，因修成体，故名无知而知也。

今就境明四种波若无知，而就圣智为论，一无不当，则无所得义也。故论偈云："波若是一法，佛说种种名，随诸众生力，为之立异名也。"

释文第四

文义有三：一、作论之由；二"放光云"下，辨波若无知；三、问答辨宗。

初有三段：初、标宗；次、叹师；后"余以"下，明作论之由也。

夫般若虚玄者，盖是三乘之宗极也，诚真一之无差。

然异端之论，纷然久矣。有天竺沙门鸠摩罗什者，少践大方，研机斯趣。独拔于言象之表，妙得于希微之境。齐异学于迦夷，扬淳风于东扇。将爱烛殊方而匿耀凉土者，所以道不虚应，应必有由矣。弘始三年，岁次星纪，秦乘入国之谋，举师以来之，意也北天之运，数其然也。大秦天王者，道契百王之端，德洽千载之下，游刃万机，弘道终日，信季俗苍生之所天，释迦遗法之所仗也。时乃集义学沙门五百余人于逍遥观，躬执秦文，

---

[1] 理智相泯：底本作"于泯"，讹误，现据本疏上卷所引《大智度论》文改。

与什公参定方等。其所开拓者，岂唯当时之益，乃累劫之津梁矣。

余以短乏，曾厕嘉会，以为上闻异要，始于时也。然则圣智幽微，深隐难测，无相无名，乃非言象之所得。为试罔象其怀，寄之狂言耳，岂曰圣心而可辩哉！试论之曰：

标宗者，"夫波若虚玄，盖是三乘之宗极，诚真一无差也"。上云涅槃是翻[1]，波若为智。今辨智用，直举因果，故举三乘以标宗。即会因缘，而果中波若二无差别，则会果义，故以诚真一异宗极一因以为标宗也。

次"然异"下，叹师。上论序叹至令传于世。今则叹师，将明承有本，必非专轻也。而叹师兼王，故文为二也。

"异端之论，纷然久矣"。什师译《十八部》云：《文殊师利问经》曰："佛灭度后，佛法若为得住？佛答：有二十部[2]，能令法久住。"初二部者，一摩诃僧祇，此云大众，老少同会，共出律藏。二体毗履，此云老宿，淳老宿人同会，共出律部。文云："我入涅槃后一百岁，此二部当起。从摩诃僧祇出七部，并本成八。从体毗履出十一，并本十二。故偈云：摩诃僧祇部，分别出有七，体毗履十一，是谓[3]二十部。十八及本二，皆从大乘出，无是亦无非，我说未来起。"此《分别异部僧论》，什法师于长安大寺逍遥楼中撰集。又什师未至汉地，数论同异未能辨正。唯什师译大乘经论及《成实论》并三百余卷，为世轨则者也。

"有天竺沙门鸠摩罗什"者，《传》云，世为国相。《苻书[4]》云，什是天竺婆门[5]罗鸠摩罗炎之子。其母须陀洹。什初诞生，圆光一寻。独

---

[1] 底本原注："翻"下疑有脱字。

[2] 佛答有二十部：底本作"佛同有二百廿年"，讹误，现据《文殊师利问经》卷下改。

[3] 谓：底本作"从"，讹误，现据《文殊师利问经》卷下改。

[4] 书：底本作"喜"，讹误，现据《鸠摩罗什法师大义》卷上改。

[5] 门：底本作脱，现据《鸠摩罗什法师大义》卷上补。

步[1]阎浮。幼而儁□[2]，辨慧如神。其父鸠摩罗炎弃位出家。母龟兹王女亦出家。什又随母，生七岁入道，即诵毗昙，无幽不畅。至年九岁，随母至罽宾国，遇名德盘头达多，则罽宾王之从弟也，受杂藏[3]、中、长二《阿含》。声[4]彻于王，集诸外道共论政，外[5]道折伏，举国以崇师为礼，日给鹅腊一双、面各三斗、酥六斗。此[6]是外国之上供，什并不顾。母将什至月氏山，此有一罗汉，见而异之，谓其母曰：若至卅五不破戒者，当兴佛法，度人无数，与优婆掘无异。若戒不全[7]，正可才明法师而已。至勒沙国，住二年讫，有三藏沙门谓其王曰：此沙弥不可轻，宜开法门，有二种益：一、国内[8]沙门耻其不逮，必见勉与。二、龟兹国王必谓什出[9]我国而彼尊之，是尊我也。即设大会，请什升堂座，说《转法轮经》。龟兹国王果遣重使，酬其亲好也。什昔学受小乘，而于此国得《中》、《百》二论及《十二门》，自云：如人不识金，以鍮石为金也。又随母进到温宿国，则是龟兹之北界，龟兹王躬往温宿迎什还国。至年廿受戒。后于故宫得《放光》，始披读，魔来蔽文。寻志俞坚，魔退字现。其智力所感，皆此类也。时符坚僭号[10]关中，有外国前部王及龟兹王弟并来朝坚。至建元十二年，太史奏云：有星见外国分野，当有大德智人。坚曰：朕闻西域有鸠摩罗什，襄阳有沙门道安，将非此耶？即遣使求。善善王等说坚请兵，则符坚遣吕光将兵七万，伐龟兹，获什。光既获什，未测其量，乃凡人戏之，强妻以

---

[1] 步：底本作"出"，讹误，现据《鸠摩罗什法师大义》卷上改。

[2] 底本如此，脱一字。

[3] 藏：底本脱，据《高僧传·鸠摩罗什传》补。

[4] 声：底本作"送"，讹误，现据《高僧传·鸠摩罗什传》改。

[5] 外：底本作"叹"，讹误，现据《高僧传·鸠摩罗什传》改。

[6] 此：底本作"年"，讹误，现据《高僧传·鸠摩罗什传》改。

[7] 戒不全：底本作"成不合"，讹误，现据《高僧传·鸠摩罗什传》改。

[8] 内：底本作"为"，讹误，现据《高僧传·鸠摩罗什传》改。

[9] 出：底本脱，现据《高僧传·鸠摩罗什传》补。

[10] 僭号：底本作"潜蹄"，讹误，现据《高僧传·鸠摩罗什传》改。

龟兹王女。什拒而不受。光曰：道士之操不逾先父，何所固辞？乃饮[1]以淳酒，遂亏其[2]节。会坚伐晋，兵败关中，又叛，为姚苌所害，不见什而亡。则吕光遂窃号凉州，称年太安[3]，留什不遣。及姚苌僭有关中，亦挹[4]其高名，要请。而姚苌卒，其子姚兴[5]袭位。三年，逍遥园中葱变为美蘁，谓智人应入国也。于时西凉州吕隆为主。兴遣兵伐吕隆，方得迎什入关，以弘始三年至长安。兴推诚崇，以为国师，请什于西明阁逍遥园及长安大寺译出众经，凡三百余卷。又为姚兴著《实相论[6]》二卷，并注《维摩》，出言成章，无所删[7]改。以晋义熙末卒于长安。依外国焚身，唯舌不烧。后外国沙门来者云，罗什所译，十出不一分。

　　"少践大方"下，叹内神。此句事理两释，事则游历诸方，理即早悟诸论也。"研机斯趣"者，《易》曰："易者，圣人之所极深而研机也。"诸理之始也。远法师《毗昙序》云："有出家开士字曰法胜，渊识远鉴，极深研几。龙潜赤泽，独有其人[8]也。""独拔于言像之表，妙得于希微之境"者，内怀深智，如上所云。《传》云："杯渡比丘[9]在彭城，闻什在长安，叹曰：吾与此子戏别三百年，杳[10]而未期，迟有遇于来生者之也。""齐异学于迦夷，扬淳风于东扇"者，此下叹几。《法苑》云："龙树迦夷之作，宣敌于有道之时。童寿逍遥之典，遂兴济济之国。"《龙树传》云："龙树入于龙宫，七宝发函，九十日中读方等，得无生忍。龙还送于南天

---

[1] 饮：底本作"余"，讹误，现据《高僧传·鸠摩罗什传》改。

[2] 亏其：底本作"戏异"，讹误，现据《高僧传·鸠摩罗什传》改。

[3] 安：底本作"平"，讹误，现据《高僧传·鸠摩罗什传》改。

[4] 挹：底本作"关"，讹误，现据《高僧传·鸠摩罗什传》改。

[5] 兴：底本作"而"，讹误，现据《高僧传·鸠摩罗什传》改。

[6] 论：底本脱，现据《高僧传·鸠摩罗什传》补。

[7] 删：底本作"挴"，讹误，现据《高僧传·鸠摩罗什传》改。

[8] 人：《出三藏记集·阿毗昙心序》作"明"。

[9] 杯渡比丘：底本作"杯废山丘"，讹误，现据《高僧传·鸠摩罗什传》改。

[10] 杳：底本作"沓"，讹误，现据《高僧传·鸠摩罗什传》改。

竺，大弘[1]佛法，摧伏外道。广[2]明摩诃衍，作《优婆提舍》十万偈，又《庄严佛道论》五千偈，《大慈方便论》五千偈，造《无畏论》十万偈，《中论》五百偈出其中，令摩诃衍教[3]大行天竺也。"又睿法师《大品序》云："什师慈心夙[4]悟，超拔[5]特诣。龙树遗风，振[6]兴于此世。"又肇师为论序云："出家大士，厥名提婆，擅步[7]迦夷，为法城堑。于时异端竞起，邪辨逼真。远拯沉沦，故作此论，防正闲邪，大明于宗极者矣。"斯则龙树、提婆齐异学之妙典，随几扬东风至长安也。"将爱烛殊方，匿曜凉土"者，自西凉州来至长安也。"道不虚应，应必有由"者，明几教相称也。

　　"岁次寿星"者，辰谓寿星也。天之度数三百六十五度四分度之一，以廿八宿当此。轸星十七度，角星十二度，秋星九度，七星十五度。自轸十二度至氐四度曰寿星，于辰在辰卅度。"秦乘入国之谋"者，鄯善[8]王等请兵七万往伐龟兹也。亦乘八国举兵诤佛舍利也。"北天之运"者，本是天竺而运数至此，物几然矣。"大秦"下，兼叹王。"契百王"者，将兵率徒皆称诸王之会心也。"德洽千载之下"者，正法五百岁，像法千岁，末法万岁，今王与什师共会像季，德洽末代，故云千载下也。故睿师《大品序》云："末法中兴，将始于此乎？"又安师《大品序》："欲以千岁之上微言，传使合[9]百王之末俗也。""时乃"下，出于时事。生、睿、肇等，五百众之上首也。"躬执秦文"者，秦王躬揽旧经，验其得失；什手执胡本，口宣秦言，与义业沙门五百人详其义，一日审其文中，然后书之。"累劫"者，末法中少劫也。

---

[1]　弘：底本作"知"，讹误，现据《龙树菩萨传》改。

[2]　广：底本作"度"，讹误，现据《龙树菩萨传》改。

[3]　教：底本作"论"，讹误，现据《龙树菩萨传》改。

[4]　夙：底本作"风"，讹误，现据《出三藏记集·大品经序》改。

[5]　拔：底本作"抵"，讹误，现据《出三藏记集·大品经序》改。

[6]　振：底本作"领"，讹误，现据《出三藏记集·大品经序》改。

[7]　步：底本作"出"，讹误，现据《出三藏记集·百论序》改。

[8]　鄯善：底本作"若若"，讹误，现据《高僧传·鸠摩罗什传》改。

[9]　传使合：底本作"使传令"，讹误，现据《出三藏记集·摩诃钵罗若波罗蜜经抄序》改。

后段，"余以"下，正明造论所由。短识乏才而预嘉会，义承有本，必非虚构也。"然圣"下，叹波若深，则所由理也。"狂言"者，谈理之言也。逍遥之与连升，犹言同其义之也。"为试罔像"下，引类。罔像者，黄帝于赤水而登昆仑之丘[1]，所遗之珠罔像得之。帝曰："然则罔像者可得真闻者之耶也。""试论"者，郭象云："至理无言，言与则类，故云试寄而言也。"

第二义，正辨波若无知，有三科：一、标章门。二"何者"下，释。三"是以波若"下，结劝也。

《放光》云："般若无所有相，无生灭相。"《道行》云："般若无所知，无所见。"此辨智照之用，而曰无相、无知者，何耶？果有无相之知、不知之照，明矣！

章门中有三段：初举《放光》，标波若无相。凡有佛无[2]佛，生灭无相，何有生灭也。次举《道行》，标波若无知。欲辨波若无知，而方无所知。不见者，明境非所知，故无能知也。后"此辨"下，题疑略释。初疑上两经。"果有"下，略释上二经言。然则般若无相无知，是波若相，是波若知也。

何者？夫有所知，则有所不知。以圣心无知，故无所不知。不知之知，乃曰一切知。故经云："圣心无所知，无所不知。"信矣！

第二科，释章门。此中先释无知章门，"然则物"下释无相章门也。
释无知中有二。初举凡圣相对释知无知。二"是以圣人"下，释体用两照二种波若也。

---

[1] 丘：底本作"亦"，讹误，现据《庄子·天地》改。
[2] 无：底本脱，依文义补。

此言"何者"，乃总题上两章门。"夫有所知则有所不知"者，此举凡境，对于凡知，辨知无知。此是横论知无知。何者？夫生相，相生于封。有相有封，知生其中。若存于所知，则有不知，故有知处、有不知处，则是横论也。亦如青相非黄相，黄相非青相。青名生于相，青知于名相。境智相当，一豪不差。旷劫故传，未曾相离。岂复有知不知名相，岂复名相而不生知？故云有所知则有所不知也。

次举圣智辨境。"圣心无知故无不知"者，此是竖论知无知。何者？圣知对境，境无言相。如一木柱，饿鬼见火，诸天为金，人中见木，他土为空。故《注》云："无当之柱乃曰真柱，岂贵诸相，尔乃为真。"既云无当，知何由生？知若无生，知不名知名，曰无知。故《庄子》云："圣人不由而照之于天。"又青不自青，假缘而成。既缘而成，必须众缘。故《毗昙》云："一法生时，万法不障，为所作因。"是以一青一切因缘，一青知一切智。故《中论·因缘品》："广略因缘中，求果不可得。"故云圣人无知，无所不知。不知之知乃曰一切智，引经证也。

是以圣人虚其心而实其照，终日知而未尝知也。故能默耀韬光，虚心玄鉴，闭智塞聪，而独觉冥冥者矣。

然则智有穷幽之鉴而无知焉，神有应会之用而无虑焉。神无虑故能独王于世表，智无知故能玄照于事外。智虽事外，未始无事；神虽世表，终日域中。所以俯仰顺化，应接无穷，无幽不察而无照功。斯则无知之所知，圣神之所会也。

"是以"下，就体用两照释般若无知。此中先就实相体波若，明虚心实照。后"然则"下，就修成用，释虚心实照也。

"虚其心，实其照"者，双牒两种般若无知。《老子》云："虚其心，实其腹。"注释："心怀智而腹怀食也。"今意亦然。虚有无[1]心而实无知。

---

[1] 无：疑为"其"。

今无知名照者，申云照云，神凝智灭，心冥如寂，无知不知，强谓之照。何者？心法研修，于今成悟，而此悟智众相皆绝，如上冥义中说，故终日知而未曾知也。

"故能"下，就体照明波若无知也。"默曜韬光"，音叩弓裳，四字明体绝能知相也。"默曜"者，曜谓内明，默其内明也。"韬光"者，光谓外光，韬其外光也。"虚心玄鉴"四字，明其自体照也。"虚心"者，除有无之心也。"玄鉴"者，举体成真，与玄一体，即自照。鉴，石冲反，取明水也。万物取于其明谓之鉴也，则不愚义。"闭智塞听"四字，体绝所知相，故闭塞也。"独觉冥冥"四字，异于境空也，物无以谓之，独异于境空，谓之觉也。冥冥者，不智义也。《释论》云："体波若者，不愚不智。"信可然矣。斯则"默曜韬光，闭智塞听"八字，遣自体境智也。"虚心玄鉴，独觉冥冥"八字，辨体相不愚不智也。此就体波若明波若无知也。

后"然则"下，就修成用，明波若无知，则释虚心实照义也。将辨波若，无过应会照几，故就照几应会辨波若用也。此中先以三双六句明知照应会即用，次"所以"下，结忘怀用也。

初两句明从体起用。智有穷鉴而无知相，如镜无心也。会通万物，无心而应，如钟铃应也。

次"神无虑故"下两句，会机照境。不与世间同，则不在义也。"虽事外"两句，还同世事，则不出义也。"未始无事"者，与物冥者，群物所不能离，故未尝无事也。"神虽世表"者，心虽绝冥，而现子于三千之域也。次"所以"下，结应智[1]两用而忘其功。仰求佛道，俯拯弱丧，顺物应接而无穷尽也。亦隐几无不察，理至即迹灭，故无照功也。"斯则"下，明境智相会之义。结无知也。

然其为物也，实而不有，虚而不无，存而不可论者，其唯圣智乎！何者？欲言其有，无状无名；欲言其无，圣以之灵。圣以之灵，故虚不失照；

---

[1] 智：疑为"照"。

无状无名，故照不失虚。照不失虚，故混而不渝；虚不失照，故动以接粗。

"然其为物"下，释无相章门。此中先总标非有非无。次"何者"下，体用相即，释非有非无。

此言"为物"者，非是为物之物，直言圣体为物也。照实而不有，心虚而不无，圣智常存而不可以有无论之，明矣！

次"何者"下，三双六句，体用相即释虚心实照也。初双两句，就体明于有无。次第二双，"圣以之灵故"下两句，释体用相即。初句异于木石而性是虚知，故虚而不失照也。下句无相无名故照而不无虚也。后第三双，"照不失虚故"下两句，就物明同异。"浑而不渝"者，《略例》云："乱而不能惑，变[1]而不能渝，非天下之至赜，其孰能与于此乎[2]？"今谓圣智与物浑同不俱反，故云混而不渝。渝，反易也。云"动而接粗"者，言其和光异[3]于物也。

是以圣智之用，未始暂废；求之形相，未暂可得。故宝积曰："以无心意而现行。"《放光》云："不动等觉而建立诸法。"所以圣迹万端，其致一而已矣。

是以般若可虚而照，真谛可亡而知，万动可即而静，圣应可无而为。斯则不知而自知，不为而自为矣！复何知哉！复何为哉！

第三科，"是以圣智"下，结劝。此中先结后劝也。结者，明智用无度之义，结无相也。次引两经明从体起用。如铜山崩、钟铃应，故云"无心意而现行"也。"《放光》曰不动"者，如《华严》云"从佛智慧海，出生于十地等"，故云不动而立诸法也。"此所以"下，结体用无二，亦

---

[1] 变：底本作"及"，讹误，现据王弼《周易略例》改。

[2] 至赜其孰能与于此乎：底本作"至迹也"，讹误且脱字，现据王弼《周易略例》改。

[3] 异：疑为"同"。

名本迹无二也。"是以波若"下，劝。初劝境智忘故。"万动"下，劝动静一，相无相一。"斯则"下，复宗，结无知无相义也。

第三义，问答辨宗，有九难九答。

难曰：夫圣人真心独朗，物物斯照，应接无方，动与事会。物物斯照，故知无所遗；动与事会，故会不失机。会不失机，故必有会于可会；知无所遗，故必有知于可知。必有知于可知，故圣不虚知；必有会于可会，故圣不虚会。既知既会，而曰无知无会者，何耶？若云忘知遗会者，则是圣人无私于知会，以成其私耳。斯可谓不自有其知，安得无知哉？

第一难，就照境应会用作两关问，有三科：一、立章门，二"物物斯照故"下释，三"既知"下结难。

"夫圣人真心独朗，物物斯照"，立境智章门。"应接无方，动与事会"，立应会章门。

第二科，"物物斯照"下，释有三双六句。初两句明能知能会。次"会不失几故"下两句，明所会所知。后"有知于可知故"下两句，举境难无知。知非无知，举境难忘会，会非虚也。

第三科，"既知"，结难。初直反其言。"若云"下，正结难堕偏。"斯可"下，重结难也。

答曰：夫圣人功高二仪而不仁，明逾日月而弥昏，岂曰木石瞽其怀，其于无知而已哉？诚以异于人者神明，故不可以事相求之耳。

子意欲令圣人不自有其知而圣人未尝不有知，无乃乖于圣心、失于文旨者乎！何者？经云："真般若者，清净如虚空，无知无见，无作无缘。"斯则知自无知矣，岂待返照然后无知哉！若有知性空而称净者，则不辨于惑智，三毒四倒亦皆清净，有何独尊于般若？若以所知美般若，所知非般若，所知自常净，般若未尝净，亦无缘致净叹于般若。然经云般若清净者，将无以般若体性真净，本无惑取之知。本无惑取之知，不可以知名哉。岂唯无知名无知，知自无知矣！

是以圣人以无知之般若，照彼无相之真谛。真谛无兔马之遗，般若无不穷之鉴，所以会而不差、当而无是，寂泊无知而无不知者矣。

答有三科：举用略答；二"子意"下，就体释答；三"是以"下，约用结释。

夫圣人功高而不仁者，仁是造立设化，有思有为也。天地任自然之道，无为无放[1]，而万物自相治理，故曰不仁也。圣人仁过于天地，故功高二仪，对上应会用也。明逾日月而弥昏者，对上智用。如日月能照而无辨功，圣人辨之以示物，故云逾其明也。而不初其照如弥昏，所谓明道若昧也。后"岂曰"下，简异二乘。小乘入灭尽定，心若死灰，形如枯木，今不同此也。后"诚以"下，明异于凡也。

第二科，"子意"下，就体释，有二段：初责难，如文。后段"何者"下，正释有三阶：一、就真波若绝知无知相。二"若有"下，简异旧义。三"经曰"下，简异惑智也。

"真波若清净如空"者，若论真体波若，心自成真，缘者俱寂，境空心寂，无二无差，故清净如空。如空者，如物无之空，不异本空。心泯成中，其义亦尔也。故《大论》云："无戏论之垢浊，故名毕竟清净。以清净故，能遍照一切五种法藏，所谓过去、未来、现在、无为及不可说也。"第四十〈照明品〉释之云：以四句释之。一句，智生于境，体自成真，有何前境而有体知，故曰无知。第二句，见亦例此，无境故无能见，云无见也。此二句就体真波若绝境智有以释难。第三句，作是作起，屋应无应，故无作。第四句，若有几缘则有应会之用，以无缘故无会几之用也。此两句就体真波若泯应会以答难。故《波若论》云"真如法界中，佛不[2]度众生"

---

[1] 天地任自然之道，无为无放

[2] 本：底本脱，据天亲菩萨《金刚般若波罗蜜经论》卷下补。

也。"斯知"下，结答非难也。二"若有"下，简异旧此。若有知性空而称净者，简异平等空也。"若以所知"下，简异境空也。三"然经云"下，简异惑，智法无知。"将无"者，将，非也。今云知者，惑取之谓也。真波若中本无惑取，云何名知耶？"岂唯无知"下，弹他义。支道林云："智即空之无知，惑即空之无知，俱无知相，而云圣心冥有而知诸法，故名为知。"若尔，知与无知两用各陈也。此大文应云：岂唯无知名无知，知自无知也。亦可释伏难云：若无惑取，取名无知者，科无惑知，故名无知。知非波若无知也。释云：非但体波若中无惑取，故名无知也。真波若体性知无知性，故云知自无知也。

第三科，"是以"下，约用结释。初举用波若释境知称之义。"所以"下，释几会无差。"寂泊"下，结知无知也。

难曰：夫物无以自通，故立名以通物。物虽非名，果有可名之物当于此名矣。是以即名求物，物不能隐。而论云"圣心无知"，又云"无所不知"。意谓无知未尝知，知未尝无知，斯则名教之所通，立言之本意也。然论者欲一于圣心，异于文旨。寻文求实，未见其当。何者？若知得于圣心，无知无所辨；若无知得于圣心，知亦无所辨；若二都无得，无所复论哉！

第二，约名难，有二科：一、申立名言，名实相当。二"论云"下，正难。难中先领上宗，谓下正难知无知各当其实也。"则名教之所通"者，理上之教也。"立名之本意"者，教下之实也。"然论"下，结今。论者云：以知无知一于圣心，将失立名之旨也。"若知得于圣心"下三句，并咎[1]也。

答曰：经云："般若义者，无名无说，非有非无，非实非虚。虚不失照，照不失虚。"斯则无名之法，故非言所能言也。言虽不能言，然非言

[1] 底本原注："咎"字更勘。

无以传，是以圣人终日言而未尝言也。

今试为子狂言辨之。夫圣心者，微妙无相，不可为有；用之弥勤，不可为无。不可为无，故圣智存焉；不可为有，故名教绝焉。是以言知不为知，欲以通其鉴；不知非不知，欲以辨其相。辨相不为无，通鉴不为有。非有故知而无知，非无故无知而知。是以知即无知，无知即知。无以言异而异于圣心也。

答有二科：一、正答。二"今试"下，辨于上难意，于无知名无知，于知名知，不可知上无知共一种圣心也。今就真波若述言教之道。若论真波若，并绝六句，故名下之实非言所言也。"言虽不言"下，明实上之教无相也。"是以圣人终日言而无言"，不言非都不言，言而无当也。故圣人居无为之事，行不言之教也。

第二科，"今试"下，辨知无知相，答难家一于圣心句也。此中烦粹，言趣难解。今分文句，义趣可见，有五双十句并结也。初双，"微妙无相"，不可为有；"用之弥勤"，不可为无。此二句直就本地之体、本地之用，明不有不无，无物不照故知勤也。第二双，"不可为无故圣智存焉，不可为有故名教绝焉"，此二句就本体用不有不无以明有无故也。第三双，"是以言知非为知，欲以通其鉴；不知非不知，欲以辨其相。辨其相故不为无，通鉴不为有。"此二句以上句知无知即如有如无也。第五双，"非有故知而无知，非无故无知而知"，此二句以上句如有非知非无即非无知，归于无二也。后"是以"下，知与无知相即，结于圣心无异也。

难曰：夫真谛深玄，非智不测。圣智之能，在兹而显。故经云："不得般若，不见真谛。"真谛，则般若之缘也。以缘求智，智则知矣。

第三，据境难知无知，亦名以缘求知难。境是非知，知是能知，以所责能，知唯是知，非无知矣。

答曰：以缘求智，智非知也。何者？《放光》云："不缘色生识，是名不见色。"又云："五阴清净故般若清净。"般若即能知也，五阴即所知也，所知即缘也。

夫知与所知，相与而有，相与而无。相与而无，故物莫之有；相与而有，故物莫之无。物莫之无，故为缘之所起；物莫之有，故则缘所不能生。缘所不能生，故照缘而非知；为缘之所起，故知、缘相因而以生。是以知与无知，生于所知矣。何者？夫智以知所知，取相故名知。真谛自无相，真智何由知？

所以然者，夫所知非所知，所知生于知；所知既生知，知亦生所知。知、所知既相生，相生即缘法，缘法故非真，非真故非真谛也。故《中观》云："物从因缘有故不真，不从因缘有故即真。"今真谛曰真，真则非缘。真非缘故，无物从缘而生也。故经云："不见有法无缘而生。"是以真智观真谛，未尝取所知。智不取所知，此智何由知？然智非无知，但真谛非所知，故真智亦非知。而子欲以缘求智，故以智为知。缘自非缘，于何而求知？

答。难家所执，正是旧义，真俗二理，本性常然。今即不同，义有四途。一、境先知后，如难家执。二、知先境后，如《大经》云："如盐性咸，能[1]咸异物。修空三昧亦复如是，不空之法悉令空寂。"三、境智俱有俱无，如文言"知与所知，相与而有，相与而无"义。四、境智非先非后，无知谁为境，无境谁为知，则境智因缘无当之义。

今破难家旧义，有二科：一、就缘非缘立二章门。二"夫知"下，破释也。"以缘求智，智非知"者，汝谓以缘求智，智则知矣。今则不然。《大品经·问相品》云"不缘色生识，是名不见色"者，略破缘，立非缘章门。《释论》解此文云："波若不见色等诸法故，示世间色等法虚诳故

---

[1] 能：底本作"然"，讹误，现据《大般涅槃经》卷二十六改。

不见。所[1]谓不生缘色识，乃至不生缘一切种智识，是名不见色等法也。""又云五阴清净故"至"所知则缘"，立缘智章门。

第二科，破释。先破释第二章门，有二段：初就相待破以缘求智，明知自非知。后以相缘并知无知正释其问。初有四双八句正破智。初双，"知与所知，相与而有，相与而无"，此二句就相待门立境智有无。何者？凡论因缘有四种：一、和合因缘。二、相续因缘。三、相待明缘非缘。何者？取相名知，所取名缘。圣无取相，所取非缘，故云"真智何由知"。四[2]、境智因缘。此中不明境智因缘。知不自知，由境故知；境不自境，由智故境，有则俱有，无则俱无。第二双，"相与而无故物莫之有，相与而有故物莫之无"，此二句就上境智，明境非先有，智非先无。何者？相与而无故无智；智非先无，故智物莫之无也，莫是莫先义也。第三双，"物莫之无故为缘之所起，物莫之有故缘所不能生"，此二句就上非先有、非先无，明俱有俱无。何者？智非先无，故有境则有智。因境以云智，故为缘之所起。境非先有，故无智则无境。无智不云境，故缘所不能生也。第四双，"缘所不能生，故照缘而非智；为缘之所起，智、缘相因以生"，此二句就缘辨知无知。何者？所生法无，故照缘而非智；能生缘非无，故因境以生智。一解：境无相故无，智从缘起故知生也。故《中论·燃品》云："若法因待成，是法还成待。今则无因待，亦无所成法。"后段，"是以"下，结上生下，正答问。何者？难家以缘求智，智则知矣。今答知与无知俱就缘辨，故知与无知生于所知耳。"何者"下，释第一非缘章门，明境非因缘，以答问也。此中先就凡圣二智取名。此得相名知。圣心玄通，穷理尽相，故无取相而无不知也。

"所以然"下，正释，有四阶，正破缘。一从初至"故真"，明境智相生，破上难家真谛为缘义。二"真谛曰"下，直就真谛得明非缘义。三"是以"下，就能所明非缘非知。四"而子"下，题难结答也。

---

[1] 所：底本作"不"，讹误，现据《大智度论》卷七十改。

[2] 此下至本小节末一大段文字，底本错简在第四答难段，现移于此。

"夫所知非所知，所知生于知"，此二句由知故境也。次"所知生于知，知亦生于所知"，此二句由境故知也。后"知所知既相生"下两双四句，正破难家真谛为缘义也。末引《中观》，证缘非真也。二"真谛曰"下，直就真谛乃非缘义，非缘故无物从缘而生者，真既非缘，故无有知。物以真为缘而生智也，而云难言真境生智，名真为缘。"故经曰"下，证有法从缘，明真非缘也。三"是以"下，就能所非缘非知。从初至"此智何由知[1]"，举智亡相，得明所缘[2]非缘。次"然非"下，举真谛无相，明能知非知。四"非知，而子"下，题难结答也。

难曰：论云不取者，为无知故不取，为知然后不取耶？若无知故不取，圣人则冥若夜游，不辨缁素之异耶？若知然后不取，知则异于不取矣！

第四，取不取难。此中因前语先定。"若无知"下，作两关问，可见也。

答曰：非无知故不取，又非知然后不取。知即不取，故能不取而知。

答，先发两关，次就理释。"知则不取，故能不取而知"者，心随缘转故，故取从相生。法无定相故，从取生心因缘。

难曰：论云不取者，诚以圣心不物于物，故无惑取也。无取则无是，无是则无当，谁当圣心而云圣心无所不知耶？

第五，更难不取义。"圣心不物于物故无惑取"者，圣心不取相相，故无惑取，理宗然矣。虽无惑取，若不取可是，于是无当，于理无当，谁得圣心而云不无知耶？

---

[1] 此智何由知：底本作"知智何不"，讹误，据《肇论》文改。

[2] 缘：底本作"非"，讹误，据文意改。

答曰：然，无是无当者。夫无当则物无不当，无是则物无不是。物无不是，故是而无是；物无不当，故当而无当。故经云："尽见诸法而无所见。"

答。"然无是无当"者，此是顺答，实为所力[1]，故云然也。四人对柱，是非反覆，相寻无穷。圣人无是非而能应是非，故物无不当，物无不是也。次"物无不是故"下，乃忘怀用。是非无穷，得其中两，荡然无怀也。"故经曰"下，证忘怀用，见无见相也。

难曰：圣心非不能是，诚以无是可是。虽无是可是，故当是于无是矣。是以经云"真谛无相故般若无知"者，诚以般若无有有相之知。若以无相为无相，有何累于真谛耶？

第六，境智难，以境空故无是可是，而不无是于无是也。舍有相故，名波若无知。若以无相为境，有何妨乎？

答曰：圣人无无相也。何者？若以无相为无相，无相即为相。舍有而之无，譬犹逃峰而赴壑，俱不免于患矣。

是以至人处有而不有，居无而不无。虽不取于有无，然亦不舍于有无。所以和光尘劳，周旋五趣，寂然而往，泊尔而来，恬淡无为而无不为。

答有二科：一、非难。二"是以"下，释不舍有无义。圣人无以者，《易》云："圣人有以见天下之赜。"赜[2]，空也。今则反取圣人无以见天下之空。"何者"下，释其非，义如譬文也。《中论·破六种品》云："是无相之法，一切处无有。于无相法中，相则无所住。"

第二科，"是以"下，释不在有无而不舍有无也。"和光"者，圣不

---

[1] 云：疑为"云"。

[2] 赜、赜：底本作"质、质"，讹误，现据《周易·系辞》改。

独显，合物不竞也。"同尘"者，圣不独卑，全所贱也。"寂然而无，泊尔有"，则有无一体也。

难曰：圣心虽无知，然其应会之道不差。是以可应者应之，不可应者存之。然则圣心有时而生，有时而灭，可得然乎？

第七，智随境生灭难。先就灭应为难，应生智生，应灭智灭。"然则"下，正乃智有兴废。

答曰：生灭者，生灭心也。圣人无心，生灭焉起？然非无心，但是无心之心耳；又非不应，但是不应之应耳。是以圣人应会之道，则信若四时之质直，以虚无为体，斯不可得而生、不可得而灭也。

答。先出异解，《地论》云："一时顿得十力，次第现在前。"解者云：一时顿得种智，而境生智现，境灭智废，随境生灭，智有兴废也。《摄论》云："应化二身无常故，云何诸佛以常住为法？何者？应佛为地上菩萨说法，而菩萨根性不同，故应身亦种种说法。若应法常住，则不得有种种相貌也。化身化二乘、凡夫，若化身常住则不得现六道差别，以差别不同，故知无常。"彭城慧嵩师言佛无常，有舌烂之咎。是以后人作九世境，三达智照，通无常难，二作悬镜高堂譬也。

今此论以虚空为譬，以体用两释。用中，先乃凡圣相对。生灭不者，生灭者生灭心也，圣人无心，生灭焉住起矣。云心者何耶？或于所生，有形必有影，有相必有心。无形则无影，无相故无心。但凡夫见法有生灭，故心有生灭。圣人悟法无生，则知无生灭。此举境无生，明心无生灭也。"然非无心，但是无心之心"者，乃忘怀用，与物俱化也。在有不有，在无不无，亦在有为有，在空为空。在生为生，在灭为灭，与物俱化，故物不能及其体；死生不渝其身，故有无不当其心，故云无心之心耳。"又非不应，但是不应之应"者，住境令变，无法不可，无物不然，常以不为为之。"是以应会信若四时"者，圣人无物不顺，无形不载，而驰万物，验若四时也。

次就体释。"质直，以虚无为体"者，体喻虚空，意有三义。一"质直"谓，圣人不矜其身也。二"虚"，是物之极也，凡物起于虚，复归于虚，喻灭应言体也。三、虚言为物，温适弗能悦，舍石[1]无能害，喻体无生灭也。

难曰：圣智之无、惑智之无，俱无生灭，何以异之？

第八，问凡圣同异。若圣智无知故无生灭者，惑智即空，亦无生灭，两有既无同，两空亦应不失。

答曰：圣智之无者，无知；惑智之无者，知无。其无虽同，所以无者异也。何者？夫圣心虚静，无知可无，可曰无知，非谓知无。惑智有知，故有知可无，可谓知无，非曰无知也。无知，即般若之无也；知无，即真谛之无也。是以般若之与真谛，言用即同而异，言寂即异而同。同故无心于彼此，异故不失于照功。是以辨同者同于异，辨异者异于同。斯则不可得而异、不可得而同也。何者？内有独鉴之明，外有万法之实。万法虽实，然非照不得，内外相与以成其照功，此则圣所不能同用也；内虽照而无知，外虽实而无相，内外寂然，相与俱无，此则圣所不能异寂也。

是以经云"诸法不异"者，岂曰续凫截鹤、夷岳盈壑，然后无异哉？诚以不异于异，故虽异而不异也。故经云："甚奇，世尊！于无异法中而说诸法异。"又云："般若与诸法，亦不一相，亦不异相。"信矣！

答，有于二科：一、两空同异。二"是以"下，两有一异。
初有三段：初[2]就空明同异，次就体用明同异，后就人明同异也。

---

[1]　舍石：疑为"兵刃"。

[2]　初：底本脱，据文意补。

就空明同异者，波若空异 [1]，异真谛空，有三义。一、事理两释。理者，"圣智之无名无知"者，无是无相之者，云无相之知也。"惑智之知名知无"者，是有相之知，云知即空也。事者，无知是无处之知，圣人无知而无所不知故也。知无是有处之知，惑知有所不知，故有知处有不知处也。二、有折无，明异夫圣心。"虚静"者，虚，极也；静，真也。既至极真，无知可空，故非谓智空也。"惑智有知"至"非曰无知"者，惑智有相，有相可空，故曰智空，非谓空智也。三、就体 [2] 以明异。"无知即般若之无"者，是无所有空也。"知无即真谛之无"者，是有所无空也。

次"是以"下，就体用明同异。"言用则同而异"者，忘怀用同，而有功无功异。此句但就用明同异也。"言寂则异而同"者，境智体异而无相义同。此句但就体明同异也。"同故无心于彼此，异故不失于照功"者，双体用同异也。

后段"是以"下，约人明 [3] 同异。"辩同者同于异"者，欲辩众圣之所同，则同境智之所异也。一云：则同凡境之所异焉。"辩异者异于同"者，欲辩众圣之所异，则异境智之所同也。一云：即异凡境之所同也。"斯不可得"下，明不一异也。"何者"下，举境智释人同异。从"内有"至"不能同用"，就用明异也。从"内虽"至"不能异寂"，但就体明同也。

第二科，两有一异。上以般若与真谛异，三义即明同异。今万有一异，诚以不异于异，故异而不异。此文亦三义释。一、以无当为一。二、相待为一。三、性分齐，亦名是非齐也，如凫鹤等事也。"经曰"，以教证同异。"又曰"，以行证无二。

难曰：论云"言用则异，言寂则同。"未详般若之内，则有用、寂之异乎？

---

[1] 疑：疑为衍文。

[2] 体：底本作"但"，讹误，据文意改。

[3] 明：底本脱，据上文补。

第九，用寂[1]问。上就体用明同异，今问般若中有体用之异也。

答曰：用即寂，寂即用，用寂体一，同出而异名，更无无用之寂而主于用也。是以智弥昧，照逾明；神弥静，应逾动。岂曰明昧动静之异哉！故《成具》云："不为而过为。"《宝积》曰："无心无识，无不觉知。"斯则穷神尽智，极象外之谈也。即之明文，圣心可知矣。

答，初明用寂一异，次明明昧一，后明动静一也。"成具曰"，证用寂、动静不异也。"密迹曰"，证明昧一也。"斯则"下，结成此论文义。今寻此文可知，非但论因般若也。

无知论义竟

---

[1] 寂：底本作"言"，讹误，据文意改。

隐士刘遗民书问无知论

远法师与弟子数十人游历名山[1]，见庐峰清静，足以息心，乃住龙泉精舍。此处无水，远师乃以杖扣地曰："若此中可得栖止，当使朽壤抽泉。"言毕，清净成流。浔阳苦旱，远诣池侧，读《海龙王经》，大蛇忽出腾空，大雨有润，岁以有年，因号为龙泉寺。率众行道，昏晓不绝。远闻天竺有佛影，是佛昔化毒龙所留之影，志愿瞻睹。会有西域道士叙其光相，乃背岳临水，营筑龛室。妙算画工，淡彩图写。色疑积空，望似烟雾，光晖相映，若隐而显，寂而有动。又乃于精舍无量寿像前建斋立誓，共期西方，令刘逸士著文畅旨。加复外国众僧，感称汉地有大乘道人，每至烧香礼拜，辄向东稽首，献心庐岳。远闻罗什入关，遣书通好（云云）。其后封书问道，送表构请，所谓隔面目怀者也。依此，遗民复与肇师时有往还之问也。

牒有二义。一、因直相问，陈彼此之旨。二"去年"下，正问所疑。

遗民和南。顷餐徽闻，有怀遥伫。岁末寒严，体中如何？音寄壅隔，增用抱蕴。弟子沉痼草泽，常有弊瘵耳。因慧明道人北游，裁通其情。古人不以形疏致淡，悟涉则亲。是以虽复江山悠邈，不面当年，至于企怀风味，镜心象迹，伫悦之勤，良以深矣。缅然无因，瞻霞永叹。顺时爱敬，冀因行李，数有承问。伏愿彼大众康和，外国法师休纳。上人以悟发之器，而遭兹渊对，想开究之功，足以尽过半之思。故以每惟乖阔，愤愧何深。此山僧清常，道戒弥厉，禅隐之余，则惟研惟讲，恂恂穆穆，故可乐矣。

---

[1]　底本此段文字多有讹误与错简，现据《高僧传·慧远传》改。

弟子既以遂宿心，而睹兹上轨，感寄之诚，日月铭至。远法师顷恒履宜，思业精诣，乾乾宵夕，自非道用潜流，理为神御，孰以过顺之年，湛气若兹之勤？所以凭慰既深，仰谢逾绝。

"顷餐徽闻"者，徽，善也，法也。五音不当，妙回也，示之也。"伫"，徒吕反，思望也，余绪并正住，心企想之也。"泽"，水草二交会，又水钟处也。楚泽云云梦，并云里外。瘵，侧感反，身弊也。"企怀"，支道林云"起企悟旨"。又表也，正是捕鱼之荃也。《易系》云：乾坤唯是演灵之蹄荃之者也。"镜心"者，支道林云：子淡五心，似若未镜之类之也。"行李"者，有言因李行使故云行李。或云行李当为史因行史使声之误也，而李义多之种也。"过半之思"者，《易系》云："知者观其象辞则有过半之悟也。"追德多品而被过半者，上智下愚，九品相对，不移其字。中人处品数之半，可上可下，故今立教，本为中人。中人以上，可以悟上过半之义也。"恂恂穆穆"者，恂，私句反，训信也，一训恂恂。《书》云：恂恂业业，相互而用。然则勖进无惓，唯此为业之貌也。"铭至"者，勒其功迹述义。郑道子与远师书云："夙兴之诚，日月而至也。""乾乾宵夕"，《易》云"九三君子终日乾乾，夕惕若厉"者之也。

第二义，有二科：一、叹《无知论》。二"然夫"下，正问。

去年夏末，始见生上人示《无知论》，才运清俊，旨中沉允，推涉圣文，婉而有归。披味殷勤，不能释手。真可谓浴心方等之渊，而悟怀绝冥之肆者矣！若令此辨遂通，则般若众流，殆不言而会。可不欣乎！可不欣乎！

才运清俊者，先叹肇师内才也。俊。姊嵯反。秀等也。允。　印反。诚诚也。推涉下，叹文圣通也。正也。婉。回也。美也。亦顺从也。婉而成章者，回备无强而成而竟也。真可谓下，叹论利用也。

第二，"然夫"下，正问，有二段：一、明问之由，二、正问也。

然夫理微者辞险，唱独者应希。苟非绝言象之表者，将以存象而致乖乎？

意谓，答以缘求智之章，婉转穷尽，极为精巧，无所间然矣。但暗者难以顿晓，犹有余疑一两，今辄题之如别。想从容之暇，复能粗为释之。

论序云："般若之体，非有非无。虚不失照，照不失虚。故曰不动等觉而建立诸法。"下章云："异乎人者神明，故不可以事相求之耳。"又云："用即寂，寂即用。神弥静，应逾动。"夫圣心冥寂，理极同无，不疾而疾，不徐而徐。是以知不废寂，寂不废知，未始不寂，未始不知。故其运物成功，化世之道，虽处有名之中，而远与无名同。斯理之玄，固常所弥昧者矣。

所由有三阶：一、约理教明起难之端。

二"意谓"下，叹论请释。评论谓之"题"[1]也。

三"论序"下，领宗。《无知论》有十释九难，从初至"建立诸法"，领第一章也。"异于人者"，题第二章也。"又云用即寂、寂即用"，标第十章也。"夫圣心冥寂"下，领旨故，述道理必然。初二句领体也。"不疾而疾，不徐而徐"者，《易》云"不疾而速，不行而至也"。义释，绝应而恒应，不为而有为。远师云："法身独还，不疾而速也。不疾不徐为体，而疾徐是用也。""故其运物"下，述其应用也。体用及应，为前难之本也。

第二段，"但今谈"下，正问，有三双六关。第一双，就体用问冥义。第二双，就应用照境问有无。第三双，就当是问忘用也。

但今谈者所疑，于高论之旨，欲求圣心之异，为谓穷虚极数，妙尽冥符耶？为将心体自然，虚泊独感耶？若穷虚极数、妙尽冥符，则寂照之名，

---

[1] 题：底本作"埋"，讹误，据《肇论》文改。

故是定慧之体耳。若心体自然，虚泊独感，则群数之应，固以几于息矣。夫心数既玄而孤运其照，神淳化表而慧明独存。当有深证，可试为辨之。

"于高论之旨，欲求圣心之异"者，先腾众疑，以为问端，即是三章中道也。第一问中，先定，次难，后结也。"为谓穷虚极数、妙尽冥符"者，此一关言有冥义，穷虚知之性，穷有无之数，妙智尽累，以冥理阶耶？"为将心体自然，虚泊独感"者，此一关言无冥义，无物理可冥　，心神自寂，虚泊独感耶？"若穷虚"下，正难。若穷虚智性，尽有无数，而以妙智与物理冥符者，虽云寂照，故有能所。若有能所，即有定慧之体。即此就用冥，令堕于旧义也。下就体冥以答此关也。"若心体自然，虚泊独感，则群数之应，固已几于息"者，此则就体冥，以堕庐山义也。下就波若无知以答此关也。庐山中诸人问曰："众经明空，其辞虽多方，不固各异，统归宜同，而独称法性何耶？"答："明极之谓也。明极则神功周尽，圣智几乎息。"问："然则体法性者将为哉？"答："唯冥其极而已。"远师《法性论》成后二年[1]，始得什师所译《大品》经以为明验，证成前义，云："法性者名涅槃，不可坏，不可戏论。性名本分种，如黄石中有金性，白石中有银性。譬如金刚在山顶，渐渐穿下，至金刚地际乃止。诸法亦如是，种种别异，到自性乃止。亦如众流会归于海，合为一味。是名法性也。"

"夫心数"下，结两关。"心数既玄而孤运其照"，结后关也。"神停化表而慧明独存"，结前关也。"当有深证"，请释也。

疑者当以抚会应机睹变之知，不可谓之不有矣。而论旨云"本无惑取之知"，而未释所以不取之理。谓宜先定圣心所以应会之道，为当唯照无相耶？为当咸睹其变耶？若睹其变则异乎无相，若唯照无相则无会可抚。既无会可抚，而有抚会之功，意有未悟，幸复诲之。

---

[1]　年：底本作"章"，讹误，据文意改。

第二双，"疑者"下，就应用照境作两关问有无。先腾众疑，以为问端。"抚"，安也，披也，持也。众生几应，披而会之，故云抚会也。远师云："抚之有会，功弗由曩[1]也。""应几睹变之智"者，变现之智，为物所睹，谓之睹变之智。物情谓变现之智不可为无也。"谓宜"下，正问。此中先定，后正问也。"为当唯照无相"者，此是定句，则因上虚泊独感，云唯照无相，无照几之智耶？"为当咸睹其变"者，亦因上以几感圣，物睹其变化身耶？《易》云："圣人作而万物睹。""若睹其变则异乎无相"者，正问也。"若唯无相则无会可抚"下，请释也。

论云"无当则物无不当，无是则物无不是。物无不是，故是而无是；物无不当，故当而无当。"夫无当而物无不当，乃所以为至当；无是而物无不是，乃所以为真是。岂有真是而非是、至当而非当，而云当而无当、是而无是耶？若谓至当非常当，真是非常是，此盖悟、惑之言本异耳，固论旨所以不明也。愿复重喻，以祛其惑矣。

第三双，"论云"下，就当是两关问忘怀。此中举论，欲显疑处，则是定句也。次"夫无当"下，正难。从初至"真是"，明理必如此也。次"岂有"下，正难上语。后"若谓"下，结难请释也。下以遣情答此关也。"悟惑异"者，惑谓当悟，即非常是。悟惑虽殊，当是即同矣。"固亦"下，请释也。此三难从深至浅。

论至日，即与远法师详省之。法师亦好相领得意。但标位似各有本，或当不必理尽同矣。顷兼以班诸有怀，屡有击其节者，而恨不得与斯人同时也。

"论至日"下，结难论及人如一。

---

[1] 曩：底本作"晨"，讹误，现据《广弘明集·佛影铭》改。

肇法师答刘隐士书

文有二义。一。受住或陈彼此之宜。二"生上人"下，正答所问。

不面在昔，伫想用劳。慧明道人至，得去年十二月疏并问。披寻返覆，欣若暂对。凉风届节，顷常如何？贪道劳疾，多不佳耳。信南返，不悉。八月十五日，释僧肇疏答。

服像虽殊，妙期不二；江山虽缅，理契则邻。所以望途致想，虚襟有寄。君既遂嘉遁之志，标越俗之美，独恬事外，欢足方寸。每一言集，何尝不远，喻林下之雅咏，高致悠然。清散未期，厚自保爱。每因行李，数有承问。愿彼山僧无恙，道俗通佳。承远法师之胜常，以为欣慰。虽未清承，然服膺高轨，企伫之勤，为日久矣。公以过顺之年，湛气弥厉，养徒幽岩，抱一冲谷，遐迩仰咏，何美如之！每亦翘想一隅，悬庇霄岸，无由写敬，致慨良深！君清对终日，快有悟心之欢也。即此大众寻常，什法师如宜。秦王道性自然，天机迈俗，城堑三宝，弘道是务。由使异典胜僧方远而至，灵鹫之风萃于兹土。领公远举，乃千载之津梁也。于西域还，得方等新经二百余部，请大乘禅师一人、三藏法师一人、毗婆沙法师二人。什法师于大石寺出新至诸经，法藏渊旷，日有异闻。禅师于瓦官寺教习禅道，门徒数百，夙夜匪懈，邕邕肃肃，致可欣乐。三藏法师于中寺出律藏，本末精悉，若睹初制。毗婆沙法师于石羊寺出《舍利弗阿毗昙》胡本，虽未及译，时问中事，发言新奇。贫道一生猥参嘉运，遇兹盛化，自恨不睹释迦祇桓之集，余复何恨！而慨不得与清胜君子同斯法集耳。

"今慧明道人至"者，上云因慧明道人北游，表通其情，故云至也。疹，来陈反，热病也。"服像虽殊，妙期不二"者，道俗乖，所求无二也。"嘉遁"者，遁谓隐遁也，《易》曰嘉遁。又遁世而无也。又位不当圣者，服圣遁肥。"服膺高轨"者，上云论至日共在远法师亦好相领得，既胜人经目，必当胜轨也。亦受住或及问为胜轨也。"领公远举乃是千载之津"者，经流江东，多有未修禅法、未闻律藏。远师怅其道缺，乃令法净、法领等远寻众经，逾越沙雪，广岁方反，皆获胡本也，什师翻经，如《无知论》初所云也。

"禅师于官寺教习禅道"者，《传》云：佛驮跋陀罗，此云觉贤，本姓释氏，加维罗卫人，甘露饭王之苗裔也。少以学禅驰名。尝与僧伽达多共游罽宾。达多虽服其才明而未测其人，后于客室闭户坐[1]禅，忽贤来，敬问何来？答云：暂[2]至兜率，致敬弥勒。言讫即隐。后敬心祈[3]问，方知得不还果。秦国沙门智严，西至罽宾，要请苦至，贤遂[4]愍而许。于是步骤三载，路经六国，顷之至青州东莱郡。闻什在[5]长安，即往从之。什大欣悦，共论法相[6]。什每有疑，必共咨决[7]。又支法领于于阗得《华严》前分三万八千偈，未得宣译，请贤为译，沙门法业、慧严等为余人，诠定文旨，故道场寺犹有华严堂焉。又《僧祇律》请贤为译。凡十五部，为七十卷，究其幽旨。又贤在长安大弘[8]禅业，四方乐静[9]者并闻风而至集者也。

"夙夕匪懈"者，安法师《毗昙序》云："颇杂辞义，龙蛇同渊，遂

---

[1] 户坐：底本作"空"，讹误，现据《高僧传·佛驮跋陀罗传》改。

[2] 暂：底本作"渐"，讹误，现据《高僧传·佛驮跋陀罗传》改。

[3] 祈：底本作"科"，讹误，现据《高僧传·佛驮跋陀罗传》改。

[4] 遂：底本作"远"，讹误，现据《高僧传·佛驮跋陀罗传》改。

[5] 在：底本作"有"，讹误，现据《高僧传·佛驮跋陀罗传》改。

[6] 相：底本作"于"，讹误，现据《高僧传·佛驮跋陀罗传》改。

[7] 决：底本作"次"，讹误，现据《高僧传·佛驮跋陀罗传》改。

[8] 弘：底本作"知"，讹误，现据《高僧传·佛驮跋陀罗传》改。

[9] 静：底本作"集"，讹误，现据《高僧传·佛驮跋陀罗传》改。

今更夙夕匪懈，卅六日而得尽定也。"　"邕邕肃肃"者，恭敬也。邕邕，和乐也。"出律藏，本末精悉"者，秦弘始六年弗若多罗诵胡本，什师译为晋文，三分得二，而多罗弃世 [1]。缘昙摩流支至，又诵胡本文，什读译都竟，本五十八卷，最后一后诵逐其要，改名善诵。及罗什去世后，卑摩罗叉 [2] 住石涧寺，开为六十一卷，后一诵改为比尼诵，故二名存焉。上云三藏，即其人者。"毗婆沙法师"者，名毗摩耶舍，此云法明。欲游方授道，逾历名邦 [3]。耶舍善诵毗婆沙律，人咸 [4] 号为大毗婆娑。有天竺沙门昙摩掘多 [5]，来入关中，同气相求，宛然若旧，因共出《舍利弗毗昙》。以伪秦弘始九年至十六年翻译方竟，凡廿二卷。伪太子姚泓 [6] 及道标为之作序也。"佛陀耶舍"，此云觉明，为人赤发，善诵毗婆沙，既为什师之师，亦称大毗婆娑。先诵《昙无德》，伪司隶校尉姚爽令出之。即以弘始十二年译出《四分律》卅卷，并《长阿含》等。上云毗婆娑二人，即是者也。"而恨不得同斯法"者，上云而不得与斯人同时，即人法相答对也。

生上人顷在此同止数年，至于言话之际，常相称咏。中途还南，君得与相见。未更近问，惘悒何言！威道人至，得君《念佛三昧咏》，并得远法师《三昧咏及序》。此作兴寄既高，辞致清婉，能文之士率称其美，可谓游涉圣门，扣玄关之唱也。君与法师当数有文集，因来何少？什法师以午年出《维摩经》，贫道时预听次；参承之暇，辄复条记成言，以为注解，辞虽不文，然义承有本。今因信持一本往南，君闲详，试可取看。

第二义，正答，对上为二科：一、叹刘遗民文集。二"来问婉切"下，

---

[1]　弃世：底本作"忘年"，讹误，现据《高僧传·慧远传》改。

[2]　卑摩罗叉：底本作"摩罗又"，讹误，现据《高僧传·卑摩罗叉传》改。

[3]　邦：底本作"封"，讹误，现据《高僧传·毗摩耶舍传》改。

[4]　咸：底本作"感"，讹误，现据《高僧传·毗摩耶舍传》改。

[5]　昙摩掘多：底本作"乃昙摩捗"，讹误，现据《高僧传·毗摩耶舍传》改。

[6]　泓：底本作"照"，讹误，现据《高僧传·毗摩耶舍传》改。

正答也。

"兴寄"者，兴谓引类，寄谓寄事也。"扣"，苦舌反，击也，牵马也，特也，诚也，举也。"以午年"下，因领公远举[1]，逮《维摩诘》也。

第二科，正答，有三段：一、述。二"疏云"下，正答三问。三"夫言迹之兴"下少许文，答难竟，遣言迹，劝忘怀也。

来问婉切，难为郢人。贫道思不关微，兼拙于笔语。且至趣无言，言必乖趣。云云不已，竟何所辨？聊以狂言，示酬来旨耳。

疏云："称圣心冥寂，理极同无。虽处有名之中，而远与无名同。斯理之玄，固常弥昧者。"以此为怀，自可忘言内得，取定方寸。复何足以人情之所异，而求圣心之异乎？

第一段，述。"来问婉切，难为郢人"。郢[2]，余西反，南郡江陵县人是也。庄子送葬，过惠子之墓，顾谓从者曰："郢人泥漫其鼻端，若蝇翼，使匠石斫之。匠石斧成风，听任斫之，泥尽而鼻不伤，郢人不失容仪。宋元君闻，召匠石尝试之。匠石言之：臣即尝能为之。然臣之质死之久矣，臣复不敢为功。"斯譬之也。

"疏称圣"下，正牒问家，领意可以忘怀也。

疏云："谈者谓穷灵极数，妙尽冥符，则寂照之名，故是定慧之体耳。若心体自然，灵泊独感，则群数之应固以几乎息矣。"意谓，妙尽冥符，不可以定慧为名；灵泊独感，不可称群数以息。两言虽殊，妙用常一。迹我而乖，在圣不殊也。

何者？夫圣人玄心默照，理极同无。既曰为同，同无不极。何有同无之极，而有定慧之名？定慧之名，非同外之称也。若称生同内，有称非同；

---

[1] 远举：底本作"南"，讹误，据上文改。

[2] 郢：底本脱，据文意补。

若称生同外，称非我也。

第二段，"疏云谈者"下，别答三问即为三。

第一、答初难两关，此中有三阶：初、牒问家两关。二"意谓"下，反反关定体。两关虽殊，归于无二也。三"何者"下，别释两关也。

先答初关难云"寂照之名故是定慧之体"者也，存名即存体。今就体冥，并遣名体，有三双六句：初二句遣体，次二句遣名，后二句反责。此三双并据问为言者，难前领宗云"理极同无，虽处有名之中而远与无名同"，今就同义以答其问也。

"夫至人玄心默照，理极同无"者，二句遣体，此即初句。玄，是冥默无有也。默，寂也。极，中也，穷也，至也，致尽也。心玄照寂，与物理同极，故云"玄心默照，理极同无"也。"既云为同，同无不极"者，第二句。同有二义：一[1]、相似为同，二泯成一为同。若言定慧体者，慧是能得，境即所得，名有所得，故名定慧，如物似为同。今即所能泯同，境智融同为一，境非所得，智非所知，泯成一如，同无所得。既同无所得，理极莫过，故同无不极，何有定慧是能同而名体耶？

"何有"下二句，遣名。初句可缘。次句"定慧之名非同外之称"者，假说境智，智名定慧，即有能所，岂非同外也。

"若称生"下二句，反责。"称生同内，有称非同"者，若定慧之名生于同内者，既云定慧，即非与无名同也。若定慧名生同外者，定慧之名即非至人之因也。此就体冥以义[2]问也。

夫圣心虚微，妙绝常境。感无不应，会无不通。冥机潜运，其用不勤。群数之应，亦何为而息耶？

且夫心之有也，以其有有。有不自有，故圣心不有有。不有有故有无

---

[1]　一：底本脱，据文意补。

[2]　义：疑为"责"。

有，有无有故则无无。无无，故圣心不有不无。不有不无，其神乃虚。何者？夫有也、无也，心之影响也。言也、象也，影响之所攀缘也。有无既废，则心无影响。影响既沦，则言象莫测。言象莫测，则道绝群方。道绝群方，故能穷灵极数。穷灵极数，乃曰妙尽。妙尽之道，本乎无寄。夫无寄在乎冥寂，冥寂故虚以通之。妙尽存乎极数，极数故数以应之。数以应之，故动与事会；虚以通之，故道超名外。道超名外，因谓之无；动与事会，因谓之有。因谓之有者，应夫真有，强谓之然耳，彼何然哉？故经云："圣智无知而无所不知，无为而无所不为。"此无言无相寂灭之道，岂曰有而为有、无而为无，动而乖静、静而废用耶？

"夫圣心虚"下，答第二关。难家所执是庐山义，今处题彼："此言法性者，明极之谓。明极即神功同尽，唯冥其极，圣智几于息矣。"故难云"虚泊独感，群数几于息也"。庐山远师既为世所[1]推，故答此问分，文有三重。一、就迷悟辨故无知。二"而今谈"下，随境辨故无知。三"请诘"下，遣言表理。

第一重有二阶。一、总答，如文可知。二"且心之有"下，就迷悟辨知无知。此中初明有无为迷悟本。"何者"下，明迷悟为有无本也。有无为迷悟本，有两双四句、一只辨，为五也。"夫心之有也，以其有有"，此一句明理外有也。凡情以有为有，即心生于有，故云心有生于有有，名理外有也。有既理外，外有生心，名理外心也。"有自不有，故圣心不有有"，此一句名理内有也。理外性有，有自不有。圣能虚心，达有非有，名理内有。有既理内，内有生心，名理内心。此明圣心不在有也。

"有有故有无"，第二双，此一句明理外无也。心之无也以一生。无无应有。此句而关也。"无有既无无，无无故圣心不有无"，此一句明理内无也。内无生心，名理内心。此明圣心不在无也。"不有不无，其神乃虚"，此一双俱结理内也。非有非无，结理内境；其神乃虚，结理内心也。亦可

---

[1] 所：底本作"不"，讹误，据文意改。

三双六句并结也。初"夫心"下至"圣心不有有",一双也。"有有"至"无无",第二双也。"无无"至"有无",第三双也。或谓理外理内境自恒别,今谓不然。理外偏以成理内心,境界亦尔,外反成内也。何者?下迷悟为有无本。此中先明迷为有无,后明悟为尽有无本也。"有也无也,心之影响"者,即大梦义,此须别记,今但明迷悟为有无本。何者?初心迷理,昏惑无故,即旧义界外无明。而心是缘悟,不同木石,心虽迷,不能不缘,执有执无,即是旧义界内四住也。五住既俱,三界斯起。此即[1]迷理之影响也。故什师《注》云:"以无明隔实相智慧,三业颠倒,所以有身也。"以无知障明成影,即三有身也。如熟眠时,都不觉知,而心是知性,不同无法,无明虽重不能及令[2]非心。是意识潜行,言虎言鬼,能即不言,梦虎岂非熟眠之影响乎?但应尔迷理,名为无明。眠中异知,即是梦法。故《注》云:"众生长寝,非言莫晓。"故至十地,如觉大梦。什师《注》云:"生死大梦中,但觉群生。"未知生死,是为大梦,故以重梦晓知,法相故梦耳。"言也像也,影响之所攀"者,此是大梦中法,还明于生义也。何者?所言影响,即三有果报。既有果报,有言有像。既有言像,还不影响之所不攀缘。既有攀缘,即颠倒并起。故《注》云"攀缘谓妄想微动",攀缘言像等诸法也。什师注"几神微动,即心有所属",所属即是言像等法也。远师亦云:"微涉动境,成此颓势。"又《宝性论》云:"依邪念风轮,起业烦恼水聚。依烦恼水聚,生阴界入世间也。"

次"有无既废"下,明梦觉义,即悟为尽有无本,正答第二关,即是用冥。此中既就冥义答虚泊独感。次就本迹明波若无知,答群数息义也。"有无既废即无影响"者,明梦觉之义。废,弃也,忘。有无既忘,即无攀缘之心。若判其位,七地以上,绝有无心,不织生死也。"影响既沦,言像莫测"者,妄想既亡,三界永绝,如影没于镜,响既止于谷,言像之路莫测也。"言像莫测,道绝群方",此句明化道绝也。"道绝群方故能

---

[1] 即:底本作"师",讹误,据文意改。

[2] 令:底本作"今",讹误,据文意改。

穷灵极数"，此句明金刚心，智周惑绝也。体未是佛而能如佛，故云能也。
"穷灵极数乃曰妙尽"至"本于无寄"，此句明金刚报谢，归乎无二中道
佛果也。

次"夫无寄"下，就本迹答群数息义。从初至"数以应之"两句，直
明真应。次"数以应之"至"道超名外"两句，就真应明动静。次"道超
名外"至"因谓之有"两句，就真应明有无。次"谓之有者"至"彼何然
哉"，偏既应迹明有非有也。后"故经曰"下，引经证波若无知，结答上
问，岂可谓虚泊独感数应貌乎？

而今谈者多即言以定旨，寻大方而征隅，怀前识以标玄，存所存之必
当。是以闻圣有知，谓之有心；闻圣无知，谓等太虚。有无之境，边见所
存，岂是处中莫二之道乎！何者？万物虽殊，然性本常一，不可而物，然
非不物。可物于物，则名相异陈；不物于物，则物而即真。是以圣人不物
于物，不非物于物。不物于物，物非有也；不非物于物，物非无也。非有，
所以不取；非无，所以不舍。不舍故妙存即真，不取故名相靡因。名相靡
因，非有知也；妙存即真，非无知也。故经云："般若于诸法，无取无舍，
无知无不知。"此攀缘之外、绝心之域，而欲以有无诘者，不亦远乎！

第二重，"而今谈"下，随境辨知无知，有二阶。一、以言定旨 [1]，
堕于偏见，对上有云谈者疑于高论之旨也。二"何者"下，释也。

"寻大方而征隅"者，以有无为隔，出疑者之过也。《老子》云"大
方无隅"，而今以隅召之也。"怀前识以表玄"，东宗 [2] 云：前识，谓圣
人以功被物，乃云道之花，非道之实。道之实者，离于言数也，如今见应
以表法身也。

---

[1] 定旨：底本作"空异"，讹误，据《肇论》文改。
[2] 底本原注："宗"字更勘。

二"何者"下，释，此中先明境，次随境明智无[1]也。"物性常一"者，以毕竟空，立一切法，故以无住为万物性，即不二中也。"不可而物，然非不物"者，立章门。可物，即名于异陈者，假俗非无，即是即无，释俗谛也。不物，即物即真者，似有非有，即释真谛义尔。常一为体，二谛为用也。次"是以"下，随境明无故，有五双十句。"圣人不物于物，不非物于物"者，此句直辨照境之相。至人任物而照，不逆于境，以中心为体。《庄子》云："圣人由而照之于天之也。""不物于物，物非有也；不非物于物，物非无也"，此两句举圣智，就凡圣境，即辨释非有非无也。"非有所以不取，非无所以不舍"，此两句就境非有非无，释智不取不舍也。"不舍故妙存即真，不取故名相靡因"，此两句结冥真无相也。"名相靡因，非有知也；妙存即真，非无知"，此两句举冥无相，遣知无知，归于无二也。"故曰"下，引经证随境辨知无知。"此攀缘"下，况答上诘[2]也。

请诘夫陈有无者。夫智之生也，极于相内。法本无相，圣智何知？世称无知者，谓等木石、太虚、无情之流。灵鉴幽烛，形于未兆，道无隐机，宁曰无知？

且无知生于无知，无无知也，无有知也。无有知也，谓之非有；无无知也，谓之非无。所以虚不失照，照不失虚，泊然永寂，靡执靡拘。孰能动之令有、静之使无耶？

故经云："真般若者，非有非无，无起无灭，不可说示于人。"何则？言其非有者，言其非是有，非谓是非有；言其非无者，言其非是无，非谓是非无。非有非非有，非无非非无。是以须菩提终日说般若，而云无所说。此绝言之道，知何以传？庶参玄君子，有以会之耳。

---

[1] 底本原注："无"字原本未详。

[2] 诘：底本作"明"，讹误，据《肇论》文改。

第三重，"请诘"下，遣言表理，有三阶。一、反释，亦是非相对也。"智之生也，极于相内"者，智生于相，相生于封，有相智生其中也。"法本无相，圣智何知"者，异于世知，称无知也。"世称无知者"，异于木石，称为知也。

二"且无知"下，就智体遣知无知。"无知生于知"，知无故无知亦无也。"无有知也，谓之非有；无无知也，谓之非无"，此句所遣知无知，即非有非无也。"所以虚不失照，照不失虚"，此句明忘怀也。"泊尔永寂"下，体非阂碍，故不能使生有无也。此中明义，上十释九难义无异途。故安法师《波若略[1]》云："夫波若之为经也，文句累叠，义理重复，或难同而答异，或殊问而报同。难同而答异者，所由之途同，会通之致别。殊问而报同者，发源之径别，终合乎一归也。"

三"故经曰"下，遣言表理。从初至"不可说示人"，表理绝相。"何则"下，明取言教方法不当有无，亦名遣言也。今非有之言，即不当有无。如《注》云："无常者，言其非是常，非谓是无常。言其常者，言其非是无常，非谓是常。"凡是圣人言教，莫不如此。"然则"下，释上义，亦名表理也。释上者，言非有非是无，非无非是有也。表理者，言非有表非非有，言非无表非非无。斯则言有表非有，言非有表非非有，言无表非无，言非无表非非无，并六句也。六句中阙初句者，但表波若绝相，终日说波若而无说无当，故略示表理之相。故《中论·涅槃品》云："若有无成者，非有非无亦成。是故涅槃非非有非非无。""是以"下，人证理绝。有谶下，劝之。南伯子葵[2]问女偊[3]曰："子恶乎闻之？"曰："闻诸副墨子，副墨子闻洛诵之孙，洛诵之孙闻瞻明，瞻明闻之聂许，聂许闻之需役，需役闻之于讴，讴闻之玄冥，玄冥闻之参寥，参寥闻之疑始也。"夫阶名以至无者，毕得无相名表，故虽玄冥犹未极，又推寄于参寥，玄之又玄也。

[1] 波若略：应为释道安所著《般若折疑略》二卷，见载于《出三藏记集》卷五。
[2] 葵：底本作"蔡"，讹误，现据《庄子·大宗师》改。
[3] 偊：底本作"偶"，讹误，现据《庄子·大宗师》改。

故自然之理积习而成者，盖阶近以至远，研粗以至精，故乃七重而后乃无之，名相重而后疑无是始之也。

答第一难两关竟。

最是义要，明四种波若无知，还结上宗。一、就真波若明波若无知。故论云："体波若者，不愚不智。"就体波若答第一关，即是其义。二、就用波若明波若无知。冥真之知，冥俗之知，各就二知明波若无知，答第二关有三意，即第一意也。彼文就迷悟及真应明知无知，今明因缘真俗二智俱有真应故也。三、随境明波若无知。彼就物不物明二谛对性有无明知无知，照真称无知，照俗为知。四、遣用就体明波若无知，即遣言表理中意也。后三种波若无知，答第二关大意也。《大品》偈云："波若是一法，佛说种种名，随诸众生力，为之立异名。"

又云"宜先定圣心所以应会之道，为当唯照无相耶？为当咸睹其变耶？"谈者似谓无相与变其旨不一，睹变则异乎无相，照无相则失于抚会。然则即真之义，或有滞也。

经云："色不异空，空不异色。色即是空，空即是色。"若如来旨，观色空时，应一心见色，一心见空。若一心见色，则唯色非空；若一心见空，则唯空非色。然则空色两陈，莫定其本也。是以经云"非色"者，诚以非色于色，不非色于非色。若非色于非色，太虚则非色，非色何所明？若以非色于色，即非色不异。非色不异色，色即为非色。故知变即无相，无相即变。群情不同，故教迹有异耳。考之玄籍，本之圣意，岂复真伪殊心、空有异照耶！

是以照无相，不失抚会之功；睹变动，不乖无相之旨。造有不异无，造无不异有。未尝不有，未尝不无。故曰"不动等觉而建立诸法"。以此而推，寂用何妨！如之何谓睹变之知，异无相之照乎？恐谈者脱谓空有两心，静躁殊用，故言睹变之知，不可谓之不有耳。若能舍己心于封内，寻玄机于事外，齐万有于一虚，晓至虚之非无者，当言至人终日应会，与物推移，乘运抚化，未始为有也。圣心若此，何有可取，而曰"未释不取之理"？

答第二难，有三阶：一、贬难。二"经曰"下，别答两关。三"是以"下，双结两关。

贬难中，先领难意。"谈者"下，出情。"然则"下，即即真之义犹未领也。

第二阶，别答两关：初明色空不异答初关；次"故知"下，答后关。今空色不异答初关者，上虽因虚泊独感，云圣人唯照无相，不见生死有耶？就此先引经文，明色空不异。"若如来旨"下，先取彼意，令堕旧义。"是以经云"下，释色非色义。色非自色，故以非字令非其色。若都非色，即如大虚，何故非字令非之耶？若色即空故非色者，即是色空不异之义。次"故知"下，明真应无二，以答后关。"变即无相，无相即变"者，所现丈六，即体无相，即是本法身，岂舍丈六而求法身无相乎？但凡[1]情不同，执迹成异，故为物所睹，变现之知不可为无耳。寻之经籍，推之圣意，无真伪殊心、空有异照也。何者？即惑境以中[2]心，故无真伪异；即因缘以照虚，故无空有异。亦并答初关也。

第三阶，"是以"下，双结两关。初明有无相即结两关；后"恐谈者"下，劝取舍也。从初至"无相之旨"，正结答两关。次"造有"下，向[3]有无，心不异。次"未尝"下，明心非有无也。"故曰"下，引证。"不动等觉建立诸法"者，不动冥真之智而能照几现迹，令诸众生立诸善法。何谓返现[4]之知异无相之照乎？如《华严》云："从佛智慧海，出生于十地。"此文旧解不同。一解：因佛得解。二解：有果故行因。三解：渐会佛境。四、总因果智。又《胜鬘》云："如阿耨达池出四大河。因于八地，摄受正法，出生四乘因果之也。"今于此解经亦同亦不同，但言无耳。又不动

---

[1] 但凡：底本作"俱几"，讹误，据文意改。

[2] 中：疑为"正"。

[3] 向：疑为"齐"。

[4] 返现：疑为"睹变"。

等觉，现诸应迹，生诸善法也。后"恐谈"下，更举难情，劝取舍也。"若能舍己心于封内，寻玄几于事外"者，就心劝取舍也。"齐万有于一虚，晓至虚之非无"者，举境劝忘怀。"当言"下，举人以结答也。"与物推移"者，推前变动之理而行天下。"乘运抚化"者，乘万几之运，披应化之道也。

又云"无是乃所以为真是，无当乃所以为至当。"亦可如来言耳。若能无心于为是而是于无是，无心于为当而当于无当者，则终日是不乖于无是，终日当不乖于无当。但恐有是于无是，有当于无当，所以为患耳。何者？若真是可是，至当可当，则名相以形，美恶是生，生生奔竞，孰与止之？

是以圣人空洞其怀，无识无知。然居动用之域而止无为之境，处有名之内而宅绝言之乡，寂寥虚旷，莫可以形名得，若斯而已矣。乃曰真是可是、至当可当，未喻雅旨也。恐是当之生，物谓之然，彼自不然，何足以然耳。

"又云无是"下，答第三难，有二阶：一先与后夺，二遣情谓也。

所以与夺者，上二难皆堕惑情，故先与后夺也。先领难意。"若能无心"下，述与。"但恐"下，还夺也。今解三论者，以正法为是当，故夺此执也。若如难家"真是可是、至当可当[1]"者，即舍一取一，未忘是非，"生生奔竞，孰与止之"。《庄子》云："丘也与汝皆梦也。予[2]谓汝梦，亦梦也。"方其梦，不知其梦，梦中又兴其梦，即无以异于瘤。又若彼我俱有是非者，无以止之。若同乎汝止之，既与汝同，何以止之？若我同者止之，既与我同，何能止之？使异乎我与汝者止之，异即何能止之？使同我与汝者止之，同即何能止之？能即生生奔竞，无能是止者之也。

第二阶，"是以至人"下，遣情谓。初明动静无二，名体无二。"寂

---

[1] 可当：底本脱，据文意补。

[2] 予：底本作"帚"，讹误，现据《庄子·齐物论》改。

寥虚旷"者，谓言语断、心行灭也。后"恐是当之生"下，遣是非情，述理无言也。"然"者，是也。"不然"者，非是也。理自不然，何足为然，而言真是可是耶？

夫言迹之兴，异途之所由生也。而言有所不言，迹有所不迹。是以善言言者，求言所不能言；善迹迹者，寻迹所不能迹。至理虚玄，拟心已差，况乃有言，恐所示转远。庶通心君子，有以相期于文外耳。

"夫言迹"下，正答中有三段之第三段，遣言迹，述理无言迹。何者？上虽答难，若执言拟理已差，故劝忘荃取旨也。"拟心已差，况[1]乃有言"者，轮扁语桓公曰："徐即甘而不固，疾即苦而不入。不徐不疾，得于手，应于心，口不能言也，有数[2]存乎其间，臣不能以喻臣子，臣子亦不能受之于臣。是以行年七十而犹老斫轮。古之人亦与其不可传也死而已也。"然则事无粗细，当理无言者一也。

---

[1] 况：底本脱，据《肇论》文补。

[2] 数：底本作"敏"，讹误，现据《庄子·天道》改。

物不迁论

上明佛果，此下二论明生死。因果相对，上则辨果，此则论因。又境智相对，上已明智，此复辨境。今此二论先观俗入真，故不迁明俗，不真明真也。今不言迁而云不迁者，立教本意，只为中根执无常教者说，故云"中人未分于存亡，下士抚掌而不顾"。何者？如来说法，去常故说无常，非谓是无常；去住故说不住，非谓是不住。然则理反常心之境，教有非常之说也。而小心者造极不同，听心异，闻无常乃[1]取流动，闻不住即取生灭，因教[2]著偏，乖之弥远。故立不迁，破除内执。斯盖反其常情乃合于道，故以不迁立言也。

文有二义：一、明造论；二"道行云"下，正辨论体。

夫生死交谢，寒暑迭迁，有物流动，人之常情也。今[3]则谓之不然。何者？《放光》云："法无去来，无动转者。"寻夫不动之作，岂释动以求静？必求静于诸动。必求静于诸动，故虽动而常静；不释动以求静，故虽静而不离动。然则动静未始异。

而惑者不同，缘使真言滞于竞辩，宗途屈于好异。所以静躁之极，未易言也。何者？夫谈真则逆俗，顺俗则违真。违真故迷性而莫返，逆俗故言淡而无味。缘使中人未分于存亡，下士抚掌而弗顾。近而不可知者，其

---

[1] 乃：底本作"分"，讹误，现据文意改。

[2] 教：底本作"缘"，讹误，据下文改。

[3] 今：通行本《肇论》作"余"。

唯物性乎！然不能自已，聊复寄心于动静之际，岂曰必然。试论之曰：

"夫生死交谢，寒暑迭迁"者，生死之变，犹冬夏而时行也。"有物流动，人之常情"者，唯有法流动，不及无为者，中人以下皆共知之。此是标宗也。

"今则"下，正明造论所由，有二科：一、立宗。二"惑者"下，正明所由。

立宗中有三段：初依经立宗，次破，后结也。"今则谓之不然"者，总反惑情。"何者"下，依经立宗也。次"寻夫"下，破旧义也。"寻夫不动之作，岂释动以求静，必求静于诸动"者，正破旧义，彼云不迁者，赖于续假。转前作后，名为动法。若许实法，即无动转。故法与时俱，时与法俱，转变后法，还续[1]于前，名为不动。此即释动以求静也。过去法来不来，有三说。第一云：过去虽灭而曾为因，故相续行者成就此因，因非转来，在于现在也。第二云：因体有为，当时即灭，而善恶功用湛然常在也。第三云：善恶功用随心转来，来至现在者也。今于三宗亦同不同，但言而无当。取汝言相续故动者，为当前法续后，为当后法接前？若前法续后，前时未有，后云未有，何续？若后法接前，后起前已谢，何处接？动亦例然。今则不然。求是推求，以三时求动，动相不可得，故云"求静于诸动"。下句可解。后段，"然则动静未始异"者，结宗也。

第二科，"而惑者"下，明所由，有三段：初明辨理者不同。"而惑者不同"句，亦可属上，亦牵于下。次明道相反，后明所为人也。"真言滞于竞辨"者，佛言无当而滞于偏执也。"宗途屈于好异"者，理无二途而屈于是非，即是于谛义也。所以求那法师偈云"诸论各异端，修行理无二。偏执有是非，达者无违诤"也。次"何者"下，明道俗相反，教亦相违。"谈真即逆俗，顺俗即违真"者，俗。习也。言真之教违于俗，顺俗之教反于道也。"违真故"下，明行亦反也。后段，"缘使中人"下，明

---

[1] 续：底本作"舒"，讹误，现据《大乘玄论》卷二改。

所为。"中人未分于存亡"者，疑于有道若存，疑于无道若亡也。"下士抚掌而弗顾"者，异己所见，其乖常情，对牛鼓簧，非彼能觉，故大笑而弗顾也。"动静之际"者，庄生云：雁、木之间，犹未免有累，故竟不处。今肇师亦尔，处迁不迁之间，设投处犹未免偏，竟不处也。此释造论意之也。

第二，"道行"下，正辨论体，有五科：一、依经论立宗。二"伤夫"下，破去来明不迁。三"噫圣人"下，征教。四"是以睹"下，约愚智二人明取教得失。五"是以如来"下，明因果无失以劝学[1]。

《道行》云："诸法本无所从来，去亦无所至。"《中观》云："观方知彼去，去者不至方。"斯皆即动而求静，以知物不迁，明矣。

夫人之所谓动者，以昔物不至今，故曰动而非静。我之所谓静者，亦以昔物不至今，故曰静而非动。动而非静，以其不来；静而非动，以其不去。

然则所造未尝异，所见未尝同。逆之所谓塞，顺之所谓通。苟得其道，复何滞哉！

初科有三段：初依经论标宗，次就二人释经论意，后明趣无二也。

非常之说，常情难悟，故以引标不迁教。此经语可作两释。一、诸法本来不生故无去来。二、以假异明无去来，然推假异，即离无当，即是本来不生之义。复[2]引《中观》，标动静无二也。

次段就二人释，先释《中观》意。"以昔物不至今故动而非静"者，人情所谓本时无法，今有名现，而现法流入过去，更不迁今，故动而非静也。"我之所谓静者，亦昔物不至今，静而非动"者，同事异悟，已过之法更不来今，昔物自在昔，即静而非动也。"静而非动，以其不来"者，即释经语。已过之法更不来今，以知昔物不来于今也。"动而非静，以其

---

[1] 劝学：底本作"观觉"，讹误，据下文改。

[2] 底本原注："复"疑为"后"。

不住"者，流入过去无去，刹那并于现，以知不住也。一义：是物[1]生时，无所从来，亦无所去也。

后段，"然则"下，明旨趣无二。动静所趣，未曾异执，见未尝同也。"逆之所谓塞，顺之所谓通"者，偏执即逆塞，忘怀即顺通。然则理无动静而取动静者，论于或若即动静而无动静者，契会无二矣。

伤夫人情之惑也久矣，目对真而莫觉。既知往物而不来，而谓今物而可往。往物既不来，今物何所往？何则？求向物于向，于向未尝无；责向物于今，于今未尝有。于今未尝有，以明物不来；于向未尝无，故知物不去。覆而求今，今亦不往。是谓昔物自在昔，不从今以至昔；今物自在今，不从昔以至今。故仲尼曰："回也见新，交臂非故。"如此，则物不相往来，明矣。既无往返之微朕，有何物而可动乎？然则旋岚偃岳而常静，江河竞注而不流，野马飘鼓而不动，日月历天而不周。复何怪哉！

第二科，"伤夫"下，破去来明不迁，有三段：初伤凡情表不迁，次破去来明不迁，后引外圣证不迁也。

"伤夫人情之惑久矣，目对真而莫觉"者，若圣智对，五目莫见其形，斯乃道远乎哉。迷情即是因缘，道远乎哉。因缘即是中，故云因缘所生法，我说即是空，亦为是假名，亦是中道义。而凡夫肉眼冥然不知，如对牛鼓簧，彼非所悟也。"既知往物既不来，今物何往"者，已过之法更不来今，今不住法亦不移时也。

次"何则"下，破去来，即释《道行》意。此中先就向物以四句明无去来也。初两句立有无义。"于今尝有"下两句，正明向物无去来也。"覆而求今，今亦不往"者，应有四句：求今物于今，于今未尝无；责今物于向，于向未尝有；于向未尝有，以知物不去；于今未尝无，以知物不来也。"是为"下，举今昔两物，结明不迁也。

---

[1] 物：底本作"眠"，讹误，据上文改。

后段，"仲尼"下，引外圣证不迁教，所谓外内虽殊，所明理同是也。"有何物而可动"者，《经》、《中观》意也。"然则"下，齐万物而结不迁也。《释论》云："光风动尘，旷野[1]之中如野马者也。"

噫！圣人有言曰："人命逝速，速于川流。"是以声闻悟非常以成道，缘觉觉缘离以即真。苟万动而非化，岂寻化以阶道？覆寻圣言，微隐难测。若动而静，似去而留。可以神会，难以事求。

是以言去不必去，闲人之常想；称住不必住，释人之不住耳。岂曰去而可遣、住而可留耶？故《成具》云："菩萨处计常之中，而演非常之教。"《摩诃衍论》云："诸法不动，无去来处。"斯皆导达群方，两言一会，岂曰文殊而乖其致哉！是以言常而不住，称去而不迁。不迁故虽往而常静，不住故虽静而常往。虽静而常往，故往而弗迁；虽往而常静，故静而弗留矣。

然则庄生之所以藏山，仲尼之所以临川，斯皆感往者之难留，岂曰排今而可往？

第三科，"噫"下，征教，有三段：初举无常教以征今说；次人情不同，教非一轨；后引外圣，证无常教同也。

人命速于川流者，举仲尼教也。"是以"下，三乘证果，执无常教也。"齐[2]万物而非化，岂寻化以阶道"者，证教非谬也。"覆寻圣言，微隐难测"者，正征今记[3]。覆者覆无常教，寻不迁意，结理难解也。"若动而静，似去而留，可以神会"者，推于大士，非中下所知也。

次段，"是以"下，明人执不同，教非一轨，有三阶。一、明去住两教之意，二、正出两教，三、两教一会也。"言去不必去，闲人之常想"者，言无常不必无常，但防计常之想也。"称住不必住，释人之不住"者，

---

[1] 旷野：底本作"野马"，讹误，现据《大智度论》卷六改。

[2] 齐：现通行本《肇论》作"苟"。

[3] 底本原注："记"疑为"说"。

言不迁不必是不迁，但解计往之想。后"住"字当为"往"也。若用住字释者，常字亦不可以计常之常，应以常情而释之耳。二"成具"下，正出经。《成具》明无常教，《摩诃衍》明不迁教也。三"斯皆"下，两教一会。"是以"下，释意，三双六句。"言常而不住，称去而不迁"者，此二句劝取教莫偏也。"不迁故虽往而静，不住故虽静而往"者，此二句明教意相通也。"虽静而往故往而弗迁，虽往而静故静而弗留"者，此二句明物无动静也。

后段，"然则"下，引外圣证无常教，同庄生如上所云也。仲尼临川，云人命逝速如斯也。

是以睹圣人心者，不同人之所见得也。何者？人则谓少壮同体、百龄一质，徒知年往，不觉形随。是以梵志出家，白首而归。邻人见之曰："昔人尚存乎？"梵志曰："吾犹昔人，非昔人也。"邻人皆愕然，非其言也。所谓有力者负之而趋，昧者不觉，其斯之谓欤！

是以如来因群情之所滞，则方言以辨惑。乘莫二之真心，吐不一之殊教。乖而不可异者，其唯圣言乎！故谈真有不迁之称，导俗有流动之说。虽复千途异唱，会归同致矣。

而征文者闻不迁则谓昔物不至今，聆流动者而谓今物可至昔。既曰古今，而欲迁之者，何也？是以言住[1]不必住[2]，古今常存，以其不动；称去不必去，谓不从今至古，以其不来。不来故不驰骋于古今，不动故各性住于一世。然则群籍殊文，百家异说，苟得其会，岂殊文之能惑哉！

是以人之所谓住，我则言其去；人之所谓去，我则言其住。然则去住虽殊，其致一也。故经云："正言似反，谁当信者？"斯言有由矣。何者？人则求古于今，谓其不住。吾则求今于古，知其不去。今若至古，古应有今；古若至今，今应有古。今而无古，以知不来；古而无今，以知不去。

[1] 住：现通行本《肇论》作"往"。
[2] 住：现通行本《肇论》作"往"。

345

若古不至今，今亦不至古，事各性住于一世，有何物而可去来？然则四象风驰，旋机电卷，得意毫微，虽速而不转。

第四科，"是以睹"下，约愚智二人取教得失，有三段：初明为二人起教不同，次明取教得失，后反常合道。

初段有二阶：一、明二人，二、明起教也。"不同人所见得"者，明下不及上也。"何者"下，出二人，邻人是惑，梵为智者。从初至"形随"，是出惑情。"以梵志"下，正出其事也。"吾犹昔人，非昔人"者，可作两释。一云：吾岂昔人乎？非昔人也。一云：犹，若也。吾若昔人，非昔人也。一息一得，向息非今息，昨日之人于今化矣。而愚者窃然以为昔人常存，此不朽物化也。二、明起教不同。"是以如来因群生以辨惑"者，教起无端，病除是贵，故此句出病，明起教所由也。"乘莫二之真心"下，正明起教不一也。不迁为俗而云不迁为真者，谓情为俗，即反常为真故也。

后段，"而征"下，正明得失，有二阶。一、因教著偏。"闻不迁即昔物可至今"者，凡人所谓时年虽移，人之质体古今不异。如以指进薪，火传不灭，而不知指火与薪俱谢也。听流动即谓流入过去，而不知支[1]火非今火也。今即正破。既云古今，古即在于古，今即在于今，而云迁者，何也？二"是以"下，劝著不迁教。"言住不必住，古今常存，以其不动"者，言所谓住，不必是住，言其非动，非谓是住，即不住之住，古今不动也。一云：从彼至此，乃是住义。古不至今，何处有住？古不至今故无住者，今亦不往于古，言其不动。又住是对动之言，无动故无住也。"称去不必去，不从今至古，以其不来"者，言去不必是去，言其非来，非谓是去，即不去之去，古今不住也。一云：从今至古，乃是去义。今不至古，何处有去？今不至古故无去者，古亦不来于今。言其不来，又去是对来之言，无来故无去也。"不来故"下，结不迁。"然则"下，会教也。

后段，"是以人"下，反常合道，有三阶。一、反其常情，及合于道，

---

[1] 支：疑为"前"。

故云"人所谓住，我即言去"也。求那偈云："诸论各异端，修行理无二，偏执有是非，达者无违诤。"故去来虽殊，其旨无二也。"正言似反，谁当信者"，通理无言，言因病起，相治之力，无非相反。故河上云："正直之言世人不知，以为反言也。"二"何者"下，就二人释反常义。"人即求古于今，谓其不住"者，凡情求古于今，今而无古，以古物不住也。"吾即求今于古，知其不去"者，吾即求今于古，古而无今，以知今物不去也。下释，就文可见也。"然则"下，齐万物。四象者，《老子》云："大象，者四象之母也，不炎、不寒、不温、不凉。言若执之，即天下往。"今即四像，谓炎、温、寒、凉，加风驰之速也。"旋机电卷"者，《尚书》云："旋机、玉衡以齐七政。"牢，天文之器也，如今运天图也。《例略》云："故处旋玑以观大运，见天地之运未足怪之者也。"

是以如来功流万世而常存，道通百劫而弥固。成山假就于始篑，修途托至于初步，果以功业不可朽故也。功业不可朽，故虽在昔而不化，不化故不迁，不迁故则湛然，明矣！故经云："三灾弥纶而行业湛然。"信其言也。

何者？夫果不俱因，因因而果。因因而果，因不昔灭；果不俱因，因不来今。不灭不来，则不迁之致明矣！复何惑于去留、踟蹰于动静之间哉！

然则乾坤倒覆，无谓不静；洪流滔天，无谓其动。苟能契神于即物，斯不远而可知矣！

第五科，"是以如来"下，举因果以劝学，有三段：初举果劝因不灭，次举因劝果必生，后劝齐万物。

"功流万世"至"弥固"，此是举果也。从"成山"至"初步"，譬因不灭也。"功不可朽故在昔而不化"者，以功业不灭，证不迁之致也。"故经"下，引经证果不灭也。

次段，"何者"下，举因劝果必生也。"果不俱因，因因而果"者，立两章门。"因因而果，因不昔灭"者，释因不灭也。"果不俱因，因不来今"者，释因不来。斯即不灭不来，果义得生，正不迁之致也。"复何惑"下，劝无惑也。

后段，"然则"，结宗劝学也。

不迁论

肇论疏卷下　晋书

康永三年二月五日写之，同十七日点之毕。此疏慧达法师撰云云，未详之。

（写本云：）文永三年七月廿日，于光明山东谷往生院敬奉书写了。

愿以此写功，自他开慧眼。三论宗智舜（春秋六十八）。

（东南院写本奥记云：）神龟三年岁次乙丑十一月。

宝龟二年年次辛亥四月卅日，沙弥慈晋（云云）。

文永三年八月廿七日校合之次，加谬点了。写本之文字不法之间，极难见解。后来之士寻正本可正之耳。

贞和四年五月谈《肇论》了，而《述义》中引慧达释，皆符此书□□□□□。

肇论疏

唐 元康 撰

说　明

时至唐朝，《肇论》疏注骤增，达十余种之多，这可于日本永超《东域传灯目录》和高丽义天《新编诸宗教藏总录》等经录得见。然现存唐朝注疏却只有初唐·元康《肇论疏》三卷。《续藏经》（第二编第一套第一册）、《大正藏》（第 45 册，经号 1859）均有收录。

元康系三论宗义学僧，曾于贞观年中游学长安，奉太宗敕住安国寺。宋·净源《肇论中吴集解》中称为兴善元康，可能《肇论疏》为元康住大兴善寺时所撰。《东域传灯目录》等经录中，载有元康著作《中论疏》六卷、《中论三十六门势疏》一卷、《百论疏》三卷、《十二门论疏》二卷、《三论玄枢》二卷、《三论玄记》一卷、《三论玄意》一卷等多部。日本入唐求法的释常晓在其《请来目录》中说："夫以《百论》者，真谛津途。在前以嘉祥寺疏解释文义，有少不足。今以元康法师疏将定义理也。"称赞元康疏义之精确细密。本疏通释慧达序、《宗本义》、《物不迁论》、《不真空论》、《般若无知论》、《涅槃无名论》，其篇目编排次第与通行本《肇论》相同。全书从始至终都是训诂式的注释，忠实布衍僧肇之意，就注释方式以及思想立场的中立性而言，被认为是现存《肇论》疏注中最好的一种。后人对元康疏的引用也最多。如日本安澄《中论疏记》中即广引此疏，宋晓月《夹科肇论序》更是依准此疏而撰成。

元康疏作为一部唐代古疏，其文献价值不容忽视。疏中牒引的《肇论》原文与现今《肇论》文字多有出入，在《肇论》文本校勘上具有重要意义。本次整理，即利用此疏对《肇论》文本完成了一百多处勘校。

疏中引述了释道安《性空论》、支道林《即色游玄论》《支道林法师集》、鸠摩罗什《实相论》、庐山慧远《法性论》《慧远法师集》、梁·宝唱《续法论》等许多久佚的重要论著与法义，因而是一部珍贵的文献资料，为研究者所重。

由于年代久远，疏中多有讹误。本次点校整理，以《续藏经》本为底本，利用《周易》《老子》《庄子》《尔雅》《后汉书》《世说新语》《全晋文》、王逸《楚辞章句》、王弼《周易略例》等大量古籍资料，及《涅槃经》《佛藏经》《维摩诘经》《高僧传》《弘明集》《出三藏记集》等相关佛教典籍，参校《大正藏》本及其校本"圣语藏本"，共完成了一百余处勘校工作。

现行元康疏中，掺有江都白塔寺玄湜勘校时所写"玄湜意"、"玄湜谓"。为了与原疏区分，特用仿宋体，并加以括号，此须加以留意。

肇论疏卷上

释元康撰

肇论序 [1]

小招提达法师作

"肇论序，小招提达法师作"者。就此一论，文有二章：前序文，后论本。今言肇论序者，后秦姚兴时，长安释僧肇法师作《宗本》、《不迁》等论，从人立名，故云《肇论》。叙述肇法师所作论意，故名为序。《尔雅》云："东西墙谓之序。"郭璞[2]《注》云："所以序别内外也。"今达法师叙述论意，以为论之由渐，如东西墙为舍宅之序，故名为序。

而言"小招提达法师作"者。闰州江宁县，旧是丹阳郡。始自吴朝，爰及宋、齐、梁、陈，六代以来，佛教兴盛，伽蓝精舍接栋连甍，名字相参，往往而有。即如庄严寺，则有大庄严、妙庄严。招提寺则有大招提、小招提也。大招提是梁时造，小招提是晋时造。慧达法师是陈时人，小招提寺僧也。当陈时，名达之者非止一人，故标其寺，以为别也。有本直云小招提撰。撰者，撰集，非是制作。应言作，不应言撰也。直言小招提，

---

[1] 《肇论序》及《肇论》正文为本次点校所补入。

[2] 郭璞：底本作"郭象"，讹误，据宋泐潭晓月《夹科肇论序》引此疏文改。

不言名者，江左敬法师，不呼其名，故但标其寺耳。然此法师未善文体，所作论序多有庸音，直以叙述论宗，不无伦次。贵其雅意，如后释之。所望通人，幸无讥诮也。

慧达率愚，通序长安释僧肇法师所作《宗本》、《物不迁》等四论。

"慧达率愚"下。就此序中，开为两段：前且明作之元由，后正序《肇论》之宗旨。就前文中开为六段：第一标举论名，第二称美人法，第三庆幸逢遇，第四非斥讥嫌，第五申述元情，第六宣明序意。

今言"率"者，《尔雅》云："率，劝也。"慧达者，名也。长安者，秦家本都咸阳，汉家移都长安。长安是秦时乡名，即以本为名，名长安县也。

"释僧肇法师"者。梁朝会稽嘉祥寺皎法师撰《高僧传》云：释僧肇，京兆人。家贫，以佣书为业。遂因缮写，历观经史，备尽坟籍。深好玄微，每以老庄为心要。尝读老子《道德章》，叹曰：美则美矣，然期神冥累之方，犹未尽也。后见古《维摩经》，欢喜顶戴受持，披习玩味，乃言：始知所归矣。因此出家学道。善解方等，兼通三藏。及在冠年，而名振关辅。时竞誉[1]之徒，莫不猜其早达，或[2]千里负粮，入关抗辨。肇既才思幽玄，又善谈说，承机挫锐，曾不留滞。时京中宿儒及关外英彦，莫不挹[3]其锋辩，负气摧衄。后罗什至姑臧，肇自远从之，什嗟赏无极。及什适长安，肇亦随还。姚兴命肇与僧睿等入逍遥园，详定经论。肇以去圣人久远，文义舛杂，先旧所解，时有乖谬。及[4]见什咨禀，所悟更多。因著《宗本义》《物不迁论》《不真空论》《般若无知论》。竟以呈什，什读之称善，乃谓肇曰：吾解不谢子，辞当相挹[5]。时庐山刘遗民，见肇此论，叹曰：不

---

[1] 誉：底本作"举"，依梁慧皎《高僧传》、隋费长房《历代三宝记》改。

[2] 或：底本作"咸"，依梁慧皎《高僧传》、隋费长房《历代三宝记》改。

[3] 挹：底本作"报"，依梁慧皎《高僧传》、隋费长房《历代三宝记》改。

[4] 及：底本作"乃"，依梁慧皎《高僧传》、隋费长房《历代三宝记》改。

[5] 挹：底本作"报"，依梁慧皎《高僧传》、隋费长房《历代三宝记》改。

意方袍复有平叔！因以呈远公。远乃抚机叹曰：未尝有也！因共披寻玩味，更存往复。及什亡后，追悼永往，翘思弥励，乃著《涅槃无名论》，以上秦主姚兴。兴答旨殷勤，备加赞述。即敕令缮写，班诸子侄。其为时所重如此。晋义熙十年，卒于长安，春秋三十有一矣。

但末世弘经，允嘱四依菩萨。爰传兹土，抑亦其例。至如弥天大德、童寿桑门，并创始命宗，图辩格致，播扬宣述，所事玄虚，唯斯拟圣，默之所祖。自降乎已还，历代古今，凡著名僧传及传所不载者，释僧睿等三千余僧，清信檀越谢灵运等八百许人，至能正辨方言、节文阶级、善核名教、精搜义理，揖此群贤，语之所统。有美若人，超语兼默，标本则句句深达佛心，明末则言言备通众教。谅是大乘懿典，方等博书。自古自今，著文著笔，详汰名贤所作诸论，或六家七宗，爰延十二，并判其臧否，辨其差当。唯此宪章，无弊斯咎。良由襟情泛若，不知何系。匹彼渊海，数越九流，挺拔清虚，萧然物外。知公者希，归公采什，如曰不知，则公贵矣。

"但末世弘经，允嘱四依菩萨"下，第二称美人法也。人则肇法师，法则所作论。允者，信也。嘱者，属也。此字音有二音、二义。二音者，一之欲反，二是时欲反，今取前音也。二义者，一是对属义，二是眷属义，今是前义也。《尔雅》云："属，著也。"亦可通后义也。《涅槃经·四依品》明四依菩萨出世护持正法，具烦恼性，能持禁戒，是名第一人。须陀洹人、斯陀含人，是名第二。阿那含人，是名第三。阿罗汉人，是名第四。言西国弘经，属在四依，则马鸣、龙树之流是也。

"爰传兹土，抑亦其例"者。爰，于也。《尔雅》云："爰，易也。"抑，按也。谓此土弘经之人，亦按四依之例，则安、远、生、肇是也。

"至如弥天大德、童寿桑门"者。《高僧传》云："释道安至，习凿齿造谒，既坐，自云：四海习凿齿。安应声答云：弥天释道安。时人以为名答。"今言弥天大德，即安法师也。《高僧传》云：罗什法师，本名鸠摩罗耆婆，此云童寿。以其善解文什，故云罗什。今言童寿，即什法师也。桑门者，古人译经，名为桑门，近云沙门，皆是梵音轻重之异，此云寂志也。

"并创始命宗，图辩格致"者。创，初也。命，告也。宗，尊也。图，度也。格，量也。致，理致也。如安法师立义，以性空为宗，作《性空论》。什法师立义，以实相为宗，作《实相论》。是谓命宗也。图度辩才，格量理致也。

"播扬宣述，所事玄虚"者。播，布也。宣布佛教，唯以虚玄为事耳。

"唯斯拟圣，默之所祖"者。《思益经》云："汝等比丘集会，当行二事：若圣说法，若圣默然。"今言唯安、什二法师所作轨仪，圣、默之宗祖也。

"自降乎以还"下，应云"降斯已还"，而言"降乎"，非文体也。

"凡著名僧传"者，谓显著在传也。

"至能正辨方言、节文阶级"者，谓能分别方俗之言，节量经文阶级次第也。

"善核名教、精搜义理"者。核，训实。搜，训索。谓能研核名教之异同，搜求义理之差当也。

"揖此群贤，语之所统"者。揖，训敬也，推敬前人为圣说法之所统者也。

"有美若人，超语兼默"者。《毛诗》云："有美一人，清扬婉兮。邂逅相遇，适我愿兮。"《论语》云："君子哉若人。"今合此语，共成一句。而言超语兼默者，超语兼超默。此言超者，谓前安、什二师唯得理而文有所阙，睿师、谢公唯得文而理有所阙。今肇法师文理兼备，故名为超，非谓肇法师文胜睿师及谢公，理胜什师及安公也。何者？论文自云："性空者，诸法实相也。见法实相，故为正观；若其异者，便为邪观。"安法师作《性空论》，什法师作《实相论》，皆究尽玄宗，何由可胜？睿法师作《大智度论序》云："夫万有本于生生，而生生者无生。变化肇于物始，而始始者无始。然则无生无始者，物之性也。生始不动于性，而万有陈于外，悔吝生于内者，其唯邪思乎？正觉有以见邪思之自起，故《阿

355

含》为之作。知滞有之由惑，故《般若》为之鉴。然鉴本希夷，津涯浩汗，理超文表，趣绝思境。以言求之则乖其深，以智测之则失其旨。二乘所以颠沛于三藏，新学所以曝鳃于龙门者，岂不然乎？"谢灵运文章秀发，超迈古今。如《涅槃》元来质朴，本言"手把脚蹋，得到彼岸"，谢公改云"运手动足，截流而度"。又如作诗云"白云抱幽石，碧篠媚清涟"，又"云日相晖映，空水共澄鲜"，此复何由可及？直以肇师兼文兼理，故名胜耳。有人云：肇法师语超睿公、谢公，故云超语；默同安公、什公。亦可然也。

"标本则句句深达佛心，明末则言言备通众教"者，本谓《宗本义》，末谓《涅槃论》也。

"谅是大乘懿典、方等博书"者。谅，信也。《小雅》："懿，深也。"谓此论是深典、博大之书耳。

"自古自今，著文著笔"者。此应言"自古及今"，不应言"自今"。而今云尔者，欲对下"著文著笔"故也。文家以有韵为文，无韵为笔。刘氏《文心雕龙》非此语云："孔子曰：'文王既没，文不在兹乎？'可有韵乎？固不然也。"

"详汰名贤所作诸论"者。此言支法详作《实相论》，竺法汝作《本无论》也。然《实相论[1]》有二家，一者是什法师作，今无此本。二者是支法详问，释慧仪答，此乃是慧仪法师作，非支法详作也。

"或六家七宗，爰延十二"者。江南本皆云"六宗七宗"。今寻记传，是六家七宗也。梁朝释宝唱作《续法论》一百六十卷云："宋庄严寺释昙济，作《六家七宗论》，论有六家，分成七宗：第一本无宗，第二本无异宗，第三即色宗，第四识含宗，第五幻化宗，第六心无宗，第七缘会宗。"本有六家，第一家分为二宗，故成七宗也。言十二者，《续法论》文云："下定林寺释僧镜作《实相六家论》，先设客问二谛一体，然后引六家义答之。第一家以理实无有为空，凡夫谓有为有。空则真谛，有则俗谛。第

---

[1] "竺法汝作本无论也然实相论"十二字，依底本校记，据底本校本补。

二家以色性是空为空，色体是有为有。第三家以离缘无心为空，合缘有心为有。第四家以心从缘生为空，离缘别有心体为有。第五家以邪见所计心空为空，不空因缘所生之心为有。第六家以色色所依之物实空为空，世流布中假名为有。"前有六家，后有六家，合为十二家也，故曰爱延十二也。

"并判其臧否，辨其差当"者[1]。臧否、差当，即是非也。前六家论中，判第四家为臧，余五家为否。后六家论中，辨前五家为差，后一家为当也。

"唯此宪章，无弊斯咎"者。宪，法也。前[2]十二家皆有是非之弊。今肇法师所作，无有此弊，但是而无非也。

"良犹襟情泛若，不知何系"者。良，信也。襟是胸襟，情是性，泛然无所系滞也。若，是不计义。《周易》云："出涕沱若。"沟者不计，若寄，以其无有别义，故不计之耳[3]。

"匹彼渊海，数越九流"者。渊海广博，越九流之数。肇法师襟怀广博，越详、汰诸人也。渊海者，《小雅》："深也。"九流者，江有九江，河有九河，皆是九流也。九江者，《寻阳记》云："一者乌江，二者蜂江，三者乌土江，四者嘉靡江，五者畎江，六者污江，七者廪江，八者提江，九者菌江。"九河，《尔雅》云："一者徒骇河，二者大史河，三者马颊河，四者覆辅河，五者胡苏河，六者简河，七者洁河，八者钩盘河，九者鬲津河也。"

"挺拔清虚，萧然物外"者。挺，出也。萧然，谓萧条然也。肇法师才思挺出，清雅虚通，萧然在物之外也。

"知公者希，归公采什"者。知肇公之者希。归向肇公者，则收采其文什也。

"如曰不知，则公贵矣"者。曰者，语端。《老子》云："知我者希，则我贵矣。"今用此语也。有人云："如曰月，日用而不知者"，殊非理也。

---

[1] "者"字，依底本校记，据底本校本补。

[2] "前"字，依底本校记，据底本校本补。

[3] 此句疑有脱文。

357

达猥生天幸，逢此正音，忻跃弗已，飨宴无疲。每至披寻，不胜手舞，誓愿生生尽命弘述。达于肇之遗文，其犹若是，况《中》《百》《门观》，爰暨方等深经，而不至增乎！

"达猥生天幸"下，第三庆幸逢遇也。猥，众也，谓多生有幸。幸者，宠者也。而言天幸者，天宠也。亦可凡言天者自然，今言天幸，自然有幸也。《世说注》云："张敏字子羽，与张华同时，而不得官，乃作《头责[1]子羽文》云：以[2]受性拘系，不闲礼仪，误以天幸，为子所寄。"言天幸，用此语也。有人将幸字属下句，殊为可哂也。

"忻跃不已，响宴忘疲"者。忻喜踊跃不知止也，歆向饮宴无疲倦也。然此"响"字，合"乡"下作"食"；今多作响，亦可。然有本作"音"，非也。

"每至披寻，不胜手舞"者。《子夏诗序》云："不知手之舞之，足之蹈之。"今用此语，意云欢喜也。

"况《中》《百》《门观》，爰暨方等深经"者。《小雅》云："暨，及也。"《左传》云："暨，至。"或作"洎"字，义亦同也。《十二门论》，名为门观。睿师《中论序》云："《百论》治外以闲邪，斯文祛内以流滞。《大智释论》之渊博，《十二门观》之精诣也。"

世嗲咸云："肇之所作，故是《成实》真谛，《地论》通宗，庄老所资，孟浪之说。"此实巨蛊之言，欺诬亡没，街巷陋音，未之足拾。

"世嗲咸云"下，第四非斥讥嫌也。《传》云谓谚字，言边作彦，今口边作彦，俗中字也。

"肇之所作，故是《成实》真谛，《地论》通宗"者。成实论宗有真

---

[1]　责：底本讹作"贵"，现依《全晋文》卷八十张敏《头责子羽文》改。

[2]　以：底本讹作"公"，现依《全晋文》卷八十张敏《头责子羽文》改。

谛义，十地论宗有通宗义。谓肇师所明之理，犹是彼二论中之义也。

"庄老所资，孟浪之说"者。谓肇法师用庄老言资此论，为孟浪之说。孟者，大也。浪者，流浪也。

"此实巨蛊之言，欺诬亡没"者。巨，大也[1]。蛊是蛊毒。《书》云："以物病人，为蛊。"即如汉家巫蛊事也。没，终也，《小雅》作殁，今作没也。见肇师亡没，作此欺凌诬罔。肇法师假庄老之言以宣正道，岂即用庄老为法乎？必不然也。

"街巷陋音，未之足拾"者，此是街巷鄙陋之言，不可收采也。

夫神道不形，心敏难绘。既文拘义远，故众端所说。肇之卜意，岂图然哉！良有以也。如复殉狎其言，愿生生不面，至获忍心，还度斯下。

"夫神道不形，心敏难绘"者，第五述元情也。述肇法师之元意，明不同庄老也。神道，谓神妙之道，即佛道也。敏，疾也。绘，《论语》云："绘，画也。"

"既文约义远，众端所说"者。今谓作论，文有限局，理致弘远，不假庄老众端之言，无由宣畅玄理也。有本云"说"，有本云"诡"。诡，变也。

"肇之卜意，岂图然哉"者[2]，肇法师卜措怀抱，岂自无理，以庄老之理为佛理乎？信有所以也。

"如复殉狎其言，愿生生不面"者。殉字，合立人边作旬，以身从物，谓之徇。今作殉者，则是送死谓之殉也。狎，习也，合也。意若复有人殉狎此言者，我即愿生生不与此人面对也。

"至获忍心，还度斯下"者，得无生忍，方还度此下品人耳。

---

[1] "巨大也"三字，底本无，依底本校记，据底本校本补。

[2] "者"字，底本无，依底本校记，据底本校本补。

　　达留连讲肆二十余年，颇逢重席，末睹斯论。聊寄一序，托悟在中。同我贤余，请俟来哲。

　　"达留连讲肆二十余年"下，第六宣明序意也。留连，谓不离也。讲肆，谓讲席也。《说文》云："讲，习也。"《左传》云："讲，谋也。"《周礼》云："司市常以陈肆辨物。"此谓陈设物产为肆耳。今谓讲说之处，陈设几席，事如肆也。自讲已来二十年也，亦可听讲以来二十年也。
　　"颇逢重席，末观斯论"者，颇亦曾逢重席，末后方见此论耳。重席者，汉帝令诸儒讲论，胜者夺劣者席。戴凭独坐五十重席，时人曰"说[1]经不穷戴侍中"也。
　　"聊寄一序，托悟在中"者，寄托悟怀在序内也。
　　"同我贤余，请俟来哲"者。俟，待也。同于我者，贤于余者，待后明哲也。

　　夫大分深义，厥号本无，故建言宗旨，标乎实相。开空法道，莫逾真俗，所以次释二谛，显佛教门。但圆正之因，无上般若；至极之果，唯有涅槃，故末启重玄，明众圣之所宅。

　　"夫大分深义，厥号本无"下，第二正序论之宗旨也。文中有四：第一序次第，第二遣相，第三称叹，第四简别。
　　今初。言大分深义者，此语出《十二门论》也。彼论云："大分深义，所谓空也。若通达是义，则达大乘，具足六波罗蜜，无所障碍。"今以本无是空义故，发首言之，此谓宗本义也。而言大分者，大分为言也。厥者，其也。
　　"故建言宗旨，标乎实相"者，实相即本无之别名，以本无是深义，故建初言本无、实相等也。

---

[1] 说：《后汉书·戴凭传》作"解"。

"开空法道，莫逾真俗"者。逾，越也。《涅槃经》云："雪山菩萨闻说半偈，上树舍身，以报偈价。树神问言：如是偈者，何所利益？菩萨答言：如是偈者，诸佛所说，开空法道。我为此法，弃舍身命。"今《不迁》《不真》两论，能开空法之道也。《不真》明真谛也，《不迁》明俗谛也。

"所以次释二谛，显佛教门"者，真俗二谛，佛教要门，以此故次宗本而释二谛耳。

"但圆正之因，无上般若"者，此谓《般若无知论》也，涅槃正因无有尚于般若者也。

"至极之果，唯有涅槃"者，般若极果，唯有涅槃之法也。

"故末启重玄"者，以此因果，更无加上，故末后明此两重玄法：般若为一玄，涅槃为一玄也。前言真俗，指前两论。后言重玄，指后两论。此是必然，不劳别释。重玄者，《老子》云："玄之又玄，众妙之门。"今借此语，以目涅槃、般若。谓一切圣人皆住于此，故名为宅也。

虽以性空拟本，无本可称，语本绝言，非心行处。然不迁当俗，俗则不生；不真为真，真但名说。若能放旷荡然，崇兹一道，清耳虚襟，无言二谛，斯则静照之功著，故般若无知；无名之德兴，而涅槃不称。

"虽以性空拟本，无本可称"下，第二遣相也。

"语本绝言，非心行处"者，言本则是绝言之处，故非心所能行也。

"然[1]不迁当俗，俗则不生"者，道不迁则是不生也。

"不真为真，真但名说"者，道不真为真，但是假名说耳。

"若能放旷荡然，崇兹一道"者，指前《宗本论》也。荡，大也，谓宽旷无所拘碍也。一道，语出《涅槃经》，彼第十二卷云："实谛者，一道清净，无有二也。"

"清耳虚襟，无言二谛"者，指前《不迁》《不真》二论也。清耳，

---

[1] 底本原注："然"下，一本有"则"字。

谓静听也。虚襟，忘怀也。无言，谓得意也。二谛，谓真俗也。

"斯则静照之功著，故般若无知"者。著，显也。能如此静照，即是般若无知义也。

"无名之德兴，而涅槃不称"者。兴，起也。若能静照，知法不可名，即是涅槃无名之义也。

余谓此说周圆，罄佛渊海，浩博无涯，穷法体相。虽复言约而义丰，文华而理诣，语势连环，意实孤诞。敢是绝妙好辞，莫不竭兹洪论。所以童寿叹言："解空第一，肇公其人。"斯言有由矣，彰在翰牍。

"余谓此说周圆，罄佛渊海"下，第三称叹也。罄，尽也，如覆罄更无有物也。渊，深。

"浩博无涯，穷法体相"者，浩汗广博无涯岸，穷尽诸法实相体也。

"虽复言约而义丰，文华而理诣"者。约，少。丰，多也。《易》云："丰，大也。"《毛诗传》云："丰，茂也。"诣，进也，出《小雅》，彼文云："造、奏，诣、进也。"

"语势连环，意实孤诞"者。连环，不绝也。孤诞，生也。《毛诗》云："诞，阔也。"《尔雅》云："诞，大也。"

"敢是绝妙好辞，莫不竭兹洪论"者。汉时会稽人曾盱，能抚节安歌，度浙江溺死。盱女曹娥，年十二，求盱尸不得，自投浙江而死，经宿，抱父尸而出。度尚为作碑，置于会稽上虞山。汉末，议郎蔡邕夜至碑所，求火不得，以手摸之而读，叹其能文，乃镌碑背，作八字云："黄绢幼妇，外孙齑臼。"后曹操共杨修读此语，问修解不？答云：解。操令修勿语，待吾思之。行三十里，方解，乃嗟曰："有智无智校三十里。"后乃杀修。操诸子皆救，操曰："此人中之龙，恐非汝力之所驾驭。"遂杀之。黄绢者，丝边著色，此是绝字。幼妇，少女也。女边著少，妙字也。外孙，女子也。女边著子，此是好字也。齑臼者，受辛也。受边著辛，此是辞字也。今谓绝妙好辞，竭尽此论之中也。洪者，大也。

"所以童寿叹言"下，此语出《名僧传·慧观传》中也。明什法师作此语，非无所以也。

"彰在翰牍"者，肇法师文理彰显在翰牍也。古人以鸡翰毛书简牍之上，今名纸为牍也。

但宗本萧然，莫能致诘。《不迁》等四，开通接引，问答析征，所以称论。

"但宗本萧然"下，第四简别是论非论也。宗本萧然，不可致难，故但称义。《不迁》等四，欲接引学人，假致问答，故称为论。有本云开通，有本云关涉。《小雅》云："开，达也。"

"问答析征，所以称论"者，论本析理。四科析理，故名为论耳。

宗本义

宗者宗祖，本名根本。肇法师以本无、实相等，是诸经论之宗本，今明此义，故云宗本义也。亦可以此少文，为下四论之宗本，故云宗本义也。今依后释，此文为二别：宗本一义，是谓标宗；《不迁》已下四论，是谓明教也。

本无、实相、法性、性空、缘会，一义耳。何则？一切诸法，缘会而生。缘会而生，则未生无有，缘离则灭。如其真有，有则无灭。以此而推，故知虽今现有，有而性常自空。性常自空，故谓之性空。性空故，故曰法性。法性如是，故曰实相。实相自无，非推之使无，故名本无。

"本无、实相、法性、性空、缘会，一义耳"者，论文有四：第一明本无实相宗，第二明非有非无宗，第三明沤和般若宗，第四明泥洹尽谛宗。第一明本无实相宗，为《物不迁论》之宗本。第二明非有非无宗，为《不真空论》之宗本。第三明沤和般若宗，为《般若无知论》之宗本。第四明泥洹尽谛宗，为《涅槃无名论》之宗本。

今云"本无"等者。有人云："会释五家义也。竺法汰作《本无论》，什法师作《实相论》，远法师作《法性论》，安法师作《性空论》，于道邃作《缘会二谛论》。今会此五家，故云一义耳。"此非释也。何者？若今会竺法汰《本无论》者，何故《不真空论》初，弹本无义耶？又且远法师作《法性论》，自问云："性空是法性乎？"答曰："非。性空者，即所空而为名。法性是法真性，非空名也。"今何得会为一耶？

复有人言："支法详作《实相论》，今会此论。"此释弥复不然。支法详不见什法师，承来至关中，乃作书，问什法师门人释慧仪实相义。慧仪报答，名此为《实相论》。此并是肇法师同时人，才学又在肇法师下，宁肯会释此人所作论耶？必不然也。

今直云此五义 [1] 是经论中大义，有人谓同，有人谓异。肇法师今会之为一，不言异也。又本无等四为真，缘会为俗，今会此真俗二谛不异也。

言本无者，如《维摩经》云："无我无造无受者，善恶之业亦不忘。"此本无义也。《仁王经》云："有本自无，因缘成法。"此亦本无义也。《中论》云："若使无有有，云何当有无？有无既已无，知有无者谁？"又云："诸法不可得，灭一切戏论。无人亦无处，佛亦无所说。"此亦本无义也。

言实相者，如《维摩经》云："如自观身实相，观佛亦然。我观如来，前际不来，后际不去，今则不住。不观色，不观色如，不观色性。"此实相义也。《中论》云："诸法实相者，心行言语断，无生又无灭，寂灭如涅槃。"此亦实相义也。

言法性者，如《大品经》云："法性、法住、法位、实际，有佛无佛，法性相常住。"此法性义也。《胜天王般若》第三卷有〈法性品〉，广明法性不可思议，此性即诸佛法本，功德智慧因之而生也。《中论》云："如来所有性，即是世间性。如来无有性，世间亦无性。"此亦法性义也。

言性空者，如《涅槃经》云："一切诸法性本自空，亦因菩萨修空故空。"此性空义也。《中论》云："如是性空中，思惟亦不可。如来灭度后，分别于有无。"此亦性空义也。

言缘会者，《维摩经》云："说法不有亦不无，以因缘故诸法生。"此缘会义也。《中论》云："未曾有一法，不从因缘生。是故一切法，无不是空者。"此亦缘会义也。

如此五义，经论大宗，以理会之，一而无异，故云一义耳。又《涅槃》

---

[1] 义：底本作"家"，现据底本校本改。

及《仁王经》皆明二谛一体，今明此五义唯是二谛。然此二谛一体无别，故云一义。虽有两释，前为正释也。

"何则"下，此论凡云何则，是假问之辞也。

"一切诸法缘会而生"者。前标列其义，先标本无，今会释五义，先论缘会，逐便故也。

"性常自空，故谓之性空"者，此有三读：一者"性常自空故谓之性空"为句也，二者"性常自空故谓之性空、法性"为句也，三者"性常自空故谓之性空、法性、实相"为句也。三读之中，前为胜。今依前读，即以性常自空名为性空也。

"法性如是，故曰实相"者，性空即是法性，此性即是实相也。

"实相自无，非推之使无"者，诸法自无，名为实相，非是推遣令无也。

言不有不无者，不如有见、常见之有，邪见、断见之无耳。若以有为有，则以无为无。有既不有，则无无也。夫不存无以观法者，可谓识法实相矣。是为虽观有而无所取相。然则法相为无相之相，圣人之心为住无所住矣。三乘等观性空而得道也。性空者，谓诸法实相也。见法实相，故云正观；若其异者，便为邪观。设二乘不见此理，则颠倒也。是以三乘观法无异，但心有大小为差耳。

"言不有不无者"下，第二明非有非无宗，为《不真空论》之宗本也。言者，谓经论所言也。《大品经》云："色非空非不空，受、想、行、识非空非不空。"《涅槃经》云："佛性非真如虚空，非无如兔角。"《中论》云："定有则著常，定无则著断。是故有智者，不应著有无。"今通释经论此语。所言不有者，不如有见、常见之有；而言不无者，不如邪见、断见之无，故云尔耳。有见者，谓有所得见也。邪见者，谓无所得见也。常见者犹是有见，断见者犹是邪见也。又有见者谓有我见也，常见者谓身是常也，邪见者谓无我见也，断见者谓身是无常也。《中论》云："我于过去世，为有为是无？世间常等见，皆依过去世。我于未来世，为作为不作？有边等诸见，皆依未来世"也。亦可此中通以计万法定有为有，定无为无。有则是常，无则为断也。

"若以有为有，则以无为无"者，有若定是有，无则定是无也。

"有既不有，则无无也。"有本有重无字，有本但有一无字。若有两无字，则此句已足，言有既非有，言无亦非无也。若唯有一无字，则此句遣有，后方始遣无。今以重无字为正也。

"夫不存无[1]以观法者"下，前既双遣有无，今更覆疏两义，今此句覆疏无无句也。"是为[2]虽观有而无所取相"者，此句覆疏无有句也。不存无以观法，则无非无也。观有而不取相，则有非有也。非有非无，是为中道矣。

"然则法相为无相之相"者，此谓实相法也。无有法相，名为无相。以此无相为相，故名实相也。"圣人之心为住无所住"者，此谓般若也。安住无为，名之为住。住无所住，故名无住也。

"三乘等观性空而得道"者，前云有既不有，无亦不无，皆是性空之妙理，三乘圣人同观此理而后成道也。《涅槃经》云："观十二因缘智慧凡有四种：一者下，二者中，三者上，四者上上。下智声闻，中智缘觉，上智菩萨，上上智是佛。"开佛及菩萨，故有四种；合佛及菩萨，则有三种。然此三人，同观因缘性空，故得成三乘道果也。《金刚般若经》云"一切贤圣皆以无为法而有差别"，此之谓矣。

"性空者，诸法实相"者，诸法性空，此是真实之理，故名实相也。"见法实相故为正观"下，见空为正，见有为邪。"设二乘不见此理则颠倒"者，有本作"故"字，非也。设谓假设，假令二乘不见性空，则是颠倒；而今见空，故非颠倒也。"是以三乘观法无异"下，既云非倒，而有三乘之异者，为心有大小、智有浅深故也。

沤和般若者，大慧之称也。诸法实相，谓之般若；能不形证，沤和功也。

---

[1] 底本原注："无"上，一本有"有"字。

[2] 底本原注："是为"，一本无。

适化众生，谓之沤和；不染尘累，般若力也。然则般若之门观空，沤和之门涉有。涉有未始迷虚，故常处有而不染；不厌有而观空，故观空而不证。是为[1]一念之力，权慧具矣！一念之力，权慧具矣！好思，历然可解。

"沤和般若"下，第三明沤和般若宗，为《般若无知论》之宗本也。具足梵音，应言沤和俱舍罗般若波罗蜜。沤和俱舍罗，此云方便。般若波罗蜜，此云智慧。方便者，权智也。智慧者，实智也。《大品经》九十品，龙树菩萨以〈方便〉已前明般若道，〈方便品〉已后明沤和道。《维摩经》云："有慧方便解，无慧方便缚。有方便慧解，无方便慧缚。"今合明此二，只是大智之名也。

"诸法实相，谓之般若"者，观实相智，是谓般若也。

"能不形证，沤和功也"者，形，现也。声闻观空即现取证，菩萨观空能不现证。所以然者，此理深妙，众生不解，菩萨起大悲之心，愿在生死教化众生，为说此法，令一切有心皆得悟解。此即是菩萨善权方便之力也，故云沤和功也。

"适化众生，谓之沤和"者。适，往也。菩萨往入生死，教化众生，令悟性空，此是善权方便之智也。

"不染尘累，般若力也"者。凡夫涉有，多生染著。菩萨涉有，知有法皆空，所以于色于声而无染著。此是实智见空之力，故云般若力也。

"然则般若之门观空，沤和之门涉有"者，观空是实智也，涉有是权智也。

"涉有未始迷空，故常处有而不染"下，覆疏前两义也。未始者，初未曾也。菩萨涉有，未曾迷空。以常知法是空，故能处在生死，不生染著，释前"不染尘累，般若力"也。

"不厌有而观空，故观空而不证"者，菩萨涉有，不生疲厌，而能观

---

[1] 为：现通行本《肇论》作"谓"。

空也。对前言涉有不迷空，此言观空不厌有也。以观空不厌有，所以观空不即取证也。

"是为一念之力，权慧具矣"者，涉有不迷空，权中有实；观空不厌有，则实中有权。初言一念之力权慧具者，则是权中有实也。后言一念之力权慧具者，则是实中有权也。

"好思"下，审思则见也。

泥洹尽谛者，直结尽而已，则生死永灭，故谓尽耳，无复别有一尽处耳。

"泥洹尽谛者，直结尽而已"下，第四明泥洹尽谛宗，为《涅槃无名论》之宗本也。尽谛即灭谛，四谛之中，涅槃即第三谛也。《涅槃经》第二十三卷云："善男子！涅槃之体，无有住处，直[1]是诸佛断烦恼处，故名涅槃。"今取此语，明涅槃之宗本也。"无复别有一尽处"者，尽本尽于结，结尽无别尽。如此无别尽，是谓常乐我净大涅槃也。

---

[1] 直：底本作"真"，误，现据南本《大般涅槃经》卷二十三改。

物不迁论

此下四论，第二章明教也。四论四章，即明四教。第一《物不迁论》明有，申俗谛教。第二《不真空论》明空，申真谛教。第三《般若论》明因，申般若教。第四《涅槃论》明果，申涅槃教。明此四法，申彼四教，释迦一化，理斯尽矣！

今言《物不迁论》者。《庄子·外篇·达生章》云："凡有貌像声色者，皆物也。"公孙龙子《名实论》云："天与地其所产焉，物也。"《毛长诗传》云："迁，徙也。"人谓物皆迁徙，变易无常。今明物本不迁，当世各有。言虽反常，义仍合道，故云"物不迁论"也。

夫生死交谢，寒暑递迁，有物流动，人之常情也。

"夫生死交谢，寒暑递迁，有物流动，人之常情也"下，论文有二：前序，后正。今初，序文，且为四段：第一叙常情，第二明真解，第三述异同，第四申论意。

今初。有本云"生死"，有本云"生灭"，俱得，今用"生死"也。有本云"迭迁"，有本"递迁"，俱得，今用"迭迁"也。《小雅》云："迭递，交更也。"今明迭迁，更相迁易也。生死者，非直谓人身死此生彼，通谓一切万物生死变化也。如《涅槃经》云："一切诸世间，生者皆归死。寿命虽无量，要必有终尽。"既从生至死，亦从死至生，生死回还，终始无际，是谓交谢。谢，往也。《易》云："暑往而寒来，寒往而暑来。"又云："鼓之以雷霆，润之以风雨，日月运行，一寒一暑。"是谓迭迁也。

即以生死、寒暑名之为有，名之为物，皆有迁谢移易，故云流动。流如水流，动如风动。此是常情所解也。常者，寻常也。《小雅》云："四尺谓之仞，倍仞谓之寻。寻者舒两臂也，倍寻谓之常也。"

余则谓之不然。何者？《放光》云："法无去来，无动转者。"寻夫不动之作，岂释动以求静？必求静于诸动。必求静于诸动，故虽动而常静；不释动以求静，故虽静而不离动。

"余则谓之不然"下，第二明真解也。余，我也。谓，言也。不如前解，故曰不然也。

"何者？《放光》云：法无去来，无动转者。"竺法护前翻《大品》，名曰《放光》，以此经初广明如来放光等事，即以为名也。彼经既云"法无去来"，何有生死交谢？复云"无动转者"，何有寒暑迭迁耶？亦可通说，未必须配也。亦可"何[1]者"字是肇法师语，非经文也。

"寻夫不动之作，岂释动以求静"。释者，舍离。寻《放光经》作不动之语者，非谓舍动而别论静，即求静于动法之中，即动而为静耳。言"岂释"者，不释也。"必求静于诸动"下，覆上意，可见也。

然则动静未始异，而惑者不同，缘使真言滞于竞辩，宗途屈于好异。所以静躁之极，未易言也。何者？夫谈真则逆俗，顺俗则违真。违真故迷性而莫返，逆俗故言淡而无味。缘使中人未分于存亡，下士抚掌而弗顾。近而不可知者，其唯物性乎！

"然则动静未始异，而惑者不同"下，第三述异同也。动静理虽不殊，而迷惑之人谓异也。

"缘使真言滞于竞辩，宗途屈于好异"者。真言，谓佛教也。竞辩，

---

[1] 底本原注："何"字疑剩。

谓异说也。宗途，谓法理也。好异，谓异解也。

"所以静躁之极，未易言也"者，谓静躁两间难辨也。又释：静躁不二，是静躁之极。欲说此理，未易可论也。

"何者？夫谈真则逆俗，顺俗则违真"者。俗人谓异，言不异者，则逆俗人也。真理是一，言不一者，则违真理也。此言真者，谓理实如此，故名为真，未必即为真谛也。如云真书、真宝，可即是真谛乎？固不然也。有人执此语，非前序中不迁当俗谛，此非得意之言也。

"违真故迷性而莫返，逆俗故言淡而无味"者，违真理则迷法性，不能自返也，亦可情迷不能自返悟也。逆俗人则语薄淡无滋味也。《老子》云："乐与饵，过客止[1]。道之出口，淡乎其无味。"今借此语，以饰论文也。如来说法，皆依二谛，言则顺俗，理则明真。且秦人好文，译经者言参经史。晋朝尚理，作论者辞涉老庄。言参经史，不可谓佛与丘旦[2]同风；辞涉老庄，不可谓法与聃周齐致。肇法师一时挺秀，千载孤标。上智贵其高明，下愚讥其混杂。是谓资宋章而适越，露形之俗见嗤；抱荆玉而归楚，无目之徒致哂。信可悲也，深可叹哉！近有无识之徒，自相朋附，或身参法侣，翻谤大乘；或形厕俗流，反宗小教。上诽高德，苟布负俗之名；下赞庸流，将谓契真之实。自忘颜厚，岂识羞惭？经云"譬如痴贼，弃舍金宝，担负瓦砾"，此之谓矣。然信毁祸福，素有诚言。及至临终，果招其咎，舌出长余一尺，气奔经乎数晨，既出牛声，不知豹变，无间极苦，夫复何疑！后之学者，幸知前事也。

"缘使中人未分于存亡，下士抚掌而不顾"者。《老子》云："上士闻道，勤而行之。中士闻道，若存若亡。下士闻道，大笑之，不笑不足以为道。"今借此语也。中人闻此动静不二，未能决定，或信或疑，故云未分于存亡。下人闻此决定不信，故云抚掌而弗顾。抚掌，拍手也。弗顾，

---

[1] 过客止：底本作"过容上"，误，现据《老子道德经》改。

[2] 丘旦：孔丘、姬旦的并称。底本作"丘且"，讹误。又宋·净源《肇论集解令模钞》所引本疏作"姬孔"，与丘旦同意，可作参考。

不视也。

"近而不可知者，其唯物性乎"者，动静不二，物之性也，近对目前而人不觉。今伤叹之，故云尔也。

然不能自已，聊复寄心于动静之际，岂曰必然。试论之曰：

"然不能自已"下，第四申论意也。已，止也。"岂曰必然"者，未必然也。

《道行》云："诸法本无所从来，去亦无所至。"《中观》云："观方知彼去，去者不至方。"斯皆即动而求静，以知物不迁，明矣。

"《道行》云：诸法本无所从来，去亦无所至"下，第二正是论文也。文有六章：第一引经明不迁，第二指物明不迁，第三遣惑明不迁，第四会教明不迁，第五反常明不迁，第六结会明不迁。今初，引一经一论，以标于指归，明不迁之宗本也。

《道行》者，《小品般若》也。睿法师〈小品序〉云："章虽三十，贯之者道。言虽十万，佩之者行。行凝然后无生，道足然后补处也。"《中观》者，《中论》，一名《中观论》，以此论中明观因缘等法故也。然彼论中无有此语，应是取〈去来品〉意耳。〈去来品〉云："已去无有去，未去亦无去。离已去未去，去时亦无去。"今取此意，故云去者不至方也。

"斯皆即动而求静，以知物不迁，明矣"者。经云无来无去，论云无去，此之二文皆是即去明无去，非谓离去有无去。即去无去，是谓不迁之义，一论之旨归也。

夫人之所谓动者，以昔物不至今，故曰动而非静。我之所谓静者，亦以昔物不至今，故曰静而非动。动而非静，以其不来；静而非动，以其不去。然则所造未尝异，所见未尝同。逆之所谓塞，顺之所谓通。苟得其道，

复何滞哉！

"夫人之所谓动者"下，第二指物明不迁也。人以昔物去今，故名为动。我以昔物在昔，故名为静。

"动而非静，以其不来；静而非动，以其不去"者，余本皆云："静而非动，以其不来；动而非静，以其不去。"句上可释，下句难解。今勘古本，如前说也。"动而非静，以其不来"者，此覆"人之所谓动"句也。"静而非动，以其不去"者，此覆"我之所谓静"句也。人以昔物去今而往昔，故曰动而非静。我以昔物在昔而不去，故曰静而非动也。

"然则所造未尝异"下，《广雅》云："造，诣也。"《尔雅》云："造，适也。"尝有两义：一者曾义，二者常义。《庄子》云："夫言非吹也。言者有言，其所言者特未定也。果有言耶？其未尝有言耶？"此是曾义。又云："仲尼语颜回曰：若必有以也，尝以语我来。"此是常义也。且所造诣未尝有异，而心眼所见未曾有同也。

"逆之所谓塞，顺之所谓通"者，逆理则塞，顺理则通。逆理谓人也，顺理谓己也。

"苟得其道，复何滞哉"者。苟，且也。且得其道理，则动静不二，更无疑滞也。

伤夫人情之惑也久矣，目对真而莫觉。既知往物而不来，而谓今物而可往。往物既不来，今物何所往？何则？求向物于向，于向未尝无；责向物于今，于今未尝有。于今未尝有，以明物不来；于向未尝无，故知物不去。覆而求今，今亦不往。是谓昔物自在昔，不从今以至昔；今物自在今，不从昔以至今。故仲尼曰："回也见新，交臂非故。"如此，则物不相往来，明矣。既无往返之微朕，有何物而可动乎？然则旋蓝[1]偃岳而常静，江河竞注而不流，野马飘鼓而不动，日月历天而不周。复何怪哉！

---

[1] 蓝：现通行本《肇论》作"岚"。

"伤夫人情之惑久矣"下，第三遣惑明不迁也。伤是伤叹也。"目对真而莫觉"者，此亦谓不迁之事，理审如此，故名为真，未必即是真谛也。莫觉者，不觉也。

"既知往物之不来，而谓今物之可往"者，叙或情也。"往物既不来，今物何可往"者，难惑计也。"何则？求向物于向，于向未尝无"者，求昨日物于昨日，则昨不无也。"责向物于今，于今未尝有"者，责昨日物于今日，则今日不有也。"于今未尝有，以明物不来"者，此是前"动而非静，以其不来"句意也。"于向未尝无，故知物不去"者，此是前"静而非动，以其不去"句意也。"覆而求今，今亦不往"者，前之两对，直明往而不来，今以今类往，亦复如是也。"是为昔物自在昔，不从今以至昔"者，此是不去也。"今物自在今，不从昔以至今"者，此是不来也。

"故仲尼曰：回也见新，交臂非故"者。《庄子·外篇·田子方章》云："孔子谓颜回曰：吾终身与汝交一臂而失之，可不哀与？"郭象注云："夫变化不可执而留也，故虽交臂相守，而不能令停。"今用此语也。见新者，谓故人已谢，新人自来也。交臂非故者，交臂相守，亦已谢往，非后故人也。此依郭注释也。今谓郭注不然。今言交一臂而失之者，谓交一臂之顷，已失前人，非谓交臂执手不能令停也。明知交臂之顷，前已非后，言谁迁耶？然前已非后，则是迁义，而言不迁者，此明无有一物定住，而从此迁向彼，故曰不迁也。

"如此则物不相往来，明矣"者，若前人至后，后人至前，可谓往来。既不如此，故无往来也。

"既无往返之微朕，又何物而可动乎"者。朕字有二音：一者陈锦反，出《尔雅》。二者陈忍反，出许慎《注淮南子》。按事之萌兆谓之朕，今是后音也。李奇云："朕，兆也。"《庄子》云："体尽无为[1]而游无朕。"郭注云："任物故自然无迹。朕，迹也。"既无往返之迹，故知不动也。

"然则旋蓝偃岳而常静"下，旋蓝，劫初时大风名也，亦曰随岚，梵

---

[1] 为：现通行本《庄子》作"穷"。

音轻重之异耳。有本云旋岚。岚者，此方之风名也。旋岚，即旋风也。又释：《修行道地经》云："兴云之风，名旋岚也。"向前为俯，向后为偃。偃，卧倒也。岳者，山也。江河者，有本云江海，言海不及河也。《庄子》云："野马、尘埃也。"郭注云："野马者，游气也。"游气奔竞，喻如野马飘扬也、鼓动也。

"日月历天"者，有本云丽天。言历，易见也。日月周旋，故言历也。丽者，《易》云："日月丽乎天，百谷草木丽乎土。"《小雅》云："丽，著也。"

前风非后风，故偃岳而常静。前水非后水，故竞注而不流。前气非后气，故飘鼓而不动。前日非后日，故历天而不周。《华严经》云："譬如长风起，鼓拂生动势，二俱不相知，诸法亦如是。譬如 水流，水流无定止，二俱不相知，诸法亦如是。"肇法师不见《华严》，而作论冥合，自非妙悟玄理，何至于斯乎？

噫！圣人有言曰："人命逝速，速于川流。"是以声闻悟非常以成道，缘觉觉缘离以即真。苟即万动而非化，岂寻化以阶道？覆寻圣言，微隐难测。若动而静，似去而留。可以神会，难以事求。是以言去不必去，闲人之常想；称住不必住，释人之所谓往耳。岂曰去而可遣、住而可留耶？故《成具》云："菩萨处计常之中，而演非常之教。"《摩诃衍论》云："诸法不动，无去来处。"斯皆导达群方，两言一会，岂曰文殊而乖其致哉？是以言常而不住，称去而不迁。不迁故虽往而常静，不住故虽静而常往。虽静而常往，故往而弗迁；虽往而常静，故静而弗留矣。然则庄生之所以藏山，仲尼之所以临川，斯皆感往者之难留，岂曰排今而可往？是以睹圣人心者，不同人之所见得也。何者？人则谓少壮同体、百龄一质，徒知年往，不觉形随。是以梵志出家，白首而归。邻人见之曰："昔人尚存乎？"梵志曰："吾犹昔人，非昔人也。"邻人皆愕然，非其言也。所谓有力者负之而趋，昧者不觉，其斯之谓欤！

"噫！圣人有言"下，第四会教明不迁也。文有两段，通是会教，前广后略，今初也。噫者，《论语》云："噫！斗筲之人，何足算也。"注云："噫，不平之声也。"《切韵》云："噫者，恨声也。"圣人者，《大戴礼》云："哀公问孔子：何谓圣人？孔子曰：圣人者，智通乎大道，应变而不穷也。"《庄子》云："以德分人谓之圣，以财分人谓之贤也。"

"速于川流"者，《涅槃经》云："人命不停，过于山水。"非《论语》中叹逝，下文方引《论语》耳。此意云：圣教自云人命逝速，即是迁义，何谓不迁耶？人有此疑，故今遣释也。

"是以声闻悟非常以成道，缘觉觉缘离以即真"者，以法是迁流故，声闻闻无常教，悟无常理而成道也。亦以法是迁流故，缘觉觉无常理，而得证真也。

"苟即万动而非化，岂寻化以阶道"者，且使万物非是迁流变化，何由寻此无常迁化之理而得道耶？固应是迁也。

"覆寻圣言，微隐难测"者，前如问，此如答也。微者，小也。《老子》云："视之不见名曰夷，听之不闻名曰希，搏之不得名曰微也。"测者，测量也。有本云喻，谓晓喻也。

"若动而静，似去而留"者，据言教则如动如去也，据理实则如静如留也。"可以神会，难以事求"者，可以般若神心契会，不可以言迹事相而求也。"是以言去不必去，闲人之常想"者，服虔《注汉书》云："闲，阑也。"王弼《注易》云："闲，阁也。"若阑、若阁，皆是防义。释者，《小雅》云："释，解也。"若释，皆是遣义也。经中言诸法生灭无常，是谓去也。谓无常者，未必即无常，为防人之常执，故说无常耳。经中又言业果不失，是谓住也。言有住者，不必即住，为防人执断之心，故言住耳。

"岂曰去而可遣，住而可留"者，有本云"去而可追"，非也。法性不去，经中言去，不能遣得法性令其去也。法性不住，经中言住，不能留得法性令其住也。当知为缘故说去，其实则非去；为缘故说住，实亦非住也。

"故《成具》云：菩萨处计常之中而演非常之教"者，《光明定意经》也。彼文云："如来者，不用衣食，处计常之中，而知无常之谛。"今取彼经意，故云菩萨耳。

"《摩诃衍论》云"者，《大智度论》释《摩诃衍经》，故名彼论为《摩诃衍论》。摩诃衍，梵音，此云大乘也，即《大品经》也。

"斯皆导达群方，两言一会"者。导谓引导，达谓通达。群方谓众生。言圣人引导众生多方便也，虽有多方，会归一致耳。亦可群自是群，方自是方。《易》云："方以类聚，物以群分。"圣人导此，故有两说耳。

"岂曰文殊而乖其致哉"者，不可以言去、言住两文有殊，则令法性幽致乖阻也。

"是以言常而不住，称去而不迁"者，言常未常故不住也，称去未必去故不迁也。已后覆疏此语，可见。

"然则庄生之所以藏山，仲尼之所以临川"者。《庄子·内篇·大宗师章》云："夫藏舟于壑，藏山于泽，谓之固矣。然而夜半有力者负之而走，昧者不知也。"《论语》云："子在川上曰：逝者如斯夫，不舍昼夜。"庄子意明前山非后山，孔子意叹[1]前水非后水也。

"斯皆感往者之难留，岂曰排今而可往"者，此二人皆感叹往者不停，前后各别，非谓定有一物从此推排至彼也。所以引此二书证成不迁者，夫教之为体，意在悟物。若于物有悟，教则为益。若于物无益，教反成损。依向经论，广说不迁，恐儒道二家疑而不信，故引二文令其悟解耳。事如佛教说戒，以不杀为先，俗人好杀，岂能领会？若即俗书以明不杀，则无不从顺也。《孟子》云："五亩之宅，树之以桑，则七十者可以衣帛矣。鸡豚犬彘，养不失时，则八十者可以食肉矣。"若据此文，则七十已下不合衣帛，八十已下不合食肉。慈悲不杀，岂独佛经？以此相证，谁能不信？今引二书，意同此也。

"是以睹圣[2]心者，不同人之所见得"者，有本云用，有本云同，俱得也。经中言常言无常，圣人之心难见得，人之常心则不见圣心也。

---

[1] 叹：底本无，按底本校记，据底本校本补。

[2] 底本原注："圣"下，一本有"人"字。

"何者？人则谓少壮同体，百龄一质"者，常人谓昔日少年，后迁至壮，故云同体，百年同是一身，更非别人也。

"徒知年往，不觉形随"者。徒，虚也。年往形亦往，此是迁义。即此迁中有不迁也。往年在往时，往形在往日，是谓不迁。而人乃谓往日之人迁至今日，是谓惑矣。

"是以梵志出家"下，此事未详所出经也。"昔人尚存乎"者，谓昔人犹存至今日也。"吾犹昔人"者，犹，如也，如似昔人，实非昔人也。亦可云：吾身虽复犹是昔人，其实非昔人也。亦可云：汝谓吾犹是昔人，其实非昔人也。亦可云：吾可犹是昔人乎？吾非复昔人也。"邻人皆愕然，非其言"者，愕谓惊愕，不解其言故惊愕也。

"所谓有力者负之而趋"者。有力谓无常力也，负谓担负也。趋，疾行也。昧，谓暗昧也。"狄"者，此字单作自得，不劳著"欠"。此谓助语，如焉、乎之类也。

是以如来因群情之所滞，则方言以辨惑。乘莫二之真心，吐不一之殊教。乖而不可异者，其唯圣言乎！故谈真有不迁之称，导俗有流动之说。虽复千途异唱，会归同致矣。而征文者，闻不迁则谓昔物不至今，聆流动者而谓今物可至昔。既曰古今，而欲迁之者，何耶？是以言往不必往，古今常存，以其不动；称去不必去，谓不从今至古，以其不来。不来故不驰骋于古今，不动故各性住于一世。然则群籍殊文、百家异说，苟得其会，岂殊文之能惑哉！

"是以如来因群情所滞，即方言以辨惑"者，第二略会教明不迁也。因物情滞有，即为说动教。因物情滞无，即为说静教。而言方言者，随方之言，说教以遣其惑也。

"乘莫二之真心，吐不一之殊教"者，知动静不二，是莫二，即真心也；说动静两教，是不一之殊教也。

"乖而不可异者，其唯圣言乎"者，言乖乖而理不可异也。

"故谈真有不迁之称，导俗有流动之说"。入[1]真则言不迁，导俗流则言迁也。

"虽复千涂异唱，会归同致"者，说动说静有异，理唯是一，所谓动即静也。

"而征文者闻不迁则谓昔物不至今"者，执静教也。征，谓征责也。"聆流动者而谓今物可至昔"者，《苍颉篇》云："聆，听也。"闻说动，则谓今物流动谢往去也。

"既曰古今，而欲迁之者，何耶"者，昔自在昔，何须迁至今；今自在今，何须迁至昔耶？

"是以言往不必往"下，经中言迁，未必即迁，以古在古、以今在今故也。"称去不必去"下，此句意同上而语别也。

"不来故不驰骋于古今"者，驰骋，走也。古不来今，今不去古也。"不动故各性住于一世"者，此句意同上而语别也。古今各定，故云各性于一世也。

"然则群籍殊文"下，群籍谓经书也，百家谓子书。九经虽殊，同明一教。百家虽异，同明一道。以喻佛经虽众，言迹不同，莫不同明一致。得其道理，文言不能惑乱也。

是以人之所谓住，我则言其去；人之所谓去，我则言其住。然则去住虽殊，其致一也。故经云："正言似反，谁当信者？"斯言有由矣！何者？人则求古于今，谓其不住。吾则求今于古，知其不去。今若至古，古应有今；古若至今，今应有古。今而无古，以知不来；古而无今，以知不去。若古不至今，今亦不至古，事各性住于一世，有何物而可去来？然则四像风驰，掞机电卷，得意毫微，虽速而不转。

"是以人之所谓住，我则言其去"下，第五反常明不迁也。人谓从少

---

[1] 入：底本无，按底本校记，据底本校本补。

至老仍是一人，故名为住。我言前人非后，故名为去。人谓昔人已往，故名为去。我言昔人在昔，故名为住也。

"然则去住虽殊，其致一也"者，我言去之与住，不相违反。取其念念变异故言去，取其各住一世故言住。此则住犹是去，去犹是住也。

"故经云：正言似反，谁当信者"，《中本起经》云尔。"斯言有由"者，谓经此言有所以也。

"何者？人则求古于今，谓其不住"者，以昔物去至昔，不在今也，今将为不住也。"吾则求今于古，知其不去"，以今物自在今，不去至昔，将为不去也。已下覆疏此二句也。

"事各性住，何物而可去来"者，事，物也，物各住其本性，各住一世，故无去来也。

"然则四像风驰"下，举事释成也。四像，谓四时之像。驰谢如风，故云风驰也。"掟机电卷"者，此掟字多遂[1]手边，作定。人家不解，乃引《尚书》文释，谓言此字为非。《尚书》云："在璇玑玉衡，以齐七政。"孔注云："在，察也。璇，美玉也。机，衡也。玉者，正天文之器，可以运转。舜察天文，考七政，以审己当天位与不？"若作此释，则掟字合玉边，作睿也。今谓不然。此是北斗枢星名也。北斗七星：一天枢，二掟，三机，四权，五衡，六开阳，七摇光。今不能具道七星，故但言掟、机二星耳。七星运转，犹如电卷也。虽四象七星运转流速，得其理也亦常不动也。王弼《略例》云："处掟机而观大运，则天地之动未足怪也。"此意亦指七星也。

是以如来功流万世而常存，道通百劫而弥固。成山假就于始篑，修途托至于初步，果以功业不可朽故也。功业不可朽，故虽在昔而不化，不化故不迁，不迁故则湛然，明矣！故经云："三灾弥纶而行业湛然。"信其言也。何者？夫果不俱因，因因而果。因因而果，因不昔灭；果不俱因，

---

[1] 底本原注："遂"，一本作"反"。

因不来今。不灭不来，则不迁之致明矣！复何惑于去留、踟蹰于动静之间哉！然则乾坤倒覆，无谓不静；洪流滔天，无谓其动。苟能契神于即物，斯不远而可知矣！

"是以如来功流万世而常存"下，第六结会明不迁也。万世、百劫，盖语多也。积功万世，前功在于前；积道百劫，盖昔道在于昔，不朽不失，弥复坚固也。

"成山假就于始篑"者，《论语》云："譬如为山，虽覆一篑，进者吾往也。"注云："篑，土笼也。"积篑土以成山，前功在于前而不失，故积多而成山也。"修途托至于初步"者，《老子》云："九层之台，起于累土。千里之行，始于足下。"积一步以至多，故至千里者无由一步，故云托至也，托是假托也。"果以功业不可朽故"者，此之四事，皆前功不朽，后功相续，方成其事耳。"虽在昔而不化"者，昔功在于昔，于昔不失，故云不化。不化故云不迁。以不迁故，事如常在，故曰湛然也。

"故经云三灾弥沦而行业湛然"者。弥沦，遍满义。《周易·系辞》云："易与天地准，故能弥沦天下之道耳。"此经未详也。

"何者？夫果不俱因，因因而果"者，因果不同处，故曰不俱；由因而得果，故云因因而果也。"因不昔灭"者，在昔不灭。"因不来今"者，昔因不来至今果也。"不灭不来，则不迁之致明矣"者，既不灭失，又复不来，故言不迁。"复何惑于去留、踟蹰于动静之间哉"者，知去留无二，故不惑也；知动静不二，故不踟蹰也。踟蹰者，不进貌也。

"然则乾坤倒覆，无谓不静"。乾，天也。坤，地也。虽倒天而覆地，莫言不静也。"洪流滔天，无谓其动"者，尧遭九年之潦，洪水滔天，犹是静也。"苟能契神于即物，斯不远而可知"者，以神情与物理相契，即物知不迁，不复远也。

不真空论

　　此论第二明空，申真谛教也。诸法虚假，故曰不真。虚假不真，所以是空耳。有人云："真者是有，空者是无。言不真空，即明不有不无中道义也。"此是为蛇画足，非得意也。若如所云，则空非中乎？大分深义，为何所在？既不然矣，今不用焉。所明空者，诸大乘经论皆以空为宗本。今之学者多生诽谤，谓说空者为不了义，无有慧明。可不悲哉！《佛藏经》云："舍利弗！于未来世，当有比丘不修身、戒、心、慧，是人轻笑如来所说、如来所行。如来常于第一义空恭敬供养，常乐是行。是诸比丘轻笑如来所说所行真际毕竟空法。尔时有苦行比丘，亦[1]共轻笑。尔时有行空者，我赞其善。当尔之时，咸共不能护持重戒，而言：'诸法自相空，何所能作？'如那罗戏人种种变现，无所知者见之大笑。何以故？不解戏法，其术隐故，生希有心，惊怪大笑。如是，舍利弗！尔时真实比丘说空寂法，求活命者咸共嗤笑。何以故？是人不知佛法义故，闻说空法，惊疑怖畏。舍利弗！汝观此人，于安隐处生衰恼心，于衰恼处生安隐心。"金口所言，信非谬矣。

夫至虚无生者，盖是般若玄鉴之妙趣，有物之宗极者也。

　　"夫至虚无生者"下，此论文有二章：先序，后正。今初，序也。
　　序文有三：第一标正宗，第二破异见，第三序论意。

---

[1]　亦：底本无，据《佛藏经》卷下补。

今初，文中又三：第一标真境，第二明真智，第三合明境智。

今初。言"至虚无生"者，即无生毕竟空真境也。

"盖是般若玄鉴之妙趣，有物之宗极"者。盖是，不定之辞，将以为是，未敢为定故，所以云盖。趣是趣向义。宗是宗本。谓此无生毕竟空，是般若所鉴之境，万物之宗本也。

自非圣明特达，何能契神于有无之间哉！

"自非圣明特达"下，第二明真智也。圣明，即般若也。非是般若奇特明达，何能以神情契合中道非有非无之理哉！即此非有非无，是中道毕竟空，故云有无之间耳。

是以至人通神心于无穷，穷所不能滞；极耳目于视听，声色所不能制者，岂不以其即万物之自虚，故物不能累其神明者也。

"是以至人通神心于无穷"下，第三合明境智相契会也。以神心观无穷之理，故云通神心于无穷。不为有物之所滞碍，故云穷所不能滞也。

"极耳目于视听，声色所不能制"者，纵耳听声，不为声所惑；纵目睹色，不为色所迷也。

"岂不以其即万物之自虚"下，良以万物是虚，故纵视听，不为声色所惑耳。累者，劳累也。

是以圣人乘真心而理顺，则无滞而不通；审一气以观化，故所遇而顺适。无滞而不通，故能混杂致淳；所遇而顺适，则触物而一。如此，则万象虽殊而不能自异。不能自异，故知象非真象。象非真象，故则虽象而非象。

然则物我同根，是非一气，潜微幽隐，殆非群情之所尽。

"是以^[1]乘真心以理顺，则无滞而不通"者，顺谓诸法是空，不违正道也。乘御般若之心，憼理顺空之道，则无有滞碍而不通畅也。有本作"履"字，亦可然也，谓履践顺空之道耳。

"审一气以观化，故所遇而顺适"者。化，谓万化也。适，谓往适也。《庄子·内篇·大宗师章》云："彼方且与^[2]造物者为人，而游乎天地之一气。"郭注云："皆冥之，故无二也。"《庄子·外篇·北游章》云："人之生也，气之聚也。是其美者为神奇，其不美者为臭腐。臭腐复化为神奇，神奇复化为臭腐。故曰：通天下一气也。"《离骚》第六卷〈远游章〉云："顺凯风以从游，至南巢而一息。见王子而宿之，审一气之和德。"王逸注云："究问元^[3]精之秘要也。"今借此等诸言，以目一道也。

"无滞而不通，故能混杂致淳"者，《庄子》云："众人役役，圣人愚芚^[4]，参万岁而一成纯^[5]。"今借此语，以喻不二法门。若能无滞不通，即是不二法门也。

"所遇顺适^[6]，则触物而一"者，所逢遇皆以般若观之，知其皆空，无有滞碍，是则万法一相无相也。

"如此则万像虽殊而不能自异"者，既同一相，所以不异也。"不能自异故知像非真像"者，一相无相，所以像即非像。下覆上意也。

"然则物我同根，是非一气"者，物是外物，我者己身，同一无相，故曰同根；同一正道，故曰一气也。

"潜微幽隐，殆非群情之所尽"者。潜是潜藏，微是微细，幽是幽深，隐是隐映。以难见故，非诸人所能穷尽也。殆者，《尔雅》云危也，《广雅》云败也，郑玄《注礼》云几也，《毛长注传》云始也。今取其音几，

---

[1] 底本原注："以"下，一本有"圣人"二字。

[2] 与：底本作"兴"，讹，现据《庄子·内篇·大宗师章》改。

[3] "元"下，底本衍一"释"字，现据王逸《楚辞章句》卷五删。

[4] 芚：底本作"芒"，讹误，现据《庄子·齐物论》改。

[5] 纯：底本作"纪"，讹误，现据《庄子·齐物论》改。

[6] 底本原注："适"下，一本有"故"字。

几者，近也。

故顷尔谈论，至于虚宗，每有不同。夫以不同而适同，有何物而可同哉？故众论竞作而性莫同焉。何则？"心无"者，无心于万物，万物未尝无。此得在于神静，失在于物虚。

"故顷尔谈论"下，第二破异见也。顷者，俄顷，谓少许时也。此顷诸家作论，多有不同，良以虚宗玄妙故，谈者不得其实，致成异见耳。

"夫以不同而适同，有何物而可同 [1]"者。以，用也。适，往也。以不同之情，往取同理，何由可得同耶？有本作释字，皆谓解也。

"故众论竞作而性莫同焉"者，总明诸家作论理性不同也。

"何则？心无者"下，正出诸家不同之论也。然不同之论非止一家，今略破三家，余可知矣。心无者，破晋朝支愍度心无义也。《世说注》云："愍度欲过江，与一伧道人为侣，谋曰：若用旧义往江东，恐不办 [2] 得食。便立心无义。既而 [3] 此道人不成度江，愍果讲此义。后有伧人来，先道人语云：为我致意愍度，心无义那可立？此法权救饥耳，无为遂负如来也。"从是以后，此义大行。《高僧传》云："沙门道恒，颇有才力，常执心无义，大行荆土。竺法汰曰：'此是邪说，应须破之。'乃大集名僧，令弟子昙一难之，据经引理，折驳纷纭。恒仗其口辩，不肯受屈。日色既暮，明旦更集。慧远就席，设 [4] 攻数番，问责锋起。恒自觉义途差异，神色渐动，麈尾扣案，未即有答。远曰：'不疾而速，杼轴何为？'坐者皆笑。心无之义，于是而息。"今肇法师亦破此义，先叙其宗，然后破也。

"无心万物，万物未尝无"，谓经中言空者，但于物上不起执心，故言其空，然物是有，不曾无也。

---

[1] 底本原注："同"下，一本有"哉"字。

[2] 办：底本作"辨"，讹误，现据《世说新语·假谲》改。

[3] 而：底本无，据《世说新语·假谲》补。

[4] 设：底本无，据《高僧传·竺法汰传》补。

"此得在于神静，失在于物虚"者，正破也。能于法上无执，故名为得。不知物性是空，故名为失也。

"即色"者，明色不自色，故虽色而非色也。夫言色者，但当色即色，岂待色色而后为色哉？此直悟^[1]色不自色，未领色之非色也。

"即色者，明色不自色"下，第二破晋朝支道林即色游玄义也。今寻林法师《即色论》无有此语。然《林法师集》别有〈妙观章〉云："夫色之性也，不自有色。色不自色，虽色而空。"今之所引，正此引文也。

"夫言色者，但当色即色，岂待色色而后为色哉"者，此犹是林法师语意也。若当色自是色，可名有色；若待缘色成果色者，是则色非定色也。亦可云：若待细色成粗色，是则色非定色也。

"此直悟色不自色，未领色之非色"者，正破也。有本作"悟"，有本作"语"，皆得也。此林法师但知言色非自色，因缘而成，而不知色本是空，犹存假有也。

"本无"者，情尚于无，多触言而宾无。故非有，有即无；非无，无即^[2]无。寻夫立文之本旨者，直以非有非真有，非无非真无耳。何必非有无此有，非无无彼无？此直好无之谈，岂所谓顺通事实、即物之情哉！

"本无者"下，第三破晋朝竺法汰本无义也。"情尚于无，多触言而^[3]宾无"者，情多贵尚此无也，触言皆向无也。宾者，客也，客皆向主。今本无宗，言皆向无也。《尔雅》云："宾，服也。"言服无，故云宾无耳也。

---

[1] 悟：现通行本《肇论》作"语"。

[2] 即：《大正藏》本《肇论》作"亦"。

[3] 底本原注："而"，一本作"以"。

"故非有，有即无；非无，无即[1]无"者，谓经中言非有者，无有此有也；言非无者，无有彼无也。

"寻夫立文之本旨"者，有本作"文"，有本作"无"，今用"文"也，谓寻经文本意也。"直以非有，非真有；非无，非真无"者，真，实也。非实定是有，故言非有；非实定是无，故言非无耳。"何必非有无此有，非无无彼无"者，不言非有无却此有，非无无却彼无也。

"此直好无之谈"者，直是好尚于无，故触言向无耳。"岂所谓顺通事实，即物之情哉"者，不顺万事之实性，不得即物之实性也。

夫以物物于物，则所物而可物；以物物非物，故虽物而非物。是以物不即名而就实，名不即物而履真。然则真谛独静于名教之外，岂曰文言之能辩哉！然不能杜默，聊复厝言以拟之。试论之曰：

"夫以物物于物"下，第三明作论意也。以物名名有物，故云"以物物于物"。以物名名非物，故言"以物物非物"。以物名名有物，则有物体之可名，故云"则所物而可物"。以物名名非物，则无物体之可名，故云"虽物而非物"也。"是以物不即名而就实"者，物体自别，不即以名字为物实也。"名不即物而履真"者，名字又别，不即以物体为名之真也。

"然则真谛独静于名教之外"下，俗谛之物，尚名不即实，实不即名；真谛之理，名教之所不及，故云"独静于名教之外"也。既非名教所及，文言岂能辩得真谛乎？

"不能杜默，聊复厝言以拟之"者。杜，塞也。厝者，《小雅》云："措，置也。"今作厝字，义亦同也。理虽不可言，试以言理也。

《摩诃衍论》云"诸法亦非有相，亦非无相"，《中论》云"诸法不有不无"者，第一真谛也。

---

[1] 底本原注："即"，一本作"亦"。

"《摩诃衍论》云：诸法亦不有相，亦不无相"下，第二正是论文也。文中有六：第一引教以明空，第二据理以明空，第三重引教以明空，第四重据理以明空，第五就名实以明空，第六结会以明空。引教、据理所以为异者，引教则先引经，然后释成；据理则先明所以，然后引经论帖释也。

今初，引教，文有三段：第一正引两论以明空，第二解释论意，第三引经证成。

今初，言"摩诃衍论"者，《大智度论》也。通指一部论意，亦可但指论中一文，文云"譬如镜中像，非镜亦非面，非有亦非无"也。"中论"者，通指一部论意，亦可但指论中一文，文云"若使无有有，云何当有无？有无既已无，知有无者谁"也。

而言"第一真谛"者，自从"者"字已上，是二论之文。今言"第一"，肇法师之语，明此两论所说是第一义谛，亦名真谛，故合说也。

寻夫不有不无者，岂谓涤除万物，杜塞视听，寂寥虚豁，然后为真谛者乎？诚以即物顺通，故物莫之逆；即伪即真，故性莫之易。性莫之易，故虽无而有；物莫之逆，故虽有而无。虽有而无，所谓非有；虽无而有，所谓非无。如此，则非无物也，物非真也[1]。物非真物，故于何而可物？

"寻夫不有不无者"下，第二解释二论之意也。"岂谓涤除万物，杜塞视听"下，涤除，是洗荡也。《老子》云："涤除玄览，能无疵乎？"今借此语用也。杜，犹是塞也。寂寥者，《老子》云："寂兮寥兮，独立而不改。"释者云：无声曰寂，无色曰寥。此意言：非谓断空始为真谛也。

"诚以即物顺通，故物莫之逆"者，诚，信也。即万物之有为空，故云顺通，顺通故无阻逆也。"即伪即真，故性莫之易"者，即俗谛之伪，真谛之真，非谓改变俗谛，别明真谛也。

---

[1] 也：现通行本《肇论》作"物"。

"性莫之易，故虽无而有"者，即有是空，虽空犹是有也。"物莫之逆，故虽有而无"者，即万物顺通性空，当知虽有而是空也。

"虽有而无，所谓非有"下，虽有而是无，当知非定有。下句反此也。

"如此则非无物也，物非真也"者，非无物也，明非无也；物非真也，明非有也。亦可直云非是无物，但物非真有之物耳。

"物非真物，于何而可物"者，既云非真，何处有此物乎？

故经云："色之性空，非色败空。"以明夫圣人之于物也，即万物之自虚，岂待宰割以求通哉！是以寝疾有不真之谈，《超日》有即虚之称。然则三藏殊文，统之者一也。故《放光》云："第一真谛，无成无得；世俗谛故，便有成有得。"夫有得即是无得之伪号，无得即是有得之真名。真名故虽真而非有，伪号故虽伪而非无。是以言真未尝有，言伪未尝无。二言未始一，二理未始殊。故经云："真谛、俗谛谓有异耶？答曰：无异也。"此经直辨真谛以明非有、俗谛以明非无，岂以谛二而二于物哉！

"故经云"下，第三引五经证成也。今引《维摩经》也。经云："色即是空，非色灭空。"谓色性即是空，非谓灭色然后始空也。而云"败"者，古经也。坏败是毁败，亦是灭义。

"以明夫圣人之于物也，即万物之自虚"者，"以明"两字，或可属上，或可属下，唯《庄子》应属上，今此文意则将属下也，后亦然。明圣人见万物之性自空耳。"岂待宰割以求通哉"者，《小雅》云："宰，治也。割，谓裁也。"即色是空，不须宰割破坏，然后方乃通于空也。

"是以寝疾有非真之谈，《超日》有即空之称"者，前引一经，此引两经，后更有两经也。寝疾，谓《维摩经》也。彼经云："菩萨病者非真非有，众生病亦非真非有也。"《超日》者，《超日明经》也。彼经云："不有受，不保命，四大虚也。"

"然则三藏殊文，统之者一也"者。三藏，谓修多罗、毗昙、毗尼。虽言迹异端，以理统之，莫终不归毕竟空也。

"故《放光》云：第一真谛，无成无得"下，据第一义谛，无有成佛，无有得涅槃，世谛则有耳。

"夫有得则是无得之伪号"下，诸本皆云："成得则是无得之伪号。"今依古本，"有得"为正也。准下"无得"句，义亦应然。实是无得，而云有得是假伪之名，无得反此也。

"真名故虽真而非有"者，诸本皆云："虽得而非得。"今依古本，虽真而非有也。准下伪号句，义亦应然也。虽曰真名，仍非是有，伪号反此也。

"是以言真未尝有"者，覆前两句也。"二言未始一"下，真伪两言不一，而有无二理不殊也。

"故经云：真谛俗谛谓有异耶"下，此是《大品经》第二十二卷〈道树品〉中问答也。"此经直辨"下，释前经中问答意也。"真谛明非有"下，据真则非有，据俗则非无也。"岂以二"下，不以谛名有二，则谓法体有二也。

然则万物果有其所以不有，有其所以不无。有其所以不有，故虽有而非有；有其所以不无，故虽无而非无。虽无而非无，无者不绝虚；虽有而非有，有者非真有。若有不即真，无不夷迹，然则有无称异，其致一也。

"然则万物果有其所以不有"下，第二据理以明空也。文中有二：先正据理以明空，后引二经证成也。今言"然则"者，若然则皆空也。果者，果敢决定义。所以者，是义也，万物有不有义，有不无义，故云尔也。

"有其所以不有，故虽有而非有者"下，诸本多云："有其所以不无。"今勘古本，正应言"不有"，文义亦应然也。人谓万物是有，今明万物有不有义，故虽有非是有。下句反此也。

"虽无而非无，无者不绝虚"者，虽是无而非定无，则此无不同太虚永绝。下句反此也。

"若有不即真，无不夷迹"者，有非定有，故云不即真。无不泯灭，故云不夷迹。夷，平也。《老子》云："视之不见，名曰夷也。"迹者，事相之迹。即事是无，不待夷平然后始无耳。

"然则有无称异，其致一也"者，名殊而理一也。

故童子叹曰："说法不有亦不无，以因缘故诸法生。"《璎珞经》云："转法轮者，亦非有转，亦非无转，是谓转无所转。"此乃众经之微言也。

"故童子叹曰"下，第二引二经证成也。童子者，《维摩经》中长者子宝积也。言佛说法非定是有，亦非是无，皆从因缘而有也。

"璎珞经云"者，此是《大缨络经》也。彼经第十三卷初，文殊师利问云："一切诸佛转法轮，为有转耶？为无转耶？"佛言："诸佛正法，亦不有转，亦不无转。"文殊复问："云何亦不有转、亦不无转？"佛言："诸法空故，亦无有转，亦无无转也。"

"此乃众经之微言"者，诸经中微妙之言也。

何者？谓物无耶，则邪见非惑；谓物有耶，则常见为得。以物非无，故邪见为惑；以物非有，故常见不得。然则非有非无者，信真谛之谈也。

"何者？谓物无耶，则邪见非惑"下，第二解释经意也。邪见见无，若谓物定是无，则邪见应非是惑乎？

"谓物有耶，则常见为得"者，常见见有，若谓物定是有，则常见应非是惑乎？

"以物非无故"下，覆上句，可见也。

"然则非有非无，信真谛之谈"者，非有非无，是真谛教也。

故《道行》云："心亦不有亦不无。"《中观》云："物从因缘故不有，缘起故不无。"寻理，即其然矣。

"故《道行》云：心亦不有亦不无"下，第三章重引教以明空也。初安"故"字，似如引证。看后语势，乃是开章也。文中有二：前引一经一论以明空，后单引一论以明空。

今初，文二：前正引一经一论以明空，后释经论意。今初也。"《中论》云"者，此通引《中论》意也，亦可是〈四谛品〉偈，偈云"众因缘生法，我说即是空，亦为是假名，亦是中道义"也。

"寻理，即其然矣"，此经论所说，理如然也。

所以然者，夫有若真有，有自常有，岂待缘而后有哉！譬彼真无，无自常无，岂待缘而后无也！若有不能自有，待缘而后有者，故知有非真有。有非真有，虽有，不可谓之有矣。不无者，夫无则湛然不动，可谓之无。万物若无，则不应起，起则非无，以明夫缘起故不无也。

"所以然者"下，第二解释经论意也。文中二：先释非有，后释非无。今初也。"岂待缘而后有哉"者，有若定有，不须待缘生方有也。"譬彼真无"下，此举太虚之无，以喻有也。

"若有不能自有，待缘而后有"下，有要待缘，明知非有也。"有非真有"下，结明有空也。

"不无者"下，释非无也。"夫无则湛然不动"下，若湛然不动，始可名为无也。"万物若无，则不应起"者，无若定无，则不应缘会而起也。"起则非无"者，以缘起而生，故知非无也。"以明夫缘起故不无也"者，明知缘起故非无也。而言"以"者，以，用也。

故《摩诃衍论》云："一切诸法，一切因缘故应有；一切诸法，一切因缘故不应有。一切无法，一切因缘故应有；一切有法，一切因缘故不应有。"

"故《摩诃衍论》云"下，第二单引一论以明空也。文中有二：前正引论，后释论意也。

"一切诸法一切因缘故应有"者，诸法皆从因缘故有也。"一切诸法一切因缘故不应有"者，诸法皆从缘，故非定有也。

"一切无法一切因缘故应有"者，诸法本无，从缘故有也。"一切有法一切因缘故不应有"者，诸法从缘有者，以从缘故，非定有也。

寻此有无之言，岂直反论而已哉！若应有，即是有，不应言无；若应无，即是无，不应言有。言有，是为假有以明非无，借无以辨非有。此是理[1]一称二，其文有似不同，苟领其所同，则无异而不同。

"寻此有无之言"下，第二释论意也。上来两对各各相反。如此相反，非徒然也，寻此语意，是明非有非无中道耳。

"此是理一称二，其文有似不同"者，只是一物，而言非有非无，故云称二。言非有似异非无，言非无似异非有，故云不同也。

"苟领其所同，则无异而不同"者。苟，且也。所同者，谓中道也。言非有非无，皆明中道。中道既同，故无不同也。

然则万法果有其所以不有，不可得而有；有其所以不无，不可得而无。

"然则万法果有其所以不有"下，第四重据理以明空也。文中有三：先正明空，次覆疏解释，后引经证成。今初据理，意同前章也。

何则？欲言其有，有非真生；欲言其无，事像既形。像形，不即无；非真，非实有。然则不真空义，显于兹矣！

"何则？欲言其有"下，第二覆疏解释也。"有非真生"者，假缘而

---

[1] 是理：现流通本作"事"。

生，故非真生。非真生故，不得言有也。"事像既形"者，万事万像皆已形现。皆已形现，不得言无也。"像形不即无，非真非实有"者，事像形现，不即是无；有非真生，非是定有也。

"然则不真空义，显于兹矣"者，正以非真实有，故言不真。既非实有，所以言空。论之得名，从此义也。

故《放光》云："诸法假号不真，譬如幻化人，非无幻化人，幻化人非真人也。"

"故《放光》云"下，第三引经证成也。"譬如幻化人"者，此有三读。一者，连三句通成一段。二者，"譬如幻化人"为句，后两句相著也。三者，"譬如幻化人，非无幻化人"为句，已后为一段。今且从初也。幻、化异者，从无起有为化，从有起有为幻也。"非无幻化人，幻化人非真人"者，"非无"即非无也，"非真"即非有也。

夫以名求物，物无当名之实；以物求名，名无得物之功。物无当名之实，非物也；名无得物之功，非名也。是为[1]名不当实，实不当名，名实无当，万物安在？

"夫以名求物，物无当名之实"下，第五就名实以明空也。文中有二：前正明空，后引经论证成。今初也。将名取物，物非是名，故云物无当名之实也。"以物求名，名无得物之功"者，将物取名，名非是物，故云名无得物之功也。"物无当名之实"下，覆疏前句也。"是为名不当实"下，又覆疏上句，直明名非实、实非名耳。

"名实无当，万物安在"者，名不当实，则名非名矣；实不当名，则实非实矣。名实不当，万物皆空，故云安在。安在者，何在也。

---

[1]　为：现通行本《肇论》作"以"。

故《中观》云："物无彼此。而人以此为此，以彼为彼。彼亦以此为彼，以彼为此。"此彼莫定乎一名，而惑者怀必然之志。然则彼此初非有，惑者初非无。既悟彼此之非有，又何物而可有哉？故知万物非真，假号久矣！是以《成具》立强名之文，园林托指马之况。如此，则深远之言，于何而不在！是以圣人乘千化而不变，履万惑而常通者，必以其即万物之自虚，不假虚而虚物也。故经云："甚奇，世尊！不动真际，为诸法立处。"非离真而立处，立处即真也。

"故《中观》云"下，第二引经论证成也。先引《中观论》，后引《成具》等经。今云"物无彼此"者，通是《中论》意也，亦可别指〈观苦品〉一偈，偈云："自作若不成，云何彼作苦？若彼人作苦，是亦名为作。"今取此意反证也。

"此彼莫定乎一名"下，此不定此，彼不定彼，而惑者谓为定有此彼也。必然者，决定也。志者，志意，意有记录，故名为志耳。

"然则彼此初非有，惑者初非无"者，彼此无定性，故云非有，于惑者则元不无也。"既悟此彼之非有，又何物而可有哉"者，彼此在物既无，彼此又无物也。

"故知万物非真，假号久矣"者。号，名也。以非真是假，故名为空。

"是以《成具》立强名之文"下，引《成具》及《大品经》证成也。先引《成具经》及《庄子》，后引《大品》。今引《成具经》，兼引《庄子》，助成此义也。《成具光明定意经》云："是法无所有，强为其名也。"《庄子》云："以指喻指之非指，不若非指喻指之非指。以马喻马之非马，不若非马喻马之非马。"此意云：此以此指为指，将彼指为非指。彼亦以彼指为指，将此指为非指。于马亦然，各有一彼此。则彼此无定，各有一是非，则是非无定也。而言"园林"者，庄子为膝园吏，故云尔也。

"如此则深远之言，于何而不在"者，无彼无此，此是深言。《成具》固已有之，《庄子》亦作此说也。

"是以圣人乘千化而不变"下，以万法是空，故圣人变之而不染也。千化、万惑者，意言多也。变化非一，故云千化。惑倒非一，故云万惑。

虽乘千化，出生入死，而不为生死所染，故云"不变"。虽履万惑，无所不为，而不为倒惑所壅，故云"常通"也。

"必以其即万物之自虚"下，以法自空，不假将空观本[1]空法也。

"经云甚奇世尊"下，引《大品经》证成也。彼经云："如来建立众生于实际。"古本云"立处"，今引古《大品》文也。明一切诸法是实际，能令众生知诸法皆是真际，故云为诸法立处也。

"非离真而立处"下，非是离真际，别建立众生于真际。即明众生是真际，故云"立处即真"也。

然则道远乎哉？触事而真。圣远乎哉？体之即神。

"然则道远乎哉"下，第六会结以明空也。道谓无生真理也，圣谓般若真智也。"道远乎哉"者，言不远也，触事皆是道，更无别道耳。"圣远乎哉"，言不远也，体悟即是圣，更无别有圣人。

肇论疏卷上

大唐开元二十三年，岁在乙亥，闰十一月三十日，杨州大都督府江都县白塔寺僧玄湜，勘校流传。

日本国大乘大德法师[2]使人发促，无暇写，聊附草本，多不如法，幸恕之。后睿师、源师还更附好本耳。天平胜宝六年七月十九日写竟。信定篁

文永二年七月十三日，于光明山东谷往生院，敬奉书写了。愿以书写

---

[1] 底本原注："本"，一本作"末"。

[2] 底本原注："师"下，一本有"元康"二字。

力，自他开慧眼矣（同移点了）。三论宗智舜（春秋六十七）

永仁二年（甲午）十月十五日，于东大寺新禅院，以古本校合之次，任愚推加点毕。鲁鱼之至，越度有多欤？颇虽有，其恐粗凿荒途，后哲必加修治而已。

抑今古本文字多不定也。就中日本国大乘大德法师者，指道慈律师耳[1]。三论圆宗沙门圣然

正安二年（庚子）二月一日，于八幡宫法园寺，以先师上人第二传点本，重加校点了。沙门然悟习刃

---

[1] 底本原注："耳"下，一本有"而载元康，其意如何"八字。

肇论疏卷中

释元康撰

般若无知论

此论第三，明因，申般若教也。而言"般若"者，梵音，此云智慧也。"无知"者，无有取相之知耳。常人皆谓般若是智，则有知也。若有知，则有取著。若有取著，即不契无生。今明般若真智，无取无缘，虽证真谛而不取相，故云"无知"。

夫般若虚玄者，盖是三乘之宗极也，诚真一之无差。然异端之论，纷然久矣。

"夫般若虚玄"下，此论文有三章：第一正是本论，第二刘公致问，第三肇师释答。

今初，本论之中，文有三章：第一先序般若之因由，第二正标无知之宗旨，第三问答料简。

今初，序中，文有四段：第一标宗旨，第二序什师，第三叹秦王，第四明论意。

今初也。般若之法，无相故虚，幽隐故玄。玄，黑也。幽深难测，义如玄黑。河上《注老子》云："玄，天也。"此亦以天远难明，义同幽黑也。

"盖是三乘之宗极，诚真一无差"者。盖者，不定之辞也。谓是而未敢为是，故云盖是也。三乘皆有般若，皆因般若而得成道，皆以般若为宗本，皆以般若为至极，然有深浅不同，故有大小之异。以此义故，信般若是真是一无差之法也。

"然异端之论纷然久矣"者，般若之法，理性无差，比者学人释有差异，以其不能明般若之性，故异说不同。即如《远法师集》云"闻壹公以等智为般若，情实不甘"，即其事也。何者？等智者是共有之智，上下是同，如《涅槃经》云："一切众生皆有三种等智，所谓淫欲、恐怖、饮食。"小乘依此，故立等智。此是粗近，未为深妙，岂以此智而为般若乎？道一师不解，故云以此为般若耳。今肇法师亦弹此义，故云尔也。亦可常人或谓般若有知，或谓无知，不能分别，今諬此为异端耳。

有天竺沙门鸠摩罗什者，少践大方，研机斯趣。独拔于言象之表，妙契于希夷之境。齐异学于迦夷，扬淳风以东扇。将爰烛殊方而匿耀凉土者，所以道不虚应，应必有由矣。弘始三年，岁次星纪，秦乘入国之谋，举师以来之，意也北天之运，数其然矣。

"有天竺沙门"下，第二序什法师也。《高僧传》云："什法师，父是天竺国宰相子，名鸠摩罗焰。祖、父当绍位，乃避位不受，东游龟兹。龟兹王帛伃妹，体有赤黡，法生智子，诸国娉之，皆不肯应。及见焰，心欲当之。王遂逼妻焰，焰遂纳之，生什法师。法师出家已后，又往天竺，故云天竺法师也。而言鸠摩罗什者，本名鸠摩罗耆婆，此云童寿。其父名鸠摩罗焰，母名耆婆。今合取父母之名为字，故云尔也。至此已后，善解文什，故名为什。"此梗概，略取传意，非全文也。此是皎法师作传云尔，余处不见。然此语或可然，或不然也。何者？若什法师至此，善解文什，故云罗什者，《高僧传》中更有梵僧名佛驮什，亦解文什然后名什乎？彼既不然，此何独然哉！以此言之，未必然也。

"少践大方"者，《老子》云"大方无隅"，今借此语，以喻大乘之法也。

什法师七岁出家，先学小乘诸论。至年十三，从参军王子须利耶苏摩受学。苏摩兄弟二人，兄名须利耶跋陀，弟名须利耶苏摩。苏摩才辩绝伦，兄及诸人皆从受业。苏摩为什说《阿耨达经》。什闻阴界诸法皆空无相，怪而问曰："此经更有何义，而皆[1]破坏诸法？"答曰："眼等诸法非真实有。"什既执有[2]根，彼据因成无实。于是研核大小，往复移时，什方知理有所归，遂专务方等。因广求义要，受诵《中》《百》《十二门》等，故云少践大方也。又大方者，谓天竺国。什虽生龟兹，早向天竺耳。

"研机斯趣"者，机是机根也。《易》云："知几（平声），其神乎？"又云："几者，动之渐。"字与今别，义或可同也，或不同也。而言同者，动之渐亦是心也。言不同者，机但论心，动之微则泛论诸事耳。什法师年二十，于龟兹王宫中受戒，住于新寺。又于寺侧古宫中，初得《放光经》，始就披读，魔来蔽文，唯见空纸。什知魔所为，誓心逾固，魔去字显，仍习诵之。复闻空中声曰："汝是智人，何用读此？"什曰："汝是小魔，宜时速去。我心如地，不可转动。"今指此事，故云尔也。

"独拔于言象之表"者，《周易》有文言、象辞，假文言、象辞方显易道。王弼《周易略例·明象》文云："夫象者，出意者也。言者，明象者也。尽意莫若象，尽象莫若言。言生于象，故可寻言以观象。象生于意，故可寻象以观意。意以象尽，象以言著，故言者所以明象，得象而忘言；象者所以存意，得意而忘象。是故存言者非得象者也，存象者非得意者也。象生于意而存象焉，则所存者乃非其象也。言生于象而存言焉，则所存者乃非其言也。然则忘象者乃得意者也，忘言者乃得象者也。"今借此语用也。《易》之言、象，本明易道。什法师玄悟般若，不假言、象也。

"妙契于希微之境"者，有本有"得"字也。契谓契会也。《说文》云："契，要也。"案契刻木为要也。然契有雌雄，像于男女。雄为左契，雌为右契。《老子》云"执左契"，此之谓矣。"希微"者，《老子》云：

---

[1] 底本原注：一本无"皆"字。

[2] 底本原注："有"下，一本有"眼"字。

401

"视之不见名曰夷，听之不闻名曰希，搏之不得名曰微。此三者不可致诘，故混而为一。"今借此语，以喻般若无声无形，什法师能妙契会也。

"齐异学于迦夷"者，齐谓齐整也，异学是外道也。迦夷是中天竺国名，此云赤泽国也。言迦夷者，意言在西国破外道，未必克在中天竺也。其事者，龟兹北界温宿国有一外道，神辩英秀，名振诸国，手击王鼓而自誓曰："论胜我者，斩首谢之。"什法师既至，以二义相检，则迷闷自失，稽首归依。今指此事也。

"扬淳风以东扇"者，风谓般若慧风，如淳和之风也。东扇，谓扇般若之风于此东国也。其事者，什母先将什至北天竺，遇一阿罗汉，名达摩瞿沙，见而异之，谓其母曰："常当守护此沙弥。若年至三十五不破戒者，度人无数，如忧婆鞠多。若破戒者，无所能为，正[1]可才明绝世法师而已。"遂将什归其母，后复往天竺，临去谓什曰："方等深教应大阐真丹，传之东土，唯尔之力。但于自身无益，其可如何？"什曰："大士之道，利彼忘躯。若必使大化流传，能洗悟蒙俗，虽后身当炉镬，苦而无恨。"后遂传法来此，故云东扇也。

"将爱烛殊方而匿曜凉土"者。将，欲也。爱，于也。《小尔雅》云："爱，易也。"烛，照也。凉土，即凉州也。凉有五凉，前凉张轨，后凉吕光，南凉吐蕃乌孤，西凉季皓；今言凉者，沮渠蒙逊。五凉并都姑臧。前后二凉并都姑臧可知。而南凉、西凉、北凉亦都姑臧者，南凉初都武威西平，后徙东都，又徙姑臧，又反东都也。西凉初都姑臧，后迁须泉。蒙逊初都张掖，后迁姑臧也。今言凉者，是蒙逊凉也。言什法师将欲照烛此国，所以在凉土隐匿才智者，有所以也。其事者，前秦主符坚建元十三年正月，太史奏："有星现于外国分野，当有大德智人入辅中国。"坚曰："吾闻西国有鸠摩罗什，襄阳有释道安，将非此耶？"即遣使求之。至十八年九月，坚遣骁骑将军吕光、凌江将军姜飞，率兵七万，西伐龟兹。临发，坚饯光于建章宫，谓光曰："夫帝王应天而治，以子爱苍生为本，岂贪其

---

[1]　正：现通行本《高僧传》作"止"。

地而伐之？正以怀道之人故也。朕闻西域有鸠摩罗什，深解法相，朕甚思之。贤哲者国之大宝，若克龟兹，可驰驿送什。"光果克龟兹，将什东返。行至凉州，闻符坚为姚苌所害，光乃窃号关外。光死，子绍袭位。光庶子纂，杀绍自立。光侄超，杀纂，立其兄隆。总经十八年，吕光父子不弘正道，故蕴其深解，无所宣化。今言此事也。

"所以道不虚应，应必有由矣"者，符坚死，此则无由也；姚兴出，是谓有由也。

"弘始三年"下，后秦姚兴年号也。"岁次星纪"者，五月为星纪，丑年为赤奋若。今以月名诺年，故云星纪。何者？《尔雅·释名》云："寅年摄提格，卯年单阏，辰年执除[1]，巳年大荒落，午年敦牂，未年协洽，申年涒滩，酉年作噩[2]，戌年阉茂，亥年大渊献，子年困顿[3]，丑年赤奋若。月也，正月析木，二月大火，三月寿星，四月鹑尾，五月鹑火，六月鹑首，七月实沈，八月大梁，九月降娄，十月娵訾，十一月玄枵，十二月星纪。"今弘始三年正当丑年，年属赤奋若。今以丑月之名，以代丑年之名，故云"弘始三年岁次星纪"也。有人云：十二年名、十二月名皆是次第，互用无苦在，故以月名诺年也。

"秦乘入国之谋，举师以来之意[4]"者，诸本皆云"八国"者，非也。今依古本，"入国"是也。《三十国春秋》云："吕隆惧南凉、北凉之逼，表奏请迎隆迁于秦，吕光之嗣于是乎绝。"此乃是吕隆入秦国，非是八国也。《高僧传》云："弘始三年三月，有树连理生于庭庭，逍遥园葱变为蕙，以为美瑞，谓至人应入国。至五月，兴遣陇西公硕德西伐吕隆。隆军大败，至九月，隆上表归降，方得迎什入关。"故云入国之谋也。"师"者，兵众也，举兵以取什法师来耳。

"意者北天竺之运数其然矣"者，《文选·鲁灵光殿赋序》云："自

---

[1] 除：现通行本《尔雅》作"徐"。

[2] 噩：现通行本《尔雅》作"詻"。

[3] 顿：现通行本《尔雅》作"敦"。

[4] 意：疑为衍字。

西京、未央，皆见堕坏，而灵光岿然独存，意者岂非神明扶持，以保汉室。"今效此语也。明符坚举兵法[1]往取什法师，未至而卒。今姚兴举兵往取，乃得归来者，此是北天之运，运数应尔也。而言北天者，《大品经》云："般若于佛灭后至南方，次至西方，后至北方，北方大兴盛。"《大智论》释云："北方，谓北天竺也。"今谓北天竺运数，展转方至东国，故云尔耳。

大秦天王者，道契百王之端，德洽千载之下，游刃万机，弘道终日，信季俗苍生之所天，释迦遗法之所仗也。时乃集义学沙门五百余人于逍遥观，躬执秦文，与什公参定方等。其所开拓者，岂唯当时之益，乃累劫之津梁矣。

"大秦天王者"，第三叹秦王姚兴也。兴初承父之后，僭称皇帝，后之皇帝号，自称秦王，百官皆隆号，改年弘始。今不称天子，此云天王耳。

"道契百王之端"下，道居前王之表，故云"百王之端"。德润洽于未来之世，故云"千载之下"。

"游刃万机"者，智刃也。《庄子·内篇·养生章》云："庖丁为文惠君解牛，手之所触，肩之所倚，足之所履，膝之所踦，砉（呼历反）然响然，奏刀騞然，莫不中音，合于桑林之舞，乃中经首之会。文惠君曰：'嘻，善哉！技盖至于是乎？'庖丁释刀对曰：'臣之所好者道也，进乎技矣乎[2]？始臣解牛之时，所见无非牛者。三年之后，未尝见全牛也。方今之时，臣以神遇而不以目视。良庖岁更刀而割也，族庖月更刀而折也。今臣之刀十九年矣，所解数千牛矣，而刀刃若新发于硎。彼节者有间而刀刃者无厚，以无厚入有间，恢恢乎其于游刃必有余地矣。'""万机"者，《尚书·皋陶谟》曰："兢兢业业，一日二日万机。"《孔注》云："几，

---

[1] 底本原注："法"字疑剩。

[2] 底本原注："乎"，一本无。

微也，言当戒惧万事之微。"今作"机"字，仍是单"几"字也。言秦王者外能游智刃断割国务，内能终日弘通佛道也。

"信季俗苍生之所天"下，"信"言，信是也。季者，孟、仲、季，季，末也。信秦王是季俗苍生所仰如天，释迦遗法之所凭如杖，亦杖托之杖也，遗法杖之而得兴盛也。而言苍生者，苍是天色。《庄子·逍遥篇》云："天之苍苍，其正色耶？"今云天生，故云苍生，所谓众生也。

"时乃集义学沙门"下，于时集诸僧也。义学，谓学义者也。秦时有逍遥园，园中有观，故云逍遥观也。睿师云"逍遥园西明阁"，阁亦观也。逍遥园在西京故城之北，临渭水也。"躬执秦文，与什参定方等"者，什法师弘始三年十二月二十日至长安。弘始五年四月二十三日，于逍遥园中出《大品经》，秦王躬览旧经，验其得失。今言其事也。"其所开拓者"下，明秦王所请译经，开拓法门者，非但取益当时，乃为末代津梁也。"累劫"者，意云当来久远利益也。

余以短乏，曾厕嘉会，以为上闻异要，始于时也。然则圣智幽微，深隐难测，无相无名，乃非言象之所得。为试罔象其怀，寄之狂言耳，岂曰圣心而可辩哉！试论之曰：

"余以短乏"下，第四序论意也。短谓短学，乏谓乏才。曾谓曾经也，厕谓间厕也。嘉，善也。谓经预间在五百人数会耳。"以为上闻异要，始于时也"者，我以此时初闻异法要法耳。

"然圣智幽微"下，前且明曾闻般若，今明般若难解，不可言说也。"为试罔像其怀"下，怀抱罔像，然似如有解，寄狂言以说之也。而言罔像者，《庄子·外篇·北游章》云："黄帝游赤水之北，登乎昆仑之丘，南望，而遗其玄珠。使智索之而不得，使离[1]朱索之而不得，使契诟索之而不得。乃使罔象，罔象得之。黄帝曰：'异哉！罔象乃可以得之乎？'"郭注云：

[1] "离"下，底本衍一"谁"字，现据《庄子·外篇·天地》删。

"明得真者非用心也，罔象焉即真。"今用此语也，字虽少异，本出《庄子》文。

《放光》云："般若无所有相，无生灭相。"《道行》云："般若无所知、无所见。"此辨智照之用，而曰无相、无知者，何耶？果有无相之知、不知之照，明矣！

"《放光》云般若无所有相"下，第二正标《无知论》之宗旨，以为论体也。文有五段：第一标宗，第二辨相，第三融会，第四明体，第五总结。

今初，文中有三：初正标宗，次解释，后引证。

今初，引两经，标立无知宗旨也。

"此辨智照之用而曰无相无知"者，此亦是释，但未正释也。此句如问：既云般若，正明智用，应是有知，乃云无相无知，何故然耶？

"果有无相之知、不知之照，明矣"者，此句如答也。果者，决定也。定有无相之知，则无取相之知。以无取相之知，以无取相之知[1]，明是无知也。

何者？夫有所知，即有所不知。以圣心无知，故无所不知。不知之知，乃曰一切知。

"何者？夫有所知即有所不知"下，第二解释也。有所知者，取相知也。若有取相知，则无无相知也。又取相此即忘彼，知事即迷理，故知有所知者，则有所不知也。

"以圣心无知，无所不知"者，无此取相知，则有无相知也。又取相既有所不知，即不取相则无所不知，理数然矣。

"不知之知，乃曰一切知"者，无心取相而能知万物者，乃是圣人一

---

[1] "以无取相之知"，疑为衍文。

切智之所知也。

故经云："圣心无所知，无所不知。"信矣！

"经云圣心无知"下，第三引证也。

是以圣人虚其心而实其照，终日知而未尝知也。故能默曜韬光，虚心玄鉴，闭智塞听[1]，而独觉冥冥者矣。

"是以圣人虚其心而实其照"下，第二辨相也。所言相者，非有相之相，乃是无相之相耳。《老子》云："虚其心，实其腹。弱其志，强其骨。"今借此语也。虚其心，谓不取相也。实其照，遍知万法也。

"故能默曜韬光"者，以不取相，故能潜照万法也。韬光者，谓藏匿智光，而不取相也。"虚心"者，谓心无执著也。"玄览"者，谓幽鉴也。"闭智"者，谓不分别也。"塞听"者，不听纳也。又不曜而曜名为默曜，无光而光名为韬光。无心而心谓之虚心，不觉而觉名为玄览。不知而知谓之闭智，无听而听谓之塞听。

虽复闭智塞听，而独悟空空之理，故云"独觉冥冥"也。然冥冥语出《庄子》。《庄子》云："照照生于冥冥，有伦生于无形。"今借此语，以喻空空也。

然则智有穷幽之鉴而无知焉，神有应会之用而无虑焉。神无虑故能独王于世表，智无知故能玄照于事外。智虽事外，未始无事；神虽世表，终日域中。所以俯仰顺化，应接无穷，无幽不察而无照功。斯则无知之所知，圣神之所会也。

---

[1] 听：现通行本《肇论》作"聪"。

"然则智有穷幽之鉴而无知焉"下，第三融会也。圣智穷尽幽微而不取相，故曰无知。圣神应会机缘而不动念，故曰无虑也。

"神无虑故"下，此故字，或属上，或属下，皆得也。以圣神无虑，故能自在于世间之表，即是自在义也。以圣智无知，故能玄悟于事像之外也。

"智虽事外"下，虽云圣智玄照事外，即色知空也，非谓离色有空也。虽云圣神自在于世间之表，非谓不化众生，终日在域中应化也。

"所以俯仰顺化"下，俯谓低，仰谓举。应见大者为现无边之身，是谓仰也。应见小者为现三尺之体，是谓俯也。应化接诱众生，无有穷已也。"无幽不察而无照功"者，无幽微而不察，谓皆察也。自亡其照功也，谓无知也。

"斯则无知之所知"下，此是无知之知，圣人神智之所应会也。

然其为物也，实而不有，虚而不无，存而不可论者，其唯圣智乎！

"然其为物"下，第四明体也。文中有三：初正明体，次解释，后引两经证成。

今初。言"其"者，圣智也。"物"者，谓此圣智之为物性也，此乃非物名为物耳。

"实而不有，虚而不无"者，知法皆空，谓之实也。虽言是实，而体性非物，故言不有。体性非物，即名为虚。无所不知，故云不无。亦可言：以无知故言不有，无所不知故言不无耳。

"存而不可论者，其唯圣智乎"者，不无此智，故言"存"也。不可论其相貌定有定无，故言"不可论"也。唯独圣智如此，故云"唯"也。

何者？欲言其有，无状无名；欲言其无，圣以之灵。圣以之灵，故虚不失照；无状无名，故照不失虚。照不失虚，故混而不渝；虚不失照，故动以接粗。是以圣智之用，未始暂废；求之形相，未暂可得。

"何者？欲言其有，无状无名"下，第二解释也。无状者，无状貌也。无名者，无名字也。"圣以之灵"者，以，用也，圣人用此灵通无所不知也。

"圣以之灵故虚不失照"者，虽虚而不失照鉴之用也。"无状无名故照不失虚"者，虽照知而不取相也。

"混而不渝"者。混，杂也；渝，变也，出杜预《注春秋》。虽混同万法，而各各差别，不渝变也。"动以接粗"者，有所动作，应接机缘，故云接粗也。

"是以圣智之用"下，常有用，未尝暂废，只自求其形相不可暂得也。

故宝积曰："以无心意而现行。"《放光》云："不动等觉而建立诸法。"所以圣迹万端，其致一而已矣。

"故宝积曰"下，第三引两经证成也，是《维摩经》中长者子宝积说偈文也。旧经云尔，今经云"以无心意无受行"也。"不动等觉而建立诸法"，等觉即般若也。谓圣智不动而无所不为，故云建立众生于实际也。

"所以圣迹万端，其致一而已矣"者，种种变现，故云万端；同是般若一致之所为作，故云一耳。

是以般若可虚而照，真谛可亡而知，万动可即而静，圣应可无而为。斯即不知而自知，不为而自为矣！复何知哉！复何为哉！

"是以般若可虚而照"下，第五总结也。般若之智虽无知而能鉴照，真谛之理虽忘[1]相而可见知。然此忘字义，应是亡失[2]之亡，诸本皆作忘遗字。良以真谛不可取相，故云忘[3]耳。

---

[1] 底本原注："忘"，一本作"亡"。

[2] 底本原注："失"，一本作"无"。

[3] 底本原注："忘"，一本作"亡"。

"万动可即而静"下，万物起动，即动无动；圣应无为，无所不为也。

"斯即不知而自知"下，不作有相知，自是无相知；不同有心为，自是无心为也。

"复何知哉"下，不知而知，即无定知，故云"复何知"；不为而为，即无定为，故云"复何为"也。

问[1]曰：夫圣人真心独朗，物物斯照，应接无方，动与事会。物物斯照，故知无所遗；动与事会，故会不失机。会不失机，故[2]有会于可会；知无所遗，故[3]有知于可知。有[4]知于可知，故圣不虚知；有[5]会于可会，故圣不虚会。既知既会，而曰无知无会者，何耶？若夫忘知遗会者，则是圣人无私于知会，以成其私耳。斯可谓不自有其知，安得无知哉？

"问曰夫圣人真心独朗"下，第三问答料简也。文有九番，然有四难：第一有一番能所难，第二有一番名体难，第三有四番境智难，第四有三番生灭难。前三难皆难无知，后一难直难生灭。今初，问即难也。前论文云："智有穷幽之鉴而无知焉，神有应会之用而无虑焉。"无知即无智也，无虑即无会也，今难此语耳。意云：有能知能会，有可知可会，即是有知有会，何得言无知耶？文中有二：前躇前难，后玄构难。虽有两意，通难一义，合为一难也。

而言"真心独朗"者，朗，明也，谓般若之心，独自朗悟。无物无[6]知，故云"物物斯照"也。"应接无方"下，有缘皆应皆接，无有齐限，故曰无方。有所云为，皆与机缘应会，故云"动与事会"也。

---

[1] 问：现通行本《肇论》作"难"。

[2] "故"下，现通行本《肇论》有一"必"字。

[3] "故"下，现通行本《肇论》有一"必"字。

[4] "有"上，现通行本《肇论》有一"必"字。

[5] "有"上，现通行本《肇论》有一"必"字。

[6] 底本原注："无"，一本作"不"。

"物物斯照，故知无所遗"者，皆知，故无遗漏也。有本作"智"字，义意虽同，望下不然也。"动与事会，故会不失机"者，有机则会，故不失也。

"会不失机，故有会于可会"者，可会即众生也。"知无所遗，故有知于可知"者，有本云"必亦有知于可知"，烦长也，义虽无失，不如省要也。可知，即所知之理也。"有知于可知"下，覆疏上句也。

"既知既会"下，圣不虚知，即是有知；圣不虚会，即是有会，故曰既知既会。既有知会，何故言"智有穷幽之鉴而无知焉，神有应会之用而无虑焉"耶？

"若夫忘知遗会"下，第二玄构难也。有本言"若云"，亦得也。若以圣人虽有知会，而不言我能有知、我能有会也，"则是圣人无私于知会以成其私"者，此是圣人之心不私作知会解，息忘其知会，非谓无知无会也。而言"以成其私"者，《庄子·外篇·天道章》云："孔子举仁义以说老聃。聃曰：'何谓仁义？'孔子曰：'忠心物[1]恺悌，兼爱无私，是谓仁之情也。'老聃曰：'无私焉乃私。'"郭注云："世所谓无私者，释己而爱人。夫爱人者，亦欲人之爱己，此乃其私，非亡公而公者也。"今借此语，明圣人虽无心取知会，乃是知会，如无私乃成私耳。

"斯可谓不自有其知，安得无知哉"者，若云自忘知会者，此乃自不谓有知会，然知会之体非无，何得言无知会乎？

答曰：夫圣人功高二仪而不仁，明逾日月而弥昏，岂曰木石瞀其怀，其于无知而已哉？诚以异于人者神明，故不可以事相求之耳。子意欲令圣人不自有其知，而圣人未尝不有知，无乃乖于圣心、失于文旨者乎！何者？经云："真般若者，清净如虚空，无知无见，无作无缘。"斯则知自无知矣，岂待返照然后无知哉！若有知性空而称净者，则不辨于惑智，三毒四倒皆亦清净，有何独尊于般若？若以所知美般若，所知非般若，所知自常

---

[1] 物：底本作"勿"，讹误，现据《庄子·外篇·天道章》改。

净，般若未尝净，亦无缘致净叹于般若。然经云般若清净者，将无以般若体性真净，本无惑取之知。本无惑取之知，不可以知名哉。岂唯无知名无知，知自无知矣！是以圣人以无知之般若，照彼无相之真谛。真谛无兔马之遗，般若无不穷之鉴，所以会而不差，当而无是，寂泊无知而无不知者矣。

"答曰夫圣人功高二义而不仁"下，答也。前难中虽有两意，同难知会，今更不分别，合作一答也。文中有三：第一序本宗，第二述难意，第三结答。

今初。"功高二仪而不仁"者，二仪，谓天地也。"不仁"者，《老子》云："天地不仁，以万物为刍狗。圣人不仁，以百姓为刍狗。"今借此语也。圣人功高天地，是即仁矣，而不自矜其能，是谓不仁也。般若智明过于日月，是即明矣，而忘其知，故曰"弥昏"。《小尔雅》云："弥，益也。弥，久也。"今取益义耳。

"岂曰木石鼓[1]其怀，其于无知"者，意云：圣人无知者，怀抱岂同木石，名此为无知乎？固不然也。

"诚以异于人者神明"下，人者神明，法有取相，是即知矣；圣人神明，不取法相，故曰无知，以无知故，不可作事相取也。

"子意欲令"下，第二述难意也。文中有二：前蹑前难意，后玄构难意。令初也。前难末云圣人无私于知会故名无知者，非也。"不自有其知"者，自不以知会为有也。"而未尝不有知"者，有知在也。"无乃乖于圣心"下，无乃，乃也。如《尔雅》云："无定，定也。无宁，宁也。不显，显也。不承，承也。"言乃乖圣心，失文旨也。

"何者？经云"下，释经意，明所以乖圣心、失文旨也。"无知无见"者，一往为知，明了为见；亦可一往为见，明了为知也。"无作无缘"者，作谓起作，缘谓攀缘也。"斯知自无知矣，岂待反照然后无知哉"者，圣心无所取相，故名无知，非是实有知，自忘其知，名为无知也。

---

[1] 底本原注："鼓"，一本作"瞽"。

"若有知性空而称净"下，第二玄构难意也。若以圣人实有般若之知，但以其体性是空，故曰无知者，非今无知之本意也。"即不辨于惑智"者，般若亦空，惑智亦空，二俱是空，同是无知，是则无别也。"三毒四倒"下，不但惑智，乃至三毒等皆尔，亦以性空为净，与般若何异，何故独称般若无知乎？

"若以所知美般若"下，若以真谛所知之境无相故，叹美能知之智为无知者，亦非也。"所知自常净，般若未尝净"者，真谛自空，般若非空也。"亦无缘致净"下，真谛自空，不关般若，何缘令般若同真谛之空，而言无知乎？

"然经云"下，释经中明般若无知本意也。"将无以般若体性真净，本无惑取之知"者，"将无以"者，意言以也，如《世说》云"将无同"，意言同也。以般若体性不取著于真谛，无惑取之知，故曰无知耳。"无惑取之知，不可以知名哉"者，从"然经云"至此，文势乃尽耳。以无有惑取之知，故言无知耳。

"岂唯无知名无知"者，又答前忘知遗会也。非是自忘其知会，然后言无知，只此知[1]性自无知矣，不待忘也。

"是以圣人"下，第三结答也。"真谛无兔马之遗"下，经说象、马、兔三兽度河，浅深有异：象尽河底而无遗，兔、马未尽故有遗。今明般若观真谛，真谛无遗，不如兔马，故云"无兔马之遗"。般若之智鉴照穷尽，故云"无不穷之鉴"也。"所以会而不差"下，会机缘不差失，当道理无取著，寂然泊然，无知而遍知诸法也。

难曰：夫物无以自通，故立名以通物。物虽非名，果有可名之物当于此名矣。是以即名求物，物不能隐。而论云"圣心无知"，又云"无所不知"。意谓无知未尝知，知未尝无知，斯则名教之所通，立言之本意也。然论者欲一于圣心，异于文旨。寻文求实，未见其当。何者？若知得于圣

---

[1] 底本原注："知"，一本无。

心，无知无所辨；若无知得于圣心，知亦无所辨；若二俱无得，无所复论哉！

"难曰夫物无以自通"下，第二有一番名体难也。难中有二：先且泛序名体相召，然后正致难。今初。言"物无以自通"者，物不能自呼召得物体，故须立名以諸物。名能召物体，故名为通也。"物虽非名"下，物虽非是名，而有物当名，名諸得物体也。"是以即名求物"下，即以物名取物体，则物体可取，不能隐避也。

"而论云圣心无知"下，第二正致难也。"意谓无知未尝知"下，明两名别也。"斯即名教之所通"下，立知、无知两名，本諸知、无知两体也。"然论者欲一于圣心"下，论主云知、无知只是一圣心，而知、无知两名别也。"寻文求实"下，以知、无知两名，求其两实，不相当也。

"何者"下，释所以不当之意也。若圣心是知，即非是无知，故云"无所知，无所辨"，下句反此。"若二俱无得，无所得[1]复论"者，若知、无知俱不得圣心，即两名皆不当实，故不须复论也。

答曰：经云："般若义者，无名无说，非有非无，非实非虚。虚不失照，照不失虚。"斯则无名之法，故非言所能言也。言虽不能言，然非言无以传，是以圣人终日言而未尝言也。今试为子狂言辨之。夫圣心者，微妙无相，不可为有；用之弥勤，不可为无。不可为无，故圣智存焉；不可为有，故名教绝焉。是以言知不为知，欲以通其鉴；不知非不知，欲以辨其相。辨相不为无，通鉴不为有。非有故知而无知，非无故无知而知。是以知即无知，无知即知。无以言异而异于圣心也。

"答曰经云"下，答文中有二：先且序般若绝言之意，后正答其所难。今初也。"斯[2]无名之法"下，般若如此，乃是无名之法，故不可以名言

---

[1] 底本原注："得"，一本无。
[2] 底本原注："斯"下，一本有"则"字。

言之也。"言虽不能言"下，虽不可言，假言方通，非言不传也。

"是以圣人终日言"下，以理不可言，虽言犹是不言也。《庄子·杂篇·寓言章》云："不言[1]即齐，齐与言不齐，言与齐不齐，故曰：言无言。言无言，终身言，未尝言；终身不言，未尝不言。"今借此语，以明如来虽言而不言，如《涅槃经》云："若知如来常不说法，是名菩萨具足多闻。"《中论》云："诸法不可得，灭一切戏论，无人亦无处，佛亦无所说"也。

"今试为子狂言辨之"下，第二正答难也。"夫圣心者"下，辨圣心有无之相也。"无相"者，无相貌也。"弥勤"者，精进也。"不可为无故"下，覆疏上不无也。名教诸所不能诸，故云"绝"也。

"是以言知非为知，欲以通其鉴"下，经云圣智即无知者，欲明圣智灵鉴虚通，无有执著故也。经云圣智无智[2]者，欲明圣智能通知诸法故也。又释：经言圣智有知者，非实有知也，欲明圣智无所不鉴，故言有知耳。经言圣[3]智无知者，非实无知也，欲明圣智无所取著，故言无知耳。

"辨相不为无，通鉴不为有"者，若依前释，以辨圣智能通知诸法，故非无知也；以通圣智无有执著，故非有知也。若依后释，以辨相故，言圣智无知，其实非无知也；以通鉴故，言圣智有知，其实非有知也。

"非有故知而无知"下，覆上也。以非有故，有知即无知。以非无故，无知即有知也。

"是以知即无知"下，结也。"无以言异而异于圣心"者，莫以知无知两言有异，谓圣心有有无之别也。

难曰：夫真谛深玄，非智不测。圣智之能，在兹而显。故经云："不得般若，不见真谛。"真谛，即般若之缘也。以缘求智，智则知矣。

---

[1] "言"下，底本衍一"言"字，现据《庄子·杂篇·寓言章》删。

[2] 无智：疑为"有知"。

[3] "圣"上二百六十四字，底本无，按底本校记，据底本校本补。

"难曰夫真谛境智[1]深玄"下，第三有四番境智难也。四番连环，更不分别。今初番也。真谛谓无生真境，非般若妙智不能测知也。"圣智之能，在兹而显"者，般若有知真谛之功能也。"真谛即般若之缘也"者，般若所缘，缘于真谛也。

"以缘求智，智即知矣"者，既有所知之缘，即有能知之智。所知之缘既有法，能知之智应有知也。

答曰：以缘求智，智非知也。何者？《放光》云："不缘色生识，是名不见色。"又云："五阴清净故般若清净。"般若即能知也，五阴即所知也，所知即缘也。

夫知与所知，相与而有，相与而无。相与而无，故物莫之有；相与而有，故物莫之无。物莫之无，故为缘之所起；物莫之有，故缘所不能生。缘所不能生，故照缘而非知；为缘之所起，故知、缘相因而以生。是以知与无知，生于所知矣。何者？夫智以知所知，取相故名知。真谛自无相，真智何由知？所以然者，夫所知非所知，所知生于知；所知既生知，知亦生所知。知、所知既相生，相生即缘法，缘法故非真，非真故非真谛也。故《中观》云："物从因缘有故不真，不从因缘有故即真。"今言[2]真谛曰真，真则非缘。真非缘故，无物从缘而生也。故经云："不见有法无缘而生。"

是以真智观真谛，未尝取所知。智不取所知，此智何由知？然智非无知，但真谛非所知，故真智亦非知。而子欲以缘求智，故以智为知。缘自非缘，于何而求知？

"答曰以缘求智，智非知也"下，答文有三：第一直释答，第二相形答，第三总结答。今初，先标，后释。今言不得以缘求智，令智有知也。

---

[1]　底本原注："境智"二字，一本无。

[2]　言：现通行本《肇论》无。

"何者"下，释所以也。"《放光》云不缘色生识"者，凡人皆缘色生识，所以有见，有见即有知。圣人不缘色而生识，即是无见，无见即无知也。"又云五阴清净"下，五阴无相，故云清净；般若无知，故云清净也。般若即能知也，五阴即所知也。般若是能知之智，五阴是所知之境也。所知即缘也，即是所缘之法也。

"夫知与所知相与而有"下，第二相形答也，双辨真俗二谛、惑解两智。"与"者，共也。"相与而有"，谓惑智、惑境也。"相与而无"，谓真智、真境也。以俗谛有相，故惑智有知，故云相与而有。以真谛无相，故真智无知，故云相与而无也。"相与而无故物莫之有"者，以真谛无相，故真智无知，人莫能令其有知也。"相与而有故物莫之无"者，以俗谛有相，故惑智有知，人莫能令其无知也。

"物莫之无，故为缘之所起"者，以人莫能令其无知故，即相因而起也。"物莫之有，故缘所不能生"者，以人莫能令其有知故，即不相因而起也。

"缘所不能生，故照缘而非知"者，谓真智也，虽照真谛，不为真谛所生也。"为缘之所起，故知、缘相因以生"者，谓惑智也，境智相因而得生也。

"是以知与无知生于所知矣"者，双结惑解两知两境也。"何者？夫智以知所知，取相故名知"者，此谓惑智、惑境也。"真谛自无相，真智何由知"者，此谓真智、真境也。

"所以然者"下，覆前两义。今从此下至"不从因缘有故"，即直明惑境、惑智也。而言"所知非所知，所知生于知"者，所知不自得所知名，以因能知，故得所知名也。"所知既生知，知亦生所知"者，所知既因能知而得名，能知亦因所知而得名也。"知、所知既相生，相生即缘法"者，彼此回互相因而生，即是因缘所生法也。"缘法故非真"者，以从缘生则非真也。"非真故非真谛"者，既从缘生，即是俗谛。"故《中观》曰"下，引《中论》意，非全文。此意明俗谛，言势随及真耳。

"今言真谛曰真"下，从此至"不见有法无缘而生"，明真智、真谛也。真谛既名真，真故即不从因缘而生也。"故经曰不见有法无缘而生"

者，有法皆从缘生，无有有法而非缘生，则明非缘生者是真谛也。《涅槃经》云："是诸外道无有一法不从缘生。"诸经之中通有此意，今泛引也。

"是以真智观真谛"下，第三总结答也。"智[1]不取所知，此智何所知"者，以不取所知，故名无知也。"智然[2]非无知，但真谛非所知，故真智亦非知"者，不同木石之无知，故云"然非无知"也。但以真谛非是有相之所知，故真智不取相，名为无知耳。

"而子欲以缘求智"下，子者，男子之通称也。子以真谛所缘之法是有，而令般若有知也。"缘缘[3]自非缘，于何求知"者，真谛之缘自无其相，真智之法何得有知耶？

难曰：论云"不取"者，为无知故不取，为知然后不取耶？若无知故不取，圣人则冥若夜游，不辨缁素之异耶？若知然后不取，知则异于不取矣！

"难曰论云不取者"下，第二番也，执前不取之言以为难耳。"为无知故不取"下，为无所知故言不取，为先知然后忘取故言不取耶？"冥若夜游"者，无所知则同夜行，不辨黑白。"知则异于不取"者，知与不取异，则当知之时有取，然后忘知，始是不取耳。

答曰：非无知故不取，又非知然后不取。知即不取，故能不取而知。

"答曰非无知故不取"者，双排两难也。当知之时，即不取相，故言无知耳。

---

[1] 底本原注："智"上，一本有"真"字。
[2] 底本原注："智然"，一本作"然智"。
[3] 底本原注："缘"字疑剩。

难曰：论云"不取"者，诚以圣心不物于物，故无惑取也。无取则无是，无是则无当，谁当圣心而云圣心无所不知耶？

"难曰论云不取者"下，第三番也。"不物于物"者，不以物为有物也。若以物为有物，则是惑取。不以物为有物，则无惑取也。"无取则无是"下，既无所取，何物是物，何物当圣人之心耶？既不当圣心，云何圣人无所不知乎？

答曰：然，无是无当者。夫无当则物无不当，无是则物无不是。物无不是，则是而无是；物无不当，故当而无当。故经云："尽见诸法而无所见。"

"答曰然，无是无当者"，按成此语，实无可是，实无可当也。"夫无当则物无不当"者，无当乃当真理，无是乃是真理也。"物无不是，则是而无是"者，是真理，虽是无所是；当真理，虽当无所当也。"尽见诸法而无见"者，尽见诸法，则有当有是；而无见者，则无当无是也。

难曰：圣心非不能是，诚以无是可是。虽是不是是 [1]，故当是于无是矣。是以经云"真谛无相故般若无知"者，诚以般若无有有相之知。若以无相为无相，又何异 [2] 累于真谛耶？

"难曰圣心非不能是"下，第四番也。非不能以万物为是物，然以无物可是物，故圣人不以物为有物耳。"虽是不是是，故当是于无是矣"者，物非是有，故当是无，不以物为有物，应以物为无物也。"诚以般若无有有相之知"者，不同惑智有相知也。"若以无相为无相，又何异累于真谛"

---

[1] 是不是是：现通行本《肇论》作"无是可是"。

[2] 又何异：现通行本《肇论》作"有何"。

者，不作有相知，但作无相知也。又不有有相知，但有无相知，如此有何患累耶？

答曰：圣人无无相也。何者？若以无相为无相，无相即为相。舍有而之无，譬犹逃峰而赴壑，俱不免于患矣。是以至人处有而不有，居无而不无。虽不取于有无，然亦不舍于有无。所以和光尘劳，周旋五趣，寂然而往，泊尔而来，恬淡无为而无不为。

"答曰圣人无相"者，圣人以无相为心也。既以无相为心，不但无于有相，亦乃无于无相也。"若以无相为无相"下，若谓圣人以无相为相，有此无相之知，此则无相乃成相，无知乃是知也。"舍有而之无，譬犹逃峰而赴壑"者，之，适也。峰谓山，壑谓水。避山而赴水，俱有害身之患也。

"处有不有"下，处有不取有相，居无不取无相也。"然亦不舍于有无"者，即有为不有，非谓离有为不有；即无为不无，非谓离无为不无也。

"和光尘劳"者，《老子》云："和者，和其光，同其尘。"今借此语，以明圣人和光同尘，在有同有，在无同无，同有不取有，同无不取无也。"周旋"者，往来也。"寂然而往"下，寂、泊俱是静也，往即寂往，往无往矣；来即泊来，来无来矣。"恬淡无为"者，恬然淡然，无所施为，虽无所为，而无所不为也。"淡"音，去声也。《庄子·外篇·天道章》云："夫虚静恬淡、寂漠无为者，天地之本，道德之至也。"

难曰：圣心虽无知，然其应会之道不差。是以可应者应之，不可应者存之。然则圣心有时而生，有时而灭，可得然乎？

"难曰圣心虽无知"下，第四有三番生灭难也。三番即为三，今初番也。应接机缘，不失机会，故云应会不差耳。存之者，存而不应也。

可乎者，有本云何乎，有本云可乎，皆得。言圣心可得生灭乎？

答曰：生灭者，生灭心也。圣人无心，生灭焉起？然非无心，但是无心心耳；又非不应，但是不应应耳。是以圣人应会之道，则信若四时之质，直以虚无为体，斯不可得而生、不可得而灭也。

"答曰生灭者生灭心也"者，谓凡言生者生于心，灭者灭于心也。"圣人无心，生灭焉起"者，既无有心，无可生灭也。"然非无心"下，非是木石之无心，但是无知之无心，故曰"无心心"。应亦如是也。

"是以应会则信若四时之质"者，《小雅》云："质，信也。"《家语》云："明王之治百姓，其化可守，其言可复（伏音），其迹可履，故其信如四时也。"《吕氏春秋》云："天地之大，四时化常，其信至也。"《春秋感精符》云："人主与日月同明、四时合信也。"今以圣人应物，事如四时春秋冬夏，至时必应也。"直以虚无为体"者，有本上句无"之"字，则应云"信若四时质直"，此句则云"以虚无为体"。今依前释，"直"字向下也。直者，但也，独也。但以圣心虚无，故不可取。既不可取，是则无相，无相故无生无灭也。

难曰：圣智之无、惑智之无，俱无生灭，何以异之？

"难曰圣智之无"下，第二番也。般若无知，此是圣智之无。惑智性空，此是惑智之无也。般若无知，亦无生灭，惑智性空，亦无生灭，两无何异耶？

答曰：圣智之无者，无知；惑智之无者，知无。其无虽同，所以无者异也。何者？夫圣心虚静，无知可无，可曰无知，非谓知无。惑智有知，故有知可无，可谓知无，非曰无知也。无知，即般若之无也；知无，即真谛之无也。是以般若之与真谛，言用即同而异，言寂即异而同。同故无心于彼此，异故不失于照功。是以辨同者同于异，辨异者异于同。斯则不可得而异、不可得而同也。何者？内有独鉴之明，外有万法之异。万法虽异，

421

然非照不得，内外相与以成其照功，此则圣所不能同，用也；内虽照而无知，外虽实而无相，内外寂然，相与俱无，此则圣所不能异，寂也。是以经云"诸法不异"者，岂曰续凫截鹤、夷岳盈壑，然后无异哉？诚以不异于异，故虽异而不异也。故经云："甚奇，世尊！于无异法中而说诸法异。"又云："般若与诸法，亦不一相，亦不异相。"信矣！

"答曰圣智之无者无知"下，圣智无有知，惑智知体，皆无别也，所以无者是同也。虽同言无，其义各异也。"何者？夫圣心虚静"下，谓圣心无执著也。无有执著之知，而言其空也。"可曰无知"下，可名此为无知，不得名为知空也。"惑智有知"下，谓惑智有执著也。有此执著之知，而言其空也。"可曰知无"下，可名此为知空，不得名为无知也。"无知即般若之无"下，般若无取相，故曰无知；惑智体性空，故曰知无，知无即是真谛之实相耳。

"言用即同而异"下，论用则本同成异，论寂则本异成同也。"同故无心于彼此"下，言同边则彼此无差别，言异边则彼此各有殊，谓般若有照境之力，真谛有发智之功也。亦可言异则般若有鉴照之功，真谛无也。

"是以辨同者"下，言同者，谓异法为同也；言异者，谓同法为异也。"斯则不可得而异"下，究竟言之，不可得定异，不可得定同也。

"何者？内有独鉴之明"下，释前寂同而用异也。"内有独鉴之明"，即般若用也。"外有万法之异"，即真谛用也。"万法虽异"下，虽有实理，要以般若照之，方得显也。"内外相与以成其照功"者，由内见外，由外发内，故曰相与也。"此圣所不能同，用也"者，此即用异，圣人不能令同也。

"内虽照而无知"下，照而无知，即是智寂；实而无相，即是境寂，两法体性同皆是无也。"内外寂然，相与俱无"者，两法皆寂，俱是空也。"此圣所不能异，寂也"者，此即寂同，圣人不能令异耳。

"岂曰续凫截鹤"下，此语出《庄子》。《庄子·外篇·骈拇章》云："长者不为有余，短者不为不足。故凫胫虽短，续之则忧。鹤胫虽长，断之即悲。故性长，长非所断；性短，短非所续。"今借此语，以明境智虽异而同，不待同而后同也。夷，平也。盈，满也。岳，山也。壑，溪也。"诚以不异于异"者，即以不异者为异也。"故虽异而不异"者，既以不异为异，异不可为异也。"于无异法中而说诸法异"者，诸不异为异也。"亦不一相"下，不一不异，即非同非异也。

难曰：论云"言用则异，言寂则同。"未详般若之内，即有用、寂之异乎？

"难曰论云言用则异"下，第三番，即就用、寂为难也。"未详般若之内即有用寂之异"者，有本云"即有用寂之异不"也，有本无"不"字。今不用"不"字也，直问般若之内何得复有用寂之异乎？若有"不"字，则是两端，为有、为无也。

答曰：用即寂，寂即用，寂用体一，同出而异名，更无无用之寂而主于用也。是以智弥昧，照逾明；神弥静，应逾动。岂曰明昧动静之异哉！故《成具》云："不为而过为。"《宝积》曰："无心无识，无不觉知。"是[1]则穷神尽智，极象外之谈也。即之明文，圣心可知矣。

"答曰用即寂"下，更泯用寂也。"寂用体一"下，寂用既是体一，同从理出而有异名也。"更无无用之寂主于用"者，非谓离用之外别有一寂，为用之主也。

"是以智弥昧"下，弥，益也；逾，越也。圣智弥昧，其用越明；圣神益静，其应越动也。"岂曰明昧动静之异"者，虽云明昧动静，又复泯之为一也。

"故《成具》云不为而过为"者，不为过于为也。"无心无识"下，

---

[1] 是：现通行本《肇论》作"斯"。

无心无识，深复知觉也。"是则穷神尽智"下，谓此二经，穷尽神妙智慧，极言象外之谈论也。"即之明文"下，通谓此《般若无知论》也。以此论之明文，则圣心无知，可于见也。亦可即指此上二经，为即之明文也。

隐士刘遗民书问

《般若无知论》有三章，第一正是论文，第二刘公致问，第三肇师释答，今是第二刘公致问也。庐山远法师作《刘公传》云："刘程之，字仲思，彭城人，汉楚元王裔也。承积庆之重粹，体方外之虚心。百家渊谈，靡不游目。精研佛理，以期尽妙。陈郡殷仲文、谯国桓玄，诸有心之士，莫不崇拭。禄寻阳柴桑，以为入山之资。未旋几时，桓玄东下，格称永始。逆谋始，刘便命挐，考室林薮。义熙，公侯咸辟命，皆逊辞以免。九年，大尉刘公知其野志冲邈，乃以高尚人望相礼，遂其放心。居山十有二年卒。"有说云：入山已后，自谓是国家遗弃之民，故改名遗民也。初，生法师入关，从什法师禀学，后还庐山，得《无知论》，以示刘公。刘公以呈远法师，因共研尽，遂致此书，问其幽隐处。虽言迹在于刘公，亦是远法师之意也。

遗民和南。顷餐徽闻，有怀遥伫。岁末寒严，体中如何？音寄壅隔，增用抱蕴。弟子沉痾草泽，常有弊瘵耳。因慧明道人北游，裁通其情。古人不以形疏致淡，悟涉则亲。是以虽复江山悠邈，不面当年，至于企怀风味，镜心象迹，伫悦之勤，良以深矣。缅然无因，瞻霞永叹。顺时爱敬，冀行李承问[1]。伏愿彼大众康和，外国法师常[2]休纳。上人以悟

---

[1] 冀行李承问：现通行本《肇论》作"冀因行李，数有承问"。

[2] 常：现通行本《肇论》无。

发之一^[1]器，而遘兹渊对，想开究之功，足以尽过半之思。故以每惟乖阔，愦愧何深。此山僧清常，道戒弥厉，禅隐之余，则惟研惟讲，恂恂穆穆，故可乐矣。弟子既以遂宿心，而睹兹上轨，感寄之诚，日月铭至。远法师顷恒履宜，思业精诣，乾乾宵夕，自非道用潜流，理为神御，孰以过顺之年，湛气若兹之勤？所以凭慰既深，仰谢逾绝。

去年夏末，始见生上人示《无知论》，此^[2]才运清俊，旨中沉允，推涉圣文，婉而有归。披味殷勤，不能释手。真可谓浴心方等之渊，而悟怀绝冥之肆者矣！若令此辨遂通，则般若众流，殆不言而会。可不欣乎！可不欣乎！然夫理微者辞险，唱独者应希。苟非绝言象之表者，将以存象而致乖乎？意谓，若以缘求智之章，婉转穷尽，极为精巧，无所间然矣。但暗者难以顿晓，犹有余疑一两，今辄题之如别。想纵容之暇，复能粗为释之。

"遗民和南"下，书有三章：第一序暄凉，第二正致问，第三总结。今初暄凉中，文有数节，通是一段也。而言"和南"者，外国致敬之辞也。

"顷餐徽闻，有怀遥伫"者，顷者，俄顷，谓比来也。餐者，耳中承闻，如餐食也。徽，美也。闻者，名闻。虽是闻字，而作问音也。承闻美名，怀中遥思相见，故云遥伫。伫，待也。

"音寄壅隔，增用抱蕴"者，当尔之时，南是晋，北是秦，两国既其不通书信，难得传寄怀抱，以此增加蕴积也。

"弟子沉痾"下，有本云"枕"，亦可然也。今以沉滞痾疾，在草泽之中。瘵，犹是疾也。

"因慧明道人北游"下，谓此已前，曾有慧明道人向北通书信也。

"古人不以形疏致淡"下，形虽乖疏，而情不淡薄，悟解相关，即为近矣。而言古人者，《世说》云：嵇康、吕安暂一相思，则千里命驾。安时寻康，康不在，见嵇熹。熹要安过，安不应，直书门上作凤字。古凤字

---

[1]　一：现通行本《肇论》无。

[2]　此：现通行本《肇论》无。

凡中著鸟，谓熹为凡鸟，故不过也。

"是以虽复江山悠邈，不面当年"下，悠、邈，皆是远也。不面当年，谓当今之年，不对面也。"企怀风味"，谓怀抱企慕肇法师休风理味也。"镜心像迹"，谓镜照其心于肇法师《无知论》，论如肇法师之像及迹也。"伫"，待也。"悦"，忻也。"勤"，劳也。"良"，信也。

"缅然无因，瞻霞永叹"者，缅，远也。南北隔绝，无因相见，瞻望云霞，长叹息也。有本作遐远字，不及云霞字也。

"顺时爱敬"者，顺四时自爱自敬也。"冀行李承问"者，冀，望也。《左传注》云："行李，使人也。"有人云：古时字少，即以李字当履，相仍不改，以至于今，李犹是履。履，谓人信行履来往也。望得书问，故云承问耳。

"伏愿彼大众康和"者，康，乐也。"外国法师常休纳"者，什法师也。休谓休泰，纳谓内也，出郑玄《注诗》耳。

"上人以悟发之一[1]器，而遘兹渊对"者，遘，遇也。有本作构，谓架构也。上人谓肇法师也。器谓才器。悟解发明，故云悟发。问答深玄，故云渊对也。

"想开究之功，足以尽过半之思"者，《尔雅》云："究，穷也。"《周易·系辞》云："知者观其象辞，则思过半矣。"所以然者，象谓断也，断一卦之吉凶，故名为象。寻《易》象辞，则于易道思虑通悟，过于一半。今谓此论开究般若义过于半，如象辞之开易道也。

"故每惟乖阔，愤愧何深"者，为肇法师能如此开究般若之理，故每欲相见，思惟南北乖阔，怀抱愤结，愧叹何深也。

"弥厉"者，厉，严也。"恂恂穆穆"者，《尔雅》云："恂恂，栗[2]也。"《广雅》云："恂恂，敬也。"王肃《注论语》云："恂恂，温恭貌也。穆穆，和顺也。"

---

[1] 底本原注："一"，一本无。

[2] 慄：《大正藏》本之校本"圣语藏本"作"悚"。

"宿心"者，本心求隐，今从本志，故云遂也。"上轨"者，轨是车轨，轨训法也。通谓佛法为上轨也，亦可别说庐山德众轨则也。"感寄之诚，日月铭至"者，感远法师之思[1]，寄在佛法之中，至诚明显，如日月也。而言铭者，铭，记也。有人云：铭训明也，明己之诚如日月也。

"远法师顷恒履宜"者，履休宜也。"思业精诣"者，心思精，业行诣。诣，进也。"乾乾宵夕"者，《周易》乾卦九三之爻辞云："君子终日乾乾，夕惕若厉。"今用此语也，言宿夜精勤也。"自非道用潜流，理为神御"者，《说文》云："御者，使马也。"《尚书》云："御，治也。"按乘马曰御，御马字，经史皆作驭也。以远法师用道潜流于心内，用理御心[2]神，故能然也。"孰以过顺之年"下，孰，谁也，谁，何也。过顺，谓六十已上也。《论语》云："吾十有五而志于学，三十而立，四十而不惑，五十而知天命，六十而耳顺，七十而从心所欲不逾矩也。"六十已上老人，神气湛然，如此勤厉也。

"所以凭慰既深"下，仰凭法师俯[3]慰恩深，不能仰谢，故云"逾绝"也。

"此[4]才运清俊，旨中沈允"者，运才思清雅俊逸，意旨中当，沉深允惬也。《易》云："允，当也。"《尚书》："允执其中，四海困穷，天禄永终。"孔安国注云："允，信也。""推涉圣文，婉而有归"者，《左传》云："婉，曲也。"《说文》云："婉，顺也。"圣文谓佛经。推验佛经，肇法师所作，有旨归也。

"披味殷勤"下，披阅玩味，手不释也。"真可谓浴心方等之渊"下，谓肇法师将心于大乘水中得浴，将怀于幽玄之津取悟。亦可刘公自云：今寻此论，有如此也。而言津者，《尔雅》云："津，极也。"

"若令此辨遂通"下，此辨谓《无知论》也。宣流天下，为通也。"般

---

[1] 底本原注："思"疑为"恩"。

[2] 御心："圣语藏本"作"心御"。

[3] "俯"上，"圣语藏本"有"法师"二字。

[4] 此：现通行本《肇论》无。

若众流"，谓诸部般若也。"殆不言而会"者，殆字有多义。《易》云："殆，差也。"《广雅》云："殆，败也。"郑玄注云："殆，几也。"《毛长诗传》云："殆，始也。"今依郑玄也，殆者是几也，几者是近也。此论若流通天下，则般若之理，不待言，近可契会也。"可不欣乎"者，意言欣也。再言者，谓大欣也。《广雅》云："欣，喜也。"

"然其理微者辞险"者，道理既幽微，言辞则险绝。如前云："知非为知，欲以通其鉴。不知非不知，欲以辨其相。辨相不为无，通鉴不为有。"又云："言用则同而异，言寂则异而同。同故无心于彼此，异故不失于照功"等，并是言语险绝处也。"唱独者应希"者，谓肇法师唱此般若无知之义，文理独绝，难应和也。其事者，《文选·宋玉对楚王问》云："客有歌于郢中者，其始曰下里巴人，国中属而和者数千人。其为阳阿薤露，国中属而和者数百人。其为阳春白雪，国中属而和者数十人。引商引羽，杂以流徵，属而和不过数人。是其曲弥高，和弥寡也。"

"苟非绝言像之表"下，若绝言像之人，则无所复疑。且非其人，则执文多滞，谓言般若是智，不得无知也。言谓文言，像谓象辞也。

"意谓若以缘求智之章"下，叹前答中善巧也。"婉转"，谓回曲皆尽也。"无所间然"，谓无有间阻不通处也。

"但暗者难可顿晓"下，叙问意也。《方言》云："晓，明也。""余疑"，如后问也。"想纵容之暇，复能粗为释之"者，《广雅》云："纵容，举动也。"《国语》云："暇，闲也。粗，略也。"然书中"纵容"字皆单作，今此论诸本皆作"纵容"也。"释"者，《小雅》云："释，解也。"《字林》云"渍米。"今谓解释问义，如渍米之释也。

论序云："般若之体，非有非无。虚不失照，照不失虚。故曰不动等觉而建立诸法。"下章云："异乎人者神明，故不可以事相求之耳。"又云："用即寂，寂即用。神弥静，应逾动。"夫圣心冥寂，理极同无，不疾而疾，不徐而徐。是以知不废寂，寂不废知，未始不寂，未始不知。故其运物成功，化世之道，虽处有名之中，而远与无名同。斯理之玄，固常

所弥昧者矣。

"论序般若之体"下，第二正致问也。文中有二：前通问，后别问。今初通之中，先牒前文，然后作问也。

"夫圣心冥寂"下，正作问也，谓冥然寂然，理之至极，与空无同也。"不疾而疾，不徐而徐"者，谓至人神变宽急也，不疾而疾则无定疾，不徐而徐则无定徐也。此语出《庄子》。《庄子·外篇·天道章》云："桓公读书于堂上。轮扁斫轮于堂下，释椎凿而上，问桓公曰：'敢问公之所读者何言？'公曰：'圣人之言也。'曰：'圣人在乎？'公曰：'已死矣。'曰：'然则公之所读者，古人之糟粕而已矣。'桓公曰：'寡人读书，轮人安得议？有说则可，无说则死。'轮扁曰：'臣也以臣之事观之，斫轮徐则甘而不固，疾则苦而不入，不徐不疾，得于手，应于心，口不能言也，而有数存乎其间。臣不能以喻臣之子，臣之子亦不能受之于臣，是以行年七十而老斫轮。古人与其不可传者死矣，然则公之所读者，古人之糟粕已矣。'"

"是以知不废寂"下，明动静不二也。"运物成功"者，运转众生，令向善道，功业成也。"虽处有名之中而远与无名同"者，《老子》云："无名，天地之始；有名，万物之母。"意云有名是有也，无名是无也。圣人虽在有而同无也。"斯理之玄，固常所弥昧"者，《尔雅》云："固，久也。弥，益也。昧，冥也。"此理玄妙，常来久所昧处，非但于今论方始生疑也。

但今谈者所疑于高论之旨，欲求圣心之异，为谓穷灵极数，妙尽冥符耶？为将心体自然，灵泊独感耶？若穷灵极数、妙尽冥符，然则寂照之名，故是定慧之体耳。若心体自然，灵泊独感，则群数之应，固以几乎息矣。夫心数既玄而孤运其照，神淳化表而慧明独存。当有深证，可试为辨之。

"但今谈者"下，第二别问也。总有三问：第一问智体是有知、是无知，第二问照境有相、无相，第三问境智相对有是无是、有当无当？

今初，言"谈者"，自谓也。"所疑于高论"，谓疑于肇法师之论耳。"欲求圣心之异"者，为有知耶？为无知耶？

"为谓穷灵极数，妙尽冥符耶"者，此是有知也。为当穷般若之灵照，极圣智之心数，妙能尽知，冥符法性耶？

"为将心体自然，灵泊独感耶"者，为当般若之体自然无知，精灵恬泊，不与众生相感应耶？

"然则寂照之名，故是定慧之体"者，虽无所不知，以慧为体，故是知也。而言定者，定心知法，名为定慧耳。此言定慧为体，犹是十大地中心数定也，慧以为般若体耳。十心数者，所谓想、欲、触、慧、念、思、解脱、境、定、受也。

"则群数之应，固以几乎息矣"者，若自然寂泊，无所感应，此则无知。固者，《易注》云："固，牢也。"几者，此字凡有三音：一者机音，二者纪音，三者祈音。《易》云："知几，其神乎？"又云："几者动之微。"此是机音也。如人几岁，此是纪音。今云几者，是祈音也。《论语》云："不几乎一言而可以兴邦？"此是纪[1]音也。《左传注》云："几，近也。"郭象《注庄子》云："几，尽也。"

"夫心数既玄"下，覆前句也。圣人心数既玄，何谓更有其照？照谓慧也，略不言定，具足应言：心数既玄，何得孤运定慧，以定慧[2]为体乎？"神淳化表"下，覆后句也。圣人既心神恬泊淳和，在世间之表，何得复有慧明独存，不与众生相应会乎？

"当有深证"者，应当有别深证悟，更为我辨之。《广雅》云："辨，别也。"

疑者当以抚会应机睹变之知，不可谓之不有矣。而论旨云"本无惑取

[1] 纪："圣语藏本"作"祈"。
[2] 底本原注："以定慧"三字一本无。

之知"，而未释所以不取之理。谓宜先定圣心所以应会之道，为当唯照无相耶？为当咸睹其变耶？若睹其变，则异乎无相；若唯照无相，则无会可抚。既无会可抚，而有抚会之功，意有未晤[1]，幸复诲之。

　　"疑者当以"下，第二问照境有相无相也。文中有二：前明睹变之知应是有，后明睹变之知异无相。睹变之知若是有，何得言无知？睹变之知异无相，当知必是有也。"抚会"者，抚化众生，与缘契会也。"应机"者，应接机缘也。"睹变"者，睹见变动也。"而论旨云本无惑取"者，汝论但云无有惑取之知，不可以知名之，而未言所以不惑取之意者也。

　　"谓宜先定圣人"下，第二明睹变之知异无相也。为当见空、为当见有耶？见无相即是见空，见变动即是见有。而言惑者，兼见有也。"若睹其变"下，若见变动，即是有相，非无相也。"若唯照无相"下，若俱见空，则不见有众生可抚接教化也。"无会可抚而有抚会之功"下，既无会可抚，何言圣人有抚会之功耶？

　　"幸复诲之"者，幸复示诲。诲，教也。

　　论云"无当则物无不当，无是则物无不是。物无不是，故是而无是；物无不当，故当而无当。"夫无当而物无不当，乃所以为至当；无是而物无不是，乃所以为真是。岂有真是而非是、至当而非当，而云当而无当、是而无是耶？若谓至当非常当，真是非常是，此盖悟、惑之言本异耳。固论旨所以不明也。愿复重喻，以祛其惑矣。

　　"论云无当则物无不当"下，第三明境智相对，有是无是、有当无当也。先牒，后难。今初，牒也。"夫无当"下，正难也。无当而物无不当，乃是当无，故云至当。无是而物无不是，乃是是无，故云真是。斯则有是有当，何谓无是无当乎？

―――――――――――――――

[1] 晤：现通行本《肇论》作"悟"。

"若谓至当非常当"下，若言当无为至当，非谓当有是常当；是无为真是，非谓是有之常是者，理固应然。常是常当是惑，至当真是是悟，此两义本别，不须论也。汝论本意亦不谓至当非常当为非当，真是非常是为非是也。

"以祛其惑"者，祛，遣也。

论至日，即与远法师详省之。法师亦好相领得意。但标位似各有本，或当不必理尽同矣。顷兼以班诸有怀，屡有击其节者，而恨不得与斯人同时也。

"论至"下，第三总结也。"详省"者，详审省察也。"亦好相领得"者，得汝意也。"但标位似各有本"者，远法师以法性为宗本，谓性空非法性。肇法师以性空为真谛，与远法师不同也。

"顷兼以班诸有怀"者，班者，班赋也，出《尔雅》。案：赋，分布也。有怀，谓有怀抱悟解人也。"屡有击其节"者，谓多有击难要节之人也。

"而恨不得与斯人同时"者，叹讶[1]肇法师之[2]能，恨不得同时也。彼时诸人知是肇法师所作，而云尔者，借古事以美之，故云然也。《史记》云："蜀人杨得意为狗监，侍上。上读《子虚赋》而美之曰：'独不与此人同时哉！'得意曰：'臣邑中司马相如，言为此赋。'上惊，乃召问相如。相如曰：'有是。然此乃诸侯之事，未足观。请为天子《游猎赋》。'赋成，奏之，天子大悦。"今言诸人之美《肇论》，如汉武帝之美[3]《子虚赋》，故叹不同时也。

---

[1] 讶："圣语藏本"作"咏"。

[2] 之：底本作"云"，讹误，现据"圣语藏本"改。

[3] 美：底本无，据"圣语藏本"补。

答刘隐士书

论有三章，此下第三肇法师释答也。

不面在昔，伫想用劳。慧明道人至，得去年十二月疏并问。披寻返覆，欣若暂对。凉风届节，顷常如何？贪道劳疾，多不佳耳。信南返，不悉。八月十五日，释僧肇疏答。

"不面在昔，伫想用劳"下，答书亦有三章：第一叙暄凉，第二正答，第三总结。今初，叙暄凉中，乃有两书，前略后广。所以然者，古人作书皆有重复，前略后广，时使然也。

今言"不面在昔"者，此是古《维摩经》中语。彼经云："维摩诘语文殊师利言：不面在昔，辱来相见。"意言昔来未曾对面也。既未曾对面，故伫想用劳。伫，待也。用，以也。"披寻反覆，欣若暂对"，寻来书及问，欣喜如暂对面也。

"凉风届节"下，《尔雅》云："凉风，北风也。"今谓以方言之，是谓北风；以时言之，是谓秋风也。届，至也。佳者，好也。

服像虽殊，妙期不二。江山虽缅，理契则邻。所以望途致想，虚襟有寄。君既遂嘉遁之志，标越俗之美，独恬事外，欢足方寸。每一言集，何尝不远，喻林下之雅咏，高致悠然。清散未期，厚自保爱[1]。愿彼山僧无

---

[1] "爱"下，现通行本《肇论》有"每因行李，数有承问"数字。

恚，道俗通佳。承远法师之胜常，以为欣慰。虽未清承，然服膺高轨，企伫之勤，为日久矣。公以过顺之年，湛气弥厉，养徒幽岩，抱一冲谷，遐迩仰咏，何美如之！每亦翘想一隅，悬庇霄岸，无由写敬，致慨良深！君清对终日，快有悟心之欢也。

即此大众寻常，什法师如宜。秦主道性自然，天机迈俗，城堑三宝，弘道是务。由使异国[1] 胜僧方远而至，灵鹫之风萃于兹土。领公远举，乃千载之津梁也。于西域还，得方等新经二百余部，请大乘禅师一人、三藏法师一人、毗婆沙法师一[2] 人。什法师于大石寺出新至诸经，法藏渊旷，日有异闻。禅师于瓦官寺教习禅道，门徒数百，夙夜匪懈，邕邕肃肃，致可欣乐。三藏法师于中寺出律藏，本末精悉，若睹初制。毗婆沙法师于石羊寺出《舍利弗阿毗昙》胡本，虽未及译，时问中事，发言新奇。贫道一生猥参嘉运，遇兹盛化，自不睹释迦祇桓之集，余复何恨！而慨不得与清胜君子同斯法集耳。

"服像虽殊，妙期不二"下，广书也。一道一俗，故云服像殊也。身虽有殊，心期不别也。有本单作"其"字也。"江山虽缅，理契则邻"者，一南一北，故云江山缅[3] 远也。处虽缅远，契理相近也。契谓木契，喻理合也。"所以望途致想，虚襟有寄"者，为心期不二，理契相邻，故望途路，常寄怀抱在于刘公也。

"君既遂嘉遁之志，标越俗之美"者，《易》有遁卦，遁有嘉遁、肥遁，今言嘉遁，嘉者善也，遁者隐也。《字林》云："遁者，迁逃也。"刘公本有隐心，今得遂志，超越俗人，故称为美。"独恬事外，欢足方寸"者，恬，静也，谓其[4] 居山，在人事之外，心中欢悦。方寸，是心也。

"每一言集，何尝不远"者，每有聚集言论，皆深远也。古贤《诫子书》

---

[1] 国：现通行本《肇论》作"典"。

[2] 一：现通行本《肇论》作"二"。

[3] "缅"下，底本衍一"缅"字，现据"圣语藏本"删。

[4] 其：底本作"真"，现据"圣语藏本"改。

云："昔侍座于先帝时，有三长史俱来会座。帝谓之曰：'为官长者，当清、当慎、当勤。此三者，何患不治乎？'及去，帝谓余曰：'必不得已而去，于斯三者何先唱为本？'对曰：'慎乃为本。夫清不必有慎，慎无不清。犹仁者必有勇，勇者不必有仁也。'帝曰：'卿举比来慎者为谁？'乃举数人。帝曰：'卿所举人，亦各其慎。然天下至慎，其唯阮嗣宗。每与之言，言及悬远，未尝臧否人物。'"今用此事也。

"喻林下之[1]雅咏，高致悠然"者，晋朝嵇康、阮藉、阮咸、山涛、王戎、向秀、刘灵[2]等七人，在于山阳竹林俱隐，不事王侯，高尚其志。今谓刘公如此也。"清散未期，厚自保爱"者，清闲散适，无有期限，愿自保养爱护也。

"愿彼山僧无恙，道俗通佳"者，于时远法师在山，徒众七百，今言此众也。《尔雅》云："恙，忧也。"《风俗通》："恙，病也。"《易传》云："上古患恙，虫食其心。凡相问曰：无恙乎？"道即僧众，俗谓俗人。于时有雁门周续之、豫章雷次宗、南阳宗炳及刘公等，同在山隐。今谓此诸俗人也。

"承远法师胜常，以为欣慰"者，肇法师年少，远法师老宿，南北乖隔，二国不同，未曾相见，而遥相钦敬，故承胜常而欣喜为慰也。

"虽未清承，然服膺高轨"者，远法师是安法师弟子，名高一代。《高僧传》云："庐山释慧远，承习有宗。天下学士，皆取折中。"今肇法师亦遥挹也，虽未曾清耳禀承，然亦服膺远法师高轨。服膺，谓以胸臆服地禀受也。高轨，谓高行也。"企仁之勤，为日久矣"者，企望仁待已久也。

"公以过顺之年"下，叹远法师德也，以六十已上老年，神气湛然益严也。

"养徒幽岩，抱一冲谷"者，养徒众在幽山中也。抱一者，怀道也。《老子》云："载营魄抱一，能无离乎？"又云："少则得，多则惑，是

---

[1]　之：底本无，据"圣语藏本"补。

[2]　刘灵：现通行作"刘伶"。

以圣人抱一为天下式。"今借此语为用也。

"遐迩仰咏"者，遐，远；迩，近也。"何美如之"者，无美可比也。

"每亦翘想一隅，悬庇霄岸"者，云我每向东南隅，翘心想望远法师也。远法师道德高远，欲似云霄之岸也，亦如云霄、如涯岸也，亦可直指东南云霄之涯岸也。而云庇者，《尔雅》云："庇，荫也。"

"无由写敬，致慨良深"者，无因由至彼申写敬仰，良深慨叹。良，信也。

"君清对终日"下，谓刘公常对远法师，多欢赏也。

"此大众"者，京师什法师徒众也。于时翻译徒众凡有三千耳。"如宜"者，如常休宜也。

"秦主道性自然"者，此是后秦主姚兴也。今叹姚兴之道德耳。然道德两字，道，经云："要人多式之，不能[1]精辨。"《释名》云："道，导也，所以通导万物。"《说文》："德，得也。外得于人，内得于己。"今谓理之自然为道，人能行即[2]为德。何以明之？《老子》云："有物混成，先天地生，寂兮寥兮，独立而不改，周行而不殆，可以为天下母。吾不知其名，字之曰道。"又云："道可道，非常道。名可名，非常名。"是谓道也。又云："生而不有，为而不恃，长而不宰，是谓玄德。"又云："上德不德，是以有德。下德不失德，是以无德。"是谓德也。今先叹秦王道性，然后叹其有德耳。司马彪云："性者，人之本。"蔡邕《劝学》云："性者，心之本也。""天机"者，机，心也。《庄子》云："其嗜欲深者天机浅。"今言秦王天机深，故超迈凡俗也。"城堑三宝"下，叹其德也，与三宝作城堑，以弘道为事务也。

"由使异国胜僧远方而至"者，由秦王有德故，异国胜僧等方从远国来也。"灵鹫之风萃乎兹土"者，佛在灵鹫山说法，今谓此风萃集于此也。

---

[1] 能：底本作"时"，依"圣语藏本"改。

[2] 底本原注："即"下，一本有"道"字。

"领公远举"下，当时有僧姓支名法领，往西域归，得^[1]《华严》等诸大乘经。今言其远向异国得方等经，与千载下为津梁。梁谓桥梁也。

"请大乘禅师一人"者，佛驮跋陀罗也。此人博学，善解《华严》，而以禅观为行。于时慧观、慧严等向西域，于彼请一大德东归。彼土大德平章，非佛驮跋陀罗不可，遂共来此。正当什法师来，时至长安。然其意气高迈，禅观深远，谓什法师曰："观君所译，未出人意，因何乃得高名？"什法师曰："由吾老朽，为众所推，何必德称美谈也。"复缘向门徒说云："吾见本国五舶发来。"人或漏泄此语，僧　等以为显异惑众，集僧摈之。禅师曰："吾身若浮萍，去留甚易，但怀抱未申，以为恨耳。"于是出蓝田关，南至荆州。庐山远法师遣人迎之，屈入山翻译禅经，从其禀受禅法，乃作《解摈书》送长安，解其摈事，以为说在同意，非为异人，不是显异惑众。其复遂下宋都，译《华严经》，今之《华严》是也。今言其未摈时事耳。

"三藏法师一人"者，弗若多罗也。《高僧传》云："弗若多罗，出《十诵律》，三分获二，而多罗卒，昙摩流支续译。"言三藏者，是多罗未卒时事也。又此是昙摩流支。何以明之？以文言"本末精悉"，则是译律已了，故知然也。又此是佛陀耶舍译《四分律。何以明之？佛陀耶舍至长安，秦王请其译《四分律》，然耶舍曰无本，但诵文而已。始欲遣人书出，秦王疑其遗忘，乃遣耶舍诵户籍、药方数万言。明日覆之，不遗一字。遂请诵出律本，令人书之，然后翻译也。

"毗婆沙师一人"者，昙摩掘多也。道标师《舍利弗阿毗昙论序》云："弘始九年，昙摩掘多、昙摩耶舍等命书梵文。至十年，寻应合出，但以彼此不相领悟，恐未尽善，至十六年，渐闲秦语，令自宣译，然后笔受。"

什法师是弘始十一年卒，今作答书，是什法师在世^[2]之事。正言

---

[1] 得：底本无，据"圣语藏本"补。

[2] 底本原注："世"，一本作"时"。

"出[1]"，未言"翻译"，明知是弘始九年事也。"什法师于大石寺"下，言上诸人共什法师出新经也。

"法藏渊旷"下，渊深旷大，谓经论日多，故云"异闻"也。"夙夜匪懈"者，《毛诗》云："夙夜匪懈，以事一人。"一人谓天子也。匪，不也。懈，怠也。

"邕邕肃肃"者，邕邕，和也。然邕字与雍字义同，是和。《书》云"致之雍熙"，亦是和义，《尔雅》作邕字也。肃谓齐整也。

"本末精悉，若睹初制"者，律本具足，欲似佛初制。

"时问中事，发言奇新[2]"者，时时问其事，言语奇异也。

"猥参嘉运"者，猥，众也。众，多也。谓数参预善事耳。

"自不睹释迦祇桓之集"下，自谓独自也，独不见祇桓盛集为恨，余无所恨也。《字林》云："自，从也。"

"而慨不得与清胜君子同其法集"者，谓不得与刘公同此集为恨耳。

生上人顷在此同止数年，至于言话之际，常相称咏。中途还南，君得与相见。未更近问，悒悒何言！威道人至，得君《念佛三昧咏》，并得远法师《三昧咏及序》。此作兴寄既高，辞致清婉，能文之士率称其美，可谓游涉圣门，扣玄关之唱也。君与法师当数有文集，因来何少？什法师以午年出《维摩经》，贫道时预听次。参承之暇，辄复条记成言，以为注解，辞虽不文，然义承有本。今因信，持一本往南。君闲详，试可取看。

"生上人顷在此"下，竺道生也。"数年"，谓过三年已上也。"言话"者，禹迈反。《毛诗》云："其维哲人，告之话言。"《古训》云："话言，古之善言也。"《说文》云："会合善言也。"谓生法师语话之间，常称叹刘公也。

---

[1] 底本原注："出"下，一本有"梵本"二字。

[2] 底本原注："奇新"疑为"新奇"。

"中途还南，君得与相见"者，中途归南，故君得相见也。

"未更近问，惘悒"者，近更不得书问，惘惘悒悒也。

"威道人至，得君《念佛三昧咏》"下，似是刘公寄附也。远法师作《念佛三昧咏及序》，刘公等皆和，今言其事也。检《远法师集》，此但有《三昧咏序》，无《三昧咏》及和，收集不谨也。序云："夫称三昧者何？思专想寂之谓。思专则志一不挠，想寂则气虚神朗。气虚则智恬其照，神朗则幽无不彻。斯二乃是自然之玄符，会一而致用也。"

"此作兴寄既高"者，兴谓兴[1]喻，寄谓寄意。《子夏诗序》云："诗有六义：一曰风，二曰赋，三曰比，四曰兴，五曰雅，六曰颂。"今言兴即兴也，寄即比也。有本作"奥奇"，非也。"辞致清婉"者，辞章清[2]雅，理致婉媚也。"能文之士率称其美"者，解文人皆称善也。"可谓游涉圣门，扣玄之唱"者，此《念佛三昧咏》，可谓游涉圣人门户，扣击玄旨[3]之妙唱也。"因来何少"者，怪因行[4]附来者少耳。

"什法师以午年出《维摩经》"者，弘始八年属午也。

"条记诚言"者，记诚信之言也。"义承有本"者，谓承什法师也。

来问婉切，难为郢人。贫道思不关微，兼拙于笔语。且至趣无言，言必乖趣。云云不已，竟何所辩？聊以狂言，示酬来旨耳。

"来问婉切，难为郢人"者，婉曲切要，难酬答也。郢人者，《庄子·杂篇·徐无鬼章》云："庄子送葬，至惠子之墓，顾谓从者曰：郢人以垩墁其鼻端，若蝇翼，使匠石斫之。匠石运斤成风而斫之，尽垩而鼻不伤，郢人立不失容。宋元[5]君闻之，召匠石曰：尝试为寡人为之。匠石云：臣尝

---

[1] 兴：底本作"与"，讹误，现据"圣语藏本"改。

[2] 清：底本作"情"，讹误，现据"圣语藏本"改。

[3] 底本原注："旨"，一本作"音"。"圣语藏本"亦作"音"。

[4] 行："圣语藏本"作"信"。

[5] 元：底本作"无"，讹误，现据"圣语藏本"及《庄子·杂篇·徐无鬼章》改。

能斫之，然臣质已死久矣。自夫子之死也，吾无以为质矣，吾无与言矣。"
郭象注云："非夫不动之质、忘言之对，则虽有至言、妙斫，而无所取之。"
今谓刘公之问，事同匠石；肇公之答，事同郢人，问能而答难也。

"贫道思不关微，兼拙于笔语"者，思虑不关涉于幽微，笔语复非巧妙。《小雅》云："关，达也。微，无也。"

"且至趣无言"下，至理不可说，即不二法门也。如什法师共佛陀耶舍在秦王座，秦王问实相义，二人相视，竟无所答也。

"云云不已"者，云，言也。已，止也。虽复多言，无所论辩也。

"聊以狂言"者，妄言也。

疏云："称圣心者冥寂，理极同无。虽处有名之中，而远与无名同。斯理之玄，固常弥昧者。"以此为怀，自可忘言内得，取定方寸。复何足以人情之所异，而求圣心之异乎？

"疏云称圣心者冥寂，理极同无"下，第二章正答问也，文亦有二：前通答，后别答。今初也。

"以此为怀，自可忘言内得"下，理既深玄，忘言，心内自得，所不论耳。

"复何足以人情之所异"下，何足，何得也。据《孝经》，何足犹何能也。人情浅近，至理深远，何得以近情而求远理耶？

疏云："谈者谓穷灵极数，妙尽冥符，则寂照之名，故是定慧之体耳。若心体自然，灵泊独感，则群数之应固以几乎息矣。"意谓，妙尽冥符不可以定慧为名，灵泊独感不可称群数以息。两言虽殊，妙用常一。迹我而乖，在圣不殊也。

"疏云[1]谈者谓穷灵极数，妙尽冥符"下，第二别答前三问，即为三章。今答第一智体有知无知问也。文中有四：第一正答问，第二辨圣心，第三斥谓情，第四诘谬计。虽有四章，通是答问。今初，牒其前言也。

"意谓妙尽冥符不可以定慧为名"者，妙尽冥符，此是般若之心，一相不二，何得言其中有定慧二名耶？

"灵泊独感不可称群数以息"者，此是般若之心，无不鉴照，何得言不应群数耶？

"两言虽殊，妙用常一"者，妙尽冥符为一言，灵泊独感为一言。一是动也，一是静也。于我见迹则动静有异，于圣本心则动静不二也。

何者？夫至人[2]玄心默照，理极同无。既曰为同，同无不极。何有同无之极，而有定慧之名？定慧之名，非同外之称耶？若称生同内，有称非同；若称生同外，称非我也。又圣心虚微，妙绝常境。感无不应，会无不通。冥机潜运，其用不勤。群数之应，亦何为而息耶？

"何者？夫至人玄心默照"下，第二辨圣心也，辨圣心即以释前答也。文中有二：前离辨圣心，离释两意；后合辨圣心，合释两意。今先辨圣心，然后释妙尽冥符不可以定慧为名也。玄心，谓心合玄理也。默照，谓潜照幽微也。"理极同无"，谓见空无之理，即与无同，无[3]同故为极也。

"既曰为同，同无不极"者，既与无同，即是极智，无有不极之义也。"何有同无之极而有定慧之名"者，既与虚无理同，名之为极，何得于此极智，更有定慧两名耶？

"定慧之名，非同外之称耶"者，言此两名是同无极智外名，不关极智体也。

---

[1] 底本原注："云"，一本作"曰"。

[2] 至人：现通行本《肇论》作"圣人"。

[3] 无："圣语藏本"无。

"若称生同内，有称非同"者，若定慧二名生于同无极智之内者，有此二名，则非同无之智矣。

"若称生同外，称非我也。"若定慧两名生于同无智外，此之二名不关于智。我，谓智也。

"又圣心虚微，妙绝常境"下，释前虚[1]泊独感不可称群数已息也。虚微，谓虚无微妙也。常境，谓常人境界。圣心不同，故云妙绝也。

"感无不应，会无不通"者，有感皆应，故无不应。有会必通，故无不通也。

"冥机潜运，其用不勤"者，冥机谓神心，神心潜用。不勤，不劳也。《毛长诗传》云："勤，劳也。"《尔雅》云："勤，病也。"

"何为而息"者，应化不息也。

　　且夫心之有也，以其有有。有不自有，故圣心不有有。不有有故有无有。无[2]有故则无无。无无故圣心不有不无。不有不无，其神乃虚。何者？夫有也、无也，心之影响也。言也、象也，影响之所攀缘也。有无既废，则心无影响。影响既沦，则言象莫测。言象莫测，则道绝群方。道绝群方，故能穷灵极数。穷灵极数，乃曰妙尽。妙尽之道，本乎无寄。夫无寄在乎冥寂，冥寂故虚以谓之。妙尽在乎极数，极数故数以应之。数以应之，故动与事会；虚以谓之，故道超名外。道超名外，因谓之无；动与事会，因谓之有。因谓之有者，应夫谓有，强谓之然耳，彼何然哉？故经云："圣智无知而无所不知，无为而无所不为。"此言无相寂灭之道，岂曰有而为有、无而为无，动而乖静、静而废用耶？

　　"且夫心之有也"下，第二合辨圣心，合释两意也。而其心之有者，凡论心之所以为有者，以其谓法而有，故名心有耳。

---

[1]　虚："圣语藏本"作"灵"。

[2]　"无"上，现通行本《肇论》有一"有"字。

443

"有自不[1]有，故圣心不有有"者，有法当体自非是有，故圣心不以有为有耳。"不有有故有无有"者，不以有法为有，故知有非是有也。

"无[2]有故则无无"者，法既非有，亦非是无也。

"无无故圣心不有不无"者，前言无有，此言无无，法体既其无有、无无，所以圣心不有不无耳。

"不有不无，其神乃虚"者，圣心不有不无，乃为虚妙。

"何者？夫有也、无也，心之影响也"下，覆疏释前圣心不有不无也。圣心非有，妄谓为有。圣心非无，妄谓为无。有无之于圣心，如影响之于形声，非真本也。

"言也、像也，影响之所攀缘"者，攀缘影响之有无，故有言象，非谓影响之有无于言象。文语倒说，故云尔也。何者？缘心谓有故言有，谓无故言无。缘此有有无之心，故有有无之言象[3]耳。言象，谓《易》之[4]文言象词，以喻说有说无之言，象有象无也。喻如说有是块然之有，说无是豁尔之无。块然是物块，豁尔是虚空，此皆象也，即此象上有有无之言耳。

"有无既废"下，圣心非有非无，故云既废。不得妄谓为有为无，故云"心无影响"也。

"影响既沦则言像莫测"者，圣心既非有非无，则不可言有言无，象有象无，言象所不能测得圣心也。

"言像莫测则道绝群方"者，《易》言："方以类聚，物以群分。"今谓圣心不可言有言无，则与群方诸类永绝也。

"道绝群方故能穷灵[5]极数"者，以与群方永绝，故穷尽灵智，究极心数也。

"穷灵极数乃曰妙尽"者，以穷极故，能无所不知，无所不鉴，故云

---

[1] 底本原注："自不"，一本作"不自"。

[2] 底本原注："无"上，疑脱"有"字。

[3] 象：底本作"象"，讹误，现据"圣语藏本"改。

[4] 之：底本作"云"，讹误，现据"圣语藏本"改。

[5] 灵：底本作"尽"，现据"圣语藏本"改。

妙尽也。

"妙尽之道本乎无寄"者，既云妙尽，即是般若。既云般若，何有寄著耶？

"无寄在乎冥寂"者，既云无寄，所以冥然寂然也。

"冥寂故虚以谓之"者，既云冥寂，则无有名字，而云般若者，虚假为名也。

"妙尽在乎极数"者，既云妙尽，必穷心数也。

"极数故数以应之"者，虽云极数，能以数应，如经中说变化云为无所不作也。

"数以应之故动与事会"者，以心数应物，有感必临，无不契会也。

"虚以谓之故道超名外"者，假立名字，所以超名字之外也。

"道超名外，因谓之无"者，以圣心超名字之外，莫知何名，故名无心耳。

"动与事会，因谓之有"者，以圣心应物，故名有心耳。

"谓之有者，应夫谓[1]有"下，谓圣心谓为有者，应彼谓有之人，强谓为有，圣心不然也。

"故经曰圣智无知"下，引经为证。此是《大品经》之大意，无的文也。又是《思益经》意，彼经云：我得涅槃时，唯得诸法毕竟空性，以无所得故得，以无所知故知也。

"此言无相寂灭之道"者，此经云无相之道也。又释：此无知无为之言，言无相之道也。有本云"此无言无相寂灭之道"，谓此无知无为，是无言无相之道耳。

"岂曰有而为有"下，岂曰者，言不如此也。言有未必为有，言无未为无，动静亦然耳。

而今谈者多即言以定旨，寻大方而征隅，怀前识以标玄，存所存以必

---

[1] 底本原注："谓"，一本作"真"。

当。是以闻圣有知，谓之有心；闻圣无知，谓等太虚。有无之境，边见所存，岂是处中莫二之道乎！何者？万物虽殊，然性本常一；不可而物，然非不物。可物于物，则名相异陈；不物于物，则物而即真。是以圣人不物于物，不非物于物。不物于物，物非有也；不非物于物，物非无也。非有所以不取，非无所以不舍。不舍故妙存即真，不取故名相靡因。名相靡因，非有知也；妙存即真，非无知也。故经云："般若于诸法，无取无舍，无知无不知。"此攀缘之外、绝心之域，而欲以有无诘者，不亦远乎！

"而今之谈者多即言以定旨"下，第三斥谓情也。"今之谈者"，谓今时讲论之人，亦可指刘公也。"多即言以定旨"，谓执文取定也。

"寻大方而征隅，怀前识以标玄"者，《老子》云："大方无隅。"又云："前识者，道之华也[1]。"今言至理大方无隅，何以征责其隅；前识非玄，何以怀前识以标玄也。而言前识者，《河上注》云："不知而言知，为前识也。"

"存所存以必当"者，存彼所存之法，以为必当理也。所存者，谓圣人有心也。

"是以闻圣有知，谓之有心"下，闻知定谓知，故谓知为有；闻无定谓无，故谓无为空也。

"有无之境，边见所存"下，有无二边，名为边见。边见之人，存此有无。此有无二见，不是中正不二之道也。

"何者？万物虽殊，然性本常一"者，一谓无相空也。

"不可而物，然非不物"者，不可为有物，然后[2]非无物也。

"可物于物则名相异陈"下，有本直云"可物则名相异陈"，理亦无爽，望下[3]句例，则"可物于物"本是也。以物为物，故云"可物于物"。

---

[1] "也"下，底本衍"以标玄也而言前识"八字，现据"圣语藏本"删。

[2] "后"字疑衍。

[3] 下：底本作"不"，讹误，现据"圣语藏本"改。

不以物为物，故云"不物于物"。"名相异[1]陈"，谓有也；"物而即真"，谓空也。

"是以圣人不物于物"下，不以物为有物，不以物为无物也。

"非有所以不取，非无所以不舍"者，杜预《注春秋》云："舍，置也。"非有故不可取，非无故不应舍也。

"不舍故妙存即真"下，《尔雅》云："靡，无也。"以不可舍故，即是真空。以不可取故，无因有名相也。

"故经曰：般若于诸法无取无舍"下，《大品经》也。

"此攀缘之外"下，此是思虑之外至理，故不可以有无诘责也。

请诘夫陈有无者。夫智之生也，极于相内。法本无相，圣智何知？世称无知者，谓等木石太虚无情之流。灵鉴幽烛，形于未兆，道无隐机，宁曰无知？且无知生于无知，无无知也，无有知也。无有知也，谓之非有；无无知也，谓之非无。所以虚不失照，照不失虚，泊然永寂，靡执靡拘。孰能动之令有、静之使无耶？故经云："真般若者，非有非无，无起无灭，不可说示于人。"何则？言其非有者，言其非是有，非谓是非有；言其非无者，言其非是无，非谓是非无。非有非非有，非无非非无。是以须菩提终日说般若，而云无所说。此绝言之道，知何以传？庶参玄君子，有以会之耳。

"请诘夫陈有无者"下，第四诘谬计也，诘责谬计圣心为有之人也。

"夫智之生也，极于相内"者，此言凡智也。世谛有相，故凡智有知。凡智之生，起于有相之内，不过此也。

"法本无相，圣智何知"者，此言圣智也。圣智见真谛，真谛无相，故圣智无知也。

"世称无知者"下，世间凡言无知者，是木石等法也。

---

[1] 异：底本作"为"，讹误，现据"圣语藏本"改。

"灵鉴幽烛，形于未兆"者，此是圣智也。圣智灵鉴，照见幽微，未形之事已见也。形者，现也。于者，于也。兆，谓卦兆也。

"道无隐机，宁曰无知"者，无有隐机之道而不知也。机者，微小也。以灵鉴幽烛及[1]道无隐机两义，宁可言无知乎？亦可灵鉴幽烛为一义，形于未兆为一义，道无隐机为一义也。

"且无知生于无知，无无知也"者，无知者，谓无所知也。以无所知，故云无知。此无知之名，生于无识也。知者圣智也。圣智无彼无知，故云无[2]知无无知也。

"无有知也，谓之非有"下，无有故言非有，无无故言非无也。

"所以[3]虚不失照"下，虚是无也，照谓有也。虚而照，无即有也；照而虚，有则[4]无也。

"泊然永寂，靡执靡拘"者，泊然谓恬泊也，拘谓拘执也，言寂灭故不可执也。

"孰能动之令有"下，谁能起动令其有、安静令其无耶？

"故经曰真般若者非有非无"下，《大品经》意也。

"何则？言其非有者"下，其谓圣心也。言圣心非有者，非是有相之有耳，但言非有，不得遂是无，故云"非谓是非有"，非有是定无也。言圣心非无者，非是无物之无耳，但言非无，不得遂是有，故云"非谓是非无"，非无是定有也。如东、西、中三处相望，言中非东，不言即是西也；言中非西，不言即是东也。准前作语，应云：言其非东者，言其非是东，非谓是非东，非东是定西也。言其非西者，言其非是西，非谓是非西，非西是定东也。

问曰：言其非有者，可言非是有，何得非非有？言其非无者，言其非是无，何得非非无？以非有非无是中故也。东、西、中亦准于此。言其非

---

[1] 底本原注："及"，一本无。

[2] 无："圣语藏本"无。

[3] 以：底本作"也"，讹误，现据"圣语藏本"改。

[4] 则："圣语藏本"作"即"。

东者，言其非是东，何得非非东。言其非西者，言其非是西，何得非非西。以非东非西是中故也。

答：若非有非无是中，何劳别用中名乎？东、西、中亦尔也。又非东未必即是非东，南北亦非东也。非西直非西[1]，未必即是非西，南北亦非西也。以非东非西，形非有非无，则可知矣。

"非有非非有"下，覆疏前语耳。

"是以须菩提终日说般若"下，《大品经》文也。彼经云："诸天子闻须菩提说般若，天子云：诸夜叉语言尚可解，须菩提所说不可解。须菩提言：诸天子，不解不知耶？我无所说也。"

"此绝言之道"下，此谓般若绝言语道，不知何以传之也。而言"知何以传"者，不知所传也。如古诗云"枯桑知天风，海水知天寒"，言不知也。枯桑无叶，所以不知天风。海水不冻，所以不知天寒，知乃是不知耳。

"庶参玄君子"下，庶，望也。《尔雅》云："庶几，尚也。"尚谓冀尚，冀尚亦望之别名也，谓刘公既参契玄理之耳。

又云"宜先定圣心所以应会之道，为当唯照无相耶？为当咸睹其变耶？"谈者似谓无相与变其旨不一，睹变则异乎无相，照无相则失于抚会。然则即真之义，或有滞也。经云："色不异空，空不异色。色即是空，空即是色。"若如来旨，观色空时，应一心见色，一心见空。若一心见色，则唯色非空；若一心见空，则唯空非色。然则空色两陈，莫定其本也。是以经云"非色"者，诚以非色于色，不非色于非色。若非色于非色，太虚则非色，非色何所明？若以非色于色，即非色不异色。非色不异色，色即为非色。故知变即无相，无相即变。群情不同，故教迹有异耳。考之玄籍，本之圣意，岂复真伪殊心、空有异照耶！是以照无相，不失抚会之功；睹变动，不乖无相之旨。造有不异无，造无不异有。未尝不有，未尝不无。故曰"不动等觉而建立诸法"。以此而推，寂用何妨！如之何谓睹变之知，

---

[1] 底本原注："直非西"三字，一本无。

异无相之照乎？

"又云宜先定圣心所以应会之道"下，第二答前第二境智有相无相问也。前第二问中，文有两段，前明睹变之知应是有，后明睹变之知异无相。今先答后问，然后答前问也。

"谈者似谓无相与变"下，谈者即刘公也。言"不一"者，谓异也。"睹变则异乎无相"下，明不一之所以也。谓见变动即是有相，非无相也；见无相则无所见，不能抚接应会也。

"然则即真之义，或有滞也"者，若然则滞经中色即是空之义。色即是空，故名为真耳。

"经云色不异空，空不异色"下，《大品经·习应品》文也。

"若如来旨"下，若如所难来意，则色空别也，前心见色，后心见空也。"若一心见色"下，出其过也。一心见色，则唯是色而不见空，何谓即空？下句反此也。

"然则空色两陈，莫定其本"者，空色各别，故曰两陈。既其各别，莫知经中相即之本意也。又云空色两陈，不知色为空本，空为色本也。

"是以经云非色"者，释经本意，如下说也。"诚以非色于色，不非色于非色"者，诚，信也。信将非色之言非于色耳，不是非于非色也。"若非色于非色"下，却难也。若经云非色于非色者，则是说太虚非色为非色[1]耳，此欲明何理耶？太虚非色，凡人共知，此非真理，岂经中所明非色之本意也。"若以非色于色"下，辨经之本意也。若经言非色非于色者，明知色不异于非色耳。

"故知变即无相"下，变即有也，无相无也，色既即空，有即无也。

"群情不同，故教迹有异"者，人心各别，故圣教不同，说有说空，言有异也。

"考之玄籍，本之圣意"者，《楚词注》云："考，校也。"《尔雅》

---

[1] 色："圣语藏本"无。

云："考，成也。"玄籍，谓经也。本，谓本尽也。圣意，谓至人无心也。"岂复真伪殊心、空有异照耶"者，寻经意则真伪不殊心，空有不异照。真谓真谛，伪谓俗谛。空有亦真俗也。

"是以照无相"下，既空有不异，故照无仍照有，所以不失抚会之功；见有仍见无，所以不乖无相之旨也。"造有不异无"下，覆疏上意也。《广雅》云："造，诣也。"《小雅》云："造，适也。"

"未尝不有"下，未尝，未曾也。未曾不见有，此有犹是无。未曾不见无，此无犹是有耳。

"故曰不动等觉而建立诸法"者，此是旧《大品放光经》语耳，今经云"实际"也。实际是平等正觉所知之法也，故名实际为等觉耳。亦可言觉谓般若，实际与[1]般若等，故詺[2]实际为等觉。如《涅槃》云："十二因缘名为智慧。经云：如胡瓜名为热病。何者？胡瓜虽非热病，能生热病，故名热病。因缘虽非智慧，能发[3]智慧，故名智慧。"今亦如是，实际非是觉，与觉相似，故名等觉耳。

"以此而推，寂用何妨"者，何得谓异耶？"如之何谓睹变之知异无相之照乎"者，伤刘公言异也。"之"是语助，不计义也。直言如何将睹变之知异无相也。亦可云如之何者，言无如之何也，无如之何犹是无奈何也。汝言睹变之知异无相，则奈汝何也。

恐谈者脱谓空有两心，静躁殊用，故言睹变之知不可谓之不有耳。若能舍己心于封内，寻玄机于事外，齐万有于一虚，晓至虚之非无者，当言至人终日应会，与物推移，乘运抚化，未始为有也。圣心若此，何有可取，而曰"未释不取之理"？

---

[1] 与：底本无，据"圣语藏本"补。

[2] 詺：底本作"诏"，现据"圣语藏本"改。

[3] 发：底本作"证"，现据"圣语藏本"改。

"恐谈者脱谓空有两心"下，第二答第二问中，前问睹变之知应是有也。即接前变之余势，因以答之。恐汝谓两心有异，故言睹变之知是有非无耳。

"若能舍己心于封内"下，己心于封执之内无著，故云舍也。"玄机"，谓至理也。求至理于事相之外也。"齐万有于一虚"者，《庄子》有《齐物篇》，今借此意也，知万有同一虚无耳。"晓至虚之非无"者，《庄子[1]》云："至虚极，守静笃。"今借此语，名至理也。至理虚无，是即色之无，非断无也。

"当言至人终日应会"下，知有即无，虽有何妨，故云应会，无所不为也。"与物移推"，谓进退同世间也。"乘运抚化"，谓乘机运，抚万化也。"未始为[2]"，谓未曾有为也。

"圣心若此，何有可取"者，答前未释所以不取之理也，此何所有所[3]取而复须释耶？有本云"何有何取"，言不可取也。

又云"无是乃所以为真是，无当乃所以为至当。"亦可如来言耳。若能无心于为是而是于无是，无心于为当而当于无当者，则终日是，不乖于无是；终日当，不乖于无当。但恐有是于无是，有当于无当，所以为患耳。何者？若真是可是、至当可当，则名相以形，美恶是生，生生奔竞，孰与止之？是以圣人空洞其怀，无识无知。然居动用之域而止无为之境，处有名之内而宅绝言之乡，寂寥虚旷，莫可以形名得，若斯而已矣。而曰真是可是、至当可当，未喻雅旨也。恐是当之生，物谓之然，彼自不然，何足以然耶？

"又云无是乃所以为真是"下，第三答前第三境智相对，有是无是、

---

[1] 庄子：应为"老子"。

[2] "为"下，底本脱"有"字。

[3] 底本原注："所"，一本无。

有当无当也。"亦可如来言耳"者，亦可如汝来问之言，但未必然也。

"若能无心于为是而是于无是"者，无心以是为是，而以无是为真是，此则言有真是亦无爽也。当亦然也。"则终日是不乖于无是"者，无必为是，虽是而无是。当亦然也。据此言之，故前云"亦可如来言耳"。

"但恐有是于无是"下，恐以有是为定是，有当为定当，则不可矣。"所以为患"者，以此为病耳。"何者？若真是可是"下，释所以为患也。"则名相以形，美恶是生"者，有真不真，有可不可，则有美恶二名起，故有美恶两心生，大为过患矣。"生生奔竞，孰与止之"者，生而复生，奔起交竞不息，谁能与其止遏也。

"是以圣人空洞其怀"者，《字林》云："洞字，动音，疾流貌也。"今谓洞彻，空虚怀抱，不分别也。

"居动用之域而止无为之境"下，身在动用之地，心在无为之界。迹在可名之内[1]，本在绝言之所也。"寂寥虚旷，莫可以形名"下，《老子》云："寂兮寥兮，独立而不改，周行而不殆。"《释名》云："无声曰寂，无色曰寥。旷，空[2]也。莫，无也。"今谓至人如此耳。

"而曰真是可是"下，非刘公也。既其如此，何有真是可为是、至当可为当乎？"喻"，晓也。"雅"，正也。"旨"，意也。"恐是当之生"下，恐真是至当之名生，人谓如此耳。"物"者，人也。"彼自不然，何足以然耶"者，"彼"谓圣心也。圣心不如此，何得言如此耶？

夫言迹之兴，异途之所由生也。而言有所不言，迹有所不迹。是以善言言者，求言所不能言；善迹迹者，寻迹所不能迹。至理虚玄，拟心已差，况乃有言，恐所示转远。庶通心君子，有以相期于文外耳。

"夫言迹之兴，异涂之所由生也"下，第三总结也。其前书末云："远

---

[1] 内："圣语藏本"作"里"。

[2] 空：底本无，据"圣语藏本"补。

法师亦好相领得，标位似各有本，或当不必理尽同也。"又云："诸人屡^[1]有击节者。"今结意明不同击节所以也。"言迹"者，《庄子·外篇·天运章》云："老聃谓孔丘曰：夫《六经》，先王之陈迹，岂其所以迹哉！今子之所言犹迹也。夫迹，履之出，而迹岂履哉！"此谓言之于心，犹迹之于履也。言者，所喻也；迹者，能喻也。又即以言为迹，故云言迹耳。凡有言有迹，异见从此而生也。

"而言有所不言"下，言但言所可言，所不可言者言不能说也；迹但迹所可迹，所不可迹者迹不能迹也。

"是以善言言者"下，善以言言于心者，言所不言之处耳；善以迹迹于履者，迹所不迹之处耳。

"至理虚玄，拟心已差，况乃有言"者，理本绝心，心拟已失，何况以言言得理耶？明我所解者不可以言寻也。

"恐所示转远"者，所指示更远也。即如问^[2]书已远于论，若更有问答，更远矣。

"庶通心君子"下，谓刘公心悟玄理，故曰通心耳。于文外相求，不可执文致难也。而言君子者，《白虎通》云："可为人君，能子万人，故云君子。"今谓大人可为君长，故名君子。子者，男子之通称也。如刺史为使君、帝王使人，与百姓为君子，即君长之义也。若以子万人为君子，则是一人之号，非余人所当耳。

肇论疏卷中

东南院本记云：保安元年十一月十一日，于太宰府点了。疏本草书，仍有不定，后者正之，云云。

---

[1] 屡：底本作"属"，讹误，现据"圣语藏本"改。

[2] 问："圣语藏本"作"答"。

令同法写点之。□移点敷々。重以正本，可校合而已，如本记云。觉树僧都御点也，尤可沉思（云云）。沙门圣然。

肇论疏卷下

释元康撰

涅槃无名论并表上秦王姚兴

此论第四，明果，申涅槃教也。论文有二：前表，后论。今初表，云涅槃之道，妙绝言象，言象苟绝，岂有名哉！而有名者，假涅槃名也。既云假名，则实无名矣。今明实故，云涅槃无名。肇法师本因秦王而作此论，论成以上秦王，故有此表。表者，表彰，表己心故，名为表也。

古来凡有四秦：秦始皇一也，名曰亡秦；符坚二秦也，名曰前秦；姚苌时三秦也，名曰后秦；沮渠蒙逊时四秦，名曰伪秦。今言秦王者，是后秦姚苌子姚兴，兴字略。有本作秦主，主亦王也。《白虎通》云："王者，往也。天下之所归往，故名为王耳。"

僧肇言。肇闻天得一以清，地得一以宁，君王得一以治天下。伏惟陛下，睿喆钦明，道与神会。妙契环中，理无不统。游刃万机，弘道终日。威被苍生，垂文作则。所以域中有四大，而王居一焉。

"僧肇言"者，表文有二：前且称叹秦王，后明作论因起。初文有四：一叹秦王，二叙涅槃，三明国恩，四自谦退。今初也。

"肇闻天得一以清"，《老子》云："天得一以清，地得一以宁，谷得一以盈，万物得一以生。候王得一以为[1]天下正（音征，为始皇名正，时人为讳正，呼以为征）。"肇法师略取彼意，文小改变也。

"伏惟陛下睿喆钦明"，睿，圣也。喆，智也。钦，敬也。明，晓也。《字林》云："陛下，阶陛也。言不敢直指圣人，指其阶陛之下耳（此倒释句，知之）。"

"道与神会"，语倒，乃是神与道会也。

"妙契环中"，语出《庄子》，此以喻中道无生理也。《庄子·内篇》云："彼是莫[2]得其偶，谓之道枢。枢始得其环中，以应乎无穷。"郭象注云："是非反覆，相寻无穷，谓之环中，环中，空也。"今言秦王妙契会于此也。"理无不统"，既契环中，诸理皆统，云无不统也。

"故能游刃万机"，游刃及万机，事如前解。"弘道终日"，终日弘道耳，语倒也。"威被苍生，垂文作则"，言秦王威被及苍生。苍生者，天生也。《庄子》云："天之苍苍，其正色也。"《书》云："彼苍上、苍苍皆天也。"言垂示文章，作世间之轨则也。有本云"衣被苍生"，亦可然也。《周易系辞注》云："衣被万物。"或然，不如前也。

"所以域中有四大，王一居焉"。《庄子[3]》云"道大、天大、地大、王大"，故云四大，以王能威被苍生，垂文作则，类比余大也。

涅槃之道，盖是三乘之所归，方等之渊府。渺漭希夷，绝视听之域；幽致虚玄，殆非群情之所测。

"涅槃之道"下，第二叙涅槃也。"盖是三乘之所归"，言三乘学人皆归此道也。"方等之渊府"，诸大乘经皆名方等。十二部中有方广部，方广即方等也，以其方弘正等，故云方等。然方等所明，言迹非一，莫不

---

[1] 为：底本无，据老子《道德经》补。

[2] 莫：底本作"善"，讹误，现据《庄子·齐物论》改。

[3] 庄子：应为"老子"。

皆以涅槃为穷理尽性，究竟无余，故云渊府。渊者，渊池。府者，府库。渊池水深，府库财多。《毛诗》云："渊，深也。"

"渺漭希夷，绝视听之域"，渺然漭然，无声无色，故云绝视听也。"幽致虚玄，殆非群情所测"，测，量也。言涅槃理致幽深，非诸人之所测量也。殆，几也。几，近也（其音读），近非群情能测量也。

肇以人微，猥蒙国恩，得闲居学肆，在什公门下十有余载。虽众经殊致，胜趣非一，然涅槃一义，常以听习为先。

"肇以人微"，第三申国恩也。微，微少也，谦辞耳。猥，众也。学肆，谓学问之处也。《周礼》云："司市常以陈肆办物。"而学中陈引书史，如市肆列万物也。肆，陈也。今谓习学之处，名为学肆耳。"在什公门下十有余载"，十九事什公，三十一亡，十余年也。

"虽众经殊致，胜趣非一"，《大品》、《法华》等，各有意趣也。"然涅槃一义，常以听习为先"，但言听涅槃义，不言经也。寻下论文，往往有引《涅槃》文处，或可什公亡后，见《涅槃经》也。

但肇才识暗短，虽屡蒙诲喻，犹怀疑漠漠。为竭愚不已，如似有解。然未经高胜先唱，不敢自决。不幸什公去世，咨参无所，以为永慨。而陛下圣德不孤，独与什公神契，目击道存，快尽其中方寸，故能振彼玄风，以启末俗。

"但肇才识暗短"，第四谦退也，识暗才短耳。《汉书》云："蒙，荷也。"漠漠，不分明也。

"为竭愚不已，如似有解"，竭尽愚心，自谓不止，遂如有解也。"然未经高胜先唱，不敢自决"，似是见新《涅槃经》本，未有高胜之人先讲，故云不自决耳。

"不幸什公去世，咨参无所"，不幸，无幸也。先师既亡，何所咨问也。

"而陛下圣德不孤"，《论语》："德不孤兮，必有邻也。""神契"，谓契于神理，亦可心神契会，不待言也。"目击道存"，《庄子·外篇·田子方章》云："仲尼见温伯雪子，不言。子路曰：'夫子欲见温伯雪子久矣，见之而不言，何也？'仲尼曰：'若夫人者，目击而道存，亦不可以容声也。'""快尽"，《说文》云："快，喜也。""以启末俗"，故能振彼玄风，启兹末俗。至姚兴时，大弘佛法，今称此事也。

一日遇蒙答安城候姚嵩书问无为宗极："何者？夫众生所以久流转生死者，皆由著欲故也。若欲止于心，即无复于生死。既无生死，潜神玄默，与虚空合其德，是名涅槃矣。既曰涅槃，复何容有名于其间哉！"斯乃穷微言之美，极象外之谈者也。自非道参文殊、德侔慈氏，孰能宣扬玄道，为法城堑，使夫圣教卷而复舒，幽旨沦而更显。寻玩殷勤，不能暂舍。欣悟交怀，手舞弗暇。岂直当时之胜范[1]，方乃累劫之津梁矣。

"一日遇蒙答安城候嵩书问无为宗极"下，第二正明作论因缘也。文亦有四：一序作论之元由，二明作论之本意，三重序元由，四重明论意。

今初。言"遇蒙答"者，姚兴于什法师亡后，通四科义：一通不住法住般若中义，二通圣人放大光明义，三通三世义，四通一切法空义。通第四义云："夫道者以无为为宗。若其无为，复何所有耶？"安城候姚嵩作书，难第一、第二、第四，不难第三三世义也。难第四义云："不审明道之者，以何为体？若以妙为体、若以妙为宗者，虽在谛先而非极。若以无有为妙者，必当有不无之因，因称俱未冥，讵是不二之道？故论云：无于无者，必当有于有。有无相生，犹修短之形。然则有无之津，乃是边见所存。"姚兴次第答其所难，通第四难云："吾意以为道止无为，未悟所以宗也。何者？夫众生所以久流转者，皆由著欲故也。"具如此论文所明。肇公因此语，遂作《涅槃论》。今言遇蒙答书，即此书也。

---

[1] 范：现通行本《肇论》作"轨"。

"斯乃"下，已前是姚兴语，此下肇公称叹也。"自非道参文殊"，参，杂也。侔，并也（玄湜[1]意：参，交参也，玄道交文殊大圣也。侔并未详）。此二菩萨，一是法王子地菩萨，一是一生补处菩萨也。孰能正之？以参并菩萨，故能如此耳。

"使夫圣教卷而复舒，幽旨沦而更显也。"以宣扬玄道，为法城堑，故佛教虽卷，今时更舒；幽旨虽沦，今时更显也。沦，没也。

"寻玩殷勤"，寻读玩味，不能舍离。且忻且悟，交在怀抱，动手舞蹈，无闲暇也。"岂直当时之胜范"，岂直，言不但也。范，法也。"方"者，将来也。《庄注》云："凡言方，且未来也。"

然圣旨渊玄，理微言约。可以匠彼先进，拯拔高士，惧言题之流，或未尽上意。庶拟孔《易》十翼之作，岂贪丰文，图以弘显幽旨。辄作涅槃无名论，论有九折十演，博采众经，托证成喻，以仰述陛下无名之致，岂曰关诣神心，穷究远当，聊以拟仪玄门，班喻学徒耳。

"然圣旨渊玄"下，第二作论之本意也。以姚兴意旨深玄，故作论申明之也。

"可以匠彼先进，拯拔高士"，先进，大德僧也。高士，高才俗士也。言姚兴之言，可以为先进大德之匠耳，可拔高才执迷之俗士耳。

"惧言题之流，或未尽上意"，言题是执著名言题目之类，以其见理微言约，故未尽姚兴之意，故作论以明之也。

"庶拟孔《易》十翼之作"，庶，望也。孔子作十翼，赞成易道。我今作十演，赞成姚主之意也。十翼者，古有两释，一云：八卦一，说卦二，序卦三，杂卦四，卦词五，爻词六，象词七，象家词八，系词九，文言十。二云：《易》有上下二经，各有象词、象词、繇词，是为六；文言七，系词八，说卦九，杂离卦十。

---

[1] 玄湜：唐杨州江都县白塔寺僧，本疏校勘者，见卷一末附语。

"岂贪丰文"，言不求多文也。《毛长诗传》云："丰，茂也。""图以弘显幽旨"，图度弘显姚主之幽旨也。

"论有九折十演"，折，难也。演，答也。《说文》云："演，水流也。"义亦如之。

"博采众经，托证成喻"，广采众文旨，为证为喻也。亦可举喻证成也。

"迎述陛下无名之致"，赞述涅槃无名之理致也。

"岂曰关诣神心"，自言不能关涉造诣姚主之心也，不能穷尽道理，契当佛意也。有本云："关诣语俗"也。

"聊以拟仪玄门"，拟，谓准拟。仪，仪像也。准像玄理之门，分布班告学徒者耳。

论末章云："诸家通第一义谛，皆云廓然空寂，无有圣人。吾常以为太甚径庭，不近人情。若无圣人，知无者谁？"实如明诏！实如明诏！夫道，恍惚窈冥，其中有精。若无圣人，谁与道游？顷诸学士莫不踌躇道门，怏怏此旨，怀疑终日，莫之能正。幸遭高判，宗徒幅然；扣关之俦，蔚登玄室。真可谓法轮再转于阎浮，道光重映于千载者矣！

"论末章云"下，第三重序元由也。姚兴通初义末章有此语耳，云比来诸家释第一义谛，谓如此耳。

"大甚迳廷"，迳，远也。廷，直也。言如一物迳廷然直去不可回转，有此一类人也，伤之甚耳。今姚主谓诸家云第一义大空甚空[1]迳廷，非常过人情也。

"若无圣人，知无者谁"，此姚主难诸家也。

"实如明诏，实如明诏"，肇公述成也。"夫道，恍惚窈冥"，《老子》云："恍兮惚兮，其中有物。惚兮恍兮，其中有像。"恍惚，不定也。窈冥，深邃也。《说文》释之耳。

---

[1] 底本原注："空"字更勘。

"若无圣人，谁与道游"，言有圣人证圣道，与道游行耳。

"顷诸学士"下，言此学者闻大虚心中踌躇怏怏。《广雅》："踌躇，犹豫也。"《苍颉篇》云："怏怏，反怼也。"今言反怼，有所恨也。

"幸遭高判，宗途　然"，言诸人有幸，遭遇姚主高判，心中决了也（呼量反，《苍颉》云：彼帛之声也）。

"扣关之俦，蔚登玄室"，扣谓击打也，关谓玄门之关也。俦，类也。蔚者，慰音，《苍颉》云："草木盛貌也。"言学竞造玄门，若草木繁盛耳。

"真可谓"下，称叹姚主此言，如法轮再转。

今演论之作旨，曲辨涅槃无名之体，寂彼廓然，排方外之谈。条录如左，谨以仰呈。若少参圣旨，愿敕存记。如其有差，愿承指授。僧肇言。

"今演论之作"，第四重明论意也。演论，谓答家也。"曲辨"，谓委曲尽辨也。

"寂彼廓然"，寂，灭也，灭彼言迹。廓然，空寂也。

"排方外之说"，《庄》云："六合之外，圣人存而不论。六合之内，圣人论而不议。"《春秋经》云："先生之志，圣人议而不辨。"今明六合之外委曲，故排庄子方外不言之说也。

"条录如左"，条录　牒如后，后为左也。

"若少参圣旨"下，或参姚主意，亦或参佛意，故云若少参也。"如其有差，愿承指授"，若有差失，伏承指示教授也。

泥曰、泥洹、涅槃，此三名前后异出，盖是楚夏不同耳。云涅槃，音正也。

涅槃无名论

九折（一、核体，二、征出，三、搜玄，四、难差，五、责异，六、诘渐，七、讥动，八、穷原，九、考得。）

十演（一、开宗，二、位体，三、超境，四、妙存，五、辨差，六、会异，七、明渐，八、动寂，九、通古，十、玄得。）

"泥曰、泥洹、涅槃"下，此少许语，诸本不定，或在九折之前，或在十演之后，或在开宗之后。今谓在前为便，取此为定也。又有本于此语之前、表文之后，题涅槃论名，然后始言泥洹、泥曰等语，亦可然也。古人翻经，多称泥曰，次泥洹，后涅槃，故云之前后异出耳。

言"楚夏不同"者，夏是中国，楚是边国。《书》云："夷狄之有君，不如诸夏之亡。"注云："诸夏，中国也。"所以夏称中国者，皇甫士安《帝王世纪》云"禹受封为夏伯"，在《禹贡》，豫州方外之南，于秦汉前，属颍川，本韩地，今河南阳翟是也。避舜子于阳城颍川，今河南阳城也。夏受禅于平阳，或在安邑。（玄湜谓：疏主虽引尔许古迹，以释中夏，此但是外书，周孔典籍，论此九州之大唐中夏，殊未消论意也。何者？论主肇公言：泥曰等三名之别，何也？只道西方五天竺国呼唤不同，虽名目有殊，而其义一也。所以楚夏者，谓五天语，亦比此大唐楚夏之别也。如大唐吴儿，唤火为毁，諸水为锤，呼来为离，呼唤虽殊，义皆一也。岂可以葱岭之东为中国乎？中国独五天是也。就四天下论之，亦五天为中。三千大千论之，亦五天为中。故三世诸佛，中天竺中国出世也。幸智者详之。）次疏主曰：言夏者，《白虎通》云："夏，大也。"此意以居中处大，故云夏也。

"九折十演"者，九难、九答，合有十八；开宗一义，是答家之本，亦属于答，故有十演，合成十九章也。折谓摧折，难家之意。演谓演畅，答家之意。《小雅》云："演，广也。"表中虽已言之，至此聊复更释耳。

开宗第一

论有十九章，今第一章，开涅槃之宗。如《孝经》之初有开宗明义章，今将谈大道，非言不启，故亦建言开宗也。

无名曰：经称有余涅槃、无余涅槃者，秦言无为，亦名灭度。无为者，取乎虚无寂寞，妙绝于有为。灭度者，言其大患永灭，超度四流。斯盖镜像之所归，绝称之幽宅也。而曰有余、无余者，良是出处之异号，应物之假名耳。

"无名曰"者，大涅槃宗，以无名为主，故云无名也。

"经称有余涅槃、无余涅槃者"，诸大小乘经通有此说也。"涅槃者，秦言无为，亦名灭度。"涅槃梵语，此国所无。何者？自书契已来，但言人事，至于涅槃、般若，曾所未谈，《庄》云"六合之外，圣人存而不论"，即其义也。此土既无其言，不知将何所译，今言无为、灭度，但是义翻之也。肇公是后秦时，故曰秦言也。"妙绝于有为"，不坏假名，名无为等，迥然不同，为妙绝也。

"大患永灭"，大患者，身也。又是身云患，未必即身也。《老子》云："有大患者，为吾有身。及吾无身，吾何患也。""超度四流"，欲流、有流、无明流、见流也。

"斯盖镜像之所归，绝称之幽宅"，经说诸法，如镜中像，令人修学，归于此处也。亦可直谓诸法体性毕竟本空，如镜中像。人皆悟此，即涅槃也。涅槃性空也，言此涅槃毕竟性空。诸佛齐证，即是安隐幽玄之宅也。

"而曰有余无余者"，经也。"良是出处之异号，应物之假名"，处字上声读，非去声之出处耳。出者，出也；处者，入也，住也。所以大般涅槃或名有余或曰无余者，无有有无之别体也。如唤眼为目，亦如左目、右目，义一也。故知出与入，殊而一也。故出处之异号，但是应物假设之名耳。良，信也。圣人出则为有余，处则为无余。应见出者为之出，应见处者为之处，故云应物耳。

余尝试言之。夫涅槃之为道也，寂寥虚旷，不可以形名得；微妙无相，不可以有心知。超群有以幽升，量太虚而永久。随之弗得其踪，迎之罔眺其首。六趣不能摄其生，力负无以化其体。漠^[1]漭惚恍，若存若亡。五目不睹其容，二听不闻其响。冥冥窈窈，谁见谁晓？弥纶靡所不在，而独曳于有无之表。

"余尝试言之"者，《小雅》云："尝，当也。"当试言也，语出《庄子》。

"夫涅槃之为道也"者，言涅槃之道，如下所说也。

"寂寥虚旷，不可以形名得"，此道绝言像也。夫尽像在乎亡言，言亡在乎无像。像所不能像，非像也；言所不能言，非言也。若非像非言，则不当像于言。不当像于言，则寂泊幽寥，虚通旷远，故云不可以形名得也。

"微妙无相，不可以有心知"，言其思虑所不及也。

"超群有以幽升，量太虚而永久"，超越三界二十五有，幽远高升群物之外。量同法界，广大虚空，非尘沙历数之所能知，故云量太虚而永久也。

"随之弗得其踪，迎之罔眺其首"，弗，不。罔，无。眺，傍视。随，后寻。寻求不得涅槃之踪迹，眺视不见涅槃之头首。《老子》云："迎之不见其首，随之不见其后。执古之道，以御今之有，以知古始，是谓道纪。"借此意以言道耳。

"六趣不能摄其生"，凡品物之生，不出六趣，言六趣不能摄其生也。

---

[1] 漠：现通行本《肇论》作"漭"。

"力负无以化其体"，无常大力能负万物，而不能变化涅槃之体，明涅槃无体也。

"漠漭忽恍，若存若亡"，言漠漠漭漭，不知边际。忽忽恍恍，无定处所。不当有无，故云若存若亡耳。

"五目莫睹其容，二听不闻其响"，五目谓肉眼、天眼、慧眼、法眼、佛眼也。二听，两耳也，又天耳、人耳也。五目不睹其形，明无形也。二听不闻其响，明无声也。言涅槃之道，非色声也。

"冥冥窈窈，谁见谁晓"，《庄·内篇》云："至道之精，窈窈冥冥。至道之极，昏昏默默。"今明涅槃之体更过于此，幽深窈冥，难可窥晓也。

"弥纶靡所不在，而独曳于有无之表"，弥，遍。纶，通。言涅槃之道，非直被通有情无情，亦出有情无情之外，故云靡所不在；亦犹牵曳出有无之表，表，外也。

然则言之者失其真，知之者反其愚；有之者乖其性，无之者伤其躯。所以释迦掩室于摩竭，净名杜口于毗耶，须菩提唱无说以显道，释梵绝听而雨花。斯皆理由[1]神御，故口以之默，岂曰无辩，辩所不能言也。

经云："真解脱者，离于言数，寂灭永安，无始无终，不晦不明，不寒不暑，湛若虚空，无名无说。"论曰："涅槃非有，亦复非无。言语道断，心行处灭。"寻夫经论之作也，岂虚构哉！果有其所以不有，故不可得而有；有其所以不无，故不可得而无耳。

何者？本之有境，则五阴永灭；推之无乡，而幽灵不竭。幽灵不竭，则抱一湛然；五阴永灭，则万累都捐。万累都捐，故与道通洞；抱一湛然，故神而无功。神而无功，故至功常在；与道通洞，故冲而不改。冲而不改，故不可为有；至功常存，故不可为无。然则有无绝于内，称谓沦于外，视听之所不暨，四空之所昏昧。恬乎而夷，泊焉而泰。九流于是乎交归，众圣于是乎冥会。斯乃希夷之境、太玄之乡，而欲以有无题榜，标其方域而

---

[1] 由：现通行本《肇论》作"为"。

语其神道者，不亦邈哉！

"然则言之者失其真"下，涅槃无言，言则失真；涅槃无知，知则反愚。涅槃非有，有则乖性；涅槃非无，无则伤体。而言"愚"者，无知无见，似如愚昧，《大品》"色钝故般若钝"，即其义也。

"所以释迦掩室于摩竭"，以理不可言，故掩室杜口。掩室事者，有云佛初成道，欲度迦叶，假设方便，投彼寄宿，遂以毒龙之室安置如来。毒龙欲害，降伏入钵，示施法化，义如掩室耳。（湜谓：此解不当，下释是也。）直是如来初成道时，于三七日，思惟未说，似如掩室不开门也。（此甚当耳。《大智论》云："佛初成道，五十七日不说法门。"是掩室义也。）

"净名杜口于毗耶"，杜，闭塞义。净名在毗耶离城，问诸菩萨不二法门。各各说已，次问文殊。文殊[1]言："如我意，一切诸法无言无说，是为入不二法门。"于是文殊师利问净名言："何等是入于不二法门？"时维摩诘默然无言。文殊赞云："是真入不二法门也。"乃至无言无说，故云杜口也。亦以理中无言，言不得理，理不可言，故不语耳。"须菩提"及"释梵"，前已出讫。

"斯皆理由神御，故口以之默"，以理御神，神无有言，口为之然[2]耳。

"岂曰无辩，辩所不能言也"，心将缘而虑息，口欲辩而辞丧，故云岂无，但不能言耳。

"经曰真解脱者离于言数"，此等诸文，是《涅槃经》中解脱大意，非全文也。"论曰涅槃非有亦复非无"，此等是《中论》所明涅槃大意也，亦非全文耳。

"寻夫经论之作也，岂虚构哉"，《小雅》云："寻，用也。"言用经论而兴制作，亦非构虚也。构，造也。

---

[1] 文殊：底本无，据《维摩诘所说经》补。

[2] "然"上，疑脱"默"字。

"果有其所以不有"，果，果敢，决定义也。言涅槃果有其不有之所以，故不可说为有。无亦然也。（亦合云：涅槃果有其不无之所以，故不可说之为无。举有既然，无亦如此，故云无亦然耳。）

"何者？本之有境，则五阴永灭"，于有境中，穷本涅槃，以五阴永灭，不可言有也。

"推之无乡，幽灵不竭"，《毛诗》云："乡，所也。"推究涅槃，入于无中，则幽微精灵不可穷尽，故云不竭也。

"抱一湛然"，怀抱一相，湛然无变也。（湜谓：涅槃怀含蕴抱，无所不包义也。无生性空统之，万法一义也。此义已无有迁迁然，湛湛然也。）

"万累都捐"，《说文》："捐，弃也。"言烦累皆弃耳。

"与道通洞"，"神而无功"，此道神妙，谁欲称之？故无己。己尚无之，谁复论功耳。

"至功常在"，虽无己无功，而功大矣。大则为常，则不灭，故曰常在。

"冲而不改"，《字书》云："冲，虚也。"涅槃之道，体性虚无，何所迁变？故云不改也。

"有无绝于内"，涅槃之中，不当有无，本来寂灭，故云绝于内也。

"称谓沦于外"，涅槃之外，无称谓也。称谓谓名字耳。既云涅槃无名，名何所有哉！

"视听之所不暨"，《左传》："暨，至。"《小雅》："暨，及也。"言涅槃如此耳。

"四空之所昏昧"，外道得四无色定，名曰空定，生四空处，将为涅槃，而不识真实涅槃，故昏昧也。

"恬乎而夷，泊焉而泰"，夷，平也。《老子》云："视之不见曰夷。"泰，通泰也。恬虚寂泊，甚自空净耳。

"九流于是乎交归"，九流者，谓道流、儒流、墨流、名流、法流、阴阳流、农流、纵横流、杂杂[1]流，亦云小说流也。言此文字语言皆是佛说，

---

[1] 底本原注："杂"字疑剩。

并会涅槃，故云交归。此即《金刚经》云"是故如来说一切法皆是佛法"，此之谓也。

"众圣于是乎冥会"，上句会法，则无法不会于涅槃；此句会人，亦无人不会于兹道。是故如来说一切人同是圣人。故《大品》云："佛即众生，众生即佛。"故云众圣于此乎冥会耳。

"斯乃希夷之境，太玄之乡"，希，微。夷，坦。境，界。太，大。玄，幽。乡，域也。涅槃微而坦，大而幽，何界域之不遍，故云夷境、玄乡也。

"而欲以有无题榜"下，涅槃言语道断，而欲以有以无题榜名目，标指方域，其可得乎？"不亦邈哉"，而云尔者，不亦远矣，故云邈哉。邈，远也。

核体第二

"核体第二"，核，实也。责核涅槃之体，故云如此也。

有名曰：夫名号不虚生，称谓不自起。经称有余涅槃、无余涅槃者，盖是返本之真名，神道之妙称者也。请试陈之：

"有名曰夫名号不虚生，称谓不自起"，有名是难，难家谓：涅槃应有名字，不得言无也。此两句一意，皆明有因缘故有名耳。

"盖是返本之真名、神道之妙称者"，《中本起经》云："一切诸法本，因缘空无主。息心达本源，故号为沙门。"今言反本，是达本源也。神道，谓神妙之道也。

有余者，谓如来大觉始兴，法身初建，澡八解之清流，憩七觉之茂林。

积万善于旷劫，荡无始之遗尘。三明镜于内，神光朗于外。结僧那于始心，终大悲以赴难。仰攀玄根，俯提弱丧。超迈三域，独蹈大方。启八正之平路，坦众庶之夷途。骋六通之神骥，乘五衍之安车。至能出生入死，与物推移，道无不洽，德无不施。穷化母之始物，极玄枢之妙用。廓虚宇于无疆，耀萨云以幽烛。将绝朕于九止，永沦大虚，而有余缘不尽，余迹不泯，业报犹魂，圣智尚存。此有余涅槃也。经曰："陶冶尘滓，如炼真金，万累都尽，而灵觉独存。"

"谓如来大觉始兴"，佛初成道也。"法身初建"，始得五分法身——戒、定、智慧、解脱、解脱知见也。

"澡八解之清流"，以八解为之清流而澡浴也。内有色相外观色，一解脱也。内无色相外观色，二解脱也。净解脱身证，三解脱也。空处定，四解脱也。识处定，五解脱也。无所有处定，六解脱也。非有想非无想定，七解脱。灭尽想定，八解脱也。出《大品》等经。

"憩七觉之茂林"，以七觉为茂林而憩息也。择法觉分、精进觉分、念觉分、定觉分、喜觉分、舍觉分、除觉分，为七，亦出《大品》、《涅槃》等经。

"荡无始之遗尘"，无始已来遗余尘垢，所谓习气也。

"三明镜于内"，内，心也。天眼、宿命、漏尽明也。"神光朗于外"，外谓法界也。

"结僧那于始心"，僧那、僧涅，此梵语也，翻为四弘誓愿。初发心时，先弘此愿耳。"终大悲以赴难"，终以大悲之心，赴救众生之苦难也。

"仰攀玄根"，仰求玄理之根源也。"俯提弱丧"，俯，下也。提，接也。言大圣下接微弱将丧之众生，故云俯提弱丧也。

"超迈三域，独蹈大方"，迈，越也。超，过也。蹈，践也。三域，三界也。大方，大乘也。

"启八正之平路，坦众庶之夷涂"，启，开，开八正耳。正见、正思惟、正语、正业、正命、正精进、正念、正定，为八也，出《大品》、《涅槃》等经耳。众庶，众生也。夷涂，犹上"平路"也。

"骋六通之神骥"，《广雅》云："骋，奔也。"《字林》云："骥，千里马也。"以六神通之俊骥而驰骋也。天眼、耳[1]，他心，宿命，如意，漏尽，为六通也。

"乘五衍之安车"，衍，梵语云摩诃衍，摩诃，大也；衍，乘也。言五者，五乘——人乘、天乘、声闻乘、缘觉乘、佛乘也。此之五乘，入如来乘，皆名为大，故乘五衍也。言安车者，《曲礼》云："大夫七十而致仕，则安车赐之以几杖，适四方时，即乘安车，自称曰老夫。"注云："安车者，坐乘也，若今之小车耳。"（玄湜问曰："佛既乘彼大乘，只可喻以大车，今云坐乘如似小也，何耶？"代疏主答曰："既称老夫，老必大也。以人摄乘，人大乘大，既大且安耳。言余乘未安，故诺佛乘为安车也。亦如前五衍义，小乘入如来乘，皆名大乘也。经曰'是大乘安隐快乐'，即其义也。此是中道，非如《曲礼》耳。"）

"至能出生入死，与物推移"，应物之生为出，出生也；应物之灭为入，入死也。进退随同世间，故云"与物"。言"推移"，即进退也。"洽"，沾洽也。"施"，施设也。"化母"，正道能育万物，如子从母而生。千变万化，不出道体，佛尽其源，故云化母也。"玄枢"者，玄谓幽玄，枢，枢要也。谓至理幽玄，教门枢要，佛穷尽之耳。

"廓虚宇于无疆"，开廓法宇，无有疆界也，如《华严》莲花藏庄严世界海是也。

"曜萨云以幽烛"，萨云，梵语也，此云一切智。照烛幽暗，故云烛幽。亦法光潜照，故云烛幽也。

"将绝朕于九止"，将，欲也。绝，灭也。朕，迹也。九止，谓九居也。欲界中除三恶趣，取人天为一；四禅中除第四禅，取前三禅为三；无想天为一，四空为四，合九居也。九类众生居止之处，为九止耳。（玄湜谓曰：既云除第四禅，复云无想为一，此岂非彼四禅天乎？幸详之。）"永

---

[1] "耳"上，疑脱"天"字。

沦大虚"，长没虚中也。

"而有余缘不尽，余迹不泯"，余缘，谓所应化度众生也。余迹，谓有余身迹，未亡泯也。（玄渥谓：此诸语皆是前九折家之难词耳。难意云：既能廓虚宇、曜萨云、将绝朕，如此即令沦同大虚、迥无一物，何得复有众生未度、余缘不尽也，佛身尚存、余迹不泯也。若直读疏，都不见折难之意。今指出其文，似如可解，幸鉴者详之，如错勿哂也。）

次疏。"业报犹魄[1]，圣智尚存"，魂者身之主，既有其身，必有余业，业必须受，受之曰报，如木枪偿对、食马麦等，是谓业报之事，尚如魂魄。魂魄必存身中，有身有魂，即令招业，故云业报犹魂耳。犹，如也。故下句云圣智尚存，存，在也。（佛既有智虑犹在，即知业不可亡也，亦折难之词耳。玄渥意）

"经曰陶练滓秽，如练真金"，练金之法，水中陶汰，炉中冶铸，言圣人陶练尘滓如此也。

无余者，谓至人教缘都讫，灵照永灭，廓尔无朕，故曰无余。何则？夫大患莫若于有身，故灭身以归无；劳勤莫先于有智，故灭智以沦虚。然则智以形倦，形以智劳，轮转修途，疲而弗已。经曰："智为杂毒，形为桎梏。渊默以之而辽，患难以之而起。"所以至人灰身灭智，捐形绝虑。内无机照之勤，外息大患之本，超然与群有永分，浑尔与太虚同体。寂焉无闻，泊尔无兆，冥冥长往，莫知所之。其犹灯尽火灭，膏明俱竭。此无余涅槃也。经云："五阴永尽，譬如灯灭。"

"无余者"下，翻上有余，即无余也。

"大患莫若于有身"，身患最大，无如也，故云莫若也。智动最先，故云莫先也。"灭智以沦虚"，谓沦没同于虚空也。"修涂"，修涂，长路也。"弗已"，无止也。

---

[1] 底本原注："魄"，一本作"魂"。

"经曰智为杂毒，形为桎梏"，智慧虽好，终劳神识，如食杂毒，终能害身。《说文》云：桎，足械也。梏，手械也。文云：桎械梏枷，害身之具。

"渊默以之而辽，患难以之而起"，渊，深也。默，寂也。言有身有智，则分别患难由之而生，至于幽微之道则辽远也。故云渊默以之而辽，患难以之而起耳。

"灰身灭智，捐形绝虑"，捐，弃也。言身既如此患难，须磨灭令同灰尘，弃绝智虑，使无患累耳。

"内无机照之勤，外息大患之本"，内若无智，则无机动之心，亦无照察之虑。外若无身，则无寒暑之患，亦无资费之劳也。

"超然与群有永分"下，谓鉴知诸法性本自空义，如超超然与群有长别，其实不别。不别者何？盖色即空，空即色也。对凡未解，似若永分。圣鉴体之，岂唯无色，空亦无也。

"寂焉无闻"，无音声故不可闻，无萌兆故不可见。"莫知所之"，不知所适也。

"其犹灯尽火灭，膏明俱竭"，《涅槃》第九卷云："一阐提人见于如来毕竟涅槃，犹如灯灭，膏油俱尽也。"

然则有余可以有称，无余可以无名。无名立，则宗虚者欣尚于冲默；有称生，则怀德者弥仰于圣功。斯乃典诰之所垂文，先圣之所轨辙。而曰："有无绝于内，称谓沦于外，视听之所不暨，四空之所昏昧。"使夫怀德者自绝，宗虚者靡托。无异杜耳目于胎觳，掩玄象于霄外，而责宫商之异，辨玄素之殊者也。子徒知远推至人于有无之表，高韵绝唱于形名之外，而论旨竟莫知所归，幽途故自蕴而未显。静思幽寻，寄怀无所。岂[1]谓朗大明于幽室，奏玄响于无闻者哉！

---

[1] "岂"下，现通行本《肇论》有一"所"字。

“然则有余可以有称”下，结难也，谓有余涅槃可名为有，无余涅槃可名为无也。

“忻尚于冲默”，爱重空者，闻无余则欣喜贵尚而求之也。“弥仰于圣功”，爱重有，闻有余则信仰功德而求之也。

“斯乃典诰之所以垂文”下，典籍诰训，垂布文理也，谓诸大乘经，群圣行路，故云“轨辙”。轨者作车之法，辙谓车之辙迹也。

“使夫怀德者自绝”下，怀德者，闻涅槃非有则不求也；宗虚者，闻涅槃非无则不学也。“自绝”者，谓无心求。“靡托”，谓无托，无托心处也。

“无异杜耳目于胎觳”下，杜塞耳目于胎觳之中，而责有辨宫商不可得也。掩玄象于云霄之外，而令辨玄素不可得也。玄象，谓天象也。玄，黑，幽幽然也。素，白也。

“而论旨竟莫知所归”，不知何所明也。“幽途故自蕴而未显”，道理蕴积，故未显明也。

“静思幽寻，寄怀无所”，无安怀抱处也。

“岂谓”，不谓也。“朗大明于幽室”，众生暗昧如冥室，今作此说，非谓朗冥室令其见也。众生无知无闻，今作此说，非是奏玄响令闻也。《小雅》云：奏、诣，皆进也。

位体第三

“位体第三”，《尚书》云：“位，次也。”如阶品次，高下不同。今明涅槃体相次第，故云尔也。

无名曰：有余、无余者，盖是涅槃之外称，应物之假名耳。而存称谓者封名，志器象者耽形。名也极于题目，形也尽于方圆。方圆有所不写，

题目有所不传，焉可以名于无名而形于无形者哉。

"无名曰"，无名是答，答家明涅槃本无名字，故曰无名也。

"盖是涅槃之外称"下，涅槃正体非有非无，言有言无乃是应物之假名，故云外称也。

"而存称谓者封名，志器像者耽形。"存称谓者，谓著名字人也。志器像者，谓著形相人也。封，封执。耽，耽著也。

"名也极于题目"下，言名字者但能游于题目之内，已外不能名也；形但尽在于方圆之内，降此之外不能形也。

"方圆有所不写"下，言方之与圆不能图写得非方圆之法，题目亦不能传得非题目之法也。

"焉可以名于无名"下，焉可者，不可也。无名者，非题目法。无形者，非方圆法，所谓涅槃也。

难序云："有余、无余者，信是权寂致教之本意，亦是如来隐显之诚迹也。但未是玄寂绝言之幽致，又非至人环中之妙术耳。"子独不闻正观之说欤？维摩诘言："我观如来无始无终，六入已过，三界已出，不在方、不离方，非有为、非无为，不可以识识、不可以智知，无言无说，心行处灭。以此观者乃名正观，以他观者非见佛也。"《放光》云："佛如虚空，无去无来，应缘而现，无有方所。"然则圣人之在天下也，寂漠虚无，无执无竞，导而弗先，感而后应。譬犹幽谷之响、明镜之像，对之弗知其所以来，随之罔识其所以往。恍焉而有，惚焉而亡。动而逾寂，隐而弥彰。出幽入冥，变化无常。其为称也，因应而作，显迹为生，息迹为灭。生名有余，灭名无余。然则有无之称本乎无名，无名之道于何不名？是以至人居方而方，止圆而圆，在天而天，处人而人。原夫能天能人者，岂天人之所能哉！果以非天非人，故能天能人耳。其为治也，故应而不为，因而不施。因而不施，故施莫之广；应而不为，故为莫之大。为莫之大，故乃返于小成；施莫之广，故乃归乎无名。经曰："菩提之道，不可图度，高而无上，广不可极；渊而无下，深不可测；大包天地，细入无间，故谓之道。"
然则涅槃之道，不可以有无得之，明矣！而惑者睹神变因谓之有，见灭度
便谓之无。有无之境，妄想之域，岂足以题榜玄道而语圣心者乎？

"难序云有余无余者"下，前难中所序有余无余也。

"信是权寂致教之本意"下，谓序有余是权教意，所序无余是实教意。
权谓显也，实谓隐也。

"但未是玄寂绝言之幽致"下，玄寂，谓寂灭真理也。环中，空也。
术者，道路也。《韩子》云："弃灰于术者斩指。"此古法也。

"子独不闻正观之说"下，二经是正观文也。

"然则圣人在天下，寂漠虚无"下，言圣人应物如此也。"无执"，
谓无所执著也。"无竞"，谓不与物竞也。《涅槃》云："世智说有，我
亦说有。世智说无，我亦说无也。"即其事耳。

"譬犹幽谷之响、明镜之像"，此二喻喻后，不喻前也。不知所以来
而来，不知所以往而往也。

"恍焉而有"下，此亦是来往义也。

"动而逾寂"，逾，越也。越动越寂，越隐越彰也。"变化无常"，
言不恒也。

"其为称也，因应而作"，谓因应化故，有称谓动作耳。

"然则有无之称本乎无名"，本是无名，从应化故，方有有无之名耳。
"无名之道，于何不名。"于，于也。虽曰无名，无所不名种种名也。

"是以至人"下，明种种应现也。

"原夫能天能人者"，原，本也。若实是人则不能为天，若实是天则
不能为人耳。果以非天非人，而能应化人天耳。

"其为治也"，谓圣人治化世间也。"应而不为"下，虽应化而终无
心有所为作，因事而为，无所施设也。

"施莫之广"，广施设也。"为莫之大"，言大圣凡所施为，人天六
道、小圣小贤，更莫能加、莫能过，故云施莫之广、为莫之大也。

"返于小成"，返在小也。"归于无名"，返归无也。

"经曰菩提之道，不可图度"下，此是《修行道地经》文也。

"然则涅槃大道"下，结归非有非无耳。

"而惑者"下，非惑计也。

"岂足以榜玄道而语圣心者乎？"不得以有无边见题榜涅槃之道，语般若之心也。题谓名题，榜者榜示。言涅槃无名，不可如此而得耳。

意谓至人寂泊无兆，隐显同源，存不为有，亡不为无。何则？佛言："吾无生不生，虽生不生；无形不形，虽形不形。"以知存不为有。经云："菩萨入无尽三昧，尽见过去灭度诸佛。"又云："入于般涅槃而不入于涅槃[1]。"以知亡不为无。亡不为无，虽无而有；存不为有，虽有而无。虽有而无，故所谓非有；虽无而有，故所谓非无。然则涅槃之道，果出有无之域，绝言象之径，断矣！子乃云："圣人患于有身，故灭身以归无；劳勤莫先于有智，故绝智以沦虚。"无乃乖夫神极、伤于玄旨者也。经曰："法身无象，应物而形；般若无知，对缘而照。"万机顿赴而不挠其神，千难殊对而不干其虑，动若行云，止犹谷神，岂有心于彼此、情系于动静者乎？既无心于动静，亦无象于去来。去来不以象，故无器而不形；动静不以心，故无感而不应。然则心生于有心，象出于有象。象非我出，故金石流而不燋；心非我生，故日用而不动。纷纭自彼，于我何为？所以智周万物而不劳，形充八极而无患，益不可盈，损不可亏，宁复痀疬中逵，寿极双树，灵竭天棺，体尽焚燎者哉！而惑者居见闻之境，寻殊应之迹，秉执规矩以拟大方，欲以智劳至人、形患大圣，谓舍有入无，因以名之，岂所谓采微言于听表、拔玄根于虚壤者哉！

"意谓至人寂泊无兆"下，通示至人之相也。"隐显同源"者，谓隐显无别，即如下说也。

---

[1] 入于般涅槃而不入于涅槃：通行本《肇论》作"入于涅槃而不般涅槃"。

"何则？佛言吾无生不生"下，无有生处而不受生。此《大品经》文也，彼具文云："菩萨终不受胞胎，终不受五欲，无生不生，终不为生法所污。"今加以"无形不形"，准生言之耳。

"以知存不为有"者，此结不有也。以此文证，故知存不为有也。有本云"以知存不为有"，更加"亡不为无"者，非也。亡不为无，自在后文，不关此段也。

"经言菩萨入无尽三昧"，此下方明亡不为无耳。此经未详。

"又云入于般涅槃而不入于涅槃"，此《涅槃经》文也。彼云："般涅槃时，不般涅槃耳。"

"以知亡不为无"者，此句始结不无也。以此经文，故知亡不为无耳。

"亡不为无，虽无而有"下，此两句但覆疏非有非无耳。

"然则涅槃之道，果出有无之域，绝言像之径"为句也。果，决定。定出有无之域，定绝言像之径也。"断矣"者，判断分明，可得知矣也。

"子乃云"下，非前说也。

"无乃乖夫神极"，无乃，乃也。无乃乖者，意言乖也。

"经曰：法身无像，应物以形"下，"形"，现也。"缘"，境也。

"万机顿赴而不挠其神"，言圣应感之道，一时适赴万缘，心神不挠乱。《说文》云："挠字扰音。"《文字集略》云："挠者，曲行也。"一时各对千难，而思虑无所挠浊也。

"动若行云，止若谷神。"行云虽动而无心，谷神虽止亦无心也。谓山谷之神，《老子》"谷神不死，是谓玄牝"，谓能养神如山谷之神，则不必死也。注云"谷养神"者，非也。

"无器而不形"，有缘皆现也。"无感而不应"，有扣皆应也。

"然则心生于有心"，众生有心感之，则现形像耳。

"故金流而不燋"者，《庄子》云："至人也，物莫之伤也，大浸稽天而不溺，大旱金石流、土山焦而不热。"今言不燋，即不热也。"日用而不动"，《老》云："用之不勤。"勤，劳也。

"纷纭自彼，于我何为"，纷纭缘自纷纭也，圣人常静。我者，圣人也。

"所以智周万物而不劳"，圣智通鉴万物，何所苦劳者？为无心也。"身形应八方而无患害"者，为无身无我也。

"益不可盈，损不可亏"，欲益之而不可益，欲损之而不可损也。

"宁复痾疠中逵，寿极双树"，痾疠，病也。逵，道路也。《尔雅》："九达谓之逵。"双卷《泥洹经》云："佛将涅槃，向拘尸国，中路患痢。后至双树，遂即涅槃。"今言何有斯理也。《涅槃经》云佛正说法，至第十卷，中途现病。此亦痾疠中逵也。

"灵竭天棺，体尽焚燎"，佛涅槃后，叠缠绵裹，入金银椁，次铜次镜，盛满香油，以火焚之。此是转轮圣王之法，故云天棺也。焚、燎，皆烧也。

"而惑者居见闻之境"，寻常耳目见者，见灭烧尽，大谓圣亦然耳。"寻殊应之迹"，寻遂事迹，有谓言定有，无谓言定无也。

"秉执规矩以拟大方"，贾逵《注国语》云："秉，执也。"规圆、矩方也。大方，谓大乘也。《老子》云："大方无隅。"何得执规矩以拟议耶？

"欲以智劳至人"下，谓有智为劳、有形为患也。

"舍有入无，因以名之"，舍有为入无为，名涅槃也，故云因以名之耳。

"岂所谓采微言于听表"，言微言深妙，可以意得；玄根冲邃，可以理宣。执言取相者，此非采微言于视听之表，拔玄根于虚无之境也。

征出第四

"征出第四"，征责涅槃出有无外，故云征出也。

有名曰：夫浑元剖判，万有参差。有既有矣，不得不无；无不自无，

必因于有。所以高下相倾，有无相生，此[1]自然之数，数极于是。以此而观，化母所育，理无幽显，恢诡谲怪，无非有也；有化而无，无非无也。然则有无之境，理无不统。经曰："有无二法，摄一切法。"又称三无为者，虚空、数缘尽、非数缘尽。数缘尽者，即涅槃也。而论云："有无之表，别有妙道，妙于有无，谓之涅槃。"请核妙道之本，果若有也，虽妙非无；虽妙非无，即入有境。果若无也，无即无差；无而无差，即入无境。总而括之，即而究之，无有异有而非无，无有异无而非有者，明矣。而曰："有无之外可[2]有妙道，非有非无，谓之涅槃。"吾闻其语矣，未即于心也。

"有名曰夫浑元剖判，万有参差。"剖，开也。判，分判也。《老子》云："有物浑成，先天地生，谓之为道。"今言浑元，即斯道也。《易》云："天地未分，谓之大易。元气始萌，谓之大初。气形之端，谓之太始。形变有质，谓之大素。质形已具，谓之太极。形气既分，曰两仪。以人参之，曰三才。"今言参差者，即三才之间，万有诸法如此也。

"有既有矣，不得不无"下，言有法终归于无也，必无因有耳[3]。

"所以高下相倾"，举体[4]例，皆相待有也。

"此自然之数"者，言理极[5]数自然矣。"数极于是"，理数极此也。

"化母所育，理无幽显"，化母，道也。育，养也。若幽若显，皆道生也。

"恢诡谲怪，无非有也"，恢，大也。诡，戾也。谲，乖也。怪，异也。今云：此等诸法皆是有也。诡、谲字，或有从心者，《字林》尔也。

"有化而无，无非无也"，有变化即成无也。

"然则有无之境，理无不统"，理皆统摄诸法也。

---

[1] "此"下，现通行本《肇论》有一"乃"字。

[2] 可：现通行本《肇论》作"别"。

[3] 底本原注："无因有耳"，一本作"因于有"。

[4] "体"字疑剩。

[5] "极"字疑剩。

"经曰有无二法摄一切法"，此是诸经大义也。虚空，谓太虚也。数缘尽，以智数断烦恼惑尽也。非数缘尽，谓不由智数，自然而断者，如须陀洹人初得果已，三恶道业自然而尽，不由智数断之令无。智所断者，谓五见及疑也。数缘尽，即涅槃也。此言涅槃是无为法，不得非无也。

"核"，责核也，为定是有，为当是无。

"果若无也，无则无差"，若定是无，无则无别，同无为之无也。

"总而括之，即而究之"，双论有无两法也。

"无有异有而非无"下，异有即是无，异无即是有也。

"而曰有无之外可有妙道"下，非前说也。

"吾闻其语矣"，虽闻此语，心未信矣。

超境第五

"超境第五"，超谓超越，境谓境界，明涅槃之法，超越有无之境界也。

无名曰：有无之数，诚以法无不该、理无不统，然其所统，俗谛而已。经曰："真谛何耶？涅槃道是。俗谛何耶？有无法是。"何则？有者有于无，无者无于有。有无所以称有，无有所以称无。然则有生于无、无生于有，离有无无、离无无有。有无相生，其犹高下相倾，有高必有下，有下必有高矣。然则有无虽殊，俱未免于有也。此乃言象之所以形，是非之所以生，岂是 [1] 统夫幽极、拟夫神道者乎！是以《论》称出有无者，良以有无之数止于六境，六境之内非涅槃之宅，故借出以祛之。庶惕道之流，仿佛幽途，托情绝域，得意亡言，体其非有非无。岂曰有无之外，别有一有而可称哉！经言三无为者，盖是群生纷挠，生乎笃患；笃患之尤，莫先于

---

[1]　是：现通行本《肇论》作"足以"。

有；绝有之称，莫先于无，故借无以明其非有；明其非有，非谓无也。

“无名曰有无之数，诚以法无不该”，诚，信也。该，括也。统，摄也。

“然其所统，俗谛而已”，而有无之法，但摄俗法也。

“经曰真谛何也”下，此是引经文，或是释经语。引经文者，通真俗两句，皆是经文也。释经语者，经言真谛者，涅槃是也；经言俗谛者，有无是也。

“何则？有者有于无”下，对明有无，皆俗法也。

“然则有生于无”下，有从无生，无从有生也。

“有无相生，其犹高下相倾”，此直世间之事耳。

“然则有无虽殊，俱未免于有”，言有言无，皆俗谛有法也。

“此乃言像之所以形”下，言必言于有无，像必像于有无，是之与非，皆因有无而起。或有以有为是、以无为非，或有以无为是、以有为非也。

“岂是统夫幽极”，此之有无，既是是非之境，不得统摄涅槃幽极法也。

“良以有无之教，止于六境”者，有无之数，但在六尘境界也。

“六境之内，非涅槃之宅，故借出以祛之”者，六境既非涅槃，故云涅槃出有无耳。云，言也。

“庶希道之流”，庶，冀望也。希，冀慕也。“仿佛”，谓近真而非真也；“幽途”，谓玄道也。“托情”，谓安心也；“绝域”，谓至理也。“得意亡言”，取意弃言也。言者所以在意，得意亡言，吾安得亡言之人与之言哉！“体”者，解也，解其非有非无，明是中道也。

“岂曰有无之外，别有一有而可称哉”，不离有无，条然别有一妙有，谓之涅槃也。

“经言三无为”下，解前无为难也。“纷挠”，谓邪乱也。“笃”，甚也。“尤”，过也。“绝有之称，莫先于无”，破有要假于无，故说三无为，明涅槃是数缘灭，以破众生有病耳。“故借无以明其非有”，借无为名，明涅槃不是有为也。“明其非有，非谓无也”，但言非有，非即无也。

搜玄第六

"搜玄第六"，搜谓搜括，玄谓玄妙。搜括玄妙之所在，故云搜玄也。

有名曰：论云："涅槃既不出有无，又不在有无。"不在有无，则不可于有无得之矣；不出有无，则不可离有无求之矣。求之无所，便应都无，然复不无其道。其道不无，则幽途可寻，所以千圣同辙，未尝虚返者也。其道既有[1]，而曰不出不在，必有异旨，可得闻乎？

"有名曰论云涅槃既不出有无"下，牒前语也。

"不在有无则不可于有无而得之"下，定宗也。

"求之无所，便应都无，然复不无其道"，既无定求之处，则应都无涅槃，而复不得云无涅槃也。

"其道不无，则幽途可寻"，言幽玄途略可寻求耳。

"所以千圣同辙"，千圣言多佛，多佛谓诸佛，诸佛皆同此辙。辙，车辙，喻正道也。诸佛皆遵此辙，无有虚返。"虚返"者，谓前无涅槃，然后却返也。

"其道既有"下，既有涅槃之道，而复言其不出不在，必应有意，愿欲闻也。

---

[1] 有：通行本《肇论》作"存"。

妙存第七

"妙存第七"，非有非无，是谓妙有，故云妙存也。

无名曰：夫言由名起，名以相生，相因可相。无相无名，无名无说，无说无闻。经曰："涅槃非法、非非法，无闻无说，非心所知。"吾何敢言之，而子欲闻之耶？虽然，善吉有言："众人若能以无心而受、无听而听者，吾当以无言言之。"庶述其言，亦可以言。

"无名曰夫言由名起"下，言因名字，名字因体相也。相因可相，无相无名也。若以义分之，则"因可相"属前科，谓相貌因可相而立也。"无相无名"下，覆遣前语，诸法无相，是故无名，以无名故无言说，以无言说故不可闻也。若以文势读之，则"相因可相，无相无名"为句也。

"经曰涅槃非法、非非法"下，《涅槃》十九云"如来涅槃非有、非无，非有为、非无为"等，今述彼大意也。"子欲闻之耶"，而汝欲闻，当为说也。《小雅》云："而、如、汝、乃、尔、若，皆汝也。"

"虽然，善吉有云"，此《大品经》文也。"庶述其言，亦可以言"，汝既望述其言，今亦可以言说也。

净名曰："不离烦恼而得涅槃。"天女曰："不出魔界而入佛界。"然则玄道存于妙悟，妙悟存于即真。即真则有无齐观，齐观则彼己莫二。所以天地与我同根，万物与我一体。同我则非复有无，异我则乖于会通。所以不出不在，而道存乎其间矣。

"净名曰不离烦恼而得涅槃"，此是彼舍利弗章中语耳。"天女曰不出魔界"下，即《净名》天女语也。彼云："佛说淫怒痴性即是解脱。"

解脱，佛界也。淫怒痴，魔界也。

"然则玄道存于妙悟"，若然者，妙悟即见道也。"妙悟存于即真"，知即俗是真，是谓妙悟也。"即真则有无齐观"，既知即俗即真，即有无齐一，同实相也。"齐观即彼己莫二"，既能齐观，则此彼何别。己是此也。

"所以天地与我同根"，同一道根也。"万物与我一体"，同一道体也。

"同我则非复有无"，既知同矣，更无有无之别也。"异我则乖于会通"，若言万物与我异者，则不能会通也。

"所以不出不在"下，正以万物无别故，道在其中，体之则不出，惑之则不在也。

何则？夫至人虚心默[1]照，理无不统。怀六合于胸中而灵鉴有余，镜万有于方寸而其神常虚。至能拔玄根于未始，即群动以静心。恬淡渊默，妙契自然。所以处有不有，居无不无。居无不无，故不无于无；处有不有，故不有于有。故能不出有无而不在有无者也。然则法无有无之相，圣无有无之知。圣无有无之知，故则无心于内；法无有无之相，故则无数于外。于外无数，于内无心，此彼寂灭，物我冥一，泊尔无朕，乃曰涅槃。涅槃若此，图度绝矣，岂容可责之于有无之内，又可征之于有无之外耶？

"何则？夫至人虚心默照"下，释所以不出不在也。虚心者，无执。默照者，潜通也。妙理皆尽，故无不统耳。

"怀六合于胸中"下，四方上下，六合也。明见六合于心中，而心智有余力也。明见万有于心中，而心神无滞执也。

"至能拔玄根于未始"，无始已来玄理根源而能拔出。又知群动即静也。

"恬淡渊默，妙契自然"，恬淡，静也。渊默，如渊之澄静也。妙契，谓妙悟也。自然，谓天然之理也。

"所以处有不有，居无不无"，处有不同有也，居无不同无也。

---

[1]　默：现通行本《肇论》作"冥"。

"居无不无故不无于无"下，居无不同无，亦不无于无也；处有不同有，亦不有于有也。

"故能不出有无，而不在有无"，正以处有不有，故不在有中；不有于有，故不出有中。居无不无，故不在无中；不无于无，故不出无中耳。

"然则法无有无之相"下，若然者，则知诸法无有无之相等也。无有定有定无相，无有定有定无知也。

"圣无有无之知故则无心于内"下，心是内法，数是外法也。

"此彼寂灭，物我冥一"，此谓内心也，彼谓外法也，物我亦是内外彼此也。

"泊尔无朕，乃曰涅槃"，寂泊无迹也。

"图度绝矣"，言不可测度也。

"岂可责之于有无之内"下，何容可责于有无之内求涅槃也。"又可征之于有无之外"，"岂"字贯下句，何容复可问有无之外征涅槃乎？

难差第八

"难差第八"，《史记》云："言论相拒谓之难。"今难三乘、三位两种差别，故云难差也。

有名曰：涅槃既绝图度之域，则超六境之外，不出不在而玄道独存。斯则穷理尽性究竟之道，妙一无差，理其然矣。而《放光》云："三乘之道，皆因无为而有差别。"佛言："我昔为菩萨时，名曰儒僮，于燃灯佛所，已入涅槃。"儒童菩萨时于七住初获无生忍，进修三位。若涅槃一也，则不应有三；如其有三，则非究竟。究竟之道，何有升降之殊？众经异说，何以取中耶？

"有名曰涅槃既绝图度"下，领前言也。"斯则穷理尽性"下，穷尽至理，究竟物性也。"理其然矣"，谓其理实然，无有差别也。

"而《放光》云三乘诸道"，《大品经》文也，《金刚般若》亦云尔也。

"佛言昔我[1]为菩萨，名曰儒僮，于燃灯佛所已入涅槃"，儒僮之名，诸经散说，已入涅槃，是《法华》文。彼云："于此时间我说燃灯佛等，又复言其入于涅槃。"今所引者，义意与《法华》有别。《法华》燃灯佛涅槃，今引言儒僮涅槃，恐是旧经，翻译有异也。"于七住初获无生忍"，关河大德凡言住者，皆是地也。儒僮菩萨见燃灯时，位当七地，得无生忍也。"进修三位"者，谓八、九、十三地也。

"若涅槃一也，则不应有三"下，双难前三乘之三及三位之三也。

"如其有三，则非究竟"者，若有三乘、若有三位，明知未究竟。

"究竟之道"下，既云究竟，何有升降之殊？升谓高升，降谓降下也。

"众经异说"下，诸经各说不同，何为取中正耶？

辨差第九

"辨差第九"，辨，别也。分别三乘差别，故云辨差也。至于三位差别，下第十四章中重难，第十五章中方答耳。

无名曰：**然究竟之道，理无差也。《法华经》云："第一大道，无有两正。吾以方便，为怠慢者，于一乘道，分别说三。"** 三车出火宅，即其事也。以俱出生死，故同称无为。所乘不一，故有三名。统其会归，一而已矣。而难云："三乘之道，皆因无为而有差别。"此以人三，三于无为，非无为有三也。故《放光》云："涅槃有差别耶？答曰：无差别。但如来

---

[1] 底本原注："昔我"，一本作"我昔"。

结习都尽，声闻结习不尽耳。"请以近喻，以况远旨。如人斩木，去尺无尺，去寸无寸，修短在于尺寸，不在无也。夫群生万端，识根不一，智鉴有浅深，德行有厚薄，所以俱之彼岸，而升降不同。彼岸岂异？异自我耳。然则众经殊辨，其致不乖。

"无名曰然究竟之道，理无差也"，言究竟之道，实无差别也。

"《法华》云"下，引《正法华》文也。

"以俱出生死，故同称无为"，皆同无为，而有差别也。"所乘不一，故有三名"，随其所乘之因不同，故有三乘之果耳。"结其会归，一而已矣"，结论终归，同一无为也。

"此以人三，三于无为，非无为有三"者，以三人分无为成三耳，无为无三也。

"故《放光》"下，说声闻结尽、习不尽，已来通是经文也。

"请以近喻"，将事显理也。如人斩木，斩去一尺，一尺在木，不关虚空。断除烦恼亦复如是，但在于人，不关无为也。

"夫群生万端"下，明根性不同，大小有异，深者大，浅者小，厚薄亦然。

"所以俱之彼岸"下，之，适也。《小雅》云："造之，如往适也。"

"彼岸岂异，异自我耳"者，彼岸不异，异自三人也。

"众经殊辩，其致不乖也"，经说同一无为，复云三乘差别，以解脱是同，故云同一无为；以断结有异，故云三乘差别。言虽有异，理致不乖也。

责异第十

"责异第十"，责三乘之异，故云责异也。

有名曰：俱出火宅，则无患一也。同出生死，则无为一也。而云："彼岸无异，异自我耳。"彼岸则无为岸也，我则体无为者也。请问我与无为，为一、为异？若我即无为，无为亦即我，不得言无为无异，异自我也。若我异无为，我则非无为，无为自无为，我自常有为，冥会之致，又滞而不通。然则我与无为，一亦无三，异亦无三。三乘之名，何由而生也？

"有名曰俱出火宅，则无患一也"下，法喻双明也。三子俱出火宅，三乘同出生死也。"而彼岸无异，异自我耳"者，牒前言也。

"若我即无为"下，若一则人法无别，不得言法同而人别也。

"若我异无为"下，若异即人法全别，不得言人会无为也。"无为自无为"下，明所以异，不同是一，故曰不通也。

"然则我与无为"下，双结一异两关也。一则不合有三乘，异则不得有一乘也。"三乘之名何由而生"者，一异两关既无有三，何得有三乘名字耶？

会异第十一

"会异第十一"，会释三乘之异，故云尔也。

无名曰：夫止此而此，适彼而彼，所以同于得者，得亦得之；同于失者，失亦失之。我适无为，我即无为。无为虽一，何乖不一耶？譬犹三鸟出网，同适无患之域，无患虽同，而鸟鸟各异。不可以鸟鸟各异，谓无患亦异。又不可以无患既一，而一于众鸟也。然则鸟即无患，无患即鸟。无患岂异？异自鸟耳。如是三乘众生，俱越妄想之樊，同适无为之境。无为虽同，而乘乘各异。不可以乘乘各异，谓无为亦异。又不可以无为既一，而一于三乘也。然则我即无为，无为即我。无为岂异？异自我耳。所以无患虽同，而升虚有远近；无为虽一，而幽鉴有深浅。无为即乘也，乘即无为也。此非我异无为，以未尽无为，故有三耳。

"无名曰夫止此而此"下，此谓有为，彼谓无为。在有则同有，在无则同无也。

"所以同于得者得亦得之，同于失者失亦失之"，《老子》云："得者同于得，失者同于失。同于得者，得亦得之。同于失者，失亦失之也。"而在有同有、在无同无，事如在得同得、在失同失。所言得失者，则善恶是非等也。

"我适无为，我即无为"者，定宗也。

"无为虽一，何乖不一耶"，法虽是一，不妨人自不一也。

"譬犹三鸟出网"下，此喻分明，历然可见也。

"如是三乘众生"下，合喻分明也。樊者，笼也。《庄》云："雉十步一啄，百步一饮，不蕲畜乎樊中。"郭注云："蕲，求也。樊，所以笼雉也。"今以惑妄樊笼系众生，如雉在于笼也。

"然则我即无为"下，我谓三乘人也，无为谓三乘法也。

"所以无患虽同"下，覆明前法喻两种同异也。"升虚有远近"，明三鸟异也。"幽鉴有深浅"者，明三乘异也。

"无为即我[1]，我[2]即无为也"，既双明法喻，此类可知也。今结答意，偏明法耳。无为涅槃即三乘人，三乘人亦即无为涅槃，更无别也。

"此非我异无为"，明所以有三也。

---

[1] 底本原注："我"，一本作"乘"。

[2] 底本原注："我"，一本作"乘"。

诘渐第十二

"诘渐第十二"，诘，责也。渐，消也，出《广雅》。今诘三乘渐断烦恼，不能顿尽也。

有名曰：万累滋彰，本于妄想；妄想既祛，则万累都息。二乘得尽智，菩萨得无生智，是时妄想都尽，结缚永除；结缚既除，则心无为；心既无为，理无障翳。经曰："是诸圣智不相违背，不出不在，其实俱空。"又曰："无为大道，平等无二。"既曰无二，则不容异心，不体则已，体应穷微。而曰"体而不尽"，是所未悟也。

"有名曰万累滋彰，本于妄想"，滋彰，多也。《老子》云："法令滋彰，盗贼多有。"而本由妄想，所以万累多也。

"妄想既祛，则万累都息"者，祛，遣也，有本作"去"，亦是除遣也。

二乘烦恼尽，故云得"尽智"。菩萨得无生法忍，故云得"无生智"也。二乘得尽智，结缚永除。菩萨得无生智，妄想都尽。

"结缚既除，心则无为"者，悟无为也。

"心既无为，理无障翳"，若悟无为，则于理明见，无障翳也。

"经曰是诸圣智不相违背，不出不在，其实俱空。"此《大品经·习应品》文也。二乘但出，即不在也。菩萨之人不出世间，知诸法皆空故也。

"又曰无为大道，平等无二"，此《正法华》文也。

"既曰无二，则不容异心"，法既无二，体法之者不应心有异也。

"不体则已，体应穷微"，已，止也。若不体，止而不论。既论体悟，则应穷尽微妙也。

"而曰体而不尽，是所未悟也"，难前以未尽无为故有三也，所未能解，故云未悟也。

明渐第十三

"明渐第十三"，明三乘渐悟，故云尔也。

无名曰：无为无二，则已然矣。结是重惑，而可谓顿尽，亦所未喻。经曰："三箭中的，三兽渡河，中、渡无异，而有浅深之殊者，为力不同故也。"三乘众生俱济缘起之津，同鉴四谛之的，绝伪即真，同升无为。然其所乘不一者，亦以智力不同故也。夫群有虽众，然其量有涯，正使智犹身子、辩若满愿，穷才极虑，莫窥其畔。况乎虚无之数、重玄之域，其道无涯，欲之顿尽耶？书不云乎，"为学者日益，为道者日损。"为道者，为于无为者也。为于无为而日日损，此岂顿得之谓？要损之又损之，以至于无损耳。经喻萤日，智用可知矣！

"无名曰无为无二则已然矣"，无为之中无有二法，已如前说也。

"结是重惑"下，结谓烦恼，烦恼重惑而言顿尽，不解此也。

"经曰三箭中的，三兽渡河"，此《鞞婆沙论》文也。名论为经，故云经曰。如迦旃延造《发智论》，名《发智经》也。三箭，谓三人射箭也。的即渡齐也。三兽，谓象、马、兔也。

"中、度无异"下，三箭皆中，中无异也；三兽皆渡，渡无异也。兽、力有不同，故入的有浅深，入水亦有浅深耳。

"三乘众生"下，合喻也。十二因缘如河津也，四真谛法如射的也。

"绝伪即真，同升无为"，断烦恼结，故云绝伪；证悟涅槃，故云即真也。升，高升也。

"然其乘不一"下，三机不同，故所行之法各别也。

"夫群有虽众，然其量有崖"，万有非一，故云群有，虽云不一，终有涯畔也。

"正使智犹身子"下，正犹身子之智、满愿之辩，不能知群有之畔齐，况虚无而能顿尽乎？

"书不云乎"下，言为学日益，谓渐益知见也。为道日损，谓渐损学华也。损谓损折耳。

"为道者为于无为者也"，修无为道，故名为道也。"为于无为而日日损"，修无为道，而言渐损也。"此岂顿得之谓"，此不谓顿损，故云渐损也。"要损之又损之，以至于无损"者，损之更损，然后都尽，无可顿损也。

"经喻萤日，智用可知"者，《维摩》云："无以日光等彼萤火。"今言佛智如日，声闻如萤，何能顿除烦恼令尽即同佛耶？所以优劣不同，故有三乘之别耳。

讥动第十四

"讥动第十四"，讥判菩萨进修涉动，故云如此也。此章乃是前第八难差章中之义，今更发起，然后答也。

有名曰：经称法身已上，入无为境，心不可以智知，形不可以象测，体绝阴入，心智寂灭。而复云进修三位，积德弥广。夫进修本于好尚，积德生于涉求。好尚则取舍情现，涉求则损益交陈。既以取舍为心，损益为体，而曰体绝阴入，心智寂灭，此文乖致殊，而会之一人，无异指南为北，以晓迷夫。

"有名曰经称法身已上入无为境"下，七地已上菩萨悟无生忍，得法性身，心形如此，何得云儒僮菩萨进修三位，广积众德耶？

"夫进修本于好尚"下，进修为有好尚之心，积德谓有涉求之意也。

"好尚则取舍情现"下，取胜舍劣，有损有益也。

"既以取舍为心"下，若有此心，则非寂灭也。

"此文乖致殊"下，谓取舍、寂灭，两文乖异，理致殊别，而今会在一人之上，事如指南为北，晓悟迷人，不可得也。

动寂第十五

"动寂第十五"，动即是寂，故云动寂也。

无名曰：经称圣人无为而无所不为。无为故虽动而常寂，无所不为故虽寂而常动。虽寂而常动，故物莫能一；虽动而常寂，故物莫能二。物莫能二，故逾动逾寂；物莫能一，故逾寂逾动。所以为即无为，无为即为，动寂虽殊而莫之可异也。《道行》曰："心亦不有亦不无。"不有者，不若有心之有；不无者，不若无心之无。何者？有心则众庶是也，无心则太虚是也。众庶止于妄想，太虚绝于灵照。岂可止于妄想、绝于灵照，标其神道而语圣心者乎？是以圣心不有，不可谓之无；圣心不无，不可谓之有。不有故心想都灭，不无故理无不契。理无不契，故万德斯弘；心想都灭，故功成非我。所以应化无方，未尝有为；寂然不动，未尝不为。经曰："心无所行，无所不行。"信矣！儒僮曰："昔我于无数劫，国财身命施人无数，以妄想心施，非为施也。今以无生心，五花施佛，始名施耳。"又空行菩萨入空解脱门，方言"今是行时，非为证时"。然则心弥虚，行弥广，终日行，不乖于无行者也。是以《贤劫》称无舍之檀，《成具》美不为之为，《禅典》唱无缘之慈，《思益》演不知之知。圣旨虚玄，殊文同辨，岂可以有为便有为、无为便无为哉！菩萨住尽不尽平等法门，不尽有为，不住无为，即其事也。而以南北为喻，殊非领会之唱。

"无名曰经称圣人无为"下，圣人自在，无为即为、为即无为也。

"无为故虽动而常寂"下，虽动常寂，故曰无为。虽寂常动，故无不为也。

"物莫能一"者，人不能令其常寂也。"物莫能二"者，人不能令其常动也。"逾动逾寂"者，虽动常寂，故越动越静也。"逾寂逾动"者，虽寂常动，故越静越动也。

"所以为即无为"下，以动而常寂，故为即无为也。"动寂虽殊而莫之可异"，虽异不可言异也。

"《道行》曰心亦不有亦不无"，此谓圣人心也。

"不有者"下，释上不有不无也。

"何者？有心则众庶是也"下，众庶谓众生，庶品众也。"众庶止于妄想"下，众生止有妄想心，太虚无鉴照也。

"岂可以止于妄想"下，不得以众生之有、太虚之无，为无生之道、般若之心也。

"是以圣心不有，不可谓之无"下，明圣心也。不有不于有，不可即言无。下句反此也。

"不有故心想都灭"下，既云不有，明知无心想也。既云不无，明知契妙理也。

"理无不契，故万德斯弘"，既契妙理，所以修德齐物；既灭心想，所以忘己无我也。

"所以应化无方"下，复明动寂不二义也。

"经曰心无所行，无所不行，信矣"，圣心如此，何不信也。

"儒僮曰昔我于无数劫"下，此是当得记时之言，言今施花知空，故名施耳。

"又空行菩萨入空解脱门"，此《智度论》文也，言今行空，不应取证也。

"然则心弥虚，行弥广"下，第二正答也。七地已上，心益空，行益大，何得不进修耶？

"是以《贤劫》称无舍之檀"者，《贤劫经》第四云："一切诸法无有与者，是曰布施也。"

"《成具》美不为之为"者，彼经云："不为而过为也。"

"《禅典》唱无缘之慈"者，彼经广明无缘大慈义也。

"《思益》演不知之知"，彼经云："以无所得故得，以无所知故知也。"

"圣旨虚玄，殊文同辨"，旨，意也。诸经殊文，同辨圣意，动即寂也。

"岂可以有为便有为"下，言不可也。

"菩萨住尽不尽平等法门"下，《维摩经》也。

"而以南北为喻"下，非前难耳。

穷源第十六

"穷源第十六"，穷涅槃之根源，故云如此也。

有名曰：非众生无以御三乘，非三乘无以成涅槃。然必先有众生，后有涅槃。是则涅槃有始，有始必有终。而经云："涅槃无始无终，湛若虚空。"则涅槃先有，非复学而后成者也。

"有名曰非众生无以御三乘"下，谓人能御法，因能成果也。

"然必有众生"下，既云人能御法，则先有人。既云因能成果，则后有果也。

"是则涅槃有始"下，学而始成，故有始也。

"而经云涅槃无始无终，湛若虚空"者，无始终则不生灭，如虚空则常住也。

"若如虚空"下，虚空不可学成，涅槃何得然耶？

通古第十七

"通古第十七"，涅槃之法，古今同一，故云通古也。

无名曰：夫至人空洞无象，而万物无非我造。会万物以成己者，其唯圣人乎！何则？非理不圣，非圣不理；理而成[1]圣者，圣不异理也。故天帝曰："般若当于何求？"善吉曰："般若不可于色中求，亦不离色中求。"又曰："见缘起为见法，见法为见佛。"斯则物我不异之效也。所以至人戢玄机于未兆，藏冥运于即化，总六合以镜心，一去来以成体。古今通，终始同。穷本极末，莫之与二，浩然大均，乃曰涅槃。经曰："不离诸法而得涅槃。"又曰："诸法无边故，菩提无边。"以知涅槃之道，存乎妙契；妙契之致，本乎冥一。然则物不异我、我不异物，物我玄会，归乎无极。进之弗先，退之弗后，岂容终始于其间哉！天女曰："耆年解脱，亦何如久？"

"无名曰夫至人空洞无像而物[2]无非我"者，《字林》云："洞，音动，疾流也。"比来学者皆作"同"音。空故无象，故以万物为己体也。

"会万物以成己"下，圣人无体，以万物之体为己体耳。

"何则？非理不圣"下，非悟理不成圣，非圣人不悟理也。

"理而成圣"者，既悟理成圣，则圣与理不异也。肇公此言，妙尽幽极也。

"故天帝曰"，《大品》文也。"又曰见缘起为见法性"，《大品》、《大集》皆有此文。

---

[1] 成：现通行本《肇论》作"为"。

[2] 底本原注："物"上，一本有"万"字。

"斯则物我不异之效"者,十二因缘即是,明知万物不异己体,以此文为效验也。

"所以至人戢玄机于未兆"者,戢谓钦敛也。戢（阻立反），《文选·诗》云："戢翼希骧首,乘流畏暴鳃。"言敛翼也。玄机,谓圣人心也。未萌之事,未现无兆,至人敛心,预见之也。

"藏冥运于既化"者,冥运,亦是圣心也。过去之事,已往无形,至人运心,却见之也。

"总六合以镜心",观现在也。四方上下曰六合。至人之心皎明如镜,照万事耳。

"一去来以成体",知三世同体也。言圣人以此三世万物为体,无别体也。故《物不迁》云"道远乎哉,触物而真也",即三世万物耳。真者,物性即无生,无生即真,真即空也。圣人体此空理以成圣,故云成体也。

"古今通"下,谓圣人知古今终始不别,本末不二,浩汗然大均平。得此心者,名曰涅槃耳。亦可以古今、终始、本末等法体平等,是大涅槃也。

"经曰不离诸法而得涅槃"者,即《维摩》云"不断烦恼而入涅槃"也。又《中论》云："不离于生死而别有涅槃。"

"又云诸法无边故"下,此谓诸法与菩提同也。

"以知涅槃之道,存于妙契",契会妙理,即是涅槃也。

"本乎冥一"者,知万法冥然一体,是谓妙契也。

"然则物不异我"下,覆明不二也。

"物我玄会,归于无极"者,物我同归无极之理也。

"进之不先"下,推进涅槃于先而不先,抑退涅槃于后而不后。既而不先不后,有何始终乎?

"天女曰"下,《维摩》文也。耆年,谓舍利弗也。言汝得解脱有久近乎?解脱既无久近,我止此室亦无久近。今引此文,直明解脱无久近也。解脱,涅槃也。久近,始终也。

考得第十八

"考得第十八"，考校得涅槃之人，故云者得也。

有名曰：经云："众生之性，极于五阴之内。"又云："得涅槃者，五阴都尽，譬犹灯灭。"然则众生之性顿尽于五阴之内，涅槃之道独建于三有之外，邈然殊域，非复众生得涅槃也。果若有得，则众生之性不止于五阴；若必止于五阴，则五阴不都尽。五阴若都尽，谁复得涅槃耶？

"有名曰经云众生之性极于五阴之内"下，此通说诸经大意也。

"然则众生之性顿尽于五阴之内"者，五阴尽则众生尽也。又云：众生局在五阴内，故名为尽耳。

"涅槃之道独建于三有之外"者，涅槃出世间，故建立涅槃三界外也。

"邈然殊域"下，一内一外，故曰殊域。既言殊域，故不得言众生得涅槃也。

"果若有得"下，若定言众生得涅槃，则有众生五阴外，而言其得也。

"若必止五阴"下，若众生局在五阴内，而复言得涅槃，则五阴不定无也。

"五阴若都尽"下，五阴若尽，则无人得涅槃也。此结难之大意耳。

玄得第十九

"玄得涅槃第十九"，虽得涅槃，乃是无得之得，无有定得，故云尔也。

无名曰：夫真由离起，伪因著生。著故有得，离故无名。是以则真者同真，法伪者同伪。子以有得为得，故求得于有得耳。吾以无得为得，故得在于无得也。且谈论之作，必先定其本。既论涅槃，不可离涅槃而语涅槃也。若即涅槃以兴言，谁独非涅槃而欲得之耶？

"无名曰夫真由离起"下，离著则成真，有著则成伪也。

"著故有得"下，心中有著，则有所得。若离著，反此也，而云"无名"者，无有得名也。

"是以则真者同真"，则谓准则也。依真无著，则成于真。依伪有著，则成于伪也。

"子以有得为得，故求得于有得"者，此乃法伪同伪也。

"吾以无得为得，故得在于无得"者，此是则真同真也。

"且谈论之作，必先定其本"者，本宗也。"既论涅槃"下，依涅槃宗，而说涅槃也。"若就涅槃以兴言"下，若就涅槃本宗为言，则一切诸法体性皆空，皆是涅槃真体，复何得耶？

何者？夫涅槃之道，妙尽常数，融冶二仪，涤荡万有，均天人，同一异。内视不见己，返听不闻我。未尝有得，未尝无得。经曰："涅槃非众生，亦不异众生。"维摩诘言："若弥勒得灭度者，一切众生亦当灭度。所以者何？一切众生本性常灭，不复更灭。"此明灭度在于无灭者也。

"何者"下，释涅槃之真性也。"妙尽常数"者，不同诸法之数。亦可是五阴、十二入、十八界，亦得但是心数也。"融冶二仪"者，融通天地，如炉冶之镕金，无不同也。"涤荡万有"者，洗涤除荡，无不空也。"均天人"下，明不二也。

"内视不见己"者，内视涅槃，不见其己体也。"返听不闻我"者，却听涅槃，不闻其声也。我者，涅槃也。"未尝有得"下，非二边也。

"经曰涅槃非众生"者，此论凡所引经，乃有二体：一者标名，二者不标名。标者是经全文，不标者是诸经大况。未必全然，多如此也。今此所引，是诸经之大况耳。"维摩诘云"至"不复更灭"，《净名》全文也。

"此明"下，释经意也。虽灭不灭，故言"无灭"耳。

然则众生非众生，谁为得之者？涅槃非涅槃，谁为可得者？《放光》云："菩提从有得耶？答曰：不也。从无得耶？答曰：不也。从有无得耶？答曰：不也。离有无得耶？答曰：不也。然则都无得耶？答曰：不也。是义云何？答曰：无所得故名[1]得也，是故得无所得也。"无所得谓之得者，谁独不然乎？然则玄道在乎绝域，故不得以得之；妙智存乎物外，故不知以知之。大象隐于无形，故不见以见之；大音匿于希声，故不闻以闻之。至能括囊[2]终古，导达群方，亭毒苍生，疏而不漏。汪哉洋哉！何莫由之哉！故梵志曰："吾闻佛道，厥义弘深，汪洋无涯，靡不成就，靡不度生。"

"然则众生非众生"下，已前皆是炉冶总答，此下正答所难，明玄德也。众生自空，故无能得之者；涅槃亦空，故无可得之者也。

"《放光》云菩提从有得耶"下，此引《大品》文，以明涅槃耳。从此至"然则都无得耶？答曰不也"，皆是经文也。有谓有心，无谓无心，余句亦尔，皆论心也。又以有所得为得，无所得为无得，余句亦尔。又以有相为有得，无相为无得，余句亦尔。又以有人法为有得，无人法为无得，余句亦尔。都无得者，谓总无有法得，如虚空也。

"是义云何"者，既五句皆非，云何得耶？

"答曰无所得故名得"者，即以无所得名为得耳，亦以得无所得名为得耳，亦可直以无得即名为得耳，是故得无所得也。以是义故，虽得涅槃，亦无得也。亦可言得涅槃，得于无得也。

"无所得谓之得者，谁独不然乎"者，此句诸本不同，人多不解，遂

---

[1]　名：现通行本《肇论》作"为"。

[2]　至能括囊：现通行本《肇论》作"故能囊括"。

加"咸"字，迷误于人。今此本皎然可见也。若以无得谓为得，不以有得名为得者，诸法皆无得，何人独不得耶？

"然则玄道在乎绝域，故不得以得之"者，此谓真谛也。真谛性空，与有乖绝，乃是无真之真，故有无得之得耳。

"妙智存乎物外，故不知以知之"者，此谓般若也。般若玄妙，物像之外，乃是无物之物，故有不知之知也。

"大像隐于无形，故不见以见之"者，此谓法身也。法身无边，故云大像。虽云大像，不见其体，故云隐于无形。既是无形之形，故云不可见而见也。

"大音匿于希声，故不闻以闻之"者，此谓一音也。一音说法，无有定声，故云希声。虽云大音，不闻其声，故云匿于希声。既是无声之声，故云不闻而闻也。大像、大音，语出《老子》，借文明意耳。

"至能括囊终古"者，《易·坤卦》云："括囊，无咎无誉。"子夏云："括，结也。"谓涅槃之道包括终古，如括囊之盛物耳。终古者，终极上古也。

"导达群方"者，导引通达也。群方，万方也。

"亭毒苍生"者，亭毒，养育也。苍生，天生也，众生是天之所生，故曰苍生。

"疏而不漏"下者，通谓上三句皆不漏也。囊括终古，终古无遗；导达群方皆尽；亭毒苍生，苍生不失，故总言不漏耳。《老子》云："天网恢恢，疏而不漏。"借语以明涅槃也。

"汪哉洋哉"者，《毛诗注》云："汪洋，水盛大也。"《尚书注》云："洋洋，美貌也。"

"何莫由之哉"者，何物不由涅槃也。

"故梵志曰"下，此《八师经》文也。此经一卷云，有外道名耶旬，作此语也。"无崖"者，谓无边际也。"靡不成就"者，谓能成就众生也。"靡不度生"者，谓能度众生也。

然则三乘之路开，真伪之途辨，贤善^[1]之道存，无名之致显矣！

"然则三乘之路开者"下，此结《涅槃论》之大意也。涅槃是三乘之路，是真而非伪，是贤圣之道，无名之致，显于此矣。又释：此通结上来诸论也。"三乘之论路开"，谓宗本也；"真伪之途辨"，谓《不迁》、《不真空》也；"贤善之道存"，谓《般若无知》也；"无名之致显"，谓《涅槃无名》也。

肇论疏卷下（终）

建长三年十月二十五日丑刻于戒坛院僧房一交了　三论末资污道沙门圣守

---

[1]　善：现通行本《肇论》作"圣"。

肇论略注

明　憨山德清　著

说　明

　　唐代之前，《肇论》研究基本在三论宗内进行。此后，则逐渐为华严以及禅宗宗匠所重视。现存宋代以来的诸家注疏，如晋水净源《肇论中吴集解》、圆义遵式《注肇论疏》、梦庵普信《节释肇论》、文才《肇论新疏》等，其内容无不受到了与华严和禅的影响。憨山秉承了这一诠释传统，站在法界一心的立场，认为《肇论》"所宗本乎一心，以穷万法迷悟凡圣之源"，整部《肇论》显示的就是本原不生不灭之一心。

　　憨山德清为晚明四大高僧之一，素主禅、华严、净土融合，并倡儒释道三教合一。憨山年少时尝读《肇论》，于物不迁义，茫然不知所归。后随阅历的增长，禅修的深入，于重刻《肇论》而校读之际，朗然大悟其玄旨，自云："因起坐礼佛，则身无起倒。揭帘出视，忽风吹庭树，落叶飞空，则见叶叶不动，信乎旋岚偃岳而常静也。及登厕去溺，则不见流相，叹曰：诚哉江河竞注而不流也。"以自身的修行体验，亲证"物不迁"所言不虚。

　　憨山即深探《肇论》奥微，因见此论言路纵横，学人首鼠两端，莫之趋向，遂析诸家之难而阐其幽旨。提纲挈领，深入浅出，著为《略注》，在诸家注疏中，占有重要地位。书中融入了儒道释三教合一的思想，这即是憨山所处时代的需要，更在于僧肇的佛教学扎根于中国传统文化，本身既具有包纳儒道两家思想为一体的恢弘气度。

　　《肇论略注》底本取为明万历丁巳刻本，参校《续藏经》本（新文丰版第 54 册，经号 0873）及其校记。

肇论序

慧达率愚，序长安释僧肇法师所作《宗本》、《不迁》等四论曰：有美若人，超语兼默。标本则句句深达佛心，明末则言言备通众教。达猥生天幸，逢此正音，每至披寻，不胜手舞，誓愿生生尽命弘述。夫神道不形，心敏难绘，聊寄一序，请俟来哲。

盖大分深义，厥号本无，故建言宗旨，标乎实相。开空法道，莫逾真俗，所以次释二谛，显佛教门。但圆正之因，无尚般若；至极之果，唯有涅槃，故末启重玄，明众圣之所宅。虽以性空拟本，无本可称，语本绝言，非心行处。然则不迁当俗，俗则不生。不真为真，真但名说。若能崇兹一道，无言二谛，斯则静照之功著，故般若无知；无名之德兴，而涅槃不称。余谓此说周圆，罄佛渊海，浩博无涯，穷法体相。洪论第一，肇公其人矣。

肇论略注卷一

明 匡山沙门憨山释德清 述

肇论

"肇"，乃作者之名，曰僧肇，时称肇公。"论"，乃所立之论，盖以人名论也。公为什门高弟，从译场翻译诸经，久参什师，深达实相。比因佛法西来甚少，大义未畅，时人多尚老庄虚无之谈，而沙门释子亦相尚之，多宗虚无以谈佛义，各立为宗。如晋道恒述《无心论》，东晋道林作《即色游玄论》，晋竺法汰作《本无论》，皆堕相言无，都堕断灭。公愍大道未明，故造此四论，以破邪执，斯立言之本意也。

论者，谓假立宾主，征析论量，以显正理，摧破邪执。人法双彰，故曰肇论。

后秦长安释僧肇作

符坚有国，据关中，号为大秦。暨姚苌篡立，亦号为秦，故史以前后别之。苌崩，其子兴嗣国。什师译经，当兴之时，故公称后秦。按公传略云：法师僧肇，京兆人。幼家贫，为人佣书，遂博观子史，志好虚玄，每以老庄为心要。既而叹曰："美则美矣，然期栖神冥累之方，犹未尽善。"后见旧《维摩经》，欢喜顶受，乃曰："始知所归矣。"因此出家，年二十为沙门，名震三辅。什公在姑臧，肇走依之。什与语，惊曰："法中龙象也。"及归关中，详定经论。四方学者辐辏而至，设难交攻，肇迎刃而解，皆出意表。著《般若无知论》，什览之曰："吾解不谢子，文当相揖耳。"传其论至匡山，刘遗民以似远公。公拊髀叹曰："未曾有也！"复作《物不迁》等论，皆妙尽精微。秦主尤重其笔札，传布中外。年三十二而卒，当时惜其早世云。

宗本义

"宗本"者，示其立论所宗有本也。以四论非一时作，论既成，乃以宗本义统之。盖所宗本乎一心，以穷万法迷悟凡圣之源也，如《起信》以一心为宗，有法有义，故曰宗本义。

本无、实相、法性、性空、缘会，一义耳。

此标宗拣法，以为四论之本也。"本无"者，直指寂灭一心，了无一法，离一切相，迥绝圣凡，故曰"本无"，非推之使无也。以一切诸法皆一心随缘之所变现，心本无生，但缘会而生，故曰"缘会"。以缘生诸法本无实体，缘生故空，故曰"性空"。以全体真如所变，故曰"法性"。真如法性所成诸法，真如无相，故诸法本体寂灭，故曰"实相"。

是以本无为一心之体，缘会为一心之用，实相、法性、性空皆一心所成万法之义，故曰一义耳。依一心法，立此四论。"不迁"当俗，"不真"当真；二谛为所观之境，般若为能观之心；三论为因，涅槃为果，故首为宗体。

何则？（此征起四论，各有所宗。）**一切诸法，缘会而生。**

此下标显"不迁"宗体也。寂灭一心，本无诸法。本无今有，故曰缘会而生。

缘会而生，则未生无有，缘离则灭。

此显心本不生，但是缘生，非心生也。以生本无生，故灭亦缘灭，非心灭也。不生不灭，一心之义，于是乎显矣。

如其真有，有则无灭。

此返显缘生诸法非实有也。"真"，实也。若诸法果是实有，则不应随缘散灭。今既随缘灭，则法非实有矣。

以此而推，故知虽今现有，有而性常自空。性常自空，故谓之性空。

以此缘生缘灭而观诸法，则知虽今现有而非实有，以体常自空。体常自空，故义说性空。

性空故，故曰法性。

诸法实性即是真如，真如性空，以真如性现成诸法，法法全真。良由真如性空，故诸法性空，称为法性。

法性如是，故曰实相。

诸法之性全体真如，真如之相本自无相，法性如如，寂灭离相，故曰实相。

实相自无，非推之使无，故名本无。

实相乃真如实体，今既随缘成一切法，则法法皆真。若观法法全真，则了无一法可当情者，斯则不待推测使无，则法本无也。万法本无，又何有一毫可转动哉！以此而观诸法，则不迁之旨，昭昭心目矣。

上明"不迁"宗本。

言不有不无者（此标"不真空"宗本也），**不如有见、常见之有，邪见、断见之无耳。**

此标立论所破之执也。"不如"，犹不比也。凡夫外道定执诸法是实有，确执诸法为断灭之无，正在所破。但以"不"字破之，故曰"不有不无"。

若以有为有，则以无为无。

此出计也。若以诸法为实有，则堕常见。若以诸法为实无，则堕断见。

夫不存无以观法者，可谓识法实相矣。

此示正观也。"存无"下应添一"有"字，言不存有无二见以观法，可谓识法之实相矣。以有无二见，颠倒见也。

虽观有而无所取相。然则法相为无相之相，圣人之心为住无所住矣。

此出观益也。谓离有无二见以观诸法，则法法寂然，故法虽有而不取相。不取法相，则当体如如，故相即为无相之相矣。诸相无相，寂灭性空，斯则所观之境空。境空则心自寂，故圣人之心，为无住之住。此心空也。心境俱空，于何不寂？

三乘等观性空而得道也。性空者，谓诸法实相也。见法实相，故云正观。若其异者，便为邪观。设二乘不见此理，则颠倒也。

此约法以显能观之人也。三乘之人同观性空而得道果。然此诸法性空即是实相。能见诸法实相，方为正观。设使二乘不见此理，则同凡夫颠倒矣。此单约诸法尽皆实相，二乘所见偏空亦是实相性空。若不是实相性空，何以得证道果？意谓法一人异，故下难明。

是以三乘观法无异，但心有大小为差耳。

此明法一人异也。伏难，难曰：既三乘同见一法，何以证果有差？答曰：其实三乘观法无异，但为心有大小，故证果有差耳。足知法本是一，但人心大小有异，故所证果不同，以取不取相故耳，非法异也。正若三兽渡河，河本是一，但三兽大小不同，故所履浅深不一。斯乃兽三而河非三也。

详夫立论之意，盖以不迁当俗，不真当真。二谛为所观之境，般若为能观之智。境智为因，涅槃为果。其三乘乃能修之人，故介宗本之中，良有以也。

沤和般若者，大慧之称也。

此标"般若无知"宗本也。梵云沤和，此云方便；般若，此云智慧。以有方便之智，乃称大慧；若无方便，但名孤慧，故所取偏空，非大慧也。前二论真俗二谛，当所观之境。今沤和般若，为能观之心，双照二谛，不取有无，不堕二边，故云大慧。

诸法实相，谓之般若；能不形证，沤和功也。适化众生，谓之沤和；不染尘累，般若力也。

此释大慧之义也。能见诸法实相，是谓般若。虽观空而不取证，仍起方便度生之事，是仗沤和之功也。适化众生，乃方便之事。虽涉生死，不被尘劳所累，全仗般若之力也。是以菩萨观空而万行沸腾，涉有而一道清净。《净名》云："无方便慧缚，有方便慧解。无慧方便缚，有慧方便解。"双照二谛，不取有无之相，故能出空入假而无碍，故云大慧。

然则般若之门观空，沤和之门涉有。涉有未始迷虚，故常处有而不染。不厌有而观空，故观空而不证。是谓一念之力，权慧具矣！一念之力，权慧具矣！好思，历然可解。

此重明不证不染之义也。以般若唯照空，沤和唯涉有。以涉有而不迷虚，是仗般若之力，故处有而不染。以不厌有而观空，故观空而不取证，是仗沤和之功也。斯则空有不异之二谛，权实不二之一心，同时双照，存泯无碍，故曰"一念之力权慧具矣"。

"好思，历然可解"者，勉其用心观照分明，则心境历然，权实并显，当不劳而妙契矣。

泥洹尽谛者，直结尽而已，则生死永灭，故谓尽耳，无复别有一尽处耳。

此标"涅槃无名"宗本也。言泥洹，亦名涅槃，称为尽谛者，直是烦恼结尽而已，所谓五住究尽，故二死永亡，是生死永灭，名为尽耳，非复别有一尽处可归，亦非实有一名可称也，故曰"涅槃无名"。

四论所宗，一心为本，谓不有不无之二谛，以非知不知之观照，证不生不灭之一心，因果冥会，妙契环中，宗本之义，尽乎是矣。

物不迁论第一

此论俗谛即真，为所观之境也。"物"者，指所观之万法。"不迁"，指诸法当体之实相。以常情妄见，诸法似有迁流。若以般若而观，则顿见诸法实相，当体寂灭真常，了无迁动之相，所谓无有一法可动转者，以缘生性空。斯则法法当体本自不迁，非相迁而性不迁也。能见物物不迁，故即物即真，真则了无一法可当情者。以此观俗，则俗即真也。良由全理成事，事事皆真，诸法实相于是乎显矣。论主宗《维摩》、《法华》，深悟实相，以不迁当俗，即俗而真，不迁之旨，昭然心目。

夫生死交谢，寒暑迭迁，有物流动，人之常情，余则谓之不然。

将明不迁，先立迁流之相，为所观之境。要在即迁以见不迁，非相迁而性不迁也。是由人迷谓之迁，人悟即不迁，故曰"人之常情，余则谓之不然"。论主妙悟实相，故总斥之。《法华》云："不如三界，见于三界"，"大火所烧，此土安隐"。譬如恒河之水，人见为水，鬼见为火。迷悟之分，亦犹是也。

何者？（征释迷悟之由）《放光》云："法无去来，无动转者。"

引经立定宗体。此义引彼经第七卷中云：诸法不动摇故，诸法亦不去亦不来等。即《法华》云："是法住法位，世间相常住。"盖言诸法实相，当体如如，本无去来动转之相。佛眼观之，真空冥寂。凡夫妄见，故有迁流。不迁论旨，以此为宗。

寻夫不动之作，岂释动以求静，必求静于诸动。

此依宗出体也。寻究不动之旨，盖即动物以见真常，非舍动以求静也。良由全理所成之事，法法皆真，当体常住，非于事外求理，故但言事不迁，不说理不迁也。以即事物以见不迁，故云必求静于诸动。

立论文义有四段：初约动静以明境不迁，次约境以明物不迁，三约古今以明时不迁，四约时以明因果不迁。此初也。

必求静于诸动，故虽动而常静。不释动以求静，故虽静而不离动。

此依体释义也。"必求静于动"，虽万动陈前，心境湛然，故曰虽动常静。苟不舍动求静，故一道虚闲。虽应缘交错，不失其会。如《华严》云："不离菩提场，而遍一切处。"所谓"佛身充满于法界，普现一切群生前，随缘赴感靡不周，而恒处此菩提座"。不悟此理，难明动静不二之旨。

然则动静未始异，而惑者不同，缘使真言滞于竞辩，宗途屈于好异。所以静躁之极，未易言也。

此依义辩惑也。其实动静一源，本来不二，故未始异。但迷者妄见不同，各执一端。"真言"，如所引不去来动转等了义之谈。以异见不同，故使真实之言滞于竞辩而不通，使一乘真宗不能伸畅，返屈于好异之论。如所破心无、本无、廓然等，皆不了实相而妄生异论。论者以此之故，所以静躁之极致，难与俗人言也。

何者？（征释难言之所以。）**夫谈真则逆俗，顺俗则违真。违真故迷性而莫返，逆俗故言淡而无味。**

所以难言者，以法不应机，所谓高言不入于俚耳也。若谈真则逆俗人之耳，若顺俗则违真常之道。若真常不明，则迷者不能使之归真。若逆俗人之耳，则言之出口，淡而无味。此其所以难言也。

缘使中人未分于存亡，下士抚掌而弗顾。

所以难言者，正为根机之不同也。其顺真逆俗之言，若上根利智，闻而便信，故不失人，亦不失言。若使中根之人，则犹疑不决，故未分存亡。若下根闻之，则抚掌大笑而不顾矣。存亡、抚掌二语，出《老子》"中士闻道，若存若亡。下士闻道大笑之，不笑不足以为道"。是知实相妙谈，闻而信者实不易得。所以静躁之极，未易言也。

近而不可知者，其唯物性乎！

此叹不唯信根之难，而真常之法，其实难信难解也。以其触目皆真，目对之而不觉，可不哀欤？

然不能自已，聊复寄心于动静之际，岂曰必然。试论之曰：

此言作论之意，为愍迷者，悲兴于怀，不能自已，聊尔寄心于动静之间，以明动静不二之旨，以晓迷者。然非敢谓必然，但试论之耳。

《道行》云："诸法本无所从来，去亦无所至。"《中观》云："观方知彼去，去者不至方。"

此引经论以定不迁宗极也。诸法当体寂灭，本自无生。从缘而生，故无所从来。缘散而灭，故去亦无所至。如空中花，无起灭故。《中论》但义引彼第二论〈破去来品〉云：去法、去者、去处皆相因待，不得言定有定无，是故决定知三法虚妄，空无所有，但有假名，如幻如化。大方无隅，本无定向。去者妄指，其实无方可至。如人往东，究竟不知以何为东也。

斯皆即动而求静，以知物不迁，明矣！

此下论物不迁也。经言法无来去，则触目真常。论云去不至方，则去而不去。斯皆即动求静之微意，证知物不迁，明矣！

夫人之所谓动者，以昔物不至今，故曰动而非静。（如朱颜在昔，今已老耄，以谓流光迁谢，故曰动而非静。）我之所谓静者，亦以昔物不至今，故曰静而非动。（以我而观，朱颜自住在昔，未尝迁至于今，故曰静而非动。）动而非静，以其不来。（人之以为迁流者，以少壮不来，故以为动。）静而非动，以其不去。（我之所谓不迁者，以少壮在昔不来今，亦如老耄在今不至昔，故以为静。）然则所造未尝异，所见未尝同。（同以昔物不来，而见有动静之不同。）逆之所谓塞，顺之所谓通。（迷者以情逆理，故塞。悟者以理达事，故通。）苟得其道，复何滞哉！（若悟真常，有何相可滞哉！）
伤夫人情之惑也久矣，目对真而莫觉。

上逆顺二言，总申实相之境不异，因人迷悟之不同，故所见有乖。此"伤夫"下，正出迷情。以触目皆真，但人迷不觉，良可哀哉！

既知往物而不来，而谓今物而可往。往物既不来，今物何所往？

此总责迷倒也。既知往物不来，则知昔住在昔而不来今，则可例知今物亦不至昔矣。此乃不迁之义也，却谓今物可迁而往，岂不迷哉！

何则？求向物于向，于向未尝无。责向物于今，于今未尝有。于今未尝有，以明物不来。于向未尝无，故知物不去。覆而求今，今亦不往。是谓昔物自在昔，不从今以至昔。今物自在今，不从昔以至今。

此约今昔不相往来，正明不迁之义也。以向物自住在向而不来，即今求向而不可得，返覆而观，则知今自住今而不至向，则不迁之义明矣。以其昔自住昔，今自住今，绝无往来之相。以此观之，不迁之旨，昭然可见。论初引经论以无去来立定宗体，故返覆论之。

故仲尼曰："回也见新，交臂非故。"如此，则物不相往来，明矣。

此引孔子之言，以证不迁之义也。义引《庄子》，仲尼谓颜回曰："吾与汝交一臂而失之，可不哀欤？"意谓交臂之顷，已新新非故，盖言迅速难留之如此也。论主引意，要在迅速极处，乃见不迁之实。《楞伽》云："一切法不生，我说刹那义。初生即有灭，不为愚者说。"贤首解云："以刹那流转必无自性，无自性故即是无生。若非无生，则无流转，是故契无生者方见刹那。"《净名》云："不生不灭，是无常义。"论主深悟实相，即在生灭迁流法中，顿见不迁之实，故所引乃迁流之文，以明不迁之旨。非达无生意者，最难转身吐气也。

既无往返之微朕，有何物而可动乎？

此结显妙悟，不落常情也。后结文云："得意毫微，虽速而不转。"言诸法湛然，无纤微朕兆来去之相，有何物而可动转乎？详其论意，虽云今昔之物本无去来，要见时无古今，平等一际。若达古今一际，则物自无往来，所谓处梦谓经年，觉乃须臾顷。故时虽无量，摄在一刹那，所谓枕上片时春梦间，行尽江南数千里。若以梦事而观诸法，则时无古今，法无去来，昭然心目。才入意地，便堕流转。此非常情可到也。

然则旋岚偃岳而常静，江河竞注而不流，野马飘鼓而不动，日月历天而不周，复何怪哉！

此引迅速四事，以证即物不迁，以成上无往返之微朕意也。旋岚，亦云毗岚，乃坏劫之风，须弥为之摧，故云偃岳。野马，出《庄子》，乃泽中阳炎，飘扬不停。且此四事，常情见之，以为迁流之极，若言不迁，则以为怪。以明眼观之，本无迁流，复何怪哉！如初引经云"法无去来，无动转者"，正要即动以见不迁，非指静为不迁也。静已不迁，又何论之有？故论命题乃以物物当体不迁，非言相迁而性不迁也。此不迁之旨，正显诸法实相。非妙悟之士，诚不易见。

上已备论不迁之旨，下引教会通，以释前"真言滞于竞辩，宗途屈于好异，静躁之极，未易言"等文。要人离言会意，不可执言失旨也。

噫！圣人有言曰："人命逝速，速于川流。"（此言人命无常，意在密显真常。）是以声闻悟非常以成道，缘觉觉缘离以即真。（二圣皆以闻无常而证果。）苟万动（法也）而非化（化言生死无常也），岂寻化以阶道？（道，涅槃果也。意谓若万法不是无常，二乘圣人何以由闻无常而证圣果？）覆寻圣言，微隐难测。（返覆推寻圣人之言，虽说无常，而意在密显真常，所以隐微难测。）若动而静，似去而留。（圣人言虽动而意在显静，言似去而意实常住。所以静躁之极未易言，但可以神会，难以事相求之耳。若不达圣人立言之旨，不能离言得意，将谓实有生死去来之相，执言竞辩，此则终不能悟不迁之妙。直须离言得体，方能契会本真耳。）可以神会，难以事求。（谓滞相则迷真，当契神于物表耳。）

是以言去不必去，闲人之常想；称住不必住，释人之所谓往耳。岂曰去而可遣、住而可留也。

此释圣言难测，教人离言体妙也。言去言往，乃生死法也；住，乃涅槃常住之果也。凡圣人言生死迁流，不是实有可去之相，但防闲凡夫执常之想耳。所称涅槃常住，非是实有可住之相，但破二乘厌患生死之情耳。其实生死与涅槃，二俱不可得，岂曰定有生死可遣、实有涅槃可留也。

下引证。

故《成具》云："菩萨处计常之中，而演非常之教。"《摩诃衍论》

云："诸法不动，无去来处。"斯皆导达群方，两言一会，岂曰文殊而乖其致哉！

此明圣人言异而旨一，释上生死、涅槃二法皆空之义也。《成具》言菩萨以处凡夫计常之中，故说无常以破其执，非是实有生死之相，意在令人即无常以悟真常。如《大论》云："诸法湛然，常住不动，本无去来。"意欲令人即群动以悟不迁。而常与无常之言，皆导达群方，随类应机之谈，言异而旨一，岂以殊文而乖其致哉！执言竞辩，岂非惑耶？

下释两言一会。

是以言常而不住，称去而不迁。（证无为而不舍万行，故常而不住。处生死而不起涅槃，故去而不迁。）不迁故虽往而常静（虽顺万化，而一道湛然），不住故虽静而常往。（不起灭定，而现诸威仪。）虽静而常往，故往而弗迁；（以无心意而现行，故常往而弗迁。）虽往而常静，故静而弗留矣。（不住无为，不舍有为，故静而不留。此释两言一会之义也。）

然则庄生之所以藏山，仲尼之所以临川，斯皆感往者之难留，岂曰排今而可往。是以观圣人心者，不同人之所见得也。

此引二氏之言，证明两言一会之义也。《庄子》曰："藏舟于壑，藏山于泽，谓之固矣。有力者负之而趋，昧者不觉。藏天下于天下，则无所遁矣。"此言舟山藏于壑泽，将谓之固，然被有力者负之而趋，则不能留。如今人熟睡舟中，顺流而去，虽迁实不见其迁。意谓人未忘形合道，纵隐遁山林，寄形天地，然形骸亦被造化密移，而昧者不觉，以有所藏，则有所遁。若形与道合，则无所藏，无藏则无遁。如藏天下于天下，则无所遁。此《庄子》意也。《论语》："子在川上曰：逝者如斯夫，不舍昼夜。"此叹道体无间，如川流之不息。此孔子意也。

论主引文以证不迁，意取"昧者不觉"，则虽迁而不迁；"不舍昼夜"，则虽往而不往。故论释之曰：斯二语者，但是感叹往者之难留，不是排今而可往。斯则言虽似迁而意实不迁。故诚之曰：观圣人之心，不以常情执言害义，可谓之得矣。论主引迁流之文，而释以不迁之义，结以不是排今可往，则重在"今物自在今，不从昔以至今"一语，为不迁之准。要人目前当下直达不迁之旨，了无去来之相。求之言外，则妙旨昭然。

何者？人则谓少壮同体，百龄一质。徒知年往，不觉形随。（人虽同体一质，而有老少之不同。形容似有迁变，其实朱颜自随住在昔少时而不来，老耄自住在今而不去。此不迁意也。）**是以梵志出家，白首而归。邻人见之曰："昔人尚存乎？"梵志曰："吾犹昔人，非昔人也。"邻人皆愕然，非其言也。所谓有力者负之而趋，昧者不觉，其斯之谓欤？**

此引梵志之事，以释虽迁而不迁，以明昧者不觉之义也。且梵志自少出家，白首而归。邻人见之，谓昔人犹在，是以昔之朱颜为今之老耄。梵志答曰：吾似昔人，非昔人也。意谓少壮自住在昔而不来，岂可以今之老耄排去而至昔耶？此不迁之义明甚，但邻人不知，故愕然非其言，是昧者不觉之意也。

予少读此论，窃以前四不迁义怀疑有年。因同妙师结冬蒲阪，重刻此论，校读至此，恍然有悟，欣跃无极。因起坐礼佛，则身无起倒。揭帘出视，忽风吹庭树，落叶飞空，则见叶叶不动，信乎旋岚偃岳而常静也。及登厕去溺，则不见流相，叹曰："诚哉江河竞注而不流也！"于是回观昔日《法华》"世间相常住"之疑，泮然冰释矣。是知论旨幽微，非真参实见，而欲以知见拟之，皆不免怀疑漠漠。吾友尝有驳之者，意当必有自信之日也。

是以如来因群情之所滞，则方言以辨惑。乘莫二之真心，吐不一之殊教。乖而不可异者，其唯圣言乎！

此总结圣人言异而心不异也。诸佛出世，本来无法可说，但因群生所执之情，故随类设言以辨惑，破其执耳。所乘乃不二之真心，其言乃不一之殊教。其说虽乖，而心实不可异者，其唯圣言乎？隐微难测，正在于此。

故谈真有不迁之称，导俗有流动之说。虽复千途异唱，会归同致矣。

此释乖而不异之义也。谓谈真有不迁之称，而意在摄俗；导俗有流动之说，而意在返真。是以千途异唱，会归同致，此所以乖而不可异也。

而征文者闻不迁则谓昔物不至今，聆流动者而谓今物可至昔。既曰古今，而欲迁之者，何也？

此出迷者执言失旨也。"征文"，谓但取信于文言者，随语生解，闻不迁则谓昔物不至今，似为得旨；及聆流动，又谓今物可至昔。既曰古今，则古自住古，今自住今，而欲迁今至古者，何耶？此责执言之失也。以古不来则易见，言今不至昔最难明，论主直以现今当下不迁至昔，立定主意，要人目前顿见不迁之实，了悟诸法实相，为论之宗极。

是以言往不必往，古今常存，以其不动；称去不必去，谓不从今至古，以其不来。

此下正破迷执也。上论物不迁，此论时不迁。凡言往，不必作往解，古今常存者，以其不动也。凡称去，不必作去解，谓不从今至古者，以古不来今也。

不来故不驰骋于古今，不动故各性住于一世。

此结归宗体也。以其不来不去，了无三际之相，故不驰骋于古今；不动不静，平等一如，故各性住于一世。

然则群籍殊文，百家异说，苟得其会，岂殊文之能惑哉！

此显忘言会旨也。虽则千经万论殊文异说，苟得法界宗通，则会归一真之境，岂被文言之所惑哉！

是以人之所谓住，我则言其去；人之所谓去，我则言其住。然则去住虽殊，其致一也。故经云："正言似反，谁当信者？"斯言有由矣。

此显迷语一源也。人之所谓住者，乃妄执为常。且执常则堕无常矣，故我言去，以破其执者，意在无住，非谓往也。今之所谓去者，乃执生死无常也。我则言其住，以破其执，意在本无生死，非谓住而可留也。是则去住二言，无非破执之谈，以显一真常住，故言殊而致一。正若老氏所云"正言似反，谁当信者"，斯言有由矣。此言迷悟不出一真，是非本无二致。正见现前，则不随言取义也。

何者？（此征显古今不迁，要即迷返悟也。）**人则求古于今，谓其不住。**（人于今中求古而不可得，则计以为迁，此迷也。）**吾则求今于古，知其不去。**（我求今于古中而不可得，则知今不去，此悟也。）**今若至古，古应有今。古若至今，今应有古。**（若今古果有往来，则当互有其迹。）**今而无古，以知不来。古而无今，以知不去。**（此正示不迁义也。以今中无古，则知古不来。古中无今，则知今不去。既无来去，则前后际断，又何迁之有？）**若古不至今，今亦不至古**（古今不相到），**事各性住于一世，有何物而可去来？**（若悟古今一际，则了法法真常。经云："是法住法位，世间相常住。"此则事各性住于一世，有何物而可去来哉！）

然则四象风驰，璇玑电卷，得意毫微，虽速而不转。

此结归妙悟也。"四象"，乃日、月、星、辰，《新疏》指四时。"璇玑"，旧为北斗二星名，今意为斗枢，皆旋转不停，如电卷之速也。苟悟不迁之理于毫微，则虽速而不转。若法界圆明，则十方湛然寂灭矣。

前一往皆论迷见迁流故，故为凡。此下论悟则不迁，是为圣。

是以如来功流万世而常存，道通百劫而弥固。

此下言悟之为圣，故常住不朽，以明因果不迁也。"功流万世"，则利他之行常存。"道通百劫"，自利之行益固。虽万世百劫，时似有迁，而二行不朽，不迁之实也。

成山假就于始篑，修途托至于初步，果以功业不可朽故也。

此引二氏之言，以证因果不迁之义也。《论语》云："譬如为山，虽覆一篑，进，吾进也。"《老子》云："千里之行，始于足下。"二语皆譬资始成终之意。为山万仞，假一篑以成功，山成而初篑不废。如行千里，始于发足一步，行至而初步不移。故功成至圣，行满不异于初心，所谓发心毕竟二无别，从因至果，而行行不迁。《净名》云："所作之业亦不亡。"不亡则不朽，善恶皆然。此论圣功也。

功业不可朽，故虽在昔而不化，不化故不迁，不迁故则湛然，明矣！故经云："三灾弥纶而行业湛然。"信其言也。

此以不朽释不迁意。所言功业不朽者，以昔因不化，由不化故不迁，不迁故知因果湛然，平等一际，明矣。

引经证成，"弥纶"，充满之义。言三灾坏劫，乃迁之极也，而行业湛然，不动不坏，所谓"大火所烧时，我此土安隐"，则极迁极不迁，言可征矣。

何者？果不俱因，因因而果。因因而果，因不昔灭。果不俱因，因不

来今。不灭不来，则不迁之致明矣。复何惑于去留，踟蹰于动静之间哉！

此总结归因果不迁，以终一论之义也。"何者"，征明因果不迁之意。"果不俱因"，言因果终始不同，迁也。"因因而果"，果成而因不灭，不迁也。果不俱因，而昔因不来，不来则昔自住昔，虽迁而不迁也。以不灭不来，则不迁之理明矣。又何惑于去留之相，踟蹰于动静之间哉！踟蹰，乃却顾不进之意，犹豫不决之谓也。既明不迁之理，又何惑于去来之时，怀疑于动静之境哉！一论大义，结归于此。

然则乾坤倒覆，无谓不静；洪流滔天，无谓其动。苟能契神于即物，斯不远而可知矣。

此结责劝修也。谓既明不迁之理，则旋乾倒岳，勿谓不静；洪流滔天，勿谓其动。此责也。下劝修。若能契悟于即物，见真之境，则触目无非实相常住，一切万法无有一毫可动转者，斯则不必远求而当下可知矣。

物不迁论（终）

予少读《肇论》，于不迁之旨茫无归宿，每以旋岚等四句致疑。及后有省处，则信知肇公深悟实相者。及阅《华严大疏》，至〈问明品〉，"譬如河中水，湍流竞奔逝"，清凉大师引肇公不迁偈证之，盖推其所见妙契佛义也。予尝与友人言之，其友殊不许可，反以肇公为一见外道，广引教义以驳之。即法门老宿如云栖、紫柏诸大老皆力争之，竟未回其说。

予阅《正法眼藏》，"佛鉴和尚示众，举僧问赵州：如何是不迁义？州以两手作流水势，其僧有省。又僧问法眼：不取于相，如如不动。如何不取于相，见于不动去？法眼云：日出东方夜落西。其僧亦有省。若也于此见得，方知道旋岚偃岳本来常静，江河竞注元自不流。其或未然，不免更为饶舌。天左旋，地右转，古往今来经几遍。金乌飞，玉兔走，才方出海门，又落青山后。江河波渺渺，淮济浪悠悠，直入沧溟昼夜流。遂高声云：诸禅德，还见如如不动么？"然赵州、法眼，皆禅门老宿将，传佛心印之大老，佛鉴推之示众，发扬不迁之旨，如白日丽天，殊非守教义文字之师可望崖者，是可以肇公为外道见乎？书此以示学者，则于物不迁义，当自信于言外矣。

肇论略注卷二

明 匡山沙门憨山释德清 述

不真空论第二

此论真空不空，以为所观真谛之境也。不真有二义：一有为之法，缘生故假，假而不实，其体本空。此俗谛不真故空，名不真空。真性缘起成一切法，体非断灭，不是实实的空，名不真空。有是假有为妙有，空非断空为妙空。此则非有非空，为中道第一义谛。以妙空破"心无论"、"本无论"二宗，以妙有破"即色游玄论"一宗。即命题一语，曲尽真谛之妙，妙契中道之旨。非玄鉴幽灵，何以至此。

夫至虚无生者（指中道第一义谛，非思量分别境界），**盖是般若玄鉴之妙趣，有物之宗极者也。**（般若实智照理，故曰玄鉴；中道为实智所归，故曰妙趣，此则空而不空。有物以中道为宗极，故有而不有。非空非有，妙尽中道。此标宗立体，下依宗辨相。）**自非圣明特达，何能契神于有无之间哉！**（上言所观之境，此言能观之人。中道妙理，唯圣乃证，故曰自非圣明有独达之智，何能契悟于二而不二之间哉！）

是以至人通神心于无穷，穷所不能滞；极耳目于视听，声色所不能制者，岂不以其即万物之自虚，故物不能累其神明者也。

此释上不滞二边之所以也。"神心"，谓实智内照，即玄鉴。"无穷"，谓中道，即妙趣。"穷不能滞"，谓不堕断空，此释上半句，谓不滞空。下释次半句不滞有。"极耳"下，谓权智外应。耳目声色乃有物。极，谓宗极。由权智外应而不动本际，故处有而不为所制。圣能如此者，岂不以即万物之自虚，故物不能累其神明哉！由万物自体本虚，故即有以观空，故物物皆真，与智冥一，故不能累其神明也。

是以圣人乘真心而理顺，则无滞而不通。（此承上不滞二边，以明妙契中道之所以也。"理"，调也。圣人乘一真之心，而调顺万物，则物物皆真，无一法可当情，故无滞不通。）**审一气以观化，故所遇而顺适。**（"审"，犹处也。"一气"，犹一真。"化"，谓万法。以审处一真之心以观万法，则法法皆真，万物皆己，故所遇顺适。）**无滞而不通，故能混杂致淳。**（"混"，谓混融。"杂"，谓异类。"淳"，谓一真。由法法皆真，故众生如也。众生本如，故能混融异类，则终日度生，不见生之可度，平等寂灭，故一一淳真。）**所遇而顺适，故则触物而一。**（以所遇皆真，故触事而真，故物物归一。）**如此，则万象虽殊，而不能自异。**（此结显一源。良由心境一如，故万法皆如，故不能自异。）**不能自异，故知象非真象。象非真象，故则虽象而非象。**（由心境不异，则万法皆空，故象非真象。诸相寂灭，则无法当情，故虽象而非象矣。）**然则物我同根**（"物"，谓境。"我"，谓心。"同根"，谓心境一如。释上观智俱泯，心境两忘），**是非一气**（"是"，谓真谛。"非"，谓俗谛。"一气"，谓真俗不二，妙契中道），**潜微幽隐**（如此境智俱忘，真俗绝待，最为深潜微密幽隐之境界，唯圣能证能知），**殆**（殊也）**非群情之所尽。**（如上所云，殊非浅智劣解者所能尽也。）

故顷尔谈论，至于虚宗，每有不同。夫以不同而适同，有何物而可同哉！故众论竞作，而性莫同焉。

此下叙异见，皆在所破，以申作论之怀也。"虚宗"，即下所引三宗，各立异见，故每有不同。大凡立论，盖为显理。今以不同之见，以适大同之理，有何法而可同哉！由各骋己见，竞论虚宗，所见不一，故论旨不同，要归至理，则毕竟难同。故得不已，造此论以破之。

何则？（征起众论）"心无"者（先叙破晋道恒心无宗），无心于万物，万物未尝无。（此叙异计也。言心无者，谓但无心趋附于万物，未达物虚，故万物未尝无。）此得在于神静，失在于物虚。

此出得失也。以心不附物，则不被外境摇动，故得在于神静。以不了万物缘生性空，故失在于物虚。以心空境有，非中道也。

"即色"者（次破晋道林造《即色游玄论》，为即色宗），明色不自色，故虽色而非色也。（此叙计也。谓青黄等色，不自为色，但因人名之为色。心若不计，则虽色而非色矣。）夫言色者，但当色即色，岂待色色而后为色哉！此直语色不自色，未领色之非色也。

此叙破也。夫凡言色者，但当在色本就是色，岂待人名彼青黄然后为色哉！"此直"下，言得失。此但言色不自色而已，未了色体本空也。以唯知依他起名假，不知圆成体真，故非正论。

"本无"者（此破晋竺法汰本无宗），情尚于无，多触言以宾无，故非有，有即无；非无，无亦无。（此叙计也。此以情好尚于无，故触事发言皆宾伏于无。故言非有，则计有亦无也；及言非无，则计无亦无也。有无俱无，将谓虚玄，不知堕于断见，未明正理，故非正论。）寻夫立文之本旨者，直以非有非真有，非无非真无耳。（此出正理也。详夫圣人立言之本意，但以非有者显物非实有，言非无者显无非绝无也。）何必非有无此有，非无无彼无。此直好无之谈，岂谓顺通事实，即物之情哉！

"何必"下，斥异见也。然非有非无，但是有非实有，无非实无，又何必执计非有为绝无此有，非无谓绝无彼无哉！然虽有无俱无，似为玄妙，此直好无之谈，未达正理，岂是顺通事物之实性，以达即物明真之旨哉！

上叙破计，下叙立论正义。

夫以物物（二物字，谓以名名物）**于物**（此物字，所名之物），**则所物**（此物字，谓所名）**而可物**（此物字，乃所名之物）。**以物物**（二物字，亦是以名名物）**非物**（此物字，亦指所名之物。言非物，如龟毛兔角等），**故虽物而非物。**（言虽有其名，无实物可得。）**是以物不即名而就实，名不即物而履真。**

将以名言论真谛，惟真谛非名言可及，故发论之初，先以名物以启端。谓以名名于有相之物，则有物可指。若以名名于非物，然非物乃无相之物，如呼龟毛兔角等，此则但有虚名，其实无物以当其名，故曰"虽物而非物"。由是观之，如说火谈冰，岂有寒热于齿颊？此物不即名以就实也。如呼龟毛兔角，岂有毛角以应求？此名不即物而履真。谓不就所呼而得实物也，是知名不就实，则有相之物皆假名。物不履真，则无状之体但虚称。《密严》云："世间众色法，但相无有余。唯依相立名，是名无实事。"物尚如此，况真谛无相，岂名言之可及乎？故下云：

然则真谛独静于名教之外，岂曰文言之能辩哉！然不能杜默，聊复厝言以拟之。试论之曰：

真谛寂寥空廓，思议之所不及，离相离名，象数所不能诠，迥出常情，故曰独静于名教之外。如此，岂语言文字所能辩哉！今为破迷执以显正理，故不能杜口缄默，聊复厝置其言以拟议之，略试论之耳。

上叙意，下正论。

《摩诃衍论》云"诸法亦非有相，亦非无相"，《中论》云"诸法不有不无"者，第一真谛也。

此引教定宗也。言诸法非有非无者，先立中道谛体也。言不有者，即俗谛不有也。不无者，真谛不无也。以俗谛假有不真故空，真谛缘生故不是实实断空，故题称不真空，含有二义，此遮二边以显中也。故立论之初，引此二论以定纲宗，发明中道第一义谛，不属有无二边也。

下依宗斥邪。

寻夫不有不无者，岂谓涤除万物，杜塞视听，寂寥虚豁，然后为真谛者乎？

此斥邪谬，先破本无一宗也。以本无宗义，谓非有，有亦无；非无，无亦无。有无俱绝，不达缘生千化之有，故堕断空。以此断空绝无一法，故云涤除万物。闻见俱泯，故云杜塞视听。古人呼此为豁达空，故云寂寥虚豁。意谓不有不无者，盖是双非二边，以显中道第一义谛，岂以豁达断空为真谛乎？古德云："宁起有见如须弥山，不起无见如芥子许。"永嘉云："豁达空，拨因果，莽莽荡荡招殃祸。"以此一宗为害甚巨，众圣所呵，正在所破，故论开端即痛斥之，急欲令人发起大乘正信也。

下显正义。

诚以即物顺通，故物莫之逆。（此显正义。言非有者，在即物以顺通其理，故物物顺理而不逆，是为非有。）即伪即真，故性莫之易。（言诸法缘生虚假，故即假即真，不必改易然后为真。若改易求真，是为析色，非真空也，故为非无。）性莫之易，故虽无而有。（不是实无。）物莫之逆，故虽有而无。（不是实有。）虽有而无，所谓非有。（结以不真故空。）虽无而有，所谓非无。（结不是实空。）如此，则非无物也（言非是绝无，正破所执），物非真物（但物非真物耳，正出论义）。物非真物（非真，即题称不真），**故于何而可物**（不可物，即题称空义）？

反覆论议非有非无，以释成不真空义，以破本无之妄计也。盖即有以明空，是谓妙空；即空以明有，是谓妙有。"不真"一语，尽大乘空义。真谛之理，妙极于斯。

故经云："色之性空，非色败空。"以明夫圣人之于物也，即万物之自虚，岂待宰割以求通哉！

此下依宗广辨，以明二谛无双，以显中道第一义谛也。文有三段：初色空不二，次真俗不二，三有无不二。

今初。色性自空，在色即是空，非色败为空。此正显色空不二也。是故圣人即万法以见性空，以万法本性自空，故不待宰割分析然后为空也。彼计本无者，岂不沦于断灭耶？

是以寝疾有不真之谈，《超日》有即虚之称。然则三藏殊文，统之者一也。

此引二经以证色空不二之义也。《净名》云："菩萨病者，非真非有。"《超日明三昧经》云："不有受，不保命，四大虚也。"非但二经明色性空义，即三藏殊文，皆显色空不二之旨，故曰统之者一也。

故《放光》云："第一真谛，无成无得。世俗谛故，便有成有得。"

次明真俗不二也。先引经约成得以定二谛。以真谛离缘，故无成得。俗谛缘生，故有成得。

夫有得即是无得之伪号，无得即是有得之真名。

此约真伪以分真俗。以真[1]俗谛缘生故假，故曰伪号。从无住本，立一切法，故无得是有得真名。

真名故虽真而非有，伪号故虽伪而非无。

此下约双非以明不二。先出所以。良由有依真立，故有而非有。真自随缘，故无而不无。

是以言真未尝有（以物即真，故未尝有），**言伪未尝无**（随缘建立故不无）。**二言未始一，二理未始殊。**（言异而旨一。）**故经云："真谛、俗谛谓有异耶？答曰：无异也。"**（正显不二。）**此经直辨真谛以明非有，俗谛以明非无。岂以谛二而二于物哉！**

"放光"已下，通明真俗不二之旨也。物，指中道理。古德云："二谛并非双，言单未曾各。"宗门谓一双孤雁，搏地高飞；一对鸳鸯，池边独立。曹洞宾主五位，正偏兼带，照用同时，虽发明向上，实显理事混融、真俗不二之旨。苟悟即真，自然得大机用矣。

然则万物果有其所以不有，有其所以不无。

此下三辨有无不二也。此以二语征起。果，实也。谓万物果有其不有，果有其不无耶？且征定，下四句释也。

有其所以不有，故虽有而非有。有其所以不无，故虽无而非无。

释不有不无义也。谓果有真空，则幻有是假，故虽有而不有。果有妙

---

[1] 真：疑衍文。

有，则无非断灭，故虽无不无。故下成正义。

虽无而非无，无者不绝虚。（非豁达断空。）虽有而非有，有者非真有。（谓是缘生假有，故非实有。）若有不即真（谓不实有），无不夷迹，然则有无称异，其致一也。

此结成有无，总显不二之义也。谓若有不是实有，当即有以观无，则无非实无，不必芟夷其迹，然后为无也。若芟夷其迹，则为析色。若绝无，则堕断灭。以真谛之理，本非有无，故称异而致一也。

上显真俗不二，下引经斥迷，以摄归真。

故童子叹曰："说法不有亦不无，以因缘故诸法生。"

引经证成，摄归真谛非有非无也。《楞严》云："真性有为空，缘生故如幻。无为无起灭，不实如空花。"以从因缘，故非有无。

《璎珞经》云："转法轮者，亦非有转，亦非无转，是谓转无所转。"此乃众经之微言也。

良以说法非有非无，故法轮转无所转。诸大乘经唯明此理，而人不达，妄执定有定无，故下斥破。

何者？谓物无耶？则邪见非惑。谓物有耶？则常见为得。

将斥迷谬，先纵显俱非也。谓法果实无，则执断之邪见非惑矣。若法果实有，则执常者为得矣。

以物非无，故邪见为惑。（此正破本无、心无二宗。）以物非有，故

常见不得。（此破即色一宗。）然则非有非无者，信真谛之谈也。

斥破迷谬，以摄归真谛也。上约三种不二，反覆核论非有非无，以祛迷执。苟契双非，不堕二边，则真谛自显矣。

故《道行》云："心亦不有亦不无。"《中观》云："物从因缘故不有，缘起故不无。"寻理，即其然矣。

此下至"显于兹矣"一段，正显不真空义。初引《道行》立义。次引《中观》，约缘生无性以明不真。论云："因缘所生法，我说即是空，亦名为假名，亦名中道义。"以从缘生是假，故不有。既从缘起，则本不有而今有之，故云不无。由假故不真，为空。以缘起故不实无，故不是真空。

所以然者（此下辨非有无），夫有若真（实也）有，有自（一向）常有，岂待缘（会聚）而后有哉！譬彼真无，无自常无，岂待缘而后无也。若有不能自有，待缘而后有者，故知有非真（实也）有。有非真（实也）有，虽有不可谓之有矣。（上释非有。）不无者，夫无则湛（凝也）然不动（变也），可（许也）谓之无。万物若无，则不应起，起则非无，以明缘起故不无也。

此约因缘以明非有非无也。谓若有是实有，则一向自有，不待缘会而后有矣。譬彼真无，亦不待缘。今既待缘生，则非实有矣。若无则湛然不动，可谓之无。湛然者，以始教相宗，不许真如随缘，谓凝然不变。故论主出此文以破执无之见，意谓真如既已随缘成一切法，则非凝然不变矣，以真如有不变随缘、随缘不变二义。

下引论证成。

故《摩诃衍论》云："一切诸法，一切因缘故应有。一切诸法，一切因缘故不应有。一切无法，一切因缘故应有。一切有法，一切因缘故不应有。"（下斥异见。）寻此有无之言，岂直反论而已哉！

此引《大论》，重释因缘义也。谓诸法既属因缘，则本非有无。是知无属因缘，则非断无；有属因缘，则非实有。寻思此言，岂但相反之论而已哉！其意特显诸法非有非无义也。良以佛说因缘二字，破尽外道断常之疑，故论宗此以斥异见。

若应有，即是有，不应言无。若应无，即是无，不应言有。

此言申相反意，谓法应是实有，则不当言无；若应是实无，则不当言有。今言非有非无者，正以假而非真，故言非有非无耳。
下释异同。

言有，是为假有以明非无，借无以辨非有。此事一称二，其文有似不同，苟领其所同，则无异而不同。

此释异同以明不二也。今言有无者，但是假借有无，以明非无非有耳。非实有有无作实法也。其实一体，但称说似有不同。苟能领会一真之理，则万法唯真，无异而不同也。
下显不真空义。

然则万法果有其所以不有，不可得而有；有其所以不无，不可得而无。

此辨双非以显不真空义也。谓万法实不有，岂可强执为有耶？诸法果不无，岂可强执为无耶？故不可定执为有为无也。

何则？（征释双非。）欲言其有，有非真（实也）生；欲言其无，事

象既形。象形不即无，非真非实有。然则不真空义，显于兹矣。

此显双非，结归不真空义，以呈观体也。若言实有，则缘会而生，本自无生，故非真实生也。若言实无，则缘起即形，随缘成事，则非实无也。二者皆非真实，故题称曰不真空，义显于兹。良以不真故空，故非实有绝无也。

前约缘性无生以明不真竟，下约名实无当以明不真。

故《放光》云："诸法假号不真，譬如幻化人，非无幻化人，幻化人非真人也。"

此引经证成不真义也。彼经二十七云："须菩提，名字者不真，假号为名。"以假故不真，谓但非实有、非绝无也。故如幻化人，非无幻化人，但非真人耳。

夫以名求物，物无当名之实。以物求名，名无得物之功。

此以假名释非有非无也。以名求物，如呼木贼、地龙等物，岂有真贼、真龙以当其名耶？以物求名，如召火呼冰，岂实有寒热以及齿颊耶？足知名实无当。

物无当名之实，非物也。名无得物之功，非名也。是以名不当实，实不当名，名实无当，万物安在？

名实无当，则名相元虚。求物而不可得，则妄想不有。此心境两空，真俗不立，中道之旨，于是乎显矣。

下斥迷返悟。

故《中观》云："物无彼此。"而人以此为此，以彼为彼。彼亦以此为彼，以彼为此。

《中论》第四云："诸法实相，无有彼此。"意显法本一真，元无彼此。由人妄执，故起是非。三祖云：良由取舍，所以不如。

此彼莫定乎一名，而惑者怀必然之志。然则彼此初非有，惑者初非无。

此出迷者双执也。如两人东西对立，同观一标，东者谓在西，而西者谓在东。然标实无东西，迷人妄执为必然，此惑之甚也。故彼此未始有，惑者未始无。由是观之，诸法本无，而迷者妄执为定有定无，正此意也。

既悟彼此之非有，有何物（彼此）而可有（执也）哉！故知万物非真，假号久矣。

此言悟则是非两忘，自离有无之执也。既悟物无彼此，则知法非有无，但有假名，元无实义。

是以《成具》立强名之文，园林托指马之况。如此，则深远之言，于何而不在？

此引内外微言，以结属忘言之妙也。《成具》云："诸法无所有，强为其名。"园林，即漆园，庄周尝为此吏，故以地指人也。指马之喻，《齐物论》云："以指喻指之非指，不若以非指喻指之非指。以马喻马之非马，不若以非马喻马之非马。天地一指也，万物一马也。"意谓物论之不齐者，盖由人之各执是非之见也。以指喻指等者，谓人以己之初指，喻彼之次指，为非同己之指，以为必然。若易而观之，则彼之执次指者，又以己之初指为非矣。马即双陆之马，戏筹也。意亦如指。意谓指马本无是非，而人妄执彼此为必然，岂非惑耶？以譬诸法实相，岂有自他，而人迷执为有无，亦犹是也。苟能忘言契理，则彼此情忘，是非齐泯，有何法可当情乎？《成具》则妄想元空，园林则是非无主，故曰"深远之言，于何而不在"。

是以圣人乘千化而不变，履万惑而常通者，以其即万物之自虚，不假虚而虚物也。故经云："甚奇世尊！不动真际，为诸法立处。"非离真而立处，立处即真也。

此结归中道第一义谛也。以圣人证穷真谛，故异类分身而不动真际，故千化不变，入众生界而不被烦恼所碍，故万惑常通。以其万法即真，故不假分析而后为虚也。故引经证成，由不动真际而建立诸法，故立处即真。

然则道远乎哉？触事而真。圣远乎哉？体之即神。

此结归一心，以明圣人之实证也。初云"目对真而不觉"，以道在目前，故不远；以不觉，则迷之为凡，悟则为圣。是知了悟实相常住，则顿超生死，永证无为，故曰体之即神，不假外也。

不真空论（终）

肇论略注卷三

明 匡山沙门憨山释德清 述

般若无知论第三

"般若"者，此云智慧，乃诸佛妙契法身之实智也。经云"诸佛智慧，甚深无量"，即此名为根本智。法界幽玄，非此莫鉴，故称本智。然三乘同乘此智为因，但心有大小不同，故唯佛为极。以前《不迁》、《不真》二论，以显真俗不二之真谛，为所观之境。今此般若为能观之智，谓以无知之般若，照不二之中道，以此为因，将证不生不灭之涅槃为果，故次来也。

然般若唯一，其用有三：一、实相般若，以般若乃诸法之实相故。二、观照般若，即中道妙心之实智，照中道之妙理，理智冥一，平等如一，故理事双彰，权实并显。是为因心果德，故名二智。三、文字般若。以诸佛言教，乃般若所流，故一一文字能显总持，要即文字以明般若。此般若义也。

"无知"者，有二义：一离妄，谓本无惑取之知。二显真，有三义：一、本觉离念，灵知独照，知即无知。二、始觉无知，谓穷幽亡鉴，抚会无虑，故无对待之知。三、文字性空，非知不知。然虽三义，盖以真谛无相，亡知绝鉴，照体独立，正无知义也。

什师初译《大品》，论主宗之以造此论，以呈什师。师曰："吾解不谢子，文当相揖耳。"后传至匡山，刘遗民以呈远公，公叹曰："未曾有也！"当时见者，靡不服膺。

夫般若虚玄者，盖是三乘之宗极也，诚真一之无差。

此标宗极也。虚玄，正显无知，以幽灵绝待，故谓之虚；亡知绝照，故谓之玄。三乘同禀此智，但以取不取、知无知之差，所谓心有大小耳，其实所宗，以此为极。所谓不二真心，故曰真一无差。

然异端之论，纷然久矣。

此述造论之本意也。语曰："予岂好辩哉！不得已也。"故造论之意，本为摧伏邪见，以正智未明，不得不为之论耳。

有天竺沙门鸠摩罗什者，少践大方，研机斯趣，独拔于言象之表，妙契于希夷之境。

此出师承有本也。梵语鸠摩罗什，此云童寿，以童年而有耆德，故有此名。师本龟兹国王之甥，以其父鸠摩罗炎本天竺人，今从本称。天竺，亦云身毒，亦名印土，有五，乃婆罗门所居，佛出其中。"大方"，指般若。什师学本生知，年方二十，即为国王讲般若经论，故云少践大方。妙悟玄猷，故曰"研机斯趣"。以般若离言，故拔言象之表；离相离名，非见闻所及，故曰妙契希夷之境。"希夷"二字，出《老子》，言妙悟超卓。今翻译《大品》，论主亲承禀受，妙契玄旨，故造斯论。

齐异学于迦夷，

"齐"，集也，犹《齐物》之齐。迦夷，亦名迦维，乃佛生之国。佛灭度后，异学纷然。什师名播五天，彼多宗仰，故云集也。

扬淳风于东扇。将爰烛殊方而匿耀凉土者，所以道不虚应，应必有由矣。

此叙什师入中国之由也。此时道安法师名震当代，秦主符坚以师尊之，称为圣人。安曰："贫道非圣。闻龟兹国有罗什者，真圣人也。"坚闻之，欣慕不已，乃遣大将军吕光，率铁甲兵十万伐龟兹以迎师。光将兵至国，围其都城。王致辞曰："下国与大秦辽远，俗不相及，何以见伐？"光曰："大秦天王所以命师伐王之国者，非为土地之利也。因闻王国有圣人鸠摩什，将迎归供奉耳，非别有所图也。"王曰："什乃予国之宝也，安肯弃之？余则唯命是听。"遂坚壁。光围久之，王城益急，什请曰："岂以贫道一人之故，而举国受困，非利也。愿请以行。"王不听，什曰："会当归耳。"王无已，遂遣师同光行，是谓"扬淳风于东扇"也。光至凉，闻姚苌弑坚自立，国号后秦，光亦据凉自王，国号西凉。时什师未及入秦，遂居于凉。光无良，多困辱师，无以自见，故曰"将爰烛殊方"，而未显，留滞于凉，故曰"匿耀凉土"。以既来而致困，其道不行，故曰"道不虚应，应必有由矣"。

弘始三年，岁次星纪，秦乘入国之谋，举师以来之，意也北天之运，数其然也。

此叙什师得时行道之由也。姚苌弑坚，在位八年，而什师亦被困于凉。偶坚领鬼兵入宫，刺苌中阴，出血石余而崩。子兴嗣立，降帝号而称天王，意盖宗尊周制也，改元弘始。丑月为星纪，以月纪年也。什师在凉十一年矣，时因殿庭生连理树，逍遥园葱变成茞，咸谓智人入国之瑞。知师在凉，秦主乃遣姚硕德伐凉。光已薨，其子吕隆嗣立。兵至，大败之，隆即降。遂表奉师至，秦主深礼重焉，故曰"秦乘入国之谋，举师以来之"。《大品》云："般若于佛灭后，先至南方，次至西方，次至北方，大盛于震旦。"震旦在天竺东北，故曰"北天之运，数其然也"。谓法运时数，当其然耳。

大秦天王者，道契百王之端，德洽千载之下，游刃万机，弘道终日。信季俗苍生之所天，释迦遗法之所仗也。

此叙明时什师行道之会也。"天王"乃兴自称，故时并尊之。"百王"，指尧舜以下。"端"，谓百王首，以无为为治也。"洽"，沾润也，意称弘法之德，流润千载之下也。"游刃"，语出《庄子》，庖丁解牛，游刃其间，恢恢乎有余地。此称秦主才智有余，虽万机丛错，迎刃而解，恢有余地，故不妨弘道终日也。谓此圣主，信为末法苍生之所天。"苍生"，犹言赤子。"天"，称父母为天，谓养育群生如一子也。佛临灭时，将佛法付嘱国王大臣。非仗大力外护，法难久住，故为遗法之所仗也。

上叙弘法之主，下叙弘法之事。

时乃集义学沙门五百余人于逍遥观，躬执秦文，与什公参定方等。其所开拓者，岂谓当时之益，乃累劫之津梁矣。

此叙秦主弘法之事也。逍遥观，乃秦主游宴之所。什师至国，遂延于此中以译诸经。后因秦主赐什宫人，乃别构草堂以居之，即今之草堂寺。什师宣梵，秦主亲执文对译。方等诸经，乃所译也。开拓，如开疆拓土，以佛法初开荒邈，不唯以益当时，实为累劫之津梁也。

余以短乏，曾厕嘉会，以为上闻异要，始于时也。

此论主自叙闻法之时也。短乏，谦辞，谓才短德乏。滥厕嘉会，上闻般若玄旨异常心要，始于此时也。

上叙来义，下显正宗。

然则圣智幽微，深隐难测，无相无名，乃非言象之所得。为试罔象其怀，寄之狂言耳，岂曰圣心而可辩哉！试论之曰：

正宗之初，据理出意。将欲制论，先示般若玄旨，非言论可及也。经云："诸佛智慧甚深无量，其智慧门难解难入，一切声闻、辟支佛所不能知，不退菩萨亦不能测。"故曰"圣智幽微，深隐难测"。般若之体，离相离名，岂言象之所得哉！今欲论之，试罔象其怀，寄之狂言耳。罔象，语出《庄子》，黄帝遗其玄殊，使智索之而不得，使罔象索而得之。谓虚无其怀，乃可与智相应也。狂言，亦出《庄子》，谓大而无当之言。盖谦辞也，意谓试以狂言拟之，非敢谓圣心可辨也。

《放光》云："般若无所有相，无生灭相。"《道行》云："般若无所知，无所见。"

此引二经以定宗也。《放光》，即《大品》也，两译文异。二十卷云："般若无所有相。"第十五云："般若波罗蜜，不生不灭相。"《道行》第一云："般若当从何说？菩萨都不可得见，亦不可知。"此约义引也。以般若体绝诸相，故云无所有相。寂灭湛然，故云无生灭相。真知独照，故无所知。绝诸对待，故无所见。般若如此，岂名言之可到哉！
下依宗辨用。

此辨智照之用，而曰无相无知者，何耶？果有无相之知，不知之照，明矣。

此征显般若实相之体，以为发论之端也。"此"者，指上引二经，乃辨智照之用。既有智有用，则应有相有知可也，而云无相无知者，何耶？由是观之，实有离相之知，亡知之照，明矣，但非心识思量可及也。

何者？（征显上义。）夫有所知，则有所不知。（此凡情也。）以圣心无知，故无所不知。不知之知，乃曰一切知。故经云"圣心无所知，无所不知"，信矣！

此征明无知之义也。约理而推，夫有所知之境，则滞于一缘，则有不知之地。此心境未泯，对待未忘，乃凡情也。拟之圣心则不然。以圣心虚灵绝待，境智双忘，能所俱绝，是为无知。以无知之知，光明遍照，故无所不知。以不知之知，故曰一切知。故《思益经》云"圣心无所知，无所不知"，信矣。由无所知，故无所不知耳，岂有心之知而可及哉！

是以圣人虚其心而实其照，终日知而未尝知也。故能默耀韬光，虚心玄鉴，闭智塞聪，而独觉冥冥者矣。

此释圣心无知之所以也。以圣人惑无不尽，故虚其心；真无不穷，故实其照。此实智内证也。由内证之实，故权智外应，则终日知而未尝有其知也。由其体用双彰，权实并运，故能默耀韬光，不用其知；虚心玄鉴，故无幽不烛。所以外应群动，则忘知泯照，闭智塞聪，不有其知；而内与理冥，真知独照，故曰独觉冥冥。此所谓无知无所不知也。

然则智有穷幽之鉴而无知焉（实智内证），**神有应会之用而无虑焉**（权智外应）。**神无虑，故能独王于世表；智无知，故能玄照于事外。**

此分别观照以显权实二智也。实智照理，故有穷幽之鉴；照体独立，心境两忘，故无知焉。"神"，权智也，俯顺群机，故有应会之用；无思而应，故无虑焉。无思而应，则物不能累，故独王于世表。智无知，则境与心会，触事而真，故能照于事外。是以不住无为，不舍有为，权实双彰，齐观并照，此圣人之心也。

智虽事外，未始无事。神虽世表，终日域中。所以俯仰顺化，应接无穷，无幽不察而无照功。斯则无知之所知，圣神之所会也。

此释成二智并运之所以也。以触事而真，故智虽事外，而未始无事。以神虽世表，不舍度生，故终日域中。由夫二智齐观，所以圣人俯仰顺化，故权智应接无穷而不累，实智无幽不察而无照功。此其所以为圣智无知之所知，乃圣智神心之所冥会也。以此而观圣心，则般若之旨昭然矣。

然其为物（体也）也，实而不有，虚而不无。存而不可论者，其唯圣智乎？

此申明般若体绝有无也。般若本有真实之体，但无相而不可见，故云"实而不有"。虚灵湛寂而照用常然，故云"虚而不无"。"存而不可论者"，义引《庄子》，六合之外，圣人存而不论，以明般若非常情知见之境，故但当存之而不可论，以非言可及也。

何者？（征也。）欲言其有，无状无名。欲言其无，圣以之灵。

此明般若不属有无也。欲言是有，则无相状，而不可以名貌；欲言其无，而圣人玄鉴万机，应用不缺，故不可以有无名也。

圣以之灵，故虚不失照。无状无名，故照不失虚。

此下明般若寂照一源，体用双彰，权实并显也。虚不失照，则寂而常照，故体不离用。照不失虚，则照而常寂，用不离体。

照不失虚，故混而不渝。虚不失照，故动以接粗。

此正明权实并著也。由照不失虚，故权智外应，混融万物，而其体湛然而不变。"渝"，变也。由虚不失照，故实智内证，而不舍度生。"粗"，谓现身三界，随类而应。是以照弥深，用弥广。

是以圣智之用，未始暂废，求之形相，未暂可得。

此结成寂照同时之义也。由其权实不二，故圣人弥纶万有，潜历四生，未曾一念舍众生界，其实求其智用之迹而不可得。

故宝积曰："以无心意而现行。"《放光》云："不动等觉而建立诸法。"所以圣迹万端，其致一而已矣。

此引二经结成寂照一源之义也。若圣人有心作为，则有形相而可得。由无心意而现行，故现身如水月，说法如谷响，虽可见可闻，其实求之而不可得。由不动等觉而建立诸法，故不离当处而法界弥纶。所以圣迹万端，皆法身弥布，故云其致一而已矣。

是以般若可虚而照，真谛可亡而知，万动可即而静，圣应可无而为。斯则不知而自知，不为而自为矣。复何知哉！复何为哉！

此总结般若寂照不二，存泯互融也。由上论圣心如此，体用双彰，故般若体虽至虚，可以即虚而照。"亡"，绝也。真谛之境虽绝相，可以即绝相而知。万动虽纷，可以即动而静。圣应虽无为，可以即无为而为。如此，则圣智不知而自知，不为而自为矣。由其存泯互融，故体用不二也。上显双存，下显双泯。"复何知哉！复何为哉！"其实无知无为也。

上本论竟。下问答决疑，有十八段。

难曰：（一、有知不矜难。由前云"智有穷幽之鉴而无知焉，神有应会之用而无虑焉"，故蹑此二句以兴难。意谓既有知有会，岂可言无知无会也，但圣人有知而不矜耳。）夫圣人真心独朗，物物斯照，应接无方，动与事会。物物斯照，故知无所遗；（万境齐观。）动与事会，故会不失机。（有感即赴。上领旨也，下叙计。）会不失机，故必有会于可会；（谓必定有机可会。）知无所遗，故必有知于可知。（谓必有能知之心，知于可知之境。）必有知于可知，故圣不虚知；必有会于可会，故圣不虚会。

（谓既有知有会，必有可知可会之境。此则知不虚知，会非虚会矣。下正难。）**既知既会，而曰无知无会者，何耶？**（此正申难也。既有知有会，而曰无者，岂不谬耶？下叙救。）**若夫忘知遗会者，则是圣人无私于知会，以成其私耳。**（此叙救也。谓若以忘知遗会为救者，则是圣人虽有知会，而不自矜恃为己能，返以成其知会之名耳。无私成私，语出《老子》"后其身而身先，外其身而身存"，不自贵爱其身而身返存。谓圣人但以不矜其知会为己私，故人以知会归之，其实非无知会也。）**斯可谓不自有其知，安得无知哉！**（此转破也，谓如所救云圣人不矜恃知会为己长，斯可谓不自有其知，岂得谓无知哉！○下约知无知相答。）

答曰：（约真谛可亡而知以答。先立理。）**夫圣人功高二仪**（仁也）**而不仁**（大仁不仁），**明逾日月而弥昏。**（功高，谓权智应物。明逾等，谓实智证真。无为而应故不仁，不虑而知故弥昏。）**岂曰木石瞽其怀，其于无知而已哉！**（此拣异无情也。若谓无知，不同于木石。）**诚以异于人者神明，故不可以事相求之耳。**（此拣异有情也。若谓有知，不同凡夫。）**子意欲令圣人不自**（矜恃）**有其知，而圣人未尝不有知**（此牒审难意，若以此为得者），**无乃乖于圣心，失于文旨者乎？**（总责不但不知圣心，抑且失于文旨。）

何者？（征释通难。）**经云："真般若者，清净如虚空，无知无见，无作无缘。"斯则知自无知矣，岂待返照**（绝无）**然后无知哉！**（此引经证成般若但无惑取之知，非绝无真知也。义引《大品》等文。言真般若者，意在离妄，以体绝纤尘，故清净如空；以无惑取，故无知无见；以非有为，故无作无缘。以此而观，则般若真知独照，知自无知耳，岂待泯绝灵明，然后为无知哉！）**若有知性空而称净者**（此牒转救也，谓若以般若实实有知，但以性空而称净者），**则不辨于惑智。**（此返责也，谓若以般若性空为净者，则不辨于惑智，以烦恼亦性空，岂称般若哉！）**三毒四倒亦皆清净，有何独尊于般若？**（若谓般若以性空为清净者，则三毒四倒亦皆性空，如此则真妄不分，有何独尊于般若哉！）**若以所知**（真谛）**美般若**（此叙转救也，谓若以所知之真谛清净，以此美般若为清净者），**所知**（真谛）

非般若。（真谛为所观之境，般若为能观之心，心境不一，故非般若。）
所知自常净，故般若未尝净（谓若以真谛清净美般若者，然在真谛体固常
净，今为所观，则对待未忘，是般若未尝净，则是真谛返累于般若），**亦
无缘**（因也）**致净叹于般若。**（若真谛有累于般若，则亦无因以净致叹于
般若。下正释。）**然经云般若清净者，将无**（岂非）**以般若体性真净，本
无惑取之知。本无惑取之知，不可以知名哉！**（此正释经义也。经云般若
清净者，岂非以般若性净，本无惑取之知。既无惑取之知，是不可以真知
名哉！但无妄知，非无真知也。如此）**岂唯无知名无知，知自无知矣。**（何
独以绝然无知为无知，良以真知自无妄知耳。）

是以圣人以无知之般若，照彼无相之真谛。真谛无兔马之遗，般若无
不穷之鉴。所以会而不差，当而无是，寂泊无知而无不知者矣。

此结答问意也。谓能观之智无知，所观之理无相。以无知之智，照无
相之理，故心境如如，一道齐平，所以理绝三乘之迹。"兔马"，三乘浅
深之喻也。而般若照彻无余，故无不穷之鉴。如此，所以权智应会群机而
不差，触事当理而无是；实智则寂然不动，泊然无为，故无知而无不知矣。
圣智如此，岂以不矜其知为无知，又岂绝然无知为无知哉！

难曰：（此二名互违难。问家约俗谛以名求实，以难名实相违。下约
二名顺成以答。）**夫物无以自通，故立名以通物。**（物本非名，因名以达
物。）**物虽非名，果有可名之物当于此名矣。**（名不虚召，必有物以当之。
如呼甲乙，则有人以应之。）**是以即名求物，物不能隐。**（此立理也。以
俗谛有名必有物，设难般若，既有其实，而今云无知者，是空有其名而无
实也。次申难。）**而论云圣心无知，又云无所不知**（此出互违），**意谓无
知未尝知，知未尝无知，斯则名教之所通，立言之本意也。**（难者意：若
言无知，则未尝有知；若言有知，则未尝无知。此是名教立言之旨也。）
然论者欲一于圣心，异于文旨。寻文求实，未见其当。（此正相违也。若
圣心是一，则不应名异。）**何者？若知得于圣心，无知无所辨。若无知得**

于圣心，知亦无所辨。若二都无得，无所复论哉！（此征难圣心定应居一也。谓知契于圣心，则不必言无。若无知契于圣心，则不必言有。若有无俱不契，则无复置论矣。今言知而无知，二语相违，岂正论哉！）

答曰：（二名顺成答，约真谛无相，故知不可以名求，以破。）经云："般若义者，无名无说，非有非无，非实非虚。虚不失照，照不失虚。"斯则无名之法，故非言所能言也。（此引经立理以遮难也。然难者以名求实，故责有无互违。今引经义，谓般若无名，故不可以实求；无说，故不可以言得。以有无虚实一切皆非，但以体虚而不失照用，虽照应万有而不离真际。此无名之法，固不可以言传也。）言虽不能言，然非言无以传，是以圣人终日言而未尝言也。今试为子狂言辨之。（道本无言，非言不显。圣人处绝言之道，故终日言而未尝言。今试狂言以辨之，盖言其无言也。）

夫圣心者（下正答，初显圣心有无双绝以遣名），微妙无相，不可为有（圣心实智离相，不比俗谛，可以名求）；用之弥勤，不可为无（权智应用，会不失宜，不比外道断灭）。不可为无，故圣智存焉（灵知独照）；不可为有，故名教绝焉（但以虚而照物，虽大用昭昭，而言诠不及，名言路绝）。是以言知不为知，欲以通其鉴（以虚而照，所以言知不是真个有知，但假知字以通晓其鉴照之用耳）；不知非不知，欲以辨其相（言不知不是绝然无知，但以"无"字以辨无惑取之知相耳）。辨相不为无（但无妄知之相，不是绝无真知），通鉴不为有（但以虚而照物，故非有知之可取）。非有，故知而无知（以真照体虚，故虽知而无知）；非无，故无知而知（言非无者，以无妄知，故真知弥照）。是以知即无知，无知即知，无以言异而异于圣心也。（良以圣心真穷惑尽，真知独照，不堕有无，岂可以遮遣之寄言而异于圣心哉！）

难曰：（以缘会求知难，谓真谛为所缘之境，既有所缘，定有能缘之智，非无知也。）夫真谛深玄，非智不测。圣智之能，在兹而显。（言非智不能照真谛。）故经云："不得般若，不见真谛。"真谛则般若之缘也（境智历然）。以缘求智，智则知矣。（谓真谛为所缘之境，般若乃能缘之智。以缘求智，智即知矣，岂无知哉！此以心境对待立难。）

答曰：（此以非缘无知答，意谓真谛离缘，故智亦非知。）**以缘求智，智非知也。**（此牒难斥非也。谓若就缘以求智，然真谛离缘，故智亦非知。）**何者？**（征释。）**《放光》云："不缘色生识，是名不见色。"**（文云："不以五阴因缘起识者，是名不见五阴。"谓不因五阴起分别者，以离身心，故不见身心相。此则离缘之知，不可以缘求也。）**又云："五阴清净故般若清净。"**（清净者，空之异称。以五阴本空，故般若亦空，空则离缘，非有知也。）**般若即能知也，五阴即所知也，所知即缘也。**（此楷定知缘，以明离缘无知也。谓若以缘求知，今般若乃能缘之知，五阴乃所缘之境。今云五阴本空，则非所缘也。所缘既空，则能缘亦空，以空则非有所知。由照见皆空，故知即无知，但不从缘耳。）**夫知**（能知之心）**与所知**（所知之境），**相与**（待也）**而有，相与而无。相与而无，故物**（物字通该心境）**莫之有；**（心境皆真故不有。）**相与而有，故物莫之无。**（心境角立，故对待不无。）**物莫之无，故为缘之所起。**（心境未忘，则妄缘斯起。）**物莫之有，故则缘所不能生。**（心境两忘，则照体独立，不因境有，不借缘生。）**缘所不能生，故照缘而非知。**（以离缘之智，照寂灭之境，故非有所知。）**为缘之所起，故知缘相因而生。**（以对缘所起之妄心，故心境未忘，知缘相因待而生。此妄而非真。下双结释成。）**是以知**（妄知）**与无知**（真知），**生**（因也）**于所知**（境通真妄）**矣。**（释上心境相待而有，故妄心取相故有知，以真知离缘故无知。此所以知与无知皆因心境，但有取不取耳。）**何者？**（通征真妄。）**夫智**（真智）**以**（因也）**知所知**（之境），**取相故名知。**（以有对待，故名妄知。）**真谛自**（本来）**无相**（无相可取），**真智何由知？**（以真谛离相，故真智无知，以无缘故无知也。○次真妄各辨，初辨妄）**所以然者**（释真妄各有所以），**夫所知**（之妄境）**非所知**（以妄境本空，故本非所知），**所知**（之妄境）**生**（因也）**于知**（能知之妄心）。**所知**（妄境）**既生知**（妄心），**知**（妄心）**亦生所知**（妄境）。**所**（妄境）、**知**（妄心）**既相生**（妄心、妄境相因而生），**相生即缘法**（心境相待，因缘而生，故对待未忘，是为缘法），**缘法故非**

真（缘生之法假而非真），**非真故非真谛也。**（难家以真谛为所缘之境，今答以缘生乃妄法，非真谛也，何为所缘？）**故《中观》云**（通证真妄）：**"物从因缘有故不真**（此证缘乃妄法），**不从因缘有故即真。"**（此证离缘乃真。○下显真）**今真谛曰真，真则非缘。**（真则不借缘生。）**真非缘**（真谛既非缘）**故，无物从缘而生也。**（前难家以缘真谛，故以般若为有知。今论主答以真谛离缘，离缘之真谛，岂能生般若之知哉！"从缘"，应云"从非缘"，谓无有一法从非缘而生者，意责难者不达真谛离缘而妄拟也。）**故经云："不见有法无**（非也）**缘而生。"**（证成上义，非缘不能生物，则真谛离缘，必不生知矣。）**是以真智观真谛，未尝取所知。**（谓真智照真谛，未尝取为所知之境。）**智不取所知，此智何由知？**（谓真智既不取所知之境，则此智何由而知哉！）**然智非无知**（此遮过也，谓真智但不取所知之境耳，非是绝无知体也。良以独照为知，非有待也），**但真谛非所知**（但真谛无相，非所知之境耳），**故真智亦非知。**（由真谛非所知，故真智亦非知。此二句结尽般若无知之妙。○下返责）**而子欲以缘求智，故以智为知。**（然智无分别，知有分别。以知为智，则真妄不分，何以兴难？）**缘自非缘，于何而求知？**（由难意以缘求知，今答以真谛离缘。然缘本非缘，向何而求知哉！此则境智双忘，能所齐泯，般若玄旨，妙极于斯。）

难曰：（前云不取之知，今以有知无知不取皆非，二义双关难。）**论云不取者**（牒论申难），**为无知故不取，为知然后不取耶？**（立定下难。）**若无知故不取，圣人则冥若夜游，不辨缁素之异耶？**（此则瞢然无知。）**若知然后不取，知则异于不取矣。**（谓若有知，则有所取之物。此则既已有知，难言不取矣○上以心境两异难，下以心境冥一答。）

答曰：（有无双非不取以答。）**非无知故不取，又非知然后不取。**（有无皆非不取。）**知即不取，故能不取而知。**（此明两是，谓由知处当下不取，故能不取而知。）

难曰：（因闻上心境皆非，故约不取心境俱成断灭以难。）**论云不取者，诚以圣心不物**（不取著也）**于物，故无惑取也。**（上立理，下申难。）**无取则无是**（是者印可于物不缪之称，能知之心也），**无是则无当**（当者应物不谬，主质不差，言所知之境也），**谁当圣心**（谓无境可知，谁当圣心？无境可当，岂非断灭）**而云圣心无所不知耶？**（谓无境可当圣心，则绝然无所知矣。而云无所不知，岂不谬耶？）

答曰：（以是当混成答。）**然。**（纵可之辞。）**无是无当者**（牒难意），**夫无当则物无不当**（言当者，当心之境也。若一境当心，则滞而不通。若无当心，则境寂心空，真心任遍知，故无物不当），**无是则物无不是**（谓无能取之心，则心空境寂，法法皆真，故物无不是）。**物无不是，故是而无是。**（了境唯心，则心境两忘，是非齐泯，故是亦无是。）**物无不当，故当而无当。**（以唯心之境，则更无心外境，能与心为缘，故虽照境而万法皆空，故当而无当。）**故经云："尽见诸法而无所见。"**（以万法唯心，则无一法可当情者，故尽见诸法而无所见。）

难曰：（闻心境俱泯，遂疑舍有入无，故以立难。）**圣心非不能是，诚以无是可是。**（叙圣心舍有以领旨也。）**虽无是可是**（纵成），**故当是于无是矣**（以为入无）。**是以经云"真谛无相故般若无知"者**（引证无知，此述领意），**诚以般若无有有相之知。**（此释经正义，下以谬解申难。）**若以无相为无相，有何累于真谛耶？**（意谓若以有相累于般若，今若以无相为无相，又何累于般若耶？此不达般若真知独照，故以绝无为般若。）

答曰：（难以舍有入无，答以兼亡无相。）**圣人无无相也。**（难家认取无相，答以无相亦无，总答问意也。）**何者？**（征释无相亦非。）**若以无相为无相**（若认著于无相，则心有所住。圣心则不然），**无相即为相。**（若取著无相，则无相亦成相。永嘉云："弃有著空病亦然"。）**舍有而之无，譬犹逃峰而赴壑，俱不免于患矣。**（犹如避溺而投火，此外道断灭也。圣心岂然哉！下申圣心无住。）**是以至人处有而不有，居无而不无。**（虽涉有无而不住有无，所谓二边不住。）**虽不取于有无，然亦不舍于有**

无。（有无不住，中道亦不安。）所以和光尘劳（《老子》曰：和其光，同其尘），**周旋五趣**（此能有为），**寂然而往**（不动本际，应现一切），**泊尔而来**（万化不迁，冥心绝域），**恬淡无为而无不为。**（圣人以无住为心，岂可以有无而拟之哉！）

难曰：（难以权智生灭。以不达动静一如，故立此难。）**圣心虽无知，然其应会之道不差**（此领旨也），**是以可应者应之，不可应者存之。**（此疑圣心有拣择可否，故以为有生有灭。）**然则圣心有时而生，有时而灭，可得然乎？**（不了生本无生，故立此难。）

答曰：（答以圣心本无生灭。）**生灭者，生灭心也。**（此凡夫心也，圣岂然哉！）**圣人无心，生灭焉起。**（真显无生。）**然非无心**（不同木石无情），**但是无心心耳**（但无生灭之心为心耳）。**又非不应**（不同孤吊），**但是不应应耳。**（但是随感而应，本无将迎之心也。）**是以圣人应会之道，则信若四时之质。**（质，实也。由圣人之心，无缘应物，感而遂通，如谷响水月，故信如四时之实，应不失时。）**直以虚无**（寂灭）**为体。斯不可得而生，不可得而灭也。**（以寂灭真知随缘应现，故本无生灭。）

难曰：（闻无生灭，不达惑智俱空，故以申难。）**圣智之无，惑智之无**（前云圣智无惑取之知，故疑惑智之无），**俱无生灭，何以异之？**（谓根本实智，灵鉴独照，本自无知，故云圣智之无。后得权智，照破无明，妄惑本空，故无惑取之知。二者皆无，不识无义何辨，故此兴难。）

答曰：（先智惑双辨，示空义之浅深。）**圣智之无者，无知。**（真知独照，心境两忘，故云无知。）**惑智之无者，知无。**（权智照破惑取之妄知本无，故曰知无。）**其无虽同，所以无者异也。**（圣智天然无知，不假功勋，惑智因修而得，故无意虽同，所以则异。）**何者？**（征释不同。）**夫圣心虚静，无知可无，可曰无知，非谓知无。**（圣人真心独朗，寂然不动，绝无妄法，故无知可无，但可曰无知，不可言知无。）**惑智有知，故有知可无，可谓知无，非曰无知也。**（后得照惑，了妄本空，但可言知妄元无，不可言无知。）无知，即般若之无也。（般若本绝诸妄，故不可说知无。）知无，即真谛之无也。（知无者，谓知真谛无妄知也。）是以般若之与真谛（此下心境合明，会寂用之同异。先同异双明），言用即同而异（即寂而照），言寂即异而同（即照而寂）。同故无心于彼此（心境也，同则心境双泯），异故不失于照功（境智历然）。是以辨同者同于异（同其所不同），辨异者异于同。（异其所不异。此则心境俱存，照用同时。）斯则不可得而异，不可得而同也。（以俱非双泯，故不可以同异定名。）何者？（微辨寂用。）内有独鉴之明（照体独立，寂也），外有万法之实（万法皆真，用也）。万法虽实，然非照不得（万法虽真，非智照不得其实），内（心也）外（境也）相与以成其照功。（智得境而照用全彰，境得智而真常独露，故云内外相与以成其功。）此则圣所不能同，用也。（非境无以显智，故不能同。）内虽照而无知（非有对待之知），外虽实而无相（诸法实相不可以相求，故云无相），内外寂然（内智无知，外境无相，心境双泯，故曰寂然），相与俱无。（由心空故境寂，以境寂故心空，故心境相与一道齐平。）此则圣所不能异，寂也。（寂则心境双亡，故不能异。）是以经云诸法不异者，岂曰续凫截鹤，夷岳盈壑，然后无异哉！（引证本来不异也。《大品》云："诸法无相，非一相，非异相。""岂曰"下，引释不异。《庄子》曰："凫胫虽短，续之则忧。鹤胫虽长，断之则悲。"谓天生长短，不必裁齐。岳高壑下，本来自定，不必夷岳之高，以填壑之下。意引诸法当体真常，本无差别，所谓是法住法位，世间相常住。不待造作，然后齐平。谓若以不二之智，照一真之境，故法法真常，本来不异。斯则自然不异，非安排而后不异也。）诚以不异于异，故虽异而不异也。（不以境异而异其心，故境随心一，即异而同，故云虽异而不异。）故经云："甚奇世尊！于无异法中而说诸法异。"（谓依一真法界，演说无量差别法门，故云无异法而说异法。）又云："般若与诸法，亦不一相，亦不异相。"信矣！（引证不一不异。《大品》云："世尊，云何于无异法中而说诸法异？"又云："诸法无相，非一相，非异相。"是知诸法一异，乃外道邪见。以般若而观，则非一非异。实相般若，理极于斯。）

难曰：（因闻寂用，遂疑有二，故此立难。）论云：言用则异，言寂则同。未详般若之内，则有用寂之异乎？（不达动静一源，故疑寂用两殊。）

答曰：（答以寂用一致。）用即寂，寂即用。用寂体一，同出而异名（同出异名，语出《老子》。彼意有无同出一玄，此言寂用本乎一心，但约动静言之耳），更无无用之寂而主于用也。（言寂体必有照用，如明镜之光，未有光明之镜而无照者。）是以智弥昧，照逾明。（此言实智照理，泯绝所知，故弥昧。真明逾发，故照逾明。此言即寂之用也。）神弥静，应逾动。（由实智弥寂，故权用无方。此言用不离体，故云应逾动。）岂曰明昧动静之异哉！（总结寂用不二。）故《成具》云："不为而过为。"（此证权智即实之权。）《宝积》曰："无心无识，无不觉知。"（此证离妄之智，显即寂之用。）斯则穷神（权智应物）尽智（实智照理），极象外之谈也。（释引二经，双明寂用，乃极象外之谈。）即之明文，圣心可知矣！（以此而观，群疑冰释矣。）

般若无知论（终）

肇论略注卷四

明 匡山沙门憨山释德清 述

刘遗民书问附

遗民和南。

按《新疏》，公名程之，字仲思，别号遗民，谓遗逸之民。彭城人，汉楚元王之裔。外善百家，内研佛理。尝为柴桑令，值桓玄僭逆初萌，乃叹曰："晋室无磐石之固，苍生有累卵之危。"因与儒者次宗、宗炳、周续之等，皆当代名流，事远公于庐山，称十八贤，精结莲社，辟命弗顾。太尉刘裕见其野志冲邈，乃以高尚相礼。时生法师入关，就学于什师，与论主莫逆。生公南返，乃以前论出示庐山社众。遗民览之叹服，因呈远公，公叹曰"未曾有也！"虽遗民致问，亦远之深意也。

顷餐（味也）徽（美也）闻（去声，名也），有怀遥伫（企望也）。岁未寒严，体中如何？音寄壅隔，增用抱蕴。弟子沉痾草泽（山野也），常有弊瘵耳。因慧明道人北游，裁（才也）通其情。

将致问深旨，先叙寒温仰慕之怀也。谓顷闻美名，如饥渴之得饮食，故曰餐。有愿见之怀而不得，但有遥想企伫。时当岁末，不审道体如何。以乏便鸿，故音寄壅隔不通，日增积蕴之思。顾以病卧草泽，不能远访，情向未达。近因慧明北游，才得一通其情。此叙未见怀想之心如此。

古人不以形疏致（思也）淡，悟涉则亲。是以虽复江山悠邈，不面当年，至于企怀风味，镜心象迹，伫悦之勤，良以深矣。缅然无因，瞻霞永叹。顺时爱敬，冀因行李，数有承问。

此叙慨慕之情也。古人不以形迹疏远而遂淡其致思。苟心相契悟，虽远亦亲。是以山川虽邈远，昔年未面，至若企仰怀慕道风法味，心镜照其像迹，不越方寸，故伫望之勤，日益深矣。此想慕之切也。私心缅然不忘，但无因一见，瞻望秦岭之烟霞，益增长叹。随时爱敬之心不忘，冀望乘往来行李之便，愿数有音问。

伏愿彼大众康和，外国法师休纳。

此祝愿也。外国法师常时休纳福庆也。以论主在译场，故问及大众，致讯本师也。

上人以悟发之器，而遘兹渊对，想开究之功，足以尽过半之思。故以每惟乖阔，愤愧何深。

此叹论主遭逢之幸，顾自愧也。"悟发之器"，谓论主先遇梵师持《禅波罗蜜经》梵本至秦，论主从梵师得受禅诀，有所开悟，故称悟发之器。"渊对"，指什师渊妙之思。论主既已自悟，又遇此良师，想于般若开究之功，以尽过半之思，谓全了悟也。故刘公慕此，不能参预法会，以自乖违阔远，愤愧何深耳。

此山僧清常，道戒弥厉。禅隐之余，则惟研惟讲，恂恂（敬貌）穆穆（和也），故可乐矣。弟子既以遂宿心，而睹兹上轨，感寄之诚，日月铭

至（瑶本作"志"）。

此刘公自述庆幸法侣嘉会之辞也。言道戒，戒也；禅隐，定也；研讲，慧也。此三学精严，六和修敬，自遂生平，而睹兹嘉范，感托之诚，指日月以铭心志。

远法师顷恒履宜，思业（禅思道业）**精诣**（到也），**乾乾宵夕。自非道用潜流，理为神御，孰以过顺之年，湛气若兹之勤？所以凭**（托身）**慰**（慰心）**既深，仰谢逾绝。**

此赞述远公之高，且述依托之志也。"履宜"，谓行履如宜。禅思道业，精严深到，而又乾乾不息，尽夜不懈。如此操行，若非道用潜流于心地，至理神御于日用，谁能以过耳顺之年，澄湛之气若此之精勤？有师如此，故身有所托而心有所慰，以毕所愿，故仰道谢世，日远逾绝。此又刘公之所大庆幸也。

去年夏末，始见生上人示《无知论》，才运（此疑作"韵"）**清俊，旨中沈**（深渊）**允**（恰当），**推涉圣文，婉而有归。披味殷勤，不能释手。直可谓浴心方等之渊，而悟怀绝冥之肆者矣。若令此辨遂通，则般若众流，殆不言而会。可不欣乎！可不欣乎！**

此叙得论之由也。谓从生公得《无知论》，其才清俊，其理深沉允当，推释经文，辞婉而旨有归趣。披阅玩味，殷勤再至，不能释手。般若玄宗，如众流归海。如人浴海，已沾百川之水。浴心般若，已得万法之宗。般若非见闻之境，故称"绝冥之肆"。若使此论一通，则般若引众流，将不言而会矣。再言"可不欣乎"，庆跃之至也。

夫理微者辞险（由般若理微，故设论辞险），**唱独者应希**（如阳春雪曲，和者应稀）。**苟非绝言象之表者**（者，指其人也。若非心超象外之人，定不能领会），**将以存象而致乖乎？**（谓未能忘言得旨之人，必执言以乖其理。）**意谓答以缘求智之章，婉转穷尽，极为精巧，无所间然矣。**（此许前论与理浑然，无有间隙矣。）**但暗者**（昧于理者）**难以顿晓，犹有余疑一两**（一二），**今辄题之如别**（初别列问意，今合归篇中）。**想从容**（无事）**之暇**（闲暇之时），**复能粗为释之。**（上叙起疑之由，下正叙疑文。）

　　论序云："般若之体，非有非无（真俗双泯），**虚不失照，照不失虚**（寂照同时），**故曰不动等觉而建立诸法。"下章云："异乎人者神明，故不可以事相求之耳。"**（上总叙实智之文。）**又云："用即寂，寂即用。神弥静，应逾动。"**（此叙权智之文。下就叙论意，先权实双标。）**夫圣心冥寂，理极同无。**（此叙实智意。）**不疾而疾，不徐而徐。**（此叙权智意。）**是以**（下释成权实一致）**知不废寂**（权即实），**寂不废知**（实即权）。**未始不寂，未始不知。**（权实双彰，二智并运。）**故其运物成功化世之道，虽处有名之中，而远**（亦作"宛"）**与无名同。**（谓由寂照同时，故权智应机化世，而远与实智理冥，是以二智无殊。上叙申论意微妙，下叙迷昧者不了玄旨。）**斯理之玄，固常所弥**（《新疏》作"迷"）**昧者矣。**（上叙论文立意权实不异，下出疑设难二智体殊。）

　　但今谈者所疑于高论之旨，欲求圣心之异（以论说圣心冥一，故今疑者按权实二智以求圣心之异，故下正难二智体殊），**为谓穷灵**（瑶本作"虚"）**极数，妙尽冥符耶？**（此正难意。云所言二智不异者，为是般若证穷真谛之虚，断尽俗谛有为之数，妙尽冥符合而为一耶？此难实智冥真绝俗也。）**为将心体自然，灵泊独感耶？**（难意谓般若之用，不在穷虚极数，当体虚泊，无相独存耶？此难疑无权智也○上申疑立难，下出过。）**若穷灵**（作"虚"）**极数，妙尽冥符**（谓心境既合为一，则不应存寂照二名），**则寂照之名，故是定慧之体耳。**（然寂照二名体用不一，则所成之定慧既二，则寂照亦二。用既二，则体亦二，安可言心境冥一也。此则二名不应一体也。）**若心体自然，灵泊独感**（是所谓神弥静，乃返一绝迹，有体无用，如何又有权智耶），**则群数之应，固以几乎息矣。**（若有体无用，则权智已绝，又何言应逾动耶○上双难权实，下潜难无知。）**夫心数既玄**（则寂然无知矣）**而**（又云）**孤运其照**（然照则知矣，何言无知），**神淳化表而慧明独存**（言神既淳恬于万物之表，此则绝于应。而慧明独存，则不合有应，有应则二知矣。既有二知，则一知照真，一知明俗，何谓无知），**当有深证，可试为辨之。**（辨上权实不二，真智无知。下难不取，意谓实智可不取，权智则非不取也。）

疑者当以抚会应机睹变之知，不可谓之不有矣。（谓权智应机，必定有知。）**而论旨云本无惑取之知**（本论谓权智无惑取之知），**而未释**（解也）**所以不取之理。**（意谓权智应机必有知，有知必有取。而言不取，故未解也。下兼难心异。）**谓宜先定圣心所以应会之道**（谓以二语楷定圣心，即下云），**为当唯照无相耶？**（由上立难权智有取，故今单就权智以难圣心有二。为是权智观物唯了物体惟空本无相耶？此审定无相。）**为当咸睹其变耶？**（为是权智应物睹其万化皆有相耶？此审定有相○下难。）**若睹其变，则异乎无相；**（谓若唯睹其万变有相可抚，则异乎无相。）**若唯照无相，则无会可抚。**（谓若唯照性空，则万境斯寂，故无会可抚。）**既无会可抚，而有抚会之功，意有未悟，幸复诲之。**（言既无会可抚，则机缘已绝，可言不取，而又言有抚会之功，有抚，则何言不取耶？意谓圣心若一，定应得一失一。若二谛俱得，则权实两殊。故此难之。下难是当，先举疑文。）**论云："无当则物无不当，无是则物无不是。物无不是，故是而无是；物无不当，故当而无当。"**（上引论文，下就许是当。）**夫无当而物无不当，乃所以为至当；无是而物无不是，乃所以为真是。**（上就许是当，下难相违。）**岂有真是而非是，至当而非当，而云当而无当，是而无是耶？**（上难相违，下叙救转非。）**若谓至当非常**（泛常）**当，真是非常**（泛常）**是，此盖悟惑之言本异耳**（至当真是，乃悟者所见。常当常是，乃惑者所执。故言不同，而义未决），**固论旨所以不明也。愿复重喻，以祛其惑矣。**（请决所疑。下难以结意。）

论至日，即与远法师详省之。法师亦好相领得意（言远公亦相得意许可），**但标位似各有本**（远宗法性，什宗实相，故各有本），**或当不必理**

尽同矣。（此一语，足见远、民见理未真。）顷兼以班诸有怀（谓以论班示同志），屡有击其节者（谓赏音识趣者），而恨不得与斯人同时也。（凡见斯论者，无不愿见而不可得也。）

答刘遗民书（书有二幅，前短札，后长幅）

不面在昔，伫想用劳。（言与遗民自昔未面，故但劳伫想耳。）慧明道人至，得去年十二月疏并问。（刘公前书，托慧明寄至。）披寻返覆（详省来问），欣若暂对。凉风届节，顷常如何？（此叙寒温。）贫道劳疾，多不佳耳。信（信乃使者）南返，不悉。（此叙意，下正答。）八月十五日，释僧肇疏答。

服像虽殊，妙期不二。（服像，言儒释虽不同，若妙悟心期，则本来不二。）江山虽缅（远也），理契则邻。（江山虽远，若忘形契理，则万里非遥。）所以望途致想，虚襟有寄。（言与刘公心神契会，所以属望长途，虚怀有托。）君既遂嘉遁之志（嘉遁，《周易》遁卦爻辞，又云肥遁，言高尚隐逸也），标越俗之美，独恬事外，欢足方寸。（此叹刘公匡山莲社，已遂隐逸之志，标越尘俗之美名，独享世外之乐，其欢足内心。）每一言集（每与南来之人，一言集会之间），何尝不远喻林下之雅咏（来人一言话间，未尝不远领林下之雅咏，谓时领社中名公著作也），高致悠然（此赞所闻诸作，则知高尚之思，悠然可想）。清散未期（言慕社中清胜君子，萧散之怀，未期佳会），厚自保爱（此嘱刘公加餐之意）。每因行李，数有承问。（因往来人，数得刘公音问。）愿彼山僧无恙，道俗通佳。（酬前大众康和，但社有宰官居士，故并问道俗。）承远法师之胜常（此酬前外国法师常休纳），以为欣慰。（喜法师胜常，足以慰心。）虽未清承，然服膺高轨，企伫之勤，为日久矣。（叙仰慕远公之情，虽然未承清范，而服膺怀德，仰其高躅，瞻慕之心，非一日矣。）公以过顺之年，湛气弥厉（下酬叙远公近履佳况。前云远公湛气若兹之勤，故因叹云：过顺之年，澄湛之气弥厉，益严劲倍常，所谓老当益壮），养徒（作养徒众）幽岩，抱一（凝神）冲（空虚）谷，遐迩仰咏（远近仰高诵德），何美如之（叹远公美德，无以过之）。每亦翘想一隅，悬庇霄岸。（言翘想远公，天各一方。"霄岸"，犹言天际，言悬远托庇，荫于天际。）无由写敬（怀慕之心，布敬无因），致慨良深。（言悬想而不及见，慷慨之念实深。）君清对终日，快有悟心之欢也。（酬前凭慰既深，谓慕远公之高，恨不及见，君幸终日清对，且喜有悟心之快。）即此大众寻常（如常），什法师如宜（正答休纳）。秦王道性自然（此下叙国王外护，三宝正隆），天机迈俗（言秦王向道之性，不勉而能，天机超俗，不以有国为荣），城堑（外护）三宝，弘道是务（言不以国事为累，但终日弘道）。由使异典（法宝，即下叙新经）胜僧（僧宝，即下叙诸师），方远而至（自西竺远来）。灵鹫之风，萃于兹土。（佛居灵鹫之风，什师入关，三宝聚于此土。）领公（支法领也，远公弟子）远举，乃千载之津梁也。（颂公往西域取经，故云远举。）于西域还，得方等新经二百余部（远公使领公往西域取经，所取方等诸经，按《新疏》云：《华严》梵本亦领公寻至，恨无正传），请大乘禅师一人（禅师名佛陀婆陀罗，此云觉贤。贤学禅业于罽宾佛大仙，弘始中入秦，于瓦官寺教习禅道。江南慧严、慧观，关中玄高等，皆从师受业。论主亦在其中，故刘公称云"悟发之器"），三藏法师一人（名弗若多罗，姚兴待以上宾之礼，令译《十诵》，未竟而终），毗婆沙法师二人（一名昙摩耶舍，一名昙摩掘多，以善通此论，故以为名）。什法师于大石寺出新至诸经（诸经，或诸师赍来，或领公所取，皆一时至，故云新至），法藏渊旷（渊深广大），日有异闻（时听诵译）。禅师于瓦官寺教习禅道，门徒数百，夙夜匪懈（日夜参求），邕邕（和也）肃肃（敬也），致可欣乐。（由是而知达磨未来已前，禅道已行，学者不少。论主盖以从修禅业，有所悟入。观论旨幽玄，非悟何以至此。）三藏法师于中寺出律藏，本（谓四重等）末（谓余篇）精（精详）悉（尽悉），若睹初制（若睹如来初制之日）。**毗婆沙法师于石羊寺出《舍利弗阿毗昙》**（小乘论名）**胡本**（梵本），**虽未及译，时问中事，发言新奇。**（此上叙译场近来诸经及西来诸师，足见一时法运之盛，故特以相闻。）**贫道一生猥参嘉运，遇兹盛化，自恨不睹释迦祇桓之集，余复何恨！**（论主自庆时清道泰，明主弘法，真师主盟，圣典远臻，胜友云集，可谓一时之盛，何幸参预嘉运，遇兹盛化。所恨不睹祇园，亲承佛会，余复何憾。）**而慨不得与清胜君子同斯法集耳。**（此以不得刘公同此法集，良以为慨耳。）

生上人顷在此，同止数年。（什公门下弟子，有生、肇、融、睿，称为四哲，时美其盛，谓通情则生、融上首，精难则睿、肇第一。或云观公。）**至于言话之际，常相称咏。**（咏，诵也，谓常称诵匡山之盛。）**中途还南**（因译《涅槃经》，至阐提无佛性义，生公曰："蠢动含灵皆有佛性。阐提虽不信，有时善根发现，何以言无佛性？想经来未尽耳。"众皆不然。生公遂去译场，故云中途南还），**君得与相见。**（来书云"始见生上人示《无知论》"，故云相见。）**未更近问，惘悒何言。**（言生公去后，更无近问，中心惘悒，言思慕不忘也。）**威道人至**（自莲社来），**得君《念佛三昧咏》，并得远法师《三昧咏及序》。**（言刘公作《念佛三昧诗》，远公亦作，且更有序。威道人持来，故得一见。）**此作兴寄既高，辞致清婉。**（此美《念佛三昧》之作，托兴寄心已高，而文辞清爽，致思微婉。）**能文之士，率称其美。**（言关中能文之士，相率皆称其美。）**可谓游涉圣门，扣玄关之唱也。**（称其能以文辞发挥佛理，故云游涉孔圣之门，而扣法界玄关之唱，非空谈也。）**君与法师当数有文集，因来何少？**（因见念佛咏、序，则知公与远公文集当多，而见寄何少耶？）**什法师以午年**（弘始八年，岁次丙午）**出《维摩经》，贫道时预听次。**（什师译《维摩》，且译且讲，故云时预听次。）**参承之暇，辄复条记成言**（谓参承讲说之暇，复条记什师现成之言），**以为注解。**（此言注虽出肇手，而义则本乎什师。）**辞虽不文，然义承有本。**（论主自谦，《维摩注解》辞虽不文而义则承本什师。）**今因信**（使者）**持一本往南，君闲详**（言刘公闲于文字，详于义理），**试可取看。**（已上叙彼此一往之事，以通其情。此下方叙来问发起。）

来问婉切（谓刘公五难，辞婉而义切），难为郢人。（论主自谦，谓难与刘公敌手。郢人，事出《庄子》，谓郢人垩漫其鼻端若蝇翼，使匠石斫之。匠石运斤成风，尽垩而鼻不伤。郢人立不失容。此匠石挥斤之妙，固难其人，而郢人立不失容，更自难得。言承当之难也。）**贫道思不关微**（言入理），**兼拙于笔语。**（谓不但思不入理，兼且拙于文字。）**且至趣无言，言必乖趣。**（至理无言，言生理丧。）**云云**（犹哓哓）**不已，竟何所辨？**（言不及理，辨之何益。）**聊以狂**（妄言）**言，示酬来旨耳。**（《庄子》云：吾与汝妄言之，汝亦妄听之。）

疏云："称圣心冥寂，理极同无。虽处有名之中，而远与无名同。斯理之玄，固常弥昧者。"（上牒来疏所引论辞）**以此为怀，自可忘言内得，取定方寸。**（此许其所得，自可忘言内证，取定一心。）**复何足以人情之所异，而求圣心之异乎？**（此责其不能忘言，复以常人之情，而求圣心之异。）**疏曰**（下举难出意）："**谈者谓穷灵极数，妙尽冥符，则寂照之名，故是定慧之体耳。**（"寂照"下，出难。）**若心体自然，灵泊独感，**（下出难）**则群数之应，固以几乎息矣。"**（上牒难，下出意）**意谓**（通下句）**妙尽冥符**（心境合一，则寂照双绝），**不可以定慧**（二法）**为名。**（意谓）**灵泊独感**（则灵心绝待），**不可称群数以息。**（却不知）**两言虽殊，妙用常一。迹我而乖，在圣不殊也。**（上以正意责迷。）**何者？**（征释无异，先示定慧同源）**夫圣人玄心**（寂体）**默照**（照用），**理极同无**（照极则两忘，同一真源）。**既曰为同，同无不极。**（既同一源，则无有不极○下责迷）**何有同无之极，而有定慧之名？**（此出正义。下释伏疑云：定慧既一，何故前云寂即用、用即寂？）**定慧之名，非同外之称也。**（谓寂照既同一源，则知定慧本同一体，岂同外别称定慧之名耶？）**若称生同内，有称非同。**（谓若定慧之名生于同内，则凡涉名言，则非真体。）**若称生同外，称非我也。**（谓于同外强称定慧之名，则是迷者妄执在我，般若体中本无定慧二名○上答定慧不二，下答权应不息）**又圣心虚微，妙绝常境。**（妙尽冥符，此言实智无为。次言权应不息）**感无不应，会无不通，冥机**（妙智）**潜运，其用不勤。**（权智妙应，而无不为。如此）**群数之应，亦何为**

而息耶？（上明实智无为，权应不息。下答二智体殊，正答心异，兼通有知。先标妄）**且夫心之有也**（凡夫妄心之有），**以**（因也）**其有有**（有待缘而后有）。**有不自有**（以待缘而有，故不能自有），**故圣心不有有。**（此显真也，以圣心离缘，故不有有。）**不有有，故有无有。**（以不借缘生，故虽有而非有。）**有无有故**（牒上），**则无无。**（既已非有，则亦非无。）**无无故**（牒上），**圣人不有不无。**（双绝有无，冥心一际。）**不有不无，其神乃虚。**（以有无双绝，则虚灵独照，妙契中道。）**何者？**（征起。下即难就通，正答心异，以明双非。"夫有"下，至"废用耶"，通为一唱，二百零一字。）**夫有也无也，心之影响也。**（影譬象，响譬言。）**言也象也，影响之所攀缘也。**（分别影响，本无实法。下正示双非）**有无既废**（绝也），**则心无影响。影响既沦**（丧也），**则言象莫测。**（心绝缘影，则言象不及。）**言象莫测，则道绝群方。**（则心体离量。）**道绝群方，故能穷灵极数。**（穷虚则理极，极数则妄尽。）**穷灵极数，乃曰妙尽。**（真妄双亡，是非齐泯。）**妙尽之道，本乎无寄。**（灵灵绝待，故曰无寄。）**夫无寄在**（因也）**乎冥寂**（权实一心，寂照一体），**冥寂故虚以通之。**（"通"者，导达之意，谓冥寂之体，至绝离相，若不假一虚字通之，则人何以了悟。）**妙尽存**（亦因也）**乎极数**（真不穷则妄不尽，妄不尽则真不极），**极数故数以应之。**（会万物而为己，故曰极数。分身万象，法身普应，故数以应之。）**数以应之，故动与事会。**（权智应物，感而遂通，故云动与事会。）**虚以通之，故道超名外。**（实智证理，离名绝相，故云道超名外。下兼通有知）**道超名外，因谓之无。**（但离名相，不是断灭。）**动与事会，因谓之有。**（感应在机，随缘而现，故有非实有。）**因谓之有者，应夫**（作"非"字）**真**（实也）**有，强谓之然耳，彼**（指中道一心）**何然哉！**（待机缘而有者，应非实有，但强谓之耳。彼寂灭一心，何尝动而为有哉！）**故经云**（引证无知）：**"圣智无知而无所不知，无为而无所不为。"**（此义引《般若》诸文，以证圣心权实不异，有知无知本一致也。）**此无言无相寂灭之道，岂曰有而为有、无而为无，动而乖静、静而废用耶？**（此据理责迷，以结上义也。）**而今谈者**（此下正答有知，潜答心异）**多即言以**

定旨（责迷不能忘言会理），寻大方而征（求也）隅。（《老子》云："大方无隅。"谓寂漠冲虚之般若，而以有知无知求之，正犹寻大方而求隅也。）怀前识以标玄（前识者，《老子》云"前识者，道之华而愚之始也"，谓分别惑取之知），存（执也）所存之必当（以妄执为必当）。是以闻圣有知，谓之有心；闻圣无知，谓等（同也）大虚（即谓冥然无知）。有无之境，边见（有无、断常二边）所存，岂是处中莫二之道乎？（上责偏见以明不异，下示中道）何者？（征明空假以显中道，先空，次假）万物虽殊，然性本常一。（以性空故常一。）不可而物（以缘生无性，不可名物，此示空义），然非不物（以无性缘生，此示假义）。可物于物（上物能取之心，下物所取之境），则名相异陈。（迷则能所未忘。）不物于物（能所两忘），则物而即真。（不取无非幻，故即物即真〇下正示中道）是以圣人不物于物（不取），不非物于物（不舍）。不物于物，物非有也。（一心不生，万法自寂。）不非物于物，物非无也。（森罗顿现，万境全彰。以空有两忘，二边自泯，此约一心以显中道。下约境以显中道）非有所以不取（以万法本空，无可取者），非无所以不舍（以法法即真，故不舍一法）。不舍故妙存即真（由不舍一法，故法法即真），不取故名相靡因（心不附物，则名相自空）。名相靡因，非有知也（无境可知）；妙存即真，非无知也（万法唯心，真照独立，故非无知）。故经云（引证）："般若于诸法，无取无舍，无知无不知。"（证明般若能所两忘，以显中道。）此攀缘之外（超妄想境），绝心之域（离心意识），而欲以有无诘者，不亦远乎？（总责执迷）

请诘夫（双结有无）陈有无者：夫智之生也，极于相内。（智乃六粗智相之智，谓分别见也。言分别知见因名相起。）法本无相，圣智何知？（以万法性空无相，圣人无境当心，又何所知？）世称无知者，谓等木石、太虚、无情之流。（世人谓无知将同无情。）灵鉴幽烛，形于未兆，道无隐机（般若真智，灵明鉴照，无幽不烛，一念未生已前，十方三世圆明了了，彻见万法，故道无隐机），宁曰无知？（如此灵明为正遍知，岂曰无知？下为解偏滞）且无知生（起也）于无知。（下"无"字误，应云"无

567

知生于有知"，谓无知之见起于有知，二者相待，其实有无俱无。）**无无知也，无有知也。**（双拂二见，有无不立。下显双非）**无有知也，谓之非有**（是为寂体）；**无无知也，谓之非无**（是为照用）。**所以虚不失照**（寂而常照），**照不失虚**（照而常寂），**泊然永寂**（湛然常住），**靡执靡拘。**（不堕有无。如此中道，妙绝常情）**孰能动之令有，静之使无耶？**（动不著有，静不著无。）**故经云："真般若者，非有非无，无起无灭，不可说示于人。"**（一切皆非，故不可说示。）**何则？**（征释经义。）**言其非有者，言其非是有**（凡佛言非者，乃遮遣破执之辞，非实法也。且言非有者，乃是遮执有者，遮其不是实有耳），**非谓是非有**（不是说绝无也）。**言其非无者，言其非是无**（言其不是绝无），**非谓是非无**（不是说实有也）。**非有**（说非有）**非非有**（也不是非有），**非无**（说非无）**非非无**（也不是绝无。四句既离，百非自遣）。**是以须菩提终日说般若，而云无所说。此绝言之道，知何以传？**（绝言之道，非知见之境，又何以传？）**庶参玄君子，有以会之耳。**（惟忘言者可以心会耳。上双通权实竟，寂照、有无二疑皆通。下别答不取，先广答心异。）

　　又云："宜先定圣心所以应会之道，为当唯照无相耶？为当咸睹其变耶？"（此叙来难。前难意云：权智有取，为是唯照万法性空无相耶？为是权智应物睹其万化皆有相耶？来难二意：一难有取，二难心异。今先答心异，后答不取○下出难意）**谈者似谓无相与变，其旨不一。睹变则异乎无相，照无相则失于抚会。**（下责滞）**然则即真之义，或有滞也。**（出其难意，谓二智不一。然睹变则是有相，异于无相矣；照无相则不能应机，异于有相矣。是则空有不能双照，故责以不能即真，故云滞也。）**经云："色不异空，空不异色。色即是空，空即是色。"**（此下正答，先引经定理，以色空相即立意。下反质之。）**若如**（似也）**来旨，观色空时，应一心见色，一心见空。**（此出迷滞，下出违）**若一心见色，则唯色非空。若一心见空，则唯空非色。然则空色两陈，莫定其本**（莫定经中立言本意）**也。**（下释经意）**是以经云非色者，诚以非**（此"非"，乃破斥之义）**色于色**（谓凡夫执色是实有，故以非破斥其执），**不非色于非色。**（上"非色"谓破斥，下"非色"谓虚空。言但破其色执，不非破虚空。）**若非色于非色**（返释，谓若非破虚空），**太虚则非色**（虚空非色相），**非色何所明？**（虚空既非色，纵破何所发明乎？下顺释）**若以非色于色**（上"非色"，空也，谓以空破于色相），**即非色**（空也）**不异色**。（此空不异色。）**非色不异色**（牒上空不异色），**色即为非色**。（即了空不异色，则色即是空矣。下依经会理）**故知变即无相**（正睹变时，即达无相），**无相即变**（正无相时，不妨睹变）。**群情不同**（以机不一），**故教迹有异耳**。（执无相者，故说睹变。执睹变者，故说无相。）**考之玄籍**（谓圣经），**本之圣意**（本其圣人说法之意），**岂复真**（实智）**伪**（权智）**殊心、空有**（二境）**异照耶？**（谓岂一心照无、一心照有耶？）**是以**（下依心照境，以显不异）**照无相**（实智），**不失抚会**（权智）**之功**（即实之权）；**睹变动**（权智），**不乖无相**（实智）**之旨**（即权之实）。**造有不异无**（虽适生死而不动本际），**造无不异有**（虽证涅槃而不舍度生）。**未尝不有，未尝不无**。（有无双照，二谛恒存。）**故曰不动等觉而建立诸法。以此而推，寂用何妨？**（寂用二法，有何相妨？）**如之何谓睹变之知，异无相之照乎？**（据理责迷。上广答心异竟。下略答不取。）

　　恐谈者脱（或也）**谓空有两心，静躁殊用，故言睹变之知，不可谓之不有耳。**（上出迷执，下正通前疑。）**若能舍己心**（谓己见）**于封**（执取也）**内，寻玄机**（至理）**于事外**（名相之外），**齐万有于一虚**（等观万法，一昧纯真），**晓至虚**（法身无相）**之非无**（遍一切处）**者，当言至人终日应会，与物推移**（谓随顺周旋也），**乘运**（时也）**抚化，未始为有也。**（终日度生，不见生之可度。此正有无齐观，权实并运○下结答返责）**圣心若此，何有可取，而曰未释不取之理？**（前别答不取竟。下决释是当。）

　　又云："无是乃所以为真是，无当乃所以为至当。"亦可如来言耳。（上印许来意。下示以忘情）**若能无心于为是而是于无是**（是者印物之心，是于无是，则照而常寂），**无心于为当而当于无当者**（当者当心之境，当于无当，则寂而常照），**则终日是，不乖于无是**（不乖于是则心空）；**终日当，不乖于无当**（不乖于当则境寂）。**但恐有是于无是**（执心未忘），有当于无当（执境未化），**所以为患耳。**（但恐执着之情未忘，所以为患耳。）**何者？**（征明执着。）**若真是可是，至当可当**（此则心境未忘），**则名相以形**（生心取着，故名相斯起），**美恶是生**（取舍情生，则爱憎横发），**生生奔竞**（攀缘取境，逐逐不休），**孰与止之。**（自心妄动，谁与止之。此执着之患也。）**是以圣人空洞其怀，无识无知。**（圣人心包太虚，万境斯寂。）**然居动用之域而止无为之境，处有名之内而宅绝言之乡。**（虽为而不为。）**寂寥虚旷，莫可以形名得，**（超情离见，非思量可知。）**若斯而已矣。**（圣心如此）**乃曰真是可是，至当可当，未喻雅旨也。**（圣人心境两忘，而以是当求之，所以未喻来旨也。）**恐是当之生，物谓之然**（乃凡夫取着之妄见）。**彼自不然**（彼圣心非常情可测），**何足以然耳。**（以凡情而谓圣心之必然，何足以知之。上通答隐显五难竟〇下结示离言。）

　　夫言迹之兴，异途之所由生也。（寻名执相者依言取义，分别情生，正智昧矣。）**而言有所不言**（以言而显绝言之道），**迹有所不迹**（兔不在蹄，鱼本非筌）。**是以善言言者，求言所不能言；善迹迹者，寻迹所不能迹。**（得义忘言，得鱼舍筌。）**至理虚玄，拟心已差。**（拟心即错，动念即乖。）**况乃有言，恐所示转远。**（名相不忘，于理转远。）**庶通心君子，有以相期于文外耳。**（唯忘言者可以意得，息虑者可以心通。若执言竞辩，哓哓何益哉！）

肇论略注卷五

明 匡山沙门憨山释德清 述

涅槃无名论第四（上）

"涅槃无名论"者，以所论者涅槃，故以为题。言涅槃者，梵语也，此云圆寂，谓五住究尽为圆，二死永亡为寂。乃寂灭一心之异称，清净法身之真体，非死之谓也。以三世诸佛旷劫修因，证此一心之体，名为法身；以酬广大之因，名为报身；随机益物，名为化身。一切诸佛皆具三身。法身为体，化身为用。有感即现，无感即隐。隐而不现，圆归一心，摄用归体，名为入灭，是称涅槃，非生死之谓也。以此一心，五住烦恼不能覆，故曰圆；二种生死不能羁，故云寂。故教约出处，说有四种：一自性涅槃，谓即此一心，名为法身，遍一切处，为诸法体，名为自性，本来寂灭，所谓"有佛无佛性相常住"，"一切众生本来灭度，不复更灭"，故云自性涅槃。二有余涅槃，谓三乘所证，无明未尽，变易未亡，证理未圆，三皆有余，故亦称涅槃。三无余涅槃，即修成之佛，妄尽真穷，体用不二，亦名所证无上大涅槃果，故名无余。四无住涅槃，谓一切圣人，不处有为，不住无为，二边不住，中道不安，动静不二，总名涅槃，故云无住。此四种名，但约体用之称，其实一心，名相俱寂，故云无名。所谓"生死及涅槃，二俱不可得"，故云无名。是为不生不灭常住一心之都称耳。前"不迁"、"不真"为所观之境，"般若"为能观之智，三皆是因。以此涅槃乃所证之果，故以为论。

奏秦王表

　　什师入灭，论主追慕无已，因作《涅槃无名论》，以称述所证之德不异于佛，以赞扬之。言虽以前般若乃能证之智为因，涅槃为所证之果，其意实为什师而发。论成，表献秦主，故首列其表文。

　　僧肇言。（对人主而不称臣者，以方外自处也，所谓不事王侯，高尚其事。天子虽尊，不以臣礼待之也。）**肇闻天得一以清，地得一以宁，君王得一以治天下。**（"天得一"等语，用《老子》，一谓大道之元也。老宗自然，名为大道。论宗一心，同文义异。）**伏惟陛下睿**（圣也）**哲**（智也）**钦**（敬也）**明**（谓明德），**道与神会。**（道谓涅槃大道，秦王妙契，故曰神会。）**妙契环中**（《庄子》："枢得其环中，以应无穷。"谓秦王妙悟中道故），**理无不统。**（以悟一心，则理无不摄。）**游刃**（语出《庄子》，庖丁解牛，迎刃而解，以喻妙智应物，则事无不理）**万机**（人君日有万机），**弘道终日**（谓不以万机以妨弘道）。**威被苍生，垂文作则**（法也）。**所以域中有四大，而王居一焉。**

　　此美秦王能妙悟一心，而具尧舜之德也。《尚书》，"睿哲"舜德，"钦明"尧德。谓秦王不唯具尧舜之德，且能契涅槃中道妙理，统会一心，故虽日应万机，不妨弘道终日，用武兴文，为世明主。"所以域中四大而王居一焉"，语出《老子》"天大、地大、王亦大"，此叹德也。

　　涅槃之道，盖是三乘之所归（三乘同证，故曰所归），**方等之渊府。**（方等深经之究竟理趣，故曰渊府。）**渺漭**（汪洋无涯）**希夷**（离声离色故），**绝视听之域**（迥超见闻）。**幽致虚玄**（幽妙之理致，虚灵绝待），**殆**（甚也，殊也）**非群情**（浅识）**之所测**。

此叹涅槃之道，为众圣归趣。体绝名相，非见闻可及。绝待幽玄，故非浅识之可测也。

肇以人微，猥蒙国恩，得闲居学肆（幸列译场），**在什公门下十有余载。**（公十九见什，三十二岁而亡。）**虽众经殊致，胜趣非一，然涅槃一义，常以听习为先。但肇才识闇短，虽屡蒙诲喻，犹怀疑漠漠**（无知貌）。**为竭愚不已，亦如似有解。**（未为必得其趣。）**然未经高胜先唱，不敢自决。**

此论主自叙得法之由也。谓虽刻意涅槃一义，似有所悟，然未经高明胜智之人印证，故不敢自决。

不幸什公去世，咨参无所，以为永慨。

此言什公业已入灭，咨决无由，再不复见斯人，故为永慨。此所以有感，故作此论。

而陛下圣德不孤，独与什公神契，目击道存，快尽其中方寸，故能振彼玄风，以启末俗。

此言秦主天挺圣智，独与什公心相印契，妙悟不言之表，能力振什风，以开导末俗。意谓什公虽亡，幸有秦王可以印心也。

一日遇蒙答安城候姚嵩书问无为宗极：

姚嵩，亦秦之宗属。以秦王先有诏云："夫道以无为宗。"姚嵩难云：

"不审明道之无为，为当以何为体？"盖以涅槃乃无为之道，秦主答有多说，以论所引正言涅槃，故下引其答义，以发论端。

"何者？夫众生所以久流转生死者，皆由著欲故也。若欲止于心，即无复于生死。既无生死，潜神玄默（亦作漠），与虚空合其德，是名涅槃矣。既曰涅槃，复何容有名于其间哉！"

此引秦王答姚嵩问无为宗极之辞，而指涅槃乃无为宗极，而结以无名归之。此论主所以为兹论之发启也。意谓生死乃有为之法，而以著欲为因，故感三界之苦果。若欲止于心，即生死永断。既无生死，则劳虑永息，潜神寂漠之乡，绝然无为，与虚空合其德，是名涅槃。然涅槃之道，如此而已，岂容有名于其间哉！故以无名称之。

斯乃穷微言（指圣经）之美，极象外之谈者也。（此赞秦王无名之说，妙契佛心。）自非道参文殊（谓契文殊之智），德侔慈氏（同慈氏之悲），孰能宣扬玄道，为法城堑，（言若非契二圣之智悲，何以弘扬妙道，外护三宝。）使夫大教卷而复舒，幽旨沦而更显。（意谓涅槃大教，得什公阐明。今什公已亡，则妙旨已沦。今幸有秦王发明，故曰卷而复舒，沦而更显。）寻玩殷勤，不能暂舍。欣悟交怀，手舞弗暇。岂直当时之胜轨，方乃累劫之津梁矣。（论主述其庆法之欢，谓其言不但为一时雅范，且为长劫津梁。）

然圣旨渊（深也）玄（妙也），理微（幽微）言约（简也）。可以匠（法也）彼先进（宿学之人），拯（援引也）拔（提也）高士（高尚之士）。惧言题之流（执言语名字之流），或未尽上（尊人主为上）意。庶（近也）拟（拟议）孔《易》十翼之作（伏羲画卦，文王爻辞，周公系辞，孔子作十翼以赞之，即上象、下象等），岂贪丰文（非贪丰富其文，以夸其美），图以弘显幽旨（图以弘扬显发涅槃之幽旨），辄作《涅槃无名论》。论有九折十演（以法十翼），博（广也）采（取也）众经，托（取托）证（印证）**成喻，以仰述陛下无名之致，岂曰关诣神心**（非敢关涉圣神之心），**穷究远当**（亦不敢言穷究高远必当之理），**聊以拟**（仿效也）**议**（轨则）**玄门**（涅槃玄门），**班喻学徒耳**（布晓后学耳）。

论末章云：（秦王答姚嵩书末章）**"诸家通第一义谛，皆云廓然空寂，无有圣人。**（比时诸家计胜义空寂，不容有圣。）**吾常以为太甚径庭**（《庄子》语，意谓太甚邈远），**不近人情。若无圣人，知无者谁？"**（"吾常"下，秦王答姚嵩之辞，谓无圣之说，与理乖差，其言邈远，不近人情。若无圣人，知无者谁？意必有圣为证理之人。）**实如明诏！实如明诏！**（此论主印可秦王有圣之谈当理，故再称之。）**夫道，恍惚窈冥，其中有精。**（二语用《老子》"恍兮忽，其中有物。窈兮冥，其中有精。"意指精者即为圣人，似未稳当。）**若无圣人，谁与道游？**（意谓能证圣谛第一义，是为圣人，非圣义谛中有圣人也。下云"出处异号"，故云"与道游"。）**顷诸学徒，莫不踌躇**（不进之貌）**道门，怏怏**（不决之意）**此旨，怀疑终日，莫之能正。**（谓一时学人，闻无圣之说，皆犹豫不进于入道之门。不决此理，故怀疑终日，无与正者。）**幸遭**（逢也）**高判，宗徒幪**（裂帛声）**然。**（谓幸逢秦王有圣之论，乃高远判决，故宗徒之疑，幪然尽裂。）**扣关**（入道之人）**之俦，蔚**（盛貌）**登玄室。**（言一时学人，闻秦主之论，其疑尽决。扣关入道之人，蔚然登堂入室。）**真可谓法轮再转于阎浮，道光重映于千载者矣。**（谓当时之疑无能决之，即有谈者，未必见信。幸遇王言，其出如轮，故无不宗仰。一言之重，可谓法轮再转，道光重映矣。）**今演论之作旨，曲辨涅槃无名之体，寂**（止息也）**彼廓然，排方外之谈。**（方外，谓游方之外，谓学佛者。当时流辈有宗廓然无圣者，遂起断见，谓绝无圣人，因排斥圣为权现非真，拨无因果，耻修行者以为著相，是以喧然以为得，莫能正者。今幸秦主答嵩书云："若无圣人，谁与道游？"即此一言，使偏见之流邪说顿息，使哓哓者寂然无声。故重演之，以助明教。）**条牒如左，谨以仰呈。若少参**（合也）**圣旨，愿敕存记。如其有差，伏承指授。僧肇言。**（论呈秦王览之，答旨殷勤，备加赞述，敕令缮写，班诸子侄。其为人主推重如此。）

泥曰、泥洹、涅槃，此三名前后异出，盖是楚夏不同耳。云涅槃，音正也。（五竺梵音不同，如此方之楚夏，盖以涅槃为正音也。）

九折十演者：

"折"谓折辨，有名立难。"演"为敷演，无名通理。谓其难有九，而演有十也。意盖以涅槃有名而难，以无名而答，以显无名之理。

开宗第一

开示涅槃无名之正义，为下答难之纲宗，亦犹四论之宗本也。一论大旨，不出此章。将显无名之致，先标有名以彰宗依也。教说涅槃有四，今但称二名，以自性约理，无住约行，二者有名无实，故不必论。今二涅槃约人以名，无余乃如来所证，有余乃三乘所证。今论指佛应缘未尽，有名有实，将为宗依，故但称二也。今详论主立意，前尊秦王"若无圣人，谁与道游"之诏，以破邪宗廓然无圣之流，以为发论之端。今标二种涅槃以为论宗，盖谓能证之人有实，所证之理无名，故依之以立论也。

无名曰：（假设通答之人，如子虚、无是公也。）**经称有余涅槃、无余涅槃者，秦言无为，亦名灭度。**（梵语一名，翻有二义。）**无为者，取乎虚无寂寞**（离名绝相），**妙绝于有为。灭度者，言其大患永灭**（《老子》云："吾所以有大患者，为吾有身。"今指分段、变易二种生死。二死永亡，故云大患永灭），**超度四流**（四流，谓欲流、有流、见流、无明流，为二死之本）。**斯盖是镜像之所归**（镜像，《楞伽经》云："譬如明镜，现众色象。现识处现，亦复如是。"谓一切众生身心世界，皆唯识所现，乃八识相分。摄相归性，元是真如，故云镜像之所归），**绝称之幽宅也**（以离名故绝称，离相故言幽宅）。**而曰有余、无余者**（既离名相，又有有余、无余二名者），**良是出处之异号，应物之假名耳。**（言涅槃者，盖一真法界法身之真体也。证此法身，是称为佛。机感必应，即现身说法，故为出。缘毕而隐，摄相归体，故为处。故一切诸佛，以现身为有生，以缘灭为涅槃。殊不知灭元不灭，如云"余国作佛，更有异名"，所谓应物之假名也。）

余尝试言之。（下正广论无名之旨。）**夫涅槃之为道也，寂寥虚旷**（其体寂灭），**不可以形名得**（离名字相）；**微妙无相，不可以有心知**（离心缘相）。**超群有以幽升**（高超三界，惑无不断），**量太虚而永久**（永证无为，真无不极）。**随之弗得其踪**（未来无终），**迎之罔眺其首**（过去无始）。**六趣不能摄其生**（五住究尽），**力负无以化其体**（二死永亡）。**潢漭**（水无涯貌，谓汪洋无涯）**惚恍**（言非有非无，不可以定名），**若存**（生而不生）**若往**（灭而不灭）。**五目**（谓肉眼、天眼、法眼、慧眼、佛眼）**不睹其容**（无状无相，以离色故，视之而不见），**二听**（谓肉耳、天耳）**不闻其响**（以离声故不可闻）。**冥冥窅窅，谁见谁晓。**（冥冥，不可见。窅，深貌。窅窅，不可窥。）**弥纶**（充满包罗之义）**靡**（无也）**所不在，而独曳**（超脱也）**于有无之表。**

然则言之者失其真（言生理丧），**知之者反其愚**（非智可知）。**有之者乖其性**（若执是有，则违寂灭之体），**无之者伤其躯。**（法身流转五道，名曰众生。若执是无，则堕断灭。）**所以释迦掩室于摩竭**（佛初成道，三七思惟而不说法），**净名杜口于毗耶**（文殊问维摩不二法门，维摩默然）。**须菩提唱无说以显道，释梵绝听而雨花。**（须菩提岩中晏坐，帝释散花供养，谓其善说般若。尊者以无说而说，天帝以无闻而闻。）**斯皆理为神御**（不言之道，唯证乃知），**故口以之而默。岂曰无辩，辩所不能言也。**（四辩不能谈其状。）**经云："真解脱者，离于言数**（象也），**寂灭永安**（生灭已灭），**无始无终**（非生非灭，故无始终），**不晦不明**（寂光常照，不属晦明），**不寒不暑**（非迁流之法，不属时分，故不寒不暑），**湛若虚空**（法身清净，湛然常寂，犹若虚空），**无名无说。**（离相故无名，离言故无说。此义引《涅槃》、《净名》等经。）"**论曰**（《中论》）：**"涅槃非有，亦复非无。言语道断，心行处灭。**（口不能言，故言语道断。心不能思，故心行处灭。）"**寻夫经论之作**（上引经论立言本意），**岂虚构哉！**

（言非虚称架空之谈。）**果**（实也）**有其所以不有，故不可得而有**（本亦非有）；**有其所以不无，故不可得而无耳**（亦复非无）。

何者？（征释非有非无之所以。）**本**（言寻究也）**之有境，则五阴永灭。**（不属生死，故五阴永灭，不可得而有。灭则离苦，乃乐德也。）**推**（言推测也）**之无乡，而幽灵不竭。**（虽绝见闻，而幽深窅眇，灵知独照，至真常存。此真我德也。）**幽灵不竭，则抱一湛然。**（一真之地，湛然常寂。此真常德也。）**五阴永灭，则万累都捐。**（永离生死，则众惑俱消。此真净德也。）**万累都捐，故与道通洞。**（由其惑净，故内冥至理。）**抱一湛然，故神而无功。**（由其体常寂，而妙用无方，故神而无功。）**神而无功，故至功常存。**（无心而应，故功垂不朽。）**与道通洞，故冲而不改。**（由惑尽真穷，故冲深而不变。）**冲而不改，故不可为有。**（由体虚不变，故不可为有。）**至功常存，故不可为无。**（以随缘应现，利乐无穷，故不可为无。）**然则**（下总结离名离相）**有无绝于内**（以其体至真，寂用一源，故内绝有无），**称谓沦**（泯绝也）**于外**（不可以名字加之，故称谓泯绝）。**视听之所不暨**（及也，非色非声，故视听不及），**四空之所昏昧**（四空天人迷而不知，故所昏昧）。**恬焉而夷**（平等一如），**泊焉而泰**（寂而常照，无幽不鉴）。**九流于是乎交归**（九流，非世之九流，乃指九界众生，以涅槃乃一切众生之本源，故曰交归），**众圣于是乎冥会**（十方诸佛究竟之乡，故云冥会）。**斯乃希夷之境**（非见闻之境），**太玄之乡**（玄之又玄，故云太玄）。**而欲以有**（出有）**无**（入无）**题榜，标**（指也）**其方域**（谓以涅槃为诸圣出生入死之名，特以有无之名题榜标，指其方所）**而语其神道者**（以此为得者），**不亦邈**（远也）**哉！**

核体第二

此有名兴难，乃折之一也。因前云涅槃之体非有非无，故今折之，体竟何在，故云核体。谓即有余无余之名，以责有实体，非无名也。

有名曰：（名家按名以责实，故兴折难。）夫名号不虚生（谓有名必有实，岂有无实而彰名者），**称谓不自起**（凡名不自名，必因人见有可称，乃称其名）。**经称有余涅槃、无余涅槃者，盖是返本之真名**（非是虚称），**神道之妙称**（神道之妙，无可称之，故以涅槃名之，是为妙称）**者也。请试陈之。**（谓按涅槃有余无余之称，是则涅槃有名也，何言无名。先论有余兴难）**有余者，谓如来大觉始兴，法身初建。**

此因有余以定名。先举果德，以彰因行有余也。他处有余，皆依三乘之人证理未圆、断惑未尽而说。今此论中，单约佛果利生，有余缘未尽而说。详论文义，盖是权教三十四心断结成佛之果号，乃小乘所见之佛，非法报冥一之极果。盖依小乘，见有出生入死以立难也。

今言"如来"，乃十号之一，谓乘如实道而来三界。"大觉"，乃就德立称，谓如来自觉、觉他，觉行圆满，三觉已圆，故称大觉。然此大觉，乃报身之称。今论通称权教之佛亦是大觉，约总德也。"法身"，非清净法身，乃权教之佛，五分所成之法身，谓戒、定、慧、解脱、解脱知见，此五法熏成之身也。"始兴"、"初建"，盖指应身初现，六年苦行，于鹿野苑初成正觉，非菩提场为初成也。

澡八解之清流，憩七觉之茂林。

此下正举佛果已成，返彰因行也。"八解"者，一、内有相外观色，二、内无色相外观色，三、净解脱，四、空处定，五、识处定，六、无所有处定，七、非非想处定，八、灭受想定。此八有断惑之能，故如清流有浣濯之用。"憩"者，休息也。七觉支，谓择法、进、念、定、喜、舍、倚。此七觉法，如来修习已圆，安逸其中，故如休息于茂林之下也。

此上言果满，下显因圆。

积万善于旷劫，荡无始之遗尘。

此赞佛因行，旷大劫来，广修万善。荡，洗涤也。无始无明烦恼，洗涤无遗。

三明镜于内，神光照于外。

内证三明，谓过去宿命明，未来天眼明，现在漏尽明。由具三明，故了知三世，鉴机说法，曲尽随宜。

结僧那于始心，终大悲以赴难。

梵语僧那，此云弘誓，谓菩萨最初发心，先发四弘誓愿，故云始心。及至成佛，专以利生为事，故云赴难，谓救八难也。

仰攀玄根，俯提弱丧。

因中上求佛果，以实智证理，故云仰攀玄根。权智化物，故曰俯提弱丧。言众生沉迷，犹自幼亡家，故云弱丧。

超迈三域，独蹈大方。

三域，谓三界。谓佛能远超三界，高证无为。大方，喻所证之理。小乘独许悉达成佛，故云独蹈。

启八正之平路，坦众庶之夷途。

八正，即八正道，谓正见、正思惟等，由佛开启。众庶，庶，孽也，即指诸异见外道。"夷途"应作"邪途"，唯佛能坦之。

骋六通之神骥，乘五衍之安车。

言佛以六通御物，如骋神骏。五衍，梵语衍那，此云乘，谓界内人天，出世三乘，共有五乘。应机说法，运载众生至无畏处，故云安车。

至能出生入死，与物推移。

言如来应机利物，有感即现，缘尽即灭，故云出生入死。随顺机宜，故云推移。《楚辞》："圣人与世推移，而不凝滞于物。"

道无不洽，德无不施。

一雨普润，无不充洽。三檀等施，物无不利。

穷化母之始物，极玄枢之妙用。

"化母"，谓造化生物，以喻因缘生法。谓一切诸法从因缘生，故云"始物"。"玄枢"，实智。"妙用"，权智。即实之权，故云"极"。

廓虚宇于无疆，耀萨云于幽烛。

昭廓心境，彻法界之量，故云"无疆"。梵语萨云若，此云一切智。谓以一切智，照尽微尘刹土，尽见众生心数，故云"幽烛"。

将绝朕于九止，永沦太虚。

上言应缘益物，此言缘尽入灭。朕谓朕兆，物始萌之微也。"九止"，即九地。谓地乃佛之行履，今化缘已毕，将绝迹于化境。"永沦太虚"，指无余涅槃。

而有余缘不尽，余迹不泯。

度生之缘未尽，教道之迹未圆，故云不泯。

业报犹魂，圣智尚存。此有余涅槃也。

按此二语，论中立难有余涅槃，正指三藏果头佛也。所谓同除四住，此处为齐；若伏无明，三藏则劣。以无明未尽，异熟未空，故云"业报犹魂"。尚须智断，故云"圣智尚存"。以二皆有余，立难以此。

经云："陶冶尘滓，如炼真金，万累都尽，而灵觉独存。"

此结证有余涅槃也。约"尘滓"之言，"陶"应是"淘"，谓洗也。"冶"，镕冶销融也。尘滓喻烦恼，如销真金，先去矿垢。

无余者，谓至人教缘都讫，灵照永灭，廓尔无朕，故曰无余。

此下言无余涅槃也。谓圣人由机教相扣，故现身三界。机教俱尽，故潜耀敛辉，灵照永灭。"永灭"，应迹俱绝。故廓尔无朕，如薪尽火灭，故云无余。

何则？夫大患莫若于有身，故灭身以归无。劳勤莫先于有智，故绝智以沦虚。

"何则"下，征释无余之所以也。盖以身智为累，故俱灭为无，是为无余。此正小乘所见也。"大患莫若于有身"，《老子》云："吾所以有大患者，为吾有身。若吾无身，吾有何患？"以厌患其身，故灭身以归无。又云"绝圣弃智"，谓因智以劳形，故绝智沦虚，故心逸而无累。

然则智以（因也）形倦，形以智劳。轮转修途，疲而弗已。

智则分别执取，形则根尘和合，起惑造业。故轮转生死，长劫不返者，身心之过也。

经曰："智为杂毒，形为桎梏。渊默以之而辽，患难以之而起。"

此引证智形为累之所以也。智即《起信》六粗之智相，乃分别执取，为无明三毒烦恼之本，故为杂毒。桎梏，刑器，乃形累之譬。桎拘足，梏缚手。形骸拘挛，亦犹是也。谓分别情生，故与渊默之理相远，生死苦患因之而起。此智之过也。故圣人释智遗形，所以免累。

所以至人灰身灭智，捐形绝虑。内无机照之勤，外息大患之本。

圣人因知形智之累，故灰身归无，以损其形；灭智沦虚，故忘缘绝虑。由绝虑故，内无机照之勤。勤，劳也。由损形故，外息大患之本。身心两忘，所以大患永息，生死顿超。

超然与群有永分，浑尔与太虚同体。

形智俱亡，则生死永绝，高超三界，故与群有永分。心与理冥，返一绝迹，故浑与太虚同体。

寂焉无闻，泊尔无兆。冥冥长往，莫知所之。其犹灯尽火灭，膏明俱竭。此无余涅槃也。经云："五阴永尽，譬如灯灭。"

此结属无余涅槃之相也。谓涅槃之体无声，故寂焉无闻；无色，故泊尔无兆。泯绝见闻，故冥冥长往，莫知所之。之，犹往也。形智俱泯，故如灯尽火灭，膏明俱竭。以竭尽无余，故云无余涅槃。下引经证此，乃小乘偏空涅槃也。

盖论意折辞，皆约小乘起见故难。其答以大乘正义，故以破偏执也。

然则有余可以有称，无余可以无名。无名立，则宗（崇也）虚者欣尚于冲默。有称生，则怀德者弥仰于圣功。斯乃诰典之所垂文，先圣之所轨辙。

此举益将以结难意也。如上有余、无余之说，则若有若无，皆可指陈。若无名立，则使小乘崇虚者欣然趣尚于冲默虚无之理。若有名可称，则令大乘怀圣德者益观其功。此赞述有无皆不失理。此乃圣经诰典之垂文，先圣隐显化物之轨辙。

故下责之曰：

而曰："有无绝于内，称谓沦于外。视听之所不暨，四空之所昏昧。"使夫怀德者自绝，宗虚者靡托。无异杜耳目于胎壳，掩玄象于霄外，而责宫商之异、辨玄素之殊者也。

此指本论，责其乖理也。难者意谓若有名可称，使怀德者有所归；无名既立，则令崇虚者有所托。今如所论有无双绝，称谓俱丧，如此，则怀德绝分，崇虚者无凭。虽云玄妙，但非见闻之境，何异杜塞耳目于胎壳，为生盲生聋之人。玄象，指日月。且又掩日月之光如长夜，而责之以辨宫商之音、别玄素之色者，不亦远乎？

子徒知远推至人于有无之表，高韵绝唱于形名之外，而论旨竟莫知所归，幽途故自蕴而未显。静思幽寻，寄怀无所。岂所谓朗大明于冥室，奏玄响于无闻者哉！

此结责违理，以明无益也。谓子言涅槃之道，超出有无称谓之外。徒知高推圣境，迥绝形名，而论之旨趣，毕竟莫知所归宿。涅槃幽眇之途，自是蕴覆而未显发。名家谓我静而思之，幽而寻讨之，茫然寄怀，无所依托。非所谓朗涅槃大明之道于重冥之室，使其共见；奏玄响于绝听之地，令其共闻者哉！谓是欲明而返暗，欲通而返塞也。

位体第三

"位"，犹安也，亦立也。因有名核体，寄怀无所，故无名答以位之，发明圣人非出生入死而称有余无余，盖法身随缘隐显以答之。

无名曰：（据难以答）**有余无余者，盖是涅槃之外称，应物之假名耳。**

由前难云："涅槃乃神道之妙称，返本之真名。"故今答意，直以应物之假名以破之。即此一言，尽祛其迷。

而存称谓者封名，志器象者耽形。名也极于题目，形也尽于方圆。方圆有所不写，题目有所不传。焉可以名于无名，而形于无形者哉！

此破难者妄执之情也。称谓，名也。形，乃相也。然名相乃依他缘起，为遍计所执。若封名志相，盖遍计之执未忘。故名不能超题目之虚称，形不能出方圆之假象。若了依他性假，则遍计体空，而圆成实性，离名离相，则形有所不能显，名有所不能传。是为超情离见，非常情之境，无形无名之道，安可以形名求之哉！涅槃无名之义，于是乎显矣。

难序云："有余无余者，信是权寂致（立也）**教之本意，亦是如来隐显之诚迹也。"**（上纵，下夺）**但未是玄寂绝言之幽致，又非至人环中之妙术**（道也）**耳。**（言但是圣人应化隐显之迹，非返一绝迹之道。）**子**

独不闻正观之说欤？维摩诘言："我观如来无始无终，六入已过，三界已出，不在方、不离方，非有为、非无为，不可以识识、不可以智知，无言无说，心行处灭。以此观者，乃名正观。以他观者，非见佛也。"

此正示如来法身真如实际，超三世，离根量，出三界，遍一切处而无方所，不属有无分别，非思议之境，岂可以有余无余假名称谓可尽其量哉！

《放光》云："佛如虚空，无去无来，应缘而现，无有方所。"

引证上义，以显自性涅槃也。经云："佛真法身，犹若虚空。应物现形，如水中月。"故云应缘而现，无有方所。

然则圣人之在天下也，寂寞虚无，无执无竞，导而弗先，感而后应。

此承上经义以明无住涅槃也。以法身遍在一切处，一切众生及国土，故云"之在天下"。三世悉在无有余，亦无形相而可得，故云"寂寞虚无"。"竞"，诤也。有诤说生死，无诤说涅槃，生死及涅槃，二俱不可得，故云"无执无竞"。此言真身也。"导而弗先"等，言应身随缘也。寂然不动，故导不能先。感而遂通天下之故，故云感而后应。

譬犹幽谷之响，明镜之像，对之弗知其所以来，随之罔识其所以往。恍焉而有，惚焉而亡。（此释镜像喻。）动而逾寂，隐而弥彰。出幽入冥，变化无常。

此正喻显无住义也。谷、镜，喻法身虚明湛寂之体。临照、呼声，喻感应之机。像喻现身，响喻说法。不知所以来，不住有余也。不识所以往，不住无余也。其犹月映于江，随方各应，而本体湛然，故云动而逾寂；风吹万窍，群响并作，而谷体愈虚，故云隐而弥彰。此所以出有入无，幽冥莫测，变化无常，以此名为无住涅槃也。

其为称也（有余无余之名），**因应而作。显迹为生，息迹为灭。生名有余，灭名无余。**

此释有无之称，乃应物之假名耳，故云因应而作。但显化为生，生名有余；缘息为灭，灭名无余。

然则有无之称，本乎无名。无名之道，于何不名。

有无乃应物之迹，无名为本，是则名出于无名。从本垂迹，何所不名哉！但不可执迹以昧其本耳。

是以至人居方而方，止圆而圆，在天而天，处人而人。原夫能天能人者，岂天人之所能哉！果以非天非人，故能天能人耳。

言圣人安住无名法身之体，而应用无方，无刹不现，岂天人所能哉！由其超出人天，故能天能人耳。

其为治（化也）**也，故应而不为，因而不施**（作也）**。因而不施，故施莫之广。应而不为，故为莫之大。**

此言即实之权，故其用广大也。"治"为教化众生，以待感而应，故不强为。因机说法，待扣而说，故但因之而无施作，以作则有心也。以无心而施，故大地齐扣，一时普应，故莫之大。以不为而应，故十方遍感，一身普应，故莫之广。此所为其用广大也。

为莫之大，故乃返于小成。施莫之广，故乃归乎无名。

此言即权之实，以显体微也。"小成"，语出《庄子》"道隐于小成"。彼言大道在人，而所成者自小耳。此言小成，谓返一绝迹也。谓以无为而为，故大而绝迹；无心而作，故广而无名。由即权以显实，故不可以有无之名求之耳。

经曰："菩提之道，不可图度；高而无上，广不可极；渊而无下，深不可测；大包天地，细入无间，故谓之道。"然则涅槃之道，不可以有无得之，明矣！

此引证用广体微之义也。经乃《太子本起瑞应经》，谓菩提之道，其体微妙，非言思境，故不可图度；其用广大，故极上极下而不可测。然虽包天地，而细人无间，故极广大而尽精微。以此而推，则涅槃之道，不可以有无之迹而得之者，明矣。

而惑者睹神变因谓之有，见灭度便谓之无。有无之境，妄想之域，岂足以标榜玄道而语圣心者乎？

此解惑责迷也。由上言涅槃之道，体用微妙，不可以有无得之，故此责其惑者不达，睹其神变即谓之有，见灭度即谓之无，故说有余可以有称，无余可以无名。殊不知有无之境，乃妄想之域，岂足标示涅槃之妙道而语圣心者乎？其实法身体中，有无双绝。

意谓，至人寂泊无兆，隐显同源，存不为有，亡不为无。

此示法身极证，将解惑者之迷也。谓法身寂灭无为，不堕诸数，故寂泊无兆，隐显同源。真应不二，故虽生而不生，故存不为有；虽灭而不灭，故亡不为无。

何则？（征释上二义。）佛言："吾无生不生，虽生不生。无形不形，虽形不形。"以知存不为有。

此引证存不为有也。"佛言"者，乃义引《般若》、《涅槃经》语。言"无生不生"者，谓无一众生之类而不示生也。"无形不形"者，谓无一类之形而不受也。不唯人天六道，乃至异类鬼神，总之四生一十二类，无处不入也。此乃法身普应，其体湛然不动，故虽生而不生，虽形而不形，所以存不为有也。

经云："菩萨入无尽三昧，尽见过去灭度诸佛。"又云："入于涅槃而不般涅槃。"以知亡不为无。

此引证亡不为无也。经乃晋《华严经》，即安住长者，成就法门名不灭度，所得三昧名无尽佛性，唐译名佛种无尽。三昧，此云正思，亦云正受。"无尽"者，以佛性无尽，故入此三昧，见三世佛亦无尽。以此圆宗，三世互现，故义引尽见过去灭度诸佛。《楞伽》云："无有佛涅槃，亦无涅槃佛。"故云入于涅槃而不般涅槃。以此故知，亡不为无。

亡不为无，虽无而有。存不为有，虽有而无。虽有而无，故所谓非有。虽无而有，故所谓非无。然则涅槃之道，果出有无之域，绝言象之径，断矣！

此蹑前以明双非，以显无住。由是而知涅槃之道，实超有无之境，绝言象之路，断然明矣，又何以生死去来有无称谓而拟议哉！
〇上通答有无以破其惑，下别破劳患以祛生灭之见。

子乃云："圣人患于有身，故灭身以归无。劳勤莫先于有智，故绝智以沦虚。"无乃乖乎神极，伤于玄旨者也。

此叙计责迷也。由上发挥涅槃超情离见，迥出言象有无之外，而名家妄以厌患生死，而以灭身绝智为无余。故责之曰：若子之所云圣人云云者，岂不乖违于法身神极之理，伤于涅槃之玄妙旨趣者乎？

〇下引经极成。

经曰："法身无象，应物而形。般若无知，对缘而照。"

此引经证圣人身心本无，劳患何有也。晋《华严》三十二略云："清净法身，非有非无，随众生所应，悉能示现。"此证无身而现身，无身可厌也。"般若无知"下，义引《般若》，无心而照，证无智可劳也。

下明不但身心两忘，抑且身心双寂。

万机顿赴而不挠其神，千难殊对而不干其虑。动若行云，止犹谷神。岂有心于彼此、情系于动静者乎？

此明无心应物，以释无智可劳也。万机顿赴，如月照万川，有何挠其神。千难殊对，如一雨普润，又何干其虑。《华严》云："假使无量阿僧祇众生，一一各具阿僧祇口，一一口具阿僧祇舌，一一舌出阿僧祇问难，而菩萨以一言演说，尽答无余。"今言千难，犹小小耳。以无心而动，故若行云。虚而常寂，故止若谷神。谷神，语出《老子》，谓虚而能应也。圣人如此，岂有心于彼此、情系于动静者乎？此无心而应，有何智可劳乎？

既无心于动静，亦无象于去来。去来不以象，故无器而不形。动静不以心，故无感而不应。

此明非形现形，故无身可患也。言既无心动静，则无身生灭，有何去来。由其身心两亡，故能随缘普应，故无器不形，无感不应。如此，又何有身可厌患乎？

然则心生于有心，象出于有象。

此言圣人无心生心，无相现相也。谓圣人本自无心，以众生心为心。圣本无相，因众生愿见，故应之以相。是以身心如幻，患累何生？

下释无患。

象非我出，故金石流而不燋。心非我生，故日用而不动。纭纭自彼，于我何为。

言圣人无我故无患，虽流金烁石而不燋。无心故，日应众缘而不动。以纭纭自彼，于我何为？又何患乎？

所以智周万物而不劳，形充八极而无患。益不可盈，损不可亏。宁复痾疠中逵，寿极双树，灵竭天棺，体尽焚燎者哉！

此示无患之所以，将斥小乘之见也。以无心而应，故智周而不劳。以无身而现，故形充而无患。经云："法身遍在一切处，一切众生及国土。"故益不可盈，三世悉在无有余。亦无形相而可得，故损不可亏。圣人之身心如此。

下斥小见。"岂有痾疠中逵"，此痛背之事。《阿含经》说，如来向拘尸罗城，中路背痛，令弟子四叠僧伽黎，树下休息等。如来双树入灭，故云"寿极天棺"。乃佛之葬仪，焚燎乃火化等。此乃小乘见应化佛有生死去来之迹，而不知法身常住，岂可以此为无余涅槃哉！

而惑者居见闻之境，寻殊应之迹，秉执规矩而拟大方，欲以智劳至人，形患大圣，谓舍有入无，因以名之，岂谓采微言于听表，拔玄根于虚壤者哉！

此结责迷情也。如上所谈至人身心如此之妙，而惑者不知，以生灭见闻之境，求随应之迹，而拟议法身。其犹执规矩方圆而拟度太虚，将欲以智与形可以劳患圣人，即以生死舍有入无名为涅槃。如此之小见，岂是超视听之表，得法身之理哉！"玄根"，意指法身。"虚壑"，意指寂光。此非寻常见闻可及也。

征出第四

征，责也。以前云涅槃之道，果出有无之境。征意云：有无二法，摄尽一切，如何有无之外，别有涅槃之体？今详征辞，包举儒老有无之说，复引小乘有无为例，以诘难之。

有名曰：夫浑元剖判，万有参分。有既有矣，不得不无。无不自无，必因于有。所以高下相倾，有无相生。此乃自然之数（谓理数），**数极于是。**

此言有无相生，以为定有、定无也。"浑元"，乃混沌一气未分之前，名太极无极，谓本无也。及阴阳初判，两仪既分，而人居中，是为三才，谓一生二，二生三，三生万物，故曰"万有参分"，是谓有也。有既有矣，变化迁讹，四时代谢，不得不无。且无不自无，必因有以成无。只如寒中无暑，暑中无寒。日中无暗，暗中无日。昼夜相代，所以高下相倾，譬如四时，成功者退，有无相生。此乃自然必定之理。天地之理数，极尽于是而已矣。

以此而观，化母所育，理无幽显，恢（大也）**恑**（奇也）**憰**（诈也）**怪**（夭也），**无非有也。有化而无，无非无也。然则有无之境，理无不统。**

谓历观化母所育。化母，指一气，生成万物，故云所育。凡在阴阳所生之物，无论恢恑憰怪，皆是有也。有形之物必归变灭，故云有化为无。此则实实是无，故云无非无也。以此而知，有无之境，理无不统。此则世间之法，不出有无。

经曰："有无二法，摄一切法。"又称三无为者，虚空、数缘尽、非数缘尽。数缘尽者，即涅槃也。

此引出世三乘之法，亦以有无统之也。三无为者，乃唯识六种无为之三也。按《百法解》，虚空无为，乃喻真如之理，犹如虚空，其体常住。择灭无为，乃二乘涅槃析色所证，谓因慧数拣择而证灭故。非择灭者，谓圆成之理，本来寂灭，不复更灭，故非择灭，即非数缘灭。《新疏》以非数缘灭，谓诸法缘离自灭，同前儒老自有入无，似非论义。难家通以无为为涅槃，今闻有无之外别有妙道，所以立难。

而论云：有无之表，别有妙道，妙于有无，谓之涅槃。请核妙道之本（体也）。果若有也，虽妙非无。虽妙非无，即入有境。果若无也，无即无差。无而无差，即入无境。总而括之，即而究之，无有异有而非无，无有异无而非有者，明矣。

此申难意。谓三教之理，世出世间，有无之法，该括殊尽。而今论云：有无之外别有妙道，名为涅槃。是所难信也。"请核"下，正出难意。谓妙道之体，果实是有，虽妙亦定有，定有即入有境。若妙道果实是无，则必定无，即入无境。以此总万法而括之以理，即教以究其元，不出有无之外。岂有异有而又言不无、异无而又言不有者耶？

而曰有无之外别有妙道，非有非无，谓之涅槃。吾闻其语，未即于心也。

此难家责违也。谓非有非无之说，其论虽妙，吾闻其语而已，未惬于心，实所未悟也。

超境第五

境，即上难家有无之境，谓根尘为有，小乘灰灭取为涅槃，是称为无。今演大涅槃，超卓有无，以破其执。

无名曰：有无之数（名也），**诚以法无不该、理无不统。**（纵也。）**然其所统，俗谛而已。**

《大品》云："菩萨以世谛故，示众生若有若无。"非第一义，故云俗谛。《唯识》、《百法》该世出世，然皆有我，故称为俗。

经曰："真谛何耶？涅槃道是。俗谛何耶？有无法是。"

此引证世出世法，通名俗谛。

何则？（征明有无皆俗谛义。）**有者有于无，无者无于有。有无所以称有，无有所以称无。**

此则有无相形也。本无生死而今有之，本无身心而今有之，此有者有于无耳。二乘之人灰灭身心，超脱生死而证无为，是以无者无其有耳。是以有其所无故称有，无其所有故称无。此相待相形，故为俗也。

然则有生于无，无生于有。离有无无，离无无有。有无相生，其犹高下相倾，有高必有下，有下必有高矣。然则有无虽殊，俱未免于有也。

释成有无相生，如高下相倾，是则有无之名虽殊，俱未免于有，故所以为俗耳。

此乃言象之所以形，是非之所以生，岂足以统夫幽极、拟夫神道者乎？

此结责有无既形于言象，必生其是非，未为一定之理，岂足以统摄幽妙之极致，而拟议涅槃之神道乎？

是以论称出有无者，良以有无之数（名也），止乎六境之内。六境之内，非涅槃之宅，故借出以祛（遣）之。

此正明出意也。谓涅槃之道超出有无者，良以有无之名，止乎六境根尘之内。以根尘生灭之法，非涅槃不生不灭之致，故假借一"出"字，以遣执迷之情耳。殆非出此之外，别有一有可居也。

庶恔道之流，仿佛（比拟也）幽途，托情绝域，得意忘言，体其非有非无。岂曰有无之外，别有一有而可称哉！

此勉玄悟忘情也。所以言超出者，冀望学道之流，因言比量涅槃之妙，寄心于忘情绝证之域，得意忘言，悟其非有非无耳。岂是有无之外，别有一有可称谓哉！执言昧旨，失之甚矣。

经曰三无为者，盖是群生纷绕，生乎笃患。笃患之尤，莫先于有。绝有之称，莫先于无，故借无以明其非有。明其非有，非谓无也。

此斥迷也。经言三无为者，盖因众生生死往来，纷纷绕绕而不停者，生乎根尘，为笃患之本也。而笃患之甚者，莫先贪著执有之情也。若欲绝其贪著之心，莫先于涅槃之无，以为安逸之宅。因此故借一无字，以明其生死之法中非有耳。此意但只明其根尘虚妄，本不是有，非是绝无为无也。此言拣有二义：一、拣涅槃非有无摄。二、拣为无之无，非二家所计之无。

肇论略注卷六

明 匡山沙门憨山释德清 述

涅槃无名论第四（下）

搜玄第六

此承无名言涅槃之道妙出有无，故名家搜之。搜，寻求也。

有名曰：论自云涅槃既不出有无，又不在有无。（引论意。）不在有无，则不可于有无得之矣。不出有无，则不可离有无求之矣。求之无所，便应都无。

此名家按迹兴疑也。上云"良以有无之数"等，是不出有无也。前云"果出有无"等，是不在有无也。以不在故，不可即而得之矣。不出，则不可离而求之矣。于即离之间求之而所求不可得，便应都无，岂以断灭为妙道乎？

然复不无其道。其道不无，则幽途可寻，所以千圣同辙，未尝虚返者也。其道既存，而曰不出不在，必有异旨，可得闻乎？

既云不出不在，然又不无其道，是则妙道可寻，足知千圣一轨，同归一极，未尝虚返者也。然其道既存，则有所可指，而曰不出不在，使人趣向无所。必有异旨，可得闻乎？

妙存第七

不出不在曰妙，体非断绝曰存。乃无住之深趣，存乎不即不离之间，故曰妙存。虽云妙存，正显无住。

无名曰：夫言由名起，名以相生，相因可相。无相无名，无名无说，无说无闻。

此意责名家执名相以求无言之妙道，故就有无以求之，非得无言之旨也。谓凡言说从名相而起，名相从妄想而生，故曰相因可相。若名相两忘，则言说俱无。言说既无，则从何所闻？然此涅槃妙道，本无言说，子于何而得闻乎？

经曰："涅槃非法（故不在），非非法（故不出），无闻无说，非心所知。"吾何敢言之，而子欲闻之耶？

此正申责意也。由名象家云："不出不在，必有异旨，可得闻乎？"故此引经证涅槃本不可说，亦非可闻也。经即本经[1]二十一略云：涅槃非相非不相，非物非不物等。亦《净名》义，谓有无二者皆名为法，所云非法，则不在也；非非法，则不出也。不出不在，则无言说。离言之道，非心所知，吾何敢妄言，而子欲闻之耶？

---

[1] 本经：应为"《大经》"，即昙无谶所译《大般涅槃经》。

虽然，善吉有言："众人若能以无心而受、无听而听者，吾当以无言言之。"庶述其言，亦可以言。

此陈道本无言，亦可以因言显道也。善吉，须菩提之名也。义引《般若》："须菩提云：我观般若，本无言说。若众人能以无心而受、无听而听者，我当述佛之言，亦可以言之。"意欲通难解迷，不得不言之耳。

《净名》曰："不离烦恼而得涅槃。"天女曰："不出魔界而入佛界。"

此引二经，证不出不在义也。《净名》，即〈弟子品〉文。天女，即《宝女所问经》第四偈曰："如魔之境界，佛境界平等，相应为一类，以是印见印。"据此经义，妙道本来不出不在，只在当人妙悟，岂可执言求实也。故下明妙悟。

然则玄道在于妙悟，妙悟在于即真。即真即有无齐观，齐观即彼己莫二。所以天地与我同根，万物与我一体。同我则非复有无，异我则乖于会通。所以不出不在，而道存乎其间矣。

此言涅槃妙道，在乎妙悟等观，非言说可到也。所言涅槃者，乃法身寂灭之称也。《大经》云："法身遍在一切处，一切众生及国土。三世悉在无有余，亦无形相而可得。"此非妙悟不足以了达。然妙悟要在即物以见真，即真要在有无齐观。若能齐观，则物我不二。如此，则天地与我同根，万物与我一体。若物我等观，则不落有无。若物与我异，心境角立，则不能会通。故所以言不出不在而妙存乎其间矣。若不如此，则取舍情生，是非缪乱，又何以见忘言之道乎？

何则？（征释妙悟。）夫至人虚心冥照，理无不统。怀六合于胸中，而灵鉴有余。镜万有于方寸，而其神常虚。

此言圣人照理达事，故即事而真也。由照真理极，故事无不摄，故怀六合而有余，镜万有而常虚。此圣人之心也。

至能拔（言证穷也）**玄根**（指涅槃实际也）**于未始**（言无始，指未迷已前），**即群动以静心。恬淡渊默，妙契自然。**

言由妙悟，故能真穷惑尽，破无始之迷，彻法界之理，故权应群机，即动而常静，无为湛寂，妙契自然。

所以处有不有，居无不无。居无不无，故不无于无。处有不有，故不有于有。故能不出有无而不在有无者也。

此言圣人理极情亡，故出在两超，不堕有无之见也。由实智理穷，故处有不有；权应无方，故居无不无。以不无故不滞于无，不有故不著于有。如此，所以不出有无而不在有无者也，岂可以一定于有无而求之哉！

然则法无有无之相（境空），**圣无有无之知**（心空）。**圣无有无之知，则无心于内**（亡知绝照）。**法无有无之相，则无数**（名相也）**于外**（离名绝相）。**于外无数**（则境绝），**于内无心**（则智绝），**彼**（境也）**此**（心也）**寂灭**（心境双绝），**物我冥一**（物我如如），**泊尔无朕，乃曰涅槃。**

此叹圣人心境双绝，物我如如，纤尘不立，乃曰涅槃。此为圣人之极证，究竟涅槃之果也。

涅槃若此，图度绝矣，岂容可责之于有无之内，又可征之有无之外耶？

此责迷也。谓涅槃如此，超出思议图度之境，岂容可以有无内外而求之耶？

难差第八

此承上言涅槃之道，心境不二，物我一如之妙，是为平等无二之理。如此，何以三乘修证有差？既曰冥一，则不应有三。

有名曰：涅槃既绝图度之域，则超六境之外，不出不在，而玄道独存。斯则穷理尽性，究竟之道，妙一无差，理其然矣。

名家叙领涅槃超出有无之妙，为穷理尽性之谈，理其然矣。但理既一，而三乘所证何以不同？故此下立难。

而《放光》云："三乘之道，皆因无为而有差别。"佛言："我昔为菩萨时，名曰儒童，于燃灯佛所，已入涅槃。"儒童菩萨时于七住初获无生忍，进修三位。

难意谓涅槃妙道既是一，则三乘所证不应有差。引《放光》义，《金刚》亦同，谓一切圣贤皆以无为法而有差别，所谓证异也。儒童于燃灯佛所已入涅槃，而又云时于七住获无生法忍。圆教七住，即权教七地，故言既入涅槃，则已证极果，如何后又进修三位耶？此疑涅槃未为极证也。此引证意，下正难。

若涅槃一也，则不应有三。如其有三，则非究竟。究竟之道，而有升降之殊，众经异说，何以取中耶？

此正难差也。若一，则不应有三。有三，则非究竟矣。既曰究竟之道，而有升降之不同。教有明言，又何以折中耶？

辨差第九

无名曰：然究竟之道，理无差也。《法华经》云："第一大道，无有两正。吾以方便，为怠慢者，于一乘道，分别说三。"三车出火宅，即其事也。

此领难意，理本一也。然有三乘者，乃即一之三，权实之义耳。《正法华》云："是一乘道，寂然之地，无有二上。"论"正"与经"上"，皆极果也。《妙法华》云："佛为求道者中路懈废，为止息故，以方便力，于一乘道，分别说三。"火宅喻，先许三车，及诸子出宅，皆等赐一大车。是则本无有三，三非实法也。

以俱出生死，故同称无为。所乘不一，故有三名。统其会归，一而已矣。

此言三乘会归一极，以申答意也。

而难云：三乘之道，皆因无为而有差别。此以人三，三于无为，非无为有三也。故《放光》云："涅槃有差别耶？答曰：无差别。但如来结习都尽，声闻结习不尽耳。"

此正答难意。但人有三，而涅槃之道本无三也。所以有差者，但如来烦恼无明结习已尽，三乘未尽，故有差耳。以结习尽处，心契无为，名为涅槃。故下以喻明。

请以近喻，以况远旨。如人斩木，去尺无尺，去寸无寸。修短在于尺寸，不在无也。

此喻最显，言无无长短，意旨更妙。此法本不异。

夫以群生万端，识根不一。智鉴有浅深，德行有厚薄。所以俱之彼岸，而升降不同。彼岸岂异，异自我耳。然则众经殊辨，其致不乖。

此明法本不异，异在于机。智有浅深，德有厚薄，正不一之所以也。"彼岸岂异"，正示法一。众经随机之说，故不乖耳。

责异第十

谓无为之理既一，如何能证之人有三？盖蹑前致难也，故云责异。

有名曰：俱出火宅，则无患一也。同出生死，则无为一也。（此领旨也。）而云"彼岸无异，异自我耳"。（此兴疑也。）彼岸则无为岸也，我则体（证也）无为者也。（立难意，下申难）请问我与无为，为一为异？若我即无为，无为亦即我，不得言无为无异，异自我也。（言我与无为既一，则无彼此之分，故不可言异自于我。）若我异无为，我则非无为。（我是众生，自属有为，故非无为。）无为自无为（自一向无为），我自常有为（我在生死，则一向有为），冥会之致，又滞而不通。（无为、有为条然各别，故难通会。）然则我与无为，一亦无三（若生死、涅槃本来平等一际，如此既一，则毕竟无三），异亦无三（若生死与涅槃本来不同，则生死自生死，涅槃自涅槃，何有三乘之设），三乘之名，何由而生也。（进退推之，一亦无三，异亦无三，如此，则三乘之名，何由而生耶？）

会异第十一

名家执异以难非一，故无名会通无二。

无名曰：夫止此而此（意谓迷时涅槃即生死），适彼而彼（悟时生死即涅槃）。所以同于得者得亦得之（证则三乘同证），同于失者失亦失之（迷则六道同迷）。我适无为，我即无为。无为虽一，何乖不一耶？

此言生死涅槃本无二致，迷悟同源。以人证法，法则在人，故曰"我适无为，我即无为"。人大则法亦随大，机小则法亦随小。是则无为虽一，何妨因人而有三耶？

譬犹三鸟出网，同适无患之域。无患虽同，而鸟鸟各异。不可以鸟鸟各异，谓无患亦异。又不可以无患既一，而一于众鸟也。然则鸟即无患，无患即鸟。无患岂异，异自鸟耳。

此喻显法一而人异也。鸟喻众生，网喻生死，无患喻涅槃。谓众鸟出网，无患一而鸟鸟异，异谓飞有远近也。此以无患喻涅槃，最妙。

如是三乘众生俱越妄想之樊，同适无为之境。无为虽同，而乘乘各异。不可以乘乘各异，谓无为亦异。又不可以无为既一，而一于三乘也。然则我即无为，无为即我。无为岂异，异自我耳。

法合甚明，谓众生同出生死，所证涅槃是一。但根有大小，智有浅深，故证有高下。此是异在人，不在法也。

所以无患虽同而升虚有远近，无为虽一而幽鉴有浅深。无为即乘也，乘即无为也。此非我异无为，以未尽无为，故有三耳。

此喻法双结，生死、涅槃本来不二。但出生死之人，未尽无为之理，故有三乘之分，非有三法以待人也。此论正义，特显生死涅槃不二之旨，学人不可以迷悟、三一求之。

诘渐第十二

诘，难也。由前云未尽有三，是为渐义，故此诘之。

有名曰：万累滋彰，本于妄想。妄想既祛，则万累都息。（此言三乘断惑同。）**二乘得尽智，菩萨得无生智。**（此言三乘智同。）**是时妄想都尽，结缚永除。结缚既除，则心无为。**（此言三乘证理同。）**心既无为，理无余翳。**

此诘三乘断惑、证智、证理皆同，同则不应取果有异也。"万累"指枝末烦恼，"妄想"指根本烦恼。根本既断，则枝末不生，故云"都息"。"二乘尽智"等，《新疏》引《大品》，说三乘之人共十一智，第九名尽智，谓苦已尽见等；第十名无生智，谓苦已见而不更见等。则前之十智声闻皆有，尽智在已办地得之。今云"菩萨得无生智"者，二地已上，第九菩萨地，阿鞞跋致，如实知诸法本自不生，今亦无灭，名无生智，不共二乘也。上引声闻亦证无生，今言菩萨不共者，以二乘但尽生死，名为无生；菩萨乃达诸法寂灭无生，故不共耳。通言三乘断惑证理皆同，而取果不应有异。此乃名家约义以难。其实三乘断惑不同，以二乘断见思，菩萨断尘沙、伏无明，霄壤有异，岂可同哉！学者不可不知也。

经曰："是诸圣智不相违背，不出不在（应作'生'字），**其实俱空。"又曰："无为大道，平等不二。"**

此引证三乘证理不异也。《疏》引《放光》云："声闻、辟支佛、菩萨、佛世尊，是诸圣智不相违背。"乃至云："不出不在，其实空者，无有差殊。"今"在"字，宜是"生"字。《智论》解云："因边不起，名为不出。缘边不起，名为不生。"

"又曰"下，亦义引《大品·三慧品》："须菩提白佛言：世尊，无为法中可得差别不？佛言：不也。"故义言大道平等无二。

既曰无二，则不容心异。不体（证也）则已，体应穷微。而曰体而未尽，是所未悟也。

言既所证之理不二，则能证之心又何容异。以不异之心，证不二之理，不证则已，证则穷微彻底。而曰体而未尽，是所未悟也。

明渐第十三

言结习不可顿尽，无为不可顿证。譬如磨镜，垢尽明现。

无名曰：无为无二，则已然矣。（领难理无差。）结是重惑，可谓顿尽，亦所未喻。（经云：理须顿悟，乘悟并消。事因渐除，因次第尽。）经曰："三箭中的，三兽渡河，中、渡无异，而有浅深之殊者，为力不同故也。"

二喻，《疏》引《毗婆沙论》之义云，犹如一的，若木若铁，众箭所中。一无为体，为三想所行。又云：于甚深十二因缘河，能尽其底，是名为佛。二乘不尔。如三兽渡河，谓象、马、兔，兔则腾掷而渡；马或尽底，或不尽底；香象于一切时无不尽底。

三乘众生俱济缘起之津，同鉴四谛之的，绝伪即真，同升无为。然则所乘不一者，亦以智力不同故也。

此法合也。"缘起"，十二因缘，乃广四谛而说。故四谛有生灭、无生、无作、无量四种不同，故是三乘同观，故云"俱济"、"同鉴"；而断惑证真，同升无为，亦各证自乘，故所乘不一，亦以智力不同故也。

　　○下举例难尽。

　　夫群有虽众，然其量有涯，正使智犹身子，辩若满愿，穷才极虑，莫窥其畔。

　　此举有为之法难尽，以例无为不可顿穷也。言万物虽多，各有涯量。直使智慧如身子，辩才如满慈，穷其才，极其虑，亦莫能窥其边。有为如此，况无为乎？《涅槃》云："佛言：我与弥勒等共论世谛，舍利弗等都不识知。何况出世第一义谛？"

　　况乎虚无之数（妙也），重玄之域，其道无涯，欲之顿尽耶？

　　此法合也。虚无、重玄，用《老子》文"玄之又玄"，故曰重玄，皆况涅槃无为之义。言有为之数，二乘之智尚不能穷，况涅槃无为之道乎？譬如大海无涯而操舟有里数，太虚寥廓而翔翮有远近。三乘之人，于涅槃之道，亦犹是也。

　　书不云乎，"为学者日益，为道者日损。"为道者，为于无为者也。为于无为而曰日损，此岂顿得之谓？要损之又损之，以至于无损耳。经喻萤日，智用可知矣。

　　引《老子》"为学日益，为道日损，损之又损，至于无损"，以明渐断渐证之义。"至于无损"者，至无可损为极证耳。萤日，《放光》义云：二乘之智如萤火虫，不敢作念遍照阎浮。菩萨之智譬如日出，遍照阎浮，生盲之人皆得利益等。

讥动第十四

如前所云，既以取舍为心，损益为行，是则尚求之心，扰动未息。何以动扰之心，证不动无为之理乎？故讥以诘之。

有名曰：经称法身已上，入无为境，心不可以智知，形不可以象测，体绝阴入，心智寂灭。（上明无为之理。）而复云进修三位，积德弥广。（此明好尚之心。）夫进修本（因也）于好尚，积德生（起也）于涉求。好尚则取舍情现，涉求则损益交陈。既以取舍为心、损益为体（言体究，行也），而曰体绝阴入，心智寂灭，此文乖致殊，而会之一人，无异指南为北，以晓迷夫。

此蹑前进修损益以兴难也。"经称法身已上"，谓初登地，已契法身，证真如理，故云"入无为境"。以无分别智，现身益物，故云"心不可以智知，形不可以象测"。至七地，顿舍藏识，故云"体绝阴入"；证平等真如，故云"心智寂灭"。自此复进修三位，方成佛果。此引经按定。下申难意，谓进修积德，本于好尚涉求。凡好尚则取舍未忘，涉求则损益交陈。既有取舍、损益之心，则动扰未息。而又曰体绝阴入，心智寂灭，此则文乖于理，如何会之一人？以动心而取静理，无异指南为北也。

动寂第十五

前名家讥动，今答以动寂。而不言"寂动"者，以问家但讥其动，谓动则违寂，不知动时全寂，故云"动寂"。

无名曰：经称圣人无为而无所不为。

此引证圣人动静一如，总答难意也。经即《放光》云："佛言：适无所为，故行般若波罗蜜。"无所为，寂也。无所不为，动也。即寂而动，故虽动而常寂，故下广明进修无取舍。

无为故虽动而常寂，无所不为故虽寂而常动。虽寂而常动，故物（心也）莫能一。（以体用双彰，故莫能一。）虽动而常寂，故物（境也）莫能二。（以心境一如，故莫能二。）物（境也）莫能二，故逾动逾寂。物（心也）莫能一，故逾寂逾动。

此言圣心寂照双流，体用双彰，故心境一如，动静不二，岂可动静而二其圣心哉！

所以为即无为，无为即为，动寂虽殊，而莫之可异也。

此证经义，以明动静不二之所以也。
〇下明圣心绝待，答前积德。

《道行》曰："心亦不有亦不无。"

此引经证圣心不涉有无，以明积德非有心也。虽好尚、涉求，似分身心，而总摄于心，故言积德虽涉求，亦非有心，亦非无心，任运而已。

不有者，不若有心之有；不无者，不若无心之无。

此释经义，拣非断常也。言不有者，不是绝无，但不似众生之有心耳。言不无者，不是实有，但不比无情之无耳。

何者？有心则众庶是也，无心则太虚是也。众庶止于妄想，太虚绝于灵照。岂可止于妄想、绝于灵照，标其神道（指涅槃）而语圣心者乎？

此重明圣心不有不无之所以也。若有心则是凡夫，无心则是太虚。凡夫则所止于妄想，太虚则绝然无知。岂可以妄想无知，以拟涅槃妙道，以语圣心为有无哉！

是以圣心不有，不可谓之无（绝无）。**圣心不无，不可谓之有**（实有）。

此双遮圣心不属有无，以遣妄见。

不有故心想都灭（不比凡夫），**不无故理无不契**（不比太虚）。**理无不契，故万德斯弘。心想都灭，故功成非我。**

以明离过显德，以彰圣心本无涉求也。以灭妄想，又非无知，乃离二边之过，故能证一真之理，故云理无不契。以证一真法界，则恒沙性德总在心源，故万德斯弘。以妄想尽灭，则永绝贪求，故虽功成而非我证。如此，又何好尚、涉求之有哉！

所以应化无方，未尝有为；寂然不动，未尝不为。经曰："心无所行，无所不行。"信矣！

此总结答难意，谓圣心无为而为，寂然而应，如此，岂有为好尚涉求之心，而以动扰讥之哉！引经证一致，可知。

儒僮曰："昔我于无数劫，国财身命施人无数，以妄想心施，非为施也。今以无生心，五花施佛，始名施耳。"

儒僮，义引《智论》事，谓以身命等施，出妄想心，求五波罗蜜，未有所得。今见燃灯，以五花供佛，布发掩泥，即得无生法忍，满足波罗蜜等。谓七地以前，有相观多，未达三轮体空，名住相布施，非真施也。至第八无相地，证平等真如，三轮空寂，故即得受记，故云始是施耳。意谓圣心果有好尚涉求，岂能证无为之理乎？

又空行菩萨入空解脱门，方言今是行时，非为证时。

此引《放光》义，言菩萨已入空解脱门，方言乃是行时，非为证时。意谓单空尚不能证，况动心乎？显寂用同时，为真行耳。

然则心弥虚，行弥广，终日行，不乖于无行者也。

谓菩萨已入空解脱门，依空起行，则寂而常照，故心心寂灭，行行契真，所以动而常寂也。

是以《贤劫》称无舍之檀，《成具》美不为之为，《禅典》唱无缘之慈，《思益》演不知之知。圣旨虚玄，殊文同辨。

连引四经，以证不为而为之义。梵语檀那，此云布施。《贤劫经》说：一切诸法无有与者，是名布施。《成具》云：不为而过为。《禅经》说慈心三昧，有无缘之慈。《思益》云：无取舍之知方为知。此上四义，皆言不为而为之旨，故云殊文同辨。

岂可以有为便有为，无为便无为哉！菩萨住尽不尽平等法门，不尽有为，不住无为，即其事也。而以南北为喻，殊非领会之唱。

此责其动静异见，而引经证义也。"菩萨"下，即义引《净名经》，略云："上方香积世界菩萨欲还本国，向佛求法。佛言：有尽无尽法门，汝等当学，云云。如菩萨者，不尽有为，不住无为。"彼疏云："有为虽伪，舍之而大业不成。无为虽实，住之而慧心不朗。"

"即其事"者，正同前动寂无碍之旨也。若有无异见，动寂殊观，而以南北为喻，岂能领会圣心哉！

穷源第十六

穷谓穷讨，源谓根源。由闻前说，已知动静不二，今则行成必证，未审能证之人与所证之法，谁先谁后？

有名曰：非众生无以御（控进也）三乘，非三乘无以成涅槃。然必先有众生，后有涅槃。是则涅槃有始，有始必有终。（约人则人先法后，约法则法先人后。）而经云："涅槃无始无终，湛若虚空。"则涅槃先有，非复学而后成者也。

此难涅槃与人两异。设难：若先有众生，是众生证得，则涅槃有始终。若先有涅槃，则不属修得，何言众生得涅槃耶？此难似不易通。下答以涅槃无始无终，无古无今，浩然大均，物我无二。唯会物为己，即是圣人，亦无始得。

通古第十七

意谓涅槃之体，性自常然，无古无今，何有始终。万法本寂，当体涅槃。三乘悟此，即为证得，亦无先后，但以智契理，理智冥一，唯心契会，故无始终。

无名曰：夫至人空洞无象，而万物无非我造。会万物以成己者，其唯圣人乎！

言圣人一心寂灭，空洞无象，以随缘成事，故三界万法唯心所现，故云"无非我造"。以诸法寂灭之体即是涅槃。若能了达万法唯心，法法皆归自己，是名圣人证得涅槃。但是以如如智，照如如理，理智冥一，是为涅槃，岂有先后始终于其间哉！即此一语，尽破其疑。

何则？（征释理智一如。）**非理不圣，非圣不理。理而为圣者，圣不异理也。**

理即万法一真之理，圣谓照理之智。谓非契理不足以彰圣智，故云"非理不圣"。非智不足以证理，故云"非圣不理"。以证理而为智，故智不异理，平等一心，是为证得涅槃。

故天帝曰："般若当于何求？"善吉曰："般若不可于色中求，亦不离色中求。"又曰："见缘起为见法，见法为见佛。"斯则物我不异之效也。

由上云一心成万法，照万法唯一心，名为涅槃。万法境宽，今就五蕴中举一色法以明，则法法皆然。故引天帝之问，乃《大品经·散花品》文，谓般若乃能照之智，万法乃所照之境，今但举色法以例余。言心境非一，故不可于色中求；以心境非异，故不离色中求。以色即是空，空即如如。无如外智能证于如，故云不离不即。不即不离，是为一心中道。"又曰"下，义引《涅槃经》文。缘起，十二因缘也。见缘起性空，是为见法，见法即见佛。斯则物我不异之效也，又何有先后始终哉！

所以至人戢（止也）玄机（智也）于未兆，藏冥（寂也）运（动也）于即化。总六合以镜心，一去来以成体。古今通，始终同。穷本极末，莫之与二，浩然大均，乃曰涅槃。

此正出涅槃之体也。"未兆"，寂然不动之境也。谓圣人以真智照理，止于寂然不动之先。运即寂之动，潜于万化之域。六合不离一心，故云"总"。古今不离一念，故云"一去来"。故十世古今，始终不离当处，故云"通"、云"同"。穷本极末，究竟一际，浩然大均，乃曰涅槃。涅槃之道，如此广大虚寂，岂可以先后始终而拟之哉！

经曰："不离诸法而得涅槃。"又曰："诸法无边故，菩提无边。"

此引证诸法即真，故心境不二也。《放光》云："诸法无边际，故般若波罗蜜亦无际。"此证理智皆依诸法，以显心境不二也。

以知涅槃之道，存（在也）乎妙契。妙契之致，本（因也）乎冥一。

依圣言量，因知涅槃之道，单在妙合心境。心境如如，因乎理智冥一，此外无可证者。

然则物（境也）不异我（心也），我不异物。物我玄（冥也）会，归乎无极。

理智一如，物我无二，忘心绝照，冥会一心，故曰"归乎无极"。盖寄无极之言，以显一心广大寂灭之体耳。

进之弗先，退之弗后，岂容终始于其间哉！

谓三乘证之而弗先，六道迷之而非后。无古无今，前后际断，岂容终始于其间哉！

天女曰："耆年解脱，亦如何久？"

此引证久近也。《净名》，身子问天女：止此室其已久如？曰：如耆年解脱。身子曰：止此久耶？"天女"云云，谓身子所得解脱，岂属久近之时耶？

考得第十八

承上不离诸法而得涅槃，因之稽考尽阴、存阴，违教违理，当何得乎？所以末后辨者，谓从前决择修悟已周，意显极证故也。

有名曰：经云："众生之性，极于五阴之内。"又云："得涅槃者，五阴都尽，譬犹灯灭。"（上引经定理，下申难。）然则众生之性顿尽于五阴之内，涅槃之道独建于三有之外，邈然殊域，非复众生得涅槃也。（阴尽无得违。）果若有得，则众生之性不止于五阴。必若止于五阴，则五阴不都尽。五阴若都尽，谁复得涅槃耶？（存阴有得违。）

难意谓众生得涅槃，然众生之性止于五阴之内，且涅槃独建于三有之外，此则内外本自相悬。今云五阴都尽乃得涅槃，然五阴已尽于内，又谁得界外之涅槃耶？此则阴尽无能得者也。若众生果得涅槃者，则性不止于五阴矣。若止于五阴，则五阴不尽。若五阴都尽，谁复得涅槃耶？此则阴存而无得者也，未达五阴空寂即是涅槃故耳。

玄得第十九

得无所得，无得而得，故云玄得。

无名曰：夫真由离起（显也），伪因著生。著故有得，离故无名。

谓涅槃真理，由超情离见而显。分别妄伪，由执著名相而生。故执名相者为有得，离情见者故无名。

是以则（法也）真者同真，法伪者同伪。子以有得为得，故求于有得耳。吾以无得为得，故得在于无得也。

言凡取法于真者则契真，执著于伪者则同伪。故不以有得为真，以无得为得耳。此正申玄得之旨也。

且谈论之作，必先定其本。既论涅槃，不可离涅槃而语涅槃也。若即涅槃以兴言，谁独非涅槃，而欲得之耶？

若克体而言涅槃，则一切众生本来涅槃，故云"谁独非涅槃而欲得之耶"？以一切法本来如故○此标宗，下辨义。

何者？（征释正义。）夫涅槃之道，妙尽常数（泯绝诸相），融（和也）冶（销也）二仪，荡涤万有。均天人，同一异。内视不己见，返听不我闻。未尝有得，未尝无得。

此辨涅槃妙体也。以涅槃妙体离一切相，故云"妙尽常数"。"二仪"，天地也。"万有"，万物也。经云："一人发真归元，十方虚空悉皆销殒，何况空中所有国土而不振裂？"故云"融冶二仪，荡涤万有"。由此所以均天人、同一异也。以非色故，内视不己见。以非声故，返听不我闻。以寂漠冲虚，故未尝有得。以诸法寂灭，平等无二，故未尝无得。

经曰："涅槃非众生，亦不异众生。"维摩诘言："若弥勒得灭度者，一切众生亦当灭度。所以者何？一切众生本性常灭，不复更灭。"此名灭度，在于无灭者也。

引《涅槃经》义，言涅槃之体永离生灭，故非众生；以众生之性本来寂灭，故不异涅槃。引《净名经》义，弥勒若得灭度者，则一切众生亦当灭度。以一切众生本性毕竟寂灭，即涅槃相，不复更灭。此名灭度，在于无灭，岂有尽五阴而求涅槃，又岂可存五阴而别求得涅槃耶？

然则众生非众生（以性空故），谁为得之者（无能得之人）？涅槃非涅槃（以离相故），谁为可得者（无所得之法）？《放光》云："菩提从有得耶？答曰：不也。从无得耶？答曰：不也。从有无得耶？答曰：不也。离有无得耶？答曰：不也。然则都无得耶？答曰：不也。是义云何？答曰：无所得故为得也，是故得无所得也。"无所得谓之得者，谁独不然耶？

言得涅槃者，以众生性空，故无能得之人。涅槃寂灭离相，故无可得之法。能所双忘，故无所得为得。以无所得为得者，则一切诸法本来寂灭，不复更灭。斯则法法真常，生佛平等，且谁独不然耶？

然则玄道在于绝域，故不得以得之。妙智存乎物外，故不知以知之。大象隐于无形，故不见以见之。大音匿于希声，故不闻以闻之。

此言涅槃之体，超心境，绝见闻，结示玄得之方也。"玄道"，指涅槃实际，为所观之境。以体绝诸相，故称"绝域"。以此非所得之境，故不得以得之。"妙智"，谓能证之智。实智照理，离诸对待，故云"物外"。以寂而照，故不知以知之。以一真法界，谓之"大象"。无状无形，非可见之境，故不见以见之。寂灭圆音，谓之"大音"。群动永息，非妄闻可及，故不闻以闻之。

故能囊括终古，导达群方，亭毒（养育也）苍生，疏而不漏，汪哉洋哉！何莫由之哉！

上示涅槃玄得之体，此显无方大用也。故能尔者，由自体甚深，所以能德用广大。"囊括"，义取《易》云"括囊无咎"，谓结其囊口。今取包括无遗之义。谓涅槃真常，不但无始，亦且无终，今古常然，故云"囊括终古"。"导"，开引也。"达"，示悟也。"群方"，九界众生也。由其用广，故开悟九类，养育群生。以众生迷之而不返，似为疏远。如不修则已，修而即得，故云"不漏"。汪洋无涯，故圣凡以之而出入，依正以之而建立，法界以之而恢张，因果以之而不昧，故曰"何莫由之哉！"

故梵志曰："吾闻佛道，厥（其也）义弘（广也）深，汪洋无涯，靡（无也）不成就，靡不度生。"

此引梵志叹佛之言，以证涅槃化生之用。

然则三乘之路开，真伪之途辨，贤圣之道存，无名之致显矣。

此总结宗极也。一论所述，九折皆三乘权教之迹，十演乃一乘之实。今论开权显实，故云"三乘之路开"。"无名"显理为真，"有名"执迹为伪。如上所论，真伪自辩。以时宗廓然无圣，秦主斥曰："若无圣人，知无者谁？"故论主奉诏作论，以破无圣断见之执。今言儒童进修空行，起行是有能修能证之人，故曰"贤圣之道存"。名家按名责实，今论主发挥无名之致，故云"显矣"。

涅槃无名论（终）

肇论略注后跋

此论言未及二万，题方称五篇，义则席卷声教，囊括众经，而罄佛渊海者矣。论主因见教中谈真指不迁、导物开流动，恐未忘标指者依文解二而二其心，故且翻其辞，改其名，曰物不迁，曰不真空等，文似相角，而义实相符，所造未尝异而所见未尝同也。然推论主心，荡无纤异，实为畅我佛摄未归本之怀。是以即物而论，虚玄标高，揭物我同根，此不异《杂华》云"法性本无生，示现而有生，是中无能现，亦无所现物"。能现所现既即无，昔来今往又何朕？故曰：昔人非昔人，野马或不动。良有此深因，非骤而语不迁。后尚有约义而驳其文者，有临文而骇其义者，然又有驳其驳者。

迄我明憨山大师主盟此道，执牛耳于宗途，已探此论之奥而识其微。因见言路纵横，学人首鼠两端，莫之趋向，即搦管作疏，弄丸其间。析诸家之难而阐其幽旨，名曰略注。古今开辟，本末贯通，借曰千途异唱，会归同致矣。愚意在昔毗耶大士，为世尊教海汪洋，代下一转语，即令五百弟子饱餐香积而消之。继踵肇公论主复白一椎，至今憨山大师笔底，方能转身吐气，抑亦为论主作此一转语耶，而始令人悟入宗本，开无知般若，鉴不真空，了物不迁，而无名涅槃即可证。此又一餐香积矣。虽各相去千有余年，要知般若光中，以灯续灯，若旦暮遇之也。

注成，大师尚固扃镭以藏之。恰有居士云山，合掌请曰："摩尼妙在普雨，而法宝幸流通。弟子虽处瓶之罄，因惜自他慧命如丝，愿贷粟监河，但得金二十五，便可资枣黎氏流行而皆沾其法味，幸何如哉！"大师颔而授之。来命跋于不肖。因赞之曰：向之于此论也，但登其枝而忘其本，咀其华而不食其实者众矣。今得大师信笔注成，又尔居士信心刻之，今而后之于此论也，可括目矣，必能达其本根矣。此其论之中兴也欤？

万历岁次丁巳孟秋，华山法侄慧浸识。

僧肇传记资料

高僧传卷第六·晋长安释僧肇传 [1]

梁·慧皎撰

　　释僧肇，京兆人。家贫，以佣书为业。遂因缮写，乃历观经史，备尽坟籍。志 [2] 好玄微，每以庄老为心要。尝读老子《道德章》，乃叹曰："美则美矣，然期栖神冥累之方，犹未尽善。"后见旧《维摩经》，欢喜顶受，披寻玩味，乃言始知所归矣。因此出家，学善方等，兼通三藏。及在冠年，而名振关辅。时竞誉之徒莫不猜其早达，或千里趋负 [3]，入关抗辩。肇既才思幽玄，又善谈说，承机挫锐，曾不留滞。时京兆宿儒及关外英彦，莫不挹其锋辩，负气摧衄。

　　后罗什至姑臧，肇自远从之，什嗟赏无极。及什适长安，肇亦随返。姚兴命肇与僧睿等入逍遥园，助详定经论。肇以去圣久远，文义舛 [4] 杂，先旧所解，时有乖谬。及见什咨禀，所悟更多。因出《大品》之后，肇便著《般若无知论》，凡二千余言，竟以呈什。什读之称善，乃谓肇曰："吾解不谢子，辞当相挹。"时庐山隐士刘遗民见肇此论，乃叹曰："不意方袍复有平叔。"因以呈远公。远乃抚几叹曰："未尝有也！"因共披寻玩味，更存往复。遗民乃致书肇曰："顷餐徽闻，有怀遥仰。岁末寒严，体

---

[1]　《高僧传》综合参校诸本。

[2]　志：有本作"爱"。

[3]　趋负：有本作"负粮"。

[4]　舛：有本作"多"。

中何如？音寄壅隔，增用悒蕴。弟子沉痼草泽，常有弊瘵^[1]。愿彼大众康和，外国法师休念不^[2]？去年夏末，见上人《波若^[3]无知论》，才运清俊，旨中沉允，推步圣文，婉然有归。披味殷勤，不能释手。真可谓浴心方等之渊，悟怀绝冥之肆，穷尽精巧，无所间然。但闇者难晓，犹有余疑一两，今辄条之如别^[4]。愿从容之暇，粗为释之。"

肇答书曰："不面在昔，伫想用劳。得前疏并问，披寻反覆，欣若暂对。凉风届^[5]节，顷常何如？贫道劳疾，每不佳。即此大众寻常，什师休胜。秦主道性自然，天机迈俗，城堑三宝，弘道^[6]是务。由使异典、胜僧自远而至，灵鹫之风，萃乎兹土。领公远举，乃是千载之津梁，于西域还，得方等新经二百余部。什师于大寺^[7]出新至诸经，法藏渊旷，日有异闻。禅师于瓦官寺教习禅道，门徒数百，日夜匪懈，邕邕肃肃，致自欣乐。三藏法师于中寺出律部，本末精悉，若睹初制。毗婆沙法师于石羊寺出《舍利弗毗昙》梵本，虽未及译，时问中事，发言新奇。贫道一生猥参嘉运，遇兹盛化，自恨^[8]不睹释迦祇桓之集，余复何恨！但恨不得与道胜君子同斯法集耳。称咏既深，聊复委及。然来问婉切，难为郢人。贫道思不关微，兼拙于华^[9]语。且至趣无言，言则乖旨，云云不已，竟何所辩。聊以狂言，示酬来旨也。"

肇后又著《不真空论》《物不迁论》等，并注《维摩》，及制诸经论序，并传于世。及什亡之后，追悼永往，翘思弥厉，乃著《涅槃无名论》，其辞曰："经称有余、无余涅槃。涅槃者，秦言无为，亦名灭度。无为者，

---

[1] 瘵：有本作"瘁"。

[2] 休念不：《肇论》有本作"休纳"。

[3] 波若：有本作"般若"。

[4] 别：有本作"左"。

[5] 届：有本作"戒"。

[6] 道：有本作"通"。

[7] 大寺：有本作"大石寺"。

[8] 恨：有本无。

[9] 华：有本作"笔"。

取乎虚无寂漠，妙绝于有为。灭度者，言乎大患永灭，超度四流。斯盖镜像之所归，绝称之幽宅也。而曰有余、无余者，盖是出处之异号，应物之假名。余尝试言之：夫涅槃之为道也，寂寥虚旷，不可以形名得；微妙无相，不可以有心知。超群有以幽升，量太虚而永久。随之弗得其踪，迎之罔眺其首。六趣不能摄其生，力负无以化其体。渺漭惚恍，若存若往。五目莫睹其容，二听不闻其响。窈窈冥冥，谁见谁晓？弥纶靡所不在，而独曳于有无之表。然则言之者失其真，知之者返其愚。有之者乖其性，无之者伤其躯。所以释迦掩室于摩竭，净名杜口于毗耶。须菩提唱无说以显道，释梵乃绝听而雨花。斯皆理为神御，故口为之缄默，岂曰无辩，辩所不能言也。经曰：真解脱者，离于言数，寂灭永安，无终无始，不晦不明，不寒不暑，湛若虚空，无名无证。论曰：涅槃非有，亦复非无，言语路绝，心行处灭。寻夫经论之作也，岂虚构哉！果有其所以不有，故不可得而有；有其所以不无，故不可得而无耳。何者？本之有境，则五阴永灭；推之无乡，则幽灵不竭。幽灵不竭，则抱一湛然；五阴永灭，则万累都捐。万累都捐，故与道通同；抱一湛然，故神而无功。神而无功，故至功常在[1]；与道通同，故冲而不改。冲而不改，不可为有；至功常在[2]，不可为无。然则有无绝于内，称谓沦于外。视听之所不暨[3]，四空之所昏昧。恬兮而夷，泊焉而泰。九流于是乎交归，众圣于此乎冥会。斯乃希夷之境，太玄之乡，而欲以有无题榜[4]其方域而语神道者，不亦邈哉！"其后十演九折，凡数千言，文多不载。

论成之后，上表于姚兴曰："肇闻天得一以清，地得一以宁，君王得一以治天下。伏惟陛下睿哲钦明，道与神会，妙契环中，理无不统[5]，故

---

[1] 在：有本作"存"。

[2] 在：有本作"存"。

[3] 暨：有本作"鉴"。

[4] "榜"下，有本有"标"字。

[5] 统：有本作"晓"。

能游刃万机，弘道终日，依[1]被苍生，垂文作范。所以域中有四大，王居一焉。涅槃之道，盖是三乘之所归，方等之渊府。渺茫希夷，绝视听之域；幽致虚玄，非群情之所测。肇以微躯[2]，猥蒙国恩，得闲居学肆，在什公门下十有余年。虽众经殊趣，胜致非一，然涅槃一义，常为听习先[3]。但肇才识闇短，虽屡蒙诲喻，犹怀漠漠。为竭愚不已，亦如似有解，然未经高胜先唱，不敢自决。不幸什公去世，咨参无所，以为永恨。而陛下圣德不孤，独与什公神契，目击道存，决[4]其方寸，故能振彼玄风，以启末俗。一日遇蒙答安成侯嵩问无为宗极，颇涉涅槃无名之义。今辄作《涅槃无名论》，有十演九折，博采众经，托证成喻，以仰述陛下无名之致。岂曰关[5]诣神心，穷究远当，聊以拟议玄门，班喻学徒耳。若少参圣旨，愿敕存记。如其有差，伏承旨授。"兴答旨殷勤，备加赞述，即敕令缮写，班诸子侄。其为时所重如此。

晋义熙十年，卒于长安，春秋三十有一矣。

---

[1] 依：有本作"威"。

[2] 微躯：有本作"人微"。

[3] 为听习先：有本作"以听习为先"。

[4] 决：有本作"快"。

[5] 关：有本作"开"。

隆兴佛教编年通论[1] 卷第三·东晋·僧肇法师

宋·祖琇撰

法师僧肇，幼家贫，为人佣书，遂博观子史，尤善庄老，盖其粗也。年二十为沙门，名震三辅。什公在姑臧，肇走依之。什与语，惊曰法中龙象也。及归关中，详定经论。四方学者辐凑而至，设难交攻，肇迎刃而解，皆出意表。著《般若无知论》，什览之曰："吾解不谢子，文当相揖耳。"传其论至匡山，刘遗民以似远公。公抚髀叹息，以为未尝有也。复著《物不迁》等论，皆妙尽精微。秦主尤重其笔札，敕传布中外。肇卒年三十有二，当时惜其早世云。

---

[1] 收录于《卍续藏经》（新文丰版第 130 册，经号 1512）。

清世宗御制三十二祖传赞[1]·僧肇法师传第一

清·雍正撰

僧肇，京兆人，俗姓无传，以晋孝武太元九年生。家贫，为人缮写，佣次，历观经史，备尽坟籍。初师老庄，继而叹曰："美则美矣，然以神冥累为期，未是究竟。"及见旧《维摩经》，欢喜顶受，曰始知所师矣。于是出家，学善方等，兼通三藏。年二十，名振关中。时京兆俗儒，对之钳舌。尔时至有负粮千里，入关抗辩者，岳岳而来，肇尽折其角。

既而鸠摩罗什在吕光处，肇往从之。什来长安归姚秦，肇亦随至，姚兴命佐什宣译梵经，与僧　、僧迁、法钦、道流、道恒、道标、僧叡等八百人，俱住禁中逍遥园，尊礼优异。时南朝远法师为莲社高贤，社中开士刘遗民越疆致书，商榷玄旨。肇所问答，远极嘉叹，其书垂今。

肇著《般若无知》《涅槃无名》《不真空》《物不迁》《宝藏》等论，并注《维摩经》，并纸贵当年，香流亿劫。宗门胶柱之徒，谓达摩未入震旦前，直指一宗未度，《肇论》犹是教相。又妄造临刑诗云："四大元无主，五阴本来空，将头临白刃，犹似斩春风。"虽玄沙备禅师，犹以为肇实有此语，拈云："大小肇法师，临死犹瘿语。"肇于晋安帝义熙十年，在姚秦长安吉祥灭度，史氏所载，可考也。至一灯炯照达摩未来时之震旦，其论俱在，识者自知。大清雍正十一年，封大智圆正圣僧肇法师。

赞曰：

---

[1] 民国印光法师校刻本。

破尘出经，天函地盖。
此天地中，尘尘法界。
及破一尘，宏开法会。
于此亲闻，造论无碍。

雍正十一年二月初一日御笔